交通工程手册

Traffic Engineering Handbook

(原书第 7 版)

美国交通运输工程师学会（ITE） 编著

江苏大学汽车与交通工程学院　组译

江浩斌　景　鹏　姚　明　葛慧敏　谢君平　孙　超
梁　军　施榆吉　展凤萍　曹淑超　潘公宇　刘擎超　译
熊晓夏　倪　捷　武晓晖　唐　良　何美玲　冯　霞
陈月霞　雷利利　周海超　李傲雪

机械工业出版社

《交通工程手册》是全面了解现代交通工程解决方案的经典手册类图书。本手册第7版修订的内容反映了交通工程行业关键标准的变化,重点关注所有用户的需求、环境敏感道路的设计以及可持续的交通解决方案的开发。本手册关注的是人和货物在道路上的安全和高效移动,在设计交通解决方案时,必须考虑交通流、道路几何结构、人行道、人行横道、自行车设施、共用车道标线、交通标志、信号灯等要素。

本手册可供交通工程行业的技术人员和管理人员等阅读参考,也可供高等院校交通工程专业师生学习、研究参考。

Copyright © 2016 by John Wiley & Sons, Inc. All rights reserved.

This translation published under license. Authorized translation from the English language edition, entitled Traffic Engineering Handbook, 7th Edition. ISBN 9781118762301, by Institute of Transportation Engineers, published by John Wiley & Sons, Inc. No part of this book may be reproduced in any form without the written permission of the original copyrights holder. Copies of this book sold without a Wiley sticker on the cover are unauthorized and illegal.

本书中文简体字版由 Wiley 授权机械工业出版社出版,未经出版者书面允许,本书的任何部分不得以任何方式复制或抄袭。版权所有,翻印必究。

北京市版权局著作权合同登记 图字:01-2020-1887号。

图书在版编目(CIP)数据

交通工程手册:原书第7版/美国交通运输工程师学会(ITE)编著;江苏大学汽车与交通工程学院组译;江浩斌等译. —北京:机械工业出版社,2022.10
书名原文:Traffic Engineering Handbook
ISBN 978-7-111-71744-7

Ⅰ.①交… Ⅱ.①美…②江…③江… Ⅲ.①交通工程-手册 Ⅳ.①U491-62

中国版本图书馆 CIP 数据核字(2022)第 184533 号

机械工业出版社(北京市百万庄大街22号 邮政编码100037)
策划编辑:李 军   责任编辑:李 军 王 婕
责任校对:张 征 刘雅娜 责任印制:单爱军
北京虎彩文化传播有限公司印刷
2023年1月第1版第1次印刷
216mm×276mm・36.5 印张・2 插页・1100 千字
标准书号:ISBN 978-7-111-71744-7
定价:399.00元

电话服务   网络服务
客服电话:010-88361066   机 工 官 网:www.cmpbook.com
          010-88379833   机 工 官 博:weibo.com/cmp1952
          010-68326294   金 书 网:www.golden-book.com
封底无防伪标均为盗版   机工教育服务网:www.cmpedu.com

《交通工程手册》翻译委员会

主　任： 江浩斌

副主任： 孙　剑（同济大学）　景　鹏

委　员： 潘公宇　姚　明　梁　军　葛慧敏

　　　　　谢君平　何美玲　孙　超　曹淑超

　　　　　周海超　倪　捷　唐　良　武晓晖

　　　　　刘擎超　雷利利　施榆吉　冯　霞

　　　　　展凤萍　陈月霞　熊晓夏　李傲雪

译者序

在"交通强国"的大背景下，交通运输工程学科建设和一流人才的培养都面临着重大的机遇与挑战。我国的交通运输行业发展之所以取得了现在的巨大成就，交通运输工程学科有着巨大的贡献。目前，这一学科的内涵正在不断地拓展、丰富，具有中国特色的交通运输工程学科将成为"交通强国"的战略支撑。交通工程是交通运输工程的子学科，主要研究道路交通中各种交通现象的基本规律及其应用，其社会性、系统性、实践性和综合性很强。英文原版的《交通工程手册》已经出版了 7 个版本，历经近 70 年的时间，覆盖了近代以来交通工程发展的关键阶段，在国际交通领域一直享有盛誉。特别是最新的第 7 版，将传统以汽车为核心进行规划与设计的思路转变为以"交通工程"为中心，更多综合考虑参与交通运输系统的不同角色在交通上的需求，并将交通系统、土地利用和环境结合起来，强调全过程设计规划思路，起到跨场景的交通工程实践指导作用。在机械工业出版社的热情邀请下，江苏大学交通运输工程学科的 20 多位老师组成翻译团队，用了近 2 年时间完成了《交通工程手册》第 7 版的翻译工作，翻译过程中力求准确表达原著的思想和概念，并与我国交通工程领域的专业术语尽量贴近。

翻译团队分工合作、密切配合，按预定进度计划完成了翻译初稿、自查、互查、统稿等各阶段的任务。具体翻译分工为：江浩斌教授和李傲雪老师负责翻译第 1 章，景鹏教授负责翻译第 6 章，孙超副教授负责翻译第 2 章，冯霞副教授与陈月霞老师共同负责翻译第 3 章，何美玲副教授与武晓晖老师共同负责翻译第 4 章，刘擎超副教授负责翻译第 5 章，曹淑超副教授负责翻译第 7 章，谢君平副教授负责翻译第 8 章，施榆吉副教授负责翻译第 9 章，周海超教授与雷利利副教授共同负责翻译第 10 章，潘公宇教授负责翻译第 11 章，展凤萍老师负责翻译第 12 章，姚明副教授负责翻译第 13 章，梁军教授与熊晓夏老师共同负责翻译第 14 章，葛慧敏副教授负责翻译第 15 章，倪捷副教授与唐良老师共同负责翻译第 16 章。此外，江浩斌教授承担了翻译团队的组织协调工作，景鹏教授承担了统稿，并组织了自查、互查等工作。陈媛媛、查晔、蒋成玺、王卫超、孙慧倩、罗盼、杨鑫、冯雅琪、崔凯平、王晓峰、李阳、高芬霞、刘佳奇、付文青、章泽琦、陈磊、杨友森、夏然、孙辉、黄明月、管雪玲、阎倬藩等多位研究生参与了初稿核对和整理等工作。特别感谢同济大学孙剑教授在百忙之中对本书翻译工作给予指导，这是对译者的莫大鼓励。

由于译者水平所限，书中难免出现错误和不当之处，恳请读者批评指正。

翻译委员会
2022 年 9 月 7 日

前言

随着城市交通问题日益复杂、高新技术不断涌现，交通运输行业所辐射的领域逐渐扩大。为紧跟时代发展潮流，美国交通运输工程师学会决定修订《交通工程手册》（*Traffic Engineering Handbook*，TEH）的相关内容。第 7 版手册总结和吸收了交通运输实践中极具代表性的内容，包括《公路通行能力手册》（*Highway Capacity Manual*，HCM）、《统一交通控制设施手册》（*Manuel on Uniform Traffic Control Devices*，MUTCD）、《公路和街道几何设计政策（俗称绿皮书）》（*A Policy on Geometric Design of Highways and Streets, The Green Book*）、《公路安全手册》（*Highway Safety Manual*，HSM）等。与同系列手册相比，本次改版将更加全面地展现本行业的发展趋势变化。

第 7 版手册不仅增添了新的实践应用内容，还重新定义了交通运输在实践中的角色：交通运输行业的从业人员不应该仅作为交通运输系统中的规划者，还应该参与到社会建设的方方面面，如社区建设、社会经济发展及公共资源管理等方面。

交通运输系统需要不断改进，以应对出行者不断增长的出行需求，以及日益严重的环境问题。同样的，《交通工程手册》也需要不断改进。第 7 版手册提出用更简单易懂的方法对交通运输系统进行规划设计和管理，以帮助读者更好地应对当前存在的交通问题和不断增长的交通需求。

21 世纪需要构建安全、高效、环保的城市道路交通系统，以满足居民日益复杂的出行需求。本手册将复杂的交通需求进行了分类。在第 7 版手册的编辑过程中，编辑部联合美国交通运输工程师学会以及北美所有专业实践团队，全面地整合了交通运输系统中各类出行方式用户的需求。我们希望广大读者能理解手册内容并从中受益。

编辑部
Anurag Pande（博士）
Brian Wolshon（博士，专业工程师）

编者序言

随着新的交通问题不断涌现以及技术的进步，交通运输行业所涉及的范围不断扩大，美国交通运输工程师学会（Institute of Transportation Engineers，ITE）也一直致力于更新《交通工程手册》（*Traffic Engineering Handbook*，TEH），从而跟上交通运输行业发展的步伐。根据最突出的交通运输工程实践问题，第 7 版《交通工程手册》包含了《公路通行能力手册》（*Highway Capacity Manual*，HCM）、《统一交通控制设施手册》（*Manual on Uniform Traffic Control Devices*，MUTCD），《公路和街道几何设计政策（俗称绿皮书）》（*A Policy on Geometric Design of Highways and Streets*）和《公路安全手册》（*Highway Safety Manual*，HSM）等内容。新版手册与所有先前版本手册均存在明显的差异。

除了手册使用过程中版本更迭带来的标准更新外，新版手册还反映了交通工程实践理念的转变，即交通专业人员不再仅仅是交通系统的规划者、设计者和操作者，其社会角色转变为城市的建设者、经济变化的影响者以及公共资源的投资者。

交通运输系统必须通过不断调整以满足用户不断变化的期望和需求，同时交通运输系统还要解决不断增加的成本以及对环境的影响等问题，《交通工程手册》也不能一成不变。在第 7 版手册中，我们努力减少通过传统的孤立而狭隘的方法与用户进行交流，在交通运输系统的规划、设计和运行中采用一种更具包容性的探讨模式。这一转变的目的是满足所有用户的需求并对交通设施进行关联性设计，所有这些改变都着眼于开发和设计更综合、可持续和弹性的交通运输解决方案，以解决现代交通问题并满足运输需求。

在社区演变为经济和社会活动中心的过程中，交通工程师将发挥关键作用，希望第 7 版手册能够对交通工程师有所帮助。21 世纪的街道必须以安全、高效和经济的方式满足社会的复杂需求，本手册通过功能驱动的多模式方法对内容进行组织，可以很好地反映社会需求的复杂性。在编写本手册时，所有编辑以及整个 ITE 的员工和专业人员通过预先整体布局的方式，努力整合所有运输方式和所有交通系统用户的需求。我们希望读者也能感受到第 7 版《交通工程手册》内容上的这些变化并从中受益。

鸣 谢

许多专家学者为第 7 版《交通工程手册》的修订做出了重要贡献，包括各章节的作者、顾问小组成员、评审人、美国交通运输工程师学会（2014 届）以及学会工作人员，在此一并表示衷心的感谢！

顾问小组由不同领域的交通运输专业人士组成，他们善于解决交通问题，并积极参与交通工程实践活动。下面列出的顾问成员、美国交通运输工程师学会工作人员以及手册的联合编辑们合作进行手册的修订工作，并制定分工范围。本书各个章节由不同的专家学者分别撰写，他们为各自负责的章节编写了最新的技术内容。他们还参与了一系列重要的评审工作，在本次修订的各个阶段给予了重要的意见。

James Copeland	Peter Koonce	Timothy Haagsma
Joanna Kervin	Richard (Rick) Werts	Zaki Mustafa
John LaPlante	Steve Brown	
Keith Hines	Thomas Hicks	

下列专题专家志愿担任手册各章节草稿的评审人员。

Alan Hampshire	Emmanuel Anastasiadis	Julie Whitcher
Albert Letzkus	Fred Hanscom	Karl Rothermel
Angelo Rao	Gary Schatz	Kevin Phillips
Arun Bhowmick	George Butzer	Kordel Braley
Bart Thrasher	George Dore	Laurie Radow
Ben Powell	Herbert Levinson	Louis Rubenstein
Borg Chan	Huaguo Hugo Zhou	Lucinda Gibson
Brad Strader	Ilya Sher	Mary Miranda (Randy) Wade
Charles (Charlie) Trask III	Jamie Parks	Michael Moule
Chester Wilmot	Jerome Hall	Michael Park
Chris Cunningham	Jerry Ogden	Mike King
Christopher Milner	Jess Billmeyer	Muhammad Arif
David McDonald	Jim Daisa	Muhammad Khan
Dennis Cannon	Jim Meads	OusamaShebeeb
Donald (Don) Monahan	John Davis	Paul Villaluz
Doug Hurl	Joseph Hummer	Peter Yauch
Eagan Foster	Julie Conn	Phani Rama Jammalamadaka
Eli Veith	Julie Kroll	Praveen Pasumarthy
Randy McCourt	Scott Batson	Sue Chrysler
Richard (Rich) Coakley	Scott Wainwright	Theodore Petritsch

Richard Nassi	Shared Uprety	Vishal Kakkad
Robert Brooks	Shourie Kondagari	Walter Kraft
Robert Wunderlich	Stephan Parker	William Sproule
Rock Miller	Steve Pyburn	Zaher Khatib
Roxann Hayes	Steven Latoski	
Saeed AsadiBagloee	Sudhir Murthy	

2014届Leadership项目的部分学员参与了手册第二稿的审查工作,确保手册整体内容能够满足交通规划设计和管控的基本需求。成员如下:

Amir Rizavi	IriniAkhnoukh	Kati Tamashiro
Andy Kaplan	J. Andrew (Andy) Swisher	Martin Gugel
Carrie Falkenrath	K. Scott Walker	Michael Hofener
Danielle Scharf	Katherine Kortum	Susan Paulus

除了上述评审人员外,担任本次修订的两位总评审人名单如下。总评审人需要对手册全文进行审查,确保手册所涉及内容的广泛性、技术的准确性以及一致性。

Beverly Kuhn

John LaPlante

美国交通运输工程师学会成员也参与了手册编辑。Thomas W. Brahms为手册的修订工作提供了全方位的指导。Lisa Fontana Tierney进行全书统稿并负责跟进项目进度。Courtney L. Day负责作者、志愿评审人员和编辑之间的沟通协调工作,并与出版社协调确定最终出版事宜。

总编辑

Anurag Pande(博士)

Brian Wolshon(博士,专业工程师)

目 录

译者序
前言
编者序言
鸣谢
第1章 手册简介及其在实践中的作用 ··· 1
  1.1 背景 ·· 1
  1.2 本版手册愿景 ·· 1
  1.3 内容安排 ·· 2
  参考文献 ·· 5
第2章 交通工程性能评估的概率统计分析技术 ································· 6
  2.1 引言 ·· 6
    2.1.1 概率统计的背景与定义 ·· 6
    2.1.2 抽样策略 ·· 6
    2.1.3 误差类别 ·· 7
    2.1.4 变量 ·· 7
    2.1.5 参数与非参数统计 ·· 7
  2.2 描述性统计 ·· 7
    2.2.1 图形和表格 ·· 7
    2.2.2 其他工具 ·· 9
    2.2.3 集中趋势测量 ·· 9
    2.2.4 离散度测量 ·· 11
    2.2.5 相对位置测量 ·· 12
    2.2.6 相关性分析 ·· 14
  2.3 概率 ·· 14
  2.4 概率分布 ·· 16
    2.4.1 离散概率分布 ·· 16
    2.4.2 负二项式分布 ·· 18
    2.4.3 连续概率分布 ·· 18
  2.5 置信区间和假设检验 ·· 20
    2.5.1 σ 已知,估计 μ ·· 20
    2.5.2 σ 未知,估计 μ ·· 21

2.6 回归建模 ………………………………………………………………………… 22
　　2.6.1 线性回归 …………………………………………………………………… 22
　　2.6.2 多元线性回归 ………………………………………………………………… 23
2.7 财务分析与工程经济学 …………………………………………………………… 23
2.8 工程经济学的基本概念 …………………………………………………………… 23
　　2.8.1 货币时间价值、利息、利率、等价物、现金流量和收益率 ……………… 23
　　2.8.2 收益/成本分析 ……………………………………………………………… 27
　　2.8.3 基于财务指标的风险管理原则 …………………………………………… 32
　　2.8.4 工程经济学在交通工程中的应用 ………………………………………… 35
2.9 前后对比分析 ……………………………………………………………………… 39
　　2.9.1 概述 ………………………………………………………………………… 39
　　2.9.2 数据注意事项 ……………………………………………………………… 39
　　2.9.3 研究类型 …………………………………………………………………… 40
　　2.9.4 小结 ………………………………………………………………………… 41
参考文献 …………………………………………………………………………………… 41

第3章　道路使用者 ……………………………………………………………………… 43
3.1 引言 ………………………………………………………………………………… 43
3.2 基本概念 …………………………………………………………………………… 43
　　3.2.1 道路使用者的基本特征及局限性 ………………………………………… 43
　　3.2.2 驾驶任务模型 ……………………………………………………………… 43
　　3.2.3 视觉 ………………………………………………………………………… 44
　　3.2.4 注意力和信息处理 ………………………………………………………… 45
　　3.2.5 视觉搜寻 …………………………………………………………………… 46
　　3.2.6 感知 – 反应时间 …………………………………………………………… 47
　　3.2.7 驾驶人期望 ………………………………………………………………… 49
　　3.2.8 行为适应 …………………………………………………………………… 50
　　3.2.9 驾驶人损伤 ………………………………………………………………… 51
3.3 道路用户类型 ……………………………………………………………………… 52
　　3.3.1 设计驾驶人 ………………………………………………………………… 52
　　3.3.2 老年驾驶人 ………………………………………………………………… 52
　　3.3.3 新手驾驶人 ………………………………………………………………… 53
　　3.3.4 货车驾驶人 ………………………………………………………………… 54
　　3.3.5 摩托车驾驶人 ……………………………………………………………… 55
　　3.3.6 行人 ………………………………………………………………………… 56
　　3.3.7 自行车 ……………………………………………………………………… 59
3.4 专业实践 …………………………………………………………………………… 62
　　3.4.1 积极引导 …………………………………………………………………… 62
　　3.4.2 交通控制设备 ……………………………………………………………… 63
　　3.4.3 交叉口与环形交叉口 ……………………………………………………… 68
　　3.4.4 立体交叉口 ………………………………………………………………… 72
　　3.4.5 铁路平面交叉口 …………………………………………………………… 72
　　3.4.6 路段 ………………………………………………………………………… 74
　　3.4.7 工作区 ……………………………………………………………………… 77

3.5 案例研究 ... 79
3.5.1 高速公路引导标志设计 ... 79
3.5.2 过渡区驾驶人减速设计 ... 80
3.6 新兴趋势 ... 82
3.6.1 基于道路设计的自然主义驾驶研究 ... 82
3.6.2 综合敏感性方法和人因作用 ... 82
3.6.3 驾驶人辅助系统 ... 83
3.6.4 人因分析和安全评估 ... 83
3.6.5 大麻对交通安全的影响 ... 84
3.7 更多信息 ... 85
尾注 ... 85
参考文献 ... 85

第4章 交通工程研究 ... 96
4.1 引言 ... 96
4.2 基本原则和相关指导资料 ... 96
4.2.1 数据调查准备 ... 97
4.2.2 数据调查 ... 97
4.2.3 实地调查时应注意的事项 ... 98
4.2.4 《交通运输工程研究手册》 ... 98
4.3 专业实践：交通调查的必要步骤 ... 100
4.3.1 交通流量研究 ... 100
4.3.2 速度研究 ... 104
4.3.3 交叉口的研究 ... 108
4.3.4 安全性研究 ... 115
4.4 新兴趋势 ... 128
4.4.1 数据调查 ... 128
4.4.2 数据应用程序 ... 129
参考文献 ... 129

第5章 多模式环境下的服务水平 ... 132
5.1 引言 ... 132
5.2 基础：服务水平的概念 ... 133
5.2.1 系统角度 ... 133
5.2.2 出行者角度 ... 133
5.3 不同交通模式的服务水平评价方法 ... 133
5.3.1 汽车服务水平评价方法 ... 134
5.3.2 公交服务质量评价方法 ... 135
5.3.3 自行车性能评价方法 ... 136
5.3.4 人行道性能评价方法 ... 137
5.4 多模式环境 ... 138
5.5 多模式环境的类型 ... 139
5.5.1 办公和零售商业区 ... 139
5.5.2 城镇中心 ... 140
5.5.3 以公交为导向的发展模式 ... 140

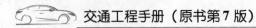

- 5.5.4 主要街道 …… 140
- 5.5.5 适合居住的多模式环境 …… 140
- 5.5.6 支路 …… 141
- 5.5.7 适配多模式的服务 …… 141
- 5.6 多模式服务级别分析 …… 142
  - 5.6.1 2010版《公路通行能力手册》城市街道多模式服务级别法 …… 142
  - 5.6.2 实际应用 …… 142
- 5.7 使用MMLOS法的难点 …… 145
- 5.8 案例研究 …… 146
  - 5.8.1 俄勒冈州阿什兰市交通系统规划 …… 147
  - 5.8.2 使用多模式服务水平评估交通设计 …… 147
  - 5.8.3 多式联运的改进和经济影响 …… 150
- 5.9 新兴趋势 …… 151
  - 5.9.1 服务水平概念的替代方案 …… 151
  - 5.9.2 简化MMLOS …… 152
  - 5.9.3 多模式功能增强和经济影响 …… 152
  - 5.9.4 货运服务水平 …… 152
- 参考文献 …… 153

第6章 出行需求预测 …… 155

- 6.1 简介与方法论 …… 155
  - 6.1.1 简介 …… 155
  - 6.1.2 定义 …… 155
  - 6.1.3 前提/范围 …… 156
  - 6.1.4 应用 …… 156
  - 6.1.5 行文结构 …… 156
- 6.2 基本原则 …… 156
  - 6.2.1 预测的常规应用 …… 156
  - 6.2.2 预测过程概述 …… 157
  - 6.2.3 商用车预测 …… 162
  - 6.2.4 对外交通 …… 163
  - 6.2.5 其他出行方式 …… 163
  - 6.2.6 交通需求管理的影响 …… 163
  - 6.2.7 预测在交通影响分析中的应用 …… 165
- 6.3 专业实践 …… 166
  - 6.3.1 规章 …… 166
  - 6.3.2 交通工程中的应用 …… 166
  - 6.3.3 有效方法和常见问题 …… 167
- 6.4 案例研究 …… 169
  - 6.4.1 政策研究：定价方案的探索 …… 169
  - 6.4.2 完整街道预测 …… 170
  - 6.4.3 交通影响分析的应用：一个多层次的方法 …… 171
  - 6.4.4 交通需求管理 …… 172
- 6.5 新的发展趋势 …… 173

6.5.1　新兴发展：新的建模方法 173
　　6.5.2　新兴发展：预测主动出行 174
　　6.5.3　最新研究进展 175
尾注 176
参考文献 176

第7章　连续流设施的交通流特性 179

7.1　引言：交通流特性分析 179
7.2　基础：交通流特性参数 180
　　7.2.1　流量或交通量 180
　　7.2.2　速度 190
　　7.2.3　密度 191
7.3　专业实践：测量交通流特性参数 192
7.4　连续交通流参数间的关系 193
　　7.4.1　连续流基本模型 193
　　7.4.2　连续流模型的实际表示 194
7.5　交通冲击波 199
7.6　瓶颈位置的交通参数测量 200
7.7　连续流交通设施的服务质量 201
7.8　案例研究 202
参考文献 206

第8章　乡村地区路段及立交的设计与运营 208

8.1　基本原则及参考资料 208
8.2　专业实践 209
　　8.2.1　简介 209
　　8.2.2　设计控制和标准 209
　　8.2.3　设计要素 213
　　8.2.4　道路安全管理流程 225
　　8.2.5　标志、标线和交通安全设施 232
　　8.2.6　照明 237
　　8.2.7　有效措施 237
　　8.2.8　乡村地区交通运输规划面临的挑战 241
8.3　案例研究 242
　　8.3.1　关联性设计 242
　　8.3.2　安全有效性评价 244
　　8.3.3　道路安全审计 244
8.4　最新发展 246
　　8.4.1　交互式公路安全设计模型（IHSDM）设计连续性模块 246
　　8.4.2　战略公路研究计划 246
　　8.4.3　ITS ePrimer 247
　　8.4.4　交通事件管理 248
　　8.4.5　绿色公路 248

参考文献 249

第9章 城市道路和立交桥的规划、设计与运营 252

9.1 引言 252
9.2 基本原则 253
9.2.1 一般定义 253
9.2.2 道路路段 254
9.2.3 城市立交类型及特点 255
9.2.4 设计一致性 259
9.2.5 互通式立交设计注意事项 262
9.3 专业实践 265
9.3.1 章程 265
9.3.2 安全性 266
9.3.3 环境 266
9.3.4 时下高效的做法 266
9.3.5 建模与仿真 270
9.3.6 标志标线的问题与挑战 271
9.4 案例研究 272
9.4.1 创新型立交设计应用，明尼苏达州布卢明顿市 272
9.4.2 佐治亚州迪卡尔布县，为改善运营状况而应用集散车道 272
9.4.3 城市菱形互通立交桥，伊利诺伊州50号公路与57号州际公路交汇处 275
9.4.4 主动交通管理技术，5号州际公路，华盛顿州西雅图 276
9.4.5 互通式立交桥，I-70号州际公路与佩科斯街交汇处，科罗拉多州丹佛市 276
9.4.6 对各种设计方案进行仿真建模 279
9.4.7 佛罗里达州南部I-95号州际公路快速车道建模方法 281
9.5 新兴趋势 283

参考文献 284

第10章 交叉口间断交通流的设计与控制 286

10.1 基本原则 286
10.2 专业实践 289
10.2.1 多模式交叉口设计与安全 289
10.2.2 多模式交叉口控制 298
10.2.3 制订信号时序计划 308
10.2.4 信号序列与协调 314
10.2.5 交叉口能力和性能测量概念 314
10.2.6 环形交叉路：运行注意事项 317
10.3 案例研究 319
10.3.1 关于闯红灯的工程对策的评价 319
10.3.2 明尼苏达州斯科特县的环形交叉路口 320
10.3.3 弗吉尼亚莱斯顿的智能交通信号系统 320
10.4 新兴趋势 321
10.4.1 行人和自行车的信号 321
10.4.2 非常规交叉口设计 322

- 10.5 结论 ··· 324
- 尾注 ··· 324
- 参考文献 ··· 325

第11章 完整街道和交叉口的设计与运营 ··· 327

- 11.1 基本原则 ··· 327
  - 11.1.1 完整街道的基本原理 ··· 327
  - 11.1.2 间歇式城市道路交通流 ··· 327
  - 11.1.3 评价指标的选择 ··· 327
  - 11.1.4 街道周边环境区域 ··· 328
  - 11.1.5 环境敏感方法 ··· 330
  - 11.1.6 面向所有用户的设计：模式平衡或优先级 ··· 330
- 11.2 专业实践 ··· 330
  - 11.2.1 设计规范和标准 ··· 330
  - 11.2.2 完整街道设计流程 ··· 336
  - 11.2.3 街边设计 ··· 337
  - 11.2.4 交叉口设计及运营 ··· 339
  - 11.2.5 中间交叉口 ··· 344
  - 11.2.6 多车道道路 ··· 344
  - 11.2.7 优先通行道路 ··· 345
- 11.3 案例研究 ··· 346
  - 11.3.1 纽约汉堡的62号公路 ··· 346
  - 11.3.2 北卡罗来纳州阿什县的西杰斐逊街景项目 ··· 347
  - 11.3.3 犹他州盐湖城南300号 ··· 348
- 11.4 新兴趋势 ··· 350
  - 11.4.1 服务措施的综合或优先级别 ··· 350
  - 11.4.2 共享空间 ··· 351
  - 11.4.3 战术都市主义 ··· 352
- 参考文献 ··· 353
- 补充信息 ··· 354

第12章 出入口管理 ··· 355

- 12.1 引言 ··· 355
- 12.2 基本原则 ··· 356
  - 12.2.1 提供专门的道路（交通）系统 ··· 356
  - 12.2.2 交叉口等级 ··· 360
  - 12.2.3 交通信号灯间距及操作 ··· 360
  - 12.2.4 保留交叉口功能区 ··· 362
  - 12.2.5 限制冲突点 ··· 364
  - 12.2.6 分离冲突区 ··· 365
  - 12.2.7 禁止车辆在直行干道上转弯 ··· 366
- 12.3 出入口管理的成效 ··· 370
  - 12.3.1 安全 ··· 370
  - 12.3.2 运行 ··· 371

12.3.3	经济影响	374
12.3.4	美学	375
12.4	专业实践	375
12.4.1	多目标的兼容性	375
12.4.2	规划和指南	376
12.4.3	政策法规	378
12.4.4	常见问题	380
12.4.5	公众参与	381
12.5	案例研究	382
12.6	新兴趋势	385
12.7	结论	386
参考文献		386

第13章 停车场设计 389

13.1	引言	389
13.2	基本原理和原则	389
13.2.1	法规考虑和设计资源	389
13.2.2	停车类型	390
13.2.3	停车费用	393
13.2.4	用户注意事项	395
13.2.5	路径查找	396
13.2.6	考虑停车设施的车辆设计	397
13.2.7	汽车是不是越来越小了	398
13.3	专业实践	400
13.3.1	停车需求管理	400
13.3.2	停车场布局相关术语	402
13.3.3	停车场几何布局	403
13.3.4	路边停车	408
13.3.5	街外设施	413
13.3.6	多模式考虑事项	421
13.3.7	摩托车和自行车考虑事项	421
13.3.8	行人考虑事项	422
13.3.9	步行距离	424
13.3.10	可达性	425
13.3.11	安全	428
13.3.12	标志	435
13.4	案例探究	437
13.4.1	减少停车场中的交通堵塞	437
13.4.2	旧金山停车（SFpark）	439
13.5	新兴趋势	440
13.5.1	替代燃料汽车	440
13.5.2	自动化机械停车设施	443
13.5.3	停车移动应用程序	446

13.5.4 自动驾驶汽车 ·· 446
尾注 ·· 447
参考文献 ··· 447

第14章 交通静化 ··· 450
- 14.1 基本原则和参考资料 ·· 450
  - 14.1.1 定义 ··· 451
  - 14.1.2 发展历史 ·· 451
- 14.2 专业实践 ·· 452
  - 14.2.1 交通静化的目的 ··· 452
  - 14.2.2 街区交通静化过程 ··· 453
  - 14.2.3 城市中交通静化的其他用途 ··· 457
  - 14.2.4 街区交通静化规划更新 ·· 459
- 14.3 工具箱 ·· 460
  - 14.3.1 非物理设施 ·· 460
  - 14.3.2 垂直速度控制设施 ··· 463
  - 14.3.3 水平速度控制设施 ··· 465
  - 14.3.4 流量控制设施 ··· 468
  - 14.3.5 标志和标线 ·· 470
  - 14.3.6 设计 ··· 475
  - 14.3.7 其他考虑 ·· 479
- 14.4 案例研究 ·· 482
  - 14.4.1 加利福尼亚州帕洛阿尔托大学露台社区 ··· 482
  - 14.4.2 夏威夷州凯卢亚基哈贝街 ··· 483
- 14.5 新兴趋势 ·· 483
  - 14.5.1 减速桩 ·· 483
  - 14.5.2 低压力自行车道网络 ·· 484
  - 14.5.3 自行车大道 ·· 484
  - 14.5.4 公共利益 ·· 484
- 参考文献 ·· 485
- 延伸阅读 ·· 486

第15章 作业区交通维护和施工准备 ··· 487
- 15.1 基本原则 ·· 487
- 15.2 专业实践 ·· 489
  - 15.2.1 运输管理计划 ··· 489
  - 15.2.2 临时交通管制策略 ··· 492
  - 15.2.3 交通运营策略 ··· 501
  - 15.2.4 公共信息策略 ··· 503
- 15.3 实施交通管理计划 ··· 504
  - 15.3.1 施工阶段 ·· 505
  - 15.3.2 临时道路的几何结构 ·· 505
  - 15.3.3 交通管制装置 ··· 512
  - 15.3.4 交通管制计划的执行 ·· 515

- 15.3.5 交通管制计划的运营审查和修订 ... 516
- 15.3.6 绕道规划与运营 ... 518
- 15.3.7 应急计划 ... 519
- 15.4 其他实践问题 ... 519
  - 15.4.1 速度管理与执行 ... 519
  - 15.4.2 人员培训 ... 520
  - 15.4.3 人行道改造 ... 521
  - 15.4.4 自行车管制 ... 523
  - 15.4.5 作业区事故管理 ... 524
  - 15.4.6 公共传播和宣传战略 ... 525
- 15.5 案例研究 ... 526
  - 15.5.1 应用 ... 526
  - 15.5.2 加快施工的承包策略 ... 528
  - 15.5.3 有效的公共传播 ... 529
- 15.6 新兴趋势 ... 529
  - 15.6.1 快速施工技术和激励措施 ... 529
  - 15.6.2 承包策略 ... 530
  - 15.6.3 作业区交通管理创新 ... 531
- 尾注 ... 532
- 参考文献 ... 532

第16章 活动、意外和突发事件的交通管理 ... 534

- 16.1 基本原则 ... 534
- 16.2 专业实践 ... 536
  - 16.2.1 法规 ... 536
  - 16.2.2 关键参与者的关系 ... 538
  - 16.2.3 交通事故和事件的安全和项目规划 ... 540
  - 16.2.4 环境 ... 542
- 16.3 当前实践 ... 544
  - 16.3.1 计划的特殊活动 ... 545
  - 16.3.2 大型突发事件 ... 547
  - 16.3.3 管理策略 ... 550
  - 16.3.4 满足所有用户需求的有效做法 ... 553
  - 16.3.5 建模与仿真 ... 554
- 16.4 常见问题 ... 556
- 16.5 案例研究 ... 557
  - 16.5.1 计划中的长时间紧急事件：多式联运区域疏散 ... 557
  - 16.5.2 计划中的特殊事件：2009年美国总统就职典礼 ... 559
  - 16.5.3 弗吉尼亚州北部的无通知疏散建模支持 ... 561
- 16.6 新兴趋势 ... 562
  - 16.6.1 新颖和正在普及的方法 ... 562
  - 16.6.2 来自最新研究的证据 ... 563
- 参考文献 ... 564

第 1 章 手册简介及其在实践中的作用

原著：Anurag Pande 博士，Brian Wolshon 博士
译者：江浩斌 教授、博导；李傲雪 讲师、博士

1.1 背景

交通工程是交通运输工程的子学科，涉及街道和高速公路以及它们所构成的网络，此外还包括街道和高速公路邻近土地的规划、设计和运营，以及和其他交通方式（航空、海路和铁路）站点之间的相互作用。数十年来，美国交通运输工程师学会（ITE）通过编辑出版《交通工程手册》为交通工程专业人士提供了交通工程的基本概念和最新工程实践等综合资源。先前版本的手册已广泛地被公共机构、顾问机构和教育机构作为检验技术可靠性的基本参考资料。本手册的主要读者群体是负责道路交通网络安全高效运行的专业从业人员，此外还包括学术界人士，特别是教育工作者。本手册也可以为一般公众和决策者提供参考。

交通工程专业的基本概念自产生以来大部分保持不变，但关于交通工程的实践在持续不断发展。ITE 在 1941 年出版第 1 版《交通工程手册》时，交通工程专业的重点主要是通过新道路的建设和现有道路的拓宽来提供和扩大道路容量。然而，尽管高速公路网在随后的几十年里继续增长，但日益严重的交通拥堵使人们认识到，增加容量虽然在一段时间内有用，但并不是解决交通拥堵问题的唯一办法。因此，交通需求管理作为解决拥堵的一种方式，也成为交通工程专业的一部分。需求管理概念已发展成为交通运输范式研究使用的另一种基本工具（Schreffler 等，2012），并通过使用多种不同的交通方式提供出行选择。

目前，交通工程师需要以不同于过去的方式思考，提供一系列选项以实现用户在使用各种交通方式时的安全高效出行，同时根据交通设施之间的关联性设计解决方案。以城市街道为例，交通工程师需要考虑有别于传统的交通设计以降低汽车行驶速度，从而为所有交通参与者创造更安全的环境，并为城市区域内的经济活动提供有利条件，实现城市中心的振兴，从而促进城市经济的增长。

1.2 本版手册愿景

《交通工程手册》作为交通工程 70 多年的权威性技术资源之一，ITE 先前已发行过 6 个版本。本手册已成为交通工程领域涵盖基本原理、可靠技术和实际应用的全面性参考资料。通过定期的修订和更新，《交通工程手册》始终致力于与最新理论知识和先进工程技术保持同步，并增添了交通通信、交通管制和出入口管理等主题内容。在第 7 版中，ITE 结合最新的交通工程原理和技术，同时兼顾当下实际的交通需求和理念，对《交通工程手册》进行了再次修订与更新。本版手册在结构、组织和内容呈现方面也与以前的版本大不相同。

此次版本修订过程中一个最重要的变化是将以汽车为中心的传统研究方法转变为以交通工程为中心的新研究方法。在本版手册中，我们希望运用交通工程理论来满足更广泛的社会需求，以保证所有道路使用者的安全、高效出行。我们试图将地面运输系统的所有参与者（包括行人、自行车、私家车/公共交通工具、急救车辆和商业工程车辆）的需求都纳入本版手册中，同时将本版手册作为交通规划、运行、控制、设计和分析基本原理和应用的首选参考资料。这种转变使我们认识到传统的、狭隘的交通解

决方案有时并不能满足所有交通参与者的需要。

本版手册还整合了当代交通工程和规划解决方案，这些方案综合考虑了设计的关联性、方法的弹性、环境的敏感性、系统的可靠性和技术的可持续性。通过运用基于性能设计和分析理念的综合设计方法，本版手册试图消除交通工程专业领域中长期存在的问题。基于性能的设计旨在设计、分析和构建不仅具有良好经济性，而且可适应不断变化的需求、用户的喜好和各种限制条件的运输系统。基于这种方法，规划人员和工程师可以量化施工前、施工期间和施工后的效益，不仅仅根据施工成本，更要根据大量可量化的成本绩效指标来做出决策。同样的，过去对设计成效的衡量主要局限于服务水平和事故降低数/率，而实际上可以采用许多其他考核指标。有人建议，未来的交通工程师除了可以作为交通绩效的定量分析员之外，还可以使用本版手册所述方法兼职"财务顾问"，对公共资金进行战略投资，以提高交通的流动性，并创建更具可持续性、弹性和宜居性的社区。

1.3 内容安排

为了体现交通工程领域各种方法的不断更新和发展，ITE 对本手册中传统技术内容的组织和表述方式进行了重大更改。本版手册根据交通工程的功用和任务将手册内容分为四个部分，并将相关主题按章节分组。这四个部分涵盖了传统技术方法以及之前版本中的主要内容，还包含了其他具有全面性、综合性、交叉性的主题内容。这些部分旨在使用并行、多模式和多用途的综合方法对道路和街道进行规划、设计、运营和管理。每个部分的章节组织遵循相似的编写模式。首先，每一章涵盖的基础内容包括该章节所处部分的基本知识以及相关参考资料［例如，《公路通行能力手册》(*Highway Capacity Manual*, HCM)、《公路和街道几何设计政策》(*A Policy on Geometric Design of Highways and Streets*, AASHTO)、《公路安全手册》(*Highway Safety Manual*, HSM)、《统一交通控制设施手册》(*Manual on Uniform Traffic Control Devices*, MUTCD) 和《公共道路通行权易行性指南》(*Public Rights – of – Way Accessibility Guidelines*, PROWAG) 等］。其次，每一章节中还描述了基础概念的应用方法，包括如何在整体设计和分析时将多个单独知识整合在一起，并按照逻辑顺序进行使用。

这种编写方式通过考虑所有类别的交通参与者和其他相关元素，可以更好地将道路与周围土地环境联系起来。这与传统的分层分析方法不同，传统方法通常先考虑车流量，然后再考虑行人和残疾人等交通群体。这种改变的目的是通过提供一种综合设计方法，培养本手册的使用者认识和掌握将某一个特定场景问题与另一个特定场景问题进行整合和交互的能力。

尽管本版手册新提出的四个部分包含了传统技术内容（以前版本的主要内容），但本版手册的组织形式还是与传统的分层交通管理方法有很大不同。

本手册的第一个部分为交通工程专业的关键基础知识提供了数学和科学依据。该部分中的章节包括概率与统计、工程经济学（第2章）和人为因素（第3章）等内容。接下来的章节分别是交通工程研究的思路和过程（第4章）、多模式服务水平的概念（第5章）以及出行需求预测（第6章）。在各章中还提供了如何在专业实践中应用这些概念的示例。

在其余的三个部分中，本手册根据道路运营功能对交通工程实践方法进行了分类，以满足读者对于设施选址、交通参与者和预期的运营环境方面的参考需求。这三个部分的内容包括：

- 不间断交通流设施（高速公路、多车道公路和两车道农村道路）的设计和运营——涵盖了不间断交通流的基础知识，以及城乡不间断交通流设施的设计和运营。
- 城镇中心和邻近的整条街道的设计和运营——将多模式服务水平的概念纳入整条街道的设计和运营中。该部分还包含与出入口管理、交通管制以及在城市和郊区街道上停车等相关的问题。
- 特殊运营注意事项——该主题涵盖了大型活动、交通事故以及紧急事件的规划、设计、调控、管理以及实施。涉及的内容包括车道管控、施工区域划分、大型活动交通管理和疏散以及特殊灾难后的恢复。

在这种编写结构下，没有专门的章节讨论诸如智能交通系统（Intelligent Transportation Systems，ITS）、交通安全、交通信号灯和交通通信策略等内容。为了进一步帮助读者查找到相关内容，我们在此处介绍涉及这些重要主题的章节。

- ITS：交通系统中关于智能交通的知识是现代交通工程师专业体系的重要组成部分。ITE 与美国交通运输部（Department of Transportation，USDOT）、研究与创新技术管理局（Research and Innovative Technology Administration，RITA）、智能交通系统联合计划办公室（Joint Program Office，JPO）以及美国智能交通协会（ITS America）合作，创办了网站 ITS ePrimer（www.pcb.its.dot.gov/ePrimer.aspx），以最新的基于 Web 模块（Knowledge Exchange：ePrimer）的形式详细介绍了 ITS。在本手册中，ITS 的组成部分将在第 8 章、第 9 章、第 10 章、第 13 章和第 15 章中进行介绍并讨论它们所要解决的问题。这些背景介绍和基础知识可以帮助读者更好地通过 ePrimer 学习 ITS。

- 交通安全：《公路安全手册》（Highway Safety Manual，HSM）中关于交通安全的概念被描述为名义安全和实质安全。通过确保交通设计和控制涉及的所有系统均符合管理手册中规定的标准，可以实现名义上的安全。手册第 3 章描述了名义安全中与人为因素相关的一些标准。本手册后面几个章节在第 3 章的基础上对功能设计相关内容进行了扩展。实质安全是通过安全措施来描述的，安全措施可通过设施的预期事故数量表示。手册第 2 章中首先介绍了与实质安全性度量有关的统计概念。第 4 章详细介绍了度量步骤，然后在第 8 章中将其应用于乡村不间断交通流中。安全问题也将在城市不间断交通流（第 9 章）、城市街道/交叉路口（第 10 章）和出入口管理（第 12 章）等具体交通场景下进行了讨论。

- 交通信号灯：在第 6 版手册中，有一个单独章节对交通信号灯进行了介绍。信号灯是交通控制设备，其布置具有关联性。在本版手册中，第 9 介绍了实现匝道控制的交通信号灯设置方案，因为交通信号灯的设置与城市不间断交通流有关；在第 10 章中讨论了信号控制的基础知识，因为信号控制是多交通方式环境中间断交通流基础知识的一部分；第 11 章在完整街道场景下扩展了交通信号灯的相关内容。

- 交通通信策略：通过各种方式与交通参与者通信是体现交通工程师职能的关键方面。我们没有在单独的章节中讨论这种需求的解决方案，而是在缓解交通影响（第 6 章）、采用多式联运交通流逐步建成完整街道（第 11 章）、出入口管理（第 12 章）、交通静化（第 14 章）、施工区域调度（第 15 章），紧急事件交通管理（第 16 章）等章节内容中从不同的细节层次探讨了该内容。

表 1.1 将手册第 6 版的内容与本版手册的功能区域和章节进行了对比，以帮助读者更快地熟悉本版手册的内容。

表 1.1 第 6 版与第 7 版手册内容对比

章节（第 6 版）	功能区域（第 7 版）	章节（第 7 版）
第 2 章 道路使用者	背景和基本原理	第 3 章 道路使用者
第 3 章 车辆	背景和基本原理 不间断交通流设施	第 3 章 道路使用者 第 7 章 连续流设施的交通流特性 第 8 章 农村地区路段及立交的设计与运营
第 4 章 交通及交通流特性	不间断交通流设施 城镇中心及邻近整条街道的设计与运营	第 7 章 连续流设施的交通流特性 第 10 章 交叉口间断交通流的设计与控制
第 5 章 交通安全①	背景和基本原理 不间断交通流设施 城镇中心及邻近整条街道的设计与运营	第 2 章 交通工程性能评估的概率统计分析技术 第 4 章 交通工程研究 第 8 章 乡村地区路段及立交的设计与运营 第 9 章 城市道路和立交桥的规划、设计与运营 第 10 章 交叉口间断交通流的设计与控制 第 11 章 完整街道和交叉口的设计与运营 第 12 章 出入口管理 第 14 章 交通静化

(续)

章节（第6版）	功能区域（第7版）	章节（第7版）
第6章 概率与统计	背景和基本原理	第2章 交通工程性能评估的概率统计分析技术
第7章 交通几何设计	不间断交通流设施 城镇中心及邻近整条街道的设计与运营	第8章 乡村地区路段及立交的设计与运营 第9章 城市道路和立交桥的规划、设计与运营 第10章 交叉口间断交通流的设计与控制 第11章 完整街道和交叉口的设计与运营
第8章 交通工程研究	背景和基本原理	第4章 交通工程研究
第9章 运营计划	背景和基本原理	第6章 出行需求预测
第10章 管理交通需求以解决拥堵：为旅客提供选择	背景和基本原理	第6章 出行需求预测
第11章 标志和路面标线①	不间断交通流设施 城镇中心及邻近整条街道的设计与运营 特殊运营注意事项	第8章 乡村地区路段及立交的设计与运营 第9章 城市道路和立交桥的规划、设计与运营 第10章 交叉口间断交通流的设计与控制 第11章 完整街道和交叉口的设计与运营 第13章 停车场设计 第14章 交通静化 第15章 作业区交通维护和施工准备
第12章 交通信号控制①	不间断交通流设施 城镇中心及邻近整条街道的设计与运营	第9章 城市道路和立交桥的规划、设计与运营 第10章 交叉口间断交通流的设计与控制 第11章 完整街道和交叉口的设计与运营
第13章 出入管理	城镇中心及邻近整条街道的设计与运营	第12章 出入口管理
第14章 停车场设计	城镇中心及邻近整条街道的设计与运营	第13章 停车场设计
第15章 交通静化	城镇中心及邻近整条街道的设计与运营	第14章 交通静化
第16章 运输项目的有效沟通①	背景和基本原理 城镇中心及邻近整条街道的设计与运营 特殊运营注意事项	第6章 出行需求预测 第11章 完整街道和交叉口的设计与运营 第14章 交通静化 第15章 作业区交通维护和施工准备 第16章 活动、意外和突发事件的交通管理
第17章 交通监管与控制①	不间断交通流设施 城镇中心及邻近整条街道的设计与运营 特殊运营注意事项	第8章 乡村地区路段及立交的设计与运营 第9章 城市道路和立交桥的规划、设计与运营 第10章 交叉口间断交通流的设计与控制 第11章 完整街道和交叉口的设计与运营 第12章 出入口管理 第13章 停车场设计 第14章 交通静化 第15章 作业区交通维护和施工准备
第18章 交通设施维护和施工分期	特殊运营注意事项	第15章 作业区交通维护和施工准备

① 第6版中该章的内容现在分布在多个章节中，相关概念在多个章节中具有关联性。

第 6 版的某些章节（如第 4 章"交通及交通流特性"）仍然可以与当前版本的某几个单独章节一一对照，而第 6 版的几个独立章节（如第 6 章）内容则已分布到当前版本的多个章节中。

除了与第 6 版手册内容形成对照外，我们还增添了交通工程师感兴趣的几个新领域，例如计划内和计划外紧急事件期间的交通管理，还有多模式服务水平。另外，并非第 6 版的所有内容都被纳入第 7 版中。例如，在讨论中断流量的概念时，请读者阅读《交通控制设施手册》（Seyfried，2013）中关于交通控制设施标准和维护的相关内容。还要注意的是，交通领域涉及的主题非常广泛，一本手册不可能完全涵盖所有主题内容。尽管如此，本手册内容所覆盖的范围仍然为决策和判断提供了宝贵的背景和基础信息，并且为读者提供了更多的参考资料和出版物，它们可以为读者感兴趣的主题提供更具体的细节内容。

《交通工程手册》新的编写方法可能给在教学中使用本出版物的教育工作者带来挑战。但是，相信学术界能够利用这些变化，将更全面的方法应用于交通工程，并利用它教育学生成为 21 世纪的交通工程实践者。

总体而言，本版手册将为读者提供更广泛、更全面的交通工程学观点和方法。本版手册旨在满足专业从业人员的需求，也适用于正在学习和建立交通工程专业知识体系的学生和学术界研究人员，所涵盖的内容通常适用于任何地点、道路类型和交通参与者。尽管本版手册的编写方式可能会给教师教学带来一些挑战，但学术界也可将这一挑战作为一种契机，将更全面的方法应用于交通工程，教育学生成为 21 世纪更全面的交通工程实践者。

参 考 文 献

Schreffler, E. N., Gopalakrishna, D., Smith, E., and Berman, W. (2012). Integrating demand management into the transportation planning process. *ITE Journal 82*(1).

Seyfried, R. (ed.). (2013). *Traffic control devices handbook* (2nd ed.). Washington, DC: Institute of Transportation Engineers.

第 2 章 交通工程性能评估的概率统计分析技术

原著：John McFadden 博士，Seri Park 博士和 David A. Petrucci 博士
译者：孙超 副教授、博士

2.1 引言

交通性能评估和交通性能评估工具开发与数据的收集和分析息息相关，交通工程师通过在交通工程实证中融入风险策略和经济分析技术，从而做出最佳的决策。本章介绍与完成这些任务相关的一些基本统计技术。应用适当的统计技术进行交通工程研究，以帮助工程师做出更明智的决策，避免擅长数据采集和分析的工程师做出错误的理解和投资决策。

交通工程解决方案的性能评估需要统计技术知识和工程经济学原理，这也有助于对多种决策方案进行长期评估。

交通工程性能评估包括与道路设计选择有关的交通安全评估和运营指标量化。虽然这一具体过程研究在本手册第 4 章中有详细说明，但本章主要探讨一些关于数据收集、分析、研究等统计分析技术，从而估计交通工程方案性能。技术估计是性能评估的一方面，但与此同时，交通工程项目长期评估还包括工程经济原则分析，因此本章除了介绍统计分析评估和交通分析技术外，还讨论了工程经济的相关概念。

2.1.1 概率统计的背景与定义

统计分析主要研究如何收集、处理、分析和解释数据，它涉及不确定性科学技术和从数据信息提取技术。统计的知识主体主要分为两部分：描述统计和推论统计。描述统计包括对样本或总体数据的收集、处理、汇总和描述。推论统计使用样本信息推导总体相关特征。总体由所有正在被研究的子集组成，而样本是总体的子集。当总体的数量很大时，采集总体数据通常是不可行或不具有成本效益，因此通常使用总体中具有代表性的样本来推断总体数据。基于总体所有的数据计算出的测量值称为参数，使用总体的子集——样本计算的测量值称为统计量。与从较小样本中计算出的统计量相比，从总体中提取的大样本数据可推导出更准确的总体参数。

需要注意的是，如果运用不完善的抽样策略或实验中的数据，那么统计结果有可能出现偏差。为了最大限度地降低这种风险，必须仔细设计用于满足特定研究需求的抽样策略。下面将介绍其中的几种策略。

2.1.2 抽样策略

一些常见的抽样策略包括：

1）简单随机抽样：是指以总体中的每个数据均具有平等机会被选择为前提，从总体中进行 n 次样本测量。

2）分层抽样：根据特定特征（例如道路的功能类别或车辆类型）将总体分为不同小组（称为分层）的样本。同一层中的所有成员都具有特定的特征，并且从每个层中随机抽取样本。

3）系统抽样：将总体分成均衡的若干部分，然后按照预先规定的规则，从每一部分抽取一个个

体,得到所需要的样本的抽样方法。

4) 集群抽样:将总体按某种特质分成若干份,每一份成为一个团体,再以随机方式抽取若干团体,然后把这些团体中的全部单位选择作为样本的一种抽样方式。

5) 便利抽样(方便抽样):使用总体中现有数据的样本。

2.1.3 误差类别

使用样本估计总体参数可能会导致两种类型的误差:

1) 抽样误差:样本测量值与相应总体测量值之间的差值,这是由样本不能完全代表总体而引起的。

2) 非抽样误差:由不良的样本设计、草率的数据收集、错误的测量仪器、问卷中的偏见或数据输入错误造成的。

2.1.4 变量

变量可以用来描述不同值的特征或属性,数据是变量的特定值(度量值或观察值),由偶然因素决定的变量称为随机变量。变量分为两类:定性变量或定量变量。定性变量可以根据某些主观特征或属性划分为不同类别,应用于定性变量的数值函数不会产生有意义的结果。定量变量可以进一步分为两类:离散型和连续型,离散变量可以采用有限或可数的值,而连续变量采用无限或不可数的值。

2.1.5 参数与非参数统计

参数和非参数是统计过程的两种广泛分类,参数检验基于总体分布的假设,最常见的参数检验假设数据近似正态分布,另一方面非参数检验不依赖于总体分布的特征。如果数据严重偏离参数检验的假设,则使用参数检验可能会导致错误的结论。因此,分析人员必须意识到与参数检验相关的假设,以评估这些假设的有效性。如果确定参数过程的假设无效,则应改用类似的非参数过程。对于小样本量($n<30$),正态性的参数假设尤其值得关注,此时非参数检验可能是一个不错的选择。如果样本是正态分布的,那么与相同大小样本的参数过程相比,非参数过程通常效果较差。

2.2 描述性统计

本节解释了与描述性统计相关的概念,包括从总体或样本中收集、组织和显示数据的方法,并给出了基本定义并解释了几个统计术语,包括集中趋势度量、离差度量、位置度量和相关性度量。

2.2.1 图形和表格

处理和展示数据是统计的一部分,称为描述性统计,它经常用于交通流量的研究中。通过数据分析可以获知,用图形和表格来表达交通数据可以节省阅读数据的时间,图形和表格还提供有关数据分布方式的信息。

频率表显示了每类数据分布情况,这些类可以涵盖所有数据值,并且每个数据值仅属于一个类。类的数量和宽度确定了类的限制与边界。其中类别频率表示一个类别的数据量。例如,表2.1和表2.2显示了66个在城市主干道上观察到的速度值,表2.3将该数据汇总为一个分为13类的频率表。确定类宽度:

$$类宽度 = (最大观测值 - 最小观测值) / 类数量$$

根据表2.1中显示的数据,类宽度由以下方式确定:

$$类宽度 = (52 - 35)/13 = 1.31$$

表2.1 城市主干道的随机地点车速　　　　　　　　　　　　　　（单位：mile/h）

49	35	37	48	52	50	43	46	41	50
43	46	45	47	44	48	42	35	53	47
46	45	45	41	40	41	39	44	52	42
40	46	53	45	48	48	47	52	49	49
44	45	40	46	45	55	51	42	46	45
47	45	44	48	41	48	46	44	49	44
49	41	38	51	54	42				

资料来源：66条道路点速度数据测量样本。内容来源于 John McFadden/Dave Petrucci。

表2.2 城市主干道的地点车速以递增顺序排列　　　　　　　　　（单位：mile/h）

35	35	37	38	39	40	40	40	41	41
41	41	41	42	42	42	42	43	43	44
44	44	44	44	44	45	45	45	45	45
45	45	45	46	46	46	46	46	46	46
47	47	47	47	48	48	48	48	48	48
49	49	49	49	49	50	50	51	51	52
52	52	53	53	54	55				

资料来源：相同的66条道路地点车速数据测量值的样本，以递增顺序排列。内容来源于 John McFadden/Dave Petrucci。

表2.3 地点车速数据的频率分布

组界	组距	组中值	组频率	相对频率	积累频率	
					数值	相关性
32.5						
	33~34	33.5	0	0.000		
34.5					0	0.000
	35~36	35.5	2	0.030		
36.5					2	0.030
	37~38	37.5	2	0.030		
38.5					4	0.061
	39~40	39.5	4	0.061		
40.5					8	0.121
	41~42	41.5	9	0.136		
42.5					17	0.258
	43~44	43.5	8	0.121		
44.5					25	0.379
	45~46	45.5	15	0.227		
46.5					40	0.606
	47~48	47.5	10	0.152		
48.5					50	0.758
	49~50	49.5	7	0.106		
50.5					57	0.864

（续）

组界	组距	组中值	组频率	相对频率	积累频率	
					数值	相关性
	51~52	51.5	5	0.076		
52.5					62	0.939
	53~54	53.5	3	0.046		
54.5					65	0.985
	55~56	55.5	1	0.015		
56.5					66	1.000
	57~58	57.5	0	0.000		
58.5						
			66	1.000		

资料来源：按速度间隔处理的同一道路地点车速数据的样本，以及按间隔（2mile/h）处理的相关频率和测量次数。内容来源于 JohnMcFadden/Dave Petrucci。

2.2.2 其他工具

直方图是频率表中信息的图形显示，图2.1是表2.1中所示数据的直方图。

还可以用点图来显示数据。条形图、帕累托图和饼图可用于显示定量或定性数据在不同类别中的分布情况。时间序列图显示数据如何在一定的时间间隔内变化，茎叶图是显示排序数据分布特征的有效手段。图形有助于揭示数据分布的重要属性，包括形状以及是否存在异常值。

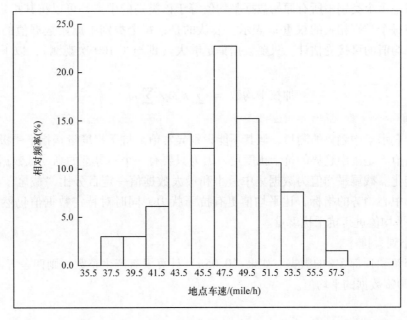

图2.1 地点车速直方图

2.2.3 集中趋势测量

1. 平均值

平均值也称为算术平均值，通过将被测数据值相加并除以测量样本数总数，得到平均值。数据的值由 X_i 表示，$\sum X_i$ 表示数据集中的值之和。当数据集由总体中的所有值组成时，计算总体平均值，数学

符号表达为

$$\mu = \frac{x_1 + x_2 + \cdots + x_n}{N} = \sum X_i / N$$

式中　μ——总体平均值；
　　　N——总体数据个数；
　　　X_i——总体中从 $i=1$ 到 $i=n$ 的值。

当数据值从样本中获得时，它称为样本平均值，符号表示为 $\bar{x}$。$\bar{x}$ 定义为

$$\bar{x} = \frac{\sum_{i=1}^{n} x_i}{n}$$

式中　n——样本数据个数；
　　　x_i——样本中从 $i=1$ 到 $i=N$ 的值。

平均值是总体测量数量的期望值（术语"平均值"和"期望值"通常是同义词）。样本平均值容易受到异常值的影响。例如，一辆特别慢速（或快速）行驶的车辆可能会影响点速度平均速度值。因此，中位数值可以优选作为集中趋势的度量。

平均值、中位数和众数都是集中趋势的度量，但是在不同条件下，某些集中趋势的度量可能比其他度量更合适。

2. 加权平均数

通常需要对数据进行分类，并对每类数据进行重复观测。使用分类间隔的中点可以计算分组数据的平均值，此过程假定每个类别中所有原始数据平均值等于该类别的中点，可以将其指定为 x。每个类别中的观测次数由与每个类别相关的权重 ω 表示。公认的是，每个类别中原始数据值的平均值可能不等于中点，但这是平均值的可接受估计。只要数据集足够大（即至少 100 次观测），以下方程式就是一个合理的近似值。

$$\text{加权平均数} = \sum x_i \omega_i / \sum \omega_i$$

3. 截尾平均值

平均值是一种表示集中趋势的测量，但其不能识别异常值。抗干扰度量是指不受极高或极低数据值影响的测量。平均值不是集中趋势的抗干扰度量，因为只要有一个不寻常的高或低数据值，平均值就可以发生实质性的变化。截尾平均值为数据集中最小和最大数据值一定百分比"截尾"后剩余的数据均值，它是一种衡量中心趋势的指标，比平均值更有抗干扰力，同时对特定数据值仍然敏感。通常使用 5% 或 10% 的截尾平均值进行抗干扰度量。

- 将数据从小到大排序。
- 删除底部 5% 和顶部 5% 的数据。如果 $(0.05n)$ 计算没有产生整数，则四舍五入到接近的整数。
- 计算剩余 90% 数据的平均值。

4. 中位数

中位数（第 50 百分位数值，第二个四分位数，或 Q2）是观测值从最小到最大排列的数据集中的中间点。数据集中位数的计算取决于观测数 n 是偶数还是奇数。下面给出了中位数的计算步骤：

- 列出从最小值到最大值的所有数据点。
- 如果 n 是奇数，中位数是数据位置 $(n+1)/2$ 的数字。
- 如果 n 是偶数，选择两个中间值，中位数是这两个值的平均值。

5. 众数

众数是数据集中最常出现的值，有时将其解释为代表目标人群中最典型的案例。数据集可以没有众

数、一个众数或多个众数。仅具有一个出现频率最高的值的数据集被称为单峰，具有两个以相同最大频率出现的数据集称为双峰，而这两个值都被认为是众数。具有两个以上众数值的数据集是多众数。最后，如果数据集没有重复值，则说它没有唯一众数。

可以将交通数据集分组为类，并且对于该分组的数据，具有最大频率的类间隔被称为众数组。

示例：考虑表2.4中的速度数据，这些数据是沿两车道乡村道路放置的雷达速度监控器在一天的时间内获取的。

该数据集的众数组是什么？

解决方案：众数组是此数据集的相关度量，数据集是单峰的，众数组为25~29.99mile/h。

表2.4 两车道乡村道路分组速度值

速度/(mile/h)	被测车辆数
0~4.99	3
5.00~9.99	17
10.00~19.99	28
20.00~24.99	35
25.00~29.99	45
30.00~34.99	38
35.00~39.99	24
>40.00	15
总计	205

注：这个示例是以5mile/h的速度增量分组的双车道乡村道路的样本车速数据。资料来源：John McFadden/Dave Petrucci。

2.2.4 离散度测量

离散度描述了一个数据集的传播特性，在本章中考察的离散度包括范围、方差、标准差和变异系数。

1. 范围

范围定义为给定数据集中最高值和最低值之间的距离，设范围R表示为$R=$最大值$-$最小值，该范围不能抵抗异常值，因为单个极高或极低的数据值可以显著影响范围。

2. 方差

方差用来度量随机变量和其均值之间的偏离程度。根据数据集是样本还是整个总体，有两个公式可以计算这两种不同的方差。总体方差用符号σ^2表示，总体方差公式如下：

$$\sigma^2 = \frac{\sum(x_i-\mu)^2}{n}$$

式中 x_i——i从1到n的x值；
μ——总体平均数；
n——总体容量。

样本方差用符号S^2表示。采用前面的符号，样本方差的公式如下：

$$S^2 = \frac{\sum(x_i-\bar{x})^2}{n-1} = \frac{S_{xx}}{n-1}$$

式中 x_i——i从1到n的x值；
$\bar{x}$——样本平均数；
n——样本容量。

计算总体平均值的方程式与样本平均值的差别在于分母，对于总体方差，n 是分母，而对于样本方差 $(n-1)$ 是分母。这是为了解释使用样本方差作为总体方差估计所产生的潜在偏差。我们用观测值 (x_i) 和平均值（样本）之间的平方差之和除以 $n-1$，而不是 n，来解释样本的不确定性。随着样本容量的增大，样本方差和总体方差之间的差异变小。S^2 是总体方差的无偏估计，为了避免少量样本带来的偏差，S^2 的表达式的分母必须是向量 $(x_1-\bar{x},\cdots,x_n-\bar{x})$ 的自由度，因此是 $(n-1)$ 而不是 n。

3. 标准差

标准差是一个广泛使用的表示样本离散程度的统计量，这是因为标准差的单位和被分析变量的单位是一样的。总体标准差是总体方差 σ^2 的平方根，总体标准差 σ 的定义是

$$\sigma = \sqrt{\frac{\sum (x_i - \mu)^2}{n}}$$

式中　x_i——i 从 1 到 n 的 x 值；

　　　μ——总体平均数；

　　　n——总体容量。

样本标准差用符号 S 表示。采用单个值 x_i 与样本和的平均值一样的符号，样本标准差的公式如下：

$$S = \sqrt{\frac{\sum (x_i - \bar{x})^2}{n-1}}$$

式中　x_i——i 从 1 到 n 的 x 值；

　　　$\bar{x}$——样本平均值；

　　　n——样本容量。

4. 变异系数

变异系数的计算方法是用标准差平均值除以总体标准差或样本标准差，由此产生的统计数据称为样本或数据集的变异系数（CV）。变异系数通常用百分比来表示。

$$样本：CV = (S/\bar{x}) \times 100\%$$

$$总体：CV = (\sigma/\mu) \times 100\%$$

式中　σ——总体标准差；

　　　μ——总体平均值；

　　　S——样本标准差；

　　　$\bar{x}$——样本平均值。

CV 是无单位的，可以对来自不同总体的测量值进行比较。

2.2.5　相对位置测量

本节回顾统计学中的两个位置度量：百分位数和异常值。

1. 百分位数

现在我们将研究位置的度量，特别是百分位数值。在我们的数据分布严重倾斜甚至是双峰分布的情况下，可以利用数据的相对位置而不是精确位置来更好地总结分布情况。中位数是衡量中心趋势的指标，也是衡量位置的指标（第 50 百分位数值）。Pth 百分位数的一般定义是：P 是整数（其中 $1 \leq P \leq 99$），分布的 Pth 百分位数是一个值，它表示使 $P\%$ 的数据下降到低于它，$(100-P)\%$ 的数据下降超过这个水平。有 99 个百分位数，理想地将数据分成 100 个等份。有几种方法来计算百分位数，包括：

- 将数据从最小值排序到最大值。
- 百分位数值（十进制格式）$\times (n+1) = $ 第 i 个值。

- 第 i 个值表示 Pth 百分位数值。

最常见的百分位数值是第 25（Q1）、第 50（Q2 或中位数）和第 75（Q3）百分位数，也分别称为第 1、第 2 和第 3 分位数。Q1、Q2 和 Q3，以及我们数据集中的最小值和最大值，表示五个数字的汇总情况，如图 2.2 所示。

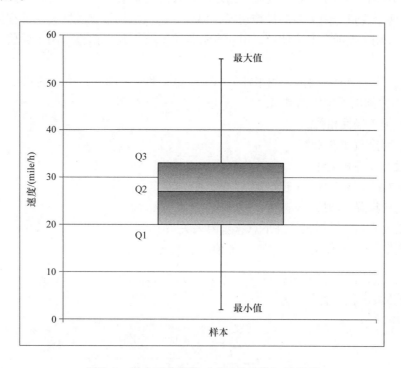

图 2.2　样本百分位数（或四分位数）速度值

2. 异常值

异常值是指数据集中某个测量值与其他测量值有很大不同的观测值。异常值可能是由于数据的随机波动或非抽样误差（例如，数据记录误差）造成的。异常值的识别通常使用工程判据和客观判据的结合。这一标准包括建立"围栏"，所有数据值都要与之进行比较。任何低于"下围栏"或高于"上围栏"的数据值都可以被视为异常值。

围栏可以通过数据的平均值和标准差来确定。平均值上下的 2.0 或 2.5 个标准偏差范围是识别低层和高层围栏的一种方法。另一种用来识别上下围栏的方法是

$$下围栏 = Q1 - 1.5 \times IQR$$
$$上围栏 = Q3 - 1.5 \times IQR$$

式中　Q1——第 1 分位数（百分位数值 25）；
　　　Q3——第 3 分位数（百分位数值 75）；
　　　IQR——四分位范围 IQR = Q3 - Q1。

使用百分位数建立围栏有时比平均值和标准差方法更受欢迎，因为事实上平均值和标准差并不能很好地识别出异常值。

在性能评估中，界定出行时间可靠性的框架通常依赖于本节所述的基本度量。在"中心性-离散性"方法中，需要最小化的目标函数是预期出行时间和实际出行时间可变性的组合。预期出行时间表示为出行时间分布的中心度量（例如，平均数或中位数）和出行时间可变性度量，即出行时间分布的离散程度。可变性的衡量标准包括标准差、四分位距和百分位数差异（Carrion & Levinson, 2012）。

2.2.6 相关性分析

有时我们想要确定两个变量之间是否存在关系。第一种方法是建立应变量（y_i）和预测变量（x_i）的散点图。散点图需要提供关于 x 和 y 成对数据之间存在的关系信息。在检查散点图时，如果呈一条线趋势，该线是描述两个变量之间关系的最佳选择，那么下一步就是量化线性关系的程度。皮尔逊相关系数或简单相关系数（用 r 表示样本统计量，用 ρ 表示总体参数）是数据集中两个数值变量之间相关性的度量。

样本相关系数 r 是一个测量数值，用来评估两个变量 x 和 y 之间线性关系的强度。r 的特征主要有：

① r 是 -1 和 1 之间的无单位测量值。
② $r=1$ 表示完全正线性相关。
③ $r=-1$ 表示完全负线性相关。
④ $r=0$ 表明没有线性相关性。
⑤ 正线性相关意味着 x 增加，y 也增加。
⑥ 负线性相关意味着 x 增加，y 减少。
⑦ 强正线性相关或强负线性相关并不意味着因果关系。
⑧ 任何一个变量被转换成不同的单位，r 的值不会改变。

为了计算相关系数，设 X 和 Y 的观测值为 (x_1,y_1)，(x_2,y_2)，$\cdots$，(x_n,y_n)，并设 $\overline{X}$ 和 $\overline{Y}$ 为各自的样本平均值。相关系数 $\rho_{X,Y}$ 被定义为

$$\rho_{X,Y} = \frac{\sum_{i=1}^{n}(x_i - \overline{X})(y_i - \overline{Y})}{\sqrt{\sum_{i=1}^{n}(x_i - \overline{X})^2}\sqrt{\sum_{i=1}^{n}(y_i - \overline{Y})^2}}$$

相关系数的值在 -1 和 $+1$ 之间变化。如果 X 和 Y 相互独立，则 r 为零，如果它们完全线性相关，则 r 为 ±1。

2.3 概率

统计和概率是数学中密切相关的领域，概率是完成统计工作的媒介。概率旨在描述从已知总体中抽取样本后会发生什么，统计学描述了如何获得样本，以及如何对未知总体做出推论。图 2.3 是总体和样本之间关系的一个与概率统计和推论统计有关的示例。

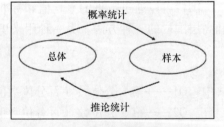

图 2.3 概率统计和推论统计的关系

一个统计实验或观测是随机事件，但实验结果是明确的，即一个简单的事件有且仅有一个实验结果。样本空间（s）是所有事件（A）的集合，给定一个实验和一个事件（A），事件（A）发生的概率可以定义为重复实验时发生事件（A）的次数和总实验次数的比例，用符号 $P(A)$ 表示，如下所示：

$$P(A) = 样本空间中发生事件(A)的次数/总事件数$$

任何事件的概率都是 $0 \leqslant P(A) \leqslant 1$。当 $P(A)=0$ 时，此事件不可能发生，当 $P(A)=1$ 时，事件 A 是确定发生的。如果 $P(A)$ 是事件 A 发生的概率，则事件 A 没有发生的概率定义为（A）的补集，用符号表示为 $P(A^C)$。因此，$P(A^C) = 1 - P(A)$ 或 $P(A) + P(A^C) = 1.0$。样本中所有事件的概率总和为 1.0。

1. 加法规则与一般加法规则

如果两个事件（A）和（B）都可能发生但不能同时发生，那么事件（A）和（B）是互斥的，$P(AB)=0$。当两个事件相互排斥时，使用加法规则计算（A）或（B）发生的概率，其中 $P(A+B)=P(A)+P(B)$。如果两个事件不互斥，则使用一般的加法规则，即 $P(A+B)=P(A)+P(B)-P(AB)$。

2. 乘法规则与一般乘法规则

如果两个事件（A）和（B）是独立的事件［例如，（A）的发生对（B）的发生没有影响，反之亦然］，那么可以用乘法规则计算（A）和（B）发生的概率，其中 $P(AB)=P(A)P(B)$。当两个事件（A）和（B）不独立时，事件（A）和（B）发生的概率用一般乘法规则计算，其中 $P(AB)=P(A)P(B|A)$，这里是事件（A）发生的概率乘以事件（A）已经发生时事件（B）发生的概率。

示例：一个司法管辖区内一系列类似的乡村交叉路口两年的碰撞数据：

碰撞总数：212

受伤（I）碰撞：25

侧面（A）碰撞（总数）：67

侧面碰撞并受伤（AI）：20

确定侧面碰撞和受伤碰撞是否是互斥事故，以及是否有证据支持这些事件的独立性。解决方案：相关概率计算如下：

$$P(I)=25/212=0.118$$
$$P(A)=67/212=0.316$$
$$P(AI)=20/212=0.094$$

请注意，这些是给定碰撞发生的概率，与碰撞结果相关。换句话说，如果在这些乡村路口发生车祸，受伤的概率是0.118。因为 $P(AI)$，即 $P(A 和 I)\neq 0$（这是互斥的要求），所以侧面碰撞和受伤碰撞不是互斥的。评估独立性的一项检验显示：

I 和 A 是独立的，意味着 $P(AI)=P(A)P(I)=0.316\times0.118\approx0.037$

因为 $P(AI)=0.094$ 显著高于 0.037，所以可以得出结论，侧面碰撞和受伤碰撞不是独立的。注：即使侧面碰撞和受伤碰撞是独立的，但是随着时间推移抽样不断变化，$P(AI)$ 不会完全与 0.037 相等。因此，需要额外的统计工具来说明这些自然波动，以便对独立性进行严格检验。

3. 计数技巧

由前文可知，$P(A)$ 是 A 可能（或实际）发生次数除以样本空间 S 总数目的比率，这个概率公式要求确定样本空间中的结果数，本节提供了一种如何在大样本中确定全部结果的工具。树形图是一种工具，它可以直观地显示由一系列事件组成的实验结果的总数，树形图表明了结果的总数以及每个单独的结果。如图2.4所示是一个树形图的示例，它显示了三次匹配可能产生的8种结果，这些结果可能导致匹配成功或失败。

乘法规则用于计算一系列事件 E_1 到 E_m 的结果总数，以及事件的 n_1 到 n_m 种可能结果。乘积 $n_1 n_2 \cdots n_m$ 是这一系列事件 E_1 至 E_m 可能产生的结果总数，例如，如图2.4所示，总共有三个事件（匹配1、2和3），每个事件只有两个结果（W，L）。因此，结果的总数 = $2\times2\times2=8$。

随着事件的数量和结果变得越来越复杂，为便于表示，利用阶乘进行计算。阶乘用于计算结果，阶乘用 $n!$ 表示，即

$$n!=n(n-1)(n-2)\cdots1$$

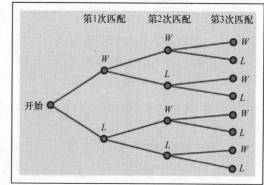

图 2.4 样本树形图

根据定义，0! =1，1! =1。当我们从 n 个对象中考虑 r 个对象的一些有序排列时，产生的排列数可以用排列的计数规则计算出来，如下：

$$P_{n,r} = \frac{n!}{(n-r)!}$$

式中　n 和 r——整数，n 大于或等于 r。

另一种表达方式是 nPr。

当从 n 个对象中选择 r 个对象时，顺序并不重要，这被确定为一个组合，每次选择 r 个对象组合的数目是

$$C_{n,r} = \frac{n!}{r!(n-r)!}$$

式中　n 和 r——整数，n 大于或等于 r。

另一种表达方式是 nCr。

选择何种方式展示实验结果？
① 如果实验由一系列不同结果组成，使用乘法规则或树形图。
② 如果结果由一组 n 个对象中的 r 个对象有序组合组成，则使用排列规则 nPr。
③ 如果结果由一组 n 个对象中的 r 个对象的无序组合组成，则使用排列规则 nCr。

2.4　概率分布

交通工程师在进行交通研究时经常使用速度测量或交通流量计数，这些测量/计数相关的分布与应用于这些数据的统计分析技术类型有关。本节研究离散（可数或有限数目的结果）和连续（不可数/无限数目的结果）的概率分布。

如果 x 在给定的实验或观察中取值是一个随机结果，则变量 x 是一个随机变量，概率分布是对离散随机变量每个不同值或连续随机变量每个值区间进行概率分配。

2.4.1　离散概率分布

本节将探讨交通工程分析中常见离散概率分布，离散型随机变量的概率分布特征是：
① 概率分布对随机变量的每个不同值都赋予一个概率。
② 所有赋值概率的和必须是1。

对于任何离散的概率分布，可能都需要计算平均值和标准差，这可以通过以下方法实现：

$$\mu = \sum x_i P(x_i)$$

$$\sigma = \sqrt{\sum (x_i - \mu)^2 P(x)}$$

式中　μ——离散概率分布的平均值；
　　　σ——概率分布的离散标准差；
　　　x——随机变量的值；
　　　x_i——i 从 1 到 n 的 x 值；
　　　$P(x)$——该变量的概率。

1. 二项式概率分布/二项式实验

二项式概率分布研究了在一定数量的伯努利实验中事件取得成功的概率。伯努利实验具有以下特点：

① 试验次数固定，用 n 表示。

② 每个试验有两个独立的结果，通常被确定为成功（S）和失败（F）。

③ 在相同的条件下，n 次试验是独立的和重复的。

④ 在每个试验中，成功的概率是相同的，并用 p 表示。失败概率等于 $1-p$，用 q 表示。

具体来说，二项式概率分布如下：

$$P(r) = \frac{N!}{r!(N-r)!}p^r q^{N-r}$$

式中　N——试验次数；

$P(r)$——指定事件在 N 次试验中发生 r 次的概率；

p——指定事件在单次试验中发生的概率。$q = 1-p$。

二项式分布的平均值是 n 次试验的预期成功次数，计算方法是

$$\mu = np$$

式中　μ——预期的成功次数；

n——试验次数；

p——成功概率。

示例：假设在一个不受控制的 T 形交叉路口，车辆在 15s 内从旁路接近交叉路口并右转入主干道的概率是 1/5。求出在 1min 内，有 0、1、2、3 或 4 辆车到达并右转的概率。

解决方案：这里的实验被定义为车辆在 T 形交叉路口的运动，存在两个互斥事件：一个是一辆车从旁路到达并向右转弯，另一个是向左转弯。右转的概率不会随着实验而改变，所有基于二项式分布的假设都得到了满足。因此，$p = 1/5$ 和 $q = 4/5$。请注意：

N = 试验次数 = 15s，1min 内的间隔数 = 4

因此分布为

$$P(r) = \frac{4!}{r!(4-r)!}p^r q^{4-r}, \quad r = 0,1,2,3,4$$

在前面的等式中用 r、p 和 q 代替所需的值，得到：

$$P(r=0) = 256/625 = 0.4096$$
$$P(r=1) = 256/625 = 0.4096$$
$$P(r=2) = 96/625 = 0.1536$$
$$P(r=3) = 16/625 = 0.0256$$
$$P(r=4) = 1/625 = 0.0016$$

因此，最多四辆车可以在 1min 内右转，与 0、1、2、3、4 相关的概率之和应该等于 1，如上式所示。

2. 泊松分布

泊松分布是二项式分布的一个特例，适用于有大量试验（n）同时发生率（p）非常小的情况。在这些限制情况下的二项式分布表现为泊松分布，并表示为

$$P(r) = \frac{(np)^r e^{-np}}{r!}$$

式中　n——试验次数；

$P(r)$——n 次试验中发生 r 次的概率；

p——在单次试验中指定事件发生的概率。

当 n 大于 50，p 小于 0.1 时，泊松分布通常有效。泊松分布模型被广泛用于描述车辆的随机到达规律。给定 r 发生的概率，泊松分布是 $r = 0, 1, \cdots, n$ 发生次数的加权平均数。

在没有拥堵的交通条件下，用泊松分布描述车辆到达规律是最合适的。

这些观测是在预定时间间隔内发生事件（例如到达次数）的即时计数。在交通流到达模型中，np 是单位区间内的平均车辆数。按照惯例，λ 是每秒平均到达率。如果 t 是时间间隔，比如以 s 为单位，那么在所述时间间隔内的平均车辆数就是（λt），或者

$$np = \lambda t$$

取而代之的是，泊松概率是有 r 辆车在时间间隔 t 到达的概率：

$$P(r) = \frac{(\lambda t)^r e^{-\lambda t}}{r!}$$

其中 λ 和 t 用同一个时间单位表示，λ 为泊松分布的平均值。

示例：一位工程师在高速公路的指定位置设计交通量为 360 辆/h。假设这些车辆的到达是正态分布的，估计在 20s 的间隔内有 0、1、2、3、4、5 或更多的车辆到达的概率。平均到达率为 360 辆/h，即为每秒 0.1 辆。在 $t = 20$s 内，0、1、2、3、4 或超过 4 辆车到达的概率是

$$P(0) = \frac{(0.1 \times 20)^0 e^{-0.1 \times 20}}{0!} = 0.135$$

$$P(1) = \frac{(0.1 \times 20)^1 e^{-0.1 \times 20}}{1!} = 0.271$$

$$P(2) = \frac{(0.1 \times 20)^2 e^{-0.1 \times 20}}{2!} = 0.271$$

$$P(3) = \frac{(0.1 \times 20)^3 e^{-0.1 \times 20}}{3!} = 0.180$$

$$P(4) = \frac{(0.1 \times 20)^4 e^{-0.1 \times 20}}{4!} = 0.090$$

$$P(\geqslant 5) = 1 - P(\leqslant 4) = 1 - 0.135 - 0.271 - 0.271 - 0.180 - 0.090 = 0.053$$

2.4.2 负二项式分布

碰撞次数是离散的正数，而且通常很小，同样，致死的碰撞事故和伤害事故概率也很小。事故的分布往往是不明确的，许多地点很少发生事故，而少数地点发生的事故相对要多得多。在处理罕见的离散事件时，比如交通到达和碰撞事故时，可以使用泊松分布。数据本身的过度分散性（例如，碰撞次数的方差通常超过了平均值），负二项式分布是一种灵活的分布，能够有效地模拟过度分散的计数数据。这种分布有两个参数：平均值和离散参数。当离散参数接近零时，负二项式分布接近泊松分布。

2.4.3 连续概率分布

一个随机变量在其区间内能够取任何数值时，则这个随机变量是连续的，很多概率事件都是连续性事件。概率分布描述一个离散或连续的随机变量的每个不同值或范围的概率。最能解释随机变量概率密度的数学函数被定义为概率密度函数，这个函数可以用来估计变量值范围的可能性，例如 $p(10 < x < 20)$。这个区域可以通过积分来计算。

1. 正态概率分布

Carl F. Gauss 提出的正态分布是最常见的统计学分布之一，也被称为高斯分布。正态分布定义为

$$f(x) = \frac{1}{\sigma \sqrt{2\pi}} e^{-\frac{(x-\mu)^2}{2\sigma^2}}$$

正态分布中的参数包括平均值（期望值）和标准差，平均值也是服从正态分布的随机变量的中位数。正态分布如图 2.5 所示。

由于在正态分布下 μ 和 σ 包含无限个组合，这导致正态分布具有复杂性。因此构造了一个 $\mu = 0$ 和 $\sigma = 1$ 的标准正态分布，并用 $N(0, 1)$ 表示标准正态分布。任何具有 $N(\mu, \sigma)$ 的正态分布变量的 x 值，

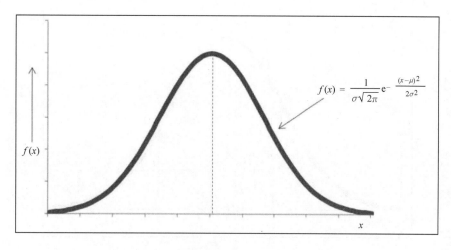

图 2.5 正态分布

在标准正态分布下用以下公式进行等价转换：

$$z = x - \mu/\sigma$$

z 是标准偏差，表示 x 值的相对位置，对于任何含有 $N(\mu, \sigma)$ 的正态分布变量，其相对位置是标准偏差。当通过观察 z 值和相应区域来检查标准正态表时，可以对 x 的可能值进行评估。

例如，某一特定地点的车速大致呈正态分布，平均车速为 50mile/h，标准差为 5mile/h。车速大于 55mile/h 的概率是多少？随机观测到的车速在 50~60mile/h 的概率是多少？

$$\mu = 50, \sigma = 5$$

$$z(x) = \frac{x - \mu}{\sigma}$$

$$z(55) = (55 - 50)/5 = +1.0$$

这可以解释为 "55mile/h 的车速比平均值高 1 个标准差"。从一个标准的普通表格来看，$z = +1.0$ 左边的面积是 0.8413，即有 84.13% 的可能性让随机选择的车速小于 55mile/h。因此，随机选择的车速大于 55mile/h 的概率 = 1 - 0.8413，即 15.87%。

计算得到 $x = 40$ 和 $x = 60$ 的 z 积分：

$z_{40} = (40 - 55)/5 = -2.00$（$z = -2.00$ 的左边面积为 0.0228，即 2.28%）

$z_{60} = (60 - 50)/5 = +2.00$（$z = +2.00$ 的左边面积为 0.9772，即 97.72%）

因此，随机选择的车速在 40~60mile/h 的概率是 97.72% - 2.28%，即 95.44%，如图 2.6 中 $-z$（或 z_1）和 $+z$（或 z_2）之间的区域所示。

在交通工程中，一个行动或决策取决于价值的分布参数（平均值和标准差）。如果没有测量离散度的标准差，点估计在统计学上就没有意义。为了研究事物的风险/置信水平，离散度的度量是非常必要的。

2. 中心极限定理

尽管事实上许多交通工程变量不是正态分布的，在某些情况下仍然可以使用中心极限定理将正态分布应用到这些变量。任意中心极限定理的概率分布表明，如果 x 分布的平均值为 μ 和标准差为 σ，当 n 无限增加时，n 个数据的随机样本平均值 $\bar{x}$ 将接近平均值和标准差（标准误差）$\sigma/\sqrt{n}$ 的正态分布。这意味着 $\bar{x}$ 的平均分布可以是任何分布，但是随着样本量的增加，在 $n \geq 30$ 时，$\bar{x}$ 的分布趋近于正态分布，同时可以接受其收敛性。

3. 关于样本平均值 $\bar{x}$ 的概率

取一个随机变量 x，它有任意概率分布，其中：

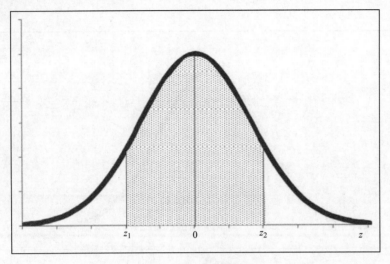

图2.6 正态分布的面积

$$n = 样本容量$$
$$\mu = x \text{ 分布的平均值}$$
$$\sigma = x \text{ 分布的标准差}$$

如果 x 的分布是正态的,那么 $\bar{x}$ 的分布也是正态的。但是,如果分布样本大小≥30,那么,根据中心极限定理,$\bar{x}$ 分布大约是正态的。在这种情况下,我们可以使用以下公式将 $\bar{x}$ 转换 z:

$$z = \bar{x} - \mu/(\sigma/\sqrt{n})$$

然后,我们可以使用标准正态分布来求出与 $\bar{x}$ 相关事件的相应概率。

2.5 置信区间和假设检验

2.5.1 σ 已知,估计 μ

由于时间和成本的限制,获取总体数据来计算交通工程参数通常是不现实的,因此有必要估计总体平均值 μ 或比例 p。假定总体的标准差 σ 是已知的,x 分布是正态的(或基于中心极限定理),样本量为 $n \geq 30\bar{x}$,总体平均值 μ 估计使用两个值:点估计 $\bar{x}$ 和误差范围(E)。使用下面的公式构造置信区间来估计总体平均值 μ:

$$\bar{x} \pm 误差范围(E)$$

其中,

$$E = z_c \times \left(\frac{\sigma}{\sqrt{n}}\right) 或 \bar{x} \pm z_c \times \left(\frac{\sigma}{\sqrt{n}}\right)$$

式中 $\bar{x}$——样本平均值;
  z_c——置信水平 c 的临界值(基于标准正态分布);
  σ——总体标准差;
  n——样本容量。

置信水平以百分比表示,通常以 $(1-\alpha) \times 100\%$ 的置信水平来量化,其中可接受风险与不含置信区间的真实参数值有关。

示例:在城市道路上观察到 36 辆汽车的平均车速为 $\bar{x} = 25\text{mile/h}$。假设总体标准差 σ 为 3mile/h,找出平均车速的 95% 置信区间。

$$\bar{x} \pm z_c \times (\frac{\sigma}{\sqrt{n}})$$

$$25 \pm 1.96 \times (\frac{5}{\sqrt{36}})$$

95%置信区间为 25 ± 1.63 或 [23.37 至 26.63]

$z_c = 1.96$ 是从标准的正态分布表中获得的,其中 z_c 是从指定置信区间的区域获得的。z_c 约束置信水平,如果 1 - 置信区间 = α,那么每个尾部的面积就是 $\alpha/2$。因此,对于 95% 的置信区间,$\alpha = 0.05$ 和 $\alpha/2 = 0.025$,0.25 的左尾区域为 $-z_c = -1.96$,右尾区域为 0.975,即 $+z_c = +1.96$。

95% 置信区间的解释表明,从长远来看,这条路上的车速平均值在 100 个重复随机抽样中有 95 次位于该区间。

2.5.2 σ 未知,估计 μ

在可能的情况下,总体的标准差 σ 是未知的,x 分布是正态的(或基于中心极限定理),样本量为 $n \geq 30\bar{x}$,总体平均值 μ 的估计使用两个值:点估计 $\bar{x}$ 和误差范围(E)。使用下面的公式构造一个置信区间,作为总体平均值 μ 的估计:

$$\bar{x} \pm 误差范围(E)$$

其中,

$$E = t_{c,\alpha,df} \times (\frac{s}{\sqrt{n}})$$

即

$$\bar{x} \pm t_{c,\alpha,df} \times (\frac{s}{\sqrt{n}})$$

式中 $\bar{x}$——样本均值;

$t_{c,\alpha,df}$——$n-1$ 个自由度 t 分布的置信水平 c 临界值(df);

s——样本标准差;

n——样本容量。

1. 假设检验

假设检验是一种统计过程,通过这种统计过程,我们检验基于样本估计的总体参数假设值的可能性。第一步是建立一个有关总体参数的原假设,这种假设被称为零假设,即 H_0,这是统计学假设。

另一种假设是,证据或数据表明 H_α 被拒绝。该假设不同于零假设,它可以是三种可能性之一:$H_\alpha: \mu \neq \#$,$H_\alpha: \mu > \#$,或 $H_\alpha: \mu < \#$。

显著性水平(1 - 置信水平)是犯 I 类错误或拒绝 H_0 的概率,而实际上 H_0 是真的。当原假设为真时,显著性水平反映拒绝原假设可接受的风险。一个合适的显著性水平是由拒绝零假设而事实上它是真实的,产生的严重程度决定的。(Veeregowda, Bharali, Washingron, 2009)

当 H_α 大于或小于 μ 时,这是一个单边的假设检验;在这种情况下,在左侧或右侧尾部中有一个 α。当 $H_\alpha \neq \mu$ 时,右边有两个拒绝区域 $\alpha/2$,左侧尾部 $\alpha2$。这是一个双边的假设检验。

为了提供对比,α 值为 0.05 时,在检验统计分布曲线尾部临界区域内放置 5%,而双边检验在检验统计分布曲线的两侧尾部放置 2.5%。

在假设检验中可能出现两种类型的错误:

① 第一类错误——原假设在事实为真时被拒绝。

② 第二类错误——原假设在事实为假时被接受。

出现 I 类错误的概率是显著性水平 α,出现 II 型错误的概率表示为 β。

2. 假设检验类型

1) 方差已知的假设检验。与置信区间估计类似，假设检验也取决于总体方差是否已知。当 σ 已知时，我们进行 z 测试并使用正常的标准测试统计数据：

$$z = \frac{\bar{x} - \mu}{\sigma/\sqrt{n}}$$

式中 z——检验统计量；
$\bar{x}$——样本平均值；
μ——假设总体平均值；
σ——总体标准差；
n——样本容量。

2) μ 和 σ 未知的假设检验。当 σ 未知时，使用 t 分布进行检验：

$$t = \frac{\bar{x} - \mu}{s/\sqrt{n}}$$

式中 t——检验统计量；
$\bar{x}$——样本平均值；
μ——假设总体平均值；
s——样本标准差；
n——样本容量。

使用临界 t 或 z 值，通过比较 p 值与 α 作为假设检验结论的评判标准，其中 p 值反映某一事件发生的可能性大小。当测试统计数据 t 或 z 位于可接受的区域（临界 t 或 z 值）内时，接受 H_0。当 $p < \alpha$ 时，拒绝 H_0；当 $p > \alpha$ 时，接受 H_0。

2.6 回归建模

回归分析可以量化一个因变量和一个或多个自变量之间的关系。例如，工程师可能对发出的强制罚单（Y）的数量感兴趣，并且其为交通量（X）的函数。

2.6.1 线性回归

线性回归模型通过数据之间的直线（线性）拟合来量化函数关系。具有一个独立变量的线性回归模型如下：

$$y_i = \alpha + \beta_1 x_{1i} + \varepsilon_i$$

式中 y_i——试验中因变量的值；
α——截距；
β_1——已知或"估计"参数（自变量系数）；
x_{1i}——试验中自变量的已知值；
ε_i——随机误差项。

该模型使用自变量（x）来计算因变量（y）的结果，通用的线性回归模型一般使用最小二乘法（OLS）来估计参数，即该线性回归模型为最小化因变量平方误差项。

一旦建立了回归模型，确定模型的拟合优度和估计参数的统计显著性是非常重要的。常用的拟合优度检验包括 R^2、残差分析和假设检验。统计显著性可以通过整体拟合的 F 检验、个别参数的 t 检验来实现。这些诊断测试的解释很大程度上依赖于模型的假设。虽然残差分析可以使模型失效，但是如果模型的假设被违反，t 检验或 F 检验的结果有时更难被解释。测定系数（R^2）用来量化回归模型所解释的变异量，$(1-R^2)$ 产生了模型所不能解释的变异量。

2.6.2 多元线性回归

多元线性回归分析使工程师能够检查一个因变量 Y 和两个或更多的自变量 X_1，X_2，$\cdots$，X_M 之间的关系，其中线性关系是

$$Y = a_0 + a_1 X_1 + a_2 X_2 + \cdots + a_M X_M$$

通常它能准确地捕捉变量之间的关系。和线性回归分析一样，多元线性回归模型定义如下：

$$Y = a_0 + a_1 X_1 + a_2 X_2 + \cdots + a_M X_M + e$$

多元线性回归/简单线性回归模型都有相同的假设，这些假设都是为了建模而定义的。需要注意的是，交通工程师经常需要应用计数数据回归模型，例如《公路安全手册》中的安全性能函数。这些模型在安全评估前后的应用将在本章后面讨论。然而，计数数据模型的估计和诊断评价超出了本书的范围，感兴趣的读者可以在解决分类数据分析问题的教科书中找到这些模型的理论背景（Agresti，2014）。

2.7 财务分析与工程经济学

工程经济学是工程师用来帮助优化项目决策的经济学分支，另外，还可以应用工程经济学进行各种不同的分析。工程经济分析主要关注不同时期发生的成本、收益和效益。本节介绍工程经济学的基本概念、效益/成本比率分析和风险管理，并举例说明。

任何交通工程解决方案实质上都是以实现解决方案为目的，从而达到用户期望的结果。工程经济学的概念指导评估解决方案，是探索方案是否超过成本以及超过多少的过程。

2.8 工程经济学的基本概念

2.8.1 货币时间价值、利息、利率、等价物、现金流量和收益率

在经济学中，价值是衡量一个人对某种商品或服务满意程度的量度。利息定义为货币在一定时期内的使用费，而利率是指一定时期内利息额与借贷资金额（本金）的比率（Park，2013 年）。人们普遍认为，现在的一元比将来的一元更值钱，因为它可以赚取利息（Sullivan，Wicks，Koelling，2012 年），这种利益与时间的关系引出了货币时间价值的概念。每当工程及其他商业项目和风险投资需要资金时，必须适当考虑其成本（即时间价值；Sullivan，Wicks，Koelling，2012）。有两种计算利息的方法：单利和复利。为了进一步说明这些方法，引入了以下变量：

P：本金，在交易中投入或借入的初始金额。
I：赚取的利息总额。
i：利率，货币的成本或价格，以每段时间的百分比表示。
n：利息期限，一个确定利息计算频率的时间段。

1. 单利

单利是仅根据原始金额（而不是应计利息）计算的利息（Newnan，Eschenbach，Lavelle，2011）。

$$I = (iP)n$$

因此，利息期结束时可用的总金额 F 为

$$F = P(1 + in)$$

2. 复利

复利是根据剩余本金加上所有累计利息费用收取的利息。因此,利息期结束时可用的总金额 F 为

$$F = P(1+i)^n$$

例如,交通银行为一个储蓄账户提供6%的年利率。哈里打算存2000美元。中间不会有提款,每年年底的利息都会累积起来。

1)如果采用单利,哈利在第五年年底会有多少钱?

2)如果采用复利,哈里在第五年年底会有多少钱?

解决方案:在这个问题中,给定的参数是 $P=2000$ 美元,$n=5$ 年,$i=6\%$。

1)$F = P(1+in) = \$2000 \times (1+0.06 \times 5) = \$2600.00$

2)$F = P(1+i)^n = \$2000 \times (1+0.06)^5 = \$2676.45$

在复利情况下,应计利息总额为676.45美元,而单利情况下为600.00美元。表2.5显示了复利情况下的利息计算过程。

表 2.5 复利利息计算过程

年终	期初余额	利息收入	期末余额
1	$1000.00	$80.00	$1080.00
2	$1080.00	$86.40	$1166.40
3	$1166.40	$93.1	$1259.71

3. 现金流量图及等价物

为了方便地表示涉及货币时间价值的问题,使用了现金流量图。在现金流量图中,时间由一条水平线表示,该线标有指定的利息期数,而现金流量则用向上箭头(正现金流量,如收入)或向下箭头(负现金流量,如支出)表示。

示例:一个机械设备的购买成本为20000美元,每年的维护成本为1000美元。5年来,该设备每年产生5000美元的收入,此后的残值预计为7000美元。绘制并简化相应的现金流量图。

解决方案:图2.7显示了本例中的两个现金流量图,一个是正负现金流量图,另一个是通过将每组现金流量进行算术组合而简化的现金流量图。

在工程经济学中,与交换价值有关的等价概念是最重要的。等值现金流量是指具有相同价值的现金流量,等值计算表达式可作为替代比较和评估的基础(Sullivan, Wicks, Koelling, 2012年)。为了评估一个实际工程项目,有必要用基于工程经济分析技术的标准现金流量来描述项目的资金。在本手册中,审查了三种现金流量:

1)单笔支付现金流发生在时间线的开始、时间线的结束或在两者之间的任何时间。

2)等额序列现金流分析期间包含一系列等价的交易 A。

3)梯度序列现金流量从 $t=2$ 的现金流量开始,每年增加 G,直到分析期结束。

图2.8以图形方式显示了这三种现金流量类型,表2.6按要素名称显示了额外的现金流量情况,包括换算基数、符号和公式。其中:

$P=$ 现值

$F=$ 未来金额或未来价值

$A=$ 年金额

$G=$ 变化率

$i=$ 利率、货币成本或价格(以每段时间的百分比表示)

$n=$ 分析期

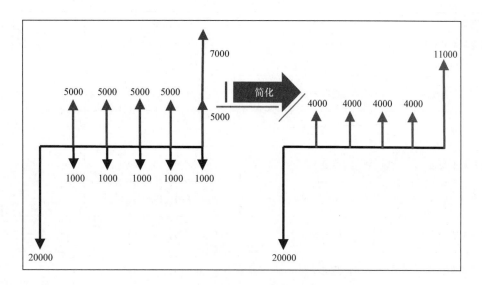

图 2.7　现金流程图的简化/美元

资料来源：地方当局。

示例：如果年利率为 6% 的话，2000 美元的投资翻番需要多少年？

解决方案：在应用此表时，第一步是确定表 2.6 所示的适当现金流量类型，这个问题与"给定 P 求 F"（F/P，$i\%$，n）情况有关。已知 $F=2P$，$i=6\%$，求解 n。

$F = 2P = P(1+0.06)^n$；所以 $n = 11.98$ 年或者 12 年

示例：一台节能机器的价格为 5000 美元，使用寿命为 5 年。如果利率是 8%，每年要省多少钱才能收回投资的资金成本？

解决方案：这个问题与"给定 P 求 A"（A/P，$i\%$，n）的情况相关，$P = 5000$ 美元，$n = 5$，$i = 8\%$。

$$A = P\left(\frac{i(1+i)^n}{(1+i)^n - 1}\right)$$；所以 $A = \$1252.00$

示例：Mathew 买了一辆新车，他希望在银行账户中留出足够的钱来支付第一年的维修费。第一个五年的预计维修费用见表 2.7。假设利率为 5%，Mathew 现在应该在银行存多少钱？

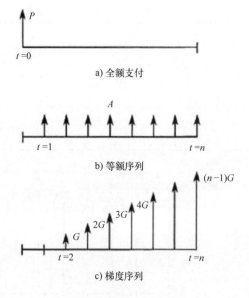

图 2.8　标准现金流

资料来源：Lindeburg（2005）图 85-1。

解决方案：这个问题与"给定 G 求 P"（P/G，$i\%$，n）和"给定 A 求 P"的情况（$n=5$，$i=5\%$）有关。如图 2.9 所示，维修费用的现金流量图可分为两部分：等额序列现值和等额梯度现值。

因此，问题可以重写为

$$P = A(P/A, i, n) + G(P/G, i, n)$$
$$= \$120 \times \left(\frac{(1+i)^n - 1}{i(1+i)^n}\right) + \$30 \times \left[\left[\frac{(1+i)^n - 1}{i(1+i)^n}\right] - \left[\frac{n}{i(1+i)^n}\right]\right]$$

所以 $P = 766.00$ 美元；因此，Mathew 现在需要存入 766 美元，以支付未来五年的维修费用。

表 2.6 现金流量情况

因素	转换	符号	公式
全额支付复利本利总和	给定 P 求 F	$(F/P, 1\%, n)$	$(1+i)^n$
全额支付现值	给定 F 求 P	$(P/F, 1\%, n)$	$(1+i)^{-n}$
等额序列偿债基金	给定 F 求 A	$(A/F, 1\%, n)$	$\dfrac{i}{(1+i)^n - 1}$
资本回收	给定 P 求 A	$(A/P, 1\%, n)$	$\dfrac{i(1+i)^n}{(1+i)^n - 1}$
等额序列复利本利总和	给定 A 求 F	$(F/A, 1\%, n)$	$\dfrac{(1+i)^n - 1}{i}$
等额序列现值	给定 A 求 P	$(P/A, 1\%, n)$	$\dfrac{(1+i)^n - 1}{i(1+i)^n}$
等差现值	给定 G 求 P	$(P/G, 1\%, n)$	$\dfrac{(1+i)^n - 1}{i^2 (1+i)^n} - \dfrac{n}{i(1+i)^n}$
等差未来终值	给定 G 求 F	$(F/G, 1\%, n)$	$\dfrac{(1+i)^n - 1}{i^2} - \dfrac{n}{i}$
等差等额序列	给定 G 求 A	$(A/G, 1\%, n)$	$\dfrac{1}{i} - \dfrac{n}{(1+i)^n - 1}$

表 2.7 第一个五年的预计维修费用

年份	维修费用
1	$120
2	$150
3	$180
4	$210
5	$240

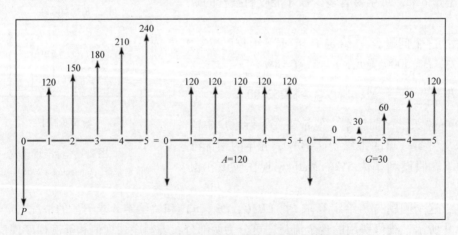

图 2.9 带 G 和 A 因子的维修费用现金流量图

资料来源：Newnan、Eschenbach 和 Lavelle（2011），第 120 页示例 4-9。

4. 内部收益率和最低吸引收益率

内部收益率（IRR）通常被称为收益率，是指与成本相等的利率（Newnan，Eschenbach，Lavelle，2011），而最低吸引收益率（MARR）是代表投资收益率的降息率，被认为是最低可接受的利率（Thuesen，Fabrycky，2000）。在大多数工程经济学问题集中，MARR 代表利率。

示例：一项投资产生了如图 2.10 所示的现金流量图，现计算回报率。

解决方案：内部收益率反映的是产生收益与成本相等的利率，在这个问题上，我们应该以等价期限计算收益与成本。

即等额序列年收益 = 等额序列年成本。

为此，目前的费用（-700.00 美元）以及即将进行的偿还的费用必须转换成等额的年度序列（A）。

因此，这个问题与 $n=4$，$G=75$，$P=700$ 的情况下"给定 G 求 A"（A/G, $i\%$, n）和"给定 P 求 A"有关。在这个问题中，需要注意的是，偿还序列的基数为 100 美元，并获得 G。

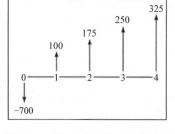

图 2.10 带 G 因子的现金流量图

考虑到以上各点，此问题可重写为

等额序列年度收益 = 等额序列年度成本

$$\$100 + G(A/G,i,4) = P(A/P,i,4)$$
$$\$100 + \$75(A/G,i,4) = \$700(A/P,i,4)$$

产生等额序列年收益的利率 i = 通过试错法估算的等额序列年成本。

假设：

$$i=5\%,\ \$100+\$75\ (A/G,5\%,4) = \$700\ (A/P,5\%,4);\ 208\ne197$$
$$i=8\%,\ \$100+\$75\ (A/G,8\%,4) = \$700\ (A/P,8\%,4);\ 205\ne211$$
$$i=7\%,\ \$100+\$75\ (A/G,7\%,4) = \$700\ (A/P,7\%,4);\ 206=206$$

因此，内部收益率为 7%。

2.8.2 收益/成本分析

在工程经济学中，有许多方法可以进行替代分析，如净现值、回报率和收益/成本。收益/成本（B/C）分析在公共服务部门得到了广泛应用。顾名思义，收益/成本分析是一个计算和比较项目收益和成本的过程，目的如下：

- 确定投资是否可行和合理（公正/可行）。
- 了解如何与备选项目进行比较（排名/优先级分配）。

收益/成本分析通过货币化估计评估项目的相对价值（FHWA, 2012），收益/成本比率（BCR）是通过将项目相关的增量货币化收益除以相应项目的增量成本来计算的，BCR 大于 1 意味着一个项目的收益高于成本。70 多年来，基于 BCR 的分析一直在独立项目上做出通过/不通过决策，以及比较公共服务部门中相互排斥的项目（Sullivan, Wicks, Koelling, 2012）。

1. 确定收益和成本

为了进行全面和完整的 B/C 分析，首先需要确定收益和成本的定义和分类。成本表示项目实施和运营的生命周期成本（FHWA, 2012）。在交通工程中，收益的准确量化是一项复杂的工作，因为这些收益还与不易直接转化为货币价值的积极社会影响（如健康）相关。在进行 B/C 分析时，需要避免成本或收益的重复计算，表 2.8 给出了运输工程的费用和收益示例。

2. 简单的 B/C 分析

如前所述，B/C 分析允许对单个独立项目进行可行性评估，这个过程相对简单，因为任何大于 1 的 BCR 值都被认为是可行并有效的。

示例：费城在城市交叉口的两条引道上规划左转车道。假设所有严重程度的碰撞折减系数（CRF）为 0.3。估计建筑成本为 130 万美元，每年的维护成本为 1500 美元。该项目将在 10 年内进行评估，利率为 5%。3 年的车祸史显示有 6 起致死和严重（受伤 A）、21 起中等（受伤 B）和轻微（受伤 C）以及 120 起仅财产损失（PDO）的车祸。这个项目在经济上合理吗？使用表 2.9 提供的现值中的 BCR 方法和碰撞成本进行分析。

解决方案：根据表 2.10，减少车祸的总收益为 688200 美元/年。

基于估计的年度收益和给定的成本，现金流量图如图 2.11 所示。

表 2.8 运输工程的费用和收益示例

收益	费用
系统用户角度 　节省出行时间 　提升出行赶时间可靠性 　降低经济风险 　车辆运行费用减少 部署机构 　增加机构效率 整个社会 　减少温室气体排放	资本成本：执行中的工程项目或治理项目的预付成本，包括规划、设计、建设/安装和设备成本 运营维护费用：维持项目运行的持续费用，包括电力、通信、劳动力和例行维护费用 重置成本：依据生命周期分析的设备老化费 修复费用：包括未来维修和改进产生的费用 结项费用：项目结束或阶段结束发生的费用，主要包括： 　剩余价值（负数）：时间生命周期分析后的工程资产估计价值，也表示它们能够继续使用的预期价值 　残余价值（负数）：存在市场销售资产时工程资产估计值 　收尾价值：工程运行结束后产生的费用，假定时间生命周期分析和工程运行阶段一致

注：SeriPark 根据 FHWA 运营效益/成本分析台参考创建的表格。

表 2.9 BCR 方法和碰撞成本

受伤 A	$700000/碰撞
受伤 B/受伤 C	$42000/碰撞
PDO	$15000/碰撞

表 2.10 减少车祸的总收益

碰撞类型	每年记录	CRF	减少碰撞	节约碰撞费用
致死/受伤 A	6/3 = 2	0.3	2 × 0.3 = 0.6	$420000.00
受伤 B/受伤 C	21/3 = 7	0.3	7 × 0.3 = 2.1	$88200.00
PDO	120/3 = 40	0.3	40 × 0.3 = 12	$180000.00

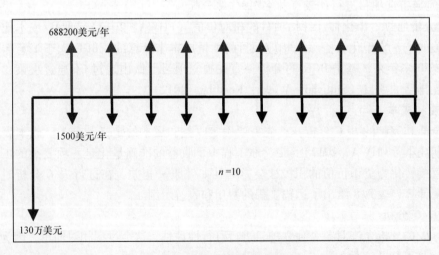

图 2.11 带因子的现金流量图

使用当前值概念来应用 BCR 方法，此问题与 $n = 10$，$i = 5\%$ 情况下"给定 A 求 P"相关。

利润：

$$P = A(P/A, i, n) = \$688200.00\left(\frac{(1+i)^n - 1}{i(1+i)^n}\right)$$
$$= \$5312904.00$$

费用：
$$P = \$1300000.00 + A(P/A, i, n)$$
$$= \$1300000.00 + \$1500.00\left(\frac{(1+i)^n - 1}{i(1+i)^n}\right)$$
$$= \$1311580.00$$

因此，BCR = 5312904.00 美元/1311580.00 美元，大约是 4.1。基于该 BCR，项目在经济上是合理的。

示例：宾夕法尼亚州交通部（PennDOT）正在考虑重建一座老化的桥梁项目。现有的两车道桥梁维护成本高昂，并造成交通拥堵，因为国道在桥梁两侧各有四车道。这座新桥的造价为 30 万美元，每年的维护费用预计为 1 万美元。现有桥梁每年的维护费用为 18500 美元。由于消除了交通瓶颈，新的四车道桥梁每年可为驾驶人带来 25000 美元的收益。使用 8% 的市场利率和 25 年的分析期进行 B/C 分析，以确定是否应修建新桥梁。

解决方案：该问题审查现金流量分配（增加收益与降低成本）对最终决策的影响。将采用等额的年度序列概念。

$$建设费用 = \$300000；$$
$$因此，A \text{ 中的建设费用} = \$300000(A/P, i, n)$$
$$= \$300000(A/P, 8\%, 25)$$
$$= \$28110/\text{年}$$

年利润（缓解交通拥堵） = $25000/年

案例 1：将年度维护成本的减少视为"降低成本"。因此（先前的收益估计维护成本）= ($18500 − $10000）= 年度维护成本节约 8500 美元。

$$\frac{B}{C} = \frac{(\$25000)}{(\$28110 - \$8500)} \approx 1.28 > 1$$

因此，本桥施工在经济上是合理的。

案例 2：将年度维护成本的减少视为"增加收益"。在这种情况下，年度收益增加 8500 美元。

$$\frac{B}{C} = \frac{(\$25000 + \$8500)}{(\$28110)} \approx 1.19 > 1$$

因此，本桥施工在经济上是合理的。

正如本例所证实的，只要将减少的年度维护成本计算一次即可。无论是作为降低的成本还是增加的收益，最终的决策都会得出相同的结论。

3. 增量 B/C 分析

增量 B/C 分析用于选出最好的决策方案（收益最大），这也与方案的现值最大化相一致。与之前的简单 B/C 分析不同，增量 B/C 分析需要一个系统的分析过程，如图 2.12 所示。

示例：为解决卡尔弗大道的主干道拥堵问题，欧文市正在考虑三种可能的备选方案，表 2.11 列出了每个备选方案说明以及相关成本和收益。假设每个方案的使用寿命为 40 年，年最低收益率为 8%。根据增量 BCR 方法应选择哪种方案？注意，"什么都不做"的选择是不可行的。

解决方案：

- 第一步：由于"什么都不做"选项不是可行的备选方案，因此首先需要分析每个备选方案的 BCR。所有成本和收益将转换为现值收益和成本。残值被视为"未来收益"。参见表 2.12。

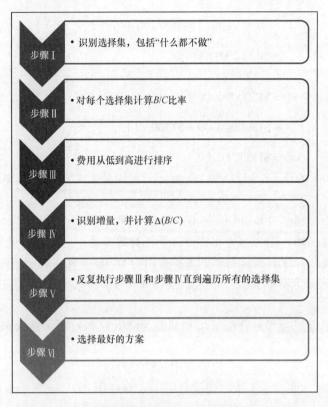

图2.12 增量 B/C 分析过程

- 第二步：根据每个备选方案的 BCR，比较所有备选方案。
- 第三步：检查每个备选方案，并依据总成本进行排序，以成本上升的排序原则进行，即最低成本的备选方案放在表格的左侧。
- 第四步：当计算增量 $\Delta(B/C)$ 时，从最低成本方案开始计算：

$$\Delta(B/C)B-A$$
$$= (\$9439325.20 - \$8334722.00)/(\$22657600.00 - \$22062350.00)$$
$$= 0.54 < 1.00$$

表 2.11 备选方案说明以及相关成本和收益

方案	备选方案 A	备选方案 B	备选方案 C
基本投资	$8500000	$10000000	$12000000
年运营维护费用	$750000	$725000	$700000
寿命结束后的残值	$1250000	$1750000	$2000000
年利润	$2150000	$2265000	$2500000

表 2.12 备选方案的比较

方案	备选方案 A	备选方案 B	备选方案 C
基本投资	$8500000	$10000000	$12000000
当前价值概念下的年运营维护费用	$750000(P/A,10%,50)	$725000(P/A,10%,50)	$700000(P/A,10%,50)
当前价值概念下的残值	$1250000(P/F,10%,50)	$1750000(P/F,10%,50)	$2000000(P/F,10%,50)

(续)

方案	备选方案 A	备选方案 B	备选方案 C
当前价值概念下的年利润	$2150000(P/A,10%,50)	$2265000(P/A,10%,50)	$2500000(P/A,10%,50)
当前价值的总利润	$21327445.00	$22471897.00	$24804000.00
当前价值的总费用	$15936100.00	$17188230.00	$18940360.00
BCR	1.338	1.307	1.310

由于增量 BCR 小于"1.00",因此方案不合理。所以方案 A 优于方案 B。

现在,应进行备选方案 A 和 C 之间的增量比较:

$$\Delta(B/C)C - A$$
$$= (\$9715476.00 - \$8334722.00)/(\$23611858.00 - \$22062350.00)$$
$$= 1.12 > 1.00$$

由于增量 BCR 大于"1.00",因此方案 C 是合理的。所以方案 C 优于方案 A。

在对所有备选方案进行比较后,最终选定的是备选方案 C。表 2.13 列出了交通工程领域目前使用的几种 B/C 分析工具。《公路安全手册》作为另一种工具,同样为公路安全绩效背景下的简单和增量效益/成本分析工作提供指导。

表 2.13 目前使用的 B/C 分析工具

工具/方法	研发机构	网址
BCA.net	FHWA	http://www.fhwa.dot.gov/infrastructure/asstmgmt/bcanet.cfm
CAL-BC	Caltrans	http://www.dot.ca.gov/hq/tpp/offices/ote/benefit.html
COMMUTER 模型	EPA	http://www.dot.ca.gov/oms/stateresources/policy/pagtransp.htm
EMIFITS	NewYorkStateDOT	https://www.nysdot.godesign/dqab/dqab-repository/pdmapp6.pdf
Florida ITS 评估工具(FITSEval)	FloridaDOT	—
公路经济需求系统——州版本(HERS-ST)	FHWA	http://www.fhwa.dot.gov/infrastructure/asstmgmt/hersindex.cfm
IDAS	FHWA	http://idas.camsys.com
IMPACTS	FHWA	http://www.fhwa.dot.gov/steam/impacts.htm
ITS 筛选工具(SCRITS)	FHWA	http://www.fhwa.dot.gov/steam/scrits.htm
外在运输效率分析模型(STEAM)	FHWA	http://www.fhwa.dot.gov/steam/index.htm
运营利润/费用工具(TOPS-BC)	FHWA	—
减少出行影响的移动管理策略(TRIMMS)	南佛罗里达大学城市交通运输研究中心(CUTR)	http://www.nctr.usf.edu/abstracts/abs77805.htm

4. 净现值分析

净现值(NPV)是另一种基于确定收益和成本的项目评估方法,净现值指现金流入现值与现金流出现值的差额。因此,净现值代表选定时间范围内预期收益和成本流的总和(FHWA,2012 年)。

示例:计算本节开头所示项目的净现值(NPV)。

解决办法:

$$利润 P = A(P/A, i, n) = \$688200.00 \left(\frac{(1+i)^n - 1}{i(1+i)^n} \right)$$

$$= \$5312904.00$$

$$费用 P = \$1300000.00 + A(P/A, i, n)$$
$$= \$1300000.00 + \$1500.00\left(\frac{(1+i)^n - 1}{i(1+i)^n}\right)$$
$$= \$1311580.00$$
$$\text{NPV 应用} = 净利润 - 净费用$$
$$= \$5312904.00 - \$1311580.00 = \$4001324.00 > 0$$

因此,本项目在经济上是合理的。

2.8.3 基于财务指标的风险管理原则

国际标准化组织(ISO)将风险定义为"不确定性对目标的影响"(ISO, 2009)。在更广泛的背景下,风险包括任何可能阻碍目标实现的因素。风险是任何决策过程中固有的一部分,在工程系统的规划、设计、施工和管理中,风险和不确定性是不可避免的(Singh, Jain, Tyagi, 2007)。风险管理是一个分析和管理风险的过程,重点是如何识别和应对复杂组织及其资产的内在不确定性(FHWA, 2012)。更具体地说,在决定是否进行重大资本投资时,应考虑并估计可能出现的问题的各种风险(Park, 2013)。风险和不确定性是评估解决方案未来结果的固有因素,应通过分析和比较进行确认(Sullivan, Wicks, Koelling, 2012)。为了将项目不确定性和决策系统地结合起来,工程经济学包含多种风险分析方法。在本节中,将讨论以下三种方法:

- 敏感性分析
- 盈亏平衡分析
- 概率风险分析

1. 敏感性分析

敏感性分析用于探索当项目变量的估计值发生变化时,项目的预测结果会发生什么变化(Sullivan, Wicks, Koelling, 2012 年)。当某一特定变量的微小变化会改变最终的备选方案选择时,该决策被认为是对该变量敏感的。换句话说,敏感性分析是确定对项目可接受性影响最大的变量的过程(Park, 2013)。

示例:表 2.14 给出了三个相互排斥的备选方案。每种方案的使用寿命为 20 年,在服务年度结束时没有任何残值,MARR 是 6%。

1) 采用净现值法(NPV)确定最佳方案。
2) 在保持其最佳方案状态的同时,确定相应方案的初始成本可以高出多少。

解决方案:首先,由于成本和收益时间的角度不同,NPV 将用于最佳选择,建议将等额的年度收益转换为现值。因此,这个问题与 $n=20$, $i=6\%$ 的情况下"给定 A 求 P"(P/A, $i\%$, n)相关,每个备选方案有不同的 A,每个备选方案的求解 P 见表 2.15。

表 2.14 三个相互排斥的备选方案

方案	备选方案 A	备选方案 B	备选方案 C
初始费用	$2000	$4000	$5000
等额年利润	$410	$640	$700

表 2.15 不同的备选方案

方案	备选方案 A	备选方案 B	备选方案 C
初始费用	$2000.00	$4000.00	$5000.00
当前价值概念下的等额年利润	$4702.66	$7340.74	$8028.93
净现值	$2702.66	$3340.74	$3028.93

1）备选方案 B 拥有 3340.74 美元的最大净现值，因此被选中。
2）设置备选方案 B 的初始成本 = X。
① 这使得备选方案 B 的净现值 = 7340.74 美元 – X（初始成本）。
② 备选方案 A 的净现值 = 2702.66 美元（固定值）。
③ 备选方案 C 的净现值 = 3028.93 美元（固定值）。

问题是要求最大允许的 X 值，该值仍将使得备选方案 B 作为首选方案。由于方案 C 是次优方案，只要方案 B 的净现值大于方案 C，方案 B 将是首选方案。因此，现在可以重新排列问题，如下所示：

$$\$7340.74 - X > \$3028.93; X > \$4311.81$$

因此，备选方案 B 的最大允许初始成本为 4311.81 美元。图 2.13 用图形表示法描述了这种敏感性分析方法，其中 y 轴表示净现值（NPV），而 x 轴表示备选方案 B 的初始成本。

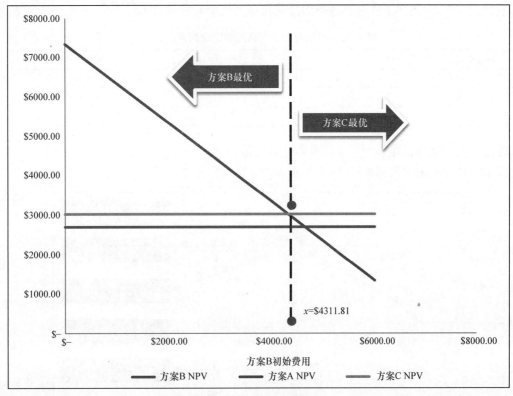

图 2.13　盈亏平衡分析

2. 盈亏平衡分析

当项目备选方案之间的选择严重依赖于单个变量时，可以根据相应变量值来确定项目备选方案，同时该值以标准差的形式展现。这种特定价值被称为盈亏平衡点或独立差异点，即决策者在项目备选方案中独立的价值（Sullivan，Wicks，Koelling，2012）。盈亏平衡分析是敏感性分析的一种形式，通常以盈亏平衡图的形式呈现（Newnan，Eschenbach，Lavelle，2011），它允许人们识别特定项目变量的值，从而使项目完全盈亏平衡（Park，2013）。

示例：Super Western 航空公司（SWA）拥有 137 架客机，直飞坦帕市和阿尔伯克基市。考虑到每架飞机的所有成本包括机组人员的工资、相关的燃料成本和着陆费用，SWA 工程师确定单次飞行的固定成本为 10400 美元。如果每位乘客的相关费用（预订费、登机手续费、行李处理费等）总计为 48 美元，平均票价为 157 美元，那么为了达到盈亏平衡，必须达到多少比例的上座率？

解决方案：盈亏平衡点是收益 = 成本。设 x 为旅客座位数。为了达到盈亏平衡点，应满足

$$\$157x（航空利润）= \$48x + \$10400（航空费用）$$

解得：$x = 95.413$，即 96 个座位。

这个问题要求计算座位被填满的百分比。所以 96 席/137 席 = 70.07%，即大约 70% 的上座率，以便达到盈亏平衡点。

3. 概率风险分析

用一系列可能值或可能性来描述变量通常比用单一值来描述变量更为现实。通过扩展这一概念，基于概率的决策过程被应用于许多复杂的工程项目中。经济决策树是这些概率分析技术中的一种，它允许图形显示复杂项目中的所有决策以及所有可能的相应结果及其概率。

示例：考虑碰撞的经济评估和汽车的综合（车损、盗窃等）保险，这种保险通常是贷款人要求的。保险费为每年 900 美元，如果发生损失，可免赔 600 美元。另一种选择是自保，即一个没有任何碰撞的案件和综合保险，在这种情况下，发生损失时，车主必须自费更换车辆。共使用三种事故严重性来表示一系列可能性。表 2.16 描述了这些事故类型及其相应的概率与事故成本。

表 2.16　事故类型及其相应的概率与事故成本

事故类型	概率	事故成本
无事故	0.90	$0.00
微小事故	0.07	$400.00
全损	0.03	$14000.00

每个备选方案的预期值是多少？应该推荐什么决策？

解决方案：该问题的决策树如图 2.14 所示。

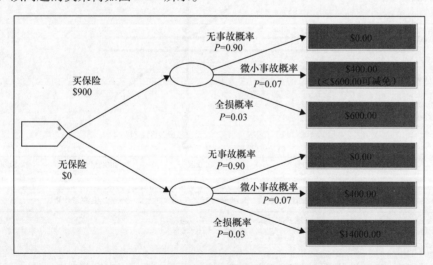

图 2.14　决策树

为了得出每个备选方案的事故预期值，将每个案例的概率乘以相关成本。
- 备选方案 1 购买保险 = $(0.90) \times (\$0.00) + (0.07) \times (\$400) + (0.03) \times (\$600) = \$46.00$
- 备选方案 2 自保 = $(0.90) \times (\$0.00) + (0.07) \times (\$400) + (0.03) \times (\$1400) = \$448.00$

从这些预期值可以清楚地看出，购买保险会使意外事故的预期成本降低 402.00 美元。不过，保险费用也应考虑在内。在这方面：
- 备选方案 1 购买保险 = $46.00 + $900.00 = $946.00
- 备选方案 2 自保 = $448.00 + $0.00 = $448.00

考虑到综合成本，可以得出自保可能是最好的选择，因为它的成本比购买保险低 498.00 美元。然而，有了保险，最大损失限制在 600 美元而不是 14000 美元。因此，值得花费额外的 498.00 美元来避免这种风险。

计算机技术和相关软件的进步使许多工程师能够使用蒙特卡罗模拟技术对项目的不确定性进行各种分析。对于复杂问题,蒙特卡罗模拟概率生成随机变量,从而模拟原始问题集中固有的随机性(Sullivan, Wicks, Koelling, 2012)。

2.8.4 工程经济学在交通工程中的应用

本节包括工程经济学在交通工程中的应用实例。

示例:一种策略可将致死/受伤事故的预期平均事故频率每年减少五次,并在项目使用寿命内每年减少10次财产损失(PDO)事故。表2.17提供了按碰撞严重程度划分的碰撞成本。

1)与碰撞减少相关的年度货币收益是多少?
2)假设项目使用寿命为五年,最低收益率为4%。这个项目的现值是多少?
3)绘制现金流量图。

表2.17 按碰撞严重程度划分的碰撞成本

碰撞类型	综合碰撞成本
死亡(K)	$4008900
致残伤害(A)	$216000
明显伤害(B)	$79000
致死/受伤(K/A/B)	$158200
可能伤害(C)	$44900
PDO(0)	$7400

解决方案:在这个问题中,致死/受伤(K/A/B)和PDO碰撞类型将减少。

1)根据所提供的碰撞成本表,可以观察到以下碰撞成本降低:

致死/受伤(K/A/B):5(碰撞减少次数) × $158200 = $791000/年

PDO:10(碰撞减少次数) × $7400 = $74000/年

因此,每年总计865000美元(791000美元 + 74000美元)的货币收益。

2)现在这个问题被认为是"给定 A 求 P"(P/A, $i\%$, n)的情况,$n = 5$,$i = 4\%$,$A = 865000.00$ 美元。

$$利润\ P = A(P/A, i, n) = \$865000.00 \left(\frac{(1+i)^n - 1}{i(1+i)^n} \right) = \$3850807.00$$

3)现金流量图如图2.15所示。

示例:兰开斯特大道的交通拥堵已经到了需要缓解的程度,根据完成新路线的预定时间,两个建议的方案都有15年的使用寿命。

- 备选方案1。在关键交叉口增加右转车道——建设成本890万美元,每年的信号灯和车道喷涂成本15万美元。施工过程中增加的拥堵费用为90万美元。然而,施工后减少的交通拥堵每年可带来160万美元收益。
- 备选方案2。在几个关键交叉口增加第二个左转车道——建设成本300万美元,每年增加的维护费用为7.5万美元。由于本次施工破坏性较大,

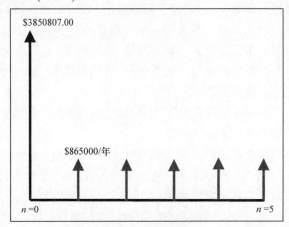

图2.15 现金流量图

资料来源:塞里公园。

施工期间的拥堵总损失为210万美元。建成后，每年减少交通拥堵的总收益将达到220万美元。

1）利率为10%时，首选哪种方案？采用增量 B/C 分析法。

2）15年使用寿命不确定。在保持其他数据不变的情况下，采用现值法分析项目预期使用寿命的敏感性。

解决方案：

1）B/C 分析的第一步是明确分类收益和成本。表2.18按备选方案汇总了各收益和成本及其相应的货币价值。其中：

- 建筑拥挤度系数标记为负（-）效益。
- 年度成本和收益转换为现值。因此，这个问题与 $n = 15$，$i = 10\%$ 的情况下"给定 A 求 P"（$P/A, i\%, n$）有关。

基于估计的 BCR，每种选择都是可行的。由于我们需要选择一种方案，所以将继续采用增量 B/C 方法。对总成本进行分析，方案2的成本较高，目前的布局即为按成本升序排列。

- Δ 利润$_{左转-右转}$ = $3363600.00
- Δ 费用$_{左转-右转}$ = $3570450.00

ΔB/C 比值 = 0.94 < 1.00。在这种情况下，增量 BCR 是不合理的，因此，建议选择第一个备选方案，即增加右转车道。

表2.18 按备选方案汇总的各收益和成本及其相应的货币价值

方案	备选方案1 增加右转车道	备选方案2 增加第二个左转车道
建设费用	$8900000	$11900000（= $8.9M + $3M）
年维护费用	$150000	$225000
建设拥堵负效益	$900000	$2100000
减少年拥堵效益	$1600000	$2200000
现值概念下的总费用	$10040900	$13611350
现值概念下的总利润	$11269600	$14633200
B/C 比率（BCR）	1.12	1.08

2）用变量 n 表示使用寿命，随着时间的变化，从年值 A 得到现值 P 的换算系数为 n 的函数。如图2.16所示，使用寿命为17年后，增量 B/C 比率（ΔB/C 比率$_{左转弯-右转弯}$）将大于1.00。这意味着在项目寿命为17年之前，首选备选方案1，而在项目寿命达到17年后，则推荐备选方案2。

示例：切斯特市共有9个地点的交通事故发生率高于其他类似地点，因此需要进行安全策略研究。由于城市预算紧张，城市交通工程师需要优先选定项目优化地点。使用 NPV 和 BCR 方法，工程师可以优先改善哪些地点？表2.19中的估算成本以现值表示（AASHTO，2010）。

解决方案：

净现值法很简单，收益和成本之间净差异最大的方案被视为推荐方案。表2.20显示了基于净现值的推荐备选方案排名。

由于这里的备选方案是互斥的，因此应进行增量 B/C 分析。

第一步和第二步：在这个问题集中，至少设计一个安全增强对策。因此，不考虑"不作为"。此外，所有备选方案的 B/C 比都大于1，因此认为所有备选方案都是可行的。

第三步：根据相应费用对备选方案进行排序，见表2.21。

第四步：现在审查两个备选方案之间的增量 B/C（ΔB/C）比率。在这种情况下，对12号和7号交叉口进行分析。

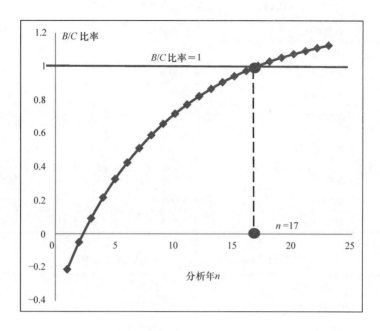

图 2.16 盈亏平衡分析

$$\Delta(B/C)_{Int7-Int12}$$
$$= (\$1200000.00 - \$1800000.00)/(\$200000.00 - \$100000.00)$$
$$= -6 < 1.00$$

由于 BCR 小于 "1.00"，增量不合理。因此在项目优化地点选择过程中，交叉口 12 应优先于交叉口 7。

进一步地，将交叉口 12 与下一个备选方案交叉口 2 进行比较。

第五步：表 2.22 显示了每个备选方案的四步迭代。

第六步：根据增量 BCR 法对备选方案进行排序，见表 2.23。

请注意，无论是基于净现值还是基于 B/C 方法，前三个备选方案都是相同的。

表 2.19 估算成本以现值表示

位置	碰撞频率估计的平均减少量	碰撞减少现值	成本估计
交叉口 2	47	$33437850	$695000
交叉口 7	6	$1200000	$200000
交叉口 11	7	$1400000	$230000
交叉口 12	9	$1800000	$100000
路段 1	18	$3517400	$250000
路段 2	16	$2936700	$225000
路段 5	458	$7829600	$3500000
路段 6	110	$6500000	$2750000
路段 7	120	$7000000	$3100000

表 2.20 基于净现值的推荐备选方案排名

工程	现值利润	工程改善费用	净现值
交叉口 2	$33437850	$695000	$32742850
路段 5	$7829600	$3500000	$4329600
路段 7	$7000000	$3100000	$3900000
路段 6	$6500000	$2750000	$3750000
路段 1	$3517400	$250000	$3267400
路段 2	$2936700	$225000	$2711700
交叉口 12	$1800000	$100000	$1700000
交叉口 11	$1400000	$230000	$1170000
交叉口 7	$1200000	$200000	$1000000

表 2.21 根据相应费用对备选方案进行排序

位置	碰撞减少现值	成本估计	B/C 比率
交叉口 12	$1800000.00	$100000.00	18.00
交叉口 7	$1200000.00	$200000.00	6.00
路段 2	$2936700.00	$225000.00	13.05
交叉口 11	$1400000.00	$230000.00	6.09
路段 1	$3517400.00	$250000.00	14.07
交叉口 2	$33437850.00	$695000.00	48.11
路段 6	$6500000.00	$2750000.00	2.36
路段 7	$7000000.00	$3100000.00	2.26
路段 5	$7829600.00	$3500000.00	2.24

表 2.22 每个备选方案的四步迭代

比较	工程	现值收益	现值成本	增加的 BCR	优选工程
1	交叉口 12 交叉口 7	$1800000 $1200000	$100000 $200000	−6	交叉口 12
2	交叉口 12 路段 2	$1800000 $2936700	$100000 $225000	9	路段 2
3	路段 2 交叉口 11	$2936700 $1400000	$225000 $230000	−307	路段 2
4	路段 2 路段 1	$2936700 $3517400	$225000 $250000	23	路段 1
5	路段 1 交叉口 2	$3517400 $33437850	$250000 $695000	67	交叉口 2
6	交叉口 2 路段 6	$33437850 $6500000	$695000 $2750000	−13	交叉口 2
7	交叉口 2 路段 7	$33437850 $7000000	$695000 $3100000	−11	交叉口 2
8	交叉口 2 路段 5	$33437850 $7829600	$695000 $3500000	−9	交叉口 2

表 2.23　根据增量 BCR 法对备选方案进行排序

序号	工程
1	交叉口 2
2	交叉口 5
3	交叉口 7
4	路段 6
5	路段 1
6	交叉口 2
7	路段 12
8	路段 1

2.9　前后对比分析

2.9.1　概述

本节给出了事件发生前后对比研究的相关概念，重点是有关车辆碰撞前和碰撞后的研究。

在事件发生前后，首先观察和收集数据，以帮助分析工程解决方案对项目的影响。前后对比研究是创建碰撞修正系数的核心，这大大提高了行业在各种条件下了解道路投资安全性的能力。随着时间的推移，通过记录碰撞修正系数、碰撞减少系数和安全性能功能，可以制定相关指南，这为前后对比研究提供了大量数据和方法支撑。美国联邦公路管理局（FHWA）发行的 AASHTO《公路安全手册（2010）》和支持碰撞修正系数交换所（www.cmfclearinghouse.org）是该类信息的两个主要来源，局部碰撞修正系数可根据 FHWA《开发质量碰撞修正系数指南》（FHWA，2010）确定。此外，ITE 2009 年 5 月研究前后（2009），一份由交通安全委员会编写的技术简报，发布了事件发生前后应重点关注的安全因素指南。

2.9.2　数据注意事项

在碰撞研究的背景下，均值回归（RTM）是指观察到的碰撞数据从一个测量值到下一个测量值，并回归到平均值或预期平均碰撞频率的趋势（图 2.17）。RTM 是一种易于理解和研究的统计现象，其

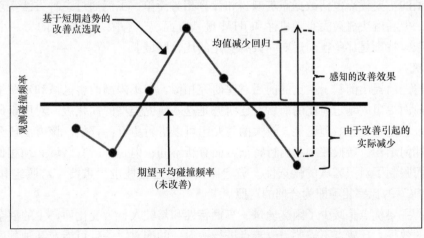

图 2.17　回归均值与偏差

在碰撞前后研究中尤为重要。如果根据长短期观察来选择交通安全改善区域，由于 RTM 偏差，处理方法的感知效果（与实际效果相比）可能会受到影响，且初始判断可能会被误导。因此，安全研究需要长期收集碰撞数据，从而确定安全改善的区域。第 4 章将详细讨论在碰撞前后，事件不同的影响结果。

除了 RTM 偏差外，事件发生前后对比研究还受样本量和数据中其他潜在偏差的影响。随着样本量的增加，给定数据集的标准误差减小，从而减小了不确定性。可以选择更大的样本量，这有助于减少潜在的误差，所以需要评估和收集更多数据的收益与成本。碰撞前后研究中的其他潜在偏差主要包括车流量和车辆组成变化、收集和检测碰撞数据的方式、天气、处理方法、驾驶人行为以及车辆设计和性能的变化。在事件发生前后对比研究中，了解和分离这些潜在的偏差（干扰因素），对成功地描述所检测的行动或收益是很重要的。

2.9.3 研究类型

本节介绍了碰撞前后研究的四种常见类型，并解释了它们对先前讨论的潜在偏差来源的处理方法。这四个类别按其统计复杂性从最不复杂到最复杂进行了讨论。

虽然经验贝叶斯方法在碰撞前后对比方法中具有最强的统计基础，但是 TRAC 工程师需要根据可用的数据和安全性能函数的质量来选择合适的方法。

1. 理论前后对比研究

纯理论前后对比研究是一项基本的观察性分析方法，它在某一区域规定的行为下收集交通治理前后的数据。纯理论研究忽略了数据之间的时间间隔，并且没有考虑之前讨论过的许多干扰因素，例如交通量、车辆组成和 RTM 偏差的变化，所以这种研究通常是最简单、成本最低的。很多时候，纯理论研究是在有限的资源下进行的，没有考虑结果的统计有效性。纯理论前后对比研究的主要优点是它的简单性和数据需求的少量性。其主要缺点包括未能解释事件发生、趋势和随机性的影响。一般来说，纯理论研究在统计学上并不可靠。

2. 基于类比的前后对比研究

基于类比的前后对比研究在一组改善设施和一组类似的未改善设施之间进行一对一的比较，以测量特定改善的影响。这项研究需要一对一的改善和区域匹配，确定事件是否具有相同的交通控制、几何结构、面积类型和交通需求特征，比较区域在前后期间几何或交通控制不应发生变化。在这一研究类型中，假设某些混杂因素对比较和改善区域产生同等影响，从而限制一些未预测事件的发生（例如，更高的交通量）。

这种研究类型的主要优点包括数据需求减少和计算相对简单。虽然通过这种方法实现了对干扰因素影响的一些控制，但在解决碰撞固有随机性和 RTM 偏差方面仍然有限。该研究的另一个弱点是难以找到类似的比较区域，特别是那些在前后期间没有变化的比较区域。

3. 对照组研究

对照组研究与先前提出的基于类比的前后对比研究相似，但不限制改善区域和对照组之间的一对一匹配。事实上，前面提出的基于类比的前后对比研究是这一研究类型的简化版。对照组研究允许将改善区域与多个对照区域进行比较。理论上，较大的对照组可以进行更好的评估。该方法还允许对照区域与改善区域在某些几何结构、转换控制和出行特征方面有所不同；但是，所有区域必须相似，且改善必须适用于两组，从而限制了对照区域的候选性。确定比较组的适宜性也很重要，对照组和改善组的"碰撞后"与"碰撞前"的比率相等即为合理的对照。

该研究类型的主要优点是减少了因交通量、车辆特性和驾驶人行为变化而产生的混杂因素，进一步增加了交通改善的效果。比较点不需要与改善点进行一对一的配对，并且可能在某种程度上改变反应特征。这种研究类型的一些缺点包括忽略了平均偏差（类似于前两种方法），以及需要额外的分析工作来进行组间的一致性改善和比较。

4. 经验贝叶斯方法前后对比

经验贝叶斯（EB）方法通过使用安全性能函数（SPF）来估计给定设施的安全性能，其中 SPF 是基于交通和物理特性预测碰撞频率的模型。当前已有许多交叉口和道路类型（如两车道农村公路、四车道城市和郊区干道、信号交叉口等）开发了 SPF，其考虑了多种变量，包括（但不限于）交通量、交通控制和车道数。这种方法可以准确融入 RTM 偏差，并且完全依赖于安全性能函数的使用性和可用性。与前三种研究类型相比，使用经验贝叶斯进行的前后对比研究被认为是一种优越的方法，其可以有效描述事件改善、发生、趋势和随机性的混杂影响。

这种方法建立在几十年的研究基础上，被研究者和许多实践者广泛接受，并成为首选方法。其潜在的缺陷为：由于其对安全性功能的依赖性，这些功能可能不存在，也可能仅限于所分析的设施类型或过程。美国许多机构都在利用安全性作为对比分析预测研究的一部分，随着时间的推移，可以认为知识体系逐渐增长，会有更多高效的 SPF。

有关制定碰撞修正系数的更多详细信息和方法，请参考 AASHTO《公路安全手册》D 部分以及 FHWA 制定的《质量碰撞修正系数指南》（FHWA，2010）。

2.9.4　小结

表 2.24 总结了前后对比分析的四种方法，对它们各自的改善效果进行了分析，表中融入了三个干扰因素：发生效果、趋势效果和随机效果。

本节介绍了进行前后对比分析研究的主要影响因素，讨论了前后对比分析的四种方法。由于经验贝叶斯方法提供了必要的数据和所需的安全性能函数，因此使用经验贝叶斯方法是进行前后对比分析研究的推荐方法。

表 2.24　四种前后对比分析的研究类型

方法	改善效果	决定因素或解释因素		
		发生效果	趋势效果	随机效果
理论前后对比研究	是	可能	否	否
基于类比的前后对比研究	是	是	可能	否
对照组研究	是	是	是	否
经验贝叶斯方法前后对比	是	是	是	是

第 4 章讨论了前后对比分析方法在安全性方面的详细应用，由于经验贝叶斯前后对比的广泛数据要求及其对基础 SPF 质量的依赖，因此在选择 EB 方法时必须首先根据工程经验进行判断。

参 考 文 献

American Association of State Highway and Transportation Officials (AASHTO). (2010). *Highway safety manual* (1st ed.). Washington, DC: American Association of State Highway and Transportation Officials.

Agresti, A. (2014). *Categorical data analysis*. Hoboken, NJ: Wiley.

Carrion, C., Levinson, D. (2012). Value of travel time reliability: A review of current evidence. *Transportation Research Part A: Policy and Practice*, 46(4), 720–741.

Federal Highway Administration (FHWA). (2005). *Crash-cost estimates by maximum police-reported injury severity within selected-crash geometries* (FHWA Report FHWA–HRT–05–051) (October).

———. (2010). *A guide to developing quality crash modification factors* (FHWA Report FHWA-SA-10–032) (May). FHWA.

———. (2012). *FHWA operations benefit/cost analysis desk reference*. Cambridge, MA: Cambridge Systematics.

International Organization for Standardization (ISO). (2009). *ISO 31000 risk management—Principles and guidelines*. Geneva, Switzerland: International Organization for Standardization.

Institute of Transportation Engineers (ITE). (2009). *Before-and-after study* (Technical Brief). Institute of Transportation Engineers Transportation Safety Council. Washington, DC: Institute of Transportation Engineers.

Lindeburg, M. (2005). *Civil engineering reference manual for the PE exam* (10th ed.). Belmont, CA: Professional Publications Inc.

Newnan, D. G., Eschenbach, T. G., and Lavelle, J. P. (2011). *Engineering economic analysis* (11th ed.). New York: Oxford University Press.

Park, C. S. (2013). *Fundamentals of engineering economics* (3rd ed.). Upper Saddle River, NJ: Pearson.

Singh, V. P., Jain, S. K., and Tyagi, A. (2007). *Risk and reliability analysis: A handbook for civil and environmental engineers*. Reston, VA: ASCE Press.

Sullivan, W. G., Wicks, E. M., and Koelling, C. P. (2012). *Engineering economy* (15th ed.). Boston, MA: Prentice Hall.

Thuesen, G. J., and Fabrycky, W. J. (2000). *Engineering economy*. Englewood Cliffs, NJ: Prentice Hall.

Veeregowda, B. K., Bharali, G., and Washington, S. (2009). Probability and statistics. In *Traffic engineering handbook* (6th ed., ch. 6). Washington, DC: Institute of Transportation Engineers.

第 3 章　道路使用者

原著：Alison Smiley 博士，Robert E. Dewar，博士
译者：冯霞 副教授、博士；陈月霞 讲师、博士

3.1　引言

道路运输系统的正常运行依赖于道路使用者之间、使用者与车辆之间、交通控制设备和道路环境之间的相互作用。本章旨在帮助道路工程师对道路使用者有更全面的认识。在道路设计时，需要考虑的限制性因素有很多，特别需要从经验不足、年龄较大和不熟悉路况的使用者角度进行考虑。

通常情况下，驾驶人常常是被关注的焦点。一方面，在驾驶过程中，驾驶人会因自身的疏忽导致交通事故。这不仅会对驾乘人员造成伤害，也会伤及其他相对弱势的道路使用者，所以驾驶人被称为"具有石器时代特征和落后于时代的人，在非自然形成的人工标识和信号的环境中，控制着快速、笨重的机器。"（Rumar，1981）。另一方面，驾驶人常常被过分关注。"完整街道式"的道路设计理念旨在使交通工程师关注所有的道路使用者，而不仅仅是驾驶人，同时，这种设计还能够兼顾所有类型的道路使用者。

本章的第一部分对人类的特征和局限进行了分析，尤其是关注了视觉搜索、信息处理以及行为决策的重要性等方面。此外，还探讨了涉及特定群体的特征，如年龄较大的驾驶人和儿童出行者。借助上述分析，能够帮助理解和预测道路使用者可能出现的问题及其导致的事故类型等。第二部分介绍了交通控制设备和道路设计的相关内容。分别从可见性、易读性、理解力和道路使用者反馈的角度，研究道路标志、标线、信号等。从道路使用者的特征出发考虑道路设计的特点。第三部分研究了具体案例。第四部分介绍了人为因素对道路使用中影响的研究进展。

3.2　基本概念

3.2.1　道路使用者的基本特征及局限性

在特定驾驶任务背景下，需要认真考虑道路使用者的基本特征及局限性，因为驾驶任务的某些需求是导致事故或伤害的主要原因。

3.2.2　驾驶任务模型

驾驶任务由众多子任务组成，而且一些子任务必须并行执行（Alexander，Lunenfeld，1975；Bahar 等，2007；AASHTO，2010）。其中三个主要的子任务为：
- 控制——在车道上将车辆保持在所需的速度和位置上。
- 引导——通过对车头间距的控制以及一些标记、标志和信号，与其他车辆进行交互（包括跟驰、超车、并行等行驶状态的车辆）。
- 导航——通过观察引导标志、地图及地标，遵循特定路径从起点行进到终点的过程。

由于视觉和信息处理方面的限制（将在后面进行介绍），驾驶人在以下情况下状态最佳：
- 在驾驶任务不过载的情况下，提供执行各种任务所需的信息。

- 在控制、引导和导航等子任务中，驾驶高负荷情况不同时发生。
- 道路环境设计遵循可预测原则。

3.2.3 视觉

视觉特征对道路使用者的影响很大。其中最常见的是视力，其他视觉特征和视力同样重要或更重要，下面将详细介绍。

1. 视觉敏锐度

视觉敏锐度决定了道路使用者在远处看到小细节的能力（例如路标）。根据司法管辖区的不同，一般要求驾驶人的矫正视力至少为20/40（即所谓的"正常"视力20/20[1]的一半）。后面将会介绍，视觉敏锐度决定了对标志符号的高度要求。

2. 对比敏感度

对比敏感度对安全性很重要。它是一种视觉方面的能力，能够在物体和其背景之间检测光线水平（或亮度）中存在的细微差异，光线水平越低，目标越小，则需要更高的对比度才能看清一个物体，例如路缘石，道路上的杂物或行人（Olson, 2010; Bahar, 2007; AASHTO, 2010）。

良好的视觉敏锐度不一定意味着良好的对比敏感度。对于那些视觉敏锐度为20/20的人来说，夜间观测非反射物体的距离是5:1。在夜间使用近光灯，驾驶人在发现低对比度目标之前已经接近了它。实验研究表明，即使是已被提前告知的受试者，当距离小于9m时，才可能发现站在道路左侧穿深色衣服的行人（Olson, Sivak, 1983）。行人没有意识到驾驶人在夜晚的对比敏感度会降低，他们预估驾驶人能看到的距离是驾驶人真实看到距离的两倍（Allen, 1970）。

3. 光暗适应

眼睛对光的敏感度会随着光的强度的改变而发生改变。适应较亮的环境比适应较暗的环境所需的时间要少得多。当被远光灯照耀时，会产生眩光现象，人眼需要几秒的时间来适应。所以在进入或离开隧道或长地下通道时，可能需要特别的照明装置，才能使人眼较快适应光线的变化。

4. 眩光对视力的影响

眩光缩短了人眼的可视距离，因为它使得被观察对象与背景的对比度降低。这样做可以避免给观察者带来不适应。研究表明，当驾驶人面对光源时，看清低反射率目标的距离减少了近50%。当车辆之间相距约40m时，眩光的影响最大（Mortimer, 1974）。眩光源离驾驶人越近，眩光的影响越大。因此，在道路附近放置商业照明和工作区域照明时必须注意。

5. 周边视觉

人眼的视野范围较大：水平方向上大约50°，水平方向下70°，向左90°，向右90°（Boring, 1948）。然而，人眼视野中只有一小部分区域可以实现精确的观察。这个区域被称为中央凹，它的覆盖区域为视野内距离焦点约2°~4°的圆锥形。在中央凹周边的视野处，视线质量迅速下降（Mandelbaum, Sloan, 1947; Olson, 1987）。虽然敏感度降低了，但在低分辨率的周边视觉中可以检测到接近人视线的目标。一旦目标被检测到，眼睛就会移动，这样就可以利用高分辨率的中央凹区域来识别目标。

通常，最容易被周边视觉检测到的目标（例如，行人或相交的车辆）主要包括：

1) 在视线附近（约10°~15°）的目标。
2) 在亮度、颜色、纹理等方面与其背景反差大的目标。
3) 体积较大的目标。
4) 正在移动的目标。

因此，在驾驶人视线附近，以及包含闪烁元素的交通标志很可能被检测到（Bahar, 2007; AASHTO, 2010）。

6. 深度运动

许多情况下，道路使用者需要预估车辆的运动速度或近似速度（Hoffman，Mortimer，1996；Bahar，2007；AASHTO，2010）。这些情况从最低要求到最高要求包括：安全的跟随车辆行驶；选择一个安全的空隙，以便穿过有横向来车的街道；左转或右转以及逆行超车。在这些情况下，对于其他车辆而言，可以基于迎面而来车辆视觉图像大小的变化率估算近似速度。如图 3.1 所示，两者之间（视觉距离与车辆图像大小之间的关系）不是线性关系，这无疑增加了道路使用者准确估算速度的难度。

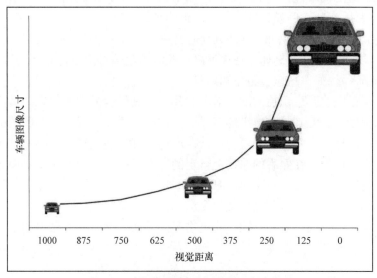

图 3.1　车辆图像尺寸与视觉距离的关系
资料来源：Thomas Smanel。

当车辆所占视角的变化速率小于 0.2°/s 时，观察者无法检测到图像的大小在变化（Hoffmann，Mortimer，1996）。因此，在超车的情况下，当驾驶人将车开到对面车道超车时，他们难以估计迎面驶来车辆的速度，所以只能假设车速是车流的速度。结果，驾驶人在面对高速行驶车辆时，只有较短的反应时间。在面对低速行驶车辆时，会有较大的时间间隔（Bjorkman，1963；Farber，Silver，1967）。因此，应尽可能提供额外的超车道，让驾驶人有机会超车。这种感知上的不敏感不仅会影响驾驶人，也会影响路上的行人。澳大利亚的一项研究考察了儿童对迎面车辆到达时间的估计能力（Hoffmann，Payne，Prescott，1980）。儿童随着年龄的增长，该能力有所提升。然而，即使是 9 到 10 岁的孩子，在判断车辆到达时间的能力方面，也没有达到成年人的水平。与驾驶人一样，行人也是根据距离而不是速度来估计移动深度的（Parsonson，Isler，Hansson，1999）。

在高速公路上行驶的驾驶人遇到停车或减速的车辆时，感知深度运动或者近似速度也会导致安全问题。而驾驶人不愿意减速慢行或停车也会导致问题更加严重，例如，车辆在一条乡村高速公路直行车道上左转的时候，前面的驾驶人在没有打转向灯或制动灯的情况下停车，可能会导致事故（Bahar，2007；AASHTO，2010）。

3.2.4　注意力和信息处理

人类的注意力和信息处理能力是有限的，这就给驾驶人提出了挑战，而驾驶人必须在控制任务（例如，留在车道上）、引导任务（例如，与其他车辆合并）和导航任务（例如，寻找街道名称标志）之间分配注意力（Alexander，Lunenfeld，1975；Bahar，2007；AASHTO，2010）。尽管注意力可以从一个信息源迅速切换到另一个信息源，但道路使用者一次只能关注一个信息源。此外，道路使用者只能从道路场景中提取小部分可用信息。据估计，在指向感觉系统的 1Gbit/s 信息中，只有 16bit 可以被识别（每个是非问题的答案只能提供 1bit 的信息）。人类信息处理系统实质上是容量有限的单通道系统。

驾驶人处理信息的能力非常有限，应当避免来自多个交通控制设备的高要求，或者避免一次执行多个驾驶任务。

虽然大多数关于注意力的研究都是针对驾驶人的，但是行人过马路时也必须注意。行人在过马路时经常因使用手机分心，小孩子有时会在没有注意交通状况的情况下跑到马路上。

考虑到人类信息处理的局限性，驾驶人在面对以下情况时更容易出错：
- 需要一次获取大量信息（例如，带有多个面板的高架标牌）。
- 来自多个信息源的高要求（例如，并线到高速公路上以减缓车速，同时监控前方和后方的交通）。
- 需要快速做出复杂的决定（例如，在接近停止线的黄色信号上是停止还是继续）。
- 违反预期的情况（例如，高速公路左侧出口）。

此外，注意力并不是完全受意识控制的。对于有几年驾驶经验的驾驶人来说，驾驶是一项高度自动化的工作。大多数的驾驶人，尤其是在熟悉的路线上，都有过这样的经历：在路程的最后几千米，他们才意识到自己没有集中注意力。驾驶任务要求越低，通过内部专注或通过从事非驾驶任务来分散驾驶人注意力的可能性就越大。同样，在熟悉的路线上行走的行人可能会因为使用手机而分心，尤其是在过马路时也不会关注交通情况（Bahar, 2007; AASHTO, 2010）。

在城市环境中，驾驶人和行人对信息处理的要求都比农村地区要高。前者存在许多潜在的干扰物，如公交车站、商业广告、大量的行人和车辆、建筑物等。然而，除了高速公路和主要干道外，城市地区的车速普遍较低。

3.2.5 视觉搜寻

道路的使用包括主动搜索快速变化的道路场景（Bahar 等，2007; AASHTO, 2010）。有研究者使用专用相机记录驾驶人眼球运动，用来分析驾驶人如何将注意力分散到各个驾驶子任务中，并在很短的时间段内（固定时间）分配给任何一个目标（例如，即将驶来的车辆或复杂的引导符号）。

1. 有效视野

周围视觉中的目标检测在很大程度上依赖于驾驶人的注意力需求（Bahar 等，2007; AASHTO, 2010）。研究表明，大多数目标是在距离视线不到 15° 的区域被发现的（Cole, Hughes, 1984）。任务要求越高，"视锥"或"有效视野（UFOV）"就越窄，驾驶人发现外围目标的可能性就越小。

如图 3.2 所示为高分辨率视觉区域（2° ~ 4°）、驾驶时注意到的有效目标区域（<15°）、除了被检测物体外没有其他任务时的全方位视野（水平面 -90° ~ 90°）。

2. 搜索模式和驾驶任务

如图 3.3 所示为驾驶人在交通量较小的道路上的注视点分布。每个数字代表该区域固定的百分比，黑点表示小于 1%。

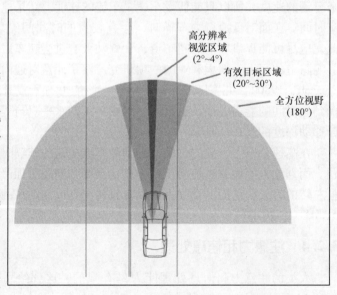

图 3.2　有效视野

资料来源：Adapted from HSM 2010。

大约 90% 的注视点落在驾驶人前方 4° 范围内的一个狭窄区域，其中更多的落在右边有交通标志的地方。这说明驾驶人的视觉搜索区域非常集中，可能导致驾驶人错过距离路边太远或在道路上方位置太高的标志，或者忽视进入道路的行人（Mourant，Rockwell，1970；Baha，2007；AASHTO，2010）。

驾驶任务在很大程度上决定了搜索模式。图 3.3 显示了附近车辆较少情况下空旷道路的搜索模式。与这种情况相比，紧密跟驰车辆的道路搜索更多的是集中在正前方的车辆上（图 3.4）。

当车辆通过一条水平曲线时，视觉搜索模式会发生改变（Shinar，McDowell，Rockwell，1977）。在切线上，驾驶人可以通过向前看来收集路径和横向位置信息。在曲线上，由于路径的信息随着车道位置发生移位（向左或向右），视觉需求会增加（Bahar，2007；AASHTO，2010）。眼动研究表明，随着曲线越来越紧凑，视觉搜索的要求越来越高（Fitzpatrick 等，1999）。研究还发现，视觉需求在曲线前约 100m 处开始增加，在曲线开始后达到峰值，随后开始一直处于下降趋势。纵观整个曲线，曲线结束时视觉搜索需求低于开始时的需求（Tsimhoni，Green，1999）。因此，建议将曲线预警标志放在靠近入口之前，而不是在曲线的开始位置，因为此时驾驶人已经在从事一项要求很高的视觉任务（Shinar，McDowell，Rockwell，1977）。

如果记录驾驶人驶入一个有信号灯的十字路口并打算在红灯时右转，将会发现搜索模式也不一样，驾驶人的注意力集中在左边将要出现的车辆，而很少注意右边的车辆。

3. 搜索方式和人行道任务

在佛罗里达州的一项研究中，研究人员选择了一个有信号灯的市区十字路口，观察了行人视觉搜索行为（Van Houten 等，1997）。通过视觉搜索从后面驶来的车辆需要大幅度的头部运动，仅大约 30% 的行人搜索这样的车辆，存在这种搜索行为的行人最少。从侧面和前面搜索车辆的行人较多，分别约占全部行人的 50% 和 60%（Bahar 等，2007；AASHTO，2010）。较低的搜索量引发了人们对在十字路口转弯的低噪声电动车的担忧，因为听力有限的行人很难发现这些车辆。

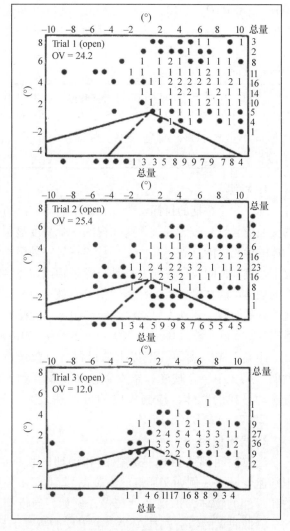

图 3.3　空旷道路上不同位置的注视点时间分布
资料来源：Mourant and Rockwell, 1970. Reprinted by permission of Sage Publications。

4. 持续时间

通常情况下，驾驶人几乎没有时间收集和理解道路信息。对于完成检查车道位置之类的简单任务而言，注视时间仅为 0.1s，而对于读取复杂的指示牌，注视时间则高达 2s 或更长时间（Bashar，2007；AASHTO，2010）。2s 的持续时间非常长，驾驶人完成一项困难的任务通常通过一系列短暂的注视，而不是一次长时间的注视来完成。研究发现，在公路上，如果注意力偏离车道超过 2s，那么发生撞车的风险将增加两倍（Victor，Dozy，2011）。考虑到每次注视的时间有限，驾驶人在处理道路信息时必须依靠熟悉的道路模式和驾驶经验。

3.2.6　感知-反应时间

驾驶人感知-反应时间是指检测目标、识别目标、确定响应，并启动响应所花费的时间。它不包括完成操作的时间（例如，停车和变道）（Bahar, 2007；AASHTO, 2010）。尽管感知-反应时间通常为1.5s或2.5s，但是，感知-反应时间不是固定的，而是取决于过程中每个阶段的难度（Olson, Dewar, Farber, 2010）。

尽管感知-反应时间（Perception-Reaction Time, PRD）通常为1.5s或2.5s，但是，感知-反应时间不是固定的，而是取决于过程中每个阶段的难度。

1. 检测

对于一个预期的目标（例如，繁忙的十字路口处的交通信号灯）或者驾驶人所注视的一个高度显眼的物体的检测可能只需要几分之一秒。在另一种极端情况下，例如夜间，在视线之外且与背景相比对比度较低的物体可能在可见后的几秒内都没有被注意到。而注意到的时候，驾驶人可能已经距离很近而无法采取适当的行动和措施（Bahar, 2007；AASHTO, 2010）。

距离驾驶人视线几度以上的目标、与背景对比度低、尺寸小、有眩光、未发生移动以及驾驶人没有主动寻找的物体，检测失败的可能性最大（Bahar, 2007；AASHTO, 2010）。

2. 身份证明

当被检测到的目标是熟悉的和预期的目标时，识别速度最快（例如交通灯变为黄色）。对于不熟悉的和意外的物体，识别速度较慢，例如，当夜间遇到一辆低底盘的牵引式挂车时，由于反射装置不足，车速较慢而堵塞了高速公路。

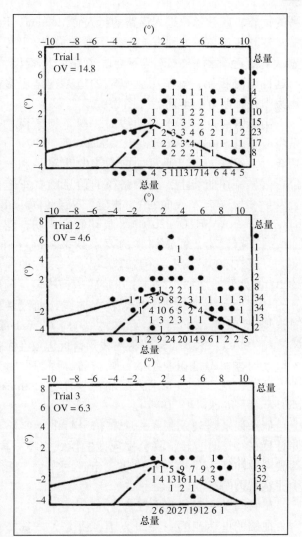

图3.4 车辆密集道路上不同位置的注视点时间分布
资料来源：Mourant and Rockwell, 1970.
Reprinted by permission of Sage Publications。

3. 决策

当响应明显时，可以迅速做出决策。例如，当驾驶人离十字路口很远且交通信号灯变成红色时，决定停车的时间将很短。另一方面，如果驾驶人靠近十字路口且交通信号灯变黄，则出现两难境地：是否可以缓慢地停车而又不被后面车辆追尾，还是继续前行。与第一种情况相比，决定停或走的时间将更长（Bahar, 2007；AASHTO, 2010）。

当驾驶人要查找的信息不存在并且必须分析可用信息时，或者必须考虑大量信息时（例如，包含多个目的地的引导标志），决策也需要更多的时间。同样，当驾驶人需要确定模糊信息的性质时需要更多的时间，比如夜晚道路上的灯光，光线可能有多种来源，比如碎片的反射（不一定需要躲避），或者是停在道路上的车（Bahar, 2007；AASHTO, 2010）。

4. 响应

响应阶段涉及机动车对决策的响应，在脚踩向制动踏板或手转动方向盘时结束。感知-反应时间随着响应的开始而结束，不包括制动或其他机动时间。

5. 不同条件下的感知-反应时间

考虑到影响驾驶人感知-反应时间的各种因素，该时间显然不是一个固定值，而是取决于各种具体情况。在直观的检测情况下，即危险因素在道路中间清晰可见的情况下，该时间取决于对"停车视线距离"情况下感知-反应时间的研究（Olson，Cleveland，Fancher，Schneider，1984；Bahar 等，2007；AASHTO，2010）。

这项研究中，驾驶人在没有被任何警告的前提下，在登上山顶时遇到了一个15cm高、1m宽的障碍物，挡住了部分车道。大多数驾驶人（85%）在1.3s内反应过来，95%的驾驶人在1.6s内反应过来。本研究的试验情况相对简单：当时是白天，驾驶人正在爬上一座小山，因此当物体挡住道路进入视野时，驾驶人的注意力正集中在道路上（Olson，1984；Bahar，2007；AASHTO，2010）。

另一项研究调查了在白天条件下，当遇到意外物体（一个桶从停在路边的货车上滚下来）时，驾驶自己车辆的驾驶人和驾驶试验车辆的驾驶人在试验车道和容纳车辆数较低的乡村道路上的制动情况（Fambro，Fitzpatrick，Koppa，1997），结论是几乎所有受试者在所有测试条件下的感知-反应时间大约都为2s。

但是，2s的感知-反应时间并不适用于夜间看到的低对比度物体（Bahar 等，2007；AASHTO，2010）。尽管驾驶人的视线长达数百米，但近光灯可能发出的光线不足，物体与背景之间的对比度也不足，直到距离很近时驾驶人才可以看清。在驾驶模拟器研究中，驾驶人平均需要1.4s才能对高对比度的行人做出反应，而对低对比度行人做出响应需要2.8s（Ranney，Masalonis，Simmons，1996）。眩光甚至会延长感知-反应时间。在现实世界中，驾驶人不太可能像试验中那样警觉，响应时间将会更长。

3.2.7 驾驶人期望

在驾驶时，驾驶人依赖于他们对道路布局和与道路相关模式的预期，因为在高速公路上，移动速度非常快，速度相当于30m/s；在城市地区，速度相当于15m/s。在这样的速度下，驾驶人除了识别熟悉的模式外，根本不具备信息处理能力。但是他们不会执着于分析信息。至关重要的是，专业交通人士应从不熟悉路况的驾驶人角度出发思考道路，这对他们来说是非常困难的：例如，驾驶人自己非常熟悉一条非常规的路段，所以他们可能无法理解不熟悉该路段的驾驶人所遇到的困难。

尽管驾驶人在信息处理和视觉搜索方面存在局限性，但在高速行驶的情况下也能很好地应对。这是因为道路的设计在很大程度上考虑了驾驶人的局限性，驾驶人也会依赖于他们之前的经验。例如，根据高速公路出口的经验，靠近不熟悉出口的驾驶人会向右行驶。驶出的驾驶人在搜寻出口信息时，会把注意力集中在右边的标志上（Bhise，Rockwell，1973）。对于大多数情况来说，这是一种非常有效的策略。但是，如果出口位于左侧，依赖经验将会导致反应时间更长，事故率更高。

同样，夜间依赖熟悉模式的驾驶人会专注于车辆中心和车道上方约0.6m处的成对白灯和红灯。例如，越野车或横穿车道的拖车的灯光并不常见，可能根本不会被注意到，或者当它们出现时，驾驶人难以分析灯源。

曾有团队对物体位置的影响进行了研究：将物体放置在与驾驶人期望相反的位置。试验人员观看幻灯片，每页需要2s，并且需要识别是否有骑自行车的人、其他车辆或交通标志存在（Theeuwes，Hagenzieker，1993）。有些幻灯片显示正确方向，有些则相反（左-右）。要检测的交通元素具有相同的大小和对比度，仅仅是放置在一个意料之外的位置。对于这些意外位置的目标，检测目标的时间延长了60%（从10%增加到16%）。驾驶人期望的标志位置位于右边，且靠近行驶路线。这项研究表明，违反驾驶人期望的目标放置可能会导致信号没有被检测到或更晚被检测。

道路管理部门会使用警告标志来改变驾驶人的期望，通过白天在路边设置一个假驼鹿来研究驼鹿警告标志的有效性（Aberg，1981）。独自驾车的驾驶人在经过该标志时会被拦下，并询问他们是否注意到有什么异常。一半驾驶人在被拦下之前都经过了驼鹿的警告标志；另一半人则没有看见标志。没有看到警告标志的驾驶人中只有14%的驾驶人注意到了驼鹿；而看到警告标志的驾驶人注意到驼鹿的人数达到了26%。虽然警告标志的出现大大改善了性能，但大多数驾驶人仍然没有注意到驼鹿。

这项研究通过简单地安装一个警告标志来说明克服驾驶人局限性和期望的困难。在这种情况下，驾驶人的局限性是无法看清低对比度的对象（即看到路边树叶遮挡下的麋鹿）。此外，当驾驶人在高速行驶时，他们的注意力集中在一小块路面上。不管有没有警告标志，驾驶人都不希望有驼鹿。驾驶人看到警告标志的频率远远超过他们看到危险（例如，鹿、行人）的频率。除了弯道等永久性特征的警告信号外，驾驶人会强烈希望危险不会出现。

在夜晚，视觉信息会减少，驾驶人在分析他们看到的和反射的光线时，更加依赖于期望和熟悉的模式。在一项关于期望影响的研究中，受试者被要求在夜间驾驶一段时间，以评估汽车前照灯的质量（Roper, Howard, 1938）。一旦试验完成，他们会被告知试验结束了。而在回试验室的路上，才是真正实验的开始。驾驶人在马路上会遇到一个行人，然后，他们被要求以同样的速度返回并接近目标。这一次驾驶人能够看到目标的平均距离是第一次接近目标时的两倍。因为他们设定了期望目标，知道要依赖什么"模式"，他们的反应能力得到了极大的提高。即驾驶人知道将要发生什么时会做出更好的反应。

由于驾驶人处理信息能力有限且依赖于期望，道路设计者需要保证道路环境的简单和可预测性。速度越快，环境就必须越简单。乡村的高速公路在视觉上通常很单调，没有靠近公路的建筑物，也没有行人或骑自行车的人。不仅没有什么有趣的东西可看，而且驾驶要求也很容易预测：没有交通信号、没有十字路口、没有停车标志、没有急转弯、没有陡峭的坡度，也没有"惊喜"。此时，信息负载必须是最小的，同时，道路设计也必须是可预期的，以便驾驶人应对高速驾驶任务。然而，过小的信息负载也可能会导致注意力不集中。

驾驶人处理新信息的能力有限，因此依赖期望。道路设计师必须保持道路环境简单和可预测。

3.2.8 行为适应

驾驶人的适应性影响道路安全对策的有效性。《牛津词典》将"适应"定义为"改变以适应新环境的过程"。

适应性行为将注意力和精力的智能分配作为行为的动力。驾驶人必须适应不断变化的环境。当驾驶人状态发生临时或永久变化时也会发生适应行为。短期的适应发生在驾驶人时间紧迫和闯红灯的时候。而随着年龄的增长，会发生长期的适应。年龄较大的驾驶人平均车速每小时减少几千米，与年轻驾驶人相比，他们可以用较长的行驶距离来弥补信息处理能力和反应较慢的缺陷（Evans, Wasielewski, 1983; Wasielewski, 1984）。

当驾驶任务发生时也会出现适应行为。例如，当驾驶人紧跟着另一辆车时，他们的注视范围会急剧缩小（Mourant, Rockwell, 1970）。交通繁忙时，与汽车操作相关的视线停留时间比交通不繁忙时减少了20%（Rockwell, 1988）。

适应行为与道路环境也有关。当交通信号灯处于全红阶段时，驶入十字路口的驾驶人将增加。增加车道宽度、拓宽路肩和重铺路面都能提高车速（OECD, 1989）。在低标准道路上做这样的改变（也就是说在陡坡和急转弯上）反而会降低安全性。因此，当工程师们对交通环境做出改变时，预测适应性是很重要的。

驾驶人适应性的一个关键方面是速度选择。高速行驶会增加撞车时受伤和死亡的风险。虽然限速表会影响驾驶人的速度选择，但这并不是唯一的影响因素，甚至不是最重要的影响因素。了解驾驶人如何根据感知和"道路信息"提示调整速度，可以帮助公路从业人员在设计道路时以最少的强制行为来达到期望速度。本章后面的"路段"部分将讨论影响驾驶人速度选择的方法（Bahar, 2007; AASHTO, 2010）。

如果公路设计者了解驾驶人如何根据感知和"道路信息"提示来调整速度，就可以以最少的强制行为来使车辆达到期望速度。

3.2.9 驾驶人损伤

驾驶人可能会遭受各种各样的暂时性损伤，包括注意力分散、酒精、毒品和疲劳。

1. 驾驶人分心

诸如交通拥堵增加和提高生产效率的社会压力等因素，以及手机等设备可用性的提高，这些因素都可能导致驾驶人分心或注意力不集中。进而可能导致无意中驶出车道，或未能检测到停车标志、行人或在交叉口已经停车的车辆。

曾有研究表明了分心在事故中产生的影响，该研究对 100 辆汽车的仪表进行分析，以获得驾驶人和前排乘员（共计 241 人）在 1 年内的自然驾驶情况。研究人员记录了参与者在正常路线上行驶的总里程，大约为 3600 万 km，记录了 69 起严重撞车事故、761 起近距离撞车事故和 8295 起一般事故。"几乎 80% 的车祸和 65% 的近距离车祸都是驾驶人在碰撞发生前将视线从前方车道移开造成的"。通过进一步的分析，比较了碰撞发生后的分心行为与在没有发生前的分心行为。与标准驾驶相比，当视线脱离车道的时间超过 2s（不论移出视野的原因是否与驾驶任务相关），近距离碰撞或碰撞风险至少增加了 2 倍（Klauer，2006）。与专心驾驶相比，进行视觉或手动等复杂任务的撞车风险增加了两倍。在 Dewar 等（1994）、Olson 等（2010）和 Regan 等（2009）的研究中可以找到关于分心和碰撞事故的进一步信息。与农村道路相比，在有建筑物、行人、商业标识和高交通量的城市地区更容易分散注意力。

视线脱离车道的时间超过 2s，会使近距离碰撞和车辆事故的风险增加两倍。

2. 酗酒和吸毒

酒精对驾驶的影响是我们熟知的。酒精会降低抑制作用并影响判断力，它也是一种镇静剂，容易使人昏睡。因此，酒精会导致眼球运动变慢、信息处理速度降低（尤其是在分散注意力的任务中）、判断力受损和速度过快，这些都可能导致事故，尤其是在弯道上行驶时。

处方药和消遣性药物都在一定程度上影响驾驶。最常见的消遣性毒品是大麻。在模拟器以及公路研究中发现，使用一定剂量的大麻对汽车行驶的影响包括降低车速和降低对意外目标的感知 - 反应时间（Smiley，1999）。本章稍后将在"新兴趋势"中讨论大麻对撞车风险的潜在影响。

3. 驾驶人疲劳

相比于酒精，疲劳造成的危害要小得多。疲劳主要是由于几小时、甚至几天的工作和睡眠不足引起的。避免长时间驾驶的重要性也很早就被重视，法律也提到了货车和公共汽车驾驶人的工作时间。相比之下，白天的时间很少被认为是导致事故风险的主要因素。白天的时间很重要，因为人类有一个内在的时钟，被称为昼夜节律起搏器，它调节着人体的各种生理功能，如体温、血压、肾上腺素的分泌和睡眠。一般来说，生理活动在白天增加，晚上则平静下来为睡眠做准备（Grandjean，1982）。几个国家的碰撞风险研究证明了一天中具体时刻的影响。英国（Horne，Reyner，1995）、瑞典（Kecklund，Akerstedt，1995）和澳大利亚（Di Milia，1998）的研究人员提供的报告都表明了一天中不同时间对碰撞事故发生的影响。所有这些研究都排除了酒精的影响。在深夜两点开车 1km 与在白天开车 1km 相比，发生交通事故的风险要高出 25 倍。

无论是由于故意缩短睡眠时间以进行其他活动，还是由于轮班工作或睡眠呼吸暂停等医学疾病（约 5%），很多人都存在睡眠不足的现象。研究表明，仅仅缺乏两小时的睡眠就会影响驾驶人的警觉性。而患有慢性日间嗜睡症的睡眠窒息症患者未经治疗的驾驶表现与那些睡眠不足的驾驶人相似（George，Budreau，Smiley，1996）。

驾驶人使用许多不同的策略来对抗疲劳的影响，包括休息、咖啡因和小憩。虽然建议经常休息，但随着时间的推移，休息在抑制驾驶能力下降方面的效果也比较差。而 15min 的小睡，尤其是在驾驶人严重疲劳之前小睡一会，则有较长时间的效果。因此，安全的路边休息区对驾驶人来说很重要。减速带也会起到一定的作用。在一项模拟研究中，35名轮班工人在上完夜班后早上开车，当行驶到减速带后会产生生理上的警觉性，车道控制也会得到改善（Anund等，2008）。路肩边缘和中心线减速带已经被证明在减少与疲劳有关的碰撞事故方面非常有效（Griffith，1999；Persaud，Retting，Lyon，2003）。

3.3 道路用户类型

在设计道路、车辆和交通控制设备时，必须考虑多种类型的用户，包括驾驶人（例如，新手、老人和货车驾驶人）、行人（例如，儿童、残疾人）、摩托车手和骑自行车的人。不同的用户都有不同的能力和局限性，这对交通工程师和道路设计师规划、设计和实施道路交通系统等方面都有影响。接下来将讨论这些道路用户。

3.3.1 设计驾驶人

许多人为因素都会影响驾驶人正确使用道路系统的能力。"设计驾驶人"一词曾指在设计道路、车辆、交通控制装置时，必须考虑驾驶人的能力和局限性。交通工程师常用满足第85个百分位作为"合理的最坏情况"，当决定限速标准和视线距离标准时，将其作为一个截止点。然而，仍有15%的驾驶人的需求可能无法得到满足。交通事故调查人员通常指"平均驾驶人"。事实上，并没有所谓的"平均驾驶人"或恰好满足85%的驾驶人。不同的人有不同的能力。视力好的驾驶人可能听力一般、运动协调能力或注意力差。

对于那些设计车辆、道路和交通控制设备的人来说，必须考虑驾驶人的能力和局限性。有关设计驾驶人的信息，可以在美国国家公路交通安全管理局的《驾驶人性能数据手册》中找到（Henderson，1987）。该手册包含一系列与驾驶中的人为因素相关的原始资料：反应时间、视觉表现、听觉表现、信息处理、人体测量学和撞车前行为。还有专门的《老年驾驶人和行人公路设计手册》（Staplin，2001）。该手册现已由FHWA更新为《老年人道路设计手册》（Brewer，Murillo，Pate，2014）。

3.3.2 老年驾驶人

人们对老年驾驶人（通常指65岁以上的驾驶人）的驾驶表现和安全表示担忧。在美国和许多其他国家，老年驾驶人的比例越来越大。关于老年道路使用者及其需求和局限性的信息和建议，可以在交通研究委员会主办的两次座谈会的报告中找到（TRB，1988；TRB，2004）。其他涉及老年道路用户安全问题的文件和公路设计建议见《老年驾驶人公路设计手册》（Staplin，Lococo，Byington，1998）和《老年人安全出行手册》（Staplin等，1999）。

统计数据表明，每行驶1mile的事故率在30岁以后下降并趋于平稳，然后在65岁以后增加，死亡和受伤人数也增加，这是由于年龄较大的驾驶人的脆弱性增加。与撞车相比，老年驾驶人被撞的可能性大约是年轻驾驶人的两倍。在这个年龄段，男性致命事故的发生率高于女性（NHTSA，2014）。

在年纪较大的驾驶人中，以下事故类型更为常见：在十字路口转弯时未能看到迎面驶来的车辆；在十字路口以外的其他地方进入或穿越道路时无法看到驶近的车辆以及无法看到在十字路口从右侧驶来的车辆（Maleck，Hummer，1986）。高龄驾驶人在左转弯事故中的比例过高也反映出他们在判断即将到来的车辆的距离和速度方面存在困难（Poulter，Wann，2013）。在左转穿越交叉路口时，他们可能需要更多的时间，这表明需要更多受保护的左转信号。所有驾驶人，特别是老年驾驶人，在具有等待区或弯道的十字路口处左转弯更加安全，因为这样可以改善来往交通的可见性（Staplin等，1996）。

随着年龄增长，视野中定位相关信息的能力降低导致选择性注意力下降，这与有效视野（UFOV）中的年龄差异相一致。UFOV是一种注意力度量方式，包括对周围视觉刺激的定位和识别程度。UFOV随着年龄的增长而显著降低（Scialfa，Kline，Lyman，1987），并且与传统视野尺寸测量法（Ball，Owsley, Beard, 1990）相比，能够更好地估计老年人在定位外围位置的目标时所面临的困难。Owsley 等发现，在 3 年内，UFOV 受损 40% 或以上的老年驾驶人，发生撞车事故的可能性是普通驾驶人的 2.2 倍，这主要与难以分散注意力有关。研究发现，UFOV 的降低与高龄驾驶人的过失事故相关（NHTSA，2014）。

高龄驾驶人的局限性使得驾驶变得困难，包括选择性注意力的下降和有效视野的减少（一种注意力测量方法，该方法测量对周围呈现的视觉刺激进行定位和识别的能力）。他们的注意力也更容易分散，并且在复杂的十字路口等环境中信息处理迟缓。

在不熟悉的地区，高龄驾驶人也更容易出现分心和大脑思维混乱（Bryden 等，2013）。由于高龄驾驶人存在这些认知上的困难，因此，驾驶过程中最好避免复杂的路口和过多的交通标志。

感知和认知方面的局限性给高龄驾驶人带来了困难，同时身体方面的因素也使某些人难以进行驾驶。机动车的运行要求具有一定程度的肌肉力量、协调性和运动范围。肢体活动受限会影响高龄驾驶人的驾驶能力。颈部运动受限的驾驶人发生撞车的概率是其同龄人的 6 倍。他们可能难以检测到小角度交叉口靠近的车辆或在斜角铁路交叉口处的列车。

在交通工程中，高龄驾驶人的局限性意味着：需要增加标志的醒目性；更大的标志和字体；放置标志以最大限度地减少夜间眩光；更亮的路面标记；更大的工作区域危险预警；更加受保护的左转弯信号。

3.3.3 新手驾驶人

通常，青少年驾驶人越年轻，碰撞事故率越高。在 2012 年，美国有 1875 名年轻驾驶人在交通事故中丧生。这个年龄段的驾驶人约占美国持照驾驶人的 6%，但该部分驾驶人却导致 9.4% 的致命交通事故（NHTSA，2014）。这些致命的事故涉及的男女比例约为 3∶1。一方面是由于男性在危险的情况下车速更高，另一方面年轻的男性驾驶人喝酒的概率更高。

1. 危险驾驶行为

McKnight 和 McKnight（2003）在研究了年轻新手驾驶人非致命性撞车记录后得出结论：他们通常会犯一些相对简单而非冒险的错误。最主要的错误包括：在左转弯之前无法进行正确的视觉搜索、不观察前方的汽车、在有条件的情况下驾驶得太快以及无法适应潮湿的路面。

2. 年轻乘客的影响

研究表明，年轻的新手驾驶人会受到年轻乘客的影响。一项观察性研究显示在离开一所高中的停车场后，青少年乘客对青少年驾驶人危险行为的影响（Simons - Morton, Lerner, Singer, 2005）。这些驾驶人比其他车辆驾驶人驾驶得更快，车头时距也更短，尤其是与其他男性乘客一起行驶时。而女性乘客的出现会使得行程变长。当有青少年乘客时，高风险驾驶率（车速 24km/h 或者超过限速）大约是一般速度的两倍。现在，许多管辖区都禁止年轻新手驾驶人的车辆中搭乘年轻乘客。本节稍后将讨论分级驾驶执照的意义。

3. 酗酒

造成年轻驾驶人撞车的最重要因素可能是缺乏驾驶经验和对酒精敏感。2012 年，在美国的 15 ~ 20 岁驾驶人的机动车碰撞事故中，丧生的驾驶人中有 24% 的血液中酒精浓度（BAC）为 0.08 或更高（NHTSA，2014）。

4. 危险情况感知

风险的感知能力来自以往的经验以及应对风险的方法。由于驾驶人没有注意或没有意识到潜在的危险，或高估了自己的应对能力，就有可能低估风险的影响。相比于高龄驾驶人，年轻驾驶人可能不愿意改变他们的驾驶行为来满足驾驶任务的需求。由于缺乏经验和过度自信,年轻驾驶人往往没有意识到道路上的潜在危险。

年轻驾驶人可以快速掌握驾驶技巧,但缺乏对驾驶任务的理解,尤其是能够观察到并理解前方道路危险的能力。此外,他们更容易受到年轻乘客的干扰。

5. 驾驶证

许多司法管辖区实行的分级驾驶证制度,采用了先前讨论的一些观点,可有效减少新手驾驶人发生的撞车事故。在2003年至2009年期间,纽约州实施了分级驾驶证计划后,18岁以下驾驶人的死亡人数和受伤人数分别减少了36%和33%(Cheng等,2012)。

3.3.4 货车驾驶人

大型货车的驾驶任务、驾驶人技能和信息需求与小型货车不同。尽管货车驾驶人受过专业训练,有丰富的驾驶经验,但他们仍然容易受到影响,和普通汽车驾驶人一样,也存在问题和局限性:信息处理问题、酗酒和吸毒、疲劳、冒险等。

重量超过4540kg的大型货车发生的碰撞事故常常是我们关注的重点,因为这些碰撞往往造成重大的财产损失和其他车辆成员死亡。2012年,美国共有约31.7万辆大型货车发生道路交通事故(NHTSA,2014)。这些事故共造成3781人死亡。其中四分之三的事故是货车与机动车相撞,75%(2843人)的遇难者是其他车辆的乘客,还有约10%是行人死亡。然而,在这些致命的车祸中,几乎没有醉酒驾驶的大型货车驾驶人。

当汽车和货车相撞时,最有可能出差错的是汽车驾驶人。这两年的美国联邦车祸调查数据显示,在70%的事故中,汽车驾驶人要对车祸负全部责任(Blower,1998)。此外,撞人的车辆比被撞的车辆更有可能造成事故。一辆大货车被撞的频率是其他车辆的三倍,而且更容易被后面的车辆撞到。

由于车辆控制、检测器的数量和复杂性,以及大型货车的操纵特性,使得操作难度更大,其中一些原因也与公路工程和道路设计有关。货车驾驶人的视线高,许多情况下他们比小型车辆的驾驶人更早地知晓道路状况。但是,由于需要更长的制动和操纵距离,他们也需要更早获取信息。货车周围某些区域(例如,左右两侧)的可见性不足也会导致在转弯、倒车或改变车道时出现问题。

1. 基于货车的道路设计

大型货车的安全操作通常取决于十字路口的视距,特别是不受管制的视距。建议的视距可以通过建立交通控制类型、机动类型(交叉和转弯)、高速公路几何形状(横截面和设计速度)、驾驶人特性(感知和反应时间)和车辆特性(长度、轴/拖车配置、减速能力)的函数模型来获得。例如,穿过双车道且限速为96km/h的高速公路,单辆货车和大型组合货车所需的十字路口视距分别为244m和323m(Fambro,Mason,Neuman,1988)。有关十字路口视距的进一步信息,请参阅第11章。

铁道口的视距取决于火车和机动车的速度,大型货车的视距更长。货车-拖车组合的长度通常超过15.3m。为了适应许多大型货车的加、减速能力以及其长度,驾驶人所要求的最小视距相当于火车行驶约11s的长度(Mortimer,1988)。

2. 交通控制设备和货车驾驶人

大多数交通标志是针对所有驾驶人的,但也有些交通标志是特定于货车驾驶人的(例如,重量限制、危险货物路线、货车车道、降速限制、立交桥的高度限制)。因此,驾驶人必须注意这些信息源(Lunenfeld,1988)。驾驶人眼睛与车辆前照灯之间的垂直距离较大,可能会给夜间阅读标志带来不便。这些标志上的反光材料将光线反射回光源。因此,前照灯和驾驶人视线之间的距离越大,驾驶人看到的标志就越暗,因为从标志发出的光被引导到离驾驶人眼睛更远的地方(到前照灯)。这样做的后果就是缩短了标志的可读距离,而对大型车辆的驾驶人来说,他们需要的信息比其他车辆要多。夜间驾驶的另一个问题是 CMS（可改变的信息标志）发出的眩光通常与驾驶人视线齐平。

在大型货车发生的事故中，很重要的原因就是货车的能见度很差，尤其是在夜间。目前，大多数地区都需要使用适当的照明并在车辆上使用反光带来提高货车在夜间的能见度。

当其他车辆试图在弯曲的高速公路坡道上向货车驾驶人传达有关安全速度的信息时，就会出现交通控制问题，因为大型货车的安全速度将低于轿车。在坡道上，超载货车的翻车问题也是一个特殊的问题。一种解决方案是使用 CMS，通过使用 CMS 发出闪烁信号，表明货车的速度超过了弯道要求（McGee，Strickland，1994）。这种方法已被用于主要公路的末端和其他地点，如低立交桥处和急转弯处。

对于货车而言，路面的标记也必须有所不同。由于大型货车的加速度较小，而车身较长，普通汽车的安全视距对于大型货车而言可能太短。一些管辖区使用辅助标志来警告货车驾驶人不要在标记的特定位置通过。在进出高速公路时，大型货车需要更长的路段。定时信号也不适用于货车操作。例如，标准的黄色相位可能太短，以至于货车在下坡接近信号时无法及时停车。设计交通信号灯的人员应特别注意此类问题。

3.3.5　摩托车驾驶人

摩托车驾驶人的驾驶任务和相关风险不同于其他机动车辆。摩托车的体积小、加速能力强，因此机动性很强，但在发生碰撞时，驾驶人几乎没有任何保护。最常见的事故原因是，摩托车在直线行驶而另一辆汽车在其行驶路线上向左转弯。而涉及其他车辆与摩托车碰撞的事故中，常常是因为驾驶人未感知到摩托车。摩托车体积小，很难判断其速度和距离，驾驶人也经常穿不显眼的深色衣服。摩托车的速度也是造成事故的一个因素。此外，在撞车事故中丧生的驾驶人中，有 30% 的 BAC 大于等于 0.08（NHTSA，2013）。

与驾驶汽车相比，摩托车驾驶人可能更需要注意道路。摩托车驾驶人的眼球运动与汽车驾驶人的眼球运动不同。Nagayama 等测量了日本摩托车和汽车驾驶人的视线注视点（Nagayama 等，1979）。根据报告可知，摩托车驾驶人的视野范围比汽车驾驶人低 6°。这是由于摩托车驾驶人的头部位置向前并略微向下倾斜，同时需要更加注意崎岖粗糙的路面（例如坑洼和颠簸）。随着速度的增加，汽车驾驶人往往更注意远方的道路，而摩托车驾驶人更关注距离车辆更近的道路，因为他们需要密切注意靠近自行车道的路面状况。

随着速度的提高，摩托车驾驶人对前方道路的注意力会逐渐下降，从而导致看不到标志或路边危险的可能性增加。

速度过快通常是导致摩托车发生事故的重要因素。因为在相同距离处，小物体看起来比大物体更远，所以要预测正在靠近的摩托车的速度与距离十分困难。信息处理失败有时是由于低水平的"认知显著性"，这是驾驶人期望值的函数。与汽车和货车相比，公共道路上的摩托车相对较少，因此并没有受到重视。Hancock 等找到两种无法观察和识别的摩托车类型——结构性摩托车和功能性摩托车（Hancock，Oran-Gilad，Thom，2005）。前者是指感觉系统的物理方面，如由于阻塞或看不见而无法察觉。摩托车的功能性局限主要与摩托车的醒目性有关，在低认知水平的驾驶环境中出现的频率相对较低。这在春天的美国北方地区可能是一个更大的问题，因为大多数摩托车在冬天都不能上路。

可能导致摩托车驾驶人失去控制的路面特征包括坑洼、沟槽路面（为重新铺设路面做准备）、不平整的铁路道口、粗糙的路面和减速带。摩托车驾驶人会关注到减速带，但是，研究表明减速带对其并不会造成伤害。Miller 研究了减速带对摩托车驾驶人的影响，并通过减速带检测了摩托车驾驶人在道路上的行为（Miller，2008）。通过分析撞车记录，并对 32 名摩托车驾驶人通过减速带进行了封闭路段实地研究得出结论：减速带"对摩托车驾驶人没有增加可衡量的风险"。在另一项研究中（Bucko，Khorashadi，2001），加利福尼亚高速公路巡逻队的几名成员（均为高级摩托车驾驶人）分别以车速 80km/h

和105km/h对减速带进行测试。测试结果显示，从安全的角度来看，减速带并不会对驾驶人造成影响。

路面掉落的物体（例如，在施工区域）很难观测到，尤其是在晚上，这使得摩托车会不稳定，而且恢复平衡也很困难。当停车时，摩托车的小轮胎也很难稳定。如果路面被油类物质污染，摩托车也可能会因为路面湿滑造成事故。

在施工区域，道路上可能有碎片或很粗糙，所以道路表面对摩托车驾驶人的安全性也有一定的影响。与汽车相比，高速行驶的摩托车在沟槽路面、石子松散、碾磨过的沥青路面以及上陡坡时，很难保持其稳定性。在这些情况下，必须放置标志来警告摩托车驾驶人。

3.3.6 行人

在美国，行人死亡人数约占所有道路死亡人数的13%。在某些国家，这一数字超过了40%。2010年，在美国有4280名行人在道路上丧生。由于还存在一些未报告的事故，并且各国对于行人死亡的定义也有所不同，因此在解释行人交通事故数据时必须格外注意。此外，在行人交通事故的研究中，往往缺少对行人数量的准确计算。

报告表明，65岁以上的行人死亡率最高，其中老年男子的死亡率居于首位。http://safety.fhwa.dot.gov/ped_bik收集了有关行人的交通事故。地面运输政策项目（www.transact.org）也提到了行人安全问题，该项目报告了美国许多城市和州的行人和自行车碰撞事故。网站www.walkinginfo.org提供了美国和其他几个国家和地区的详细研究信息。

1. 行人和驾驶人行为

过马路时包括观察、感知、判断和决定四个过程。对道路进行环视，对交通情况进行估计，对车辆的距离和行驶情况做出判断。根据这些信息，做出过马路以及在哪里过马路的决定。

行人的交通事故通常也与转弯车辆相关。与直行相比，在左转弯期间发生行人事故的可能性大约是直行的4倍。导致左转弯事故的因素之一是行人被车辆A柱（前柱）和风窗玻璃上的灰尘等遮挡，导致车辆内部视野不佳（Abdulsattar，McCoy，1999）。纽约市的统计数据表明，在车辆右转时，行人和驾驶人不让行的频率大致相同，而在左转时，62%的驾驶人没有向行人让路，即行人的过马路失败率为38%（Habib，1980）。一项针对美国15个城市的1297个十字路口的研究发现，在3年内发生的2081起行人事故中，49.2%的行人出现危险行为，41.5%的驾驶人出现危险行为（Zegeer，1983）。有关左转弯事故的详细信息，请参阅Caird and Hancock（2007）。

当驾驶人在红灯处右转时，他们应该停车礼让行人，但他们并没有这样做。红灯时右转（RTOR）规则也引发了对行人安全的关注。对此问题的研究发现，在信号交叉口引入RTOR后，行人和骑自行车的人的交通事故增加（Preusser等，1984）。驾驶人在红灯前停车，在车流间隙向左看，在转弯时没有看到右边的行人和自行车。

佛罗里达州的一项研究（Charness等，2012）发现，老年人（75岁以上）和年轻人（15~19岁）类型的行人更容易发生停车事故。倒车碰撞在老年人中更常见，而向前行驶的碰撞在15岁以下的人中更常见。作者的观察性研究表明，年轻的行人更容易分散注意力。

1）视觉搜索：行人过马路任务的重要组成部分是对车辆进行精确的视觉搜索。在美国对2100例行人事故的早期研究中，斯奈德得出结论：行人的搜索和检测失败是发生事故的常见原因（Snyder，1972）。儿童视觉搜索和集中注意力的能力有限，并且经常在进入道路之前无法搜索车辆。年长的行人经常有较差的视觉搜索习惯，例如只观看交通信号而不是交通情况。

2）行人步速：在设计十字路口和行人信号灯时，需要考虑行人的步行速度。平均步行速度为：3岁儿童1.07m/s；8岁儿童1.56m/s；12岁儿童1.77m/s；16岁少年1.62m/s；50岁以上人群1.53m/s；而60岁以上的人群1.25m/s（Eubanks，Hill，1998）。这样的信息（尤其是15%的坡度，对于3岁的儿童来说是0.79m/s，对于60岁以上的人群来说是1.16m/s）有助于确定横穿街道的行人所需的时间，或者驾驶人是否来得及在与儿童碰撞前停车。

假设行人步行速度为1.3m/s，十字路口的行人通行时间很多年没有改变。Eubanks和Hill报告的步行速度是平均速度，但是许多人，尤其是年长的行人要比这个速度慢得多。因此，建议平均速度为1.13m/s，并且35%的行人的行走速度要比1.3m/s的设计标准慢（Hauer，1988）。《统一交通控制设施手册》（MUTCD）（FHWA，2009年）计算了行人的滞留时间，已将建议的步行速度从1.2m/s降低到1.1m/s，并使用0.9m/s的步行速度来计算步行较慢的行人（如坐在轮椅上或视力不佳的行人、残疾人士）是否有足够的时间穿过宽阔的街道。对于此计算，距离不是指从路边到对面路边的距离，而是从行人按钮（如果没有，则是从路边1.8m后）到远端路边的距离。如果此计算得出的估计值超过步行加行人停留时间（使用1.1m/s的速度标准计算），则应增加步行间隔时间以满足0.9m/s的速度标准。当要穿越的街道宽度大于等于30m时，会出现这种情况。

一项关于步行速度和启动时间的大型研究收集了7123名行人的数据，其中一半以上的人年龄在65岁以上，在各种城市的十字路口，对行人行为进行了观察（Knoblauch，Pietrucha，Nitzburg，1996）。年长的行人要比65岁以下的人行动慢，并且在下雪或街道被雪覆盖时，步行速度要比在其他天气条件下更慢。年轻（65岁以下）行人的平均步行速度为1.5m/s和1.2m/s，年长行人的平均步行速度为1.2m/s和0.9m/s。年长行人的平均启动时间（2.48s）（从行人开始行走信号亮起至行人下路沿及开始过马路的时间）比年轻行人（1.93s）长。行动不便的行人的步行速度，比身体健全的人要慢一些，他们的平均步行速度很难达到1.3m/s。各种带有残疾/辅助器具的行人的平均步行速度为：拐杖0.8m/s、助行器0.64m/s、膝下截肢者0.76m/s和髋关节炎0.67~1.13m/s。

年龄较大的行人比其他人走得慢，因此行人步行信号的定时应假定步行速度约为1m/s。

3）夜间环境：夜间在路上或路边的行人是特别危险的。2009年，美国约68%的行人死亡是在夜间发生的。由于驾驶人很难发现行人，而行人高估了驾驶人可以看到的距离。另外，行人经常穿深色衣服，在视觉上与深色环境和深色路面对比度降低。

大多数在夜间撞到行人的驾驶人称，他们很难注意到行人（Allen等，1996）。大约25%的驾驶人在听到撞击声后才意识到撞到了行人。Shinar测量了行人在夜间的实际能见度和估计能见度（Shinar，1984）。Olson、Dewar和Farber也研究了避免撞到行人所需的停车距离。距离随速度的平方增加，在72km/h时，距离是40km/h时的三倍，而在104km/h时，则是三倍以上（Olson等，2010）。对驾驶人无法停车的情况进行对比分析得出，大多数驾驶人在40km/h的速度下不会遇到停车困难。当车速为104km/h时，40%以上的人无法在遇到下列情况时停下来：一个穿着白色上衣的行人在道路的右边，一个穿着黑色上衣的行人在道路的左边。

2. 儿童行人

在美国，统计2010年被车辆撞到的行人中，有近四分之一（16%的人丧生，23%的人受伤）的人未满16岁。儿童尚未建立起安全的概念，他们对安全通过的条件的判断能力以及估算所需距离的能力也很差。3到8岁儿童的事故率最高，直到11到12岁时才有所下降。

观察发现，与非交叉路口相比，儿童在十字路口注意交通状况的可能性较小（$p < 0.05$）。在非信号交叉路口，无人陪伴的儿童中有33%的儿童在横穿马路之前没有进行视觉搜索，在十字路口这一人数增加到48%。只有不到6%的孩子会主动观察转向的汽车，而且很少有父母会教给孩子这个规则（MacGregor，Smiley，Dunk，1999）。显然，从后面驶来的转弯车辆是行人与车辆发生碰撞的主要因素。

3. 老年人

年龄较大的行人（65岁以上）比年轻的行人更容易发生严重的道路交通事故。2012年，老年人占美国死亡人数的19%和受伤人数的11%（NHTSA 2012）。老年人身体脆弱，更容易骨折且康复时间更长，这也是造成高死亡率和高伤亡率的部分原因。

年龄较大的行人的身体缺陷包括：由于脚步不稳和跌倒的可能性增加而导致步伐缓慢；平衡能力差，摔倒后站起来的能力也会下降；使用拐杖或拐杖辅助的敏捷性降低；由于关节炎和其他疾病而行走困难。有关老年行人的详细对策，请参见相关内容介绍（Oxley, Fildes, Dewar, 2004）。

4. 行人交通控制装置

交通标志、信号和路面标记用来控制行人的行走，并提醒驾驶人注意行人。根据一项超过4700人的问卷调查，并不是所有人都知道关于行人的法律和交通控制装置（Tidwell, Doyle, 1993）。例如，83%的驾驶人不知道前面的人行横道和人行横道标志的区别。走路和不走路的信号也有人难以区分。有些行人，尤其是年纪较大的行人，在过马路的时候遇到"禁止通行"的信号，不知道该如何应对。Tidwell等发现，大约一半的被调查者认为步行信号可以保证他们的安全。

在Retting等人的一项研究中，在三个十字路口（Retting, Van Houten, Malenfant, Farmer, 1996）安装了特殊标志（"注意转弯车辆"，并附带人行横道的图形）和路面标记。为期一年的随访显示没有发生碰撞事故，而之前每100名行人中约有2.7名行人会发生事故。

拥有六车道的城市街道中，在人行横道前使用提前停车线和标志提示，可以减少将近80%的行人与车辆冲突（Van Houten, 1988）。在限速为50km/h的街道上进行研究，观察在人行横道上使用提前停车线前后事故的发生状况，并在人行横道前15m放置警告牌"请停下，行人先走"，同时箭头指向道路。

Van Hooten等（1997）研究了行人领先（Leading Pedestrian Interval, LPI）3s的有效性，即行人可以在允许车辆转弯前3s开始过马路。行人进入了人行横道，从而使驾驶人在开始转弯之前看得到行人，与行人的冲突减少了95%。LPI的引入将行人向车辆让路的概率降低了约60%。研究（Fayish, Gross, 2010）通过比较10个信号灯控制路口的行人车辆碰撞与14个停车控制路口的行人车辆碰撞，证实了LPI的安全性。

人行道标记的有效性还存在一定的争议。Zegeer对美国30个城市的1000个有标记和1000个无标记的人行横道进行了研究（Zegeer, 1983），在双向道路上，有标记和未标记的交叉口之间没有发现差异。同样，在平均每日交通量（Average Daily Traffic, ADT）小于或等于12000辆的多车道道路上，标记的出现对碰撞事故率没有影响。然而，在ADT大于12000且没有中间隔离带的多车道道路上，有标志的人行横道碰撞率更高。标志的存在可能会给行人一种错误的安全感。这些标记可能的好处是，它们可以帮助老年人和低视力的行人，让他们直接穿过街道。

多车道的有标记路口容易发生多重威胁类型的碰撞，例如一名驾驶人停车礼让行人，而另一名同向行驶的驾驶人不停车并撞到行人。在Zegeer的研究中，在有标记的人行横道上，多重威胁碰撞占所有行人碰撞的17.6%，但在无标记的人行横道上并未发生这些事故。研究还发现在马路中间放置人行横道警告标志也可以有效地减少碰撞。

5. 行人道路设计

与道路设计相关的行人问题包括缺乏人行道、多车道道路过宽、高速公路和复杂的十字路口。由于邮箱、垃圾箱、花盆、长椅等的存在，人行道中的步行空间被减少。使用单行道时，行人只需朝一个方向看，可减少过马路的复杂性。车辆都是朝一个方向行驶，驾驶人也可以更多地关注行人。对美国15个城市1297个十字路口的一项研究表明，单行道十字路口的行人事故要比双行道十字路口的行人事故少（Zegeer等，2001）。

单行道的优点包括十字路口的冲突点更少（转弯运动更少），行人可以看到更多的空隙，而且只需朝一个方向寻找空隙，驾驶人和行人看到彼此的可能性更大，转弯驾驶人更容易监控行人的运动。有关老年行人的道路设计细节请参见相关内容介绍（Knoblauch等，1995）。

在公共汽车站附近，行人经常与车辆发生冲突。来自秘鲁的一份报告表明，与没有停车点的十字路口相比，有停车点的路口车辆相撞的可能性要高出三倍（Quistberg等，2013）。美国交通研究委员会

（U. S. Transportation Research Board）出版的一本指南对公共汽车附近的行人事故问题进行了调查，并提出了一些应对措施（Pecheux 等，2008）。

减少这些碰撞的措施包括：
- 在十字路口减速。
- 培训公交车驾驶人观测附近道路上的行人。
- 公交候车亭光线充足。
- 禁止红灯时右转。
- 公交站台远离路口。
- 为行人预留安全角落。

行人安全对策主要分为四类（Fitzpatrick 等，2006）：
- 将行人和车辆按时间分开（例如，有信号的十字路口和人行横道）。
- 将行人和车辆按空间分开（例如，天桥和地下通道）。
- 增加行人的可见度（例如，街道照明、显眼的服装或反光材料）。
- 降低车辆速度。

其他措施包括：在人流量大的区域限制路边停车，在允许左转的交叉路口的最左侧放置一个"允许左转"的标志，禁止红灯时右转以及在有大量行人等待通过的路口增加时间间隔。研究表明，这些措施减少了行人事故和交通冲突，降低了车速，并增加了人行横道前停车的速度（Fitzpatrick 等，2006；Miller，Rousseau，Do，2004）。

在基础设施设计时往往会忽略行人而只考虑车辆。行人需要有足够的时间来穿过十字路口，考虑到老年人，步行速度应该大约为 1m/s。增加安全性的应对措施，例如设置行人通过时间和在交叉路口设置提前停止线。此外，行人需要意识到他们在夜间难以被察觉。

Campbell 等研究了 45 个工程，旨在提出改善行人安全的应对措施和相关设施的解决方法（Campbell 等，2004）。其中最适用于行人的措施是道路照明、标志改进、路沿延伸、自行车道、增加中间带以及加强人行横道标志。

使用倒计时来指示剩余穿越时间，可以提高行人的安全性，并降低了红灯时穿越的行人比例（Markowitz 等，2006）。

驾驶人的行为也存在一定的问题，当驾驶人在行人过马路快结束时，看到倒计时信号，是否会提速。Nambisanand Karkee 对这种情况进行了调查，对停车线前的车辆速度进行了测量，并在行人通过剩余时间超过 15s、10～15s、5～10s 和不到 5s 时测量了车速（Nambisan，Karkee，2010）。靠近十字路口时，在"请勿行走"的倒计时期间，速度要比在"步行"倒计时期间的速度更高。

在人行横道上，行人通过触动人行横道内的闪烁灯来提醒驾驶人注意行人的存在。研究表明，这些设备减少了行人事故和冲突，降低了车辆速度，同时增加了驾驶人在人行横道前停车的次数。这种方法在夜间和恶劣天气下特别有效。该方法虽然在一开始的效果明显，但后期研究发现驾驶人存在适应性，特别是对熟悉的驾驶人，会恢复到之前的速度以及对行人的注意程度（Boyce，Van Derlofske，2002）。前面已经讨论过，在人行横道上使用新颖的标志和信号可以提高行人的安全。有关工程的措施可参见 Rettin 等的综述（Retting，Ferguson，McCartt，2003）。

3.3.7 自行车

根据美国自行车骑士联盟的报告，在 1990 年至 2012 年，美国城市的自行车骑行活动急速增加，多达 460%（http：//usa. streetsblog. org/index. php/2013/11/19/the－u－s－cities－where－cycling－is－

growing – the – fastest/)。

2012年，在美国，有726名骑自行车的人在撞车事故中丧生，占道路总死亡人数的2.2%（NHTSA，2014）。这些死亡人数中约有三分之一发生在十字路口，男性死于自行车事故的可能性是女性的7倍。这很可能是因为男性骑行的距离更远。但是，确定这一问题的数据并不可用。死亡的人中有32%的血液中酒精浓度值大于等于0.08。有关自行车事故调查的详细信息请参见相关内容介绍（Green，Hill，Hayduk，1995）。

Klop等（Klop，Khattak，1999）详细审查了1000多起自行车事故的严重程度，这些事故与道路和环境因素有关。大部分的事故都是因为坡度、雾和光线暗造成的。这些因素都会降低人的视野，并且坡度还会影响制动和自行车控制。

1. 骑车人的风险感知

骑车人对道路的感知是评估他们行为的重要人为因素。舒适感和安全感决定了他们所能承受的压力水平。在自行车的压力水平中，最重要的变量是路沿宽度、机动车速度和交通量。Harkey等制定了一种"自行车兼容性量表"来衡量骑自行车人的压力水平、机动自由度以及舒适度和便利性（Harkey，Reinfurt，Knuiman，1998）。通过让骑自行车的人观看13个地点的视频片段，他们对各种配置和操作特性等进行了研究。该研究在评价的基础上，还提出了一个兼容指数，该指数包括自行车道或路肩（及其宽度）、路边宽度和交通量、同一方向的其他车道的交通量、85%的交通速度、占用率超过30%的停车道，以及货车数量、停车周转率和右转弯量的调整因子。

Sorton和Walsh也研究了这个问题，他们使用一个等级量表来衡量"自行车压力水平"，并以此作为确定道路自行车兼容性的一种手段（Sorton，Walsh，1994）。作者提出，压力可以通过三个主要变量来确定：路边道机动车交通量和速度、路边道宽度；以及三个次要变量来确定：商业车道数、停车周转率和重型车辆在道路上行驶的百分比。在测量骑行者感知的危险或压力水平时，还考虑了其他因素，包括车道数量、路面状况、停车类型（例如，平行度、角度）、右转弯车道、等级、弯道以及中间带的存在。

骑自行车的人对风险的感知受到道路环境和交通因素的影响，如路肩宽度、路面碎片、停车车道，以及交通速度和流量（尤其是右转的流量）。

2. 骑车人行为

骑自行车的人经常不遵守道路规则（与机动车驾驶人的规则相同），经常会出现闯红灯的现象。造成这种情况的一个原因是，当机动车没有起动时，会出现一定的延迟。许多十字路口都有检测机动车的系统，但它们对自行车这样的小物体不敏感。然而，目前也有一些设备可以用来在十字路口检测自行车。其中包括环路检测器，其灵敏度可以调节以检测自行车，但是环路必须放置在可以检测自行车运动的地方。视频探测器也可以用来检测自行车的存在。系统可以通过编程改变探测区域（Sherman，2007）。

骑自行车的人面临的道路设计问题包括路肩太窄或没有，使得自行车无法与超车车辆保持足够远的距离。这些问题也增加了被大型车辆侧镜刮伤的危险，而且大型车辆在高速行驶时会产生阵风。铁路轨道也会导致一些问题，如表面不平整，铁轨之间的空隙会使车轮卡住，铁轨湿滑，或者通过的大型车辆会使得已经松动的枕木"反弹"（Green，Hill，Hayduk，1995）。

很明显，一些道路设计和操作特征会影响骑车人的舒适程度、骑车人如何看待危险以及骑车人的事故发生率。通过采取各种对策可以提高自行车的安全性（Hunter，Thomas，Stutts，2005）。其中包括自行车的越野路线、优质的路面和路口安全性的改进。

在自行车碰撞事故中，骑自行车的人和驾驶人的过失几乎相同。澳大利亚的一项研究对6328起撞车事故进行了为期9年的研究（Schramm，Rakotonirainy，2010），在约44%的车辆与自行车事故中，都是骑车者的过失。不让路是最常见的情况。而对交通状况的忽视和缺乏经验也是造成骑车者过失的原因。骑自行车的人与行人发生碰撞时，65.7%是骑车者的过失。城市自行车碰撞事故原因最常见的是机动车驾驶人和骑自行车的人在十字路口都不愿让路。

大多数骑车人事故发生在十字路口。机动车驾驶人在右转的时候经常没有注意到右边有一个骑自行车的人，或者不认为骑自行车的人有威胁。其他类型的交通事故包括：驾驶人从车道或小巷驶出，骑自行车的人从停车标志或红灯处驶出。

3. 年轻的骑车人

对于年轻的自行车手来说，缺乏经验是一个普遍问题。在挪威进行的一项针对年轻初学自行车的人（4～12岁的儿童在主动骑自行车的前12个月内）（Hansen等，2005）的研究。他们发现，在骑自行车的前12个月里，7岁或8岁的儿童受伤的风险比年幼的儿童要低。这表明推迟开始骑自行车的年龄可以减少受伤。

Plumert等在自行车模拟器上对儿童（10～12岁）和成人（Plumert，Kearney，Cremer，2004）如何在十字路口选择间隙进行了观测。他们观察了一条有六个十字路口的街道，并以40km/h或56km/h的速度连续通过，在经过十字路口时等待合适的空隙。两组选择的时间间隔大小相同，但孩子们留给自己和驶近车辆之间的时间较少。儿童过马路时要比成人晚，通过路口的时间也比成人长。

4. 骑车人的道路设计

骑自行车在一定程度上取决于是否有合适的自行车基础设施。然而，在许多北美城市，自行车基础设施不足。加拿大的一项研究通过确定发生事故的地点，调查了自行车事故和环境之间的关系（Teschke等，2012）。采访了两个城市（温哥华和多伦多）急诊室中因骑自行车受伤的人，并记录了受伤地点的详细信息。这两个城市的自行车出行的比例分别为3.7%和1.7%。研究确定14种路径类型的受伤风险。与受伤风险最相关的是有或没有停放车辆的主要街道，以及有停放车辆和共用车道的主要街道。另外，在有下坡、有轨电车或铁路的地方以及建筑区域的风险更大。最安全的地方是自行车道（主要街道上为骑自行车的人铺设的道路，由物理屏障隔开）、当地街道，以及没有停放汽车和自行车的主要街道。

骑自行车所需的基础设施包括单独的自行车道、街道上的自行车道、指示自行车专用车道或共用车道的人行道标记（用人行道上的大箭头指示）以及专用的交通标志和信号灯。

当在公路上骑行时，对骑自行车者的危害包括被较大的车辆的侧视镜夹住的危险增加，以及大型车辆在高速行驶时产生的阵风。这些车辆的侧向力对于1m的自行车道来说是难以承受的，但对2m的车道和车速为100km/h而非115km/h车辆是可以接受的（Khan，Bacchus，1995）。减速带有一定的作用，但也存在缺陷。它为自行车的骑行创造了一个粗糙的表面，也确实可以减少因困倦或注意力不集中的驾驶人进入路肩区域的可能性。肩带设计应该在3～3.3m。每隔12.2～18.3m，就应为骑自行车的人提供安全离开路肩的机会（FHWA，2011）。

道路的宽度也会影响驾驶人对风险以及速度的感知。此外，道路宽度和公路自行车设施的存在还会影响骑自行车的人在道路上的位置。Schramm和Rakotonirainy（2010）在关于车道宽度和道路使用者安全的文献综述中提到，当有明显的自行车设施存在时，自行车和车辆的横向距离最小。

研究发现环形路可以减少交通事故，但并不是所有的道路使用者都能做到这一点。比利时Daniels等对环形路口的自行车手进行了研究。结果表明，将十字路口改为环形十字路口后，自行车受伤事故增加了27%，在环形交叉口或其附近区域（距离中心100m以内），严重或致命碰撞事故增加了41%～46%（Daniels等，2010）。

在Flannery等的研究中，大多数自行车骑行者认为多车道环形路具有危险性（Flannery，2010）。他们还指出，骑自行车的人会靠近路的边缘，超过一半的人在环形路上会感到不适。骑自行车的人以19～24km/h的速度进入环形车道。然而，一个低速的单行道回旋处会使汽车减速到与骑自行车的人相近的速度，并让骑自行车的人安全地占据车道的中心。

5. 夜间条件和单车安全

在夜间道路上，骑自行车的人能见度降低，更容易受伤害。而他们自己常认为自己容易被其他道路使用者发现。骑自行车的人可以通过穿特定的衣服来增加他们的能见度。Wood 等人研究了在封闭道路驾驶环境中穿着不同类型衣服的骑自行车者的可见度（Wood 等，2010）。与只穿反光背心（50%）、荧光背心（15%）或黑色衣服（2%）的骑车人相比，穿反光背心同时佩戴反光装置（90%）的骑车人更容易被发现。年轻驾驶人比年龄大的驾驶人更容易辨别骑自行车的人。

即使驾驶人可以在安全距离内看到夜间的自行车灯，他们也可能无法识别光源是否来自于自行车。此外，黑暗中的单个灯光可能代表很多事物，并且其距离通常很难确定。

6. 骑自行车的交通控制设备

自行车行驶必须有交通控制设备的管制，主要是通过标志来实现。路面标记可以为自行车指定特定的车道，MUTCD 允许使用单独的交通信号来控制自行车。标志可以为自行车手指示可使用的共享路径的车道、入口限制、路线指南和某些危险状况，如陡峭的山坡和铁路交叉路口。

最近新应用的方法，自行车专属区域（或提前停车线）可有效提高自行车安全，这是位于十字路口的一段特定车道，骑车人可在机动车前方等候红灯。驾驶人必须在该区域后方等待，通常用彩色的油漆绘制（一般是绿色）来提高可见度。驾驶人也更容易看到骑自行车的人，并允许他们优先通过十字路口或转弯。对该方法进行评估得出，骑行者的安全性得到了有效提高。2008 年，俄勒冈州波特兰市在市中心绘制了 12 个自行车专属区域，并评估了使用者对该区域的理解和遵守情况以及对安全性的影响（Dill，Monsere，McNeil，2012）。根据录像分析表明，该方法应用后，骑自行车者侵占人行道的情况有所减少（从41%降至25%），事故数量也减少了近三分之一。除此之外，右转车辆也会更主动地让行。

3.4 专业实践

本章内容主要介绍保障性能无差错实现的现行方法，涉及交通控制设备（Traffic Control Devices，TCDs）和道路设计。首先介绍积极引导方法，此方法是一种将人为因素与交通工程和公路设计相结合的整体方案。

3.4.1 积极引导

为了弥补由于依赖先前经验而造成的人类在信息处理方面的局限性，公路设计通常采用"积极引导"方法。此方法结合了人为因素和交通工程两方面内容，最早在 1970 年初，美国联邦公路管理局发布的一系列文件对其进行了解读（Alexander，Lunenfeld，1975）。"积极引导"方法的宗旨是根据驾驶人本身的局限性和期望进行设计，提高驾驶人正确快速地响应交通状况和信息的可能性。相反，当驾驶人未及时获取交通信息，或信息过载，或因未达到预期而感到惊讶时，就会出现反应迟缓甚至操作错误。

关于道路设计，积极引导方法强调：

- 期望——根据驾驶人期望设计道路结构、几何形状和交通运行。设计应符合长期期望（例如，高速公路上无交通信号、出口在右侧）以及短期期望（例如，道路所有弯道保持渐进）。有关此问题的详细讨论，请参见"驾驶人期望"部分。

关于交通控制设备，积极引导方法强调以下几点：

- 首要——根据标志信息的重要性确定标志的位置（例如，警告标志重要等级高于旅游信息标志），在一定时间和地点避免给驾驶人提供不必要信息。
- 传播——不要将驾驶人所需的信息放在一个标志上，或者在一个位置上放置多个标志，将标志沿道路散布开来，以小块的形式提供信息，从而减轻驾驶人的信息负担。

- 编码——在可能的情况下，将信息片段组织成更大的单元。交通标志的颜色和形状编码通过特定信息来实现，而这些特性信息由标志背景和标志面板的形状来表示。
- 冗余——以多种方式（例如，形状、颜色）说明同一件事。相同的信息也可以使用两个不同的设备（例如，标有 STOP 的标志和路面标记）或使用两个相同的设备（例如，宽阔的两面都带有 STOP 标志）。

自诠释道路是积极引导的延伸。驾驶人需要的信息主要来自于道路本身（例如，曲线、宽度、车道数量等）。驾驶人必须"阅读道路"，这意味着要了解行驶路线以及车辆应行驶的位置（例如，车道选择、变道出口）。此外，道路设计通常会告诉驾驶人对未来道路的期望。"阅读道路"的能力来自于长期的驾驶实践。"自诠释道路"的概念涉及传达道路类型的道路设计。Theeuwes 和 Godthelp 指出"自诠释道路"是一个仅通过其设计就可以引发安全行为（Theeuwesh, Godthelp, 1995, 第 217 页）的交通环境。"自诠释道路"的想法源于对驾驶人内部如何表现不同道路特征的研究，其被驾驶人归类为需要特定驾驶行为的道路。高速公路通常由满足驾驶人期望的设计特征组成，与城市街道和农村双车道道路的设计特征可能有很大差异。通常在"自诠释道路"上，道路设计和其他道路使用者的行为更容易预测，在这些道路上驾驶人的期望将会得到满足。

3.4.2 交通控制设备

交通控制设备（TCD）是一种旨在传达信息（如法规、警告）的通信设备，并向道路使用者提供路线指引。为了实现信息传递，必须知晓消息内容、放置位置、目标受众的局限性以及环境条件（黑暗、恶劣天气）对设备性能的影响。TCD 的主要类型有标志、信号、路面标线和轮廓标，其设计和应用必须满足以下几个条件：

- 满足需求。
- 在道路环境中能够引起注意力或易于检测。
- 传达清晰，信息简单。
- 轻松快速地理解。
- 在适当的距离处清晰易读。
- 放置在道路使用者能够及时正确响应的位置。
- 在设计时与系统中的其他 TCD 保持一致。

1. 标志

阅读交通标志通常通过一系列的扫视动作来完成。扫视时间（单次或 2~3 次扫视的总时间）取决于信息显示的复杂性（例如，标志信息的数量和格式）和驾驶任务的要求（例如，交通密度和道路几何形状）。高密度交通的扫视持续时间约为低密度的一半。眼睛停留在前方道路或太复杂的标志信息上的时间越长安全性就越差。驾驶人目光停留的时间不应超过 2s 一次。在可能引起驾驶人注意力冲突或信息过载的情况下放置标志时，首先应发出警告信号，然后再进行监管，最后再发出引导信号。

设计标志的考虑因素之一是是否使用文字、符号或同时使用两者。通常在较远的地方符号更为清晰易读（Paniati, 1989），更容易理解（Ells, Dewar, 1979）。设计容易理解且在适当距离处清晰易读的符号并不容易。它们的可读性主要取决于设计细节以及符号各组件之间的间距。禁令标志符号通常比警告符号更容易理解，但并非所有符号都易于理解（Dewar, Kline, Swanson, 1994）。在不需要的时候，使用标志则会降低警告的可信度。例如，当驾驶人经过指示车道关闭的标志后，如果较长道路的车道仍然开放，该标志的可信度就会降低，这时应该选择符合实际情况的减速标志。

2. 禁令标志

禁令标志传达的是适用于道路使用者的法规信息：交通流、限速，以及交叉路口交通流和限制，但在实际生活中人们对于禁令标志的理解还远远不够。Womack 等在对 13 个禁令标志的研究中发现人们对"速度降低（REDUCED SPEED AHEAD）"信息的理解水平为 93%、对"绿色左侧受保护（PROTECTED LEFT ON GREEN）"信息的理解水平为 15%（Womack, Hawkins, Mounce, 1993）。令人惊讶的是，只有不到 80% 的人知道"让行（YIELD）标志"。1988 年美国 MUTCD 对所有标志的大型研究发现人们对其中 11 种禁令标志的平均理解水平为 81%（Dewar 等，1994）。

禁令标志的放置必须使驾驶人方便查看，并有时间根据需要做出响应。驾驶人通常希望禁令标志安置在道路右侧，但有时也需要将它们放在道路两侧。例如，在交叉路口的左右两侧都放置"禁止左转（NO LEFT TURN）"标志会增加驾驶人接受的可能性。在某些情况下，对于交叉路口转弯限制首选在高架位置布置，以便驾驶人有足够的时间提前阅读路标并进入适当的车道。

3. 警告标志

警告标志的主要作用是提醒驾驶人注意道路环境和特定道路配置（如弯道和交叉口）中的危险。必须预留足够的空间（行驶时间和距离），以便驾驶人在到达危险区域、交叉口等之前阅读、理解标志含义，及时采取必要的行动。警告标志的位置必须要考虑速度限制和车辆类型（如出口匝道急转弯时的大型货车）。

许多警告标志带有符号，其中一些对于驾驶人来说并不容易理解。1988 年美国 MUTCD 对所有 40 个警告标志符号进行实验显示，驾驶人对符号标志的理解不足（Dewar 等，1994），平均理解水平仅约为 75%。在接受测试的 480 名驾驶人中，只有不到一半的人能理解其中 20% 符号的含义。

带有单词的警告并不总是可以理解的。一项对驾驶人工作范围内单词标志理解的调查（Ogden, Womack, Mounce, 1990）发现，对于"有 500 英尺长的道路在施工（ROAD CONSTRUCTION 500 FEET）"的信息，超过四分之一的驾驶人认为工作区域始于标志处，并且达到了 500ft（约 152m）。大约一半的驾驶人认为"没有中心车道（NO CENTER LANE）"的意思是"只在右车道行驶"。

此外，还发现人们对一些警告标志中的"视认距离"理解很差。"新增车道（ADDED LANE）"标志具有出色的可辨别性（325m），但只有 25% 的驾驶人能够理解；"路面端部（PAVEMENT END）"上的符号和字母很难被识别；"山地（HILL）"标志非常好理解，但其 100m 的设置距离使得清晰度很差。外观上设计简单且细节较少的标志在视认距离方面具有更大的优势（Dewar 等，1994）。

在行驶过程中，如果交通管制条件发生了变化（例如，双向停车改为四向停车；安装了新的信号机），交管部门必须通过相关警告标志来警示驾驶人，尤其是熟悉旧模式的驾驶人。许多国家启用新标志来实现警示作用，如在更改之前先放置一个单独的标志或带有相关信息警示牌 ["前方停车（STOP AHEAD）"或"前方信号（SIGNAL AHEAD）"]。

4. 引导标志

引导标志为驾驶人提供有关到达目的地的方向和距离的信息，以及特定服务或设施的信息，如商店、加油站、旅馆和医院。早期的美国易读性标准的字母高度为 6.0m/cm，此后又修改为 4.8m/cm，可适用于大多数年龄较大的驾驶人和夜间情况（Mace, Garvey, Heckard, 1994）。

多年来，交通标志中的文字使用了多种字体，但并非所有字体都具有同等的可读性。汉字笔画宽度与高度之比约为 1:5，而字母宽度与高度之比最优为 3:5（Sanders, McCormick, 1987）。为了提高文字的可读性，除了比例调整之外，还需要将深色背景上的字母设置为白色或发光来减少视觉辐射效应（较亮区域冲击较暗区域的视觉反应）。

Clearview 字体是交通工程师的常用字体，是 US Series – E 的变体。为了减少辐射效应的影响，Clearview 在特定字母的元素之间提供了更大的间距。当字母高度相同时，Clearview 字体的单词比 Series – E（M）的单词占用的符号空间少 12%，但它们提供相同的可读性。当 Clearview 字体间距增加到 112% 时，字母和 Series – E（M）字体的字母占据相同空间。在这种情况下，年龄在 65 岁及以上的老年驾驶人的可读性提高了 16%（Carlson, Brinkmeyer, 2002）。此外，研究还表明 Clearview 字体提高了老年驾驶人在晚上 11%～22% 的可读距离，这取决于所使用的标志型类型（Garvey，Pietrucha，Meeker，1997）。

街道名称标志上的小字体给许多驾驶人，尤其是年长的驾驶人带来了理解困难。对于街道字母高度，在加拿大多伦多市进行了研究，测试标志的字母高度为 10cm、15cm 和 20cm（Smiley 等，2001）。对于放置在市区十字路口远端的信号臂上的路牌，字母高度需要为 20cm 或现有标准的两倍，以便驾驶人在不熟悉的区域阅读标志并在到达转弯点之前从容地改变车道。

交通标志必须满足在复杂的环境中可被检测，在适当距离处清晰可辨、并且易于理解才能生效。注意避免驾驶人在同一个位置上读取太多标志，或者同一个标志上读取信息过多。警告标志的设置，应使得驾驶人有足够时间通过改变速度、改变车道等方式做出响应。

5. 临时状况标志

临时状况标志通常在特定位置（例如工作区）临时向驾驶人提供信息。通常必须在特定位置（如工作区）临时向驾驶人提供信息。驾驶人可能需要额外的时间来识别和了解可能存在危险的性质，并且可能需要更多的时间来响应速度或方向的变化。驾驶人可能需要 10～12s 来检测和识别标志，做出决定，并执行适当的操作。需要注意的是临时状态标志的设置不能过早，因为如果没有明显的理由立即改变速度或改变车道，驾驶人可能会忘记或不相信警告信息。

指示车辆驶出封闭车道的闪烁箭头板是静态标志的有效补充。然而，当过早提前发出警告时，在车道封闭前放置警告标志非常重要，可以防止驾驶人重新进入车道。在视距小于约 0.5km 的工作区，应使用补充箭头板，注意不能放置在工作区前 0.8km 的位置（Faulkner，Dudek，1982）。

McCoy 等在公路上以 88km/h 的车速行驶时，评估了四条信息在行驶时速限制为 72km/h 的工作区域中的影响效果（McCoy，Bonneson，Kollbaum，1995）。标准工作区标志应放置在工作区的前面，同时应在车道坡度开始前 95m 处设置带有速度信息（速度 45mile/h；您的速度 ××mile/h）的可变信息标志（Changeable Message Sign，CMS）。当设备显示速度信息时，车辆从坡度开始到结束速度降低约 6km/h。在没有可变信息标志提示的情况下，超过限制速度 16km/h 的车辆百分比高达 86%，而有相关提示时，此类车辆低达 55%。

有关交通控制措施以及道路使用者如何受到工作区影响的更多详细信息，请参见第 15 章。

6. 可变消息标志

可变消息标志（CMS）适用于临时状况，如工作区、事件管理、环境条件（雾、雪）或未来道路封闭。同时应注意避免驾驶人的 CMS 信息下的超载。当消息较长时，必须使用多个标志，如便携式 CMS，可以在一个面板上分三行传达消息，第一行显示问题，第二行显示位置/距离，第三行显示建议采取的措施。

McGee（2013）提供了有关 CMS 使用和设计的详细信息。限速为 88km/h 或更高的高速公路上的 CMS 应该在 800m 外清晰传递给驾驶人，夜间为 360m，白天为 480m。短曝光时间至少每个字 1s，每个单位信息至少 2s。CMS 其中一个信息单位应是驾驶人可能存在疑问的答案，例如"碰撞发生在哪里？"一个信息单位应不超过四个单词。信息单位的数量取决于道路上的运行速度：56km/h 或以下时为 5 个单位，高于该速度时为 4 个单位。CMS 设置时应注意使驾驶人每次眼睛离开道路的时间不得超过 2s。美国标准规定每个信息不得超过两段，每段不得超过 3 行（McGee，2013）。禁止使用褪色或快速闪光的 CMS。两段消息的最大循环时间应小于 8s。CMS 设计和显示的各种标准和准则可参考美国《统一交通控制设施手册》（MUTCD）。如果需要改道，CMS 的放置应充分提前于改道点，且不应位于驾驶人工作负荷较高的位置（如果可能）。

驾驶人更喜欢简单、可靠和有用的 CMS，能够给出碰撞确切位置，并具有时间标签（指示信息放置在标志上的时间；Benson，1996）。因为这些信息不精确时，他们发现时间延迟和备用路线信息没有多大作用。而晚上农村地区明亮标志的眩光也是需要解决的一个问题。

这里存在一个有争议的问题，当没有交通信息传达给驾驶人时是否显示信息，如果是，显示什么。调查表明，驾驶人更希望在标志上有一些信息，而不是什么都不写，因为空白标志可能表明它不工作。驾驶人更希望在 CMS 上看到一些信息；天气信息、路线指引和速度建议确实会影响驾驶人的操作（Pedic，Ezrakhovich，1999）。有关 CMS 的更多详情，请参见相关内容介绍（McGee，2013；Dudek，2002）。

7. 缩写

当空间有限时，标志会使用缩写符号，但这些缩写符号必须能够被快速阅读和理解。它们的使用有一些基本的规则，其中可能存在提示词——例如，"traffic"应在 CONG（拥塞）之后。应避免使用有歧义的缩写如 ACC（可能是事故或进入）和 WRNG（可能是警告或错误）。公认的缩写可以在相关手册（如 US MUTCD）中查阅。

8. 年龄与交通标志效力

与年纪较小的驾驶人相比，年纪较大的驾驶人通常很难发现、阅读和理解交通控制设备（TCD），尤其是标志。如果夜间的标志亮度很高，则因为存在辐射问题（考虑到对于老年人而言）使路标信息更加难以阅读。Staplin 等研究了对比敏感度和阅读交通标志上文字的能力之间的关系，以及确定前方弯曲道路上路面标线方向的能力（Staplin 等，1989）。他们测试了两个年龄组，年龄在 18～49 岁之间的年轻人群体和年龄在 65～80 岁之间的老年人群体。结果发现，随着亮度的降低，对比敏感度的年龄差异会增加。年龄较大的驾驶人和夜间下的年轻驾驶人需要将对比度水平提高大约 2～2.5 倍才能读懂标志。

Paniati 在实验室中利用年轻（45 岁以下，平均年龄 33 岁）和年龄较大（55 岁以上，平均年龄 61 岁）的两类驾驶人样本（Paniati，1989），评估了在美国使用的 22 个交通警告标志符号的易读距离。对于年龄较大的群体，易读距离约为年轻驾驶人的三分之二。通常在设计上看起来很简单的符号需要的距离更大。Paniati 还确定了 8 个消息的单词和符号版本的易读距离，结果显示符号和单词的平均距离为 2.8 倍。Kline 等在白天和黄昏的照明条件下，比较了年轻、中年和老年驾驶人对高速公路标志的可读距离（Kline 等，1990），发现年长的驾驶人在夜间处于不利地位，尤其是在有眩光的情况下。Dewar、Kline、Schieber 和 Swanson（1994）的报告发现，在夜间条件下，60 岁以上高龄驾驶人的标志可辨认距离约为白天条件下年轻驾驶人的标志可辨认距离的一半，而在暴露于强光时，仅为标志可辨距离的三分之一。Dewar、Kline 和 Swanson（1994）调查了美国和加拿大驾驶人对符号的理解能力，发现在 85 个被调查符号中，年龄较大的驾驶人的符号理解能力比年龄较小的驾驶人低 39%。

年纪较大的驾驶人对交通标志符号的理解较差，其符号读取能力仅为年轻驾驶人的一半（尤其是在夜间有眩光的情况下）。

9. 环境因素

标志和标记的视认性受众多环境因素的影响，其中黑暗的影响最为显著。大多数驾驶人，特别是老年驾驶人，在照明水平低和夜间强光下极易产生阅读困难现象。此外，雨、雾和雪等天气状况也会不利于 TCD，尤其是路标的可读性。在夜间潮湿的人行道上，路灯和迎面驶来的汽车前照灯会产生强眩光，使得标志模糊不清，难以阅读。此外，积雪、霜冻和露水也可能会遮盖路标，降低其可读性。

在天空晴朗的晚上，标志将一天内吸收的热量散发，其温度会比周围的空气冷，导致其表面结露或结霜。Hildebrand（2003）研究了霜冻和露水对标志的影响，在自然环境条件下，对霜冻或露水的覆盖，以及在干燥条件下各种使用中的标志的有效性进行了测量。结果表明与干燥条件相比，Ⅰ型（工程等级）黄色警告标志的逆向反射性降低，露水和霜冻分别约为60%和79%。对于Ⅲ型（高强度），露水和霜冻分别减少40%和83%。在这些环境条件下，除带有露水的Ⅲ型片材外，其余测试的路标均未达到最低标准。

10. 交通标志的问题

交通标志可能存在如下问题：
- 令人困惑的文字信息。
- 字标字体小，符号小。
- 难以理解的符号。
- 位置不当或标志被遮盖。
- 对比度低（有标志或有背景）。
- 信息过载（一个标志上内容太多或一个位置上标志太多）。
- 过时信息（例如，在工作区中）。
- 信息缺失或标志缺失。
- 标志乱涂鸦。
- 旧标志的反光性降低。

11. 信号

通常我们认为驾驶人可以轻松检测和理解交通信号，但实际情况并非如此，有些驾驶人对其了解甚少。如Hummer等（Hummer, Montgomery, Sinha, 1990）的研究显示，驾驶人有时会对左转信号感到困惑。为此，他们设置了九种信号配置，并询问驾驶人对每种信号可以采取的措施。其中，最好理解的是受保护的信号相位（仅允许左转移动），而受保护或允许的相位（在交通存在安全间隙时允许左转）则理解最为困难。驾驶人的回答被评为"正确""等待错误"或"通行错误"。等待错误是指驾驶人在转弯之前进行不必要的等待，而通行错误是指在没有优先通行权的情况下转弯。在这项研究中，有92.7%驾驶人了解"绿灯直行，红灯左转"（处于保护状态），而一小半的人理解"绿灯直行和单独绿灯左转"（允许或处于保护状态），有23.4%的回答被认为是"通行错误"。为了便于检测信号，交叉口不应有太多的视觉杂波，特别是夜间商业灯光的杂波。

路面标记的目的是为驾驶人提供信息，以引导其在适当车道上行驶，并警告路面边缘和行车道存在的特定道路危险，如岛屿、交叉口和人行横道。其还用于提供诸如转向控制、停车和让行条件等监管信息。此外，渠化装置，如凸起的路面标线和夜间的"猫眼"也用于引导驾驶人进入指定车道。

夜间，车头灯、道路照明或两者都会照亮标记。在第一种情况下，来自标记中反光材料的光线基本上直接反射到驾驶人的眼睛。但是，当路面潮湿时，夜间返回驾驶人的光量可能会减少，甚至接近于零，这具体取决于所使用的材料。

由于路面标记可为前方道路提供视觉引导，尤其是在夜间，因此人们通常认为驾驶人在有标记的情况下会比没有标线的情况下看得更远。Zwahlen和Schnell（1999）证明了夜间适当标记在引导眼睛注视中的重要性。他们测量了驾驶人在五条平直的高速公路上的行为，这些高速公路或带有低可见性的临时标记包括虚线、黄色中心线和无边线，或带有新的双实心黄色中心线和白边线（两种情况都是新沥青路面）。与带有临时标记的道路相比，驾驶人在带有完整标记的道路上向前看得更远（Zwahlen, Schnell, 1999）。

假定边缘线会影响车辆在道路上的速度和横向位置。研究这些影响分析包括41项对速度影响的估计和65项对横向影响的估计（Van Driel, Davidse, van Maarseveen, 2004）。发现了各类负面和正面影响，包括速度增加到10.6km/h，降低到5.0km/h。横向位置的偏移从30cm朝向中心线变化到35cm朝向边缘线变化。此外，作者指出在没有边缘线的道路上添加边缘线会提高速度，而将中心线替换为边缘线会降低速度。这些发现表明，边缘线和中心线会影响速度，从业者应警惕在不符合标准的道路上增加边缘线。

一种降低速度的简便方法是使用贯穿马路的横向标记。Maroney 和 Dewar 使用了此方法，当驾驶人沿着高速公路出口坡道行驶时，该标记逐渐靠近（Maroney，Dewar，1987）。这项技术将超速超过 30km/h 的程度降低了 40%。

为了确定这些导致速度降低标记背后的视觉机制，Godley 等使用驾驶模拟器比较四种情况下的速度：具有恒定间距和减小间距的全横线，以及从车道边缘延伸 60cm 的无直线和外围线（Godley 等，1999）。结果表明：所有线路都降低了速度，但全横线仅在初始段更有效。未发现直线的恒定间距和减小间距之间存在差异。横向线通过最初提醒驾驶人来降低速度，而增加的外围流量会影响整个行驶区域的速度。

Chrysler 和 Schrock 等在众多应用场景下测量了驾驶人对标记信息的理解和道路反应（例如，符号、箭头和文本）（Chrysler，Schrock，2005）。减速处理包括应用简单的横线、CURVE AHEAD 字体文字、具有建议速度的 CURVE 字体文字和具有建议速度的曲线箭头。对所有标记的理解能力良好；带有建议速度的警告比那些简单警告曲线的警告更有效。在高速公路出口匝道的终点安装方向箭头后，驾驶人行驶方向的错误大大减少。对于出口车道分配，驾驶人首选路牌而不是文字。

12. 柱式轮廓标

轮廓标反射器通常用于为驾驶人提供弯道周围的视线诱导，尤其是在夜间，能够指示前方道路的曲率，有助于减少冲出路外的碰撞事故。然而，在某些情况下，提前熟悉道路的走向可能会促使驾驶人加快行驶导致更大的风险。一项在芬兰进行的研究（Kallberg，1993）证实，在某些状况下反射器的存在会导致速度增加和碰撞事故。测量结果表明，在有反射器的情况下，黑暗中的速度提高了 5～10km/h，伤亡事故平均增加了 59%。这些影响主要出现在 80km/h 的干道上，而对于具有相对较高道路几何设计标准的 100km/h 干道影响很小。Kallberg 认为，在有反射器的情况下，驾驶人能够提前获知前方道路弯道方向的路况，反而会导致其实际行驶速度高于安全速度。

3.4.3 交叉口与环形交叉口

交叉口在视觉搜索、间距估计和决策要求方面对驾驶人都提出了很高的要求，因此，出错的可能性很高。尽管交叉口只占路网的小部分，但其发生重大交通事故的可能性接近四分之一（Kuciemba，Cirillo，1992）。

1. 交叉口或环形交叉口检测

交叉口碰撞最严重的类型是驶过停止（STOP）标志或闯红灯而导致的角碰撞。驾驶人经常不遵守停止标志：只有大约 19% 的驾驶人会严格遵守交通规则（Stockton，Brackett，Mounce，1981）；约 16% 的驾驶人以超过 8km/h 的车速通过；可能还有极少部分的驾驶人以全速通过。在交通信号处，闯红灯的驾驶人所占的比例很小，大约为 0.13%（Retting，Williams，1996）。未检测到交叉口、进而全速驶过停车标志或闯红灯的驾驶人具有较高的碰撞风险。

在受管制的交叉口，驾驶人判断是否需要停车，除了需要关注相关标志或信号外，还需要注意其他方面，如交叉口路面、中央减速带、照明、附近的车辆、交叉口警告标志、路面标记、道路名称标志和前方停车标志等信息。

当交叉口被隔离，或者是序列的第一个交叉口时，应特别注意能见度。由于交叉口经常需要换道、转弯减速和停车，因此应为驾驶人提供足够的决策视距。其适当取值可以通过研究确定，该研究通过分析不熟悉路线的驾驶人可能遇到的各种潜在危险情况，包括复杂交叉口、主干道和高速公路车道下降以及施工区，以确定决策视距的时间值（McGee 等，1978；Lerner 等，1995）。一般情况下建议取 11～

14s，如遇到越复杂情况（例如，意料外的交叉口）则建议适当延长。夜间，照明使接近的驾驶人更容易看到交叉口或环形交叉口以及易受伤害的道路使用者。

回顾环形交叉口交通事故，发现 50% 的事故与撞向中心岛有关。在行驶过程中，驾驶人需要能够识别到足够远处的环形交叉口，才能了解道路路径的变化，及时做出相应驾驶决策——大幅减速。导致环形交叉口交通事故的因素包括限速标志缺乏、环形交叉口处能见度低以及中心岛的景观美化。因此可以得出，降低进入速度的低成本处理和一些小的几何变化（分流岛的延伸和入口偏转的改变方法）会显著影响事故发生的数量和类型（Mandavilli，McCartt，Retting，2008）。

2. 交叉口的视觉搜索

通常情况下，交叉路口视觉需求较高，可能存在信息过载。为确定诸如速度、分心、注视行为和交叉口错误假设等因素的因果关系，Cairney 和 Catchpole 审查了 500 多个警方记录（Cairney，Catchpole，1996）。结果显示，未能及时看到其他车辆或道路使用者以避免碰撞是最常见的问题。这类问题发生在 69% 到 80% 的多车碰撞和 33% 的单车事故中。在大多数情况下，驾驶人只会关注行驶方向的路况，不会注意其他方向的车辆。

在转弯过程中，Robinson 等使用摄像机记录了"T"形交叉口停车控制的视觉搜索（Robinson 等，1972）。因为驾驶人处于减速状态，大部分视觉搜索的范围是主干道边缘 13m 到主干道内 2m。根据左侧或右侧的交通情况，右转弯的平均总搜索时间范围为 7.4~10.4s，左转弯的平均总搜索时间范围为 6.7~16.9s，包括在引道上移动时的搜索时间。平均个人目光持续时间为 1.1~2.6s。一些右转的驾驶人根本不看右边，只关注从左边来的车辆，这增加了与从右边来的行人或骑自行车的人发生碰撞的风险。

应对此类碰撞方法是提醒驾驶人转弯前进行减速。研究表明，使用减速带和高架交叉口可以改善驾驶人右侧的视觉搜索（Summala 等，1996）。相比之下，关于骑自行车的警告标志对视觉搜索没有影响（Summala 等，1996）。

由于路标、电线杆、公交候车亭、报箱、植被等造成的视觉障碍是十字路口经常出现的问题。在对造成 13568 起车祸的人为因素的研究中，发现 39% 的车祸发生在交叉路口或道路入口（Treat 等，1977）。仅仅短暂的一瞥，行人、骑自行车的人或摩托车很容易被电线杆、车内门框或车顶支柱挡住，因此，通过交叉口时，尤其是在转弯时，需要多次扫视。

左转弯的车辆在对向转弯区会对对向左转的驾驶人造成严重视觉障碍。研究表明，较大的负偏移（对向左转间隔的宽间隔超过 0.9m）显著增加了驾驶人左转临界间隙的大小，可能也增加了左转和对向直行车辆之间冲突的可能性（Tarawneh，McCoy，1996）。如有可能，建议使用无限制视距的左转偏移（Staplin 等，1997）。

在斜交路口，在锐角的方向上，视觉搜索主要道路上的交通状况更加困难。尤其是高龄驾驶人可能难以执行所需的搜索（Gattis，Low，1998）。此外，对于右倾交叉口，车辆部件（如门框）可能会遮挡驾驶人的视线。当锐角小于 70°时会产生视线障碍，导致驾驶人在驾驶速度高于 65km/h，没有足够的停车视距。

3. 标识、信号与路径识别

当接近交叉路口时，驾驶人必须确保能够看到停止（STOP）或让行（YIELD）标志、信号灯、指定转向标志、道路轮廓以及中间带和岛屿等道路特征。通常交叉口的交通标志都具备高对比度，只要位置恰当（例如，在道路的右侧，靠近车道边缘），并在引道上清晰可见，驾驶人就会注意到。驾驶人还需要能够及时定位和阅读道路或街道名称标志，以便在到达交叉口之前在必要时变换车道，并减速以舒适地转弯。易于从远处阅读的道路名称标志将减少与导航相关的精神负荷，并使驾驶人在陌生十字路口的引道上更容易注意减速带到需要停车的相关警示信息。

选择通过交叉口的适当路径需要检测车道标记和特征，如中间带和环形交叉口。规划车道和路面边界、路缘线和凸起的中央减速带的边缘对比度可能会很差，尤其是在没有反光或轮廓的情况下。与年轻驾驶人相比，老年驾驶人在夜间、雨中的对比敏感度比较低，边缘可能更加难以检测。

当有三条或更多车道沿一个方向接近时，可以通过在远车道上使用辅助信号灯、移除树叶和使用更大的信号灯头来提高信号灯的可视性。在白天光线很亮，可以使用深色的背板改善信号灯的对比度，从而提高其醒目性。

在广角交叉路口，应使用停止标志提醒临近的驾驶人即将有环形交叉口。此外，交叉口上方或停车标志上的指示灯也会引起驾驶人的注意，有助于其及早发现十字路口。

道路名称标志的良好易读性有助于驾驶人预测前方的交叉路口。美国的一些州将"前方交叉口"标志与道路名称相结合，这不仅可以预先警告前方道路的信息，还可以提升驾驶人预测前方道路可能停车和转向的意识。

类似的问题也适用于环形交叉口。关于在多车道环行交叉口上选择正确车道，通过对环行交叉口标志的模拟研究，结果表明图解式和传统导向标志的性能最好，纽约式风格最差（Inman, Katz, Hanscom, 2006）。准确度最高的是四项标志，而不是六项标志。

关于环形交叉口上的道路标线，在 Alberta 标线中，"环线分为四个部分，且每一部分都与出口道路上的车道标线相连"（见图 3.5）。这种设计目的是必要时通过减少车道交叉口数量来达到期望的路径选择。研究表明，这种设计导致了更好的路径选择（即左转驾驶人选择圆圈内车道）、更少的延误和更高的安全性（Bie Lo, Wong, 2008）。

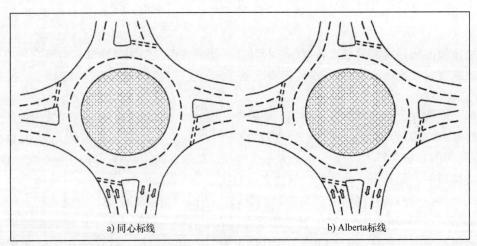

图 3.5　同心标线与 Alberta 标线

ⓒ 2008 运输工程杂志，美国土木工程师学会。经允许使用。

4. 交叉口的间距判断

在停车（STOP）和信号控制的交叉口，准确地判断间距是一项必不可少的能力。如"深度运动"一节所述，驾驶人难以准确估计附近车辆的接近速度，尤其是在高速左转时更加难以预测。受保护的转向信号相位消除了这种困难。

5. 困境区的决策

交通工程师最关心的一个问题是，当驾驶人陷入困境时，是否会出现闯红灯现象。为此，得克萨斯州的一项研究开发了预测红灯运行和碰撞频率的模型（Bonneson, Zimmerman, Brewer, 2002）。研究显示：随着引道流量的降低，净空路径长度、车头时距、黄灯间隔时间的延长，红灯运行频率呈现可预测性的降低。随着红灯运行频率的增加，红灯运行事故呈指数增长。

黄灯会造成进退两难的局面，其间驾驶人的行为至关重要。当指示灯变为黄灯时，靠近十字路口的驾驶人可能会选择继续通过，而远离十字路口的驾驶人很可能选择停车。当前面的驾驶人选择停车而后面的驾驶人继续行驶时,这时就出现了困境区的追尾碰撞冲突。

驾驶人选择减速是基于感知的可用距离而不是感知的可用时间。大多数驾驶人(85%)在交叉路口 73m 内施行制动(Coffin,Rozental,Zein,1997)。驾驶人对于制动效果和制动时机有一定的预判,当制动不符合要求时,可能会导致驾驶人无法在 73m 距离内停车(无打滑),尤其是当以较高的速度制动时,还会导致红灯闪烁,角度冲突和角度碰撞。

目前很多方法已被用于帮助处于困境区的驾驶人。实际主动预先警告标志(TAAWS)是在黄色间隔开始前几秒使用闪光灯警告驾驶人。与高速信号交叉口处的连续闪光灯相比,一个具有切线,另一个具有曲线引道(Pant,Xie,1995)。驾驶人在闪光灯结束即将面临绿色或黄色信号指示时,通常会加快速度。因此,建议在这种情况下使用连续闪光灯,只提醒驾驶人注意,而不显示信号状态。

黄色间隔的微小变化已被证明对信号交叉口的驾驶人行为有重大影响。在 50km/h 的交叉路口,将黄色间隔从 3s 增加到 4s,而在 80km/h 的交叉路口将时间从 4s 增至 5s,一项前后一年的研究结果表明,间隔时间的微小变化使陷入困境的驾驶人比例从 13.4% 下降至 6.7%;闯红灯的比例从 1.1% 降至 0.5%(van der Horst,Wilmink,1986)。

Dewar 和 Maroney 研究不同的黄色信号持续时间(3s、4s、5s 和 6s)的影响,以此确定大多数驾驶人通常会在哪个点停车,而不是通过十字路口(Dewar,Maroney,1987)。该研究是在速度为 50km/h 的四个城市的交叉口进行,分析对象为周边 5 辆车长度内没有其他车辆的车辆。当目标车辆(行驶速度不超过限速)与交叉口停车线的行驶距离对应于黄色信号激活 3s、4s、5s 或 6s 时,大约 90% 的驾驶人在黄灯 3s 时没有停车,同样比例的驾驶人在 6s 时没有停车,一半驾驶人停车的理论点(最大困境区)被确定为 3.8s。

考虑到高速公路上驾驶人必须更快地减速,良好的路面摩擦系数显得非常重要。然而,最有效应对减速的措施可能还是远距离探测。环路检测器用于检测信号灯变为黄色之前等待间隙,避免驾驶人陷入进退两难的境地。该对策对驾驶人隐藏(无需使用标志),而驾驶人又依赖于绿灯,因此不会导致自适应和红灯运行,这使驾驶人摆脱了难以做出停/走决定的"两难境地"。这种装置最适用于高速、环形交叉口道路。Bonneson 等已开发了智能检测控制系统,并进行了试验演示,证明该系统可以减少红灯运行,同时在合理的速度、流量和转弯百分比范围内提供相等或更低的延迟(Bonneson 等,2002)。在城市交叉口,信号同步是一种有效的对策,因为它降低了驾驶人必须停车的频率,从而减少了他们面临的困境。

6. 环形交叉口

交叉口是交叉、转弯车辆和其他道路使用者之间的主要冲突点。环形交叉口将原先直角交叉口上的 32 个冲突点减少到 8 个。驾驶人任务方面,驾驶人必须沿着弯曲路径减速行驶,在双车道环形交叉口上可能需要变换车道才能进入出口,并且在弯曲路径上行驶时必须注意两侧车辆。

为降低进入速度应谨慎选择环形交叉口的几何形状。与环形交叉口碰撞相关的关键几何问题包括宽入口和最小偏转入口、非常短的分流岛、有限的环形交叉口能见度以及中心岛的最小景观美化(Mandavilli,McCartt,Retting,2008)。

碰撞事故研究表明,用现代环形交叉口取代信号交叉口,与之前相比,仅在美国所有事故(PDO,伤害和致命事故)减少到 68%,伤害事故减少到 32%(Persaud 等,2001)。

虽然人们普遍认为,增加视距可以提高视觉搜索的效率,从而提高安全性,但事实似乎并非如此。FHWA《环形交叉口指南》指出:"通常情况下,建议在每个引道上提供不超过最小交叉口视距。过大的交叉口视距会导致车辆速度加快,从而降低所有道路使用者的交叉口安全性。引道上的绿化可以有效地将视距限制在最低要求范围内。"(FHWA,2000,第 163 页)。

对于环形交叉路口的行人,没有任何机制来阻止车辆通过保障行人通行。然而,分隔岛将交叉路口分为两段,为行人提供安全的站立位置,使得交通流的车速低于交叉口。O'Brien,Brindle 指出,与其他类型的交叉口相比,在环形交叉口处,车辆-车辆和车辆-行人碰撞的发生率分别呈现了中度和高度的降低(O'Brien 和 Brindle,1999)。单车道设计通常使得行人安全性更高,一部分原因是驾驶人不会对车道产生混淆,而多车道环形交叉口的行人和自行车安全更令人担忧。一种提高行人安全的方法是在环形交叉口入口上游设置人行横道,以增加驾驶人发现行人的机会。

3.4.4 立体交叉口

在高速公路立体交叉口,驾驶人通常以高速行驶,这时导航(定位和阅读引导标志)、引导(换道汇入或驶出)和控制(弯道出口快速减速)也面临更大考验。

在进入高速公路时,如果驾驶人无法迅速加速到主路车流的速度(由于加速车道不足、坡道坡度较高或重型货车过密等原因),那么可能就会与主线缓慢汇合,或者面临会车间隙不足的风险。如果高速公拥堵或主线车辆跟车行驶,驾驶人就可能很难找到合适的间隙汇入主路车流。

如果下一个出口匝道靠近入口匝道(小于 2km),汇入(加速)的驾驶人将与沿交织区驶出(减速)的驾驶人发生冲突,碰撞的可能性将会增加(Bared,Edara,Kim,2006;Cirillo,Dietz,Beatty,1969)。考虑到进出车辆的驾驶人都需要进行视觉搜索,并且为了检查相邻车道的间隙,需要将目光从前方的车辆上移开,因此,如果驾驶人无法及时发现前方减速的车辆,或反向变道的车辆,那么在交织路段很可能会发生侧擦和追尾事故。

如果主路驾驶人离开当前高速公路前没有得到充足的出口信息提示(由于标识不足、驾驶人注意力不集中或减速车道不足),那么用来阅读标识、换道、从容安全减速的时间就会减少。此时驾驶人需要同时完成两项任务,在很短的距离中变道,或迅速减速进入匝道,这就增加了事故的风险。

如果出口匝道的半径异常狭窄,根据驾驶人以往经验,稍后讨论的适应性影响可能会导致速度降低不足,那么进入匝道的车辆将与因狭窄的出口匝道半径或从匝道终端延伸出来的车辆队列产生冲突,从而导致失控和追尾事故。

3.4.5 铁路平面交叉口

美国大约有 16 万个公路-铁路平面交叉口(HRC)(美国联邦管理局,2005)。大多数是"被动"交叉路口,仅由交叉路口标志控制,其中一些带有停止标志,其余的配备了主动报警装置,如信号、铃铛、门或这些装置的组合。2012 年,铁路平面交叉口发生了 1960 起碰撞事故,其中 235 人死亡。自 2001 年以来,交叉口事故大幅减少,主要原因在于交叉口数量、列车车队数量减少,关卡增多,轨道里程减少,大大降低了交叉口处机动车碰撞的可能性(www.angelsontrack.org/cts/ctsfacts.html)。

1. 铁路平面交叉口的驾驶人行为

驾驶人在交叉口的行为取决于对警告装置的阅读和理解,通过判别交叉口和列车的存在,预测接近速度,最后进行驾驶行为决策。在公路-铁路,存在一个类似于信号道路交叉口的两难区域。根据车辆速度和交叉口附近的情况,驾驶人进行驾驶决策是停车还是继续穿过轨道。一般来说,驾驶人不希望在交叉口遇到列车,实际上除了一些每天有几列列车的繁忙交叉口,其他交叉口的驾驶人很少会遇到列车。熟悉交叉口的驾驶人很少会留意列车。驾驶人期望列车在信号激活后约 20s 内到达,如果闪光灯的警告时间超过 40s,闸门的警告时间超过 60s,他们就会觉得警告不可信。驾驶人检查平面交叉口的行为可以在 Lerner、Ratte 和 Walker(1990)编写的 FHWA 报告中找到。该报告更新了近期 Lerner 等的研究文献报告(Yeh,Multer,2008)。这些报告表明,碰撞事故在很大程度上是由驾驶错误引起的,87% 的平面交叉口碰撞涉及驾驶人的危险行为或较差判断力。

交叉口最有效的警告方式是闪光灯和自动闸门的组合。然而,驾驶人有时还是会忽略这些设备的警示。在对得克萨斯州 19 个装有闪光灯和闸门地点的驾驶人行为研究发现,69% 的驾驶人违反了"闪灯"(FL)的规定,即驾驶人在灯启动到门臂开始下降 2s 后穿过轨道(Carlson,Fitzpatrick,1999)。此外,"典型强制违例"(TEV),即在杆运动超过2s直到闸门关闭期间1/3时候发生的违例行为。列车速度对违章总数影响不大。随着警告时间的增加,违规行为也相应增加,表明驾驶人对等待时间的增加缺乏耐心。

如果驾驶人经常违章,最好在交叉口处配备象限闸门系统(在道路两侧和两个行驶方向都有闸门),防止车辆在闸门周围绕行。

对于长而低的货车而言,交叉口是事故多发地。在交叉口,长拖车可能会被卡住。这些情况通常发生在低流量的乡村道路上。如有可能,驾驶这类车辆的驾驶人应避免通过此类交叉路口,可以使用指示牌来提醒货车驾驶人注意交叉口。

2. 铁路平面交叉口的驾驶人危险感知

公路 – 铁路中驾驶人错误行为可分为识别错误、决策错误和操作错误。视距不足是造成感知错误的重要因素之一。适当的视距值取决于列车和当前车辆的速度,相对而言,大型货车的停车和加速时间更长,因此所需视距更大。货车驾驶人可使用相当于列车行驶时间11s的距离作为最小视距,以匹配大型货车的加速能力和长度。

各种设计规范和手册(例如,《铁路 – 公路平面交叉口设计手册》《公路和街道几何设计政策》)中规定了交叉口的相关视距要求和适当的视距三角形及其计算。

在与道路成一定角度的交叉口,列车的能见度通常会急剧降低。美国约80%的人行横道的角度在60°~90°,约4%的角度小于30°(Mortimer,1988)。在许多交叉口,驾驶人必须查看其车辆后方,以检测是否有列车接近。Alexander 讨论了与斜角交叉口相关的问题,包括增加驾驶人响应时间以及在这些交叉口需要更适当的交通管制令(Alexander,1989)。

崎岖不平的人行横道也会给车辆控制带来问题,尤其是两轮车辆。在交叉口注意轨道或路面状况(尤其是在未铺路面的道路上)会分散驾驶人的注意力,使其无法注意到驶近的列车。

大约40%的平面交叉口碰撞事故发生在夜晚,主要原因是夜晚能见度降低,驾驶人很难察觉警告标志或检测交叉口,更加难以发现靠近交叉口的列车(通常为深色)。Russell 和 Konz 估计夜间交叉口照明的效果约为白天的30%(Russell,Konz,1980)。

3. 决策错误

感知上的困难,如夜间未能检测到列车或对列车速度的预估错误,通常会导致判断错误(决策错误)。交叉口的车辆速度因驾驶人而异,这将导致安全问题上升。这种速度差异极大可能造成追尾事故,因此在交叉口及其附近发生的交通事故中,很大一部分不涉及列车,而是机动车相互碰撞造成的,主要原因就是车辆速度和驾驶人行为差异。

常见的决策错误是对列车速度或距离的错误判断(Leibowitz,1985)。一种列车与行人或驾驶人之间的事故类型是试图在铁轨上"控制列车"。对接近列车速度的估计可能受众多因素的影响:可用的视觉线索(例如,背景中是否存在视觉信息)、黑暗、列车是直驶还是在车辆前方交叉,以及实际列车速度等。"大物体错觉"其中之一,即大物体的移动速度比小物体的移动速度慢(Leibowitz,1985)。此外,当驾驶人或行人靠近轨道时,其对接近的列车的感知几乎不涉及横向运动(可以作为速度的良好提示),通常不考虑列车的速度,主要依靠对列车距离的估计。

这种情况下,导致决策错误的另一种现象是当看到列车几乎迎面驶来时,驾驶人很难准确判断列车的接近速度(Mortimer,1988)。这是因为列车不断靠近时,视野中的图像大小变化非常缓慢。与敏锐度、周边视觉和深度感知等其他视觉能力相比,检测眼睛视觉图像大小变化的能力(称为中心深度运动)与交通事故的关系更为密切。当列车非常接近时,如果视觉图像尺寸迅速放大,我们就会很快意识到它有多近,行驶有多快。

在平面交叉口,驾驶人会产生感知错误(例如,未能检测到列车,尤其是在夜间,以及错误判断列车速度)和判断错误(例如,在不安全的情况下穿越铁轨)。

造成交叉口事故的另一个人为因素是可能发生在以下特殊情况下，如果有两条或两条以上的轨道，在第一列列车通过后，第二列列车突然出现。由于这种情况非常罕见，道路使用者通常在第一列列车通过后立即开始穿越轨道，这时就可能导致交叉口事故。

对于骑自行车者、溜冰者和滑板者来说，穿越铁路轨道更为危险，主要原因如下：

- 路面不平整，如横木或驱动杆可能与交叉面不齐。
- 轨道之间的空间会卡住自行车轮，尤其是当轨道与道路不垂直时。
- 湿轨很滑。
- 如果有大型车辆越过交叉路口，同时松动的钢轨或木材则会在交叉路口上方"弹跳"或"漂浮"。
- 无法以合适的角度减速和越过铁轨，或者骑自行车的人无法将重量转移到后轮上保障平衡。

4. 对策

在被动式交叉路口，铁路车辆的反光条纹非常重要，能够在夜间增强醒目性。因此，一种有效的应对措施就是在交叉口的背面利用反光条纹的特性进行反射，为远处的列车驾驶人营造闪光灯的效果。在活跃的交叉路口处，闪光灯在白天的可见度可能很差。安装在列车上的频闪灯和沟渠灯改善了列车在被动和主动交叉口的白天和夜间的醒目性。已有国家或地区的实践证明在多个轨道设置标志能够增强提示性效果，那么在这些位置同样可以设置固定时间来提示列车接近的速度，这样也提高了交叉口警示的有效性和规律性。

许多驾驶人不知道轨道相对于交叉标志的位置（唯一的标志大多数是被动的公路－铁路平面交叉口标志）。某些区域已经使用了带有十字交叉的停止（STOP）或让行（YIELD）标志。实践发现前者会导致违规并对行车安全产生负面影响（Raub，2006），而后者能够提高驾驶人交叉口行车的灵活性。

此外，驾驶决策错误还可以通过其他措施来避免，如协调交通信号和交叉口时间，防止交叉口门下降或下降时绿灯亮起，同时设置固定的列车到达预警时间。此外，美国联邦公路管理局（U. S. Federal Highway Administration）开发了一款智能手机应用程序，用于指示交叉口的位置：铁路交叉口定位器。驾驶人输入特定位置，该程序就会提供该区域交叉口的相关信息（例如，交叉口特征、交通控制装置）(http：//fra. gov/eLib/details/L04641)。

3.4.6 路段

路段包括除交叉区域（交叉口、环形交叉口、互通式立交和铁路交叉口）外的道路其他部分。在路段上，驾驶人的任务包括速度选择、车道定位、车头时距维护和超车。挑战包括应对意外危险，如看到动物或分心、通过弯道、超车时的驾驶控制，以及在单调行车条件下，特别是疲劳或生病时的控制保持。

1. 速度选择

当发生交通事故时，通常高速度会增加受伤和死亡的风险。虽然驾驶人的速度会受到车速限制和车速表的影响，但是这种影响并不唯一或非常显著，还可能受到其他因素的有效作用。了解驾驶人如何根据可用的感知和"道路信息"调整速度，可以帮助公路从业者以最小的执行力获得期望的速度，从而更好地进行道路设计。

2. 速度选择的感知信息

周边视觉中的信息流（或"光流"）对驾驶人的速度估计影响最大。因此，如果道路周边有事物，当物体不断靠近时，驾驶人会觉得此时比在完全开放的路面上行驶得更快。在Shinar等的研究中，驾驶人被要求以96km/h的速度驾驶，并遮住车速表。在开放道路上，测得平均速度为91km/h。而在一条绿树成荫的道路上，按照同样的要求，测得平均速度仅为85km/h（Shinar等，1977）。说明道路附近的树木提供了周边的视觉刺激，给人一种高速感，从而使得驾驶人降低速度。

噪声水平也是选择速度的重要参考。众多研究表明，给驾驶人戴上耳罩或以其他方式降低噪声水平，会对速度产生影响。结果显示，在消除噪声的情况下，驾驶人以特定速度行驶时，会低估自己的行驶速度，比有噪声时快 6~10km/h（Evans，1970a，1970b）。通过降低噪声水平，车辆隔声性能的改善可能会降低驾驶人对自身速度的敏感性。此外，Cooper 等发现，重新铺筑路面同样可以降低噪声水平，这可能与 2km/h 的速度增加有关（Cooper，Jordan，Young，1980）。

速度选择的另一个方面是速度适应。这是长时间在高速公路上行驶，在离开高速公路后，很难遵守普通道路主干道速度限制的一种体验。Schmidt, Tiffin 在研究中要求测试者在高速公路上以大约 100km/h 的速度行驶 32km，然后在主干道上将车速降至 64km/h，结果显示驾驶人能够达到的平均速度为 80km/h（Schmidt，Tiffin，1969），要高于要求的速度。事实上尽管这些驾驶人已经完全意识到适应效应，告诉研究人员他们知道这种效应正在发生，并试图降低速度。但是研究表明，这种适应效应在离开高速公路后会持续 5~6min，而在很短的高速行驶后也会发生，持续时间短至 5s。在这种情况下，驾驶人们已经适应了之前速度，甚至在短暂的加速后也没有意识到他们开得有多快（Schmidt，Tiffin，1969）。Matthews 也报告了类似的发现（1978）。

一项关于高速公路到过渡区的研究表明，当限速变化距离交叉口 2.5~3.0km/h，第一个信号交叉口的速度最低，使驾驶人有时间适应新的道路环境（Smiley、McGirr 和 Hassall，2002）。

3. 速度选择的道路信息

道路的几何形态决定了驾驶人的工作负荷，并极大地影响了驾驶人对风险的感知，进而影响驾驶速度。图 3.6 显示了在道路研究中风险等级与速度以及各种几何元素和控制装置之间的关系（Lerner，Williams，Sedney，1988）。风险评级是乘客在驾驶过程中定期使用拨号装置指示风险水平时提供的事故风险主观评级。通过速度和事故风险的对比关系可知，一般情况下，驾驶人感知的道路风险越大，速度就越低。因此，在急转弯、视距有限的区域、波峰垂直弯道等情况下，驾驶人通常会主动降低速度，但在交叉路口时可能不会，而实际上这里发生事故的客观风险更高。

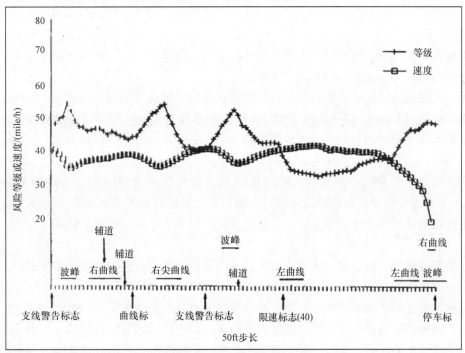

图 3.6　事故和速度的感知风险

资料来源：Lerner et al.（1995）。

以上研究表明，增加驾驶人任务需求是减缓驾驶人速度的有效方法。一些交通静化技术（例如，限制交叉口车道宽度）通过增加驾驶人的负荷来减缓速度（参见第 11 章）。

道路横截面也会影响驾驶人的速度。驾驶人在行驶过程中会根据道路信息做出相应响应，在多车道、宽路肩和宽净空区的宽阔道路上会"快速行驶",而在没有路肩的狭窄蜿蜒道路、路边悬崖或狭窄桥梁上会"缓慢行驶"。乡村公路切线上的速度与横截面和其他变量有关,例如切线前后的曲线半径、可用视距和通用地形(Polus, Fitzpatrick, Fambro, 2000)。

道路信息来源于一项涉及30个地点的研究,其限速均为50km/h。其中10个地点的路侧交通比较活跃,如汽车停车、拥挤的行人和自行车活动频繁,可能有相当多的"侧摩擦"事件。在这10个地点限速为第85百分位速度52km/h。而其他20个地点由于道路开阔,第85百分位速度更高,为63km/h。虽然没有相关研究分析,但是考虑到限速相同,11km/h速度差距还是非常明显的(Persaud等,1997)。

4. 车道位置控制

车道偏离在很多情况下都可能发生,包括驾驶人在潮湿、结冰或转弯处的情况下超速行驶;因疲劳、酗酒以及药物而分心或注意力不集中;避让操作(如,变道避让车辆或动物);以及超车过程中的过度校正。

意外偏离道路的驾驶人可能会突然发现自己行驶在未铺平的路肩上。而无意中漂移到砾石肩上的驾驶人,直观的反应是立即急转弯,从而恢复车道。不幸的是这并不是恰当的操作。相反,驾驶人应减速并轻轻转向,使车辆返回车道,然后立即回正方向。

如果路面边缘凹陷,车道偏离问题将更加严重。驾驶人可能需要加大转向,迫使轮胎向上驶入车道。路面边缘下陷越深,所需的转向输入越大。但是,一旦重新回到车道,这种急转弯会导致车辆横向速度很高,使得车辆快速穿过道路,与对向车辆(如果有)产生正面相撞,或者横向碰撞。如果驾驶人回归车道之前大幅减速,降低横向速度,就可以避免这种情况的发生。

这部分内容可以作为驾驶人培训的一部分,进行车道偏离操作方面的培训。但是,驾驶人如果不经常使用的话,可能就会遗忘。最有效的规避车道偏离的对策可能还是落实在工程实践方面,如减少路面边缘下降、使路面边缘倾斜、铺设路肩,以及使用肩边震波警告驾驶人离开道路(见AASHTO,2010)。

5. 弯道通过

弯道是交通事故多发地。据统计,弯道处的事故率是切线处的3倍,而在弯道上发生的越线碰撞是切线的4倍(Glennon, Neumann, Leisch, 1985)。

研究表明,驾驶人曲线行驶速度可根据弯道半径、弯道长度和弯道偏转角预测。80%的速度变化都与这些变量密切相关(Lamm, Choueiri, 1987)。进入弯道速度越快,驾驶人偏离车道的可能性越大。事故发生率主要取决于弯道的弯曲程度,也即半径(Terhune, Parker, 1986)。

各种研究都使用次要任务,如从安装在汽车发动机舱盖上的显示器上读取数字,来评估精神负荷。这表明弯道行驶时要求驾驶人有一定的心理需求,并且需求随着曲率锐度而增加(McDonald, Ellis, 1975)。如前所述,关于驾驶人眼球运动的研究表明,弯道行驶也要求驾驶人有一定的视觉需求。在弯道上,车道中的当前位置和未来位置在视觉上是分开的,驾驶人必须同时查看这两个位置,从而增加了视觉需求。

曲线半径决定驾驶人的舒适度,从而决定驾驶人的速度选择。一项包括200多条曲线的道路研究显示速度和横向加速度之间存在强烈的反比关系(Ritchie, McCoy, Welde, 1968)。换句话说,驾驶人在低速时比在高速时能承受更高的横向加速度,并且在高速时具有更大的安全裕度。这可能是因为驾驶人不愿意按照急转弯的要求降低速度,因此承受更大的横向加速度。还有证据表明,驾驶人有低估急转弯曲率的倾向(Milleville Pennel, Hoc, Jolly, 2007)。关于视觉错觉的感知研究表明,长度较小的弯道的曲率被低估了,这在一定程度上可以解释为什么锐利的弯道和预览很少(部分模糊)的弯道更危险。

意料外的急转弯超出驾驶人的预期,比预期的急转弯更危险。一项涉及5287条弯道和1747次碰撞事故的大型研究发现,事故率最高的弯道与前一条弯道相比,第85百分位运行速度差异最大(Anderson等,1999)。

当驾驶人在长切线上遇到相交道路时,也可能发生超出驾驶人期望的情况,这时切线延续,而主道路弯曲。当道路修复时会留下道路线索，这对不熟悉的驾驶人具有欺骗性。如图3.7所示是在夜间雨中事故现场拍摄的照片。对道路方向的误解导致了一起严重的越线碰撞事故。这时可以使用人字形标志，同时阻挡驾驶人对旧路的视线，并引导新路的视线将是适当的对策。

图3.7　不当道路规划示例：弯道区域以南225m的视图
资料来源：乔恩·斯特恩斯（Jon Stearns）经许可拍摄的照片。

6. 降低弯道速度的对策

驾驶人通过周边视觉系统中的信息流感知速度，这样可以通过规划渐近的横向车道标线，探索降低弯道入口速度的对策。理论上，恒定的速度将导致等距部件（例如，电线杆）以恒定的速率通过驾驶人的外围磁场。如果外围场中的公共元素相距越来越近，那么驾驶人会产生速度加快的感觉，从而减速。在英国的环形交叉口上，首次使用了渐近的横向标线，试图使进入环形交叉口时没有充分减速的驾驶人减速。

将早期的研究应用于典型路况，在绘制标线后，第85百分位速度立即降低30%，平均速度降低23%。然而，在1年之后，这种效用明显降低。1年结束时的测量显示，第85百分位速度和平均速度分别比车道分隔前测量的速度降低了16%和8%（Denton，1973）。这项研究和其他类似的研究（Maroney，Dewar，1987；Katz，Duke，Rakha，2006）表明，这种标线对不熟悉的驾驶人最为有效。

在逐步间隔的横向标线使用多年后，一个复杂的驾驶模拟器被用来比较其功效和更容易安装的等距标记的功效（Godley等，1999）。在驶入让行（YIELD）控制的交叉口时，无论间距是逐渐减小还是固定，驾驶人观测到交叉口的横向标志后立即有效地降低了速度（表明有警示作用），并且其操作实施范围涉及整个400m的区域（表明有感知作用）。固定间距的标线更容易实现，而且同样有效，因此可以作为首选的处理方法。进一步的研究表明，外围横向车道标线更易于维护，其效果几乎与全车道宽度标线相同。

除了横向标线外，还有许多其他感知对策可以用来降低接近弯道的驾驶人速度。当不熟悉路况的驾驶人接近弯道时，他或她必须根据其对弯道的视觉感知来选择速度。Shinar等采用了各种创新标记，试图降低事故多发弯道的进入速度（Shinar，Rockwell，Malecki，1980），包括通过逐渐增加道路内侧边缘的宽度来增强内侧边缘，以增加可感知的曲率；造成道路变窄错觉的线条；刺激周边视觉，产生速度在增加错觉的横向线条。最初，标记的作用可以降低第85百分位进近速度。但是在30天后，标记的影响消失，这也再次表明这种感知对策对不熟悉的驾驶人最为有效。

3.4.7　工作区

1. 简介

在美国，道路工程（施工和维护）区发生了87606起交通事故，占当年所有交通事故的1.6%（www.ops.fhwa.dot.gov/wz/resources/facts_stats/injuries_fatalities.htm）。常见的事故类型是追尾和侧擦，主要由下坡时的换道行为引起。

高速公路工作区存在一定的潜在危险，因为驾驶人会面临一些意外情况，而对于习惯于畅通道路的驾驶人来说，这些意外情况会造成交通冲突或事故。

意外和不断变化的交通状况、相互矛盾或误导的信息、距离不正确的信息、预警不足、设备不标准、标志不正确、过渡太短或弯道过急以及缺乏足够的预警，都可能会导致驾驶人出错，当然主要原因还是驾驶人注意力不集中、跟车太近和换道不当等。

工作区中还可能存在这样的疑问，当车道关闭时，驾驶人如何合并到相邻车道。这时通常使用"拉链合并"，涉及到驾驶人之间的交互，开放车道上的驾驶人让路给合并车辆，以允许其交替使用该车道。同时，合并车辆驾驶人必须在合并前发出信号，表明其进入开放车道的意图。

工作区安全研究极为重要，为此美国专门成立了位于得克萨斯交通学院国家工作区安全信息交换所。其网站（http：//wzsafety.tamu.edu/）有助于提供有关工作区安全的信息。此外，联邦公路管理局在其网站上提供了丰富的信息（http：//ops.fhwa.dot.gov/wz/practices/best/bestpractices.htm）。有关工作区安全和交通控制的详细讨论，请参见相关内容（Hanscom，Dewar，2014）。

2. 工作区中驾驶人信息的需求

工作区必须足够醒目，并有充分的预先警告。得克萨斯州高速公路上15车道封闭的实地研究（Richards，1982；Dudek，1986）表明，如果视距过短，驾驶人通常会被"困住"。大约15%到20%的驾驶人直到看到车道封闭后才改变车道。当视距小于305m时，高达80%的驾驶人直到关闭前才离开封闭车道。建议高速公路上的最小视距为458m，或以高速公路速度行驶约15s的距离。如果提前太久提示车道封闭，那么退出封闭车道的驾驶人可能会在到达封闭车道之前又返回封闭车道。

工作区的驾驶人工作量和信息需求增加，涉及意外的道路和交通状况。适当的路况预警和驾驶人措施至关重要。

3. 工作区的交通控制

交通管制不足也可能是工作区的一个问题。这里使用的主要设备是标志。在某些情况下，有必要使用信号灯控制车辆移运动。标志必须放置在工作区域前方足够远的地方，确保交通管控安全运行。Garber和Patel在两条美国州际公路上使用了四种带有可变速度信息的标志（CMS）（Garber，Patel，1995）。从控制速度的有效性来看，最优信息显示是：正在减速、高速减速、工作区减速、超速减速。作者建议以下设置准则：将阈值速度设置为高于标示限速5km/h，将CMS放置在工作区之前。如果锥度将车辆引入一条车道，则放置雷达一次检测一辆车辆，但如果多条车道开放，则在两条车道上放置供驾驶人都能看到的标志；使用"您正在超速，请减速"的信息。

Bryden和Mace制作的交通控制设备指南中包含驾驶人能够识别的每个工作区设计元素（包括交通控制设备）的最小规格，设置和维护，涵盖交通控制设备、屏障、照明灯和其他安全功能，还有交通控制设备、其他安全设备、工作区照明类型的设计，以及在夜间工作区的实施和操作指南（Bryden，Mace，2002）。

4. 夜间条件

夜间道路作业活动通常在特定位置进行，因为这些位置交通量较少，作业无论在白天还是夜间都可以很快地完成。通常在黑暗条件下事故发生的可能性更大。一般情况下，高速公路照明能够在驾驶人警惕危险或必须做出决定时（例如，在立交桥或交叉口、桥梁、交通渠化、车道下降或移位以及减速时），起到辅助作用。而闪烁的箭头在夜间会产生眩光，对于交通引导有一定的干扰。

5. 对策

Walker和Upchurch建议的防止工作区域事故对策包括降低速度限制、警察现场执法、公众教育、标志可信度和临时路面标记（Walker，Upchurch，1999）。智能交通系统（Intelligent Traffic System，ITS）可以提供特定的服务，向驾驶人提供时间关键的信息，已经应用工作区，用于建议安全行驶速度、提醒驾驶人前方交通拥堵，交通监控和管理，事件管理以及提供旅行者信息。

美国交通部的国家 ITS 体系结构为智能交通系统的规划、定义和集成提供了通用框架（美国交通运输部，2014）。

Chadda 和 McGee（1984）建议的工作区域准则如下：
- 如果行人通道阻塞或需要绕行，则应该提前提示相关信息。
- 标志可根据特定情况定制。
- 标志应该有策略地放置在决策点。
- 不再使用的行人信号和标志必须遮盖住，不再显示。

此外，应通过标记、胶带、管道、锥体、标志、木栏杆、路障、便携式混凝土护栏或其他装置，清楚地划定向重新定义或重新定位的道路的过渡，以提供积极的指导。确保行人不与工地车辆、设备和操作发生冲突，或与穿过工地或在工地周围行驶的车辆发生冲突。

公路施工、维护和公用设施工人在活动工作区内受伤或死亡的风险很高，因此工人必须穿着适当显眼的服装，以便在视觉嘈杂的工作环境中起到显目的提示作用。

尚未完全清除的旧路面标线会误导驾驶人，尤其是在下雨的情况下，有时会让驾驶人偏离道路或进入路障。因此，工作区中的道路划定必须"覆盖"所有类型的误导性信息。

Hanscom 对工作区车道封闭时各种可变速度信息的标志（CMS）配置的有效性进行了初步广泛研究（Hanscom，1981）。通过在采取速度和换道措施前后，对驾驶人进行了关于所用信息的访谈。这些信息包含速度限制、建议速度和车道关闭等。结果显示 CMS 的应用使得预备车道变更提前、车道变更曲线更平滑、封闭车道退出的延迟更少以及速度降低。在测试三种标志配置方法（单线灯泡矩阵、双线转鼓和三线灯泡矩阵）的基础上，提出一种优化的换道行为。通常驾驶人更希望获取速度和车道关闭的组合信息，虽然这三种方法都能够降低车道封闭入口的速度，但由于第三种配置能够提供更多信息，更受到驾驶人的青睐。因此，建议使用 CMS 补充而不是替代标准标志。

箭头板作为标准警告的补充信息放置。标准标志导致在封闭开始前 610m 封闭车道上的驾驶人减少约 30% 至 40%。在关闭前增加辅助箭头板 610m，在观察到的两个地点，这些数字进一步减少了 20% 至 35%。当箭头板位于车道封闭前 1220m 时，一些离开封闭车道的车辆在到达封闭车道前返回箭头板。建议在视距小于 454m 的工作区使用补充箭头板，但这些装置不应放置在工作区前 763m 以上。

在得克萨斯州，Faulkner 等（Faulkner，Dudek，1982）研究了在高速公路工作区之前 137～1220m 距离处的闪光箭头板的有效性。将其与放置在封闭通道锥形末端的箭头板进行了比较。箭头板是标准标志的补充信息装置。标准标志使得在封闭开始前 610m 封闭车道上的驾驶人减速 30%～40%。如果补充箭头板，将使这两个站点的数据进一步减小 20%～35%。而当箭头板位于车道关闭前 1220m 时，一些离开封闭车道的车辆在到达封闭车道之前又重新驶入封闭车道。因此，建议在视线距离小于 454m 的工作区域使用补充箭头板，但不能放置在距离工作区域 763m 以上的地方。

3.5 案例研究

3.5.1 高速公路引导标志设计

1. 背景

多伦多皮尔逊国际机场修建了一个新航站楼，这就需要修建新的道路，并在通往机场的高速公路上设置紧密的出口。

2. 问题

与很多机场一样，多伦多皮尔逊机场的车辆从高速公路高速驶入，在短距离内，驾驶人必须减速，应对多个选择点（机场/非机场、航站楼选择、出发/到达、路边/停车），然后停车。道路的几何结构和弯道使其驾驶具有挑战性。此外，由于目的地的性质，还有很多驾驶人不熟悉路况，也给驾驶带来一定的困难。

3. 利益相关者的参与

多伦多机场管理局认识到选择点之间的距离太短，不符合安大略省交通部的公路标志标准，因此资助了一项相关人因研究，主要研究根据驾驶人需求而非设计标准来确定合适的标志位置。

4. 方法

为了让驾驶人在每个选择点之前有足够的时间定位、识别、决策并进行相关操作，需要考虑以下要素：

- 可见距离——眼动数据显示，驾驶人需要在标志清晰易读前几秒定位标志，以便阅读。因此，标志的可见距离最好大于易读距离。
- 视认距离——大多数驾驶人在白天和夜间首次阅读标志的距离，对于使用典型公路字母字体的引导标志，字母高度大约为 4.8m/cm（Mace, Garvey, Heckard, 1994）。
- 读取和决策时间——读取标识时，以运行速度行驶的距离。行驶过程中，驾驶人需要以 0.5~1s 一个主要单词的速度读取信息。实验室模拟发现，进入大型机场的高速公路引导标志，阅读和做出决定的平均时间是 2~4s，具体时间取决于标识的复杂程度（Smahel, Smiley, 2010）。
- 变道时间——在阅读和决策完成后的可用时间和到达三角区的剩余时间之间，分别约 13s、17s 和 24s 用于间隙搜索和车道变换，涉及 1 条、2 条和 3 条车道变换（Robinson 等，1972；McNees，1982；Lee, Olsen, Wierwille, 2004）。

5. 经验教训

上述原理如图 3.8 所示。使用现有标志对其进行验证，并用于多伦多皮尔逊国际机场的新道路新标志的开发。图 3.8 说明了可以适应一次车道变更（13s）情况。此外，为了更从容地应对选择点，还需要通过交通静化措施降低速度。

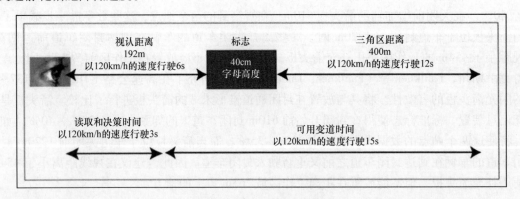

图 3.8 标志放置注意事项

资料来源：改编自 A. Smiley 为安大略省交通部资助的"驾驶人接近指示牌的注意事项"课程开发的材料。

3.5.2 过渡区驾驶人减速设计

1. 背景

从高速公路条件过渡到干线公路的驾驶人需要得到一个明确的信息，即道路环境已经改变，他们需要减速。

2. 问题

在新的高速公路与干线公路过渡区的设计过程中，向驾驶人传达他们已离开高速公路受控区域的标准方法是通过出口匝道利用道路几何结构，迫使驾驶人减速，并强烈传达道路性质已发生变化的信息。如果没有设置出口匝道，高速公路就转换成有信号交叉口的干线公路，则必须使用其他方式来提示驾驶人感知驾驶环境的变化，并通过道路设计和交通控制装置辅助实现驾驶人速度的有效降低。

3. 利益相关者的参与

安大略省交通部帮助确定了对此项目感兴趣的省级过渡区，并为此提供了研究资金。

4. 方法

两个单独的合同中分别研究了9条安大略省和2条魁北克高速公路到干线公路的过渡区。在过渡区中，测量高速公路以及第一个信号交叉口引道的速度，测算事故率，记录过渡路段道路设计和交通控制设备的变化。

5. 经验教训

该研究确定了一些向驾驶人传达有关道路性质变化信息应考虑的影响速度的因素。这些因素包括：

- 交通控制设备。
  - 速度限制变更。
  - 高速公路终点标志。
  - 前方信号标志。
  - 路面标线。
- 过渡道路设计。
  - 校准。
  - 横截面。
  - 中央减速带设计。

（Smiley 等，2002；Robinson，Smiley，2006）。

6. 过渡交通控制设备

驾驶人需要时间来适应速度限制的变化。在第一个信号交叉口上游相当长的距离内（2.5~3km 相对 300m）的限速降低，可以更有效地降低通往交叉口引道的驾驶人的速度（Smiley 等，2002）。在魁北克省高速公路到干线公路的过渡段，限速从 100km/h 变为 70km/h，距离第一个信号交叉口仅 300m。交叉口引道（400m 距离）的平均速度为 93km/h。相比之下，在安大略省的一个过渡段（406 号公路），限速变化（100km/h 至 80km/h）距离第一个信号交叉口 2.6km，交叉口引道（400m 距离）上的速度平均为 76km/h。

仿真研究显示，固定间隔的周边的横向路面标记会导致实际较小但在统计上显著的速度下降。这对于陌生的驾驶人尤其有效（图 3.9）。

根据对安大略省和魁北克省过渡区的回顾，道路基本信息有时会缺失。例如，没有任何标记提示高速公路在接下来的 3km 内结束，或者驾驶人离开高速公路继续行驶了相当长的距离后，前方才有交通信号灯（Smiley 等，2002）。

7. 过渡道路设计

限速标志通常伴随道路信息的变化，例如减小横截面，引入适度的曲率（半径＞800m），改变中间隔离带的性质等，在降低速度和减少事故发生方面比仅仅设置限制速度标志更有效。在前面提到的 406 号高速公路过渡区中，当速度低于第一个信号交叉口引道的标志限速时，其断面已经减少为每个方向两条车道，这时分隔的高速公路变成了一条不分隔的干线公路，这也充分说明在第一个信号交叉口之前，道路性质已经发生变化。此外，关于过渡区正面碰撞事故的问题可以通过设置连续的中心隔离带来解

图 3.9　横向外围路面标记
资料来源：Ray 等（2008）。

决，其有效性已得到验证。

Robinson 和 Smiley（2006）的安全分析报告指出，未经设计的过渡交叉口，即在其引道上没有任何特定速度管控或其他过渡对策的过渡交叉口，与经过设计的过渡交叉口相比功能较差（Robinson，Smiley，2006）。根据主要道路交通量预测其碰撞风险可能是预期的两倍。

3.6　新兴趋势

3.6.1　基于道路设计的自然主义驾驶研究

自然主义驾驶研究（Naturalistic Driving Studies，NDS）代表了一种新的实验范式，将极大地提高对各类驾驶人行为如何导致碰撞、响应交通控制设备、与道路交互，以及应对手机和视频广告等干扰的理解。自然主义研究涉及大量驾驶人，其个人车辆都安装了仪器，用来记录一年或更长时间内驾驶行为的相关信息，包括事故风险和已发生事故。100 辆汽车的试点研究是其中的第一项研究（Klauer 等，2006）。刚刚完成的对 6 个州 3000 名驾驶人一年多数据耗费极大的收集工作是交通研究委员会（Transportation Research Board）管理的 SHRP 2（战略公路研究计划）的一部分内容。另一项收集研究参与者行驶约 19000km 的道路和路边特征的工作正在进行中。道路数据采集车辆将以预定的速度行驶特定的道路，并记录道路几何结构（水平曲率信息；坡度、横坡、车道和路肩信息）、限速标志以及交叉口位置和特征。目前正在对早期 NDS 数据进行分析，以解决农村双车道弯道、追尾碰撞、驾驶人注意力不集中和偏移左转车道的 4 个高优先级安全问题。

3.6.2　综合敏感性方法和人因作用

美国联邦公路管理局网站将综合敏感性方法（Context – Sensitive Solutions，CSS）定义为"一种协作、跨学科的方法，涉及所有利益相关者，以开发适合其物理环境的交通设施，保护风景、美学、历史和环境资源，同时保持安全性和机动性。"作为道路设计或重建的一部分，相关部门希望采用可能不符合当前标准某些方面的综合敏感性设计。因此，了解相关标准的基本内容以及道路使用者任务和局限性至关重要。很多情况下，设计标准是基于实际工程应用判断，而不是仅仅依托于简单的安全性研究。在这种情况下，道路使用者任务的相关人为因素，特别是可见性和信息处理的相关知识，可以让设计师和交通工程师深入了解特定设计是否被安全道路使用者接受，同时此设计不会让驾驶人承受过高或过低的工作负荷，也不会违背预期需求（例如，预计在四岔停车路口采用双向停车）。与交通工程和公路设计相关的人为因素信息来源包括人为因素和交通安全（Dewar, Olson, 2007）以及 NCHRP《道路系统人因指南》（NCHRP, 2008）。这些信息深入刻画了道路使用者特征（例如，感知-反应时间、机动时间），辅助了安全道路设计和运营决策（NCHRP, 2008）。

3.6.3 驾驶人辅助系统

先进的传感器和跟踪技术正被用于设计和实现高级驾驶人辅助系统（Advanced Driver Assistance Systems，ADAS）。例如，研究表明这些先进技术可以解决车内主动预警装置的一些设计难题。靠近拱形桥的交叉路口由于能见度低经常发生交通事故，14名年轻驾驶人在此路段被监控。如有车辆在交叉路口下坡路段停车，系统便会发出图像及/或声音警告信息。动态预警（即前方有车辆）比静态预警（即前方有交通标志）更有效，减少减速超过 0.2g（Zhang Suto, Fujiwara, 2009）。

动态预警标志也用于辅助驾驶人。应急车辆通过交叉口会给自己和他人带来风险，尤其是在红灯时。一项前后对比研究测试了一个由 LED 标志组成的警报系统，该标志安装在靠近交通信号灯的路缘线附近。当应急车辆接近交叉路口时，安装在其上的发射器激活 LED 标志，显示应急车辆符号。结果显示，给驶近的应急车辆让路的驾驶人比例由安装警报系统前的 77% 增加到安装后的 97%。当警报系统激活时，驾驶人也倾向于更快地让行，尤其当应急车辆通行受到阻碍时，通常让行得更早（Savolainen 等，2010）。

应当指出的是，ADAS 可能是自动驾驶汽车的前身，完全的自动驾驶汽车可以为老年人和残疾人提供出行便利，甚至可以补充和完善农村地区的中转交通。一篇 IEEE 的 Spectrum 杂志论文讨论了 ADAS 过渡到自动驾驶的一些技术问题（Laursen, 2014）。如果这些技术问题得到解决，在相当长的一段时间内，ADAS 还是会受到驾驶人的持续关注，因为汽车制造商不愿意取消太多的人工控制，这样会使得驾驶人在需要时不能及时接管方向盘（Laursen, 2014）。

3.6.4 人因分析和安全评估

1. Safety Analyst

Safety Analyst 是一套美国州和地方公路管理机构用于公路安全管理的软件工具，由 FHWA 与参与的州和地方机构合作开发，可通过 AASHTO 获取。Safety Analyst 自动化程序可以协助公路管理部门实施公路安全管理流程的六个主要步骤：网络筛选、诊断、策略选择、经济评估、优先级排序和策略评估。诊断工具指导用户通过政府部门和实地调查对于一系列问题的解答来确定网络筛选出的事故率高于预期的特定位置安全问题。传统的工程考虑因素以及强烈的人因成分是诊断问题的基础。这一步骤可以识别特定事故模式，并制定可能通过一定措施缓解的安全问题清单。

2. 道路安全审计

道路安全审计是由经验丰富的安全专家团队对公路项目进行独立的安全性审查，这些专家涉及道路设计、交通运营以及解决潜在道路安全问题的人为因素领域。审计可在项目的任何阶段进行，从规划到设计，施工或施工后。审计完成，专家组会将提交安全问题报告，设计师会根据报告做出相应的更改。

专家团队成员在现行的车行道上驾驶汽车、步行或骑行，或者进行设计计划的心理演练，从而了解车行道、标志、信号、标记等呈现给用户的感观。满足驾驶人期望和道路设计的一致性非常重要。道路使用者，包括行人和骑行者，在特定地点可能做出的反应也应考虑在内。

道路和交叉口设计的安全性可以通过进行正规的道路安全审计来衡量，从而解决道路使用者的安全问题。人为因素考虑因素包括危险的可见度、标志的位置和大小、路面标线的充分性、行人和自行车人行横道的可用性、危险路况的警示、夜间照明和路边干扰。

Nabors 等分析了道路系统设计中关注的行人安全问题，并提出了行人安全审计指南（Nabors 等，2007），提供了用于此类审计的提示列表，包括可见度、照明、连接访问管理和交通控制设备。此提示列表考虑了行人需求、交通速度、学校和建筑工地以及行人和驾驶人的行为，可适用于街道、十字路口、停车场和公交区域。

此外，还必须考虑昼夜不断的运营、天气以及交通速度和交通量。人为因素的核心贡献是积极指导考虑因素和驾驶人工作量。可能与人为因素专家相关的议题如下：

- 视距。
- 危险的可见度。
- 设计速度。
- 道路的可读性。
- 标志放置。
- 标牌大小。
- 行人和自行车人行横道的可用性。
- 交叉口、弯道等警示。
- 路面标线的充分性。
- 夜间照明。
- 锥度长度（合并和减速/出口通道）。
- 减速带的应用、设计的一致性（出口位置，曲线等）。
- 行人的步行速度。
- 特定位置的太阳眩光。
- 路边干扰（商业、行人、进口交通、停车）。

3. 公路设计人因指南

TRB 的国家合作公路研究计划（National Cooperative Highway Research Program，NCHRP）报告 600：《道路系统人因指南》（第 2 版），提供了关于道路使用者的需求、能力和限制在多大程度上受年龄、视觉需求、认知和预期影响的数据和见解（Campbell 等，2012）。此报告为道路位置和交通工程要素提供了指南。例如，在非信号交叉口一节中，讨论了右斜交叉口所需视距的基本考虑因素；在信号交叉口一节中，给出了有关限制红灯右转的指南，以解决行人安全问题，并在环形交叉口为视力受损的行人提供便利。

3.6.5 大麻对交通安全的影响

在美国科罗拉多州和美国华盛顿州拥有大麻是合法的，这引起了民众对交通安全的担忧，他们认为大麻也应像酒精一样，需要进行立法限制。一般来说，食用大麻会对正常驾驶行为产生破坏性影响。接受治疗的大麻使用者也似乎意识到了这种破坏性影响，他们通常通过更为规范的驾驶行为，如：不超车，减速，以及集中注意力等弥补这种不良影响。但是，在突发事件情况下，这种补偿很难实现（Smiley，1999）。

2004 年，一个由医师、法医毒理学家和交通科学家组成的国际专家小组召开会议，制定并建议限制驾驶人在大麻影响下驾驶车辆（DUIC）。经过文献回顾和讨论，专家组成员一致认为，大麻中的活性成分四氢大麻酚（THC）的法定限量为 7~10ng/mL（在血清或血浆中测定），可以合理地将未受损驾驶人与可能造成车祸的受损驾驶人区分开来。

3.7 更多信息

与人为因素和交通安全相关的其他重要资源包括：

- Alexander, G., and Lunenfeld, H. (1975). *Positive Guidance in Traffic Control*. Washington, DC：Federal Highway Administration.
- Dewar, R. E., and Olson, P. L. (2007). *Human Factors in Traffic Safety*, 2nd ed. Tucson, AZ：Lawyers&Judges Publishing.
- Evans, L. (2004). *Traffic Safety*. Bloomington Hills, MI：Science Service Society.
- NCHRP Report 600. *Human Factors Guidelines for Road Systems.* (2012). Washington, DC：Transportation Research Board.
- OECD. (1990). *Behavioral Adaptations to Changes in the Road Transport System.* Paris, France：Organization for Economic Co–operation and Development, Road Transport Research, Scientific Expert Group.
- Olson, P. L., Dewar, R., and Farber, E. (2010). *Forensic Aspects of Driver Perception and Response*, 3rd ed. Tucson, AZ：Lawyers & Judges Publishing.
- Staplin, L., Lococo, K., Byington, S., and Harkey, D. (2001). *Highway Design Handbook for Older Drivers and Pedestrians.* Washington, DC：U. S. DOT/FHWA Publication No. FHWA–RD–01–103.
- Staplin, L., Lococo, K., Byington, S., and Harkey, D. (2001). *Guidelines and Recommendations to Accommodate Older Drivers and Pedestrians.* Washington, DC：U. S. DOT/FHWA Publication No. FHWA–RD–01–051.
- Shinar, D. (2007). *Traffic Safety and Human Behavior.* Amsterdam：Elsevier.
- Synthesis of Safety Research Related to Speed and Speed–Limits, FHWA–RD–98–154. (1998). www.tfhrc.gov/safety/speed/speed.htm.

尾 注

1. 视力 20/20 是一个术语，用于表示在 20ft 距离处测量的视力清晰度或锐度。视力 20/20 表明一个人在 20ft 处可以清楚地看到在这个距离处通常应该看到的事物。如果一个人有 20/40 的视力，这意味着一个人必须接近 20ft 才能看到一个视力正常的人在 40ft 处能看到的事物。20/20 视力仅表示远处视力的锐度或清晰度，并不一定意味着视力完美。道路使用者还需具备其他视觉能力，包括周边意识或侧视和色觉。

参 考 文 献

Abdulsattar, H. N., and McCoy, P. T. (1999). *Pedestrian blind-zone areas at intersections.* Paper presented at the 75th Annual Meeting of the Transportation Research Board, Washington, DC.

Aberg, L. (1981). *The human factors in game-vehicle accidents: A study of drivers' information acquisition.* University of Uppsala.

Alexander, G. (1989). Search and perception-reaction time at intersections and railroad grade crossings. *ITE Journal* 59(11), 17–20.

Alexander, G., and Lunenfeld, H. (1975). *Positive guidance in traffic control.* Washington, DC: Federal Highway Administration.

Allen, M. J., Abrams, B. S., Ginsburg, A. P., and Weintraub, L. (1996). *Forensic aspects of vision and highway safety.* Tucson, AZ: Lawyers and Judges Publishing.

Allen, M. J., Hazlett, R. D., Tacker, H. L., and Graham, B. V. (1970). Actual pedestrian visibility and the pedestrian's estimate of his own visibility. *American Journal of Optometry and Archives of the American Academy of Optometry*, 47, 44–49.

American Association of State Highway and Transportation Officials (AASHTO). (2010). *Highway Safety Manual* (1st ed.), ch. 2. Atlanta, GA: American Association of State Highway and Transportation Officials.

Anderson, I., Bauer, K. M., Fitzpatrick, K., and Harwood, D. W. (1999). *Relationship to safety of geometric design consistency measures*. Paper presented at the Annual Meeting of the Transportation Research Board, Washington, DC.

Anund, A., Kecklund, G., Vadeby, A., Hjälmdahl, M., and Akerstedt, T. (2008). The alerting effect of hitting a rumble strip: A simulator study with sleepy drivers. *Accident Analysis and Prevention*, 40, 1970–1976.

Bahar, G., Parkhill, M., Hauer, E., Council, F. M., Persaud, B., Zegeer, C. V., Elvik, R., Smiley, A., and Scott, B. (2007). *NCHRP Project No. 17–27—Prepare Parts I and II of the* Highway Safety Manual. Transportation Research Board. 2007.

Ball, K., Owsley, C., and Beard, B. (1990). Clinical visual perimetry underestimates peripheral field problems in older adults. *Clinical Vision Science*, 5, 113–125.

Bared, J., Edara, P. K., and Kim, T. (2006). *Safety impact of interchange spacing on urban freeways*. Presented at the 85th Annual Meeting of the Transportation Research Board, January 2006, Washington, DC.

Benson, B. G. (1996). Motorist attitudes about content of variable-message signs. *Transportation Research Record*, 1550, 48–57.

Bhise, V. D., and Rockwell, T. H. (1973). *Development of a driver-information-acquisition based operational tool for the evaluation of highway signs*. Presented at the 1973 Annual Meeting of the Highway Research Board, Washington, DC.

Bie, J., Lo, H. K., and Wong, S. C. (2008). Circulatory markings at double-lane traffic roundabout: Comparison of two marking schemes. *Journal of Transportation Engineering*, September.

Bjorkman, M. (1963). An exploration study of predictive judgments in a traffic situation. *Scandinavian Journal of Psychology*, 4, 65–76.

Blower, D. (1998). *The relative contribution of truck drivers and passenger car drivers to two-vehicle, truck-car crashes* (Report No. UMTRI-98-25). Washington, DC: Federal Highway Administration.

Bonneson, J. A., Middleton, D., Zimmerman, K., Charara, H. A., and Abbas, M. (2002). *Intelligent detection-control system for rural signalized intersections* (Report No. FHWA/TX-03/4022-2). Washington, DC: Texas Department of Transportation and the U.S. Department of Transportation, Federal Highway Administration.

Bonneson, J. A., Zimmerman, K., and Brewer, M. A. (2002). *Engineering countermeasures to reduce red-light-running* (Report No. FHWA/TX-03/4027-2). Washington, DC: Texas Department of Transportation and the U.S. Department of Transportation, Federal Highway Administration.

Boring, E. G., Langfeld, H. S., and Weld, H. P. (1948). *Foundations of psychology*. New York: John Wiley and Sons.

Boyce, P. R., and Van Derlofske. (2002). *Pedestrian crosswalk safety: Evaluation of in-pavement flashing lights* (Final report). New Jersey Department of Transportation.

Brewer, M., Murillo, D., and Pate, A. (2014). *Handbook for designing roadways for the aging population* (No. FHWA-SA-14-015). Washington DC: Federal Highway Administration.

Bryden, J. E., and Mace, D. J. (2002). Guidelines for design and operation of nighttime traffic control for highway maintenance and construction (NCHRP Report 476). Washington, DC: Transportation Research Board.

Bryden, K. J., Charlton, J. L., Oxley, J., and Lowndes, G. J. (2013). Self-reported wayfinding ability of older drivers. *Accident Analysis and Prevention*, 59(C), 277–282.

Bucko, T. R., and Khorashadi, K. (2001). *Evaluation of miklled-in rumble strips, rolled-in rumble strips and audible edge stripe*. Office of Transportation Safety and Research, California Department of Transportation.

Caird, J. K., and Hancock, P. A. (2007). Left-turn and gap acceptance crashes. In R. E. Dewar and P. L. Olson (eds.), *Human factors in traffic safety* (2nd ed., pp. 463–485). Tucson, AZ.

Cairney, P., and Catchpole, J. (1996). Patterns of perceptual failures at intersections of arterial roads and local streets. In A. G. Gale et al. (eds.), *Vision in vehicles* (vol. V, pp. 87–94). North Holland, Amsterdam: Elsevier Science.

Campbell, B. J., Zegeer, C. V., Huang, H., and Cynecki, M. J. (2004). *A review of pedestrian safety research in the United States and abroad* (Report No. FHWA-RD-03–042). Washington, DC: Federal Highway Administration.

Campbell, J. L., Lichty, M. G., Brown, J. L., Richard, C. M., Graving, J. S., Graham, J., O'Laughlin, M., Torbic, D., and Harwood, D. W. (2012). *Human factors guidelines for road systems* (2nd ed.; NCHRP Report 600). Washington, DC: Transportation Research Board.

Carlson, P. J., and Brinkmeyer, G. (2002). Evaluation of Clearview on freeway guide signs with microprismatic sheeting. *Transportation Research Record*, *1801*, 27–38.

Carlson, P. J., and Fitzpatrick, K. (1999). *Logistic models of violation behavior at gated highway-railroad crossings*. Paper presented at the 78th Annual Meeting of the Transportation Research Board, Washington, DC.

Chadda, H. S., and McGee, H. W. (1984). Pedestrian safety through work zones: Guidelines (American Society of Civil Engineers, New York). *Journal of Transportation Engineering*, *109*(6).

Charness, N., Boot, W., Mitchum, A., Stothart, C., and Lupton, H. (2012). *Ageing driver and pedestrian safety: Parking lot hazards study* (Final Report No. BDK83 977–12). Department of Psychology, Florida State University.

Cheng, J. D., Schubmehl, H., Kahn, S. A., Gestring, M. L., Sangosanya, A., Stassen, N. A., and Bankey, P. (2012). Impact of graduated driver's license laws on crashes involving young drivers in New York State. *Journal of Trauma and Acute Care Surgery*, *73*(2), 457–461.

Chrysler, S. T., and Schrock, S. D. (2005). *Field evaluations and driver comprehension studies of horizontal signing* (Report No. FHWA/TX-05/0–4471–2). Washington, DC: Texas Department of Transportation and Federal Highway Administration.

Cirillo, J. A., Dietz, S. K., and Beatty, P. (1969). *Analysis and modelling of relationships between accidents and the geometric and traffic characteristics of interstate systems*. Washington, DC: Bureau of Public Roads.

Coffin, A. M., Rozental, J., and Zein, S. (1997). *Review of intergreen intervals at signalized intersections technical memorandum* (Report No. TB3406TB-O). Vancouver, BC: Delcan/Hamilton Associates.

Cole, B. L., and Hughes, P. K. (1984). A field trial of attention and search conspicuity. *Human Factors*, *26*(3), 299–313.

Cooper, D., Jordan, P., and Young, J. (1980). *The effect on traffic speeds of resurfacing a road* (TSR571). Crowthorne, England: Transport and Road Research Laboratory.

Daniels, S., Brijs, T., Nuyts, E., and Wets, G. (2010). Vulnerable road user safety at roundabouts: Empirical results. *Accident Analysis and Prevention*, *42*(6), 1966–1973.

Denton, G. G. (1973). *The influence of visual pattern on perceived speed at Newbridge M8, Midlothian* (Report No. LR534). Crowthorne, England: Transport and Road Research Laboratory.

Dewar, R. E., Kline, D. W., Schieber, F., and Swanson, H. A. (1994). *Symbol signing design for older drivers* (Final Report #FHWA-RD-94–069). Washington, DC: Federal Highway Administration.

Dewar, R. E., Kline, D. W., and Swanson, H. A. (1994). Age differences in comprehension of traffic sign symbols. *Transportation Research Record*, *1456*, 1–10.

Dewar, R. E. and Maroney, S. (1987). Driver behaviour at traffic signals. *Proceedings of the Canadian Multidisciplinary Road Safety Conference V*, pp. 74–76. Calgary, Alberta.

Dewar, R. E. and Olson, P. L. (2007). *Human factors in traffic safety* (2nd ed.). Tucson, AZ: Lawyers and Judges Publishing.

Di Milia, L. (2012). *Sleepiness, single vehicle accidents and police performance*. Proceedings of the Third International Conference on Fatigue and Transportation, Perth, Australia.

Dill, J., Monsere, C. M., and McNeil, N. (2012). Evaluation of bike boxes at signalized intersections. *Accident Analysis and Prevention*, *44*(1), 126–134.

Dudek, C. L. (2002). *Guidelines for changeable message sign messages: A white paper* (Contract No. DTFH61–96-C-00048). Washington, DC: Federal Highway Administration.

Ells, J. G., and Dewar, R. E. (1979). Rapid comprehension of verbal and symbolic traffic sign messages. *Human Factors*, *21*, 161–168.

Eubanks, J. J., and Hill, P. L. (1998). *Pedestrian accident reconstruction and litigation*. Tucson, AZ: Lawyers and Judges Publishing.

Evans, L. (1970a). Automobile speed estimation using movie-film simulation. *Ergonomics*, *13*, 231–235.

———. (1970b). Speed estimation from a moving automobile. *Ergonomics*, *13*, 219–230.

Evans, L., and Wasielewski, P. (1983). Risky driving related to driver and vehicle characteristics. *Accident Analysis and Prevention*, *15*, 121–136. [Also in *Traffic safety and the driver*. (1991). New York: Van Nostrand Reinhold.

Fambro, D. B., Fitzpatrick, K., and Koppa, R. J. (1997). *Determination of stopping sight distances* (Transportation Research Board NCHRP Report 400).

Fambro, D. B., Mason, J. M., and Neuman, T. R. (1988). Accommodating large trucks at at-grade intersections. In B. L. Smith and J. M. Mason (eds.), *Accommodation of trucks on the highway: Safety in design*. New York: American Association of Civil Engineers.

Farber, E., and Silver, C. A. (1967). Knowledge of oncoming car speed as determiner of driver's passing behavior. *Highway Research Record*, *195*, 52–65.

Faulkner, J. B., and Dudek, C. L. (1982). Flashing arrowboards in advance of freeway work zones. *Transportation Research Record*, *864*, 5–7.

Fayish, A. C., and Gross, F. (2010). Safety effectiveness of leading pedestrian intervals evaluated by a before-after study with comparison groups. *Transportation Research Record*, *2198*, 15–22.

Federal Highway Administration (FHWA). (2000). *Roundabouts: An informational guide* (Kittleson and Associates, Inc. Federal Highway Administration Report FHWA-RD-00.067). Washington, DC: FHWA. Retrieved from www.tfhrc.gov/safety/00068.htm

———. (2009). *Manual on uniform traffic control devices*. Retrieved from http://mutcd.fhwa.dot.gov/kno_2009r1r2.htm.

———. (2011). *Technical Advisory T 5040.39—Shoulder and edge line rumble strips—safety*. Retrieved from http://safety.fhwa.dot.gov/roadway_dept/pavement/rumble_strips/t504039/.

Federal Railroad Administration. (2005). *Railroad safety statistics 2004 annual report*.

Fitzpatrick, K., Turner, S., Brewer, M. A., and Carlson, P. J. (2006). *Improving pedestrian safety at unsignalized crossings* (National Cooperative Highway Research Program Report No. 562 and Transit Cooperative Research Program Report No. 112). Washington, DC.

Fitzpatrick, K., Wooldridge, M. D., Tsimhoni, O., Collins, J. M., Green, P., Bauer, K. M., Parma, K., Koppa, R. J., Harwood, D. W., Anderson, I., Krammes, R., and Poggioli, B. (1999). *Alternative design consistency rating methods for two-lane rural highways* (Report No. FHWA-RD-172). McLean, VA: U.S. Department of Transportation, Federal Highway Administration.

Flannery, A., Ledbetter, L., Arnold, L., and Jones, M. (2010). *Analysis of bicycle, pedestrian, and auto interaction at multi-lane roundabouts in the U.S.* Paper presented at the International Conference on Safety and Mobility of Vulnerable Road Users: Pedestrians, Motorcyclists, and Bicyclists, Jerusalem, Israel.

Garber, N. J., and Patel, S. T. (1995). Control of vehicle speeds in temporary traffic control zones (work zones) using changeable message signs with radar. *Transportation Research Record*, *1509*, 73–81.

Garvey, P. M., Pietrucha, M. T., and Meeker, D. T. (1997). Effects of font and capitalization on legibility of guide signs. *Transportation Research Record*, *1605*, 73–79.

Gattis, J. L., and Low, S. T. (1998). Intersection angle geometry and the driver's field of view. *Transportation Research Record*, *1612*, 10–16.

George, C. F. P., Boudreau, A. C., and Smiley, A. (1996). Simulated driving performance in patients with obstructive sleep apnea. *American Journal of Respiratory and Critical Care Medicine*, *154*(1), 175–181.

Glennon, J. C., Neumann, T. R., and Leisch, J. E. (1985). *Safety and operational considerations for design of highway curves* (Report No. FHWA/RD-86/035). Washington, DC: Federal Highway Administration.

Godley, S., Fildes, B., Triggs, T., and Brown, L. (1999). *Perceptual countermeasures: Experimental research* (Report No. CR182). Canberra, Australia: Australian Transport Safety Bureau, Commonwealth Department of Transport and Regional Services.

Grandjean, E. (1982). Fitting the task to the man: An ergonomic approach. London, UK: Taylor and Francis Ltd.

Green, J. M., Hill, P. F., and Hayduk, D. (1995). *Bicycle accident reconstruction and litigation*. Tucson, AZ: Lawyers and Judges Publishing.

Griffith, M. S. (1999). *Safety evaluation of rolled-in continuous shoulder rumble strips installed on freeways*. 78th Transportation Research Board Annual Meeting, Washington, DC.

Grotenhermen, F., Leson, G., Berghaus, G., Drummer, O. H., Krüger, H. P., Longo, M. C., Moskowitz, H., Perrine, B., Ramaekers, J. G., Smiley, A., and Tunbridge, R. J. (2007). Developing limits for driving under cannabis. *Addiction, 102*(12), 1910–1917.

Habib, P. (1980). Pedestrian safety: The hazards of left-turning vehicles. *ITE Journal, 50*(4), 33–37.

Hancock, P. A., Oran-Gilad, T., and Thom, D. R. (2005). Human factors in motorcycle collisions. In I. Noy and W. Karwowski (eds.), *Handbook of human factors in litigation* (pp. 18-1-18-20). Boca Raton, FL: CRC Press.

Hanscom, F. R. (1981). *Effectiveness of changeable message displays in advance of high-speed freeway lane closures* (NCHRP Report 235, National Cooperative Highway Research Program). Washington, DC: Transportation Research Board, National Research Council.

Hanscom, F. R., and Dewar, R. E. (2014). Highway work zones. In A. Smiley (ed.), *Human factors in traffic safety* (3rd ed.). Tucson, AZ: Lawyers and Judges Publishers.

Hansen, K. S., Eide, G. E., Omenaas, E., Engesaeter, L. B., and Viste, A. (2005). Bicycle-related injuries among young children related to age at debut of cycling. *Accident Analysis and Prevention, 37*(1), 71–75.

Harkey, D., Reinfurt, D. W., and Knuiman, M. (1998). Development of a bicycle compatibility index. *Transportation Research Record, 1636*, 13–20.

Hauer, E. (1988). The safety of older persons at intersections. In *Special report #218, Transportation in an aging society: Improving mobility and safety for older persons* (vol. 2, pp. 194–252). Washington, DC: Transportation Research Board.

Henderson, R. (1987). Driver performance data book (National Highway Traffic Safety Administration Report No. FHWA-RD-97–135). Washington, DC: NHTSA.

Hildebrand, E. D. (2003). Reductions in traffic sign retroreflectivity caused by frost and snow. *Transportation Research Record, 1844*, 79-84.

Hoffmann, E. R., and Mortimer, R. G. (1996). Scaling of relative velocity between vehicles. *Accident Analysis and Prevention, 28*(4), 415–421.

Hoffmann, E. R., Payne, A., and Prescott, S. (1980). Children's estimates of vehicle approach times. *Human Factors, 22*, 235–240.

Horne, J. A., and Reyner, L. A. (1995). Sleep related vehicle accidents. *British Medical Journal, 310*, 565–567.

Hummer, J., Montgomery, R. E., and Sinha, K. C. (1990). Motorist understanding of and preferences for left-turn signals. *Transportation Research Record, 1281*, 127–135.

Hunter, W., Thomas, L., and Stutts, J. C. (2005). *BIKESAFE: Bicycle Countermeasures Selection System* (Report No. FHWA-SA-05–006). Washington, DC: Federal Highway Administration. Retrieved from www.bicyclinginfo.org/bikesafe/.

Inman, V. W., Katz, B. J., and Hanscom, F. R. (2006, January). Navigation signing for roundabouts. *Transportation Research Record, 1973*, 18-26.

Kallberg, V. P. (1993). Reflector posts—Signs of danger? *Transportation Research Record, 1403*, 57–66.

Katz, B. J., Duke, D. E., and Rakha, H. A. (2006). *Design and evaluation of peripheral transverse bars to reduce vehicle speed*. Presented at the 85th Annual Meeting of the Transportation Research Board, Washington, DC.

Kecklund, G. and Akerstedt, T. (1995). Time of day and Swedish road accidents. *Shiftwork International Newsletter, 12*(1), 31.

Khan, A. M., and Bacchus, A. (1995). Bicycle use of highway shoulders. *Transportation Research Record, 1502*, 85.

Klauer, S. G., Dingus, T. A., Neale, V. L., Sudweeks, J., and Ramsey, D. (2006). *The impact of driver inattention on near-crash/crash risk: An analysis using the 100-car naturalistic driving study data* (Report No. DOT HS 810 594). Washington, DC: National Highway Traffic Safety Administration.

Kline, T. J. B., Ghali, L. M., Kline, D. W., and Brown, S. (1990). Visibility distance of highway signs among young, middle-aged, and older observers: Icons are better than text. *Human Factors, 35*(5), 609–619.

Klop, J., and Khattak, A. J. (1999). *Factors influencing bicycle crash severity on two-lane undivided roadways in North Carolina*. Paper presented at the 75th Annual Meeting of the Transportation Research Board, Washington, DC.

Knoblauch, K., Nitzburg, M., Dewar, R. E., Templar, J., and Pietrucha, M. T. (1995). *Older pedestrian characteristics for use in highway design* (Report No. FHWA-RD-93–177). Washington, DC: Federal Highway Administration.

Knoblauch, R. L., Pietrucha, M. T., and Nitzburg, M. (1996). Field studies of pedestrian walking speed and start-up time. *Transportation Research Record*, *1538*, 27–38.

Kuciemba, S. R., and Cirillo, J. A. (1992). *Safety effectiveness of highway design features: Volume V—Intersections* (Report No. FHWA-RD-91–048). Washington, DC: Federal Highway Administration.

Lamm, R., and Choueiri, E. M. (1987). Recommendations for evaluating horizontal design consistency based on investigations in the State of New York. *Transportation Research Record*, *1122*, 68–78.

Laursen, L. (2014, April 30). How self-driving cars will sneak onto our roads. *IEEE Spectrum*. Retrieved from http://spect rum.ieee.org/transportation/self-driving/how-selfdriving-cars-will-sneak-onto-our-roads.

Lee, S. E., Olsen, E., and Wierwille, W. W. (2004). *A comprehensive examination of naturalistic lane changes* (Report No. DOT HS 809 702). Washington, DC: National Highway Traffic Safety Administration.

Leibowitz, H. W. (1985). Grade crossing accidents and human factors engineering. *American Scientist*, *73*, 534–540.

Lerner, N., Huey, R. W., McGee, H. W., and Sullivan, A. (1995). *Older driver perception-reaction time for intersection sight distance and object detection* (Final Report No. FHWA-RD-93–168, vol. I). Washington, DC: Federal Highway Administration.

Lerner, N., Ratte, D., and Walker, J. (1990). *Driver behavior at rail-highway crossings* (Report No. FHWA-SA-90–008). Washington, DC: Federal Highway Administration.

Lerner, N., Williams, A., and Sedney, C. (1988). *Risk perception in highway driving: Executive summary* (Report No. FHWA Project No. DTFH61–85-C-00143). Washington, DC: U.S. Department of Transportation, Federal Highway Administration.

Lunenfeld, H. Accommodation of large trucks. (1988). In B. L. Smith and J. M. Mason (eds.), *Accommodation of trucks on the highway: Safety in design* (pp. 89–103). New York, NY: American Association of Civil Engineers.

Mace, D. J., Garvey, P. M., and Heckard, R. F. (1994). *Relative visibility of increased legend size vs. brighter materials for traffic signs* (FHWA Report No. FHWA-RD-94–035). Washington, DC: U.S. Department of Transportation.

MacGregor, C., Smiley, A., and Dunk, W. (1999). Identifying gaps in child pedestrian safety: Comparing what children do with what parents teach. *Transportation Research Record*, *1674*, 32–40.

Maleck, T., and Hummer, J. (1986). Driver age and highway safety. *Transportation Research Record*, *1059*, 6–12.

Mandavilli, S., McCartt, A. T., and Retting, R. A. (2008). *Crash patterns and potential engineering countermeasures at Maryland roundabouts*. Arlington, VA: Insurance Institute for Highway Safety.

Mandelbaum, J., and Sloan, L. L. (1947). Peripheral visual acuity: With special reference to scotopic illumination. *Journal of Ophthalmology*, *30*, 581-588.

Markowitz, F., Sciortino, S., Fleck, J. L., and Yee, B. M. (2006). Pedestrian countdown signals: Experience with an extensive pilot installation. *ITE Journal*, *76*(1), 43–48.

Maroney, S., and Dewar, R. E. (1987). Alternatives to enforcement in modifying speeding behavior of drivers. *Transportation Research Record*, *1111*, 121–125.

Matthews, M. L. (1978). A field study of the effects of drivers' adaptation to automobile velocity. *Human Factors*, *20*(6), 709–716.

McCoy, P. T., Bonneson, J. A., and Kollbaum, J. A. (1995). Speed reduction effects of speed monitoring displays with radar in work zones on interstate highways. *Transportation Research Record*, *1509*.

McDonald, L. B., and Ellis, N. C. (1975). *Driver workload for various turn radii and speeds*. Paper presented at the Annual Meeting of the Transportation Research Board, Washington, DC.

McGee, H. W. (2013). Changeable message signs. In *Traffic Control Devices Handbook* (pp. 657–688). Washington, DC: ITE.

McGee, H. W., Moore, W., Knapp, B. G., and Sanders, J. H. (1978). *Decision sight distance for highway design and traffic control requirements* (Report No. FHWA-RD-78–78). Washington, DC: U.S. Department of Transportation, Federal Highway Administration.

McGee, H. W., and Strickland, R. R. (1994). An automatic warning system to prevent truck rollover on curved ramps. *Public Roads*, *57*(4).

McNees, R. W. (1982). In situ study determining lane-maneuvering distance for three- and four-lane freeways for various traffic-volume conditions. *Transportation Research Record*, *869*, 37–43.

Miller, K. W. (2008). *Effects of center-line rumble strips on non-conventional vehicles*. Minnesota Department of Transportation.

Miller, S., Rousseau, G., and Do, A. H. (2004). Seeing crosswalks in a new light. *Public Roads*, *67*(4), 15–17.

Milleville-Pennel, I., Hoc, J.-M., and Jolly, E. (2007). The use of hazard road signs to improve the perception of severe bends. *Accident Analysis and Prevention*, *39*(4), 721-730.

Mortimer, R. G. (1974). *Some effects of road, truck and headlamp characteristics on visibility and glare in night driving* (Society of Automotive Engineers [SAE] Paper No. 740615).

———. (1988). Human factors in highway-railroad grade crossing accidents. In G. A. Peters and B. J. Peters (eds.), *Automotive engineering and litigation* (vol. 2, pp. 35–69). New York: Garland Law.

Mourant, R. R., and Rockwell, T. H. (1970). Mapping eye-movement patterns to the visual scene in driving: An exploratory study. *Human Factors*, *12*(1), 81–87.

Nabors, D., Gibbs, M., Sandt, L., Rocchi, S., and Lipinski, M. (2007). *Pedestrian road safety audit guidelines and prompt lists* (FHWA Report FHWA-SA-07–007). Washington, DC: FHWA.

Nagayama, Y., Morita, T., Muira, T., Watenabe, J., and Murakami, N. (1979). *Motorcyclists' visual scanning pattern in comparison with automobile drivers* (SAE Technical Paper 790262). Warren, PA.

Nambisan, S. S., and Karkee, G. J. (2010). Do pedestrian countdown signals influence vehicle speeds? *Transportation Research Record*, *2149*, 70–76.

National Cooperative Highway Research Program (NCHRP). (2008). *Report 600A Human factors guidelines for road systems*.

National Highway Traffic Safety Administration. (NHTSA). (2012). *Traffic safety facts: 2010 data—pedestrians*. Washington, DC: Author.

———. (2013). *Traffic safety facts: 2011 data—motorcycles* (DOT HS 811 765). Washington, DC: Author.

———. *Traffic safety facts: 2012 data—older population* (DOT HS 812 055). Washington, DC: Author.

O'Brien, A. P., and Brindle, R. E. (1999). Traffic calming applications. In J. Pline (ed.), *Traffic Engineering Handbook* (5th ed.). Englewood Cliffs, NJ: Prentice Hall.

OECD. (1989). *Behavioral adaptations to changes in the road transport system*. Paris, France: Organization for Economic Co-operation and Development, Road Transport Research, Scientific Expert Group.

Ogden, M., Womack, K. N., and Mounce, J. M. (1990). Motorist comprehension of signing in urban arterial work zones. *Transportation Research Record*, *1281*, 127–135.

Olson, P. L. (1987). *Visibility problems in nighttime driving* (Society of Automotive Engineers [SAE] Paper No. 870600).

Olson, P. L., Cleveland, D. E., Fancher, P. S., and Schneider, L. W. (1984). *Parameters affecting stopping sight distance* (Report No. UMTRI-84–15, University of Michigan Transportation Research Institute, NCHRP Project 1508).

Olson, P. L., Dewar, R. E., and Farber, E. (2010). *Forensic aspects of driver perception and response* (3rd ed.). Tucson, AZ: Lawyers and Judges Publishing.

Olson, P. L., and Farber, E. (2003). *Forensic aspects of driver perception and response* (2nd ed.). Tucson, AZ: Lawyers and Judges Publishing.

Olson, P. L., and Sivak, M. (1983). *Improved low-beam photometrics* (Report No. UMTRI-83–9). Ann Arbor, MI: University of Michigan Transportation Research Institute.

Oxley, J., Fildes, B., and Dewar, R. E. (2004). Safety of older pedestrians. In *Transportation in an aging society: A decade of experience* (pp. 167–191). Washington, DC: Transportation Research Board.

Paniati, J. F. (1989). Redesign and evaluation of selected work zone symbols. *Transportation Research Record*, *1213*, 47–55.

Pant, P. D., and Xie, Y. (1995). Comparative study of advance warning signs at high speed signalized intersections. *Transportation Research Record*, *1495*, 22–35.

Parsonson, P. S., Isler, R. B., and Hansson, G. J. (1999). Ageing and driver behaviour at rural T-intersections. *New Zealand Journal of Psychology*, *28*(1), 51–54.

Pecheux, K. K., Bauer, J., Miller, S., Rephlo, J., Saporta, H., Erikson, S., Knapp, S., and Quan, J. (2008). *Guidebook for mitigating fixed-route bus-and-pedestrian collisions*. Washington, DC: Transportation Research Board.

Pedic, F., and Ezrakhovich, A. A. (1999). Literature review: The content characteristics of effective VMS. *Road and Transport Research*, 8(2), 3–11.

Persaud, B., Parker, M. R., Knowles, V., Wilde, G., and IBI Group. (1997). *Safety, speed and speed management: A Canadian review* (File No. ASF 3261–280). Ottawa, Ontario, Canada: Road Safety and Motor Vehicle Regulation, Transport Canada.

Persaud, B., Retting, R., Garder, P. E., and Lord, D. (2001). Safety effect of roundabout conversions in the United States: Empirical Bayes observational before-after study. *Transportation Research Record*, 1751, 1–8.

Persaud, B., Retting, R., and Lyon, C. (2003). *Crash reduction following installation of centerline rumble strips on rural two-lane roads*. Arlington, VA: Insurance Institute for Highway Safety.

Plumert, J. M., Kearney, J. K., and Cremer, J. F. (2004). Children's perception of gap affordances: Bicycling across traffic-filled intersections in an immersive virtual environment. *Child Development*, 75, 1243–1253.

Polus, A., Fitzpatrick, K., and Fambro, D. B. (2000). Predicting operating speeds on tangent sections of two-lane rural highways. *Transportation Research Record*, 1737, 50–57.

Poulter, D. R., and Wann, J. P. (2013). Errors in motion processing amongst older drivers may increase accident risk. *Accident Analysis and Prevention*, 57(C), 150–156.

Preusser, C. W., DeBartolo, R., Blomberg, R., Levy, M., and Leaf, W. A. (1984). The effect of right-turn-on-red on pedestrian and bicyclist accidents. *Journal of Safety Research*, 13(2), 45–55.

Quistberg, D. A., Koepsell, T. D., Johnston, B. D., Boyle, L. N., Miranda, J. J., and Ebel, B. E. (2013). Bus stops and pedestrian-motor vehicle collisions in Lima, Peru: A matched case-control study. *Injury Prevention*. E-pub (doi:10.1136 2013–041023).

Ranney, T., Masalonis, A. J., and Simmons, L. A. (1996). Immediate and long-term effects of glare from following vehicles on target detection in driving simulator. *Transportation Research Record*, 1550, 16–22.

Raub, R. A. (2006). Examination of highway-rail grade crossing collisions over 10 years in seven Midwestern states. *ITE Journal*, 76(4), 16–26.

Ray, B., Kittelson, W., Knudsen, J., Nevers, B., Ryus, P., Sylvester, K., Potts, I. B., Harwood, D. W., Gilmore, D., Torbic, D. J., Hanscom, F. R., McGill, J., and Stewart, D. (2008). *Guidelines for selection of speed reduction treatments at high-speed intersections* (NCHRP Report 613). Washington, DC: National Cooperative Highway Research Program, Transportation Research Board.

Regan, M. A., Lee, J. D., and Young, K. L. (2009). *Driver distraction: Theory, effects, and mitigation*. Boca Raton, FL: Taylor and Francis Group.

Retting, R., Ferguson, S. A., and McCartt, A. T. (2003). A review of evidence-based traffic engineering measures designed to reduce pedestrian-motor vehicle crashes. *American Journal of Public Health*, 93(9), 1456–1463.

Retting, R. A., Van Houten, R., Malenfant, J., and Farmer, C. M. (1996). Special signs and pavement markings improve pedestrian safety. *ITE Journal*, 66, 26–35.

Retting, R. A., and Williams, A. F. (1996). Characteristics of red light runners: Results of a field investigation. *Journal of Safety Research*, 27(1), 9–15.

Richards, S. H., and Dudek, C. L. (1982). Sight-distance requirements at lane-closure work zones on urban freeways. *Transportation Research Record*, 864, 14–20.

———. (1986). Implementation of work zone speed control measures. *Transportation Research Record*, 1086, 36–42.

Ritchie, M. L., McCoy, W. K., and Welde, W. L. (1968). A study of the relation between forward velocity and lateral acceleration in curves during normal driving. *Human Factors*, 10(3), 255–258.

Robinson, G. H., Erickson, D. J., Thurston, G. L., and Clark, R. L. (1972). Visual search by automobile drivers. *Human Factors*, 14(4), 315–323.

Robinson, J., and Smiley, A. (2006). Highway 7 transition: Road safety and human factors review. In *4 Lane Freeway to 4 Lane Urban Arterial Transition and Risk Management* report prepared for the Ministry of Transportation in Ontario by McCormick

Rankin Corporation.

Rockwell, T. H. (1988). Spare visual capacity in driving—revisited. In A. G. Gale et al., *Vision in vehicles II*. North Holland: Elsevier Science Publishers B.V.

Roper, V. J., and Howard, E. A. (1938). Seeing with motorcar headlamps. *Illumination Engineering*, *33*, 412–438.

Rumar, K. (1981). Impacts on road design of the human factor and information systems. *Proceedings of the 9th International Road Federation Meeting, Stockholm, Sweden* (pp. 31–49).

Russell, E. R., and Konz, S. (1980). Night visibility of trains at railroad-highway grade crossings. *Transportation Research Record*, *773*, 7–11.

Sanders, M., and McCormick, E. J. (1987). *Human factors in engineering and design*. Toronto, ON, Canada: McGraw Hill.

Savolainen, P. T., Datta, T. K., Ghosh, I., and Gates, T. J. (2010). Effects of dynamically activated emergency vehicle warning sign on driver behavior at urban intersections. *Transportation Research Record*, *2149*, 77–83.

Schmidt, F., and Tiffin, J. (1969). Distortion of drivers' estimates of automobile speed as a function of speed adaptation. *Journal of Applied Psychology*, *53*, 536–539.

Schramm, A. J., and Rakotonirainy, A. (2010). The effect of traffic lane widths on the safety of cyclists in urban areas. *Journal of the Australasian College of Road Safety*, *21*(2), 43–49.

Scialfa, C., Kline, D. W., and Lyman, B. J. (1987). Age differences in target identification as a function of retinal location and noise level: Examination of the useful field of view. *Psychology and Aging*, *2*, 14–19.

Sherman, A. (2007). Bicycle detection and signlization. *Tech Transfer Newsletter* (Spring), 10–11.

Shinar, D. (1984). Actual versus estimated nighttime pedestrian visibility. *Ergonomics*, *27*, 863–871.

Shinar, D., McDowell, E., and Rockwell, T. H. (1977). Eye movements in curve negotiation. *Human Factors*, *19*(1), 63–71.

Shinar, D., Rockwell, T. H., and Malecki, J.A. (1980). The effects of changes in driver perception on rural curve negotiation. *Ergonomics*, *23*(3), 263–275.

Simons-Morton, B., Lerner, N., and Singer, J. (2005). The observed effects of teenage passengers on the risky driving behavior of teenage drivers. *Accident Analysis and Prevention*, *37*(6), 973–982.

Smahel, T., and Smiley, A. (2010). Evaluation of roadway guide signs at Pearson International Airport in Toronto, Canada. *Transportation Research Record*, *2185*, 63–70.

Smiley, A. (1999). Marijuana: On-road and driving simulator studies. In J. Kalant, W. Corrigall, W. Hall, and R. Smart (eds.), *The health effects of cannabis* (ch. 5). Toronto, Canada: The Centre for Addiction and Mental Health.

Smiley, A., Courage, C., Smahel, T., Fitch, G., and Currie, M. (2001). *Required letter height for street name signs: An on-road study*. Presented at the 80th Annual Meeting of the Transportation Research Board, Washington, DC.

Smiley, A., McGirr, V., and Hassall, R. (2002). *Review of freeway to highway transitions and speed-reducing countermeasures for the Highway 7 Carleton Place transition*. Ontario, Canada: Ministry of Transportation.

Snyder, M. B. (1972). Traffic engineering for pedestrian safety: Some new data and solutions. *Highway Research Record*, *406*, 21–27.

Sorton, A., and Walsh, T. (1994). Bicycle stress level as a tool to evaluate urban and suburban bicycle compatibility. *Transportation Research Record*, *1438*, 17–24.

Staplin, L. K., Harkey, D., Lococo, K., and Tarawneh, M. S. (1996). *Intersection geometric design and operational guidelines for older drivers and pedestrians. Volume III: Guidelines* (Report No. FHWA-RD-96–137). Washington, DC: Federal Highway Administration.

———. (1997). *Intersection geometric design and operational guidelines for older drivers and pedestrians* (Volume I: Final Report, FHWA-RD-96–132). Washington, DC: Federal Highway Administration.

Staplin, L. K., Lococo, K., and Byington, S. R. (1998). *Older driver highway design handbook* (Report No. FHWA-RD-97–135). Washington, DC: Federal Highway Administration.

Staplin, L. K., Lococo, K., Byington, S. R., and Harkey, D. (2001). *Highway design handbook for older drivers and oedestrians* (Report No. FHWA-RD-01–103). Washington, DC: Federal Highway Administration.

Staplin, L. K., Lococo, K., Sim, J., and Drapcho, M. (1989). Age differences in a visual information processing capability underlying traffic control device usage. *Transportation Research Record*, *1244*, 63–72.

Staplin, L. K., Lococo, K., Stewart, J., and Decina, L. E. (1999). *Safe mobility for older people notebook* (Report No. DOT HS 808 853). Washington, DC: National Highway Traffic Safety Administration.

Stockton, W. R., Brackett, R. Q., and Mounce, J. M. (1981). *Stop sign, yield and no control at untersections* (Report No. FHWA RD-81–084). Washington, DC: Federal Highway Administration.

Summala, H., Päsänen, E., Räsänen, M., and Sievänen, J. (1996). Bicycle accidents and drivers' visual search at left and right turns. *Accident Analysis and Prevention*, *28*(2), 147–153.

Tarawneh, M. S., and McCoy, P. T. (1996). Effect of offset between opposing left-turn lanes on driver performance. *Transportation Research Record*, *1523*, 61–72.

Terhune, K. W., and Parker, M. R. (1986). *An evaluation of accident surrogates for safety analysis of rural highways* (Report No. FHWA-RD-86-127). Washington, DC: Federal Highway Administration, U.S. Department of Transportation.

Teschke, K., Harris, M. A., Reynolds, C. C. O., Winters, M., Babul, S., Chipman, M., Cusimano, M. D., Brubacher, J. R., Hunte, G., Friedman, S. M., Monro, M., Shen, H., Vernich, L., and Cripton, P. S. (2012). Route infrastructure and the risk of injuries to bicyclists: A case-crossover study. *American Journal of Public Health*, *102*(12), 2336–2343.

Theeuwes, J., and Godthelp, H. (1995). Self-explaining roads. *Safety Science*, *19*, 217–225.

Theeuwes, J., and Hagenzieker, M. P. (1993). Visual search of traffic scenes: On the effect of location expectations. In A. G. Gale (ed.), *Vision in vehicles IV*.

Tidwell, J. E., and Doyle, D. (1993). Driver and pedestrian comprehension of pedestrian laws and traffic control devices. Washington, DC: AAA Foundation for Traffic Safety.

———. (1988). *Transportation in an aging society: Improving mobility and safety for older persons—Volumes I and II* (TRB Special Report 218). Washington, DC: Author.

Transportation Research Board. (2004). *Transportation in an aging society: A decade of experience*. Washington, DC: Author.

Treat, J. R., Tumbas, N. S., McDonald, S. T., Shinar, D., Hume, R. D., Mayer, R. E., Stansfin, R. L., and Castellen, N. J. (1977). *Tri-level study of the causes of traffic accidents* (Report No. DOT-HS-034–535–77-TAC). Bloomington, IN: Institute for Research in Public Safety, Indiana University.

Tsimhoni, O., and Green, P. (1999). *Visual demand of driving curves determined by visual occlusion*. Vision in Vehicles 8 Conference, Boston, MA.

U.S. Department of Transportation. (2014). *The national ITS architecture, Version 5.0* [undated CD-ROM].

van der Horst, R. R. A., and Wilmink, A. (1986). Drivers' decision-making at signalized intersections: An optimization of the yellow timing. *Traffic Engineering and Control*, *27*(12), 615–622.

Van Driel, C. J. G., Davidse, R. J., and van Maarseveen, M. F. A. M. (2004). The effects of an edgeline on speed and lateral position: A meta-analysis. *Accident Analysis and Prevention*, *36*(4), 671–682.

Van Houten, R. (1988). The effectiveness of advance stop lines and sign prompts on pedestrian safety in a crosswalk on a multilane highway. *Journal of Applied Behavior Analysis*, *21*, 245–251.

Van Houten, R., Malenfant, J., Van Houten, J., and Retting, R. (1997). Using auditory pedestrian signals to reduce pedestrian and vehicle conflicts. *Transportation Research Record*, *1578*, 20–22.

Victor, T., and Dozza, M. (2011). *Timing matters: Visual behavior and crash risk in the 100-car on-line data*. Presentation given at the 2nd International Conference on Driver Distraction and Inattention, Gothenburg, Sweden. Retrieved from www.chalmers.se/safer/ddi2011-en/

Walker, V., and Upchurch, J. E. (1999). *Effective countermeasures to reduce accidents in work zones* (Report No. FHWA-AZ99–467). Washington, DC: Federal Highway Administration.

Wasielewski, P. (1984). Speed as a measure of driver risk: Observed speeds versus driver and vehicle characteristics. *Accident Analysis and Prevention*, *16*(2), 89–103.

Womack, K. N., Hawkins, G., and Mounce, M. (1993). Motorist comprehension of traffic control devices: Statewide survey results. *Texas A&M University Research Report*, *1261*(2).

Wood, J. M., Tyrell, R. A., Marszalek, R., Lacherez, P. F., Carberry, T. P., Chu, B. S., and King, M. J. (2010). Cyclist visibility at night: Perceptions of visibility do not necessarily match reality. *Australasian Road Safety, 21*(3), 56–60.

Yeh, M., and Multer, J. (2008). *Driver behavior at highway-railroad grade crossings: A literature review from 1990-2006* (Report DOT/FRA/ORG-08/03). Washington, DC: U.S. Department of Transportation, Federal Railroad Administration.

Zegeer, C. V. (1983). Feasibility of roadway countermeasures for pedestrian accident experience. In *Pedestrian Impact Injury and Assessment, P-121* (pp. 39–49). Warrendale, PA: Society of Automotive Engineers.

Zegeer, C. V., Stewart, J., Huang, H., and Langerwey, P. (2001). Safety effects of marked vs. unmarked crosswalks at uncontrolled intersections. *Transportation Research Record, 1773*, 56–68.

Zhang, J., Suto, K., and Fujiwara, A. (2009). Effects of in-vehicle warning information on drivers' decelerating and accelerating behaviors near an arch-shaped intersection. *Accident Analysis and Prevention, 41*(5), 948–958.

Zwahlen, H. T., and Schnell, T. (1999). Visibility of road markings as a function of age, retroreflectivity, under low-beam and high-beam illumination at night. *Transportation Research Record, 1962*.

第 4 章 交通工程研究

原著：Daniel J. Findley 博士
译者：何美玲 副教授、博士；武晓晖 讲师、博士

4.1 引言

> 客观、准确的数据能够反映交通系统运行、安全性和交通设施状况的特征，对交通系统的优化具有重要作用。

交通系统运行、安全性和交通设施状况的特征与优化依赖于准确的数据。交通工程研究通过科学、客观的方式调查相关的数据，用以设计合理的优化方案。

交通领域的学术研究可以探究一个特定方面或问题，从而得出明确的研究定义，进行实验设计、数据简化和数据分析；或者可以定期进行多次研究来持续监测系统状况。交通研究的数据收集不一定需要实地调查，还可以从现有系统中提取信息或使用仿真工具对交通系统进行建模。《交通运输工程研究手册》（MTES）是本章中大部分资料的来源，可以参考该手册，以获取与本文所述研究相关的附加信息、详细计算和数据调查表格。《交通运输工程研究手册》（MTES）重点描述如何进行交通工程的相关研究。

4.2 基本原则和相关指导资料

在开展交通工程相关研究时，应进行细致、周密的构思。由于交通问题一般存在于特定的区域，并且区域间的出行行为和方式差异对其影响很大，因此并没有形成统一的研究框架和技术方法。以下问题有助于研究人员来判断是否需要进行实地调查，哪些因素对研究至关重要，哪些研究方法是合适的：

- 研究的目的是什么？用什么标准来衡量预期的结果？
- 将采用什么样的分析方法来解决所面临的问题？（在选择分析方法之前，不要考虑这一项。）
- 这项研究要回答什么问题？想要得到什么样的答案？
- 这种分析方法需要采集什么样的数据？采取什么样分析方法能够以最优形式展现所研究问题的最优答案？
- 过去的研究当中是否有可以直接使用且有价值的数据？（如果所有的数据都齐全，则不必进行实地调查。）
- 是否存在经过一些修改就可以直接使用的数据？例如，如果需要转向流量的数据，是否可以基于交通量和道路几何尺寸进行估计？（如果有这种类型的数据，则不必进行实地调查。）
- 是否有可用的实地调查技术来提供所需的调查数据？（如果没有，则不必进行实地调查。）
- 是否有足够的时间、金钱、人员和其他组织实地调查所需要的资源？（如果没有，就要等待条件完备后再进行实地调查。）
- 是否有一种以上的实地调查方法可以实现所需资源的数据录入？（如果有，则根据具体情况采取效率最高的方法。）

需要调查哪些实地数据和采取哪些特定的研究技术，取决于需要解决什么样的问题和分析什么样的

数据。在开始调查之前或在调查期间,如果最初的调查条件发生变化使得研究技术不再适用,则工程师可以随时取消或重新制定数据调查计划。

4.2.1 数据调查准备

适当的数据调查准备工作可以提高数据调查工作的效率和效果。准备工作应包括培训、与当地利益相关者取得联系以及调查设备的组装。

应提前对数据调查员所负责的部分进行技术和设备上的培训。对于有经验、有自学能力的数据调查员来讲,可以免去培训过程;但对于缺乏研究经验的调查员来讲,培训是必不可少的。培训课程通常安排在实地调查的前一天或前几天,培训期间应模拟可能遇到的最恶劣的情况。例如,如果计划进行为期一天的学习,那么在高峰时段进行培训将是有益的。数据调查员应在工程师的直接监督下进行短期实践,以便工程师纠正调查员的一些明显的错误。工程师和数据调查员应同时、独立地记录一段时间内的数据,因为通过比较这些数据可以找到一些不易被发现的错误。工程师在培训期间及培训后,应仔细检查现场、时间、人员、设备、方法和数据调查表。工程师还应寻求数据调查人员的反馈和意见,并回答他们所提出的任何问题。在培训后,如果工程师发现需要对调查方法进行一些调整,那么就需要安排其他的环节去测试这些变动。如果需要在道路附近进行长时间的数据采集活动,则应向当地的执法部门进行报备。通知当地政府机构、学校、托儿所、学院、大学和高层建筑中的人员,告知计划在何时何地进行调查,以及将用于调查的方法,在当地人民群众问起时,政府也可以合理的解答群众所关心的问题。

准备工作还应包括组装相关材料和工具,包括元件损坏或消耗时可能需要的额外物品,如表格、电池和视频存储介质。典型的必要物品包括以下项目:

- 调查设备——检查设备是否正常工作,数据的输入、存储或输出是否符合调查的要求,并且确保机器已经校准。同时,应对设备性能进行评估,以确定数据调查员和调查地点的数量。统计表格和调查设备上应贴上现场参考标签(例如:在流量计数器上贴上评估标准)。
- 配套设施——提前准备好有用的物品对数据调查来说很重要,同时可以提高数据调查员的舒适程度。这些物品包括纸张、笔、剪贴板、调查地点的方向、折叠椅、零食、适合天气的衣服和护具,以及防晒用品(眼镜、帽子、防晒霜等)。
- 备用的调查设备——如果条件允许,应准备额外的调查设备以防有设备出现故障,除此之外还应准备可更换的配件,如记录表、电池和存储卡。
- 调查许可——鉴于多数调查在公共区域进行,因此公民或执法部门通常会询问调查员有关其活动的信息。可以提前准备以下问题的回答以应对询问:

1)对"你在这里做什么?"这一问题的简单的回答。
2)交通管理部门负责人提供的允许调查的许可。
3)责任工程师的联系方式。

4.2.2 数据调查

责任工程师应保持手机畅通,以便解决调查员们在调查过程中遇到的任何问题。领导现场操作的人应监控调查员和设备,以保证所调查数据的质量。当调查结束后也应该仔细审查数据,以确定是否存在异常数据,这些异常数据可能导致数据不完整或数据质量过低。调查员必须提前至少 15min 到达现场,以评估现场条件、分发调查设备、记录必要的位置和条件信息(包括道路、日期、时间、调查员、天气等)、选择测量地点并按照计划时间开始测量。调查员应注意任何可能影响数据调查的异常情况(碰撞、天气事件、道路封闭、匪警/火警活动、内乱等)。对于调查到的有偏差的数据,首席调查员或工程师需要评估它们所产生的影响。

对于数据调查员和被调查公众来说，应确保始终将安全放在首位。

在实地调查期间，数据调查员的首要责任是维护自己的人身安全、其他调查员的安全、公共交通的安全。为了最大限度地降低交通事故和其他安全隐患的风险，调查员应遵循以下指南（这些指南可能包含在业主或机构的"人员安全政策中"）：

- 尽可能远离行车道路。
- 保持警惕，以防车辆失控。
- 如果在行车道附近工作，应根据车速和地点，穿戴联邦或当地政府所要求的安全设备。
- 不要干扰现行的交通模式。
- 尽可能少地分散驾驶人的注意力。
- 如果可以，则使用标准交通控制装置，告知驾驶人封闭车道、封闭路肩、在行车道附近所进行的活动，或其他可实质性改变驾驶的条件。
- 如果在移动的车辆内进行数据采集，则第二个调查员（驾驶人除外）应在不分散驾驶人注意力的情况下进行所有调查活动。
- 调查员应密切关注路边环境，包括孔洞、电线、有毒的野生动物（蛇、蚂蚁）和植物（毒常春藤）。
- 在寒冷或恶劣天气下调查数据，需要足够的防风雨服装和其他配件，如帽子和手套。

在实地调查期间，犯罪也对调查员构成安全威胁。当有犯罪行为发生时，通常放弃调查或暂时离开调查区域是保证调查人员安全的最好的方式。可以通过以下方式提高安全性：

- 尽量减少夜间调查。
- 结伴调查数据。
- 通知当地执法人员和公务员调查地点和时间段。
- 在调查员的交通工具中加装定位器。
- 避免公开展示贵重设备。

在调查期间，恶劣的天气、野生动物和其他的潜在不安全因素都会产生威胁，当遇到这些情况时最好的策略就是结束调查，离开调查地点，并且通知负责本次调查的首席调查员或工程师。

4.2.3　实地调查时应注意的事项

实地调查数据需要进行仔细的规划、准备和执行。数据调查通常需要与调查不同的数据或位于不同位置的团队成员协调工作。数据调查过程还可能包括需要与设备供应商或合作城市协商，方便设备的安装和访问数据源。考虑到供应商众多，工程师需要有较强的人际交往的能力，以便与这些合作者相互交流形成潜在的大型数据调查团队。实地调查受到天气的影响，在某些情况下，调查可能需要在恶劣的环境进行。由于恶劣天气或设备故障导致的延误，必须制定应急计划。所以必须将恶劣天气或设备故障造成的延误考虑在应急计划之内。因此，数据调查工作应安排的灵活有序，以确保其成功。

除了人工和小规模的数据调查工作外，使用先进的技术和自动调查方法可能会收集到大量杂乱的数据。这就需要在可用数据中依据时间因素和经济因素给出优先级，从而高效地调查和分析数据。通过制定详细的计划和执行顺序，调查员只需收集必要的数据（种类和数量），以便在规定的时间和预算内完成数据调查工作。

4.2.4　《交通运输工程研究手册》

《交通运输工程研究手册》详细介绍了各种研究以及规划、准备和执行调查计划的技术，以及对数据进行编译、筛选和分析的技术。

本章数据主要来源于《交通运输工程研究手册（第 2 版）》（MTES），该手册中有关于本章研究的详细信息。MTES 中描述了如何进行各种交通工程相关的研究。主要侧重于：研究准备阶段、实地调查阶段、执行调查计划阶段、数据编译阶段、数据筛选阶段、数据分析阶段。该手册还就如何对研究结果进行口头和书面报告提供指导。MTES 的每一章都介绍了可用于获取特定类型数据的方法，并描述了数据调查程序（表 4.1）。MTES 中详细说明了所有设备的类型、所需的人员数量和培训水平、所需的数据量、需要遵循的章程以及可用于编译、筛选和分析数据的技术。MTES 的每一章节中都囊括了相关主题的全部内容：引言、现场位置、部分及网络、多式联运、资产管理、安全、规划和附录。

1. 引言

引言部分将手册中涉及的一些术语和一些章节中使用到的基础数据展示给读者，给读者提供了一个现代化数据展示的概述，使得内容更加具有可视性、更加便于人们理解。附录中提供了适用于几种研究类型的信息。这些主题包括一般性研究设计、问卷设计、基本统计分析和相关呈现技术的附加信息。

2. 第一部分：现场位置

第一部分介绍了在实地进行的基础调查，包括交通量、速度、交叉口和车道的延误调查。此外，本部分还包括评估交通控制设备可靠性和可行性研究。

表 4.1　《交通运输工程研究手册》（MTES）内容

MTES 部分	MTES 章节	关键信息/研究类型
引言	1. 引言	研究手册的目的，引言
	2. 学术词汇	重要术语的定义
	3. 基础数据	数据展示、可视化、公众参与的指导意见
一：现场位置	4. 交通量研究	交叉口数量，地区数量
	5. 速度研究	个人交通方式选择，交通工具的抽样调查
	6. 交叉口与行车道研究	延误、排队长度、饱和流量和损失时间、间距和间距接受度、交叉口视距
	7. 交通控制设备可靠性研究	道路条件、交叉口事故研究、交通量研究、车速研究、延误研究、间隔时间分布和 TCD 清单
	8. 交通控制设备可行性研究	调查地域、所需数据、可接受的数据
二：路段与路网数据	9. 行车时间与延误研究	交通工具测试、交通工具观察、单个车辆标记、队列标记、探测交通工具
	10. 高速公路与管制路线研究	地点评估、路段研究、特殊高速公路研究
	11. 仿真研究	敏感性分析、评估选择、预测行为、应急预案、安全性分析、环境研究
三：多式联运与网络数据	12. 行人与非机动车研究	交通量研究、行人步速研究、间距研究和行人行为研究
	13. 公共交通方式研究	问题识别、公交性能和实地数据、使用现存数据
	14. 货物运输研究	路径研究、装卸货物研究、车重研究、危险品研究
四：资产管理数据	15. 库存	结构、建立、维护
	16. 停车场研究	停车研究以及积累、使用研究
五：安全数据	17. 交通事故研究	安全性研究
	18. 可替安全性研究	交通安全审计、交通冲突研究和推荐行车速度
	19. 行车道路照明	交通冲突发生前后研究

(续)

MTES 部分	MTES 章节	关键信息/研究类型
六：规划数据	20. 交通规划数据	研究区域、规划和交通出行量研究的定义
	21. 交通对环境的影响	公路噪声影响的研究、空气污染影响的研究和行车道影响的研究
	22. 车道影响研究	地点交通量和区域交通量的预测
附录	附录 A：实验设计	普遍概念、简单的比较、试验前后、阶乘设计
	附录 B：调查设计	方法、样本选择、组成问题、管理
	附录 C：统计分析	选择数据、统计数据、预测
	附录 D：交流数据补充	设计图表、书写报告、演示文稿
	附录 E：有效资源	时间标记、数据调查形式

3. 第二部分：路段与路网数据

第二部分将第一部分描述的基本概念扩展到路段和路网。其中利用"数据调查技术"研究路段和路网沿线的速度、行程时间与延误。这一部分还包括高速公路研究与仿真研究两章。

4. 第三部分：多式联运与网络数据

第三部分讨论了其他交通方式，包括关于行人与非机动车的研究，以及关于公共交通方式的研究。这两章都强调通过用户使用感受来评价交通服务的质量。这一部分的最后一章是关于货物运输研究，这是一个在业界越来越受到人们关注的重要领域。

5. 第四部分：资产管理数据

第四部分包括资产管理研究和库存和停车场研究两章。本章中详细讨论了自动化数据调查方式，包括 GPS 数据和基于地理信息系统的数据管理体系。

6. 第五部分：安全数据

第五部分介绍了安全性研究；从碰撞研究一章开始，还包含一章可替代性安全数据。这一部分还包括道路照明一章，重点是照明策略的感知和实际影响，包括犯罪和道路安全数据。

7. 第六部分：规划数据

第六部分介绍了交通规划数据。本节的三章描述了一般交通规划研究、交通对环境影响的研究、车道影响的研究。

8. 附录

附录中包含交通工程相关研究中的典型表格的附录。

所有章节通常遵循相同的大纲，以便读者能够快速浏览材料，包括：

- 引言——介绍了本章的目的，并包含了对一系列相关研究的指导。
- 典型案例——对不同的典型案例进行概述，供读者阅读，为接下来的研究提供准备信息并做好规划。
- 数据调查步骤——为进行不同类型的研究提供了特定的方法论，包括设备和人员需求、调查员位置和数据调查技术。
- 数据简化和分析——对调查的数据进行简化计算与分析，包括对数据显示和可视化技术的讨论。
- 参考文献——引用了本章中所用到的资源，并提供了可能对读者有帮助的在线和纸质版的资源。

4.3 专业实践：交通调查的必要步骤

4.3.1 交通流量研究

工程师通常使用机动车、非机动车或行人的数量来计算通过某一点、某一交叉口或使用特定设施

（如行车道、人行横道或人行道）的交通流量。统计通常是通过实地调查，但自动的连续统计在某些场景下得到了越来越多的应用。现代化自动流量统计站位于信号交通主干线和高速公路的配套设施上，是与动态称重站和自动收费设施相结合的标准配件。采样周期取决于需要调查的数据，可能是几分钟、一个月或更长的时间。

机动车、非机动车和行人的流量是许多交通工程分析的关键数据。

行人和非机动车交通流量是通过记录单位时间内通过某个点、进入某一交叉口或使用特定设施（如人行横道、人行道或自行车道）的行人或自行车数量来获得的。除非研究目的涉及某些特定环境条件或主要涉及通勤交通，否则调查机构只需在天气情况良好的情况下进行调查。行人和非机动车交通流量数据可用于信号配时、人行横道通行能力研究、容量分析、碰撞研究、场地影响分析以及其他规划上。有几种类型的流量需要分类记录，并且训练有素的调查员更容易和准确地获得这些数据。例如按年龄组、性别和行为类型进行分类统计。其他调查则集中在特殊行为上（遵守交通信号，乱穿马路），这些行为很难通过自动化技术捕捉到。非机动车流量可以进一步区分为驾驶非机动车的人是在机动车道上行驶（因此将被视为车辆），还是在人行道上行驶。对多用途道路的研究可能进一步包括对不同使用者的更详细区分，包括自行车、婴儿推车、溜冰者或慢跑者。

有很多种技术都可用来测量人（而不是机动车）的出行轨迹，包括计步器、加速计、GPS 定位器、可定位的移动电话和激光计数器等，用于测量道路上的交通量。人工测量在历史上主要用于非机动车的调查，但是随着技术的发展，更加可行、高效的自动化调查方式得到了广泛的使用。现在有很多种类型和模式的交通流量自动化调查设备。这种设备通常包括两个基本部件：检测行人或非机动车的传感器和数据记录器。传感器包括主动或被动红外光传输和检测、压电薄膜、延时视频、路面环路探测器和气动管（Schneider 等，2005）。与人工统计方法相比，这些技术可以降低人工成本。使用自动化技术可能很难对调查对象进行分类，但可以提供更长的统计周期。

对于这两种非机动车的交通方式，理解其行为模式非常重要，因为它们会影响交通量。行人经常会从人行横道以外和远离十字路口的区域穿过。因此，在人行横道上观察到的行人数量通常小于实际穿越交叉路口的行人数量。骑自行车的人可能在机动车道上骑行，也可能下车在人行道上推行。

为给定的位置选择调查周期的长短，取决于计划使用的数据和分析数据的方法。统计周期应具有代表性，代表着一天中的某一段时间、一周中的某一天、一年中的某一月，简单来说有利于其研究即可。统计周期应避免特殊事件和恶劣天气，除非调查目的是研究此类现象。统计周期可以从一小时到一年不等。人工统计的周期通常少于 1 天。转向统计、样本数量、车辆分类、行人和非机动车的典型统计周期包括：高峰时段（2h）；上午和下午高峰时段（4h）；上午、中午、下午高峰时段（6h）；白天（12h）。统计间隔通常为 5min 或 15min。就通行能力分析而言，15min 的统计间隔是足够的，这与《公路通行能力手册》方法一致。

机动车和非机动车交通流量主要分为点统计和区域统计。点统计通常只需要有限数量的调查员，而区域统计通常更复杂，需要多个调查员或记录点。在这两个类别中，统计数量并不总是简单直接的任务。有些类型的统计是十分复杂且难以进行。在繁忙或几何形状不规则的交叉口，需要对记录员进行特别培训。

1. 点样本法

点样本法可以在交叉口、路段上或其他有兴趣调查的位置。最普遍的统计地点是在交叉口。交叉口转向数是最常见的可用数据，可用于规划应用，比如交通影响分析，以及信号主干道的运行分析。在传统交叉口，每个进口道最多有四种可能的车辆运动：掉头、左转、直行和右转（尽管在大多数研究中，掉头包含在左转中）。许多调查要求将机动车分为乘用车、货车或公共汽车。在一个四路交叉口，在每个采样周期内，仅仅记录车流运行轨迹这一项，每个记录员需要记录 48 个不同的数据（单独计掉头数量)。此外，交叉口流量可能还包括行人和非机动车，这无疑使得统计更加复杂。

交叉口流量调查通常需要多名调查员，如果遇到交通量较少或渠化简单的情况，可以适当减少调查员的数量。如果要在一个繁忙的交叉路口同时调查车辆类别和转向车流，则每个调查员必须能够记录两个或三个车道的数据。有一种识别车辆类别的简化方法，例如，我们可以把所有两个到四个轮胎的机动车归为乘用车，把所有六个或更多轮胎的机动车归为货车。在开始统计之前，所有调查员必须充分了解分类方法。

一些现代交叉口需要基于路径统计。传统信号控制交叉口或无信号控制交叉口的流量统计通常在车流路径唯一定义的点上进行，例如位于交叉口的停车待行区。然而很多现代化的交叉口结合了多种行车方式于同一条车道上，并且通常是基于机动车或行车道的起止位置进行统计的。在这些交叉口，任何一个进口道（起点）的车流在驶出交织区之前与其他交通流（来自其他起点）混合。因此，单一转向车流并不会被观察到，观察到的是总是混合着其他方向的车流。环形交叉路口就是一个示例，可能需要基于路径统计。在单行道环形交叉口，所有进入车流（右转、直行、左转和掉头）都通过同一条车道进入环形交叉口，与环形交叉口内的车流混合在一起，然后从不同出口到达目的地。这些数据是很难通过传统的统计方法收集，因为调查员必须在视觉上跟踪车流的行进路径。此外，许多自动化调查方法，如电子管计数器，适用于统计总体与流量，但无法区分混合车道中的直行和转向车流量。在多车道的地点，流量调查难度显著增加。

2. 区域统计

在许多实际应用中，需要统计大范围网络的交通量。在美国许多州的州级公路上，有能够持续统计交通量的设备，统计的交通量结果可以用来进行交通规划、估计车辆行驶里程数、预测车流量的趋势和进行交通工程相关分析。这些项目的另一个目标是估算调查地点的年平均日交通量（AADT）。各市、县在所管辖的公路和道路上也有类似的项目。区域统计可进一步分为交通小区法、网格统计法、控制统计法和覆盖统计法。

1) 交通小区法：统计机构在中央商务区（CBD）或其他活动中心周围设置边界线，计算穿过边界线的所有车辆和行人。调查员根据车辆类型、行驶方向和车道占用情况对每辆车进行分类。统计结果将显示进出该区域的交通量，并估算出此区域内的车辆与人员的累积量。为了扩展调查数据，统计机构将交通小区法统计的数据作为交通量调查的基础数据。统计数据与调查数据是同时进行的。交通小区法统计的数据也可以用来进行趋势分析，即研究机构选取各个月份中最接近平均日流量的工作日，以此近似估算年平均日流量。

2) 网格统计法：网格统计法用于记录从一个区域到另一个区域的行程。网格线是一种自然的或人造的障碍形式，这种形式有着一系列的穿越限制点，在这些位置将会统计各种交通量。这些穿越限制点可以是河流、道路和公路。分析人员使用网格统计法来检查和调整交通量研究的结果，或者验证交通规划研究的交通分布结果。它们还可以用来预测土地利用、商业活动和出行模式的发展趋势或长期变化。

3) 控制统计法：监控每日或季度（月份）交通量的变化，使用的就是区域内的控制统计法。控制统计法可以在一年中一段时间内使用，也可以在一年之中持续使用。控制统计法最有效的统计方式是建立永久的统计站进行永久统计。控制计数站可以补充从永久计数站获得的数据，以估计交通网络中其他位置的季节性和月度交通量变化的值。控制统计站应遍布交通网络，设立在合理有效的位置。

4) 覆盖统计法：覆盖统计法是一个统计时间相对较短的连续性统计方法，通常统计时间在24 ~ 72h。可以适当地调节每日或月度系数来估计最终的年平均日交通量。使用的系数由永久或控制统计站数据确定，这些站点覆盖了各种交通特征的道路。

3. 人工调查数据的方法

统计交通量的两种基本方法是人工观测法和自动统计法。人工观测法的定义是调查员在现场观察或通过录像对车辆或对象（行人、自行车）进行统计。自动统计法利用自动计数技术进行统计。

当人工调查数据时，调查员在车辆通过交叉口或关注点时，手动计算每辆车或统计对象的数量。人工统计法主要的优点是：它通常能将设备成本降到最低、减少设备的安装时间。调查员可以在线上或线下快速接受培训。然而，随着调查时间的延长，人工统计法变得效率低下（由于记录员长时间统计数据变得疲劳）。实际的情况是，在任何给定的地点，都需要记录员统计10h以内的数据。因此，安装和拆除自动化统计的设备是很不合理的。最简单的进行手动统计的方法是在准备好的现场表格上用记号标记、记录每个观察到的车辆。这种方法成本低，适用于不同的几何交叉口和不同的统计类型。

准确可靠的人工统计法始于政府机构。在进行数据调查时，当地的发展规划十分有用，甚至比一个有经验的团队更有帮助。确保实地调查之前，所有的准备工作已经完成。准备工作首先应审查的是要进行统计的目的和类型、所需的统计周期和时间间隔以及关于现场的任何已知信息（例如几何布局、交通量变化、信号计时等）。这些信息将有助于确定要使用的设备类型，要遵循的现场程序以及所需的调查员人数。在线地图和可视化工具对确定有利的调查位置很有帮助，但通常来讲仍须了解当地情况或进行实地考察。

电子计数板是统计交通量时使用的一种小巧、轻便的手持计算机，十字路口中不同的交通工具对应分配给电子计数板上的不同的按钮。它们在设计和视觉显示上比笔记本计算机简单得多，而且外壳坚固耐用，电池续航时间长。电子计数板包含一个内部时钟，按选定的时间间隔分隔数据。内部时钟应与本地时间相校准，以确保数据质量。如果多个调查员使用电子计数板，则内部时钟应同步。电子计数板比纸质计数和机械计数板更有优势，因为纸张对天气（风雨天气）更加敏感，且不利于长时间的保存。最重要的是，他们不需要手动的筛选和汇总数据。数据可以直接从现场以无线方式传输到办公室的计算机中或从现场返回时传输到办公室的计算机。在分析软件中，对数据进行汇总、处理，并以选定的演示格式显示结果。这消除了纸质计数和机械计数板所需的数据筛选步骤。在某些应用中，电池效率高的笔记本计算机或平板电脑可以取代电子计数板。

人工统计交通量需要训练有素的调查员。他们必须分批调查，以缓解疲劳，防止调查效率的降低。数据调查团队的规模取决于统计周期的长度、正在执行的统计类型、正在观察的车道或人行横道的数量以及交通量。如果不需区分车辆类型和不同车型所占比例，那么一个调查员很容易记录四向的、低交通量的、单车道的信号交叉口的转向运动。随着上述变量和统计任务复杂性的增加，需要额外的调查员，而调查员之间的职责分配具有多样性。在一个信号交叉口，一个调查员记录的可能是从西侧和北侧进入交叉口的车辆，而其他的调查员则记录的是从东侧和南侧进入交叉口的车辆。这样的话，在同一时间内，一个调查员只需记录一个方向的车辆即可。在复杂地点、单个车道、人行横道等可分配给特定的观察员，让他们轮流就该处进行统计工作。

调查员应位于最能清楚地看到他们正在记录车流量的地方，避免站在会被货车、公共汽车、停放的车辆或其他容易挡住视线的位置。他们应该尽量站到离马路边缘足够远的地方，这样既有利于保障自身安全，又不会影响驾驶人驾驶车辆。高于街道水平面且没有障碍物的地方通常是最佳位置。如果几个调查员在同一地点统计，应当保持彼此的视觉联系和沟通来协调他们的活动。考虑到调查员可能位于交叉路口的对角，双向无线电对讲机或手机有助于相互交流。对调查员来说，穿着合适的衣服以保护其免受恶劣天气的影响亦至关重要。

交通量调查成功的关键是：保证数据有组织的收录并加以正确的分类。交通调查将会产生大量的数据表格或者电子文件。每个数据表格或电子文件都应清楚地标记：记录地点的信息、调查员名字、调查时间、调查所处的环境条件。表格本身也应清楚地表明所记录的运动、分类和时间间隔。使用计数板时，应按规定对文件进行命名。当两个及两个以上的调查员同时工作时，必须准确地统一和协调时间间隔。调查员还应注意在他们做调查记录时，可能会遇到异常的临时交通事件，如交通事故或大型活动，这会导致调查的交通量出现异常。

4. 自动化调查数据的方法

许多应用程序需要长时间（几天、几周、甚至几个月）收集调查数据，因此，若派遣调查员进行调查，则成本太高。自动化收集数据的方法提供了以合理的时间和资源消耗情况下收集海量数据的方法。现代自动统计技术主要可分为道路技术和路侧技术。道路技术包括气动管、压电条和各种形式的磁感应技术。路侧技术可以利用视频、雷达、红外或激光技术。路侧技术也可以与车内技术相结合，通常采用电子收费转发器或无线通信设备的形式和路边接收器进行交互。道路技术和路侧技术两者都采用了相同的组成成分：用于检测车辆和行人的数据记录器和传感器。一些设备还具有将收集到的数据传送到中央设备进行处理的能力。

自动化统计法可单独使用，也可与人工统计法相结合，用来记录交叉口的转向运动。特别是无信号交叉口，使用自动化统计法测量动态车流，人工统计法测量静态车流。这种方法也越来越多地应用于高速公路路段和收费设施处，可提供有关交通量信息和其他关于车道的数据信息。总的来说，所有上述统计技术都可以自动识别车辆，并在某些情况下可以输出相关的速度、车头时距、密度，甚至是从一调查地点到另一调查地点的行程时间。

道路统计技术直接将统计设备安装在行车道上，或在某些情况下将设备永久嵌入路面内。它可以采取用于执行长期控制统计的永久安装设备的形式，或者采用用于执行较短覆盖统计的便携式设备的形式。调查机构设立永久性的统计站，以便进行长期、连续的统计。这些站点统计的交通量通常是一个区域计划的一部分，用于监测交通特征和交通量随时间变化的趋势。自动统计技术也可用于临时应用的便携式设备。

永久性的交通监控站在信号网络和高速公路设施中是很常见的。在信号网络中，车辆检测技术（最常见的是磁感应线圈）通常用于收集交通量数据。通常，安装特殊的系统环路仅用于流量监控和数据收集。在高速公路上，道路检测技术用于收集交通量和其他交通参数，包括速度和车辆分类。对永久性数据采集设备来讲，耐久性和可靠性是至关重要的。除了安装永久的设备外，调查员还可以在几个便携式或临时数据采集设备之间进行选择。最常见的情况是，调查机构通常会使用气动管，或使用直接安装在路面上的磁感应技术。

上述道路技术在计算行人和非机动车数量方面存在缺陷。此外，在有车辆移动的车道上安装和拆卸这些设备时，需要特别小心、注意安全。采购这些设备需要的额外成本与安装设备所需的安装时间，使得这些设备更适宜于更长时间的持续统计情况。

自动统计设备只有在安装与拆卸时需要工作人员，通常两到三人就足以布置大多数的便携式统计设备。根据设备类型，安装人员可能必须在行车道上进行工作。因此，最好和最安全的办法就是在车道暂时关闭的时候或交通量低的时候安装设备。记录只需要一人即可完成，但是需要一到两人来安装路管或磁感应线圈，还需一人来注意交通情况，拆卸设备只需要一到两人。安装带有路面传感器的永久性统计器可能需要更多的人员并需要封闭行车道。

5. 数据筛选

在收集数据结束后，需要将数据进行有序的排列才能进行分析。筛选通常包括：将标记转化为数字、通过小计和总计来汇总数据、将数据以合适的方式进行排列。分析过程可以是简单的对收集到的数据进行分析，亦可以是对粗加工的数据进行细致分析。分析的方法取决于研究目标，根据开发的类型和数量、经济条件、公共交通使用者行为的变化和其他的相关因素的不同，统计结果仅适用于短期或长期的研究。

4.3.2 速度研究

速度是衡量交通运行、设计和安全性能的基本指标。

速度是衡量交通运行的一个重要指标，因为高速公路使用者会将速度与经济、安全、时间、舒适和便捷度相联系。速度是衡量交通性能的基本指标，因此，调查地点车速有许多的应用程序可以用来确定交通运行能力和控制参数、建立公路设计要素、分析公路通行能力、评估公路安全性能、监测速度趋势，并能高效的控制或评估程序。在现阶段的研究中，地点车速调查旨在测量特定交通和环境下的地点车速。在调查地点车速时有两种主要方法。第一种是单车选择法，其中对交通流中的单一车辆子集进行采样，其主要使用的是人工速度测量技术。第二种方法是全车抽样法，记录所有车辆的速度，这种方法使用的是自动道路或路边测量设备。然而第一种方法是进行短期速度测量的方法，第二种方法依赖于连续的评估，适用于成系统的调查、监控系统。

有两种平均速度测量的方法，用来表示车辆的移动或速度。时间平均车速（Time – Mean Speed，TMS）是指在现场位置测量的车速的算术平均值。它是通过将所有通过某一点的单个车辆的车速相加，然后除以观察次数来计算的。调查员在路边使用测速枪来采集速度，这是实践中最常见的测量速度的方法。该测量方法适用于测量交叉信号口的接近速度、测量水平曲线上的速度或量化道路线形平缓处对车速造成的影响。空间平均车速法（Space – Mean Speed，SMS）测量的是一个路段的所有车辆的平均速度，其定义是所有车辆在总行驶时间内行驶的总路程。这些可以应用于交通流密度关系中交通流理论的模型。

地点车速通过以下两种方法进行统计：直接测量法和间接测量法。直接测量法测速度使用的是永久性的或手持的雷达或激光测速器。如果进行直接测量，通常采用时间平均车速。间接测量法测地点车速实际上是在已知（短）道路长度的道路上进行的测量，例如两个临近的磁感应回路之间，所得出的结果为空间平均车速。通过两点间的最短路径，间接测量的空间平均车速，测量值与期望值之间的误差可以忽略不计。

典型的地点车速调查过程由三部分组成。数据筛选是第一部分，将测量的速度或原始数据整理成简单的表格或图形。第二部分是描述性统计的计算和表示，通过几个有代表性的数值或变量来说明速度数据的收集。第三部分是统计推断，可以进行参数估计和假设检验。

1. 单车选择法

当研究的目的是在相对短的时间内得到一个相对较小的样本时，调查员可以使用单车选择法。通常，这类研究的目标是非常具体的，并且是在特定类型的地点、时间段和条件之下。应用这种模型的示例包括测量交通控制装置的有效性、抽查速度执行的效果或确定交通标志的位置。

研究的目的和范围，决定了调查数据的具体地点、具体时间以及调查速度数据所需的条件。在车辆开始减速并可能在交叉口停车之前（如果接近交叉口的车辆是潜在的样本），应在引道上游进行速度测量。如果研究目的与夜晚发生的交通事故有关，则应该在夜晚调查数据。如果研究的目的与湿滑的路面有关，那么调查员应在下雨的时候进行调查。如果想研究自由流，那么应在平峰时进行调查。

直接测量单个车辆车速最常见的方法是使用雷达枪或激光枪。该设备可以手持、安装在车辆顶部或安装在三脚架上。雷达测量设备通常会发射一段连续的无线电波，电波可以在多个物体上反射。激光束通常不是连续的，所以需要调查员锁定一辆车辆测量。

使用单个车辆调查方法的调查员，必须收集足够多的地点车速数据，以便能够对所调查的结果进行研究分析。通过使用以下的公式计算（当平均速度是目标统计量时），可以确定所需统计精度的最小样本量。

$$N = \left(S \frac{K}{E} \right)^2$$

式中　N——最小测量速度数；

　　　S——估计的样本标准偏差（mile/h）；

　　　K——某一置信水平对应的标准正态分布的常数；

　　　E——平均速度估算中允许的误差或公差（mile/h）。

调查员可以根据前人所做的类似的研究（表4.2）或附近位置的地点车速数据来估计该方程式的 S 值。在没有这些数据的情况下，表4.2列出了交通区域和公路类型函数的平均标准偏差值。

常数 K 表示的置信水平，指计算出的样本平均速度与所调查地点的平均车速之差小于允许误差的可能性。选定的置信水平常数对大于100个测量值的样本有效（一般包括95%时为1.96，99%时为2.58）。允许误差 E 反映了估计平均速度所需要的精度。该参数是绝对误差，用规定值的正负表示。典型的误差允许范围为 ±1.6km/h 至 ±8.0km/h。

表 4.2　标准地点车速的样本标准差

交通地区	公路类型	平均标准差/(km/h)
乡村	两车道	8.5
	四车道	6.8
城乡接合部	两车道	8.5
	四车道	8.5
城市	两车道	7.7
	四车道	7.9
近似值		8.0

资料来源：Box Oppenlander（1976），第80页。

为了使准确度最高，调查员可以进行评估，计算实地测量数据的标准值，并检查样本是否足够。如果不够，则必须在与第一次调查时相同的条件下收集补充数据。另一种技术包括使用计算机连续更新调查样本的总数、平均速度和标准差。当标准差稳定时，则可以确定已经得到了足够多的数据样本。

地点车速的调查是否成功取决于各方面的进度。涉及的第一个问题就是数据调查站点的配置，第二个问题是如何选择单个的车辆进行检测，如果这些问题处理不当，那么会对调查结果的精度产生不利影响，使结果产生偏差。雷达/激光定位装置的使用受到三个方面的限制：

1）雷达装置的性能。
2）入射角的最小化。
3）测速设备的隐蔽性。

雷达和激光装置的测量能力差别很大。设备必须按照制造商的规范去设置和操作。雷达光束与目标车辆行驶方向间的夹角越大，其余弦误差就会越大，如果角度小于15°，那么误差在 3.2km/h 以下。但按照研究误差来讲，角度越小越好。

隐藏雷达装置和调查人员可防止驾驶人分心（考虑到安全），或做出不正常的反应（潜在的数据偏差）。设备和人员可以隐藏在植被或道路结构后，只要在驾驶人的视线之外即可，也可以用路边的维护车辆来隐藏设备和人员。在有的州警察还使用维修车辆来隐藏雷达测速，这种方法可能不起作用。将非政府车辆停放在护栏外并藏于车辆附近，是比较安全有利的。但仍需考虑调查员所处的空间位置、光波的入射角和光波可能在水平方向和垂直方向产生的余弦误差是否可以接受。还要看驶向和驶离调查员的车辆车速是否可以接受。

调查原则是随机选择目标车辆。因此，调查员必须对车流量进行明确的分析（例如：自由流、大型车、排队长度、所有车型等）。车流量分析完成后，调查团队就能确定调查流量样本的方案。除非交通量很低，否则很难统计车流量信息。建立电子数据存储单元使采样更容易，但还需制作一份简单的计划表。对于雷达测量来说，被测车辆可能被其他车辆所阻挡使得不能被雷达光线射到。对于激光测量来讲，视线可能会被道路上的其他车辆或路边物体所阻挡。在某些施工区域，空气中的灰尘常常干扰激光测速仪。大型车辆反射的雷达信号强于小型车辆，因此测量出的速度要高于小型车辆。在测量时，与目标车辆相反方向的车辆或不同车道的车辆可能会超过目标车辆。调查员倾向于测量某些方面突出的车辆，比如快速的车辆、慢速的车辆、货车或车队中的头车。为减少这种偏差，可以按照三、五、十或其他数列选择车辆。

在最后的数据分析报告中，都应详细说明速度调查方式。调查员应该清楚和准确地绘制现场草图、车道数、测量装置的位置，以及 x、y、z 轴的尺寸位置。尺寸允许计算入射角，以便在需要时进行余弦矫正。调查员应记录研究期间的开始时间、结束时间、停机时间和通行条件，现场布局的照片可能也很有用处。雷达和激光制造商推荐的校准测试应在开始前进行，并在数据调查结束时再次校准，其结果应包含在所有数据分析报告中。

2. 全车抽样法

当需要研究地点速度时，分析人员可以使用全车抽样方法，或者可以通过测量一个时间段内该地点的所有车辆的速度来实现。这类方法通常比使用单车选择法更为普遍，但在某些地点、时间段和条件下受限制。这种方式应用的实例包括监控速度趋势、评估公路安全或确定速度限制。

与单车选择法一样，研究目的和范围决定了数据测量地点、调查数据的时间段和天气条件。如果将某一段高速公路的平均车速作为调查样本，则应在这段路中点处进行车速测量。

全车抽样法运用的是电子采集数据设备，如在车道上放置传感器，来收集实地数据。如今，永久或便携式的设备、记录器和计算机都取得了重大进展。计算机能够感知不同的车辆、记录超行程时间、计算速度、对车辆进行分类以及存储大量的数据。这些都使得调查员能够分析研究大量样本车辆。自动采集数据也是这种采集方法的优点之一，只有在安装和恢复数据采集设备时才需要工作人员。这也有利于调查研究，因为驾驶人看到路边的测速设备或调查人员时，可能会导致设备测量的数据产生偏差。

最常见的速度测量方法是在道路上安装气动管、标准感应回路和点回路形式的道路传感器，这些设备通常成对部署。两个测量装置相隔一段较短的距离，形成一个速度监测区，测量从一个探测器驶向下一个探测器所需的时间。调查机构可以将这些传感器放置在路面上的锯槽或钻孔中，将其密封以防受到环境的影响，就像安装在交叉信号口的传感器一样。

使用全车抽样法时，由于部署这些设备至少需要 24h，所以获取够多的样本不是问题。所需的样本规模与之前提到单车选择法相似。调查员可能需要收集一些更大数量的总样本，以确保可以筛选出感兴趣的样本。因为自动采集数据器可以收集到每一辆车的数据（故障车除外），调查员需要解决的一个重要问题是所抽取的样本是否能够代表所调查的时间段。

传感器和记录仪的可靠性、传感器和导线安装的准确性、校准的准确性和质量控制措施，决定了自动数据采集装置采集地点车速的成功与否。影响数据采集的外部因素包括天气、温度、交通量、混合交通的类型和环境（例如数据调查地的泥土和灰尘）。其他的影响因素包括特种车辆（是否带警报灯）、溢出的货物、行人、汇入（从交叉口、行车道、路肩）的交通流、停放在路肩上的车辆和其他的类似情况。工作进程从办公室开始，包括协调准备和设备检查。在现场，主要任务是部署、校准、恢复和记录。

所做的第一项任务是与相关的州和地方有关部门协调所有的数据调查工作，包括运输、交通和执法机构。这些机构需要了解情况，以保证他们不会干扰即将进行的工作。第二项工作是向现场作业人员介绍数据调查计划，以确保能够在所需的时间内用所采取的方式在适当的地方进行采集数据。第三项任务涉及小组的准备工作，所有的工具、用品和设备都应该组装检查，每一个设备都应该仔细测试，以确保其能正常运行。

对于必须安装在路面上的设备，在部署的过程中首先考虑的是安全性。最好在每个车道都关闭时，安装测量设备。在路边布置传感器，以最大限度地减少每条车道关闭的时间。然后，工人应按设备制造商的安装规范放置每一组环路、管道和其他设备。传感器的间距将影响数据的准确性，所以工人必须按指示仔细安装。装置安装完毕后，将导线连接到记录器上，工人可躲在某个固定物后，并确保传感器能够正常的工作。在进行任何必要的维修后，工作人员可以将传感器固定在人行道上。现场的工作人员应留有一定的余地来部署数据采集装置,以免损坏路面,并将记录器固定在某个固定物的附近。工作人员通过格式化来恢复设备的原始设置。传感器和记录器就位后,下一步是检查设备测量交通流的统计和速度的准确性。校准后的雷达或激光枪用于测量车辆速度,并将其与采集同一车速的测速设备所测量的数据进行比较。如有必要,工作人员可以调整记录器,将误差控制在 1.6km/h 的范围内。

在最后的每份数据报表中,应注明现场布局。工作人员应绘制现场草图、标明车道数、传感器位置和记录器位置。工作人员应记录好开始时间、结束时间、任意停止时间以及研究时所处的条件。除了校准和检查结果精度之外,还应记录设备的检修情况。

4.3.3 交叉口的研究

交叉口和车道的研究是交通工程中最常见的研究之一。图4.1展现了一个城市交叉口的样貌,该交叉口中存在的一些活动需要通过各种研究来进行观察和分析。特别是许多机构都会定期统计转弯车流并研究交叉口延误。交叉口和车道研究的其他方面包括排队长度、饱和流量、损失时间、间距及其接受度以及交叉口视距研究。分析人员利用交叉口和车道研究的结果来确定什么样的交通控制装置是有保障的,并确定交叉口通行能力、交通信号配时、场地开发影响、安全行驶速度、车道位置以及其他重要参数。针对行人以及骑自行车者的交叉口研究包括间距、步行速度以及其他各种行为研究。

图 4.1 城市交叉口
资料来源:Daniel Findley。

1. 延误

交叉口延误数据有很多用途,包括测量交通流量和评估交通信号的需求。分析人员可以通过方程或仿真模型来估算交叉口延误。然而,方程和模型反映的是交叉口大致情况,并且结果只是实际交通运行的近似值。因此,为了提高延误预测的准确性或验证理论上的延误预测值,研究员经常在运行交叉口进行延误现场研究。交叉口延误研究的主要问题之一是延误的定义。延误有几种类型,随意使用术语可能会导致错误,以下是描述交叉口延误的最常用的几个术语:

- 排队延误时间是指车辆进入队列尾部的时间与车辆通过交叉口的时间之差。
- 控制延误是当控制信号导致车道组减速或停车时产生的延误的一个组成部分,它是通过与非受控状态的比较来测量的。其定义是排队延误时间加上由于自由流速度的减速和加速而造成的时间损失。
- 几何延误是延误的一个组成部分,指用户在通过各种设施时因几何特征降低速度而产生的延迟。
- 行驶时间延误是指车辆通过交叉口下游某一点的时间(在该点车辆恢复了正常速度)与车辆以先前速度继续通过交叉口的时间的差值,这包括控制和几何延误。

延误可以基于操作或几何因素进行量化,但在测量时必须保持一致以获得准确结果。

分析人员经常使用控制延误,因为该指标相对容易测量,而且《公路通行能力手册》将交叉口服务水平的定义建立在控制延误的基础上。

调查员可以手动或通过电子方式收集延误数据。数据表通常有助于调查交叉口的延误数据,并允许在现场手动收集数据。另外,电子计数板、笔记本电脑或平板电脑经常被用于收集延误数据,这些内置软件还可以使用户快速获得输出数据。视频可以提供研究期间的永久记录,可用于进一步审查延误数据或其他研究内容,同时,视频也可以减少延误研究所需的现场人员数量。然而,视频拍摄经常受到光线条件以及其他各种条件的影响,遇见较长的队列时将难以抓住机会进行拍摄,在可能的情况下,应尽量在架空的有利位置进行拍摄以防止堵车。很多时候,交叉路口已经使用监控或视频检测摄像头,可以用于数据的收集。需要注意的是,通过视频估算延误的方式需要在办公室投入大量的人力。

调查员应该至少记录60个周期,在高峰期估算延误是最有效的,应选取适当的工作日(星期二、星期三或星期四)或周末稳定的高峰期进行调查。延误估算在短时间内变化很大,特别是在高峰时段开始和结束的时候,因此,分析人员应极其谨慎地在这些时段之间开展工作。此外,不要在影响正常交通量或驾驶行为的天气中进行此项研究。调查员需要在每个数据表上记录所有常用的描述性信息,包括地点、时间和天气状况。对于延误研究,通常需要确定相关交叉口上游车辆的自由流速度(FFS)。

2. 排队长度

排队长度的研究应用广泛。排队长度数据有助于确定进口车道的必要长度,也可以为交通信号的效率提供有效的度量。调查员在指定的时间间隔内统计静止或缓慢移动的队列中的车辆数量。调查员可以在现场做记号,也可以通过视频来进行统计。在信号交叉口,调查员记录绿灯开始和黄灯结束时的车辆数。在无信号的交叉口,通常以30s或1min的相等时间间隔进行统计(ITE,2009)。

排队长度会影响通行管理和交通信号的效率。

分析人员可以使用稍有不同的排队长度研究方法(ITE,2009)来调查在交叉口引道上安装预设车道位置的可行性。在这种情况下,调查员记录队列在预设车道位置堵塞的时间。此类排队长度的研究应在车道或者交叉口引道的高峰时段进行。将拟定车道位置或专用转弯车道(右转或左转)的阻塞时间除以总研究时间,得出该位置被阻塞的时间百分比。

实地调查是确定实际排队长度的最佳方法。宏观模型经常用于信号配时,并且可以用于确定队列的百分位(例如第50%、90%等)。但是,宏观模型的建立是基于一定的数学方程,并不考虑实际情况下阻塞间隔的长度。相反,他们会假设每个车道组的长度是有限的。因此,通常采用模拟的方式来确定阻塞区域是否足够长,或者预设车道是否会被阻塞很长一段时间。

3. 饱和流量

分析人员使用饱和流率对交通信号进行计时,并估计交叉口的通行能力。饱和流率定义为在给定的时间段内不受干扰地通过公路上给定点的车辆数量。在交叉口的研究中,分析人员将注意力集中在1h不间断绿灯信号(也称为"理想"饱和流)的车道上通过停车线的车流量。许多机构在分析中使用标准定值来进行饱和流分析。

然而，交叉口的饱和流量在一天中的不同时段会发生很大的变化，驾驶人的特征将影响饱和流率。在城市地区，驾驶人倾向于接受较短的车头间距，这会导致较高的饱和流率。为了避免标准值使用不当而造成误差，一些机构在进行其他分析之前会直接测量饱和流量。更常见的情况是，机构定期地在一个区域的几个地点采集饱和流量样本，并根据这些样本校准方程。

饱和流量是指在1h不间断车流的情况下，车道上能够通过交叉口的车辆数量，是衡量交通信号能力的一个重要因素。

饱和流率的研究通常使用秒表、计数板或计算机软件进行，并编写代码以利用击键和内部时钟。除秒表以外的这些方法具有几个优点，包括更高的精确度、即时创建计算机文件（用于笔记本电脑）以及创建可用于其他研究的永久记录（使用音频和视频）。程序通过记录按下这些键的时间来进行饱和流率的计算。视频法需要有一个清晰的有利位置和良好的光照条件。在办公室中，技术人员必须暂停录像并记录相关车辆通过停车线的时间。

进行饱和流率研究的人员需要在用于研究的引道的停车线附近寻找良好的有利位置，该位置具有向上游延伸约200ft（60m）的清晰视野。如果使用秒表，调查数据的人员在进入现场前应具有快速反应的能力并掌握收集准确数据的方法。任何错误，即使是小错误，都可能对数值产生重大影响。

当排队等候绿色信号灯的第四辆车的后轴穿过停车线时，调查员开始计时，这是平均排队车辆开始保持一致车头时距的点。当队列中的第七辆、第八辆、第九辆或第十辆车的后轴（以信号灯变绿时最后一辆车为准）越过停车线时，调查员停止计时。例如，假设在信号灯变为绿色时，停止的队列有八辆车，调查员在第四辆车启动的时间开始计时，在第八辆车通过的时间停止计时，并输入第八辆车的运行时间。当信号灯变绿时，如果队列长度小于七辆车，调查员则无法记录测量值，因为短队列提供的数据不稳定。如果排队的车辆超过十辆，调查员会在第十辆车处停止观察。十辆车是一个较为准确的最大值，它可以减少由于溢出效应或由于车辆因红灯停车而产生错误的可能性。调查员必须忽略绿色信号出现后加入队列的车辆。一名调查员一次记录一条车道的饱和流量数据，其所估计的车道饱和流率通常适用于同一引道上相同类型的相邻车道。如果引道使用的信号周期不同，一个能清楚看到相邻引道的调查员可以交替记录每个引道上一条车道的数据。

影响饱和流率的因素包括坡度、车道宽度、交叉口位置（中央商务区与其他）、车道类型、是否存在相邻停车道（TRB，2010）。因此，分析人员必须仔细选择测量饱和流量的方法，以确保结果没有偏差。例如，不要使用陡坡车道饱和流量估计值来分析常规引道。重型车辆也会影响饱和流率，因此如果重型车辆位于队列前七个位置之一，调查员不应该记录数据。如果重型车辆位于第八个位置，调查员可以记录第四辆和第七辆车之间的时间，以此类推。此外，在交通被公共汽车打断、左转交通等待对面交通干道放行或右转交通等待行人通行的信号阶段，不要记录数据。分析人员可以通过《公路通行能力手册》中规定的方法，从理想饱和流量中计算中断饱和流量。研究信号相位受保护的专用左转或右转车道中的饱和流量的程序与直行车道的基本程序相同。

饱和流量研究所需的样本量可由标准样本量方程计算得出。通常，分析人员对他们所期望的饱和流量估计精度有一定的了解。例如，分析人员可能不希望平均估计饱和流率与实际饱和流率相差超过$d$veh/h。此外，根据观察单个车辆通过某点速度的方法，分析人员可以从适当样本量的方程中找到必要的样本量：

$$N = \left(S * \frac{K}{E}\right)^2$$

N是最小样本量，K是基于期望置信水平的常数，S是饱和流率的估计样本标准偏差（典型值为140辆车/h；ITE，1991），E是饱和流率的允许误差或公差。

如果分析人员使用这种典型的标准差，并希望在95%的置信度下，在实际流量为50veh/h的范围内估计平均饱和流率,则分析人员必须观察到 $n = [1.96(140/50)]2 = 30$ 个有效队列。在一个中等繁忙的交叉口,高峰时段通常会产生至少 30 个有效队列。通过计算每辆车消耗的平均秒数(即车头时距)并将其转换为每小时的车辆数,就可以估算出平均饱和流量,如下式所示。

$$平均饱和流量 = \frac{3600\text{s/h} \times 观测总数}{\dfrac{\sum 7\text{th Veh}}{3} + \dfrac{\sum 8\text{th Veh}}{4} + \dfrac{\sum 9\text{th Veh}}{5} + \dfrac{\sum 10\text{th Veh}}{6}}$$

4. 损失时间

损失时间:交通信号周期中未使用的部分,包括启动损失时间和间距损失时间。

损失时间是信号周期中未使用的部分,是交通信号配时分析中的重要因素。每个信号相位的损失时间有两个重要组成部分:

1)启动损失时间发生在绿色信号开始和队列开始有效移动之间。
2)间距损失时间发生在最后一辆车辆越过停车线和下一个信号相位开始之间。

损失时间比饱和流量更难研究,原因如下:第一,损失时间很短,所以精确测量需要快速反应。第二,调查员只能在完全饱和的绿灯间隔内测量间距损失时间。第三,除了信号灯的位置和镜头尺寸等因素外,影响饱和度的许多其他变量也会影响损失时间。分析人员必须谨慎地将一条车道的损失时间估计值运用到其他车道、引道或交叉口中。调查员用秒表、笔记本电脑或带有屏幕时钟的视频来记录损失时间的相关数据。由于分析人员需要估计饱和流量来计算启动损失时间,因此他们通常需要同时收集这两项研究的数据。

在损失时间的研究中,大多数误差是由确定时间基准点的位置产生的。先前的研究使用过这些不同的参考点:

1)前轮胎或后轮胎穿过队列中第一辆车的前轮胎所占据的位置。
2)停车线。
3)人行横道。
4)交叉街道的路缘线延长线。
5)其他点。

Berry(1976)指出,这些不同的参考点显著地影响了对启动损失时间的估计(在某些情况下几乎相差 3s)。为了进行通行能力分析,Berry 建议记录车辆的前保险杠穿过交叉街道左侧路缘线延长线的时间。

总损失时间(t_L)是平均启动损失时间(t_{sl})和间距损失时间(t_{cl})的总和。计算启动损失时间(t_{sl})所需的数据是绿色信号灯开始的时间和队列中的第三辆车通过参考点的时间。大多数研究使用第三辆车,根据测量经验,它是可测量损失时间的最后一辆车。分析人员可以通过计算两个时间点(绿色信号灯开始的时间和第三辆车通过参考点)之间的差异,然后从前一个值中减去饱和流量研究期间得到的车道平均车头时距的 3 倍(以每辆车的秒数为单位),来计算一个阶段的启动损失时间。车头时距值由秒表和预定的参考点(在该基准点上记录连续车辆的前保险杠之间的时间)确定,有效队列长度为 4~10 辆。对于特定阶段,启动损失时间计算的结果可能小于零。在这种情况下,分析人员在根据结果计算统计参数时假设值为零。

调查员直接在饱和绿灯间隔结束时测量间距损失时间(t_{cl})。需要一个饱和的绿灯间隔来提供大量的车流(以及由此产生的紧凑、自由流动的队列)持续流动。调查员记录下间隔期间最后一辆车通过参考点的时间,以及下一个间隔信号变绿的时间,二者之间的差异即为间距损失时间。此外,调查员需要找到一个位置,在那里他们可以同时观察用于计时的参考点和下一阶段的信号指示情况。

5. 间距

间距研究的结果可以为路口处交叉行驶车辆的潜在安全性提供参考。可以使用计数板、笔记本电脑、某些类型的自动车辆检测器、视频录像或秒表来收集数据。使用自动探测器时，分析人员必须确保只测量与该研究相关的车道。调查员可以在天气不影响正常交通量的情况下收集间距数据。调查员需要对参考点有很好的可见性，但也需要不引人注意，以避免影响驾驶人的行为。调查员通常使用电子计数板或带有基于时间编码的笔记本电脑来收集间距数据。当主要交通流中的车辆通过所观测的交叉路口的参考点时，调查员按下一个键，电子计数板或计算机记录自上次按下该键以来经过的时间。在没有其他数据可同时收集的情况下，只需一个调查员就可以收集多条车道上主要街道的间距数据。

交通流中的间距大小取决于交通量、主引道的速度、辅道的坡度（次要引道）、交叉的车道数和中间带宽度。由于交通量在任何一天都会发生变化，因此分析人员必须在每个既定时段内对与之相邻时段内的间距数据进行抽样。在使用间距数据进行分析时，平均间距仅具有参考意义。与之相比，描述间距分布情况的统计数据，如百分位数，更有价值。

行人间距研究是指通过确定点的可用间距的数量，这些间距的长度足够让行人通过。这些研究包括测量主要行人群体的尺寸、确定最小适当间距的长度、测量交通流中的间距尺寸以及确定适当间距的数量。研究的结果主要应用于分析行人横穿道路的情况，以确定适当的交通控制和安全改进措施。间距研究的结果用于交通信号指令分析和跨学科研究。为了评估研究结果，分析人员将等于或超过临界间距的数量与间距测量研究记录的数量进行比较。

6. 间距接受度

间距和足够间距的接受度对于安全高效地穿越冲突交通流至关重要。

间距接受度研究比间距研究更难进行，因为这种类型的研究需要测量间距的可接受长度，从而完成一个看似相互冲突的策略。间距接受度研究仍然需要主要交通流中的间距数据。此外每个数据点都将被归类到可接受的滞后、被拒绝的滞后、未经测试的间距（没有小型街道车辆的存在）、可接受的间距或被拒绝的间距中。滞后和间距之间的差异至关重要，因为驾驶人对他们的反应各不相同。滞后是指次要街道的车辆准备驶入主要街道时，与主要交通流中下一辆车的前保险杠到达时所经过的时间差。而间距是指两辆连续的车辆在同一空间点之间经过的时间（以秒为单位），具体表现为从前一辆车的后保险杠到下一辆车的前保险杠。一般而言，滞后先于间距，因为间距是在两个连续的主要街道车辆之间测量的，而滞后仅涉及第一辆主要街道车辆到达之前的时间。间距接受度的研究是在双向停车控制交叉口或环形交叉口等位置进行的，从而确定通行能力计算或仿真模型校准的临界间距（或最小间距）。

收集间距接受度的数据的最简单的方法是调查员携带一个计数板、笔记本电脑或进行视频录像。如果在现场使用视频，办公室中的技术人员需要将数据记录到计算机中，以便在分析过程中轻松操作。在2s的统计堆栈中收集的数据足以进行大多数间距接受度的研究。Ramsey 和 Routledge（1973）建议，2s 的统计堆栈需要 200 个样本，而 1s 的统计堆栈需要 500 个样本（1s 统计堆栈的统计结果的质量略高）。调查员还可以在交叉路口用笔记本电脑或带有计时的录像带收集间距接受度数据。在交通量较小的交叉口，两名调查员携带手表和表格就可以成功地收集间距接受度数据。

7. 交叉口视距

沿交叉口引道的适当视距对于安全转弯和车辆交替行驶非常重要。

引道视距对交叉口处的车辆安全行驶至关重要。AASHTO（2011）提供了交叉口处最小视距的建议。应该考虑适当的交叉口视距（ISD），以便有足够的停车时间（图4.2）。交叉口视距在所有的区间道路上，尤其是对交叉口处车辆的运行和安全至关重要。视距研究主要基于对向道路上的车速和距离测量。通常用测速枪来测定自由流车速，也可使用标示速度加上 8km/h 或道路设计速度（如果已知）。

AASHTO 为各种设施类型的最低交叉口视距要求提供了建议，包括无控制、让行、停车和交通信号控制。交叉口附近的区域应该没有阻挡驾驶人视线的障碍物。AASHTO 建议调查员使用离地 1.08m 高度和 1.08m 的障碍物高度，并在远离车辆的次要引道上从主要道路边缘后退 4.4m（最低）至 5.5m（理想）。停车视距研究也可以作为交叉口视距研究的一部分，以检查每个引道是否有足够的视距。第 10 章提供了有关多式联运交叉口的设计和运营的更多细节。

视距研究通常需要两人或两人以上来进行。视距研究特别危险，因为需要现场工作人员处于道路或其他附近区域。应该尽可能准确地完成距离测量，并意识到测量装置可能会遇到路缘石或绿化等障碍物。如果发现测量视距低于建议视距，有关机构应该考虑清除视距障碍、降低接近速度、更换交通控制装置或采取其他措施。

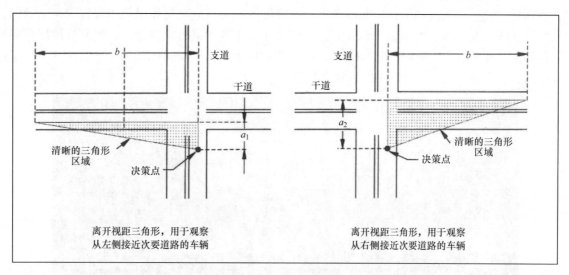

图 4.2　停车控制交叉口的偏离视距三角形（AASHTO，2011）

资料来源：Daniel Findley。

8. 行人步行速度研究

步行速度是许多行人研究中使用的参数，包括间距接受度、学科交叉和信号定时研究。步行速度受到许多因素的影响，包括行人的特征（体型、年龄、性别、体质）、道路（坡度和宽度）和交通（速度和距离）。该研究应在相关条件下的相关地点进行。根据条件随时间变化的程度和所需的数据类型的数量，可以使用一个或多个调查员。调查员所在位置应确保视野清晰，并且不会分散过往行人的注意力。调查员应在行人走过的路径中标出一段测量的距离，然后简单地对单个行人通过该段距离进行计时。一般来说，100 个观察样本就足够了。在分析数据时，首先计算每个个体的平均步行速度，并将以上距离除以观察时间，然后对观察速度进行分类，最后按类别绘制观察值的累积百分比。如此将产生一条累积速度曲线，从中可以得出各种速度百分位值。第 15 百分位速度是用于行人计时信号的公认值（Kell，1991；FHWA，2009）。自行车行驶速度的研究也是通过测量行驶预定距离所需的时间来进行的。

9. 行人行为研究

行人和骑自行车者的特征和行为数据为评价交通解决方案的效果提供了更全面的信息。

对行人和自行车行为的研究可以获得非机动车道使用者的特征，这些特征不属于经典的交通量、速度和间距研究范畴。行为研究提供了对行人和骑自行车者需求的了解，并确定了对行动和安全至关重要的人为因素之间的关系。研究可涵盖多个领域，包括行人与车辆的冲撞、交通控制装置的理解和遵守情况，以及对展示行为研究，这些研究是为了提出安全对策并且开发出利于行人和骑自行车者安全过街的设施，例如人行道、街道自行车道、越野道路和小径设施等。在所有情况下，驾驶人行为都是一个关键的因素，因为许多冲突和其他行为模式都是与机动车通行相互影响的直接结果。

行人、自行车和车辆可能不遵守交通管制设施和道路规则。比如，车辆可能会闯红灯或违章停车；行人可能会预料到绿灯的信号，在禁止信号指示期间开始横穿马路，行人通常也会随意地在人行横道外的马路穿过，因此，根据不同的司法管辖区，他们可能违反了交通规则的法律。在美国大多数州和许多国家，自行车也被视为车辆，因此必须遵守机动车的相关规范。实际上，人们经常观察到骑自行车的人在红灯时跳过队列、闯红灯，或者使用人行道而非道路。简而言之，遵守交通控制装置和由此产生的违规行为是描述非机动道路使用者行为的重要指标。确定行人和骑自行车者对交通控制装置的了解程度的一个直接方法是询问他们；而另一种衡量了解程度的方法是观察行人和自行车对交通控制装置的遵守情况。虽然有些人可能了解一种装置但选择忽略它，但是合规性通常是行人或骑行者对其了解程度的一个指标，特别是与其他措施（如调查）相结合时。合规性通常是通过观察和记录违规行为来衡量的，例如违反红灯或闯"禁止步行"的信号灯、非法穿越或在行人专用道上骑自行车。研究员使用合规性作为有效性的衡量标准（Schroeder, Rouphail, Lehan, 2009; Harkey, Zegeer, 2004）。图4.3显示了在城市环境中的行人活动，这可能对行人行为研究有意义。

图4.3　行人行为：在人行横道前或马路中部穿越道路
资料来源：Daniel Findley。

在合规性的背景下，探索在非机动道路行驶的驾驶人对法规的遵循及其行为是很重要的。常见的示例是，驾驶人在人行横道上违反规定，或者车辆在狭窄的道路上超车等行为。若干文献（Harkey, Zegeer, 2004; Fitzpatrick et al., 2006; Hunter et al., 2006）总结了在有信号和无信号指示的人行横道以及自行车设施的处理效果和各种行为特征。

另一种有用的研究是步行路径或自行车路径。这些研究追踪了在市中心、通勤路线、街道、终点站、公园网络或公共广场区域内行人或骑行者的运动情况。数据收集可以通过在地图或幻灯片上逐条追踪行驶路径来完成，该过程可以在公众会议或研讨期间进行。随着现代GPS技术或电子转发器的发展，还可以进一步使用志愿者行人和骑行者的样本来记录行走路线。重叠的行人或自行车路径跟踪将突显出首选的行走路径,并可帮助该机构针对非机动交通用户进行改进。这些研究有助于探索交通网络(人行道、小径、步道、自行车道等)的连通性问题。在骑行或步行等休闲通勤方式越来越多的时代,这些成为许多机构所考虑的关键问题。

除了是否遵守交通规则外,其他行人和骑自行车者的行为在不同程度上被证明在识别问题和评估安全对策方面是可靠的。行人的这些行为包括:在过马路前和过马路时不左顾右盼,在车行道上犹豫不决、奔跑、乱穿马路,使用信号按钮,以及开始过马路后又返回路边。骑行者的行为包括:使用手势信号、使用自行车头盔、使用夜间灯、控制自行车速度、使用定位、使用信号按钮以及在道路上的一般驾驶方式。

行为和用户感知研究的实验设计与其他研究类似。这些问题围绕着采样、选址、数据调查和分析计划的制定展开。有效性指标(Measures of Effectiveness,MOE)的选择取决于研究的目的和目标、研究地点的情况和条件以及可用的资源(时间和资金)。对于一个对实验者有用的行为来说,它必须具有某些特征:可定义、可识别、发生频率足以有效收集、与行人或自行车安全或流量相关、对研究结果的使用者有意义并且可信。

行为研究的数据是通过人工观察或视频录像收集的。人工观察是最常用的方法,该方法能够减少视频数据的额外费用。如果选择的行为难以观察,视频录像可能是唯一可行的方法。大多数行为数据是通过统计某个事件的频率来收集的。对调查员的训练是进行行为研究中最关键的因素,这同样适用人工和视频数据采集。通过观察行人和车辆的行为,记录下相关的运动,并对行为进行编码。重要的是,每个调查员以相同的方式编码相同的行为,这就是所谓的内部(层间)可靠性。机构可以通过让两个或多个调查员观察相同的事件,独立地编码它们所看到的内容并比较它们的结果,从而检查内部(层间)可靠性。其中的差异由训练有素的调查员协调解决。调查员必须进行反复训练,直到每个有效性指标都能达到95%或更高的置信水平。这项训练最好使用与目前研究类似的人行横道视频来进行。

除了行为研究之外,对非机动车交通方式以及汽车和公交模式的评估趋势强调了基于用户感知的服务质量指标。与传统的基于延迟的性能评估不同,这些新的衡量标准是基于安全性、便利性和舒适性等因素,从而量化了道路使用者的体验。这些服务质量(Quality-of-Service,QOS)指标促使了另外两种类型的研究,即如何从调查方法得出绩效衡量标准,以及各机构如何将开发的模型应用于其辖区。用户感知的服务质量指标代表了交通领域的一种新范式。这些服务质量指标从传统的性能指标(如延迟和行程时间)转向描述用户体验的指标。这些措施之所以受到非机动车道使用者的欢迎,是因为它们直接面向使用者的出行体验。服务质量方法通常是根据显示不同行程体验的视频剪辑的等级来开发的。评分者是实际的行人和骑自行车的人,他们根据对所描绘的服务质量的感知为每个片段分配一个字母分数。然后,研究小组将参与者评分与剪辑中显示的变量相关联,包括相邻车辆流量、行人或自行车延误、车辆交会数量、树木的存在以及是否存在人行横道和自行车道。

4.3.4 安全性研究

交通事故严重影响了美国以及其他国家的生活。不可否认,现有道路的交通安全并不理想,因为全世界每年有100多万人死于交通事故,这是世界上第十大死亡原因[世界卫生组织(World Heath Organization,WHO),2009]。2012年,美国报告了560万起机动车交通事故,导致33561人死亡,236.2万人受伤(NHTSA,2012)。安全数据的调查与分析是设计减少死亡受伤人数方案的基础。分析人员使用安全数据来帮助理解事故发生的原因,帮助确定容易发生事故的位置,帮助决定应该实施哪些安全计划或对策,并帮助评估防御措施的有效性。主要安全资源是运输研究委员会(Transportation Research Board,TRB)的《公路安全手册》(*Highway Safety Manual*,HSM)(AASHTO,2010)中。

公路设计师与交通工程师在工作中需要考虑的重要因素之一是安全,将道路安全作为重点,他们制定了设计的指南与标准。理论实施很困难,因为理论并不总是涵盖现实,而且严格遵循指南也并非易事。这一安全问题在乡村公路上更为严重。根据对明尼苏达州和北卡罗来纳州的研究，平均而言，农村交通事故往往比城市交通事故更加严重。农村道路上的死亡率是城市道路上的两到三倍（Hummer等，2010；明尼苏达州交通部，2008）。

碰撞是交通网络上系列事件中的一种可能结果，此系列事件中碰撞发生的概率可能从低风险到高风险。在交通网络上发生的所有事件中，车祸只占很小的比例。例如：要发生碰撞，两辆车必须在同一时间到达空间的同一点。但是，同时到达并不一定意味着会发生撞车事故。驾驶人和车辆具有不同的特性（反应时间、制动效率、视觉能力、注意力、速度选择），这将决定是否发生碰撞。对于交通系统中绝大多数事件（即一辆车或多辆车的移动，又或者行人与骑行者的移动）发生事故的风险很低（即在交通网络中，大多数事故发生的概率非常低）。

第8章（"安全措施"部分）提供了有关评估和衡量农村地区安全的程序的更多细节。

1. 事故研究

交通工程师使用的事故数据主要由警察在事故发生后不久记录在报告表或电子设备上。每发生一次事故，就要填写一张警察报告表格。

执法报告是事故分析的主要数据来源。

美国大多数州都有一个标准的事故表格，州内的所有警察都使用这个表格。该表格通常要求提供有关驾驶人和乘客、车辆、道路以及事故发生时的相关信息。大多数表格都需要有碰撞的草图，显示出车辆的路径和碰撞的物体以及对事故的叙述。碰撞类型是交通工程师报表中最重要的内容之一，用于减少事故数据的两个最常见的参数是事故的时间与位置（例如交叉点）。然而，也经常使用其他类型的数据，如天气、时间以及事故类型等。

驾驶人和乘客基于不同程度的伤害的法律规定在许多研究中都非常重要。对于碰撞参与者所受伤害程度的最常见的编码方案是FABCO或者KABCO量表，它包括五个类别：

- F/K（死亡）——该人在事故发生后的30天内死亡，直接原因是事故过程中受到的伤害。
- A——该人员在事故过程中经历了严重的、丧失能力的非致命性伤害。骨折、大量失血或更严重的伤害。
- B——在事故过程中，该人员经历了可见但不严重或丧失能力的伤害。
- C——被调查者投诉在事故中受伤，因而导致疼痛或者瞬间失去意识，但研究者没有发现明显的受伤迹象。
- O——无伤害，这包括"只损害个人财产"的事故。由于这些事件通常是在没有警察帮助的情况下，由车辆驾驶人之间（或由撞到障碍物的驾驶人）进行处理，因此这些事件造成的伤害可能被严重低估。

交通事故数据的摘要必须向读者强调所提供的统计数据是否是"伤害事故"和"致命事故"，或者"受伤人数"和"死亡人数"。对于特定研究的目的这两种测量方法都很重要。分析人员根据事故中任何人所受的最严重伤害来评估特定事故的严重程度。因此，如果在一次事故中至少有一个人经历了B级伤害，但没有经历F级或A级伤害，那么分析人员将把这次事故记为B级伤害事故。在B级事故中可能有几个B级和几个C级的伤害记录在案。因此，事故的严重程度等级并不能说明受伤或死亡的人数。如果在事故中没有参与者报告受伤，分析人员将这起事故称为仅财产损失（Property Damage Only，PDO）事故。

事故发生时会有许多因素发生：事故本身是一个随机事件，有些事故没有报告（尤其是PDO事故），报告过程中也经常出现错误（警官完成时间有限，输入量大），以及缺乏关于整个碰撞因果链中的可用信息。开车的人不会向警方报告所有的交通事故，没有事故报告的一个主要原因是事故不严重。大多数机构都有财产损失阈值，低于该阈值，警方会拒绝调查该事故。对于不涉及伤害的事故，一些机构不会就此形成报告。其他机构也设立了双重阈值——警察报告的阈值更高，驾驶人报告的阈值更低，分析人员应该在报告中意识到这种情况，用"报告的事故"而不仅仅是"事故"来描述。

交通工程师通常认为导致或引起交通事故的事件是一个因果链，如果去掉这个链中的一个环节，就可以避免事故。事故链中的环节可能包括出行决定、路线选择、车辆缺陷（如轮胎磨损、雨雪路面光滑、阻挡驾驶人视线的物体、车内或车外注意力的干扰、路边存在固定的物体）。事故是一系列事件的集合，这些事件受许多因素的影响（一天不同的时间段、驾驶人的注意力、速度、车辆状况、道路设计等）。这些影响因素可以分为三类：

1) 人，包括年龄、判断力、驾驶技能、注意力、疲劳、经验和清醒。
2) 车辆，包括设计、制造和维护环节。
3) 道路以及环境，包括几何线形、横截面、交通控制装置、表面摩擦、坡度、路标、天气和能见度。

车辆（涉及12%的碰撞）和道路因素（34%）通常存在于因果链中，但驾驶人的因素（93%）是最常见的环节（Treat等，1979）。此外，影响因素可以影响三个不同的时间段（AASHTO，2010）：

1) 碰撞前，由使碰撞风险增加的因素组成。
2) 碰撞期间，由决定碰撞严重程度的因素组成。
3) 碰撞后，由决定碰撞结果的因素组成。

在检查碰撞数据和报告时，很可能会遗漏造成碰撞的原因。为了克服这些缺点，需要对一段时间内的许多碰撞进行汇总。虽然早期文献将这种方法称为事故分析，但现在已经认识到碰撞不是事故，而是其他相关因素的结果。在理想状态下，所有的因果关系数据都可以用来建立关系，量化不同安全因素的安全效果和优势。统计技术（如贝叶斯分析）用于帮助确定碰撞历史与相似的位置相比是否在一个地点过多的出现。实质性安全是问题的核心，需要从过去历史中分析学习来提高安全性（ITE，2009）。

从历史上看，安全从业人员已经确定了在特定时间段内发生事故数量最多的路段，并将他们的努力和资源集中在这些地点。这种反应式方法可以有效地解决少数容易发生碰撞的位置。

在过去20年中，道路管理机构已经开始认识到与被动的道路安全方法有关的挑战（Antonucci等，2004）。随着研究人员和从业者开发分析工具，道路安全研究范式从被动方法（即仅调查发生碰撞事故频率高的位置）转变为主动方法（即将道路安全纳入道路循环的所有阶段）。

2. 识别危险位置

致力于提升公路安全的机构必须将资源用于问题所在的位置，即危险地点识别或网络筛选。良好的诉讼风险管理还要求机构通过逻辑流程来确定容易发生碰撞的地点。因此，工程师们开发了程序，使用基于碰撞数据的性能测量来识别容易发生碰撞的位置，其中许多数据在《公路安全手册》（AASHTO，2010）中有详细描述。有各种各样的技术可以用来识别事故发生频率高于预期或者发生频率过高的位置或者路段。选择合适的技术取决于数据的可用性（例如交通量）、道路系统的规模和复杂性，以及分析人员和决策者的技术成熟度，任何技术的使用一般都会选择那些最需要改进安全性的位置。本章中省略了复杂、不常用以及不容易通过基本描述的程序。一些更复杂的识别方法使用经验贝叶斯（Empirical Bayes，EB）方法来解释回归均值（Regression-to-the-Mean，RTM）。当一个时间段内事故次数高的位置在下一个时间段内经历更典型的统计时，即使没有引起因素变化，也会发生RTM（图4.4）。

定量安全方法可识别碰撞异常集中的地点，并评估改进的可能性，并非所有的地点都处于相同的安全级别。例如，交叉口处的碰撞频率通常比在相切路段高，并且通常在交通量较大的交叉口处更高。依赖于过去碰撞数据分析的方法属于反应性方法，因为它们是基于碰撞历史。确定可以通过工程改进减少碰撞的地点，需要对具有与所分析的特征相似的地点的碰撞进行比较。

准确、详细的碰撞数据，道路或交叉口库存数据以及交通量数据对于进行有意义和可靠的安全分析至关重要。这些数据可能包括（AASHTO，2010）：

- 碰撞数据——碰撞报告中的数据元素描述了碰撞的总体特征。虽然这些数据的细节和详细程度在美国每个州都不同,但一般来说,最基本的碰撞数据包括碰撞位置、日期和时间、碰撞严重程度和事故类型,以及关于道路、车辆和相关人员的基本信息。
- 设施数据——道路库存数据提供了事故现场物理特征的信息。最基本的道路库存数据通常包括道路分类、车道数、长度、中央隔离带是否存在、路肩宽等。

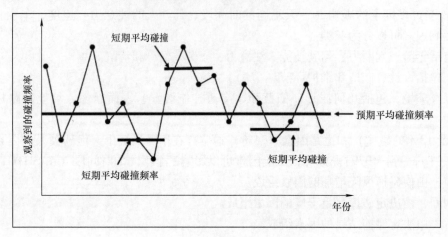

图 4.4 回归均值和回归均值偏差
资料来源:AASHTO(2010)。

- 交通量数据——年平均日交通量(Annual Average Daily Traffic,AADT)或者其估计值(ADT)在比较位置或进行碰撞风险分析时非常重要。与其他交通量较低的地点相比,交通事故较多的地点不一定是安全处理的关键地点。所有的州都有交通统计项目,每年对关键地点进行统计。许多市政府也有年度统计计划。当信息不可用时,应调查补充统计数据。每个地点的年流量是进行网络安全筛选所必需的。

《公路安全手册》"数据需求指南"提供了额外的数据信息(TRB,2008)。此外,为了使与安全分析有关的数据库标准化,有两个指南,即最简化统一碰撞标准(Model Minimum Uniform Crash Criteria,MMUCC)和最简化道路要素清单(Model Minimum Inventory of Roadway Elements,MMIRE)。最简化统一碰撞标准是一套自愿性指南,以帮助各州调查一致的碰撞数据。最简化道路要素清单的目标是通过标准化的集成数据库,可以分析更多的碰撞数据并进行传输。最简化道路要素清单为碰撞分析中应该包含哪些道路库存和交通元素提供了指导,并提出了这些要素的标准化编码。与最简化统一碰撞标准一样,最简化道路要素清单的目标是通过标准化数据库信息来实现可传输性(AASHTO,2010)。

(1) 事故频率

一些机构通过报告中的事故总数、特定类型事故次数或严重事故次数排列的位置列表(点、路段、交叉口等)确定碰撞位置。这种方法的主要优点是简单、直观。如果机构的目标是尽量减少总的事故数,那么重点关注事故最多的地点是合理的。然而分析人员必须明白,这种选址方法往往选择交通繁忙的路段(即车流量越大,发生事故的概率越高),因此,忽略了可能存在重大问题的不太繁忙的地点,该方法不能体现现场碰撞的严重性。如果不考虑严重程度,可能会识别出有大量小型事故发生的地点,而忽略那些事故较少但更严重的地点。这种方法导致无法确定哪些地方有更大的伤亡风险。

安全分析的研究周期通常为 3~5 年。不建议将相对较短的时间(如 1 年的碰撞数据)作为安全干预的基础。由于车祸是比较罕见的事件,在特定的交叉口,任何一年的高车祸频率都可能只是一个随机波动,比该地点的长期平均值要低得多。在接下来的一年或几年中,在没有任何安全干预的情况下,碰撞频率可能会下降。这种现象被称为回归均值(RTM)。在评价场地时,通过使用较长时期(3~5 年)

调查的数据，可以最大限度地减少对平均值的回归。根据多年的碰撞数据进行选址的可以更真实地了解事故发生的地点，并避免由于查看短时间内的车祸历史记录而产生错误。

（2）事故率

各机构还通过按照事故率排序的地点列表来确定易发生事故的地点。各机构通常根据每百万千米中车辆的事故量来计算高速公路路段的事故率，从而使用以下公式使交通暴露造成的事故频率标准化。与平均碰撞频率一样，对一个路段进行安全评估的事故率可以与类似的地点（例如，年平均日交通量中相同范围的农村多车道公路）进行比较。可以对道路段进行排序，以产生前10名的列表，或者可以使用阈值，超过该阈值可以进行详细的安全分析。如果使用事故率筛选出候选地点以提高安全性，建议选择3~5年的研究期。使用事故率可以解释交通量对事故频率的影响。事故率，包括致命的事故率，可以用每1亿mile中车辆的事故来表示。在这种情况下，应该使用常数100000000而不是1000000来计算R_{SEC}。

$$R_{SEC} = \frac{1000000A}{365TVL}$$

式中　R_{SEC}——路段事故率；
　　　A——报告的事故总数；
　　　T——分析的时间范围（年）；
　　　V——年平均日交通量（AADT，每天的车辆数）；
　　　L——路段长度（mile）。

对于事故地点，机构通常使用以下公式计算每百万辆通过该地点的事故率。

$$R_{SP} = \frac{1000000A}{365TV}$$

式中　R_{SP}——地点事故率；
　　　A——报告的事故总数；
　　　T——分析的时间范围（年）；
　　　V——年平均日交通量（AADT），每天的车辆数（对于交叉口，V是平均每日引道交通量的总和）。

根据事故率对位置进行排序需要交通量数据。交通量数据的时间段应该与正在分析的事故数据的时间段相匹配。与频率法一样，回归均值法可能会导致这种方法出现问题。分析人员应该注意到，识别危险地点的比率法可能偏向于不繁忙地段（与频率法相反的偏差），因为只有在不繁忙的地点或地段上发生几次不寻常的事故才会产生相对较高的比率。事故率与事故频率一样，不考虑事故的严重性。车祸率高的地方可能发生相对较少的严重（致命或受伤）车祸。没有明显的阈值来确定该场所是否确实存在危险。但是，《公路安全手册》中提供了一种计算临界速率的方法，该方法可用于提供阈值。

（3）临界事故率

临界事故率法在交通工程中得到了广泛的应用。在这种方法中，将现场观察到的事故率与每个地点唯一的临界事故率进行比较。每一地点的临界事故率是平均事故率、与地点相关的参考组、地点的交通量和期望的置信度的函数。在这种方法中，对于车祸率超过临界值的地点需要在诊断步骤中进行进一步的详细分析，这也是道路安全管理的要求。

临界事故率法比单独使用平均事故率或事故率更有效，因为它提供了一种统计方法来测试某个地点的事故率与参考值的差异。期望的置信度可以根据用户的偏好而变化。使用这种方法的缺点是，它没有考虑事故的严重程度，并假设交通量和事故之间存在线性关系。此外，这种方法没有考虑回归均值。

（4）只使用等价财产损失来计算严重程度

分析人员可以调整事故频率或事故率，以反映伤害和致命事故的更大成本。在对地点进行排序之前考虑严重程度的一种常见方法是计算仅造成等价财产损失（Equivalent Property Damage Only, EPDO）碰撞的数量（NCHRP, 1986）。该方法使用了一个加权因子，即社会认为"相当于"一次致命事故或伤害事故所发生的仅财产损失事故次数。加权系数 w 的计算公式如下：

$$W_y = \frac{CC_y}{CC_{PDO}}$$

式中　W_y——基于事故严重程度的加权因子；

CC_y——事故严重程度的事故成本；

CC_{PDO}——只损害个人财产的事故严重程度的事故成本。

仅造成等价财产损失等级根据以下公式计算。

$$E_{PDO}Rating = W_k(K) + W_I(I) + W_{PDO}(PDO)$$

式中　$W_{K,I,PDO}$——每种事故类型的加权系数；

K——致命事故次数；

I——A、B 和 C 伤害事故次数；

PDO——只损害个人财产的事故碰撞次数。

《公路安全手册》中建议使用车祸的社会成本与仅财产损失车祸的社会成本之比作为权重因子来计算每个地点的仅造成等价财产损失得分。《公路安全手册》中建议的社会事故成本和仅造成等价财产损失的权重因子为 542（致命）、11（伤害）和 1（仅财产损失）（AASHTO, 2010）。根据当地的考虑，可以将上述权重体系进行修改，以此来反映成本方面的实际价值，例如财产损失、收入损失、家庭生产损失、医疗成本和工作环境成本等。与类似地点的比较可以通过计算与所考虑地点相似地点的仅造成等价财产损失得分来完成。仅造成等价财产损失评分将明确考虑事故的严重程度，为致命性和伤害性的事故提供更大的权重，而不是仅仅是财产损失的事故。然而，交通工程师应该注意到，由于事故的严重程度与较高的速度有关，例如在农村地区，这些地点的仅造成等价财产损失评分可能高于城市地区。这可能导致偏差，强调更高速度的位置。另外，与基于事故频率与事故率的排名一样，如果选择的研究周期较短，回归均值法将产生一个问题，即没有明显的阈值来确定该地是否存在危险。

(5) 超预期平均事故率的安全性能函数预测

在这种网络筛选技术中，将站点的平均事故频率与从安全性能函数（Safety Performance Function, SPF）中获得的预测平均事故频率进行比较。如果观测到的平均事故频率超过了某一点的预测平均事故频率，则会标记该点并对该点进行进一步的分析。安全性能函数是表示参考组（如农村中少于四车道的公路）事故频率与交通量之间的数学关系的方程。当描述事故频率与交通量时，可以推导出由通过不同点的最佳拟合曲线表示的方程。总之，安全性能函数描述了随着交通量的增加，预期的碰撞次数也会增加。例如，农村双车道公路路段的模型形式可以用以下方程表示。

$$事故 = (Years)L \times \exp(\beta_0) \times AADT^{\beta_1}$$

式中　$Years$——年数；

L——主要路段的长度；

$AADT$——年平均日交通量；

β_0——模型参数；

β_1——模型参数。

使用这种方法的优点是可以更精确地计算出安全改进的可能性，并且认为事故频率和交通量之间的关系不是简单的线性关系。缺点是这种方法相对复杂，不能体现出事故的随机变化。

作为《公路安全手册》的一部分，主要道路的安全性能函数是根据美国多个州获得的数据制定的。《公路安全手册》的第 10、11 和 12 章包括了这些安全性能函数。建议根据当地的道路特点，为每个地区的农村公路路段制定安全性能函数。

(6) 超预期平均事故率的经验贝叶斯调整

前面的每一种方法都只考虑过去的事故历史，即通过排序或者选择一个候选地点进行进一步的事故分析，或者确定一个特定的交叉口是否存在事故问题。仅使用事故历史是不够的，因为每年的事故频率会随机地在长期平均值上波动（回归到平均值）。改进的方法已经可以确定高度危险的地点，尤其是经验贝叶斯方法（EB），许多司法管辖区已经在使用贝叶斯法。贝叶斯法通过观测和预测事故频率的组合来计算预期事故频率。如下式所示，预测的事故频率是通过开发安全性能函数得到的。

$$Exp = w \times Pr + (1-w) \times Obs$$

式中　Exp——研究期间的预期事故总数；

　　　Pr——研究期间从 SPF 获得的事故预测总数；

　　　Obs——研究期间观察到的事故总数；

　　　w——权重因子。

$$w = \frac{1}{1 + k \times Pr}$$

式中　k——与所用安全性能函数相关的过度分散参数。

现代道路安全评估方法所依赖的关键概念是贝叶斯法。它优于传统的方法是因为：

1）考虑均值回归。

2）产生更准确与稳定的安全估计值。

3）允许对预期事故的时间进行估计。

在对整个管辖区进行网络筛查的情况下，计算了研究区域内所有道路路段的超额预期平均事故频率，即预期事故频率与从安全性能函数中获得的预测事故频率之间的差值。预测的事故频率代表了同类型道路的总体安全性能，如果一个地点的差值有明显的变动，表明该地点有安全改进的潜力，值得更详细的调查。在网络筛选中，网络会根据其过度事故程度进行排名。同样的方法也可以用来确定某个特定地点的是否需要进行分析。

(7) 相对严重程度指数（Relative Severity Index，RSI）

相对严重程度指数是一种简单的识别方法，它使用针对特定事故类型制定的事故成本来确定某个地点是否需要进一步审查（AASHTO，2010）。社会事故成本通常在司法管辖区域或者州一级来确定，以此来反映当地的情况；然而，美国联邦公路管理局还在联邦层面上通过事故类型来提供事故成本估计。相对严重程度指数通过以下公式来计算。

$$RSI_y = \frac{\sum_{j=1}^{n} RSI_j}{N_{0,y}}$$

式中　RSI_y——该路段或地点的平均相对严重程度指数成本；

　　　RSI_j——每种 j 类型的相对严重程度指数成本；

　　　$N_{0,y}$——点 y 观察到的事故数量。

如果某路段或某点的相对严重程度指数比人群平均的相对严重程度指数要高，则其被判定为危险或需要进一步审查的路段或地点。人群的平均相对严重程度指数由下式计算。

$$RSI_p = \frac{\sum_{y=1}^{n} RSI_y}{\sum_{y=1}^{n} N_{0,y}}$$

式中　RSI_p——参考人群的平均相对严重程度指数成本；

　　　RSI_y——点 y 的相对严重程度指数总成本；

　　　$N_{0,y}$——点 y 观察到的事故总数。

分析人员应该注意到，这种方法通常偏向于严重事故率比较高的地点。RTM 依然存在问题，因为那些认为自己在1年内基于高相对严重程度指数的危险点可能会在下一年恢复到其自然平均水平。

（8）速率质量控制（Rate Quality Control, RQC）

速率质量控制方法使用统计测试来确定特定交叉口或路段的交通事故率是否比其他具有相似特征的其他地点的交通事故率高（Stokes, Mutabazi, 1996）。速率质量控制方法假设一组位置的事故次数服从泊松分布。这在安全领域是一个被广泛接受的假设，分析人员可以使用大量具有代表性的地点的事故数据进行验证。速率质量控制方法可以用于路段或者某一点。对于某一个地点，分析人员使用每百万车辆的事故数；对于路段，分析人员使用每百万车辆英里（million vehicle miles, mvm）或每100mvm的事故数。

如果一个地点满足以下不等式，则速率质量控制将其标记为危险位置。

$$OBR_i > XS + K\sqrt{\frac{XS}{V_i}} + \frac{1}{2V_i}$$

式中 OBR_i——在位置 i 观察到的事故率；

XS——与地点 i 具有相似特征的位置的平均事故率；

K——与结果置信度相对应的常数；

V_i——位置 i 处的单位交通量（或路段的车辆行驶里程）与事故率相同。

机构通常使用90%、95%和99%的置信度，分别对应于 K 值1.282、1.645和2.327。在计算 XS 时，很难确定哪些位置足够相似。通常来说，机构使用相对广泛的相似度定义来计算 XS。例如，一家机构仅仅基于交叉口类型（即城市区域的主干道会议收集器）与交通量来计算 XS，以此来计算全州平均费率。

（9）有保障的地点（Sites with Promise, SWP）

有保障的地点的发展是为了克服其他方法的一些缺点以及提出一些合理建议。有保障的地点方法旨在寻找可固定的地点，但是不一定是最危险的地点，以便使安全资金得到优化。这种方法减少了分析人员的数据调查负担，因为事故总体发生频率是主要组成部分，而不太强调以大量调查数据为基础的事故发生比例的计算。此外，这种方法通过识别当前和未来的危险位置并且利用已证实的对策，更具有前瞻性。分析人员应该记住有保障的地点不考虑回归均值，它的基本前提是利用频率以及速率方法的综合优势来确定对策最有效的地点。

有保障的地点方法使用了5个条件（A-E）来选择有保障的地点。虽然提出了5个条件，但是没有必要全部使用。相反，分析人员应该只使用适用于特定研究的条件。在条件运用之后，需要工程经验与判断力来选择哪些场地应用于潜在对策。5个条件如下：

条件A："我有什么好的对策要在我的管辖范围内实施吗？"通常情况下，工程师可以成功地为一个有针对性的对策计划争取到资金，并且这项计划肯定会节省大量的事故费用。除此之外，在多个地点做一件事，而不是在许多分散的地点单独处理，实施有针对性的对策方案更加容易。只有当对策在该点有意义时，才应该考虑选址。在可穿越的中央隔离区安装可拆卸电缆屏障是减少严重事故的对策之一。事故频率（F）用于目标事故类型，由于需要做一些处理，只需要2~3年的事故数据。

条件B："是否有新建或重建的场地可能存在某些缺陷？"只有最近建造或重建的地点才会考虑到这个计算中。将每个单独位置的频率（F_i）与类似地点的平均频率（F_m）进行比较，下式提供了比例差异。在新建或重建的场地后，应立即检查这种情况，以纠正错误。使用所有可能在后一段时间内使用的事故数据是十分重要的。通常情况下，分析人员只需要很短的时间就可以确定一个地点，然而，为了正确使用该方法，整年的数据是最好的。如果分析人员所能得到的时间都比较短（小于1年），建议将事故乘以时间周期比率，以便进行适当的比较。例如，如果只有4个月的事故数据可用，则使用3的比率（一年中有3个、4个月的时间段）。如果在这4个月发生了10次事故，适当的比较应该是30次事故（10次事故×3=30次事故/年）。需要注意的是，使用这种比率法有其固有缺陷（4个月的数据可能处于一年中最严重的事故期)。因此,如果认为新建场地存在缺陷,应谨慎行事并做出良好的工程判断。应当注意的是,如果先前没有定义地点,则很难成组。

$$频率差异 = \frac{F_i - F_m}{\sigma_F}$$

条件 C:"近年来是否有迅速恶化的地点?"应检查所有场地是否退化,而不仅仅是一个子集。分析人员应该定期寻找事故频率(F)的峰值,也许是每年。分析人员应尽可能合理地使用事故数据,最好是 10 年或 10 年以上。

条件 D:"有没有我们错过的有潜在危险的地点,因为这些地点是低交通量,低事故的地点?"这个标准说明了风险,而且确保所有地点都有机会被识别(不仅仅是大型、高容量的地点)。2~3 年的事故数据是必需的,但是交通量形式的曝光数据对于计算比率也很有必要。每 5~10 年应该对每个站点进行一次检查。

条件 E:"是否有新建或者重建的地点由于交通量小、碰撞少而可能被遗漏?"这个标准和条件 B 相似,但是它检查的是事故率。在这种计算中,只考虑最近建设或者重建的地点。通过下面的等式将每个单独地点的速率(R_i)与类似地点的平均速率(R_m)进行比较。这种标准应该在建造新的或者重建场地后尽快检查,以纠正其不足。在条件 B 中应用的基本原理可用于短期的事故数据。应当注意的是,如果先前没有确定地点,就很难成组。

$$速率差异 = \frac{R_i - R_m}{\sigma_R}$$

(10)经验贝叶斯(EB)

许多研究人员担心以前讨论过的识别方法无法准确标记出真正危险的地点。他们引证了这样一个事实:在分析过程中,这些方法无法将先前调查的信息或者关于位置特征的信息与当前事故信息相结合。为了解决这些问题,调查人员开发了基于贝叶斯统计的方法来识别容易发生事故的地点。《公路安全手册》中提供了一种基于经验贝叶斯(EB)的识别危险地点的方法和观察到的事故来确定一个地点的预期事故次数。观测到的事故频率是基于现场的事故历史,并利用安全性能函数求出预测的事故频率。安全性能函数为一个地点的基本条件(车道宽度、路肩宽度等)提供了预期事故频率的预测,并且只使用年平均日交通量和路段长度来计算一个路段的事故频率。最有可能的是,安全性能函数是根据其他地区的研究开发出来的,因此可以使用一个校准因子 C 根据当地的条件来调整安全性能函数。由于安全性能函数可以预测基本条件下的事故,所以提供事故修正系数(AMF)来调整安全性能函数,以适应与标准条件不同的条件。因此,预测 A 点事故次数的基本形式是:

$$N = SPF_{base} \times C \times AMF_1 \times AMF_2 \times \cdots \times AMF_n$$

利用预测和观测到的事故频率,可以计算出预期的事故次数。该方法的基本前提是使用基于安全性能函数过度分散因子的权重因子。用于预测事故次数的安全性能函数值越可靠,过度分散因子就越高,从而预测的事故与观测到的事故的权重就越大。《公路安全手册》中提供了一种确定预期事故频率的方法。然后,将使用预期的事故撞频率来代替实际事故频率进行排名。预期回归均值不再是一个问题,因为它依赖于预测的事故频率。贝叶斯法是一种更为严格的确定危险场所的方法,它的缺点是过于复杂。此外,并非所有设施类型都可以用于安全性能函数的研究。第一版的《公路安全手册》中确定了乡村双车道双向公路,乡村多车道公路,城区与市郊的干线公路的安全性能函数。随着研究的完成,其他设施类型的安全性能函数将会被加到《公路安全手册》中。

(11)选择方法

没有一种单一的方法可以准确识别容易发生事故的地点。对于分析人员来说,最好的方法是为一个特定的分析选择一种特定的方法,或者在有足够资源的情况下使用几种方法进行大型研究。规模较小的机构和资源有限的研究将倾向于选择研究频率和速率的方法。这两种方法都有严重的缺陷。使用频率方法会导致识别过多的高交通量的城市位置,因为与事故发生相关的主要因素是交通量。这些高交通量的位置也是寻找在现实中实施有效对策特别困难的位置。使用速率会导致识别出太多的低交通量的乡村和当地街道地点,因为偶然发生的一两次事故除以低交通量会导致较高的比率。同时使用频率和速率有助于在一定程度上减少这些偏差。因此,许多机构根据发生事故频率最低的地点进行排名。

计算严重性的方法可以补充其他的方法,并揭示发生极端严重事故的位置。然而,计算严重性的方法,如仅造成等价财产损失与相对严重程度指数在分析中引入了另一种武断的判断和不稳定的变化源,因为驾驶人的行为可能会对事故的严重程度产生不相称的影响,并且这些影响可能无法通过工程对策加以纠正。此外,由于漏报级别随着严重程度而变化,因此很难选择合理的仅造成等价财产损失值。因此,严重性方法不应该作为确定位置从而进行进一步调查的唯一方法。

相对于简单的频率与速率,速率质量控制方法更能准确地识别出真正危险的位置。然而,速率质量控制方法相比于其他简单方法需要更多的资源,因为机构需要不同类别地点的平均费用。如果一个机构有可靠的平均速率来源或足够的资源来调查这样的数据,速率质量控制方法则是有效的。

有保障的地点方法尝试寻找最有用的地点,它试图更积极主动,也更有效地使用数据,并且寻找能够利用已证实对策的潜在地点,因此使用充分利用预防措施的方式来利用安全资金。这个方法很简单,因为它建立在事故发生频率的基础上,只在某种程度上强调用事故发生比例来表示风险。

识别容易发生事故位置的经验贝叶斯方法提供了更有效提高道路安全的可能。目前,《公路安全手册》中提供的安全性能函数只包括了3种设施类型(乡村双车道双向公路、乡村多车道公路、城区与市郊的干线公路)。未来的设施类型随着其他领域研究的完成而增加。

对于选择对策,当某个地点存在危险或潜在危险时,研究机构需要对其进行调查,并且确定这个地点是否能够从改进对策中获益,如果答案是肯定的,再确定是从哪方面获益。安全分析这一部分要比危险地点识别阶段要详细得多,危险地点的识别通常是在一个大型机构中每年检查成百上千个地点,而不是成千上万个地点。分析人员必须记住,这个阶段的重点是成本效益,即每次分析事故都尽可能地减少资金支出,有时在特定地点达到成本效益的最佳途径是不采取任何措施。最佳解决方案很难实现,因此,分析人员需要务实地选择成本效益高的解决方案,以及能够实际实施的解决方案。如果对于对策没有进行适当的成本考虑,实施措施可能需要数年(如果有的话)才能获得资金或政策支持。这并不意味着分析人员不该探索所有的对策,只是应该明确当前的可能性,以及未来的计划。

确定导致事故发生的因素是选择对策的三个重要步骤中的第一步。导致事故发生的因素可能发生在第一个事件之前、期间或者之后,包括人、车或者道路因素。据估计,90%事故的发生都是由于人为因素,或者人、车以及道路因素的某种组合(McGee、Taori、Converd,2003)。事故图与条件图这两个主要示意图工具常被用于总结在危险位置导致事故的因素。事故图可以快速向分析人员展示冲突集中的位置,占主导地位的事故类型以及其他有用的信息。每一次事故通常都是分开绘制的,通常在接近的地方和靠近第一次有害事件发生的地方。分析人员通常用事故图的条件图来产生对策思想。条件图显示布局、车道和车道宽度、坡度、视野障碍物、交通控制装置、人行横道、停车习惯、照明标准、主要的路边固定物以及其他潜在的重要和显著的安全特征的比例图。条件图可以使用航拍照片、在线绘图工具、测量设备或者其满足分析精度需求的工具生成。在分析人员确定了某一地点主要的事故群和这些碰撞的可能原因后,下一步就是生成一个可能的对策清单。对策是一种道路策略,旨在降低现场的事故频率或者严重程度,或两者都有考虑。对策主要来源于美国联邦公路管理局(FHWA)事故修正因子信息交换所(FHWA,2014a)。

对策选择的最后一步是将可能的范围缩小到一个或者多个将要实施的措施。在此阶段,分析人员将使用许多相同的策略来生成一个可能性列表。然而,在这个阶段,潜在的事故减少、可用的预算以及对策的成本效益就变得重要。在对策选择中,评价一个特定对策的成本效益是重要的一步。进行成本效益研究最普遍的方法是效益以及成本(Benefit/cost,BC)法,详见第8章内容。

3. 道路安全审计（RSA）

道路安全审计：由独立小组进行安全评估，以提高安全绩效。

道路安全审计（Road Safely Audit，RSA）是由独立审计团队对未来或现有道路进行的正式安全评估。道路安全审计是对设计或成品进行前瞻性的、基于质量的评审，试图识别潜在的冲突和碰撞，目的是在它们发生之前加以预防。此外，审计团队应该是一个独立的团队，对于被审计的道路并不熟悉，因此在访问现场时不存在冲突或者偏见。道路安全审计指南的两个主要来源是美国联邦公路管理局（FHWA）的道路安全审计指南（FHWA，2006）和行人道路安全审计指南和提示列表（FHWA，2007）。道路安全审计可以用于项目开发的任何阶段，从规划和项目初期的工程，到设计和施工，而不考虑项目的规模。早期的道路规划和初步设计中应用的道路安全审计是产生有益影响的最佳机会。随着设计进入详细设计和施工阶段，可以提高安全性能的变化变得更困难、更昂贵、更耗时。道路安全审计可能包括正面指导审查、驾驶人行为观察、人为因素评审、冲突分析和其他的安全替代措施。这些道路安全方法是重要的工具，都可以在更好地了解道路路段安全问题上协助工程师。这些技术在以下情况中更有用：位置处于规划和设计阶段，且无法获得用于定量识别安全问题的运行数据，或者交通工程师无法获得关于目标位置的足够的历史数据（例如事故、交通量等）。第 8 章给出了一个道路安全审计的案例研究。

公路管理局所做的前两步工作是确定被审计道路和参与组建审计小组。负责组建审计小组的是公路管理局。良好的施工前审计候选项目包括以安全为导向的项目、应政界人士或者公众要求进行审计的知名项目，以及复杂的道路设计。良好的施工后候选项目包括事故高发地点、高知名度项目，或由于该地区的长期施工绕道路线或新开发而导致交通特征发生改变（或预计会改变）的现场。当选择了团队成员和场地后，就可以开始启动会议、现场访问、审计分析以及结果展示。道路代理只在这一系列步骤的开始与结束时出现，进行信息交换。当地机构对审计结果采取后续行动，对每一个安全问题做出正式回复，并在可行的情况下做出改进。

道路安全审计团队是由公路管理局早期选择的，通常是聘请不熟悉研究区域的顾问。在某些情况下，道路安全审计团队是由不在其管辖范围内的当地机构所组成。这些团队被称为交换人员，州和地方司法机构制定了各种协议，为彼此的机构进行道路安全审计。无论是否聘请顾问或事先安排的团队来进行区域评估，审计小组首先是一个独立的、多学科的小组，其成员不依赖于主办机构提供其他资金，而且事先也没有该领域的经验或者知识。如果使用交换成员进行审计，则每个成员在进行研究之前都应该接受正式的风险评估过程培训。审计团队通常由至少 3 名且不超过 5 名，同时具有道路设计、运营和安全经验的工程师组成。一些审计可能需要补充审核人员，通过提供执法、维护、消防或救援、标志、桥梁、行人和自行车方面的专业知识来补充团队。如果需要其他专业知识，当地机构应该在审计过程的早期向审计团队提供信息。使用道路安全审计是否成功，主要取决于审计员的特点。通过掌握一定的知识、技能、经验和态度，团队将能够批判性地审查项目数据，从实地考察中取得最大的收获，并参与识别道路安全问题的交流中。

道路安全审计流程的最后一步由当地的机构将审计团队的调查结果纳入其中。提供给审计团队的正式回复将会被添加到道路安全审计总结报告中，并提供给当地机构，以便其在余下的建设项目中进行参考。道路安全审计背后的思想是积极主动地减少冲突的可能性；因此，应认真考虑并尽快实施道路安全审计。虽然安全性是实施道路安全审计的主要原因，但机构应该明确，道路安全审计中没有实施的调查结果如果后来被证明是疏忽所致，可能会被用来质疑该机构。在对现有道路路段的道路安全审计进行现场调查时，应审查以下要素：

（1）一致性、连续性以及条件性

- 关于几何与几何特征、照明与轮廓装置、安全装置（导轨系统、端部处理、防撞垫等），以及现场调查当天道路环境中存在的所有其他道路特征，包括道路使用者碰撞的物理证据。

(2）几何结构与几何特征
- 布局与驾驶人的感知能力。
- 平纵面线形（对所有道路使用者的可视性需要进行视距审查）。
- 横截面、车道配置、车道连续性。
- 车道或小巷的可到达性。
- 出入口管理与转角间距。
- 动态交通以及易受影响的道路使用者设施（步行、骑行、机动车受限制）。
- 替代模式设施（例如交通）。

（3）交通运营
- 信号装置的放置（水平和垂直方向；是否在驾驶人的视野范围内）。
- 运营（交通量、服务水平、排队长度、通行能力等）。

（4）标志
- 前方交叉口标志。
- 前进和转弯道路识别标志。
- 交叉口标志。

（5）路面标线
- 交叉口前方和交叉口处。

（6）照明与轮廓装置
- 道路照明与灯杆。
- 反光导向装置（路标、柱状轮廓标等）。

（7）安全装置
- 导轨系统、末端处理、防撞垫（在道路净空区内）。
- 潜在的无保护道路或路边危险。

（8）现场操作与道路使用者互动
- 道路使用者从所有使用者（行人、骑单车者、摩托车、货车、公共汽车、汽车等）的角度操作。
- 人为因素（积极引导原则）。
- 交通的速度以及分类。
- 从所有道路使用者的角度看交通模式和行为。

4. 交通冲突研究

交通冲突研究可以通过观察某个地点的规避行为来确定安全问题。

交通冲突是指当车辆或其他道路使用者采取避让行为（例如制动或迂回）以避免碰撞时，彼此之间的相互影响。(Parker, Zegeer, 1988)。工程师在估计一个交叉口或者其他地点的交通事故的可能性时，使用交通冲突作为交通事故研究的一个补充，因为交通冲突的研究结果相比于交通事故（可能需要几年的数据）可以更快地获得。交通冲突研究也可以提供比交通事故研究更详细的信息。交通冲突研究对于确定一个地点存在的安全问题的类型非常有用。一旦问题的类型确定了，就可以确定可能的对策。然而，进行交通冲突研究并不简单，如果出现偏差，可能会提供误导性信息。

驾驶人在红灯时制动加入排队队列并不会涉及交通冲突。另一名驾驶人在绿灯信号间隔期间为避免与慢行车辆追尾而制动，这算是一个交通冲突。调查员用制动灯、吱吱作响的轮胎或者车辆前端下倾或俯冲作为制动和可能发生冲突的指示。没有规避行为的碰撞或未遂事故都算是冲突。交通冲突可能涉及机动车、行人、自行车以及其他道路参与者。在行人流量较多的交叉口，行人与机动车发生冲突的可能性很高。

交通冲突研究所需的时间和其他资源相对较少，不需要特殊装备。训练有素的调查员观察交通状况，并在发生冲突时在表格里记录。调查员通常需要一个星期或者更少的时间训练。在一个单独的交叉口引道中，通常需要一两个人观察0.5~3天。除了对观察人员进行培训，工程师还制定研究指南并分析结果。在20世纪80年代，美国联邦公路管理局赞助的研究提高了交通冲突研究的水平。Migletz、Glauz和Bauer（1985）证明交通冲突预测未来交通事故的可能性以及事故记录。Parker和Zegeer（1988、1989）出版的手册提供了更详细的关于如何进行交通冲突研究的信息。

交通冲突研究从几方面补充了交通事故研究。交通安全问题的严重程度可以从交通冲突中估计。交叉口交通冲突研究的一个可能结果是每天特定类型的交通冲突的平均发生率。然后，可以将该比率与类似交叉口样本的标准或者某个百分位比率进行比较。如果观察到的平均率高于对照率，可能需要在该位置采取措施。

交通事件是不寻常的、危险的或者不合法的非冲突性操作。典型的交通事件包括闯红灯、在红灯处右转而没有停车、穿过标线区域以及在行车道上大幅度减速。在冲突研究中并不总是考虑交通事件，但如果确定交通事件与交通事故的可能性一致，则可以将其与交通冲突数据包含在一起。交通事件的定义很宽泛，许多类型的交通事件还没有得到深入的研究。交通工程师应该确信，仔细审查交通事件有助于对交通事故进行估计。交通工程师同时还应确保调查员对于构成交通事件的行为有一个清晰的概念。例如，工程师可以将运行中的红色信号交通事件定义为"当信号灯为红色时，汽车的前轮胎在不停车的情况下穿过了停车线。"试点测试是有必要的，以确保定义中没有空白（即无法正确编码的操作）。

每个交叉口引道有一到两个人就足以进行交通冲突研究。如果不需要计算转弯次数，一个人可以记录一个交叉口引道上的交通冲突。一个人还应该能够在不大的交通量不同时记录交通冲突和三个及以下的转弯车辆。如果有三个以上的转弯车辆或者交通量很大，则需要两个或者更多的调查人员。调查员不应该把视线从发生冲突的地点移开，以记录转向的运动。一个交通冲突调查员一次只可以观察一个交叉口引道或者一个交织区域的一端。因此，当需要研究整个交叉口或者整个交织区域的交通冲突时，必须使用更多的调查员或者特定的调查员必须在该位置停留更长时间。

一项交通冲突研究只需要很少的装备。调查员需要表格、写字板、钢笔、手表和一个可以坐下的地方（一辆车或一把折叠椅）。电子或者手动转向运动记录仪可以很容易通过模板或者标记键为交通冲突研究修改，因此每一个键都与一种冲突类型相关联。视频可以在交通冲突研究中使用，它可以创造一个永久性的记录，以便对于紧急呼救重新评估。视频的缺点，包括录制和观看视频的额外劳动力以及与照明和视野相关的技术问题，这些缺点通常大于它的优点。设计一个良好的表格通常是大部分交通冲突研究的最佳选择。

调查员训练的目标是培养出与自己、与他人、与冲突和事件的既定定义相一致的调查员。如果不能确认当前发生的冲突应被定义为交通冲突，那么交通冲突研究就会退化为简单的交通观察。从一个不一致的交通冲突研究中得出的结论是具有误导性的，因为必须与平均率或其他地方的比率相比较。调查员应该进行训练，直到他们达到一致的效果。调查员的一致性可以通过让两个或者更多的人在同一地点和时间分别记录冲突来估计。如果一个调查员在一个特定位置所得出的结果与其他调查员（特别是有经验的交通冲突调查员）一致，则他或者她在那个类型位置的训练才被认为是完成了。设立这样一个连续性检测的项目必须保证调查员看到的是道路的同一部分，并且相互之间不影响。

冲突调查员坐在关注点的上游位置。调查员记录下他们的位置与关注点之间的每一次冲突，而忽略在其他位置的冲突。调查员位置与交叉口或者其他地点之间的距离主要取决于地点的类型、研究的目的、不同位置的能见度以及观测到的车辆行驶速度。在道路杂乱无章、车辆相对速度较低的区域，观察员的位置通常在30~90m。在研究整洁的郊区道路且车辆相对速度较高的地区时，调查员可以距离交叉口90m或更远。在重复的观察同一个位置时，调查员的位置是不变的。在比较不同地点的研究中，调查员与关注点位置之间的距离也应该尽可能一致。调查员应尽量避免接近车辆,同时保持观察区域可见。通常情况下,观察人员坐在车里,合法地停在路肩或者路边。如果没有合法的停车空间,将调查员安置在电线杆、树木或任何固定的路边物体后面的折叠椅上就足够了。

除非专门针对其他条件,冲突研究一般是在白天、干燥天气和路面条件下进行。冲突研究通常安排在工作日 7:00~18:00。在一个研究过程中,每一个地点应该使用相似的时间段。冲突研究应避免周期性的拥堵,因为在间断停起条件下收集的冲突数据是无效的。观察人员应该避免不寻常的交通条件,例如道路施工或者养护。如果在观察期间突然出现异常交通状况(信号故障、发生碰撞、维修人员到达等),观察人员应该记录时间与性质。如果典型的交通状况很快恢复,观察人员应该暂时停下来;如果不寻常的交通状况将持续很长时间,调查员应该停止观察一天。在一个交通冲突研究中,观察人员必须保持高度集中。频繁的休息可以让调查员重新集中注意力,并且在不分散注意力的情况下完成记录数据、清理计数器,以及更改表格等任务。

在将数据简化为可分析的格式之前,必须检查数据表格中是否有异常事件的注释或描述。如果描述的事件可能会导致某一部分数据出现偏差,分析人员应该忽略那一部分。为了消除数据的差异,分析人员有必要同调查员进行核对。如果单位时间内的冲突是有意义的,分析人员需要根据未观察到的时间段进行调整。例如,假设某个特定的研究需要每小时的冲突率,调查员使用 20min 的数据收集块,每个块之间有 10min 的休息时间,所以每小时有 40min 的数据收集时间。因此,将两个相邻块中的冲突数乘以 60/40 就得到了所需的每小时比率。分析人员应该根据观察到的类似时间段的数据调整未观察到的时间段,而不是假设冲突率在很长一段时间内保持不变。所观察到的每辆车的冲突率是由冲突总数与相应的转向统计相结合所得出的,应该在记录冲突统计的同时对交叉口进行计数统计。

4.4 新兴趋势

技术的发展有助于交通专业人员与政府官员共同完善和实施未来的工作。这些技术包含新的、更有效的、更精确的数据调查方法,以及用于实时数据分析与集成的应用程序。

4.4.1 数据调查

许多现代自动统计技术可以可靠地从路边或架空的位置检测到车辆。雷达、激光、微波、红外、压电、电磁、声学、脉冲超声波、无线技术、信号检测、探头、视频图像处理技术的进步,使得在交叉口与高速公路的运用中能够进行自动的交通量测量。与公路设备一样,路边统计技术可以是永久性的装置也可以是便携式或暂时性的设备。永久性设施包括信号交叉口的视频检测系统和高速公路视频监控站。基于其他技术(雷达、微波等)的永久性设备的使用在高速公路应用和收费设施中更为常见,尽管有些技术还在十字路口运用。便携式路边设备的使用频率低于公路设备,但许多机构确实拥有便携式视频与微波技术。这些对于工作区域或特殊事件的监视特别有用。出行时间与行驶速度可以从无线通信设备中获得。无线技术用于连接设备,包括移动电话、车载收音机、计算机以及其他设备等。蓝牙是一种常用的技术,目前被用于发射一种独特的信号,监控单元可以收集这些信号来调查出行时间、出发地和目的地数据。移动电话可以通过地理定位来观测出行时间,从而进行研究。

新技术,特别是那些自动化和无破坏性的技术,为提高交通数据的可用性提供了广阔前景。

仿真工具可以基于调查数据模拟未来条件,从而提高效率和安全性。还可以对各种数据收集工作进行模拟,包括敏感性分析、备选方案评估、行为预测、紧急情况建模、安全分析和环境研究。虽然仿真工具作为分析与数据收集工具很有用,但它们都应该仔细校准以反映本地驾驶人的行为,并验证现场数据的合理性。美国许多州已经为仿真以及其他交通分析工具提供了应用指南,该指南也可以通过美国联邦公路管理局的交通分析工具计划（FHWA，2014b）获得。

视频图像处理系统可以自动从视频中收集交通量，同时还可以获取其他的数据。对于长时间的统计或者没有进一步现场调查的情况下，视频图像处理尤其有效。分析过程通常包括视频像素亮度变化的计算机测量，然而精确的算法是专有的，并且在不同的视频图像处理技术和软件制造商之间有所不同。基于视频的自动统计可以用于信号交叉口，在那里视频检测摄像机收集数据的效率是其他数据收集技术的两倍。一旦安装了视频检测机，分析人员使用计算机软件在视频图像上要记录运动的位置预置虚拟检测器。一旦对视频图像进行校准与配置，就会在指定的时间间隔里收集与汇总数据。视频图像处理也可以用于办公室里的离线视频录制。离线视频分析面临的挑战是，视频检测软件需要精确的录像机位置信息来准确处理视频。在校准步骤中，分析人员必须输入摄像机的高度以及与视频上已知参考点的相对距离。除了需要校准外，所有基于视频检测与统计的技术都易受到摄影机移动（风）、光线变化（日光、云）和高垂直物体（货车）遮挡的影响。

4.4.2 数据应用程序

强大的数据收集以及分析技术可以更好、更及时地进行性能监测。

这些新兴的技术趋势通过更有效的数据收集方法来提供了更广泛的数据应用。实时信号检测数据用于信号诊断和性能估计（Smaglik et al.，2007；Freije et al.，2014）。虽然传统的数据调查很大程度上是对交叉口报告的问题做出反映，但实时监控允许采用更积极主动的方法来不断提高交通控制设备的性能与效率。主动交通管理（ATM）系统依靠准确及时的数据来管理、控制，以及影响交通流（USDOT，2014）。同样，利用探测数据，尤其是通过使用商用车队或移动电话使用者，可以用最少量的部署设备实现分布式传感。许多机构现在可以访问全州范围内高速公路（在许多情况下是主干道）的性能数据，以便对交通状况和网络状态进行实时和连续的监控。车辆和道路设备提供了非常丰富并且实时的个人以及网络状态数据。此外，不同信息的融合包括速度、出行时间、事件等，可以使得决策更理性、更快速（Ma，Wu，Wang，2011）。在许多情况下，由于交通系统处于持续监测之下，可以使用监测所得的大数据代替采用传统调查方法获得的数据。

参 考 文 献

American Association of State Highway and Transportation Officials (AASHTO). (2010). *Highway safety manual*. Washington, DC: AASHTO.

———. (2010). *A policy on geometric design of highways and streets*. Washington, DC: AASHTO.

Antonucci, N. D., Hardy, K. K., Slack, K. L., Pfefer, R., and Neuman, T. R. (2004). *Guidance for implementation of the AASHTO strategic highway safety plan, Volume 12: A guide for reducing collisions at signalized intersections* (NCHRP Report 500).Washington, DC: AASHTO.

Berry, D. S. (1976). *Discussion: Relationship of signal design to discharge headway, approach capacity, and delay* (Transportation Research Record 615). Washington, DC: Transportation Research Board.

Box, P. C., and Oppenlander, J. (1976). *Manual of traffic engineering studies* (4th ed.). Washington, DC: Institute of Transportation Engineers.

Federal Highway Administration (FHWA). (2005, October). *Crash cost estimates by maximum police-reported injury severity within selected crash geometries* (FHWA-HRT-05–051). Washington, DC: FHWA.

———. (2006). *Road safety audit guidelines*. McLean, VA: FHWA.

———. (2007). *Pedestrian road safety audit guidelines and prompt lists*. McLean, VA: FHWA.

———. (2009). *Manual on uniform traffic control devices*, Section 4E.06. McLean, VA: FHWA.

———. (2014a). Crash Modification Factors Clearinghouse. Retrieved from www.cmfclearinghouse.org.

———. (2014b). Traffic Analysis Tools Program. Retrieved from http://ops.fhwa.dot.gov/trafficanalysistools.

Fitzpatrick, K., Turner, S., Brewer, M., Carlson, P., Ullman, B., Trout, N., Park, E. S., Whitacre, J., Lalani, N., and Lord, D. (2006). *Improving pedestrian safety at unsignalized intersections* (TCRP Report 112/NCHRP Report 562). Washington, DC: TRB.

Freije, Richard, S., Hainen, A. M., Stevens, A. L., Li, H., Smith, W. B., Summers, H. T., Day, C. M., Sturdevant, J. R., and Bullock, D. M. (in press). *Graphical performance measures for practitioners to triage split failure trouble calls* (Paper No. 14-0301). Washington, DC: TRB.

Harkey, D. L., and Zegeer, C. V. (2004). *PEDSAFE: Pedestrian safety guide and countermeasure selection system* (Report FHWA-SA-04–003). Washington, DC: FHWA.

Hauer, E. (1996). Identification of sites of promise. *Transportation Research Record*, *1542*, 54–60.

Hummer, J. E., Rasdorf, W., Findley, D. J., Zegeer, C. V., and Sundstrom, C. A. (2010, September). Curve collisions: Road and collision characteristics and countermeasures. *Journal of Transportation Safety and Security*, *2*(3), 203–220.

Hunter, W. W., Thomas, L., and Stutts, J. C. (2006). *BIKESAFE: Bicycle countermeasure selection system* (Report FHWA-SA-05–006). Washington, DC: FHWA.

Institute of Transportatation Engineers (ITE). (1991). *ITE Technical Committee #5P-5*. Washington, DC: ITE.

———. (2009). *Traffic engineering handbook* (6th ed.). Washington, DC: ITE.

Kell, J. H. (1991). Transportation planning studies. In *Transportation planning handbook* (ch. 2). Englewood Cliffs, NJ: Prentice Hall.

Ma, X., Wu, Y.-J., and Wang, Y. (2011). DRIVE Net: E-science transportation platform for data sharing, visualization, modeling, and analysis. *Transportation Research Record: Journal of the Transportation Research Board*, *2215*, 37–49.

McGee, H., Taori, S., and Persuad, B. (2003). *Crash experience warrant for traffic signals* (NCHRP Report 491). Washington, DC: TRB, National Research Council.

Migletz, D. J., Glauz, W. D., and Bauer, K. M. (1985). *Relationships between traffic conflicts and accidents* (FHWA/RD-84/042). Washington, DC: FHWA.

Minnesota Department of Transportation (MnDOT), Office of Traffic Safety and Technology. (2008). *Traffic safety fundamentals handbook*. St. Paul, MN: MnDOT.

National Cooperative Highway Research Program (NCHRP). (1986). *Methods for identifying hazardous highway elements* (NCHRP Report 128). Washington, DC: TRB, National Research Council.

National Highway Traffic Safety Administration (NHTSA). (2012). *Traffic safety facts: 2012 data*. Washington, DC: NHTSA.

Parker, M. R., and Zegeer, C. V. (1988). *Traffic conflict techniques for safety and operations: Engineer's guide* (FHWA-IP-88–026). McLean, VA: FHWA.

———. (1989). *Traffic conflict techniques for safety and operations: Observer's manual* (FHWA-IP-88–027). McLean, VA: FHWA.

Ramsey, J. B. H., and Routledge, I. W. (1973). A new approach to analysis of gap acceptance times. *Traffic Engineering Control*, *15*(7).

Schneider, R., Patton, R., Toole, J., and Raborn, C. (2005, January). *Pedestrian and bicycle data collection in United States communities*. Washington, DC: FHWA.

Schroeder, B., Cunningham, C., Findley, D., and Foyle, R. (2010). *ITE manual of transportation engineering studies*. Washington, DC: ITE.

Schroeder, B. J., Rouphail, N. M., and Lehan, B. A. (2009). *Observational study of pedestrian behavior along a signalized urban corridor*. Presentation at the 88th Annual Meeting of the Transportation Research Board, Washington, DC.

Smaglik, E. J., Sharma, A., Bullock, D. M., Sturdevant, J. R., and Duncan, G. (2007). Event-based data collection for generating actuated controller performance measures. *Transportation Research Record: Journal of the Transportation Research Board*, *2035*,

97–106.

Stokes, R. W., and Mutabazi, M. I. (1996). *Rate quality control method of identifying hazardous road locations* (TRR 1542). Washington, DC: TRB, National Research Council.

Transportation Research Board (TRB). (2008, June). *Highway safety manual data needs guide* (Research Results 329). Washington, DC: TRB.

———. (2010). *Highway capacity manual*. Washington, DC: TRB.

Treat, J. R., Tumbas, N. S., McDonald, S. T., Shinar, R. D., Mayer, R. E., Sansifer, R. L., and Castellan, N. J. (1979, May). *Tri-level study of the causes of traffic accidents, executive summary* (DOT HS 805 099). Indiana University.

USDOT, Research and Innovative Technology Administration. (2014). *ITS ePrimer. Module 3: Application of ITS to Transportation Management Systems*. Retrieved from www.pcb.its.dot.gov/eprimer/module3.aspx#act.

World Health Organisation (WHO) (Ed.). (2009). *Global status report on road safety: Time for action*. Geneva, Switzerland: WHO.

第 5 章　多模式环境下的服务水平

原著：Michael A. Carroll 博士和 Ema C. Yamamoto 博士
译者：刘擎超 副教授、博士

5.1 引言

"完整街道"的存在是为了服务所有的交通模式和出行者，这个概念已经在交通领域中得到了广泛认可。在过去的十年里，"街道可以成为目的地，而不仅仅是道路"这一理念不断地指导着交通工程师的思维认知，影响着相关的交通投资。由于这种对街道的新理解，交通工程师有了新指标——服务水平来衡量交通投资的效益，并指导在多模式环境下对街道进行有效规划、设计和决策。

服务水平是一套用于衡量交通设施运行效率的标准评价指标，根据速度、交通量与通行能力比、停车次数等参数将道路交通状态划分为 A 到 F 共 6 个等级。1965 年出版的《公路通行能力手册》在交通分析中首次引入了服务水平这一概念。经过后续修订与完善，如今能有效地评价交通设施的运行性能。它最大的优点在于其变化可以被出行者实时感知，同时也易于测量。但服务水平这一概念必须指明道路设计、交通管理和决策选择是否会影响出行者的满意度就及程度。

在服务水平中有两个难以调和的指标，即交通设施的运行效率与出行者的满意度。服务水平试图同时使这两点达到最优化，或者找到相对平衡。但是因为每个出行者的出行体验都不同，并且影响出行满意度的最主要的因素是出行方式的选择，因此想同时做到交通设施高效运行和出行者的高满意度就很困难。

尽管服务水平中存在矛盾性的指标，但交通工程师们还是倾向于用服务水平这种简单的概念来描述交通设施是否高效运行。但是如果收集所有出行者的意见，并设置服务水平临界值，那么所得的结果将证明服务水平并不能完全如实反映出行者的满意度。

但若只考虑单个出行者或单一的交通方式，那么出行者的满意度并不会发生太大的变化，便能从系统和出行者这两种角度去解释服务水平是否能如实反映出行者满意度。驾驶人的驾驶经历可能有所不同，但驾驶人闯红灯、等待红灯和恰好遇到绿灯这三种情况下的体验没有明显差别，所以我们应该用一种独特的方法来理解这三种情况。然而，在需要考虑所有交通方式的环境下，把一般出行者和单乘客汽车（只有一名乘客的汽车）等同起来的这种倾向会导致交通系统的不平衡。

服务水平作为可用于评价机动车运行状况的指标，在 20 世纪下半叶的交通系统中发挥了重要作用。以汽车为导向的交通网络以及它们所支持的土地利用模式，促使整个北美都市地区的地理环境发生了巨大的改变。虽然这些交通和土地利用之间的关系已经相对稳定，但在不适用这些系统的地区继续推广这些系统，服务水平就无法长期适应价值、就业、生产和家庭结构的变化。

而今，交通和土地利用方面的可持续性、公平性和交通方式的选择正成为一个热点，这意味着过去由交通工程师提出的服务水平这一概念未必可靠，但不应该完全摒弃这一概念，而应使其更具有灵活性以及更广泛的适用范围。

交通工程师必须批判性地思考，才能够将服务水平更加恰当地运用到不同交通方式评价中。为保证交通运行效率，出行应为第一要素。然而，在多模式交通中一些人把出行定为第二要素。

本章旨在对服务水平在多方式交通系统中的应用提供说明和指导。基于这点，本章首先介绍了服务水平的概念以及平衡系统和出行者这两个角度的必要性。其次是回顾不同交通方式中影响服务水平的因素以及不同交通方式共存所必需的环境。接着对《公路通行能力手册》中关于不同交通方式下的服务水平进行了描述。最后，本章讨论了多模式环境下服务水平的一些新兴趋势。虽然本章讨论了如何评价服务水平，但是第 11 章会进行更深入的探讨。

5.2 基础：服务水平的概念

在回顾不同模式下的性能衡量指标之前，必须首先回顾服务水平的概念，可以从交通系统和出行者角度讨论服务水平。通过这两个角度的理解，将为下一节中所讲的特定模式下的交通设施性能评价提供理论基础。

5.2.1 系统角度

一般认为服务水平可用于评价交通设施的运行状况。通常假设交通设施的性能和出行者的满意度之间存在着联系，这样服务水平也就可以同时评价交通设施的运行状况和出行者的满意度。

若以平均车辆数来代表平均出行者的数量，那么评价街道和交叉口交通运行状况的指标可以随着时空变化进行组合和拆分。例如，延误可以对一个信号周期内的某个车辆转向运动进行单独评价，或者评价一个交通网络一年中的运行状况。

虽然过去通过分析交通设施流量，明确了评价汽车服务水平的方法，但其并不能很好地反映出行者的个人满意度。例如，当交通流中有行人时，由于未考虑道路通行能力，那么这种方法就会存在一定的局限性。

系统角度是对基本工程理念的阐释，即不应该孤立地解决问题。当想了解一个交通系统是否在高效运行时，可对交通网络中各个组成部分进行单独分析，然后进行综合评价。

然而不同交通方式之间的衔接未必总是非常顺畅，所以我们应该从全局的角度将交通系统分解为不同的部分，分析各个部分的功能、作用和目的，以确保交通系统运行处于良好的状态。

然而，各模式不会总是有规则地相结合。当只关注系统的某个组成部分则会使系统不能高效运行，但这一做法又往往是必要的，即考虑系统的哪些部分应该运行、为何运行，以及运行的最终目的是什么。

5.2.2 出行者角度

本节将对出行者角度进行全面介绍。在该角度中我们需要得到与出行者体验相关的要素，如出行偏好，这些要素一般独立于交通设施的运行。从出行者角度对服务水平进行分析时，仅通过这些元素难以体现出行者的满意度，还需要进行更深入的分析。

如果服务水平不能反映出行者满意度，那就先不关注交通设施的运行效率。出行者角度的重点是从出行者满意度出发，把出行者满意度与交通设施的特征相结合。但即使是在信息爆炸的时代，将每个交叉口或街道的服务水平都建立在出行者满意度上也不现实。因此，出行者角度的一个常用方法是将记录下来的出行者反应与不同交通模式下的特定空间和运行状况相关联。这使得交通工程师可以根据特定场景下的交通设施运行和几何特征，推测出可能的出行者满意度。

目前社会上正在积极倡导不使用汽车出行，因此在出行者角度中对其他交通模式进行分析就十分重要。所以服务水平作为评价出行者满意度的一个重要指标，也就可以成为多模式环境下的指标。

5.3 不同交通模式的服务水平评价方法

不同的交通模式相继形成不同的服务水平评价方法。汽车服务水平的评价方法是最先出现的，也是最先考虑到其他交通模式的评价方法。将服务水平应用于不同的交通模式体现了平衡系统角度和出行者角度的思想。因此，虽然不同的交通模式有不同的评价方法，但在每种交通模式下都需从系统角度和出行者角度对服务水平进行评价。

5.3.1 汽车服务水平评价方法

基于行车速度、延误、交通量与通行能力比或停车次数等因素，可采取多种方法来划分间断流设施的服务水平。这些方法虽然各不相同，但它们都将间断流设施的服务水平划分为 A 到 F 六个等级。而划分这些等级的目的是确定可接受水平和不可接受水平的临界值。可接受服务水平指 A、B 和 C 级服务水平，不可接受水平指 D、E 和 F 级服务水平。临界值的大小主要取决于该道路缓解交通拥堵的能力。

1. 速度和延误

延误作为信号控制交叉口和双向停车控制交叉口划分服务水平的指标（2010 版《公路通行能力手册》），是实际行程时间与理想行程时间的差值。影响延误的因素包括：交通控制设施的干扰和驾驶人的驾驶行为等。

延误可以反映信号控制交叉口的交通量接近饱和通行能力的程度，它经常被认为车辆受到交叉口的几何结构、信号配时、交通流的连续性、驾驶人的驾驶行为、大型车辆的比例等因素影响所损失的时间。

汽车服务水平经常会受到其他交通方式的影响。比如行人会在一定程度上影响汽车通过的绿灯时间；公交车和货车的车均占用道路面积相较于小汽车更大，所以在计算交通流时也会考虑公交和货车；自行车道的存在也会压缩机动车道的宽度，从而降低饱和流率。由于自行车和行人有优先通行权，所以大量的自行车和行人也会降低交叉口右转方向的通行能力。在没有设置左转专用相位的信号控制交叉口以及停车控制的交叉口上，左转车流以及次要道路车流都会对直行车辆产生影响。

2. 交通量与通行能力比

根据交叉口延误确定服务水平时，一般直接或者间接采用交通量与通行能力比来划分服务水平等级。《公路通行能力手册》指出，间断流的通行能力通常用饱和流量表示，以便计算不同类型的延误。

一些信号控制交叉口汽车服务水平的替代方法往往是基于交通量与通行能力比进行计算。比如《公路通行能力手册》信号控制方法的常用替代方法是区间容量利用法，该替代方法更容易计算和解释。区间容量利用法会把交叉口冲突区的交通量总和与调整后的饱和流率进行比较，然后将服务水平转化为比率。一般来说需要去实地测量交叉口引道的饱和流量，但在实际应用中交通工程师通常会使用默认值。饱和流率的调整能够表现其他交通模式对服务水平产生的影响，但在计算过程中不能明确体现。

3. 停车次数与可靠性

如果某条道路有多个交叉口，在评价其性能时可采用停车次数作为评价指标。尽管交叉口车辆停车次数与绿灯时间和饱和流率密切相关，但与其他评价指标类似，使用停车次数进行评价时还必须考虑交叉口间距、道路摩擦系数以及相邻信号控制交叉口间的相位差。其他交通模式的延误计算方法与信号控制交叉口的延误计算方法相类似。

与其他性能评价指标相比，使用停车次数作为评价指标更能体现出对出行者角度的重视。由于出行者经常把停车发生率视为行驶可靠性的指标，经常会导致预计延误与停车时间更接近，而与实际延误则相差较大。因此，交通工程师从出行者角度对服务水平进行评价时应首先考虑服务质量，而不是延误和车速。

但是仅仅通过分析交通设施的平均或预期运行状况不足以全面反映该交通设施，这是因为我们需要考虑其他交通方式对汽车服务水平的限制。对于驾驶人而言，在多模式环境中可靠性比延误更为重要。这是因为如果交通管理措施得当，虽然实际交通延误有所增加，但是其他交通方式并不会影响到汽车行驶的可靠性。也就是说通过提升汽车行驶的可靠性，道路便可容纳更多行人、自行车和公交车辆行驶。

4. 汽车服务水平与交通系统目标之间的关系

运输系统的目标应当依据社区目标初步拟定，并经地方、区域、州和联邦各级政府层层审议和修改方可最终确定。当下的时代潮流要求各级决策者根据地方和区域的价值观——提升改善地方生活质量而不是机动性来制定这一目标。然而，为提高汽车服务水平进而提升地方生活质量，理应限制运输系统的机动性。综合上述内容，决定运输系统目标时，应优先考虑哪个因素是相关决策者面临的一个主要难题。

对于一些可用于改善汽车出行的交通设施，不能为了追求良好的汽车服务水平而忽略对其进行合理的设计，这不包括对三重左转车道、自由右转车道、长达数分钟的信号周期和 400m 的道路基本路段的设计。

因此，为鼓励多种交通模式并行，一方面，相关交通工程师会视情况合理降低汽车服务水平临界值。如果大力提倡出行使用汽车，就出行者而言，这不可避免地会降低大多数驾驶人的出行时间，但也会给其他交通模式用户带来出行延误、舒适性降低以及其他潜在风险，这对其他出行者而言是不公平的。从驾驶人的角度来看，为最大限度地提高通行能力而过度设计道路，也可能会降低他们的出行满意度。

另一方面，可通过修改各字母等级所代表的延误范围或交通量与通行能力比，进而调整多模式环境下的服务水平等级体系。但这方法存在一个局限性，即如果按照这种方法，不同地区间的服务水平等级体系就会不一致。

5. 基于 2010 版《公路通行能力手册》的城市道路汽车服务水平概况

在 2010 版《公路通行能力手册》中，交叉口服务水平通过交通延误进行评价，道路基本路段服务水平则是通过交叉口延误和道路基本路段的车辆通行时间进行评价。此外，停车率也可作为城市道路服务水平一项评价指标，但 2010 版《公路通行能力手册》中并未使用它。

5.3.2 公交服务质量评价方法

多年以前，公交服务质量要寻求系统性能和出行者满意度的平衡。最终，《公交通行能力和服务质量手册》的出版为这项工作画上了句号，它将这对平衡关系分解为寻找乘客、机构、社区和其他道路使用者这四个角度间的关系。尽管评价公交服务质量的方法各有差异，但服务水平最终取决于出行者的满意度，因此这些方法在本质上是类似的。另外，由于公交服务质量关系到行人进出公交站的便利程度，涉及步行和公交这两种交通模式，因此公交服务质量也是多模式环境下的评价指标。

1. 公交服务质量：一个多模式环境下的评价指标

公交服务质量相比于公交服务水平更能反映从系统角度和出行者角度思考的区别，并可说明通行能力、速度和可靠性在衡量系统公交服务质量、公交服务有效性以及在确定出行者体验方面的舒适便利性等作用。

必须指出，沿线的交通状况只是影响公交服务质量的一个因素，而出行时间、乘客等待时间及公交车上的拥挤程度等因素也能影响公交服务质量。总出行时间一般由乘客前往公交站的时间、在公交站的等待时间和在公交车上的出行时间这三部分构成。

由于公交服务质量的各个指标均具备多模式环境兼容性，因此可直接使用它们来评价多模式环境下的服务水平，并且通过改进交通系统中其他任意交通模式都能提高公交可达性，同时提高公交服务有效性、舒适便利性。

2. 改善公交服务质量

虽然地方交通规划主要由运输规划师来制定，但由于交通规划通常是定期更新的，交通工程师便可为他们提供相关改善建议，通过优化公交站点设置、公交车的班次频率和公交车的车辆类型来实现目标。因此运输规划师应与交通工程师合作，共同提供优质的公交服务。

在设计道路标志标线、信号配时和其他交通管理与控制设施时，交通工程师应与运输规划师协商。因为这些因素会影响公交车和有轨电车的运行时间，进而直接影响交通系统的通行能力。通过改善交通管理与控制设施所节省出的时间可用于增加公交班次的频率，从而提高公交服务有效性。

公交服务质量与起讫点行人的出行体验密切相关。交通工程师可以通过合理规划人行道和停车位，来提高公交服务质量和行人服务水平。例如，在人行道上的人流密集处设置待避区，以提高出行者的方便舒适性。这需要交通工程师与运输规划师相互合作，以确定人流密集处的位置。而这些位置的确定与土地利用密不可分，这就要求交通工程师和交通规划师在实施决策时要充分考虑交通与土地的关系。

3. 机构的作用

在进行交通规划的早期就应该开始协调机构内部以及机构之间的关系。虽然公交服务质量主要由公交部门相关人员来管理，但他们的决策往往受限于地方发展的决策及相关交通指标，而这两个因素由相关政府部门来制定。因此，在多模式环境中，各部门必须密切协作。

4. 基于 2010 版《公路通行能力手册》的城市街道运输服务水平概述

2010 版《公路通行能力手册》指出，如果用汽车服务水平评价交叉口处的服务水平。那么对于城市道路，计算道路基本路段运行速度时，应考虑交叉口处停车延误、道路基本路段和交叉口处的行驶时间。基于影响出行时间的因素，并根据道路基本路段行人服务水平做出适当调整，即可确定出道路基本路段的服务水平。

5.3.3 自行车性能评价方法

一些研究骑行者出行行为的学者试图参照汽车服务水平的分析方式，但大多数自行车服务水平的研究重点是骑行者的出行满意度。2010 版《公路通行能力手册》指出，美国联邦公路管理局采集了自行车的出行数据，得到了一个出行者感知数据集，该数据集与道路和交通特性相关。最后得到一个用于分析不同的特性如何影响出行者满意的交通模型。但公众普遍认为该方法没有分析自行车出行对骑行者满意度。正如之前在汽车服务水平中讨论的，在多模式环境中，出行并不总是首要考虑的问题。

1. 安全性与主观安全感

相对于较重且速度较快的货车、小汽车和公交车，骑行者在多模式环境中更容易遇到危险，因此我们需要重点关注骑行者的交通安全问题。自行车兼容性指数以横向距离、行驶速度、有无缓冲器、行程长度（包括转弯数）、车辆类型和停车条件作为指标。因此，自行车兼容性指数与交通安全和出行满意度密切相关。此外，如果把高出行者满意度作为自行车设施受欢迎程度的评价指标，那么提高自行车设施的安全性也会使自行车更受欢迎。

但是，对出行者而言，主观安全感对其评价自行车服务水平和道路安全性两方面的意义是不同的。为实现多模式环境的社区目标，相关分析人员可优先考虑提升出行者的主观安全感，但这样操作的前提是拥有完备的交通安全法律法规体系。任何提高道路安全性的措施都应该以改善出行者主观安全感为核心目的，并且这些措施的实施不应该受到服务水平的限制。有关自行车设施设计的详细内容，请查阅第11章。

2. 自行车路网特性和骑行者满意度

自行车路网特性可显著影响骑行者的出行体验感，但将这一指标纳入服务水平评价方法体系中是有一些困难的。例如，2010 版《公路通行能力手册》中的路面粗糙度这一自行车路网特性是会因出行者的经验和所使用自行车类型的主观特征而有所不同，因此大多数服务水平评价方法都没有将它纳入影响服务水平的因素中。道路网连通性是多模式环境中的一项关键特征，但其规模异常庞大，所以很难根据交通设施的服务水平来确定它。

2010 版《公路通行能力手册》自行车服务水平模块中并未将道路网中自行车的特别设计元素作为其评价指标。虽然切分、颜色处理、自行车箱或自行车信号灯等设计已经被社会公众广泛接受，但目前仍没有足够的证据表明这些与出行者满意度及服务水平有关。

3. 2010 版《公路通行能力手册》中城市道路自行车服务水平概述

自行车服务水平由基本路段自行车服务水平和交叉口自行车服务水平两部分组成，并且它会因机动车道和非机动车道的衔接点数量的改变而改变。根据自行车道宽度、车流量和行车速度以及路面状况可计算得出基本路段自行车服务水平。而交叉口自行车服务水平则可根据交叉口间距、侧向净空、车流量和行车速度计算得出。自行车这种交通模式中也存在交通延误，但交通延误一般不作为自行车服务水平评价指标之一。

5.3.4 人行道性能评价方法

在行人服务水平方面，我们希望能达到系统和出行者角度的相对平衡。由于行人最容易受到伤害，所以设计人行道时应优先考虑安全性。

1. 行人出行环境

由于所有的出行均始于步行且止于步行，那么对于每个出行者来说，起讫点的行人出行环境就显得尤为重要。某个地点的可步行性是由车流密度、土地利用及周边区域设计等变量综合作用的结果。因此，交通工程师的决策就能显著影响行人出行环境。对于城市中行人服务水平较差的地点，交通工程师如果整合所有因素，并使用恰当的分析工具便可改善这些地点的可步行性。

2. 优先考虑步行交通

由于行人是最容易受到伤害的出行者，那么针对某些道路就有必要采取一些措施以保证步行交通优先通行，例如禁止其他交通方式通行，但目前共享街道的实验表明，若有效实施共享街道，那么可在保证行人服务水平的同时，其他交通方式也不必被禁止通行。

为体现出多模式环境下典型的交通特征，交通工程师应根据实际交通环境合理设计人行道，而不应过分拘泥于相关规则制度。具体行人设施设计相关内容请参阅第 11 章。

3. 流通空间、缓冲和延误

Fruin 是最早提出行人服务水平评价方法的学者之一，类比汽车服务水平，他通过构建流通空间来分析行人服务水平。这种方法中，交通拥堵程度是其决定性因素。由于均通过计算通行能力、占用率和交通量与通行能力比等指标来得出服务水平，因此该方法与汽车服务水平计算方法没有显著差别。

一方面，如果人行道过度拥挤，流通空间几乎为零，那么大部分行人的出行满意度都会下降。另一方面，行人通常也不喜欢在过于开阔的人行道内行走。从行人的角度来看，一条尺寸适当、步行量适中的人行道是最为理想的。

然而，行人服务水平的高低又不仅仅取决于行人交通量大小，行人舒适度也会影响它。行人往往是最脆弱且数量最多的出行者，因此当行人过度靠近其他交通方式交通流以及与其冲突时，行人服务水平会有所降低。

当道路特别拥堵时，为了穿越街道，行人必须通过上下游交叉口过街，这会使他们的满意度会大大降低。所以，交通延误也可显著影响行人的满意度从而降低行人服务水平。

4. 连通性

与骑行者一样，评价行人服务水平的重要指标也是连通性。一般来说，连通性通常是依据人行道百分比和交叉口密度等指标来计算得出的。但由于延误、不舒适程度、过分拥挤等因素都可降低人行道的连通性，所以它们也会降低行人服务水平，而目前尚不清楚如何将连通性纳入行人服务水平中。但由于多模式环境具有连通性特征，因此必须将连通性作为行人服务水平评价指标的补充因素。

5. 2010 版《公路通行能力手册》城市道路行人服务水平概述

与其他交通模式相同，行人服务水平也可分为交叉口行人服务水平和基本路段行人服务水平两种类型。交叉口行人服务水平的影响因素包括行人过街距离、街道的车流量、车流速度以及行人过街延误等。而基本路段行人服务水平则与人行道有效宽度、交通缓冲、道路交通量和速度相关。但是，与其他交通模式的不同之处在于，行人服务水平还受到行人通过街道的便捷程度的影响。行人服务水平的上限可根据人行道流通空间来计算得出。

5.4 多模式环境

因为多模式环境可以出现在任何交通设施上，所以所有交通设施都是潜在的多模式环境。评价多模式环境下的服务水平旨在解决不同交通模式间相互协作的问题。

虽然几乎所有道路上均可通行货车、公交车和小汽车，但即使是在高速公路上，仍会存在步行交通（比如车辆出现故障时）。电话亭是为那些忽然发现自己是意外行人的人提供的庇护。多模式环境中的出行者会面临多种交通模式，特别是在机非混合的情况下，因此服务水平评价方法也必须可适用于多模式环境。

在这种情况下，有时很难区分道路和用于其他活动的空间。例如，许多道路变成了游乐场、庆典场所、剧院、市场、市民活动中心等。在某些特殊的节日，郊区和农村地区也会存在这种情况。

在多模式环境中使用服务水平评价方法的前提是找到移动性和可达性的平衡。虽然汽车服务水平可有效评价汽车出行，但其并不适用于公交、自行车和行人出行评价。多模式环境往往会出现在政府部门决定削减汽车交通量的情况中，所以交通工程师应同时重新规划路网结构去弥补汽车量减少所带来的不利影响。

虽然政府一直将市政工程视为建设重点，但交通工程师必须选择包含所有交通模式的方案来平衡道路基本路段和交叉口的规模。深入理解多模式环境可为我们正确使用服务水平提供指导。

通常可根据交通模式是否为机动化来划分道路交通模式，例如驾驶电动自行车和赛格威平衡车属于非机动化交通模式，而驾驶摩托车属于机动化交通模式。当无轨电车和有轨电车受交通信号管控（即在信号灯处停车）时，也可将其划入机动化交通模式。而尽管在专用路权上运行的快速公交系统（BRT）和轨道车辆会对多模式环境产生一定影响，但由于它们不受到其他交通模式在时空上的限制，故而不对它们进行交通模式划分。

对于只存在机动化交通模式的连续流设施，其服务水平和其他性能指标可根据道路交通量、客货运量、行车速度和交通延误计算得出。有关连续流设施的详细内容请查阅本书第7章。

目前，城市道路功能目标正由移动性转变为可达性。但表5.1所示的城市道路等级划分只考虑了汽车的通行能力这一因素，而忽略了其他交通方式的影响。因此，该方案不能体现出以人为本的交通设计理念，该方案需要等待进一步优化。

表 5.1 城市道路等级划分

等级	通行能力	功能
快速路	超过 50000 辆/天	连接不同的地区
主干路	12001~50000 辆/天	连接城市各主要分区
次干路	2000~12000 辆/天	连接主干路与街区
支路	低于 2000 辆/天	连接次干路与街区

因此，考虑到各种多峰环境的出现使人们对常规功能分类提出了质疑。实际上，更细微的分类方案通常与"具备全部功能的街道"做法有关，甚至这种分类方案还表明了明确的模式优先级（表5.2）

(费城市长交通运输与公用事业办公室，2013)。

尽管表5.2提供了不同类型的多模式设施的基本概述，但更详细的分类框架需要一份包含不同出行需求的清单来确定。例如，与步行商业街相比，城市主干道应该支持不同的组合模式。因此，如果每个运输设施都有效地充当了"运作良好"的地区的一部分，那么分析工具应在两种情况下都能衡量其有效程度，从而验证社区所希望的模式组合，而不是阻碍组合模式的形成。现代分类系统的一个优点是提供了有关混合区属于何处的一些指导。但是，即使没有这种指导，交通工程师也可以通过参考土地使用计划以及决议和法令来认识社区对环境模式的用途。

表 5.2 多模式分类方案

分类	功能
高流量行人区	它指行人的目的地以及高密度的商业连接点，不仅如此，还包含住宅区、混合使用区。在中午，每小时有超过1200人在这里行走
市民/礼仪街	这些街道有重要的象征意义，具有重要的仪式功能，并在城市生活中发挥着独特的作用。同时，它们在行人与车辆使用中有很高的地位
步行商业走廊	活跃的商业走廊具有适合行人的物理发展模式。这些街道的行人流量比高流量行人区行人流量少，但比面向汽车的商业区更适合行人前往
城市主干道	它的特点是交通流量大。这些街道通常有地面运输路线，并且还提供行人等候区域以及行人专用设施，以允许行人安全舒适的出入
汽车导向的商业/工业区	以汽车为导向的发展模式为特征，行人活动仅在公交站台比较密集
公园路	包含当地公园内车辆和行人的运输路线。这些道路应包括供行人和骑行者使用的共用小径/人行道、自行车道以及共用道路设施
风景大道	它通常沿公园或水道建设，是一条可以欣赏风景的主干道。它通过共享路径容纳行人出行
城市社区	它在老城区的大多数网格道路中，这些道路对当地车辆和行人交通起着重要的作用
低密度住宅区	它通常比城市社区的道路建设得更近。其特点是从人行道向后延伸的住宅。这些街道为当地车辆、行人和自行车服务
共享小路	当地非常狭窄的街道，主要位于城市的老城区。这些街道上的人行道也往往很窄，但行人和骑行者通常可以在街上舒适地行走和骑行
本地	这一分类包括道路服务和小型住宅区道路。道路的至少一侧提供停车场。它们通常还包含人行道

资料来源：费城市长交通与公用事业办公室（2013）。

5.5 多模式环境的类型

思考多模式环境作用的一个方法是考虑不同类型的环境，包括它们的相关的规定以及在社区中的作用，以便在观念上适应不同的模式。了解这些有助于工程师决定哪些模式应优先考虑，以及这些模式如何与某个地方的期望相匹配。多种类型学的存在可解决各种环境类型问题（新泽西州，2008；塔伦，2002；ITE，2010）。尽管如此，一些泛型类型可以说明一些规则。

5.5.1 办公和零售商业区

商业区作为集中出行者的目的地，汇集了多种模式。这里提供各种各样的餐饮、购物和文化便利设施。这些设施在不需要太多地理流动性的情况下也能提供卓越的便利性。机动模式成为人们如何到达商业区的重要部分，但步行在人们出行时所起的作用有助于定义什么是城市商业区。相比之下，增加私人车辆流量的措施可能无法证明对其他模式的影响是合理的。在任何情况下，在商业区周围驾车或驾车穿过商业区，都会产生交通拥堵。因此公交优先原则将是首要考虑的，因为公交的区域可达性和缓解拥堵的能力可以抵消掉其他交通方式的成本。同样，为自行车出行提供道路空间的势头也越来越大，理由是可以减少汽车使用，同时提供公交首千米和最后一千米所需要的通道，并且是一直健康的生活方式。

5.5.2　城镇中心

城镇中心可以是任何形状或大小的。当代的示例代表了一种在一个大的环境中建立（或在某些情况下重建）社区层面的城市土地利用模式的尝试，这种模式更具农村或郊区特征。使一个城市中心"运转"的多模式的平衡很难预测，不仅如此，在很多时候，它似乎是无效的。从某种意义上说，如果这些城镇中心经历了持续的拥堵，那么某些事物就必须在正确的地方工作，因为这意味着对这些位置的需求始终如一，以至于个人不会因拥堵而受阻。因此，为了解决特定地点的模式冲突，交通工程师的治理方案不应对整个市中心环境产生不利影响。但同时，工程师也必须肩负起在这些环境中保护最易受伤害的道路使用者的责任。实际上，这意味着工程师需要与城市管理人员合作。同时，出于安全考虑，了解何时何地应服从车辆使用以及限制非机动旅行以适应其他模式的本地访问和连接。

5.5.3　以公交为导向的发展模式

出于对私家车的依赖方面考虑，应计划和设计以公交为导向的发展模式。这些社区内的行人通行是第一要务，特别是沿着通往中转站或车站道路的通行。这些建设将巩固核心中转站附近的支线过境服务和相关便利设施。因此，公交服务级别也应该是一个重点。除了面向公交发展的部分外，还需要为停车换乘客户提供服务，因此这可能是十分复杂的。在这种情况下，忽视车辆服务级别可能会不利于实现损害交通管理局以公交为导向的目标。

5.5.4　主要街道

主要街道的理念是使出行者的活动在更广阔且低密度的环境里集中。然而进入主要街道的路线可能是以汽车主导的，但主要街道是所有模式都可能出现的空间。它们可以是城市、郊区或农村环境。主要街道和城镇中心密切相关；当社区发展壮大时，主要街道往往是城镇中心发展的催化剂。主要街道通常被认为是社区中沿途的小型零售和餐饮场所的所在地，它们往往仅在被发现时才成为出行目的地。从社区的角度来看，主要街道的作用是利用社区的可见性来避免交通拥堵，以此来促进商业活动。想要体现这一作用，就需要在低速、高流量的交通流中进行平衡。此外，为了鼓励散步和逛街，非机动车旅行者的体验必须放在首位。然而，如果对机动交通的延误置之不理，那么就会导致驾驶人驾车绕开社区，这又会破坏预期的需求。

主要街道是一个包含所有模式的空间。

5.5.5　适合居住的多模式环境

1. 多用街区

在很多地方，城市多用街区比汽车更早普及。一直以来，从行人通行能力的角度评估街区对生活质量的改善一直存在争议。当人们认为一个地区通过提高行人通行能力来改善生活质量时，也意味着需要降低汽车的通行量与行驶速度。因此需要考虑这种方法是否可取。不仅如此，交通工程师还面临一个棘手问题，那就是在建设居住环境时不应只考虑数据分析，还需要考虑选民对政治混乱的担心。虽然这种方式减轻了工程师在数据分析部分的工作量，但同时也创造了一种没有政治立场的出行者会被孤立的状况。

2. 交通小区

交通小区是一个特别的存在，因为它们的存在往往代表着一个高流通性的区域。这是由于在这个区域内存在着机动车与非机动车共同在路面上行驶的行为。当通过切割地区的方式来解决交通拥堵问题时，行人及骑行者以一种混合的方式出现在一个复杂的细分环境中，它们的连通性就显得十分繁琐。在这种情况下，优先考虑汽车服务级别可能是最为合理的。因为地区的管理者在主干道以及其他广泛的运输网络中有重要的作用。所以，工程师不应该忽视通过管理者的设计与主干道来提高通行能力的机会。

5.5.6 支路

支路是在乡村环境中普遍存在的连接公共设施的道路，供行人、自行车甚至马车通行。它的低交通量的设计模式可以承载大量的汽车、行人、自行车或马车。这种交通的经济和文化的重要性常常在出行规划中体现出来。多式联运服务级别需要与实际情况相符才能应用，但缓冲、跨越困难和流通空间的分析测量可能是有用的。

5.5.7 适配多模式的服务

从大量的指导和实践中可以看到，交通工程师为提高通行能力而开发的方法需要适配多模式环境的职能（ITE，2010）。如果出行的最终目的地是到达目的地，那么多模式环境就是人们出行目的地高的地区，而不是使这个地区变得更容易往返。因此，与其他目标相比，良好的服务级别（通常被理解为非拥挤交通流）将是次要考虑因素。如图 5.1 所示。在许多情况下，人们会得出这样的结论：车辆服务和它所提供的流通能力仅仅是提高宜居性或生活质量的替代品。当然，车辆服务和宜居性之间的替代率是高度主观的，然而，这也是交通工程师必须努力调整他们所处的运营环境的地方。

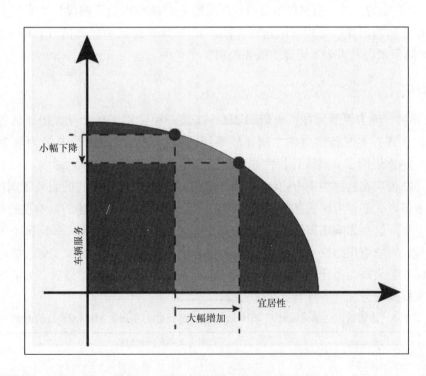

图 5.1 以宜居性取代车辆服务图趋势图

从生活质量的角度出发，关注出行者对交通设施的满意度，是确保多模式环境"发挥作用"的一个好方法。这是在阅读下一节关于多模式服务级别分析时要记住的一点。

5.6 多模式服务级别分析

多模式服务级别分析的目标是将不同的服务分级,以便运用在各种模式之中。本节概述了最突出的多模式服务级别分析方法,即2010版《公路通行能力手册》城市街道多模式服务级别(MMLOS)方法及其实际应用。此外,我们还探讨了使用此方法的优缺点。

5.6.1 2010版《公路通行能力手册》城市街道多模式服务级别法

2010版《公路通行能力手册》城市道路MMLOS法结合了多模式服务级别模型,可在给出街道剖面图以及不同模式的交通特性信息的情况下分析汽车、公交车、自行车和行人的出行情况。它不会将此方法的分析结果综合为一个分数。而是为街道的每个路段做出了一份报告,用于预测人们通过每种模式的出行体验(TRB,2010;Dowling等,2008)。

2010版《公路通行能力手册》城市街道MMLOS法是通过估计路段和该路段的末端边界交叉口沿线的服务级别得分来衡量路面设施的。它将服务评分索引到一个刻度,用以计算服务级别。针对每个方向单独计算道路服务级别。为了获得某个路段设施的服务级别,需要对各路段的评分进行汇总,并根据不同的交通方式,按比例或按每个路段的情况进行平均。车辆设施服务级别按速度和长度比例分配,行人设施按流通空间和路段长度比例分配,而公共交通和自行车设施的服务级别则按路段长度简单平均。

2010版《公路通行能力手册》城市街道MMLOS方法论提供了操作、设计和规划层面的分析。与操作分析相比,设计和规划层面分析十分依赖所提供的输入信息。

MMLOS是一个重要的工具,当对典型交通状况的输入以及城市街道的设计要素进行调整时,它能说明不同模式用户之间的选择。使用方法是在一段不长于2km且某端存在信号灯的道路上进行评估,将路段的MMLOS结果聚合起来表示道理的服务级别。

5.6.2 实际应用

2010版《公路通行能力手册》城市街道MMLOS法是一种实用工具,可直接评估各种不同的设计方案。这有助于在正式方案和备选方案之间比较系统的哪些部分对于出行者最为敏感。以下四个表(表5.3~表5.6)举例说明了一些设计特性如何对不同模式的服务级别产生影响。每个表代表不同的设计类别,并且详细说明在这些类别中的示例特征以及某个特征对不同模式的服务级别产生的影响。

在引用上述表格时,必须考虑到某些注意事项。首先,服务级别所描述的影响仅是参考性的,与实际效果还是有所差异。这些影响还需要通过MMLOS分析进行确认,因为在许多情况下不同影响之间是互不相关的。此外,对总可用路权(ROW)的约束也会产生一些影响。例如,交通量增加对行人和骑行者的服务级别影响会表现为诱导效应,而不是MMLOS模型固有的影响。最后,如前所述,为用户提供安全出行相对于提高服务级别应具有更高优先级。

表5.3 比较特定的信号设计对2010版《公路通行能力手册》MMLOS法的影响

设计特征	对服务水平的潜在影响			
	汽车	公交	自行车	行人
增加周期长度	(+)主要街道方向的绿灯时间增加	(+)主要街道方向的绿灯时间增加 (−)行人服务水平降低	(+)主要街道方向的绿灯时间增加	(+)行人通行间隔延长 (−)通行更加困难 (−)排队长度延长 (−)等待时间延长

(续)

设计特征	对服务水平的潜在影响			
	汽车	公交	自行车	行人
增加次要街道方向的绿灯时间	(-) 主要街道方向的绿灯时间减少	(-) 主要街道方向的绿灯时间减少	(-) 主要街道方向的绿灯时间减少	(-) 行人通行间隔缩短 (+) 通行难度减小
公交信号优先	(+) 主要街道方向绿灯时间延长 (-) LT 延迟增加	(+) 主要街道方向绿灯时间延长	(+) 主要街道方向绿灯时间延长	(+) 主要街道方向绿灯时间延长 (-) 通行难度增大
行人抢道	(-) 更多信号延迟	(-) 信号延迟增加 (+) 行人服务水平提高	(-) 信号延迟增加	(+) 行人通行延迟减少 (+) 排队长度减少 (+) 通行难度减小 (-) 行人等待时间延长
允许左转	(+) 信号损失时间减少 (-) 排队长度与拥堵程度增加	(+) 信号损失时间减少 (-) 排队长度与拥堵程度增加	(+) 信号损失时间减少	(+) 信号损失时间减少 (-) 更少的通行时间与空间
保护左转	(+) 排队长度与拥堵程度减少 (-) 主要街道直行绿灯时间减少	(+) 排队长度与拥堵程度减少 (-) 主要街道直行绿灯时间减少	(-) 主要街道直行绿灯时间减少	

注：本表中所述的效果是说明性的，不应被视为实际情况。
(+) 表示逐步提高服务水平的效果。
(-) 表示逐渐降低服务水平的影响。

最后，如前所述，提高服务级别应放在为脆弱的用户提供安全出行体验的之后设计。

虽然表 5.3 ~ 表 5.6 中所述的影响不应被视为折中选取，但它们确实表明了设计特征是如何影响不同模式的。2010 版《公路通行能力手册》MMLOS 方法是一种适用于大部分情况的评估工具，比如评估各种备选方案。具体地说，在进行道路瘦身评估和"薄弱环节"分析时尤其有效。具体分析如下所示。

1. 道路瘦身

城市街道方法适用的一个示例是评估道路瘦身。在这方面的研究有助于为汽车服务级别设定一个最低阈值，然后通过将行车道转换为其他特征，评估其他模式所产生的效益。此外，由于增加了信号时间或交叉口处的转向规定，在一定程度上减少了车道通行能力。通过这些措施，使用城市街道方法提高了预期的行人或自行车服务级别。

2. "薄弱环节"分析

城市街道法的另一个应用是提供一种揭示网络中薄弱环节的方法。从用户体验的角度说明这种汽车使用的不足之处。案例研究 5 - 1 给出了一个薄弱环节分析的示例。

表 5.4 特定的穿越截面对 2010 版《公路通行能力手册》MMLOS 法的比较

设计特征	对服务水平的潜在影响			
	汽车	公交	自行车	行人
增加道路宽度	(+) 通行能力/饱和流量增加	(+) 通行能力/饱和流量增加	(+) 自行车道空间增大 (-) 车速提高 (-) 流量提高	(-) 人行道空间减少 (-) 车速提高 (-) 流量提高 (-) 通行时间增加
存在路边停车位	(-) 通行能力减小	(-) 通行能力减小	(-) 通行能力减小	(+) 流量缓冲区增大

(续)

设计特征	对服务水平的潜在影响			
	汽车	公交	自行车	行人
在右侧自行车道的右侧停车	不适用	不适用	（-）由停车引发更多的冲突 （-）面临车门打开的风险	不适用
在右侧自行车道左侧停车	（-）饱和流量降低	（-）饱和流量降低	（+）流量缓冲区增大	不适用
增大设计速度	（+）行驶时间减少	（+）行驶时间减少 （-）行人服务水平降低	（-）机动车速度增大	（-）机动车速度增大
缩短停车时间限制	（+）可用停车位增加 （+）更高的通行效率，减少拥堵 （-）停车行为增多	（-）停车行为增多	（-）停车行为增多	不适用
增加转弯处	（+）增加停车队列	（+）增加停车队列 （-）人行道空间减少	（-）自行车道的通行权减少 （-）右转冲突增加	（-）人行道的通行权减少 （-）右转冲突增加 （-）通行时间延长
增加路肩宽度	（+）饱和流量增加	（+）饱和流量增加	（+）有效自行车道加宽	（+）流量缓冲区增大 （-）人行道的通行权减少
中间段通道	（-）行驶速度减小	（-）行驶速度减小	（-）行驶速度减小①	（-）步行速度减小
人行横道信号控制	（-）行驶速度减小	（-）行驶速度减小	（-）行驶速度减小①	（-）通行难度降低
绿化带缓冲区	（-）通行能力/饱和流量减小	（-）通行能力/饱和流量减小	（-）自行车道的通行权减少	（+）流量缓冲区增大 （-）人行道的通行权减少

注：本表中所述的效果是说明性的，不应被视为实际情况。
（+）表示逐步提高服务水平的效果。
（-）表示逐渐降低服务水平的影响。
① 尽管自行车速度和延误不是自行车服务水平的一部分，但仍被关注。

表5.5 交叉口的设计对2010版《公路通行能力手册》MMLOS法的影响

设计特征	对服务水平的潜在影响			
	汽车	公交	自行车	行人
右转区	（+）饱和流量增加	（+）饱和流量增加	（-）来自转向车辆的速度冲突增加	（+）躲避车辆转向 （-）通行时间增加
增加转弯半径	（+）饱和流量增加	（+）饱和流量增加 （-）行人服务水平降低	不适用	（-）减少角落流通区 （-）通行时间延长
增加人行道宽度与停止线前移	（-）更少的转向空间	（-）更少的转向空间	不适用	（+）有效通行空间增加
增加次要街道宽度/增加次要街道的车道数量	（+）主要街道方向绿灯时间延长	（+）主要街道方向绿灯时间延长	（+）主要街道方向绿灯时间延长	（+）主要街道方向绿灯时间延长 （-）通行时间延长

注：本表中所述的效果是说明性的，不应被视为实际情况。
（+）表示逐步提高服务水平的效果。
（-）表示逐渐降低服务水平的影响。

表 5.6　公交设计对 2010 版《公路通行能力手册》MMLOS 法的影响

设计特征	对服务水平的潜在影响			
	汽车	公交	自行车	行人
公交车道	（－）通行能力减小	（+）通行能力增大 （+）没有重返延迟	（+）附近车道交通量降低 （－）自行车道通行权减少 （－）与自行车相邻的车辆交通更加繁忙	（+）附近车道交通量降低 （－）人行道通行权减少
候车亭	不适用	（+）感知的出行时间减少	不适用	（+）行人等待舒适度提升 （－）流通空间减小
座椅	不适用	（+）感知的出行时间减少	不适用	（+）行人等待舒适度提升 （－）流通空间减小
港湾式车站	（+）公交拥堵程度减小	（－）没有重返延迟	（－）自行车道通行权减少 （－）冲突流增多	（－）人行道通行权减少
远距停车站	（－）公交拥堵程度增加	（+）信号延迟减少 （－）停车延迟增加	不适用	不适用
公交发车频率	（－）重型车辆增多	（+）间隔时间缩短	（－）重型车辆增多	（－）重型车辆增多

注：本表中所述的效果是说明性的，不应被视为实际情况。
（+）表示逐步提高服务水平的效果。
（－）表示逐渐降低服务水平的影响。

5.7　使用 MMLOS 法的难点

尽管 2010 版《公路通行能力手册》城市街道法在多模式环境分析中占据了重要的位置，但它依然有局限性。其局限性体现在它需要比传统的交通研究要收集更多数据。在 2010 版《公路通行能力手册》第 17 章和第 18 章中，数据要求表需要评估公交路段服务级别的项目多达 50 个，不仅如此，自行车服务级别需要 24 个项目，行人服务级别需要至少 45 个项目，汽车服务级别需要 50 多个项目。

尽管这些信息能被收集，但由于数据量的庞大，大规模收集数据会产生昂贵的费用。因此，这里建议采取默认输入。在本章的最后一节，描述了"简化市场管理级别"方法。该方法通过评估模型对每个输入的相对灵敏度，并根据最具影响力的项目应用累积到逻辑回归模型来预测服务级别，从而大大减少了每种模式所需的输入量。

除了数据收集方面的问题外，在使用 2010 版《公路通行能力手册》城市街道方法进行 MMLOS 分析之前还存在其他的问题。其中一个问题就是四个服务水平的成效根本无法相提并论。尽管在过去几十年中，汽车服务水平阈值已经获得了广泛理解的含义，但由于乘客会根据出行类型和出行目的选择合适的出行方式，所以目前没有依据表明自行车的服务水平与公共交通的服务水平具有可比性。

此外，尽管该方法可以在不同场景之间建立折中方案，但方法本身并没有提供指导。这就说明在一种模式下，它的变化很大程度上是由另一种模式的性能变化来体现的。

最后，由于非机动模式下的服务水平结果很难从外部进行验证，因此它没有那么强的说服力。这可能会导致服务方法的可信度恢复到机动级别。

2010 版《公路通行能力手册》为城市街道法何时适用提供了一般指导。但我们还应考虑一些更广泛的先决条件以应对以下挑战：

- 分析指南是否符合灵活/特定环境的绩效标准？

- 环境政策是否要求减少汽车出行？
- 社区是否通过增加汽车运力,"最大限度地"解决交通问题的能力？
- 在某些情况下,选民是否对以汽车为重点的影响/缓解分析的充分性表示不满？
- 在运输分析承包过程中,机构是否具备要求使用 MMLOS 的能力？
- 机构是否建立了"考虑所有模式"的机制？
- 机构是否采用了完整的街道政策？
- 生活质量是否与交通政策相关？
- 是否有机构拥有规定多式联运注意事项的规划文件的权利？
- 追求道路瘦身和其他环境方案设计的过程是否缺乏评估工具？

如果以上问题的答案是肯定的话,这表明一个社区愿意通过降低流动性来寻求可持续性和宜居性方面的提高。

假设这些前提条件得到满足,确定 MMLOS 分析法有效可以用结果对决策是否产生重大影响来衡量。这意味着,如果一个社区完全致力于建设具备完善功能的街道,并就其愿意实施的设计措施达成共识,那么采用 MMLOS 分析就没有什么意义了。同样,在多式联运旅行方案投资的长期效益被证明与成本相比微不足道的情况下,这种分析也可能是多余的。在这两种情况下,不管 MMLOS 分析的结果如何,结果都是预先确定的,因此不需要进行分析。为了有效地使用 MMLOS,应将其用作解决不确定性的工具(图 5.2)。

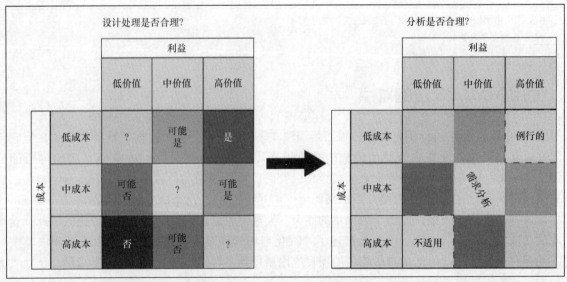

图 5.2　MMLOS 的适用范围

5.8　案例研究

许多案例说明了在多式联运环境中应用服务水平概念的作用。第一个案例研究,俄勒冈州阿什兰市,利用标准 2010 版《公路通行能力手册》中 MMLOS 方法,比较不同模式下街道网的工作情况,并根据预测数据验证未来条件与现有条件相比能否降低服务水平。第二个案例研究,华盛顿特区,在比较多种规划方案后,最终采用简化的 MMLOS 方法来补充走廊研究。最后,第三个案例研究(纽约市)采用了一种将多模式增强与经济效益结合的方法;这不仅表明了服务水平概念的潜力,还表明多模式环境的底线性能。

请注意,华盛顿特区和纽约市案例中描述的方法也将在本章的"新兴趋势"部分进一步讨论。

5.8.1 俄勒冈州阿什兰市交通系统规划

1. 背景

阿什兰市是俄勒冈州的一个自治市。从 2010 年开始，该市和一些合作伙伴致力于更新阿什兰市的交通系统计划。阿什兰市交通系统计划的一个既定目标是发展一个支持可持续发展的多式联运系统。因此，该计划侧重于改善行人、自行车、公共交通出行以及土地利用的计划。

2. 方法

为了实现多式联运的目标，该计划使用 MMLOS 方法生成了图，显示了网络中主要街道的每个路段在工作日的高峰时段的运行情况（Kittelson，Associates，2012）。通过此分析分配给不同模式的服务水平得分如图 5.3～图 5.5 所示。

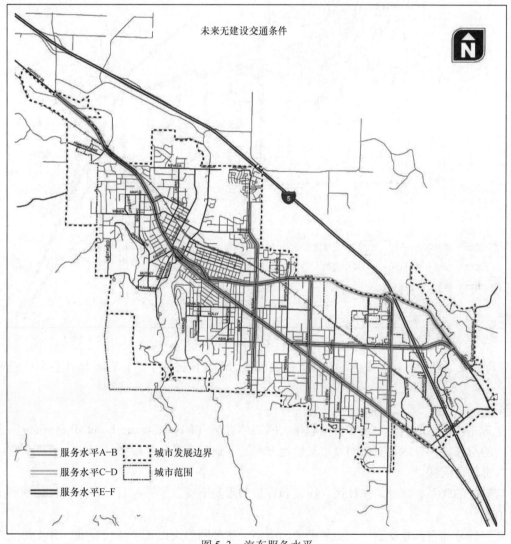

图 5.3　汽车服务水平

5.8.2 使用多模式服务水平评估交通设计

1. 背景

哥伦比亚特区交通运输部（DDOT）已要求使用 2010 版《公路通行能力手册》中城市街道理论作为评估其多个走廊研究中多式联运权衡的方法（CH2MHill，2012）。在 M 街东南/西南交通规划研究中，

图 5.4 公交服务水平

DDOT 需要研究交通解决方案，来推动在巨大的发展压力和经济挑战下，正在经历社会和产业转型的城市区域振兴。

2. 问题

M 街走廊是位于低收入住户区和美国职棒大联盟体育场（Major League Baseball Stadium）之间的各种联邦机构的所在地。该地区在访问城市其他地方时，有地理和其他实际条件限制。另外，它还遭受拥塞和其他内部循环问题。

通过与社区的联系，该计划在社区、连接和容量的限制下确立了一些目标，这些目标阐明了一套更基本的价值观。

改进开发的总体目标是达到一个更加平衡的网络，这种网络可以长期持续发展，并支持除汽车以外的其他交通模式。这一目标可以通过为所有交通模式设计和提供物理空间与时间的平衡来实现。需要明确的重点是，并非每条街道都必须满足所有功能、便利设施。同时，在任何给定的城市街道中，行人活动场所都是所有其他交通模式和功能的基础。

建议在近期内进行一些低成本的改进以推进计划目标。然而，5~20 年的中期解决方案将涉及更多的承诺和投资，因此每种解决方案都可能产生相互排斥的结果。为了优先考虑中期解决方案，DDOT 需要一种方法来比较和评估潜在的结果。

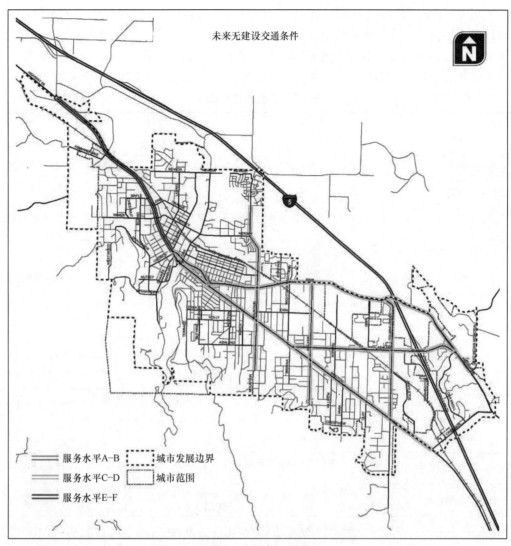

图 5.5　自行车服务水平

图片来源：Kittelson & Associates（2012）。

3. 方法

使用简化的 MMLOS 评估目前状况，作为对其他定量和定性工具的补充，该方法将在"新兴趋势"中进一步讨论。分析结果强调了这样一个事实，即鉴于预期的社会人口统计学和出行需求趋势，将存在不足的公共交通服务和无法满足未来的需求的问题，并且由于横向空间不足（在给定的高暴露水平下），许多地方非机动性的服务水平低于较高的交通流量。每种交通模式的服务水平分析还补充了对网络连通性的评估，结果表明，在所有情况下（即使是汽车），流通和准入的重大障碍也会继续加剧。

这些发现为研究三种多模式替代方案提供了出发点，而替代方案旨在根据既定目标解决现存问题，并在走廊的不同区域适当地服务于不同的交通模式。

备选方案 1——主要街道："将 M 街走廊从目前的为多功能交通模式提供服务的状态转变成'公交优先'，该走廊将优先考虑非汽车交通并具有'主要街道'的观感。在这种替代方案下，M 街是提供东西向连通性的核心高级公共交通走廊……"

备选方案 2——平衡链接："更平衡的公交网络覆盖整个区域。这些替代方案将在平行街道上分配新的公共交通服务，同时在 M 街东南/西南修建新的自行车设施。"

备选方案 3——机动车干道："保持 M 街东南/西南走廊主要为汽车通行，而较少强调其他交通模式，并通过实施适度的运营改进（停车限制、信号优化和车道渠化）让尽可能多的车辆通过该走廊，以在高峰时段最大限度地提高车辆吞吐量。"

使用 MMLOS、DDOT 能够在所有交通模式的折中方案之间进行权衡（表5.7）。这项工作有助于公众了解替代方案在交通模式层面的影响，并就未来的最佳走廊概念进行交流和讨论。

表 5.7 多模式选择总结

	交通要素	选择 1 M 街"主要街道"	选择 2 "平衡链接"	选择 3 M 街"机动车干道"
交通	直流有轨电车	M 街 – 专用车道	I（Eye）街	M 街 – 共享车道
	直流循环器	M 街	I（Eye）街/Tingey 街/P 街	I（Eye）街/Tingey 街/P 街
	都市巴士	添加局部路线/转移到平行街道	在 M 街和邻近街道增加局部路线	增加 M 街和邻近街道的局部路线
	带状流 – 中间对齐	可能性 – DDOT 暂时被解散	否	否
	外车道对齐	可能性 – DDOT 向 w 推进/专用车道	是	是 – 共享车道
网络配置与连接	M 街	减少至每个行车方向 2 条车道	减少至每个行车方向 2 条车道	保持每个行车方向 3 条车道
	I（Eye）街东南 & 西南	扩展至每个行车方向 2 条车道 – 加宽	转换一条车道供公交通行	维持现有配置
	L 街	每个行车方向提供 2 条车道/通行能力	维持现有配置	更加关注安全和交通静化
	Tingey 街/N 街东南	关注车辆的通行能力	转换一条车道供共享交通使用	更加关注安全和交通静化
	P 街东南	注重车辆的通行能力	转换一条车道供共享交通使用	更加关注安全和交通静化
	第一 & 第二街西南	转换为双向运行 & 关注通行能力	保持单向运行	保持单向运行
	Virginia 大道东南	保持单向运行 – 向西延伸至 NJ 大街	转换成双向运行 – 向西延伸至 NJ 大街	保持单向运行 – 向西延伸至 NJ 大街
行人/自行车/停车场	M 街	禁止自行车通行的车道；禁止停车	行人的改进；自行车道	行人的改进；共享的自行车道
	I（Eye）街	可用的泊车位有限；自行车道共享	将现有的自行车道改造为共享车道	出行道路上的自行车专用道
	L 街/K 街东南 & 西南	在具有通行权的地方限制停车	共享的自行车道；限制高峰时间停车	共享的自行车道；限制高峰时间停车
	第一 & 第二街西南	禁止停车；自行车使用新线路（现有路线扩展）	在可行的情况下设置自行车专用道	禁止停车；自行车使用新线路（现有路线扩展）
	Tingey 街/N 街东南	可用的泊车位有限；自行车道共享	共享的自行车道；限制高峰时间停车	可用的泊车位置有限；自行车道共享
	P 街东南	允许停车；自行车使用新路线	允许停车；自行车使用新路线	允许停车；自行车使用新路线

资料来源：改编自 CH2MHill（2012）。

5.8.3 多式联运的改进和经济影响

1. 背景

纽约市交通部门（NYCDOT）进行了一项研究，关于评估分配街道空间来改善行人和自行车通行的经济影响（纽约市交通部门，2013）。尽管该市的交通和规划专业人士深信，这些投资对提高社区生活质量是有保证的，但一个长期存在的问题是，这些投资有效地阻碍了交通系统发挥经济竞争力的作用。为解决这一问题展开了一项研究，证明了这些行人和自行车的改善实际上对经济产生了积极的影响。

2. 方法

本研究包含了七个案例研究，其中包括四个走廊，NYCDOT 为其新增或加强了中间带，修建了保护停车的自行车道，提供了高质量或"精选"的公交服务，或者拓宽了人行道。为了评估效益，采集了道路相邻地块的税收数据。这一分析的因变量是零售销售额的变化。

在改善前后，纵向评估了走廊和更广区域的销售情况（TRB，2010）（佛罗里达州交通部，2009），并将每个研究走廊与一组控制点进行了比较（Allen，2003）。研究发现，构成可持续发展的设计特征确实与销售的增长呈正相关。结果总结为表 5.8。

表 5.8 与控制点相比，人行道和自行车道增强走廊的零售销售增长

走廊	零售销售增长		
	研究走廊	市镇	比较网站平均
Vanderbilt 大道			
第一年	39%	27%	19%
第二年	56%	19%	46%
第三年	102%	18%	64%
Columbus 大道			
第一年	14%	14%	7%
第二年	20%	27%	11%
Fordham 大道			
第一年	24%	15%	16%
第二年	22%	12%	25%
第三年	71%	23%	38%
第九大道			
第一年	17%	5%	25%
第二年	47%	-7%	27%
第三年	49%	3%	26%

注：高亮显示的单元格表示给定年份内的最高性能。
资料来源：改编自纽约市交通管理局（2013）。

在所有的比较中，改进后走廊的经济表现与控制点相同甚至更高。这一切并非直接来自于交通和生活质量目标的改善。

纽约市的经济环境特殊，因此在参考时应注意条件说明。尽管如此，这些发现仍值得进一步研究，调查服务水平或其他用户满意度指标是否与当地经济表现的弹性有关。

5.9 新兴趋势

尽管 2010 版《公路通行能力手册》MMLOS 理论在服务水平分析领域相对较新，但它所处领域的技术水平正在迅速发生变化。多模式 LOS 的替代方案和修改后的 2010 版《公路通行能力手册》MMLOS 理论是该领域目前出现的方法。此外，目前的研究正在努力建立货运服务水平的概念。这些新兴的方法推动了在多模式环境下测量服务水平。

5.9.1 服务水平概念的替代方案

服务水平的替代方案可用来评估出行者在多模式环境中的满意度。其中一种方法是清单法，可直接接触步行者和骑自行车出行者，这种方法调查满意度非常有效。另一种方法是规划水平指标，被用于评

估空间上的多模式水平。

1. 清单法

美国联邦公路管理局（FHWA）和美国公路安全管理局最初合作编制了一页的可步行性和可骑性清单，以支持安全上学路线计划（Talen，2002）。这是为了鼓励家庭互动参与调查出行环境中所存在的问题，社区可采取一些策略，提倡"5E"措施（法规、工程、教育、环境、能源）来改善出行环境。

2. 模式评分法

最近，基于地理信息系统（GIS）的多模式评估方法发展迅速。其中值得注意的是，存在各种"评分"方法，以评估社区甚至整个城市的多模式特征。其中一些方法从规划角度关注社会人口和土地利用特征，如特拉华河谷地区规划委员会（DVRPC）的交通得分或双城城市委员会交通市场指数（DVRPC，2013；城市委员会，2010）。另一些方法则是通过结合基于GIS的目的地可达性指标，以及人行道、自行车道、公交连通性、地形和模式共享，来确定单个地块的模式指数（Brewster等，2009；Walk Score，2014）。这种方法在房地产行业已经得到了普及。从多模式环境的角度来看，若非专门针对特定设施的设计或操作，这些方法将提高与住宅选址有关的生活质量。

5.9.2 简化MMLOS

《公路通行能力手册》指导了如何在设计或计划级别分析中适当使用默认值，Ali、Cerasela Cristei 和 Flannery（2012）使用四种模式收集大量数据，解决了MMLOS分析所面临的障碍。这是在一些前提下进行的，即每个模式的最终服务水平评级相对于其他模式而言，是表现为对少数输入更加敏感。

对于每一种非汽车模式，这项研究已经分离出了对损失贡献最大的一组措施，如表5.9所示。

基于这些输入，简化的MMLOS方法使用累积对数概率模型预测行人、自行车出行的街道段水平服务水平。案例研究5-2中将简化的MMLOS方法应用于M街东南/西南交通运输规划研究。

表5.9 简化MMLOS方法的输入

模式	简化MMLOS方法的关键输入	模式	简化MMLOS方法的关键输入
公共交通服务水平	行人服务水平 公交服务频率 载客量加权系数 平均路段速度（巴士） 过量等待时间 平均出行长度 有长椅的站点的比例 有候车亭的站点的比例	自行车服务水平	行车道数 自行车道的存在 车辆限速 中间块访问点的数目
		行人服务水平	车辆数 车辆通行车道数 人行道宽度

5.9.3 多模式功能增强和经济影响

已经提出了将多模式设计特征与经济影响联系起来的分析。整体来说（参考案例研究5-3），这将完成服务于多种模式的设计特征和对多模式环境的潜在期望之间的循环。如果取得成功，那么就有可能将社会和经济成果纳入评估服务水平表现的模型中。

5.9.4 货运服务水平

美国国家合作货运研究计划（NCFRP）项目41重点研究了货运服务水平方法的发展，该方法综合考虑了可靠性、速度和成本。尽管这项工作在编写本手册时仍在进行，但值得提及的是，由于以下两个原因它与多模式环境尤其相关：首先，如果完整的街道确实是为"所有用户"服务的，那么就不应该忽略货运；其次，人们对提高行人、自行车和公共交通可行性的担忧与货运无障碍性和服务性的下降有关。

虽然研究正在进行中，尚未制定分析框架来评估规划和设计决定对货运的影响。但目前已经提出了一些监管概念，试图管理一天中的时间以及货运装载可用的路缘和人行道空间。随着这项工作的进展，考虑如何开发服务水平概念以提供有关各种运输模式之间权衡的其他见解，以及在多式联运街道环境中有效管理货运的相关内容，这项工作将是有意义的。

参 考 文 献

Ali, A. T., Cerasela Cristei, M., and Flannery, A. (2012). Using cumulative logistic regression model for evaluating bicycle facilities on urban arterials. Paper presented at the 91st Annual Meeting of the Transportation Research Board (January), Washington, DC.

Allen, J. S. (2003, December 30). The "Bicycle Compatibility Index"—critique of implementation manual and workbook. *John S. Allen Bicycling Research*. Retrieved from www.bikexprt.com/research/bci/bcirvw.htm.

Brewster, M., Hurtado, D., Olson, S., and Yen, J. (2009). Walkscore.com: A new methodology to explore associations between neighborhood resources, race and health. *Workscore: Walkability Research*. Retrieved from http://apha.confex.com/recording/apha/137am/pdf/free/4db77adf5df9fff0d3caf5cafe28f496/paper205082_1.pdf.

CFA Consultants. (2012). *HCM 2010 Urban Streets: A Tool for Complete Streets*.

CH2MHill. (2012). M Street Southeast/Southwest transportation planning study (December). *Anacostia Waterfront*. Retrieved from www.anacostiawaterfront.org/awi-documents/m-street-se-sw-transportation-study-documents/m-street-sesw-transportation-study-final-report/.

City of Salem, NJ. (2003). Transportation inventory. In *Main street revitalization master plan*. Retrieved from www.salemcitynj.com/media/Transportation.pdf.

Delaware Valley Regional Planning Commission (DVRPC). (2007). Creating a regional transit score protocol. *DVRPC Reports*. Retrieved from www.dvrpc.org/reports/07005.pdf.

Dowling, R., Reinke, D., Flannery, A., Ryus, P., Vandehey, M., Petritsch, T., Landis, B., Rouphail, N., and Bonneson, J. (2008). *NCHRP Report 616: Multimodal level of service analysis for urban streets*. Washington, DC: National Cooperative Highway Research Program, Transportation Research Board of the National Academies.

Emmanuel, A. (2013). Argyle Street to become city's first to use "shared street" design. *DNAinfo* (July 30). Retrieved from www.dnainfo.com/chicago/20130730/uptown/argyle-become-citys-first-with-shared-street-concept.

Florida Department of Transportation, Systems Planning Office. (2009). *2009 Quality/Level of service handbook*. Retrieved from www.dot.state.fl.us/planning/systems/programs/sm/los/pdfs/2009FDOTQLOS_Handbook.pdf.

Fruin, J. J. (1971). Designing for pedestrians: A level-of-service concept. *Highway Research Record*, 355, 1–15.

Gould, J. F. (1990). Comparing the 1985 HCM and ICU methodologies. *ITE Journal (August)* 35–39.

Harkey, D. L., Reinfurt, D. W., Matthew Knuiman, J. M., Stewart, R., and Sorton, A. (1998). *Development of the Bicycle Compatibility Index: A level of service concept, final report* (Publication No. FHWA-RD-98-072). McLean, VA: FHWA.

Institute of Transportation Engineers (ITE). (2010). *Publication No. RP-036A: Designing walkable urban thoroughfares: A context sensitive approach* (An ITE Recommended Practice). Washington, DC: ITE.

Kittelson & Associates, Inc. (2012). *Ashland transportation system plan* [City of Ashland, Oregon] (October). Retrieved from www.ashland.or.us/Files/Final%20TSP_1-5.pdf.

Kittelson & Associates, Inc., KFH Group, Inc., Parsons Brinckerhoff Quade & Douglass, Inc., and Hunter-Zaworski, K. (2003). *TRCP Report 100: Transit capacity and quality of service manual* (2nd ed.). Washington, DC: Transit Cooperative Research Program, Transportation Research Board.

Kittelson & Associates, Inc., Parsons Brinckerhoff, KFH Group, Inc., Texas A&M Transportation Institute, and Arup. (2013). *TCRP Report 165: Transit capacity and quality of service manual*. Washington, DC: Transit Cooperative Research Program, Transportation Research Board.

Kittelson & Associates, Inc., and Transportation Research Board. (2003). *TCRP Report 88: A guidebook for developing a transit performance-measurement system and supplementary material*. Washington, DC: Transit Cooperative Research Program, Transportation Research Board.

LaPlante, J., and McCann, B. (2008). Complete Streets: We can get there from here. *ITE Journal* (May), 24–28.

———. (2010). Complete Streets in the United States. In *Sacramento Area Council of Governments Complete Streets Toolkit*. Retrieved from www.sacog.org/complete-streets/toolkit/files/docs/LaPlante_McCann_Complete%20Streets%20in%20the%20United%20States.pdf.

Leinberger, C., and Kavage, S. (2007). Barriers to developing walkable urbanism and possible solutions. *Brookings* (May 30). Retrieved from www.kingcounty.gov/~/media/transportation/HealthScape/Meetings/finance_052807.ashx?la=en.

Litman, T. (2013). Toward more comprehensive and multi-modal transport evaluation. *JOURNEYS, 50-58*.

Lowry, M., Callister, D., Gresham, M., and Moore, B. (2012). Assessment ofcCommunity-wide bikeability of bicycle level of service. *Transportation Research Record: Journal of the Transportation Research Board, 2314*, 41–48.

Metropolitan Council. (2010). Appendix G: Regional transit standards. In *2030 Transportation Policy Plan*. Retrieved from www.metrocouncil.org/METC/files/44/4497728a-4c1b-4dc7-b9aa-34c6c07074a1.pdf.

New York City Department of Transportation. (2013). The economic benefits of sustainable streets. Retrieved from www.nyc.gov/html/dot/downloads/pdf/dot-economic-benefits-of-sustainable-streets.pdf.

Philadelphia Mayor's Office of Transportation and Utilities, Philadelphia Department of Streets. (2013). *Philadelphia complete streets design handbook*. Retrieved from www.philadelphiastreets.com/images/uploads/documents/Binder2.pdf.

Smart Growth America, National Complete Streets Coalition. (2013). Taking action on complete streets: Implementing processes for safe, multimodal streets. Retrieved from www.smartgrowthamerica.org/documents/cs/impl/taking-action-on-cs.pdf.

Snyder, T. (2014). StreetsblogUSA [blog]. Retrieved from http://usa.streetsblog.org/2014/07/03/bikes-cars-and-people-co-exist-on-pittsburghs-shared-streets.

State of New Jersey, Department of Transportation. (2008). Mobility and community form: Transect." *Community Programs*. Retrieved from www.state.nj.us/transportation/community/mobility/transect.shtm.

Talen, E. 2002. Help for urban planning: The Transect strategy. *Journal of Urban Design, 7*, 293–312.

Transportation Research Board (TRB). (2010). Urban street facilities. In *Highway capacity manual* (ch. 16, 16-1 to 16-47). Washington, DC: National Academy of Sciences.

Walk Score. (2014). *Bike score methodology*. Retrieved from www.walkscore.com/bike-score-methodology.shtml.

第 6 章　出行需求预测

原著：David Kriger，专业工程师
译者：景鹏 教授、博士

6.1　简介与方法论

6.1.1　简介

本章主要讲述出行需求预测以及交通需求的管控手段。在早期道路规划阶段，还不需要通过交通需求管理措施来满足出行需求。然而，随着交通供需关系发展失衡，城市拥堵问题越发严重，如今交通需求管理成为了解决城市交通问题的重要手段。现有的交通管控手段包含交通需求管理（Transportation Demand Management，TDM）、中转出行和主动出行三个方面，从出行产生端来解决城市交通问题。而在解决交通问题的过程中，应将交通需求管理纳入出行预测模型中，以求完整地考虑现存的交通问题及其解决方案。这与完整街道（Complete Streets）所强调的满足所有出行者需求的理念相一致。

出行需求预测有时间跨度长、地域跨度广等特点，是宏观层面的预测数据。但是从事中微观层面的交通工程相关从业人员仍十分重视出行需求预测数据，主要原因有以下两点：

- 大多中微观规划项目的出行需求数据是宏观项目数据的子集。宏观出行需求预测模型能够体现城市中的出行个体对规划项目的影响，即规划区外的出行行为也许会对中微观项目产生影响。
- 宏观出行需求预测模型能够体现出行方式结构的改变。在一项完整街道的分析中，要明确每一种出行方式的出行需求，这样才能确保规划道路的通行能力能够满足预期，同时也能为环境评估和交通设计与管控提供理论依据。

在交通工程领域中，并没有硬性规定要将预测模型的输出结果应用在项目中，提及这点的目的是为了让读者更好地理解出行需求模型的含义。

出行需求预测模型能提供规划年的整体交通状况，能够为之后的多模态交通出行和交通需求管理提供数据基础。

6.1.2　定义

本章将从以下几个方面展开介绍。

交通运输系统是由运输对象、运输工具、运输线路、运输网络、运输组织等组成的一个有机整体，能够在一定的城市范围内提供多模态交通出行和道路服务。各种道路可以共享路权，也可以拥有独立路权。本章着重于城市内部交通系统的研究，在城际出行（航空、铁路、海运或管道）中仅考虑通向本城市交通枢纽的出行需求。例如，一位准备搭乘飞机去往其他城市的旅客，此时只考虑其搭乘地铁从居住地到机场的这段出行需求，之后的航班则不考虑。

出行需求涉及交通运输系统的所有参与者，主要包括私家车、公交车、轨道交通、商用车（货车或用作商业运营的车辆）以及非机动车出行者等。出行需求既可以指一定区域范围内的总出行量（例如机动车的日出行总量或每天所有出行者的总出行次数），也可以指某种特定方式的出行者数量（例如某种交通系统一年内使用者的数量）或特定道路的交通量（例如晚高峰期间某指定路段上每个方向的

车流量)。

出行需求预测是指预测规划区域未来出行需求状况的方法,探索用地规划(如经济或人口)、路网规划(如新增快速运输线路)或政策制定(如边界线收费方案)等因素对出行需求的影响。

交通需求管理是指通过鼓励除私家车外的其他出行方式来减少道路交通压力,从而减少交通拥堵的政策、管控措施等管理手段。首先是共享政策或非基建措施,包括有合乘车、共享汽车、主动出行等措施。其次是经济刺激政策,包括过境收费、通行费、高乘载收费(HOT)车道等。第三是优先发展策略,即通过改善已有的基础建设来提高非私家车出行方式对出行者的吸引力,例如增加公交线路以及制定公交优先政策等。这些政策变化符合美国联邦公路管理局(FHWA)交通分析工具项目中主动出行和需求管理(ATDM)的框架。该框架涵盖了整条出行链上所有的主动管理措施,包括需求管理、交通管理、停车管理等措施,以求能够最大限度地利用现有的道路条件[1]。此外,部分地方政府也制定了一系列规章制度来减少当地汽车出行量,主要包括:限制新建建筑的配套停车位数量、在市中心商务区强制划分合乘车专用车位,以及当某一公司公交出行的员工达到一定比例时给予该公司一定的税收减免[2]。交通需求管理、经济刺激政策以及推进和完善基建这三种政策可以同时进行试点,但是需要单独分析每种措施对居民出行产生的影响,这样才能找出最适合该地区的交通需求管理措施。

注:本章主要是探索交通需求管理对出行需求预测的影响,因此不对价格、监管措施、基础设施建设及其他方面内容进行评价。

6.1.3 前提/范围

本章介绍了出行需求预测的方法和应用。为避免与其他书籍的内容重复,本章不深入探讨具体的预测模型或算法,只为读者提供一个研究思路,并介绍出行需求预测在实际城市规划项目中的应用。

6.1.4 应用

本手册的第一部分主要介绍基础背景,作为第一部分的最后一章,本章的侧重点将会放在出行需求的预测过程上。同时,为了使内容更符合工具书的理念,本章也会更注重于描述应用的过程。因此,本章侧重于介绍预测数据的应用,而不是预测数据的描述。也就是说,本章希望能为预测数据的使用者(主要是交通工程师)以及预测数据的所有者(主要是模型构建者)架起沟通的桥梁。最后,本章内容是第一次以独立章节的形式出现在手册中,希望涉及的研究主题能为日后相关研究奠定基础。

本章内容的相关研究资料已在章节末尾一一列出,如有需要可自行查取。

6.1.5 行文结构

本章接下来的内容分为如下四个部分。
- 基本原则的讨论,包括对常规四阶段模型的回顾、对交通需求管理影响的预估以及预测数据在交通项目中的实战演练(第二部分)。
  - 实践中需求预测部分的回顾(第三部分)。
  - 案例分析(第四部分)。
  - 预测方法发展趋势(第五部分)。

6.2 基本原则

6.2.1 预测的常规应用

全世界绝大多数大、中型城市在进行交通规划初期会根据规划目标的不同,使用不同的出行需求预测模型作为前期数据基础。这些模型有以下几种用途：
- 估算规划年出行量与就业增长、人口变化之间的函数关系，并确定规划的道路通行能力能否满足规划年的出行需求。
- 探索道路建设（例如新建桥梁的位置）和管理措施对改进交通系统的影响。
- 确定路网建设优先级。例如提案中的轻轨路网，确定优先建设路段及具体建设时间段。
- 确定重点开发项目（例如新的购物中心或医院）或备选开发方案（例如预期的工作地点或居民小区数量）对交通的影响。
- 研究不同政策（例如道路收费或交通需求管理措施）对交通的影响。已有模型能够单独分析政策对交通的影响，不过预测精度参差不齐。

城市规划机构在进行交通规划时都会使用出行需求预测模型。除此之外，很多城市规划院在开展其他政府项目（如空气质量分析）时，也会应用交通需求模型，并根据模型输出结果进行下一步的细化研究。

如今，出行需求预测模型已经十分成熟。接下来的问题在于交通工程师如何根据项目的特点灵活运用这些已有的模型。

6.2.2 预测过程概述

出行需求属于派生需求。人类在参与活动的过程中产生了居民出行、货物运输等派生的出行需求。在模型中常用人口数、就业人数、小区数量等人口经济属性和用地属性等变量来衡量活动性质。出行需求与交通系统之间的影响是相互的。出行者在选择交通方式时，会对不同交通方式的相对出行时间、使用成本以及往返的便捷性等因素进行综合衡量后，再做出选择；而交通系统也会根据出行量、距离、时空特点等因素，对已有路网结构进行调整。此外，出行需求是影响交通系统服务水平设计（例如车道数、通行能力和公交路线的划定）的决定性因素。

交通需求有多种预测方法，其中最简单的是通过电子表格计算出交通量的年增长系数，并依次进行迭代。这种方法只在急需对单一道路进行粗略预测时会用到。然而，如果要进行长期（10 年、20 年甚至 30 年）、多种交通方式的出行需求预测，则需要用到更复杂的方法。接下来将重点介绍四阶段模型预测方法，之所以选用四阶段模型主要有以下三点原因：第一，它的综合性很强；第二，它在过去的半个世纪已经得到广泛应用；第三，它是出行需求预测领域研究的基础模型。虽然在第五部分预测模型发展趋势中的基于活动的预测模型现已逐步取代四阶段模型，但其影响依旧十分深远。况且，四阶段模型在出行量预测之后对出行方式进行了划分，而基于活动的预测模型并没有对出行方式进行明确的区分。因此，对于注重小汽车出行模型而言，四阶段模型更有实用价值。

图 6.1 概述了经典四阶段模型系统的整体思路和逻辑次序，具体的模型算法详见参考文献，本章不再赘述。下面对各名词进行解释：

1. 输入

（1）交通小区划分

指将城市区域划分为若干个较小的研究区域，与大规模人口普查的理念相似。通常情况下，交通小区（Transportation Analysis Zones，TAZ）的划分遵循以下三点原则：
- 每个交通小区内的用地性质尽可能保持一致，如住宅区、商业中心和工业区等。
- 主要的"出行生成区域"类似于大学、医院、购物中心和机场等，需要单独划分为一个交通小区。
- 一般沿天然或人为的地理边界如河流或铁路等自然障碍、研究范围内的道路等不能作为交通小区的边界（具体原因会在后文详述）。将研究范围内的道路作为交通小区边界，会使建模得出的结论较

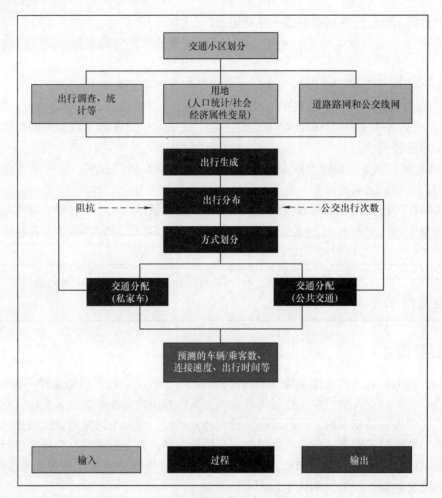

图6.1 四阶段模型建模流程

难进行分析。

（2）用地和社会经济属性变量

每个交通小区的用地属性与社会经济属性决定了模型中出行者的出行目的，能够对出行需求的预测结果产生一定影响。每个交通小区都有各自的用地参数和社会经济参数。根据现有数据和模型算法，用地和社会经济变量包含以下几个因素：

- 人口统计数据，例如研究区域内的家庭数量和人口总数，以及每个交通小区的就业人数和学生数量等。其中家庭数据可以按人数多少、居住类型、是否拥有私家车或者收入水平等进行分类，而人口数据可以按照年龄进行分类。
- 就业，即工作岗位总数，可以按经营形式进行分类（例如零售、工业等）。
- 其他社会经济参数，尤其是家庭收入。
- 其他能够描述交通小区用地类型的参数，例如交通小区内的校区数量、购物中心的待租店铺面积、病房数量等。

需要注意的是有些变量之间可能会存在较强的因果关系，例如有些模型可根据每个从业者的平均用地面积以及总的工业用地面积来推导工作岗位数量。这种间接获取数据的方法无法体现交通小区间的参数差异，因此只适用于交通影响评估，如果在出行需求预测模型中使用这类数据会影响模型拟合的精确度。

（3）交通路网

交通路网通常是指主干路和高速路路网。路网数据包含由交叉口、匝道或交通枢纽等组成的节点数据、连接节点的道路和公交线路等线路数据以及道路收费等相关数据。路网还可以细化为合乘车辆（HOV）专用车道、公交专用道、货车专用道、限行路段等。每个交通小区用它的小区形心代替，小区形心与最近的道路直接用形心连杆进行连接（形心连杆不能与交通小区的边界交叉，此外，如果某两个交通小区之间间隔河流或湖泊时，形心连杆必须连接到周围的道路网上）。

还需要注意的是，在模型使用过程中，交通路网数据未必是完整的。路网数据的精确程度取决于使用者对模型拟合程度的要求。例如，路网绘制过程中往往会剔除胡同和小路，因为这些道路过于细密，即使交通小区划分密集，也无法在模型中有效展现。

公共交通线网往往覆盖在路网或高速公路网之上。公交系统包括公交车、地铁、快速公交、轻轨、通勤专线等。虽然地铁等交通方式的道路独立于高速公路，但它们仍需要分别定义各自的节点和路段，然后将每条公交线路信息拆分为行驶的路段、发车频率、车速、站点位置、承载能力等多种数据。泊车换乘停车场以及其他私家车与公交车的换乘点需要在地图上明确地标出。

最后，主动交通线网也应该加入路网数据中。实践证明，应在城市道路两侧设置非机动车道，这样才能提升主动交通的吸引力。但考虑到出行者的安全问题，在高速公路等路段则不允许设置非机动车道。而一般道路两旁的非机动车道必须依据道路等级进行修建。一些路网模型已经添加了非机动车道的路线，并会根据非机动车道是否独立于其他车道来进行更加细致的分类。

模型假定除了明确的行人禁行路段外，其他路段都允许出行者步行，包括公交车站等枢纽。假设出行者步行范围仅限从小区形心步行到最近的公交站点的话，就可以确定行人在两个距离稍远的交通小区之间出行时会选择使用交通工具而非步行。此外，在公交站与地铁站之间的换乘存在一定的距离，应为换乘的乘客设置步行通道。

（4）政策

政策是影响出行需求、改变特定交通设施使用或出行方式选择的因素之一。政策可以分为涉及交通系统使用权的政策（例如禁止转弯或者禁止货车通行等）以及经济刺激政策。其中经济刺激政策根据适用范围分类可以分为适用于整个交通运输系统的经济刺激政策，例如过境费、过路费以及停车费，以及经过地域适应性改变的经济刺激政策，例如将市区道路改为单行道、为新建设施制定停车政策或者在通往市区的主干道上增设反向车道等[3]。另外还有些顺应市场变化的经济刺激政策，例如燃料价格等其他汽车运行成本。

（5）可观测的出行特征

这种数据往往是通过出行（起讫点）调查得来的。这些数据定量描述了研究区域内居民的出行特征，通常情况下调查的是工作日的出行特征[4]。模型中还需要加入在道路和交通路网中各个交叉口的标准车流量和出行者人数。此外还需要道路/交叉口的通行时长和速度。

首先标定模型参数，也就是确定每个自变量与因变量之间的参数方程（具体过程将会在本章后半部分进行详细阐述）。将可观测的出行和土地利用数据根据已有标准拟合到参数方程中。模型每个部分的参数都应该单独进行标定。当所有参数都标定完成后，就意味着整个模型已经校验完成。参数标定的精度会决定模型拟合效果。标定是为了建立一个理论上正确的模型，而校验是为了观察理论模型与实际情况的贴合度以及可重复使用性。标定和校验用的都是最近一年的交通数据和路网数据，而这一年也被称为模型预测的基年。

模型标定和校验完成后，才可用于出行需求预测。常见的预测方法是先预估规划年的基本情况，例如人口和就业的增长趋势，再结合路网现状进行分析预测，即保持已有的发展趋势和城市环境不变，对规划年（往往是10~20年后）的城市交通情况进行预测。同时还可以对其他方面，如人口增长率的变化趋势、道路通行时间的增加或者道路服务等级的下降等的变化趋势进行预测[5]。路网现状就是现有的路网外加计划施工或正在施工的道路网络。这种预测方法被称为"一切照旧"预测方法，预测结果能够衡量交通运输系统通行能力。接下来则测试不同解决方案能否有效缓解交通问题。值得一提的是，这些预测分析方法通常假定车流以每年1%～2%的速度增加，然而这种方法并不准确。例如，自2005年以来美国汽车行驶里程（VMT）数已趋于平稳甚至稍有下降。美国城市交通机构协会（NACTO）发布的城市设计指南提供了很多城市交通问题的解决方案（NACTO，未注明出版日期），其中包括通过交通需求管理措施减少汽车行驶里程数。

2. 过程

如上所述，传统预测模型包含以下四个步骤：

（1）出行生成阶段

在出行生成阶段，规划人员会根据每个交通小区的不同用地性质计算出该交通小区规划年的出行生成总量，再分别计算不同出行目的的出行生成总量方程。出行目的通常分为由家出行和非由家出行两种。最常见的出行有从家到单位、从家到学校、从家到医疗或购物场所等由家出行，以及非由家出行所包含的出行过程。通过实践应用发现，上述出行目的可以进行进一步的划分（例如将从家到中学与大学的出行进一步区分）。在建模过程中，通常将每个交通小区的出行量看作是该小区用地的函数。例如每日的通勤出行，出行量通常由人口或家庭数量以及就业岗位数量进行估算。除此之外，还有很多重要的社会经济属性变量（例如家庭收入）会左右人们出行方式的选择。通常用回归分析对参数进行标定。有些出行生成预测模型将样本按家庭属性进行分类，这样能够更好地利用家庭属性（例如家庭成员数量、家中劳动力数量或家庭私家车保有量）对相关出行行为进行分类解释。

一部分出行生成模型会根据需要，将交通量分为出行发生量与出行吸引量。出行产生量是指由家出行中家庭一端产生的交通量或非由家出行起点产生的交通量，出行吸引量是指由家出行中非家庭一端产生的交通量或非由家出行终点的交通量。出行量既可以是全天（24h）的总出行量，也可以是分时段的出行量，例如早晚高峰期的出行量。有些模型利用出行（起讫点）调查的出行目的数据，直接给每次出行划分起讫点。例如，为了清晰起见，一些调查细分了从家到工作地和从工作地到家的通勤出行，在模型中，出行目的也相应分为上班与回家。

（2）出行分布阶段

在出行分布阶段，研究者要根据之前预测的各交通小区发生量与吸引量，确定各交通小区之间的出行量分布，即计算规划年居民出行量在起讫点表中的各元素值。出行量的分布与两个因素相关：第一个因素是交通小区的用地性质，即出行将根据土地使用范围与类型进行分配（例如通勤出行只会分布到有就业岗位的区域）；第二个因素是交通网络的特点，也就是交通小区的可达性。交通小区的可达性由出行时间成本（拥挤）和出行费用（交通费、停车费、道路通行费）等因素计算，通常用可达性阻抗函数表示，阻抗函数是在出行分布阶段产生的，后文将详细阐述其计算原理。

在建模过程中，阻抗函数所包含的因素会根据不同的模拟环境及要求而改变。如果模拟全天的交通情况，那么通常只用小汽车出行的阻抗函数。但是如果只模拟通勤高峰时段的交通情况，那么应该将往返于市中心的公共交通的阻抗函数与小汽车出行的阻抗函数进行综合考虑，然后再进行交通分布的预测。不同的出行目的对应不同出行分布模型，这样才能体现出行者们的差异化出行特征。例如，通勤出行会比较倾向于公交或主动出行，而医疗出行则不会。常用的出行分布模型有两种：一种是重力模型法，它体现了出行起讫点交通小区的吸引强度以及它们之间的相对阻抗；还有一种是增长系数法，它根据先验的起讫点矩阵分布形式确定增长系数，其缺点是它没有考虑小区间的交通阻抗，因此增长系数法无法体现交通阻抗减少所带来的交通分布改善。

（3）方式划分阶段

在方式划分阶段，主要是为交通小区间的出行量划分不同的出行方式。通常只分为小汽车出行和公交出行，但有些模型还会将公交出行方式进一步细分为高使用率汽车（HOV，即车上有两人及两人以上）和单人使用汽车（SOV，即车上只有驾驶人一个人）和泊车换乘。可能会针对不同的出行目的和分类（如人口）分别计算并解释他们的行为，随后这些分类数据在模式组合后用于下一阶段。

使用划分率经验曲线,可以得出一个简单的交通方式选择公式,估算出交通小区间公交出行与小汽车出行的比例。在这个预测过程中,只考虑公共交通出行和小汽车出行这两种出行方式。Logit 模型能对多种出行方式进行计算,多用于估算各种出行方式的效用。效用主要由实际费用、"门对门"出行时间和其他相关属性组成。其他相关属性包含有是否有条件开车出行、出行距离、公交站点与工作单位的远近程度、车内舒适度、换乘次数等。因此出行分布所产生的交通阻抗和出行时间就成为出行需求预测的重要输入数据。从起点交通小区到终点交通小区的出行过程中,出行者会倾向于采用效用最高的出行方式。有些交通方式选择模型需要其他模型的预测结果,例如车辆保有量预测模型,因为是否拥有小汽车会很大程度上影响交通方式的选择。

标准 Logit 结合具体研究环境,已经形成了分层结构的 Logit 模型。图 6.2 展示了一种出行方式的分类,主要分为五种——驾车出行、乘车出行、地铁出行、公交出行和主动出行。从出行方式的分类中可以看出,驾驶汽车出行和乘坐汽车出行属于两种出行方式。地铁出行则可进一步分为乘车进出地铁站和步行进出地铁站两种。在其他分类方式中,主动出行也可细分为步行与骑行。此外,出行方式还可以仅按小汽车出行与公共交通出行划分,这种划分方式需要对驾驶人与乘客分别进行预测研究。

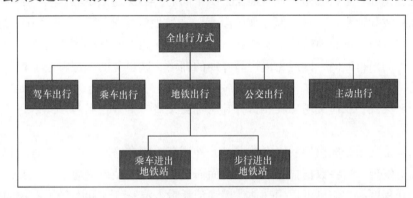

图 6.2　出行方式分类

如果出行生成按产生量与吸引量计算,那么在分配起讫点矩阵之前首先要确定每次出行的起点与终点,这些信息可以在出行(起讫点)调查中获取。其次,按照出行时间分布将一天的总交通量转化为高峰小时交通量。出行时间可应用于出行生成、交通分配与方式划分。

(4) 交通分配阶段

交通分配就是把各种出行方式的空间起讫点分配到具体的交通网络上。这是将出行需求(在 i 小区和 j 小区之间 x 出行方式的总出行量)转化为给定路网或公交线网上的交通量。

许多模型采用"平衡分配"的思想进行交通分配的计算,即用最小的出行成本将预测的交通量分配到道路网络中。这里的出行成本通常是指出行时间(单位:min),也可以折算为个人在工作、生活等活动中消耗同等时间所能带来的效益。后者考虑了通行费等收费机制对驾驶人选择路线的影响。出行成本对交通量的影响通常被量化为流量 - 延误函数(Volume - Delay Functions, VDF),由每小时的汽车通行量来表示某条路段上的通行量,通常作为衡量出行时间、出行成本和道路通行能力的依据。其中道路通行能力是用每个方向的车道数乘以单条车道通行能力来表示。为反映实际交通量,流量 - 延误函数中的参数应根据当地实际情况进行标定。

交通分配还应考虑转向管控与路段限行,这一过程需要预测模型多次迭代直至计算出最低出行成本。使用者优化平衡模型是指驾驶人(开车出行)已经不能通过改变路线来改善其出行成本,这种平衡计算方法既优化了用户出行条件,也优化了交通阻抗。

还有一种常用的分配方法叫最短路交通分配法,该方法是一种在满足自由车流与容量限制的条件下,所有出行者不考虑交通流的影响而选择最快出行路线的交通分配法。

与上述交通分配计算方法主要从驾驶人的角度进行考虑不同,系统优化平衡模型可以对道路网络中的总出行成本进行优化。相较于使用者优化平衡模型,一些长途驾驶人利用系统优化平衡模型能更加高效地规划出行路线。使用者优化平衡模型通常用于交通预测,而系统优化平衡模型则用于改善道路网络中交通流的运行效率。

公交客流分配寻求的是起讫点间的最短路线,这种算法考虑到了居民出行时间,包括公交站点的进出时间、等车时间、行车时间和换乘时间。出行者对公交出行时长的感知会影响其出行方式选择行为,因此应该将乘客感知时长纳入模型中。例如,在露天车站等车的乘客感知时长可能是真实等车时间的两倍。而部分乘客可能更喜欢速度较慢的单线公交车,通过快速公交的换乘出行虽然可以减少出行时间,但是中途换乘会对乘坐公交出行产生负面影响。此外,不同的票价构成也可纳入模型中。该算法就能够模拟乘客在指定时间内乘坐公交换乘的情景。与平衡分配算法不同,非平衡分配算法认为道路通行能力是没有限制的,只选用出行成本最小的路线。这些不限制通行能力的分配方法可以有效地体现出道路服务中的不足。但是,一些交通系统容量已经达到饱和的大城市正在努力发展新技术以确保合理、可行地对交通量进行分配。例如,地铁就是一种与地面公交不同的公共交通系统(起点-终点)。这两种公共交通系统均有重合路线和换乘点,对于部分乘客而言,乘坐地铁或公交都能满足其出行需求[6]。不限制通行能力的分配方式可能会导致地铁或公交超载。而限制通行能力的分配方式可能会使有效通行能力增加,合理分配出行者的出行时间,以避免出行高峰期的拥堵。这也有助于理解增加列车长度或服务频率对解决过载的作用。

注意:两种分配模式产生的交通阻抗和出行时间都会反馈到出行分布和方式划分的计算结果中。

3. 输出

交通量和客流量是交通分配模型的输出数据,此外还有车辆在路网中的行驶时间和行驶速度。将上述数据进行综合分析发现,这些数据描述了一个全面而又多样化的城市交通出行情况,可以直观地反映出交通拥堵的位置和程度。它们也可以用来估计燃油消耗量、温室气体和空气污染物的排放量。值得注意的是,这些最新的评估可以直接运用在规划级别的仿真研究中,但对于其他方面的用途,可能需要更加详细的微观仿真分析作为前提条件。

6.2.3 商用车预测

上一章的预测模型描述了人口的流动,本章将对商用车的运行规律进行预测,因为其容量、运营、排放、设备改造也是影响交通系统的重要因素。商用车既包括集装箱货车、送货货车、垃圾回收车等货车,也包括提供服务的车辆,如设备维修保养车辆。

对于观察货车占比的变化情况,最简单的方式是将车流增加(或减少)。该方式虽然操作简便,但存在一些问题。首先,该方式认为出行模式(出行起讫点)与个人出行模式是等同的,但是事实并非如此,例如,货车与汽车按相同的路线行驶,出发地与目的地在同一个仓库,但货车在沿途要停下来装卸货物。其次,这种方式还假定即使有新的货车路线出现,车辆组成比例也是不变的。在一些全天候运作的工业园区或工厂,货车出行会错开上下班高峰时间,因此,高峰期交通量中的货车占比可能偏低。最后,新兴的完整街道规划、快速公交系统或城市轻轨都可能导致货车出行的减少。上述问题的解决保证了货车交通量预测的可靠性,同样地,人行道翻修周期与花费也要取决于对货车交通量的可靠预测。

一种更为有效的方法是在交通分配中,将货车交通量和小汽车交通量统一分配。表格中的数据既可以直接从货车起讫点调查中得到,也可以从各自的出行生成模型和出行分布模型中分析得出,上述模型的自变量除了与人口因素有关外,还和大城市地区经济发展情况有关,如工作岗位数量、工业占地面积和工厂数量等。另一种更为先进的方法是用基于出行的预测模型来模拟货车出行,以货车每日初次离开仓库开始,以货车返回仓库结束。

6.2.4 对外交通

对外交通是以城市为基点,与城市外部空间(其他城市、乡村)进行联系的各种交通运输的总称。对外交通一般包括城市与其他城市之间的出入境与过境交通,以及城市城区与地域范围内城镇、乡村的交通。

城市出行需求模型可以预测当地居民的出行,以此来计算出入城市的交通量。但是起讫点调查却不能提供出入城市的交通量数据,因此还需要进行补充调查,例如在城市边界收费站、机场、火车站和汽车客运站进行路边询问调查。

除此之外,还需预测来自城市区域外的交通量,即入境交通量与过境交通量。预测区域外的起讫点表等交通基础数据可从路边询问调查中获得,也可从省市级大规模交通量预测中获得。但是,以往对外交通量预测通常依据年平均日交通量(AADT)、人口数和工作岗位数等数据进行简单的回归分析。简单的回归分析应用于几乎没有其他路线且起点或终点在市中心的出入境交通或经过市中心的过境交通。针对多路径的情况,应采用出行分布等复杂方法。最终起讫点表将作为独立的"层",在交通分配前添加到主模型的起讫点表中(例如,Anderson, Sharfi, Gholston, 2006)。远距离出行者的出行信息还可以直接从手机 GPS 或蓝牙数据中提取。

对外交通不仅包括城际间的出入境交通与过境交通,还包括城市城区与地域范围内城镇、乡村的交通。对于后者的交通量预测,可以使用由大都市模型转变而来的分区模型,分区模型有以下两点优势:首先,该模型详细叙述了分区交通网络和交通分析区与系统;其次,分区模型在保留了大都市模型的基本结构与算法的基础上,对模型特性进行简化,以便凸显当地交通特点。例如主动出行率更能反映出当地居民采用步行或骑行往返于城镇的喜好程度。同时,若存在起点在分区内且终点在分区外的直通车数据,可以在交通分配之前,将其添加到起讫点表中[7]。

6.2.5 其他出行方式

计量经济模型已用来预测数据完整的现有道路(特别是收费道路)和运输系统的短期变化。不同于使用人口与家庭作为基础的基于出行的预测模型,计量经济模型是采用价格因素与社会经济变化作为分析基础,能明确地对关税、燃料价格、通行费、汇率、就业和各种交通方式的服务水平等因素进行描述。这也是计量经济学模型更适用于短期建模,而非以 20~30 年为规划周期的长期建模的原因。这一特点也使只有该类模型才能解释经济周期中的短期波动,以此校准基年的交通情况。此外,该模型还能将交通预测中出现的校准误差降至最低。最后,由于公路建造初期需要投入大量资金,政府需要短期出行预测来估算建成不久后的营收。而且实证研究表明,短期预测可以发现一些长期预测发现不了的问题。

计量经济学模型的处理方式不尽相同,分为回归分析和 Logit/Probit 离散选择分析。回归模型通过对若干连续变量的回归分析,可以很好地描述短期变化和波动,从而发现定价和其他影响因素的细微变动,这是离散选择模型无法比拟的(Vilain, et al., 2010)。但上述方法难以改善道路拥堵状况。相比之下,离散选择模型能实时预测离散点的出行。

6.2.6 交通需求管理的影响

交通需求管理有多种衡量方法,在不同前提条件下,选取适当的出行需求预测模型能更准确、直观地反映出行需求预测产生的影响。

在出行需求预测模型中,交通需求管理可视为:
- 在出行方式选择阶段,推广合乘车。

- 在路线选择阶段，通过经济杠杆政策，使出行者避开拥挤路段。

两种方式并行，例如，围绕城市中心设置拥堵费周界线，既可以看作是一种出行方式选择管理手段，也可以看作是一种路线选择管理方式。

交通需求管理措施可从三个方面影响私家车的出行需求：鼓励其他出行方式、错开出行高峰期或限制小汽车出行[8]。

交通需求管理策略及措施主要有两类。第一类是通过教育和特定活动等方法改变人们的态度与认知。例如开展主题教育、市场营销和绿色出行周等。

第二类是通过奖惩措施来增加或减少某种出行方式的出行量。例如，合乘匹配计划、交通拥挤收费政策和公交折扣或市中心公交免费政策。此外公司、学校和一些特定场所也实施相关策略。如部分公司采取灵活的工作时间和远程办公，减少员工开车上下班；部分学校则利用学生票和"步行校车"（由专人护送，学生们步行上下学），减少拥堵；而部分特定场所则设置拼车优先停车场和自行车停放处，促进人们主动出行。这些措施或多或少都能对居民的出行方式选择产生影响。

通常采用曝光度和实际活动推广效果两种方法评估不同种类交通需求管理措施的有效性。两种评估方法存在较大差异，第一种利用曝光度，即通过参加推广活动的人数进行评估。而第二种方法是通过实际活动推广的效果来衡量，推广效果可以用来量化现有交通需求管理措施的成本效益，也可用于预测未来交通需求管理措施的应用效果。通常，第一种方法被视作第二种方法的前期准备，但只有第二种方法才能量化交通需求管理措施对出行方式的影响。

在交通四阶段模型的方式划分中往往会考虑交通需求管理措施的影响。但是，由于交通需求管理措施只能对当天部分居民出行产生约束，因此在方式划分阶段能否有效地体现交通需求管理措施的约束作用，取决于调查数据是否可靠。因此，采用意向调查是保障调查数据可靠的方法之一。

在建模过程中，根据观测或计算得出的使用频率，部分模型仅考虑司乘共有的出行场景，而忽略驾驶人单人小汽车出行的情况。然而这种方法无法体现交通需求管理措施的有效性。

上述方法能够量化小汽车交通量的减少程度，在交通分配中，小汽车交通量的减少程度能体现交通需求管理的影响。因此交通需求管理措施的有效性分析，尤其是针对不同组合的措施有效性分析显得十分重要。在评估措施有效性时，常采用车辆行驶里程[9]或个人出行里程（PMT）[10]的变化估算燃油消耗量、温室气体排放量和标准空气污染物。例如，城市某些公司的拼车计划减少了该城市总的汽车行驶里程，这将显著减少燃料消耗和汽车尾气排放。虽然上述估计量可以从考虑交通需求管理措施的模型结果中得到，但从大都市区域模型的分配结果中可能无法体现。

除交通需求管理措施外，交通管理部门及组织也越来越关注道路收费政策。主要原因有两点，第一点是交通设施的用处或其在路网中的位置，都会对道路收费政策的效果产生影响；第二点是道路收费可以有效缓解拥堵。出行者选择收费道路或免费道路可以看作是一种出行方式选择行为，道路收费政策很有可能会引起人们的出行方式转变；也可以看作是交通分配中的一次路径选择行为，即驾驶人可以选择收费道路或免费道路。通过意向调查可以反映出行者的时间价值（\$/h）与实际成本之间的博弈。并且道路分时收费政策也会影响出行者提前或推迟出行，以避开高昂的收费时间段。较高的出行花费也会使一些对价格敏感的出行者改变他们的出行计划。

管理部门还会采用其他类型的道路收费措施，包括边界线收费、停车附加费和过路费等。其中动态路边停车收费措施是通过不断调整停车费用来保持最佳的停车场地使用率，这一比例根据当地条件所制定，并且会考虑到停车场是否位于市中心。一项关于西雅图停车需求的研究使用前后对比数据，模拟市中心的停车需求如何随着停车价格的变化而变化。该研究使用了一种新的回归模型，这种模型考虑了时间和街区因素，并计算了停车需求相对于价格的弹性系数（Ottoson, Lin, Chen, 2012）。

交通需求管理措施的分析对完整街道的交通工程具有实践意义，具体体现在以下几个方面：首先，一些城市已经实施或正在考虑动态的街边停车收费政策；其次，它直接影响到微观模型中某指定道路的交通情况；最后，它证明了交通系统计量经济模型在估计短期出行需求变化方面的效用。

6.2.7 预测在交通影响分析中的应用

出行需求预测一直是交通影响分析（Traffic Impact Analyses，TIA）的重要组成部分，对出行需求进行预测可以更好地了解公共交通和主动交通在多模态出行中的效用。

交通影响分析也被称为交通影响研究，就是在开发项目的立项或审批阶段，分析该项目在建成后会对周围多大范围内的交通环境产生何种程度的影响。许多省市级交通运输管理部门已经制定了交通影响分析的准则，美国交通运输工程师学会提出了一种交通影响分析的可行性方法（ITE，2010）。本小节将讨论在完整街道或多模态出行下，交通影响分析中出行需求预测的使用。

在交通影响分析中，出行需求预测通常用于预测背景交通，背景交通量是指在规划年无同类建设项目情况下研究范围内的交通量；也可分析场地影响，例如通过发展项目所在地的交通分析区域预测交通量的预期分布。交通影响分析的背景交通量预测主要有以下三种方法（McRae，Bloomberg，Muldoon，2006）：

- 区域出行需求模型：考虑土地利用因素，可用于市区交通量预测，适合长期预测。
- 累积分析法：适合短期预测，若无法使用出行需求模型，可采用这种方法预测小城市或大城市部分区域的背景交通量。具体为将研究区域内所有已批准但尚未开放的开发项目所产生的预估交通量相加来估算短期未来交通量。如果考虑未开发土地上的未来发展对交通量的影响，也可用于长期预测。
- 增长趋势法：适用于发展速度稳定的农村地区，这种方法基于历年交通量和人口等历史数据，利用回归分析算出增长率。鉴于这种模型常用于农村地区的背景交通量预测，故在下面不做进一步讨论。

交通影响分析通常注重对交通和交通流的影响，美国国家环境政策法案和加利福尼亚州环境质量法案规定，任何影响交通流量或增加交通延误的项目都被认为是对环境的不利影响。此外，任何通过提供公共交通和主动交通设施来减少汽车交通量的措施，必须分析它们对交通流的"不利影响"[11]。这可从以下几个方面得到证明：

- 即使在推行主动交通与公交优先政策的地区，新增出行量中小汽车出行的占比也没有显著变化。
- 小汽车出行行为是多种影响因素共同作用的，其中有是否有充足的免费停车位和是否有代替小汽车出行的行为都会改变出行方式选择。
- 许多交通影响分析只关注交通服务水平（Level of Service，LOS），因此往往通过扩展道路和改善运营提高道路通行能力，以应对不断增长的车流量。
- 以汽车为导向的解决方案一般不考虑公共交通和主动交通的安全性与移动性。例如即使在人流较大的路段，信号相位也是依据车流量进行配时。

多模态混合交通扩展视野被看作是交通影响分析中最佳的解决思路。美国虽然已经意识到了其他出行方式的重要性，但是他们在交通影响分析中仍然只关注小汽车出行。较好的解决方案是在维持交通服务水平的基础上，考虑多种出行方式之间的相互影响，旨在有机调配所有出行方式。在英国，交通评估（等同于交通影响分析）用于分析推行可持续交通方式的应用场景，并确定设施的投资预算（United Kingdom Department for Transport，2014）。

加拿大的一些城市考虑到了扩展道路和改善运营对公共交通和主动交通的影响，例如，安大略省渥太华市的《交通（非交通）影响评估指南》（2006）要求评估公交车行车延误、安全问题和行车冲突。步行网络与自行车出行网络之间的连续性问题亟待解决，倘若项目的发展会产生较大的人流量，则须对行人设施的服务水平进行评估。最后，还需要实施一些交通需求管理措施，如能耗低、污染少的公交优先发展策略。这些规范与城市的多模态交通方案、完整街道理念、交通需求管理策略和可持续发展政策相一致。

通过使用多模态模型，可以计算出公共交通与主动交通的背景交通量与增长系数。如果模型中某种出行方式的数据缺失，可以从当地规划部门或交通影响分析过程中的境界线出入调查或起讫点调查中获得相关数据。在交通影响分析中，无论该区域是否有新建项目，多模态模型都需要考虑用地因素。这为交通影响分析提供了重要参考，一些城市已经将多模态出行作为交通影响分析的前提之一，因而也确定了影响的空间范围。

最后，出行需求模型存在许多弊端。首先，其结果不一定是即时更新的。其次在有些情况下，出行需求预测模型只对全天 24h 交通量进行校准，却没有针对上下班高峰期进行校准，这将影响出行需求模型的解释力度。此外，出行需求预测模型也不适用于所有场景，社区的出行需求预测模型往往会用简单的分析方法代替出行方式选择模型。同理，如果拟定发展对交通的预期影响有限，则在交通影响分析中不必使用出行预测模型。这些情况下可以使用易于获取的数据，进行简单预测。尽管存在上述不足，出行需求预测模型还是进行交通影响分析时的首选。综上所述，出行需求模型在交通影响分析中起着重要作用。不仅可以预测背景交通量、代理交通分布等参数，而且在完整街道和多模态出行下，还可以提供其他出行方式的背景交通量，也可以用来评估在交通影响分析中提出的所有模式的改进。

6.3 专业实践

6.3.1 规章

部分国家对交通规划或交通模型不做强制要求。美国联邦交通规划部门立法要求地方机构在进行城市整体规划时必须包括远景交通规划（至少 20 年）。为了对长期或中间年份进行有效的交通预测，地方规划机构常采用出行需求预测模型，该模型将预测区域内的人口、就业和土地利用的估计量按出行方式、路线和时间段分配给道路上的人员和车辆。出行需求预测模型结果既可以用于机动车排放模型来测算区域内小汽车出行的排放量是否达标，也可以用于评估交通规划方案中备选出行方式投资所产生的影响。《交通一致性条例》还对出行需求预测模型、机动车排放模型给出了相关参数的最低要求。

为了确保合理选用模型，地方规划机构必须接受美国联邦公路管理局的技术审查。受到空气质量指标、区域人口、经济增长及投资策略种类的影响，不同地方规划机构对模型的应用往往不同。美国联邦公路管理局根据模型的预期效果和技术人员的水平，对出行需求预测模型地域适用性进行审核，审核过程还会将地方规划机构对当地预测背景的实际情况、预测假设的合理性、预测方法的理解考虑在内（FHWA，2012）[17]。

在美国，联邦交通管理局的投资计划也会将出行需求预测模型结果作为参考依据，该投资计划主要资助大型规划项目，包括新、小项目的启动和核心能力的提高。交通出行需求预测不仅可以作为备选出行方式分析和环境影响分析中需求分析的基础，还可用于解决少数民族和低收入人群出行方案带来的潜在影响。

6.3.2 交通工程中的应用

出行需求模型与交通仿真模型用于描绘当今复杂的交通需求。

出行需求预测模型种类不同，在交通工程中的适用范围也不同。图 6.3 对交通仿真模型进行了简单分类。交通仿真的对象为道路交通系统，是一个随机的、动态的、复杂的、开放的系统，涉及人、车、路及环境等诸多方面。根据研究对象描述程度的不同，交通仿真模型分为宏观、中观、微观三种，下面对每种模型进行简要介绍。

- 宏观模型主要用于城市整体规划，它以车辆整体流动为研究对象，能够分析和重现交通流的宏观特性。本章主要介绍的出行需求预测模型也是一种宏观模型。

● 微观模型，即将给定的出行需求和起讫点信息作为输入，在道路或公路网分区中模拟出行需求的演变。为此，应在道路网中界定研究区域，将起讫点信息转化为起讫点矩阵放入模型中，宏观模型的结果可以用于核验微观模型中进出研究区域的交通量。根据起讫点矩阵，将交通流量分配到具体的道路网络中。请注意，通过人工计数法得出的研究区域内车流量数据可以用来校准起讫点矩阵，使得模型更能精确还原实际道路的交叉口配置、信号配时、街边停车等情况，还能利用本当地街道提供的通行能力。交通运营模型就是一种典型的微观模型。与覆盖面积较大的宏观模型相比，微观模型则聚焦于特定的路段或单个交叉口。

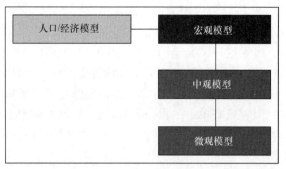

图 6.3　模型层次结构

● 中观模型介于宏观模型和微观模型之间。它们可以用来调节宏观模型和微观模型，或者作为独立模型使用。中观模型调小宏观模型的车流量，以便更好地适应微观模型，例如直接使用宏观模型中的出行需求会导致微观模型中十字路口出现不切合实际的队列长度，但是在现实生活中，驾驶人会选择绕路。中观模型细化宏观出行需求的时间切片（例如高峰时间），以更好地适应微观模型的时间切片。他们通过两种方式做到这一点：第一点是通过分流来修改需求矩阵，这意味着给微观网络分配更小的交通量；第二点是通过修改路线，将矩阵中一些行程重新分配到研究区域以外的道路上。中观模型通常考虑的是车流，而不是微观模型中的单个车辆。他们还考虑了道路特性，以响应该路段上的所有车队在每个时间段的交通行为。机构将宏观模型或交通调查中的汽车出行矩阵加入微观模型，展现城市或分区路网中的分流情况。然而，拥堵区域范围的模型的数据不能直接套用，需要一种手段将该模型中对时间敏感的出行矩阵转化为中观模型可以使用的出行矩阵[13]。中观模型的路网以宏观模型的路网为基础。

图 6.3 描述了人口和社会经济对宏观需求模型预测的影响。只需要知道人口与经济是出行需求预测模型的重要输入即可，具体模型不做赘述。一些机构将人口、社会经济加入出行需求预测模型，再将模型的预测结果（出行者居住地和工作地点）反馈到模型输入中进行迭代。

注意：只有宏观模型能估算出行需求。另外两个模型用于在细致的层面上分析车辆需求是如何在交通网络中分布的。因此，虽然后两种模型更适合具体的交通应用，但宏观模型确保了能够捕捉到出行活动的全貌及成因。例如，区域的人口增长决定了整体的交通增长，是否拥堵影响了路线的选择等。宏观模型还确保了分析中交通方式的多样性，这与完整街道理念相一致，并为改善交通系统出行方式提供理论依据。

6.3.3　有效方法和常见问题

在实际的交通应用中，需要明确出行需求预测本质上是"模糊的"，这样才能更好地使用出行需求预测。

出行需求预测本身是不精确的。首先，出行需求预测使用的是未来年人口经济数据，并且交通分配是理想化的过程。其次，预测过程过于复杂以及使用四阶段模型都会增加交通预测的不精确性。尽管如此，出行需求预测仍然是交通规划乃至城市规划中不可或缺的一环。

基于这些原因，出行预测不能直接得出一个单一的结论，而是描述了未来交通状况的多种可能，并研究形成的原因，同时出行预测还能分析出发生概率最大的情况。在实践中常见的问题有：

● 模型预测中隐含的精度水平。例如，虽然模型可以对单一车辆的行为进行预测，但是需要将模型进行多次迭代，所以这种精细的预测是没有必要的。

- 将结果应用于详细的操作分析之前,应该对其进行解释。一个常见的问题是使用车辆预测转弯量来确定十字路口的交通量需求,同样是对最近的车辆,但也独立地采集每个交叉口的驶入量和转弯量。出现这种情况是因为这些模型目的在于得到整个路网的模拟条件,而不是每个路段和节点的精确需求总和。有必要确保交叉口车辆进出量的一致性。
- 模型充分性是指模型能否合理描述它所应用的情况。例如,一个模型预测车辆交通方面表现良好,但它只有单一的出行方式,这种模型不能用于快速公交系统的规划。即使模型的分配结果已经用分隔查核线进行检验,但没有用分隔查核线区域内的单条道路检验,那么这个模型就不能用于描绘特定公交路线。
- 使用不完整或不精确的数据进行建模也是一个常见的问题,例如:

1)调查样本量太小或没有覆盖整个研究区域。

2)对当地情况完全不了解,即利用现有的条件来预测引入新的交通技术或新的定价方案时出行者的行为。

3)过期数据,尤其是在数据收集后经济状况发生重大变化的情况下。

4)数据太粗糙,无法凸显有意义的影响。例如,主动出行的比例应降至出行调查的误差允许范围内。

- 此外,模型在实际应用中可能还存在本质性的缺陷(Committee for Determination of the State of the Practice in Metropolitan Area Travel Forecasting, 2007),包括:

1)正向偏差,即由于预测是基于正向输入和假设,新建路段和项目的需求预测会远远超过实际值[14]。

2)很难在一个复杂的建模过程中保持拟合精度不变,模型拟合过程会产生许多偏差。

3)缺乏模型验证,即模型使用数据是否与实际数据相吻合。大多数建模工作都集中在参数校准上,很少(如果有的话)对原始数据进行验证。

最后,还有一些问题值得进一步思考:如何对预测结果进行解释,以及如何对预测模型各部分建立联系,这或许又是一个未知的困难。但在实际预测工作中,上述问题有着举足轻重的实践指导意义。如上所述,预测本质上是"模糊的",其结果描述的是一个尚未发生的状态。但是,为了能向其他专家学者、公众和管理部门展示预测结果,预测模型结果需要用一个明确的数值进行表达,而不是一个模糊的数值范围。上一节中介绍了缩小预测范围以及模型标定和校验的方法。商业化的出行需求模型通常使用可视化的方法展示预测结果,特别是在与其他场景进行比较时,这些图像可以显示交通流量的变化。所以,上述方法通常用在技术说明报告中。更重要的是,对于在基础假设方面所做的说明,除了其可能具有的警示作用以外,该说明可以让读者明白预测出行需求的原因。例如,新的模型中对人口增长率的预估与往年的发展趋势的差异,以及针对人口增长率在不同地区和交通网络中的相应改善方案,这些都为更深刻地理解交通预测过程提供了理论背景。此外,将预测指标与观察到的当地实际发展趋势以及其他类似城市的发展趋势进行比较,这一方法可以以一个非专业人士的视角对预测结果与真实数据进行检验。例如,按出行方式所计算出的每日出行人次、平均出行距离以及出行时间。最后,在保证有实际效用的前提下公布预测结果,这样做还可以帮助决策者对不同的预测模型环境有更加深入的理解。例如,交通量与通行能力比(V/C 比)是一种常见而简单的方法,可以用来确定何时产生新的交通需求。然而,如果用拥堵程度(即流动性)这一概念,对行驶在公路上的驾驶人来说会更有价值。例如,使用基于速度的阈值来定义延误、燃油、排放等使用成本对交通流量所造成的影响。还要注意的是,三重底线评估方法在评估过程中需要在实际自然环境、社会影响和经济条件下对模型精确度给出证明。

6.4 案例研究

本章中的案例研究涵盖了一系列的主题，其中包括收费政策、交通需求管理、完整街道以及行车综合自动化系统。

6.4.1 政策研究：定价方案的探索

1. 背景

随着区域范围模型应用的推广，与之相关的政策研究实际上与远景交通规划的发展历程较为相似，其并不注重基础设施的建设和土地利用的规划，而是聚焦于道路收费计划，例如周界定价、过路费以及过境补贴等问题。

2. 存在问题

美国的一些大型都市和州政府当局已经对收费计划所产生的潜在效用展开了调查，以便通过经济手段来解决交通拥堵问题。可是收费计划在各领域的应用才刚刚开始，实际应用经验的缺失使得上述潜在效用的评估工作存在一定的困难。虽然旧金山交通运输局曾针对部分收费计划进行了审查，但这种审查只是"探索性"的，而不是为了制定某一政策或者是程序所展开的审查。近期展开的一项对比研究对两种收费政策的实施效果进行了调查，分别是：在旧金山的东北地区（城市核心所在区域）征收过境费用，并且在包括城市主要就业中心（市中心区域）在内的部分区域征收额外的停车费用[15]。在该情景中，虽然在境界线内的出行是免费的，但在工作日的高峰时段，机动车驾驶人每次经过境界线都要缴纳3美元的费用。而在停车情景中，就路外停车场而言，不论该车辆是进入市中心进行停车，还是从停车场驾车驶离市中心，只要处于早晚高峰时间段内，机动车驾驶人都要在正常缴纳停车费用的基础上，额外再缴纳3美元的停车费用。换句话说，在上述两种方案中，尽管在道路上行驶是免费的，但是机动车驾驶人在工作日早晚高峰期间的每一次出行都要缴纳3美元的费用[16]。

3. 解决办法

旧金山交通运输局曾利用局部地区的出行需求模型对上述收费措施所造成的影响进行了对比研究。在该模型中，城市中心的交通小区的面积较小，相当于一个城市街道的大小，其中的机动车道路网络以及慢行交通网络的描绘都非常的精细。除此之外，该模型还有一个停车模块，用来记录停车费用、驾驶人寻找停车位所需时间以及驾驶人从停车场步行至最终目的地所花费的时间。至于停车费用最终是由员工个人支付还是公司承担的问题，只需要转换模式即可进行调整。

上述两种情景均减少了高峰时期进出城市中心区域的机动车出行量，并且在停车情景中的效果更为显著。但实际上，机动车出行量的减少是因为部分出行者改变了出行方式，在境界线内，机动车出行量降低的同时伴随着步行以及非机动车出行量的上升，但是在停车情景中趋势却恰恰相反，前者的增加是由于原本处于境界线内人们出行目的地数量的增加所导致的。虽然说上述两种解决方案都使得机动车的出行里程有所减少，但实际上境界线情景对于车辆里程的控制要优于停车情景。

总的来说，上述研究得出了一些直观的数据和结论，比如收费计划的实施，使得境界线情景中境界线内出行量的增加、在停车情景下境界线外停车数量的上升以及两种方案中总的机动车出行量的降低等。不过，上述结论并没有考虑其他因素的影响，比如过境通行增加需要增设过境交通设备，导致总出行成本上升。此外，还有一些值得注意的问题：对于驾驶人是否将车辆停在市中心区域外，并通过步行进入该区域的问题，模型则无法进行识别。总的来说，尽管该模型的"探索性"特征较为突出，但这种对比性研究不仅有助于确定动态定价措施的效用，同时也对此类模型未来的发展有一定的帮助。

4. 经验指导

旧金山交通运输局的分析案例为我们提供了使用出行需求模型来分析上述价格政策等复杂政策方案的经验指导，主要包括三点：

- 在缺乏相关经验的前提下，这种"探索性"分析为政府工作人员提供了有关于动态价格实施方面的指导，帮助他们理解收费政策的效用，同时也为不同的假设方案提供了差异化的评估方法。
- 该分析证明了使用多模式的区域范围模型来评估潜在"提升"对较小区域（包括市中心区域）所产生影响的重要性。
- 该分析证明了在市中心区域内部一个空间细节的重要性，以及对停车行为（行驶、停车和步行到目的地）过程中的一些细节进行建模的必要性。

6.4.2 完整街道预测

1. 背景

通过多种方式对出行需求进行预测要建立在完整街道计划之上。而一个针对多种出行方式的出行需求预测模型便可以满足上述预测工作的要求。

2. 存在问题

完整街道计划中每个模型的需求都不尽相同，其需求差异主要体现在以下几个方面：

- 本地出行和过境出行之间的差异。
- 在保持较高的预测精度与模型可靠性方面的差异。
- 对于其他平行线路有何延伸影响。
- 如何平衡城市交通的机动性和效率。

3. 解决措施

目前很多文献主要研究的是完整街道模型的优点、规划思路以及应用方法。但是，对于完整街道模型预测的重要性研究却几乎没有。

在满足基本条件基础上的道路建模是否合理，是对出行需求模型进行初步评定的标准。这可能需要以完整街道模型中的道路为依据建立子区域模型，并且在通常情况下，对路网中的现有交通量进行复核的同时，还要对新生交通量进行统计，最后还要对出行量的分配结果进行校正，以保证通路建模的合理性。沿着通路的交通小区需要进一步的细化，其部分目的是为了确保道路入口的定位更加准确、目标区域的用地划分更加精细。根据通路沿线土地利用性质和面积的差异，以及考虑到区域内部产生的交通出行可能不同于穿越通路产生的交通出行，往返于交通小区的出行生成、出行分布，以及出行的方式划分等都需要更加精确的预测数据。最后，因为出行速度是完整街道计划中的重要组成部分，所以说，通路沿线以及与其相互平行的道路上的出行时间数据和出行速度数据也应该相当精确，这一点至关重要。

如果只考虑机动车出行的话，利用微观仿真模型对单条道路上交通流进行仿真实验，不仅在模型的细节处理方面更加精细化，而且模型的搭建过程也会更加容易。但实际上，包括公交、步行、非机动车在内的其他出行方式会使得仿真实验变复杂化。美国退休者协会的公共政策研究所在2009年的一项研究表明，尽管交通需求模型对于公交、步行、非机动车出行预测的敏感度正在不断上升，但就目前而言，利用此类模型对上述几种出行方式的出行量进行精确预测仍存在较多困难（Lynott, et al., 2009）。当模型的使用者试图为当前网络中占比较小的出行方式进行较为精确的预测时，该模型的预测敏感度变化将会非常显著。

不过，一种将时间和空间进行独立分析的方法正在快速兴起，这种方法有望解决上述问题（详见第5部分）。例如，在最近有学者提出的自行车模型中，对于自行车的出行行为已经有了一个更为精细化的描述，同时也细分了各种非机动车的路权（详见第5部分第2小节）。20世纪80年代在蒙特利尔逐渐兴起的一种非集计的模型，以非常精细的空间和时间细节分析对个人公交出行的行程进行仿真模拟

(参见，例如 Chapleau，2000）。

不论哪种出行方式，都要对区域内部出行和过境出行进行区分，内部出行是指出行的起讫点均沿着通路，或者是必须利用通路进入目标区域。过境出行是指那些很有可能会转换到其他路径的出行，就连出行方式或许都会发生变化。例如，预测的结果中可能会出现这样的情景：一辆过境出行的机动车会由原来的路径转换到另一条相互平行的路径上，并且会有部分驾驶人停车换乘公交车前往目的地。因此，在对通路进行研究分析的同时，有必要评价其附近道路的服务水平。许多商用的出行需求模型可以确定出特定路径上机动车出行的起讫点，并且展现出路网的改变是如何对同一路径上机动车驾驶人的行为造成影响。模型所包含的上述功能可以明确地告诉我们，哪种驾驶人会继续按原计划出行，而哪种驾驶人则会改变出行路线。

最后，很多完整街道计划都会考虑道路限速的问题，为了能够保证各种出行方式下出行者的交通安全，降低道路中的原有速度限制是非常有必要的。相对应的，目标服务水平也需要做出调整。实际上，不论是行驶速度还是服务水平，都是表现道路网络上交通流动性的要素，在完整街道计划中，对二者的考虑要更加广泛，以便在提高交通安全性的基础上，保证道路用户的无冲突通行（LaPlante，McCann，2008）。如今，在考虑不同限速（或自由流速度）、沿线道路的车道数和车道通行能力会对出行方式选择和路径选择产生影响的前提条件下，该模型可以用于评估完整街道方案的可替代配置。同时，该模型也可以对通路沿线和与通路平行道路的服务水平变化进行评估。

4. 经验总结

多出行方式出行需求预测模型为完整街道计划提供了重要的数据输入。在使用该模型之前，要对模型的校验情况进行审查，并且在必要时进行改进，以确保预测基年道路情况描述的合理性。虽然，针对单条机动车道的建模方法已经很成熟，但是少有关于公交、自行车和步行出行方式的模型的研究。不过，一些现存的和新发明的建模方法对于出行范围和出行特征方面的信息提取非常细致，为此类问题的解决提供了新的思路。实际上，不论是哪种出行方式，都需要区分区域内部出行和过境出行，并且对两者分别进行建模。除此之外，也要在模型中对速度进行合适的描述。

6.4.3 交通影响分析的应用：一个多层次的方法

1. 背景

通常情况下，我们需要考虑多个临近的开发项目，这些项目中土地使用的调配、密度和时间可能会随着个别规划进程的推进而发生变化。除此之外，需要建立一个反馈机制，使得在区域出行需求模型中对交通影响分析模型所产生的影响进行二次分析，例如，新建的快速公交站对所在线路往返客流量和道路承载量的影响就是一种信息的反馈，给交通规划师提供启示[17]。

2. 存在问题

最近在弗吉尼亚州费尔法克斯县进行了一项结合宏观、中观和微观模型的研究。这一多层次模型为开发综合交通影响分析模型提供了方法，所谓综合交通影响分析模型，是将交通影响分析模型集成到哥伦比亚特区泰森斯角地区规划中的几个大规模开发项目中。这些项目的建设周期都长达 40 年，其目的是将该区域发展成为一个城市中心，并为其提供多种出行方式的交通出行服务。

利益相关者：在模型开发的过程中举行了几次股东会议。利益相关者包括费尔法克斯县的工作人员、开发商和他们的交通顾问。

3. 解决办法

多层次方法将区域出行需求预测（宏观）效用模型和累积分析模型进行了结合（见第 2 部分第 7 节）。而在费尔法克斯县的研究中，该宏观模型被用来模拟跨区域的多方式出行行为。微观模型是用来对单条道路、交叉口和站点入口进行分析。而中观模型是利用地理信息系统（GIS），对三个建模层次进行整合。区域（宏观）模型网络则是将路网转换为 GIS 附加网络进行进一步的精细化处理，之后再转换成原来的中观模型进行校准。校准后的路网数据被传递到中观和微观模型中进行详细分析。

另外，为了能够系统地分析拟建地点的影响，该模型将特定地点的出行产生率与使用了区域（宏观）模型的 ITE《出行生成手册》（*Trip Generation Manual*）进行了结合。2000 年美国人口普查数据中的工作通勤出行数据被用来估计规划地的出行方式选择和出行分布。由于模型中所使用的数据得到了更新，宏观模型的出行矩阵才能更加精确地对研究区域进行解释。

4. 经验总结

多层次模型在一定程度上允许乘客出行过程中交通网络和出行矩阵误差的存在，这样就可以详细地对土地利用和交通网络中的变化进行研究，至于修改之后，特定地点的出行产生、出行分布和出行方式选择的影响，可以在宏观层面上对其建模，以便检查它们对多式联运网络的影响，并对其一致性进行评价。多层次模型还允许政府工作人员对备选的开发方案进行评估。同时，该方法也可以作为分析步行、骑行和公交换乘所产生的局部影响和网络需求的基础。

6.4.4　交通需求管理

1. 背景

许多交通规划机构需要将交通需求管理计划纳入交通影响分析中，并将其作为一种能够降低机动车出行占比的手段，美国一些州和市政当局还制定了减少机动车出行的法律以及政策，希望通过强硬的交通需求管理政策来减少机动车出行量。

2. 存在问题

在通常情况下，机动车出行减少量的估计方法有很多种，但是，机动车出行减少量的估算公式和数据来源的说服力总是不够充分。需要特别指出的是，相关的对比研究数量较少，而且无论如何，交通需求管理战略通常都是作为扩展性项目的一部分，所以很难将交通需求管理战略所带来的影响与其他补充计划区分开来。而在其他情况下，用于分析的数据是集计的，所以无法按照出行活动和出行日程对个人的出行数据进行区分。例如，对于减少通勤出行的计划来说，"平均每天"并不是一个有用的概念，因为上班族的活动每天都在变化。实际上，上述注意事项非常重要，因为虽然以减少出行量为目标的有关计划所寻求的是整个企业通勤出行量的减少，但要对这些出行量的降低程度进行估计的话，需要对每个用户的出行选择进行分类分析，这可能会与总体分析的结果有所不同（Kuzmyak，Evans，Pratt，2010）。例如，一名员工可能在一周中的某一天在家工作，没有产生工作通勤出行，又或者在某一天需要在放学后带孩子去踢足球，所以他要开车去单位工作。

3. 解决办法

1993 年，加利福尼亚州空气资源委员会对洛杉矶和萨克拉门托的上班族进行了一项小型调查，利用调查结果开发了一个 Logit 方式选择模型，其中的出行方式包括顺风车和客车共乘方式。可是，由于没有合乘车出现前的出行选择数据，因此该模型的预测能力受到一定程度的限制。最近由南佛罗里达大学城市交通研究中心（CUTR）发起的一项研究开发了一种能够减少目标区域内部出行量的模型，该模型使用的数据来自研究对象公司的数据库，并且主要是针对能够有效实施减少出行计划的工作区域。CUTR 模型并没有使用 Logit 模型进行回归分析，而是使用"神经网络"来进行训练和预测，其优点就在于可以参考先前的经验和案例来对出行方式做出选择（Kuzmyak，Evans，Pratt，2010）。为加拿大交通部编制的交通需求管理措施指南中的数据收集和影响分析方法采用的是一种来自瑞典的研究方法，这种研究方法能适应个别不同类型的交通需求管理措施。该指南对计算交通影响的不同方法进行了研究，根据可用数据的不同，不同管理措施所产生的交通影响程度还可以由每种出行方式的行驶里程数来表示。基于国内外的相关研究，不同出行方式的出行过程必须根据其出行特征而具有不同精细程度的描述。例如，步行和骑行的路程通常比机动车出行的路程短得多，因此它们的起点、终点和路线等空间信息与后者相比，应该具有更加精细的描述（Clavelle，Kriger，Noxon，2009）。

4. 经验总结

上述交通需求管理的相关理论为我们带来了一些启示。首先，有必要对由潜在交通需求管理措施规划所带来的交通影响进行量化分析。但是，由于缺乏有效的数据来源，特别是措施实施前后情况对比的数据，而且很难从个别交通需求管理措施和活动以及其他种类的交通需求管理措施中提取出有用的数据，所以上述量化分析存在一定的难度。其次，美国、欧洲和加拿大的有关学者提出了一些估算交通需求管理措施所产生的交通影响程度的方法，而且这些研究方法和思路具有很好的发展前景。最后，交通需求管理措施的实施需要非常精确的数据和空间单位来记录出行，这对于分析对个人出行和一些交通需求管理计划中固有的日常出行差异化分析的能力提升，特别是在减少工作区域内的出行量方面，是非常有必要的。

6.5 新的发展趋势

不断涌现出的新的模型和方法正不断地改变着现有交通规划的预测思路，对于相关的政策和解决措施，这些模型有更好的细节处理能力和灵敏度。

6.5.1 新兴发展：新的建模方法

一直以来，作为一种针对大都市出行需求量预测的传统方法，基于出行路径的四阶段预测法在北美乃至全球的应用都非常广泛。2007年的一项审查意见显示，美国大部分的大型城市仍然使用基于出行路径的四阶段预测方法，尽管长期以来该方法受到不少的质疑，包括是否有必要寻求一个更加统一的方法来针对出行者在面对众多政策选项和出行选择的情况下是如何做出反应的问题。例如，四阶段法是一个连续的决策过程，但是实际上，出行者会将各阶段的核心问题同时进行思考和决策。大多数在美国应用过的基于出行路径的四阶段模型在"集计系统分析和道路通行能力方面表现得很好"，所以说在一定程度上，四阶段模型符合基本的预测需求[18]。换句话说，四阶段模型"最适合简单、小范围的问题"，比如有关部门为了能够提高通行能力而新建一条高速公路（Gliebe，Picado，2012）。

在"基于活动建模"的风向标的指引下，国内外学者所使用的建模方法已经转向了比基于出行更新颖的建模方法。这一转变使得在对人们的出行行为进行研究时，以日常生活作为一个更加广泛的背景进行研究。换句话说，也就是人们的出行决定是为了支持其参与某项社会活动而存在，例如，"我下午3点在市政厅有个会。然后必须在下午5点之前去托儿所接孩子。我将如何安排出行来完成这些活动"。这就要求出行活动必须是和家庭其他成员的活动安排相互配合，也包括"谁能够充当驾驶人"这一影响因素。

基于活动的出行模式在以下几个方面具有更加显著的灵敏度响应：

- 首先是关于个人支付意愿和支付能力的政策问题。主要指停车费用、道路收费（包括过路费和合乘车收费）、过境收费政策、以距离为基础的费用收取原则以及帮助弱势人口的措施等对出行选择的影响。
- 其次是涉及个人特征和时间敏感度的限制条件之间的协调性问题。包括人口结构的变化，例如家庭规模；家庭组成和是否有老人要照顾；新的工作通勤方式，如远程办公、灵活的工作安排和拼车出行；停车位的可用性、停车成本、停车约束或限制等（Gliebe，Picado，2012）。

基于活动的出行模型应用范围较为广泛，虽然学者正在不断展开研究，该类模型的数量在上升，但是不能否认的是，在北美以及全球范围内，该类模型的数量仍然少于基于出行的模型数量。尽管该类模型具有多样性，但是基于活动的模型中最基本的方法论特征有以下三点（Davidson，Vovsha，Freedman，2011）：

1. 基于出行链的结构

该出行结构以出行链为单位研究每一次出行，也就是说，一个封闭的出行链，从开始到结束都是同一个地点，可以是家庭端点，也可以是工作单位端点。出行链是该模型的基本分析单位。该结构通过控制"出行目的地、出行方式、出行时间和出行日期等方面的一致性来保证每段出行同属于一条出行链"。该模型甚至还允许非由家出行和由家出行之间建立联系。比如，一名出行者在上班途中买咖啡的行为，就可以利用由家出行和非由家出行之间的关系进行适当的转换。除此之外，该模型还将强制性活动（如上班或上学）和非强制性活动（如购物）中的相关出行活动进行关联。

2. 基于活动的平台

该平台的应用意味着"仿真出行是在家庭和个人日常生活的总体框架下所进行的"。以下几个方面保证了同一个人不同出行部分的一致性：在家和在外活动之间的相互替代、个人的日程中活动的持续时间、家庭内部的互动（比如谁能够使用家庭车辆）等。值得注意的是，在第 4 部分第 1 节所叙述的旧金山交通运输局定价案例研究中便使用了基于活动的有关模型。

3. 微观仿真模型示例

该模型适用于个人和家庭的非集计层面，它从概率模型的结果中将活动和出行的相关选择转化为离散选择中的一系列有序选项或名义选项；这种建模方法产生了更真实的模型输出结果，输出文件看起来更像实际的出行调查数据。相比之下，基于出行的模型会综合这些出行选择行为进行研究。

其他重要的进展包括：

- 针对交通状况和交通工具的变换如何影响出行发生时间这一问题进行仿真。
- 可以根据货运车辆离开仓库的时间以及经过的站点来预测其何时可以到达目标仓库。
- 新的数据收集方法，特别是使用 GPS 数据的研究方法。

6.5.2 新兴发展：预测主动出行

新兴研究为预测主动出行需求提供了切实可行的方法。

主动出行，即步行和自行车出行，作为机动车出行的一种替代出行方式，因其能减少交通拥堵和环境污染，所以在城市交通规划中受到了广泛关注。其实，居民更在意的是个人健康问题，希望道路能够成为更加"友好"的场所，并且城市交通的"智能化"发展水平能够得到提高。总体而言，虽然在大学校园等特定的出行产生地点附近，骑行出行和步行的发生概率会比较大，但是在大部分城市区域内，骑车出行和步行所占的出行比例却很小。此外，还必须将步行/骑车出行（这是出行的唯一方式）和那些使用这些方式转接到另一种出行方式（例如步行到公共汽车站）区分开来。

上述问题导致的结果就是，步行和自行车出行可能会在模型校准中被筛选出去。这也在一定程度上反映出，在区域范围的原始目的地调查中很难捕捉到步行和骑自行车出行的有关情况，这是因为调查对象总是认为开车出行才属于"真正意义上"的出行，例如走过马路去吃午饭这样简单的行为。同时，无论是正式的还是非正式的人行道，以及较为狭窄的自行车道，这样的道路均随处可见，所以行人和自行车骑行者的数量很难进行统计。此外，如果所涉及的出行距离相对较短，特别是在步行出行中，利用上述模型进行分析可能需要比交通分析区域模型和网络模型所要求的交通小区划分更加精细，对于上文中提到的上述预测过程会向微观模型方向演化的趋势，上述问题也同样存在。一些城市规划组织越来越多地使用便携式 GPS 作为区域出行调查的一部分，这至少在一定程度上满足了对数据精细化的要求。在四阶段模型中，主动出行通常采用以下三种建模方式：

- 出行分布前，骑车出行和走路出行的比例是在出行发生后再进行估计的。在对机动车出行通过出行分布、方式选择和交通分配的连续过程进行需求量预测时，步行和骑车出行需求量被搁置在一边，或许都不会对其进行进一步的分析。
- 预方式选择，模型中包括对阻抗的测量，以得到阻抗对短距离出行的影响。

- 方式选择，主动出行是一种较为明确的出行方式。虽然这是一种对骑车出行和步行出行而言更加准确的建模方法，但如前所述，主动出行模型的参数校准缺乏足够准确的数据（Liu，Evans，Rossi，2012）。

关于骑车出行，最近有研究指出，交通微观仿真模型提供了适合分配自行车出行的小空间尺度的研究条件。目前有更加新颖的方法对骑行者在交通网络中的流动性进行了研究，例如，骑行者在混合交通中的骑行过程是否舒适、是否在机动车道旁的小路上骑行，以及是否将非机动车道与机动车道隔离开来、来回的自行车道是否分开等（Twaddle，Schendzielorz，Fakler，2014）。

在主动出行方面的最新进展包括：

- 开发于俄勒冈州波特兰市的出行分布前方法为主动出行的预测过程提供了更多的空间细节，并使用一个特殊的指数来提高对行人出行描述的精细程度。该方法定义了微观尺度下的行人分析区域（Pedestrian Analysis Zones，PAZ），每个区域都是一个 80m×80m 的空间单元。这些可以，但不仅限于是现有交通小区模型的子集。但无论如何，最终都能将行人分析区域聚合为交通小区。实际上，出行产生于行人分析区域空间层，而不是在交通小区。然后，使用二项 Logit 选择模型将生成的出行链划分为步行出行和其他方式出行部分。模型考虑了"环境行人指数（PIE）"，也就是说，它从行人角度考虑了与步行行为相关的建筑环境特征。环境是衡量建筑环境六项指标的一个影响因素。其中，六项指标是指：建筑设施的使用舒适性、街区面积、公园的可达性、人口密度、人行道密度、道路的可达性。行人指数数据是由当地城市规划组织通过对地铁乘客的调查得到的。首先，预测除了步行以外的其他方式的出行生成量（包括自行车出行），然后聚合到交通分析图中，再通过区域模型中的后续步骤进行处理。实际上，步行出行也可以用类似的方式进行处理，但在交通分布和交通分配阶段，需要考虑到步行出行比例以及目的地选择对步行距离和步行网络的定义是有一定参考价值的（Singleton, et al., 2014）。

- 一种基于全球定位系统的自行车路线选择模型是在研究加利福尼亚州旧金山市的骑行交通项目中开发的。该模型通过一款特制的智能手机应用程序来收集调查参与者的 GPS 数据，此外，骑行者还可以在应用程序中输入他们的出行目的和个人信息。数据收集完成之后，开发者利用这些数据开发了一个 Logit 路径选择模型。该模型根据"路径大小"来区分用户的选择行为，同时也考虑到了自行车专用道与非专用道的不同属性和不同等级等因素。

上述项目中的 GPS 数据调查仅限于智能手机用户，有迹象表明，骑行俱乐部的成员在调查中有很高的参与率，因此该调查结果存在一定程度的偏差。但是，这些偏差被基于 GPS 的数据收集方法所具有的优势抵消了：调查成本的降低，使得模型对一些很少骑自行车出行的居民采样率有所提高，同时模型也可以更加精确地记录出行者的个人特征和出行目的（Hood，Sall，Charlton，2011）。

- 在一项针对加拿大渥太华-加蒂诺居民自行车出行分配模型的研究中，有关学者提出了自行车服务水平（BLOS）的概念。骑车出行也是一种明确的出行方式，最近的一项起讫点调查显示，该地区居民每天骑车出行的比例为2%。自行车服务水平提出了六种不同类型的自行车道，其分类依据包括现存的机非分离程度以及路面类型等。此外，自行车服务水平还计算了汽车和自行车在流量分配时产生的交叉影响，即自行车道通行能力的降低是因为机动车流量分配过程中的流量-延误函数所造成的，此外，其他车辆在混合交通中对骑行者造成的干扰也会使得机动车道的通行能力降低（Gupta, et al., 2014）。

6.5.3 最新研究进展

尽管建模过程会变得更加复杂，但出行需求预测模型是确保所有出行方式都能被考虑在内的关键基础。目前，预测模型正向着越来越小的空间分辨率和时间分辨率的方向发展，利用更加深入、可靠的分析方法，研究出行者对于基础设施及其运营过程以及政策措施所做出的反应。在不久的将来，当交通工程师们为所有用户寻找一个出行选择的最优解时，上述研究成果将为交通工程师提供进一步的帮助。

尾 注

1. 为一个概述，参见 ATDM：主动出行和需求管理 FHWA 操作（n. d.）。
2. 威尔莫特，C.《个人沟通》，2014 年 9 月 9 日。
3. 威尔莫特，C.《个人沟通》，2014 年 9 月 9 日。
4. 传统的起讫点调查是揭示性偏好调查。也就是说，其观察居民的实际行为。但是，作为预测某一特定城市目前尚且不存在的预测因素，其预测能力是有限的，尤其是一些还未使用新的公共交通技术（如轻轨或快速公交）的地区，以及目前还没有收费的地方采取收费措施的高速公路段。"陈述性偏好"调查试图用数学"游戏"来量化和预测上述行为。它在模型校准时与显示性偏好（起讫点）调查互为补充。
5. 一些机构还利用观测到的趋势来调整预测的关键参数。例如，在某些城市地区，每日出行产生率随着时间的推移而增加或减少，因此，先前的起讫点调查所得出的变化趋势被用来对出行产生率进行校准，否则在后续的预测过程中会产生偏差。
6. 换句话说，一位居住在郊区、离市区大约有 32km 的出行者可以选择乘坐地铁或公交车来换乘。但是，相比而言，乘坐地铁出行可能会更加快捷，因为它不受道路拥堵的影响，所以他很有可能会选择乘坐地铁出行。而对于另一名出行者，如果其出行距离大约 2.4km，那么他可能会选择乘坐公交车出行，因为乘坐公交车更加方便，出行路线也更加快捷，地铁速度虽然更快，但需要走更长的路才能到达车站。
7. 曼恩和达乌德（1998）提供了一个非常古老但仍然有启发意义的示例。作者描述了他们为弗吉尼亚州福奎尔县开发的一个分区模型，福奎尔县位于华盛顿特区的郊区。
8. 本讨论基于 Clavelle、Kriger 和 Noxon 在 2009 年的一项研究。
9. 标准单位是出行的汽车千米数，或 VKT。
10. 标准单位是出行的乘客 – km 或人 – km，以及 PKT。
11. 本讨论基于 DeRobertis、Eells、Kott 和 Lee（2014）的研究。
12. 注意这里的描述只是一个概要。读者可参考适当的规章和制度，以确保对相应的细节有充分而又恰当的了解。
13. 威尔莫特，C.《个人沟通》，2014 年 9 月 9 日。
14. 不同于，C 乐观偏差，但也会影响预测的现实性的因素有：快速变化的经济环境，预测发生时间，设备实际运行时间，设施是否先进，绿地面积大小，设施的类型等。
15. 接下来的讨论以 Zorn、Sall 和 Bent（2011）的研究为基础。
16. 请注意，停车附加费和这一探索性的研究与 SFpark 在 2011 年提出的价格可变的停车计划相互区别，目的是管理城市不同区域的街边停车区域的可用性。
17. 接下来的讨论基于 Walker、Senh 和 Rathbone（2012）的研究。
18. 随后的讨论基于都市区域出行预测实践状态确定委员会（2007）。

参 考 文 献

About ATDM: Active transportation and demand management—FHWA operations. (n.d.). Retrieved from http://ops.fhwa.dot.gov/atdm/about/overview.htm.

Anderson, M., Sharfi, K., and Gholston, S. (2006). Direct demand forecasting model for small urban communities using multiple linear regression. *Transportation Research Record: Journal of the Transportation Research Board*, 1981, 114–117.

Chapleau, R. (2000). Conducting telephone origin-destination household surveys with an integrated informational approach. In *Transport surveys: Raising the standard* (Proceedings of an international conference on Transport Survey Quality and Innovation, May 24-30, 1997; Transportation Research E-Circular E-C008). Washington, DC: Transportation Research Board.

City of Ottawa, Ontario. (2006). *City of Ottawa transportation impact assessment guidelines.* Retrieved from http://ottawa.ca/en/development-application-review-process-0/guide-preparing-studies-and-plans.

Clavelle, A., Kriger, D., and Noxon, G. (2009). Canadian transportation demand management impact measurement guidelines. In *Proceedings of the annual conference of the Transportation Association of Canada, Ottawa.*

Committee for Determination of the State of the Practice in Metropolitan Area Travel Forecasting. (2007). *Metropolitan travel forecasting: Current practice and future direction* (Special Report 288). Washington, DC: Transportation Research Board.

Davidson, B., Vovsha, P., and Freedman, J. (2011). New advancements in activity-based models. In *Australasian Transport Research Forum 2011 Proceedings.* Adelaide, Australia.

DeRobertis, M., Eells, J., Kott, J., and Lee, R.W. (2014). Changing the paradigm of traffic impact studies: How typical traffic studies inhibit sustainable transportation. *ITE Journal,* (*84*)5, 30–35.

FHWA. (2012, December 3). *Certification checklist for travel forecasting methods.* Retrieved from www.fhwa.dot.gov/planning/certcheck.cfm.

Gliebe, J., and Picado, R. (2012, February 3). *Activity-based modeling, session 2: Institutional issues for managers* (TMIP Webinar Series). Washington, DC: Travel Model Improvement Program, U.S. Department of Transportation.

Gupta, S., Vovsha, P., Kumar, R., and Subhani, A. (2014). *Incorporating cycling in Ottawa-Gatineau travel forecasting model.* Paper presented at the TRB Conference on Innovations in Travel Modeling, Transportation Research Board.

Hood, J., Sall, E., and Charlton, B. (2011). A GPS-based bicycle route choice model for San Francisco, California. *International Journal of Transportation Research, 3,* 65–75.

Institute of Transportation Engineers (ITE). (2010). *Traffic impact analyses for site development: An ITE recommended practice.* Washington, DC: ITE.

Kuzmyak, J. R., Evans, J. E., IV, and Pratt, R. H. (2010). Traveler response to transportation system changes. In *Employer and institutional TDM strategies* (TCRP Report 95; ch. 19). Washington, DC: Transportation Research Board.

LaPlante, J., and McCann, B. (2008, May). Complete Streets: We can get there from here. *ITE Journal, 78*(5), 24–28.

Liu, F., Evans, J. E., and Rossi, T. (2012). Recent practices in regional modeling of nonmotorized travel. *Transportation Research Record: Journal of the Transportation Research Board, 2303.*

Lynott, J., Haase, J., Nelson, K., Taylor, A., Twaddell, H., Ulmer, J., McCann, B., and Stollof, E. (2009). *Planning complete streets for an aging America.* Washington, DC: AARP Public Policy Institute.

Mann, W., and Dawoud, M. (1998). Simplified 4-step transportation planning process for any sized area. In *Proceedings of the 6th National Conference on Transportation Planning for Small and Medium Sized Communities.* Washington, DC: Transportation Research Board.

McRae, J., Bloomberg, L. and Muldoon, D. (2006). *Best practices for traffic impact studies* (Report FHWA-OR-RD-6-15, prepared for Oregon Department of Transportation). Washington, DC: Federal Highway Administration.

NACTO. (n.d.). *Design year.* Retrieved from http://nacto.org/usdg/design-year/.

Ottosson, D. B., Lin, H., and Chen, C. (2012). Price elasticity of on-street parking demand: A case study from Seattle. Paper presented at the Innovations in Travel Modeling 2012 Conference, Transportation Research Board, Washington, DC.

Singleton, P. A., Muhs, C. D., Schneider, R. J., and Clifton, K. J. (2014). *Representing walking activity in trip-based travel demand forecasting models: A proposed framework.* Paper presented at the 93rd Annual Meeting of the Transportation Research Board, Washington, DC.

Twaddle, H., Schendzielorz, T., and Fakler, O. (2014, January). *Bicycles in urban areas: Review of existing methods for modeling behavior.* Paper presented at the 93rd Annual Meeting of the Transportation Research Board, Washington, DC.

United Kingdom Department for Transport. (2014). Transport evidence bases in plan making. *Planning Practice Guidance,* paragraph 001, reference ID 54-001-20141010. Retrieved from http://planningguidance.planningportal.gov.uk/blog/guidance/transport-evidence-bases-in-plan-making/transport-evidence-bases-in-plan-making-guidance/.

Vilain, P., Muhammad, T., Li, C., and Hallissey, M. (2010). Freight and passenger modeling using hybrid econometric-network models. *Transportation Research Record: Journal of the Transportation Research Board, 2187.*

Walker, S., Senh, L., and Rathbone, D. (2012). *Utilizing a multi-tiered modeling approach to conduct a consolidated traffic impact analysis in Fairfax County, VA*. Fourth Transportation Research Board Conference on Innovations in Travel Modeling, Washington, DC.

Zorn, L., Sall, E., and Bent, E. (2011). Exploring parking pricing for congestion management using the SFCTA activity-based regional pricing model. In *Transportation Research Board 90th Annual Meeting Compendium of Papers*. Washington, DC: Transportation Research Board.

第 7 章　连续流设施的交通流特性

原著：H. Gene Hawkins, Jr., Ph.D., P.E.
译者：曹淑超 副教授、博士

道路交通设施分为连续流设施和间断流设施两种。连续流交通设施是指排除交通可能因拥堵而减速或停止的情况，车辆可以在一段道路上行驶而不因交通信号、停车/让行标志、铁路/轻轨平交道口或其他交通流中断而停止或减速的道路。相比之下，由于产生冲突的交通流必须共享通行空间，因此间断流交通设施是指因道路的特定特征（如信号、标志或其他特征）而致使交通产生延误的道路。共享空间的概念是连续流和间断流设施之间的众多区别之一。

高速公路和多车道公路的长路段是连续流交通设施的典型示例。连续流交通设施上的车流速度较高，行人和自行车通常不会出现在车辆附近的道路上。因此，连续流设施只供摩托车、汽车和重型车辆使用。由于连续流大多是单一交通模式（机动车辆行驶），其交通特性（如流量、速度和密度）之间的关系已经确立，从业人员可以利用这些特性准确地分析过去、现在以及未来的交通状况。

本章介绍了连续流设施上的交通流基本特性，并确定了这些特性之间的理论关系。通过使用《公路通行能力手册》中的计算方法来分析交通流特性，确定特定条件下特定设施的服务水平。由于该手册提供了计算服务水平的具体方法（TRB，2010），从业人员可以使用《公路通行能力手册》（2010版）第2卷来分析连续流交通设施的服务水平。

在连续流道路上行驶的车辆的交通流特性一般有明确的定义，交通参数之间的关系（即交通流理论）也已建立。虽然早期关于交通流理论的工作基本上是在理论层面，但随着交通量的增加、拥堵的加剧和数据收集能力的提高，我们可以建立更真实表示高速公路和多车道公路上实际交通流的关系。

本章首先确定了交通流分类方法在宏观、微观和中观层面之间的差异。然后重点介绍了流量、速度和密度特性参数，以及如何使用它们来表征交通流。最后阐述了交通流特性参数之间在理论和实践层面的关系。

7.1　引言：交通流特性分析

在对某个连续流设施上的交通流或交通状况进行分析之前，有必要确定交通流的特性。这里介绍两种基本方法：宏观方法和微观方法。

在进行宏观分析时，交通流被视作一个同质体，使用总交通量来表示整个交通流。宏观分析可以评估大规模或全局路网的交通状态，例如交通流的总体速度或整条道路的预期交通量。在宏观分析中，没有区分单个车辆的特性。

宏观分析可以评估大规模或全局路网的交通状态。在微观分析中，需要对单个车辆的运动和它们之间的相互作用进行评估。

相比之下，有时有必要在特定位置识别与车辆相关的特定问题，从而开展微观分析。在微观分析中，对单个车辆的运动和它们之间的相互作用进行评估。当必须评估特定车道（如收费站）的交通量，或者当同一设施不同车道上车辆的速度可能不同时，采用微观分析是比较合适的。

中观分析提供了表征交通流的第三种选择。中观分析结合了宏观和微观分析方法的特点，它可以在整个交通道路中选定位置模拟单个车辆（微观分析），同时在道路的其他位置使用总的交通流特性（宏观分析）。

7.2 基础：交通流特性参数

交通流分析基于三个基本特性参数：流量、速度和密度，它们是描述交通流关系的基础。了解每个特性参数以及一个特性参数与另外两个特性参数之间的关系，可以评估过去或当前的交通状况，也可以预测未来的交通状况。

交通流的分析基于三个基本特性参数：流量、速度和密度，它们是描述交通流关系的基础。

- 流量：交通量的一种度量，表示在给定时间间隔内通过道路某一点或某一路段的车辆数（或其他交通实体数）。连续流交通设施上的车辆包括摩托车、汽车和重型车辆。测量流量持续的时间从几秒到一整天不等。流量是指单位时间间隔内通过的车辆数，而术语"流率"具有本节所述的特定含义。术语"通行能力"是一种特殊情况下的流量，它表示"在一个特定的时间段内，在给定的道路、交通、环境和控制条件下，机动车或者行人能够期待的通过某一点或车道或者道路的一段均匀路段内的最大可持续的流率。"（TRB，2010，p.9-3）。
- 速度：指车辆或作为主体的交通流的速度。速度可以在空间的某一点上或某一段距离上测量，表示为距离/时间。
- 密度：指交通流的密度，表示为车辆数/距离。

其中，流量和速度相对容易计算或测量。但密度很难测量，通常用占有率替代密度，这一点在本章后面会提到。密度也是《公路通行能力手册》中大多数连续流交通设施在服务水平分析方法使用的主要指标。在宏观和微观分析中，对流量、速度和密度这几个基本特性参数有不同的定义见表7.1。以下将会更加详细地介绍。由于中观是宏观和微观方法的组合，表7.1中不包括中观。

表7.1 宏观和微观数据比较

分析类型	基本特征		
	流量	速度	密度
宏观	流率	空间平均速度	密度率
微观	车头时距	时间平均速度	车头间距

资料来源：H. Gene Hawkins, Jr.

7.2.1 流量或交通量

在三种交通特性中，流量（通常称为交通量）也许是最重要且最常测量的，它表示单位时间内通过的车辆数。统计在给定时间间隔内通过某一点或某一路段上行驶的车辆数量对于评估过去、当前或未来的交通状态至关重要。交通量的统计可以简单地记录车辆总数，也可以记录特定类型的车辆，还可以涵盖不同的时间段。

1. 交通量统计的类型

交通量统计可以记录所有类型车辆的总数，也可以分别记录每种类型车辆的数量。对于大多数类型的交通流分析，交通量的调查基础单位是标准小汽车。然而，其他类型的车辆对交通流的影响不同于小汽车，故识别每种类型车辆的交通量是很重要的。例如，与汽车相比，重型车辆通常会在道路上占用更大的空间，并且其运行性能降低。因此，一辆重型汽车相当于一辆以上的小汽车（乘用车）。在交通量统计中区分车辆类型主要是为了能够评估不同类型的车辆对整体交通流的影响。

> 重型车辆通常根据车轮数量或车轴数量进行分类。

用于将其他类型的车辆转换为乘用车的方法有很多,实际使用的方法取决于车辆类型分类的方法以及分析的目的。例如,重型车辆通常根据车轮数量或车轴数量进行分类。《公路通行能力手册》(2010版)将重型车辆定义为在正常运行期间地面上有四个以上车轮的任意车辆(TRB,2010,第 11 – 13 页),这种分类通常需要目视观察才能识别重型车辆。《公路通行能力手册》第 11 章提供了一个用于将由所有类型车辆组成的总交通量调整为代表乘用车流率的计算方法,它通过使用车辆换算系数使各种道路和交通条件下的混合交通量之间具有可比性。换算系数的取值范围在 1.5~7.0,具体取决于重型车辆的类型、地面坡度和坡长。

某些交通量调查方法统计的是通过道路上某一点的车轴数,而不是车辆数,管式计数器是使用该统计方法的典型设备。在这种情况下,重型车辆通常定义为具有三根以上车轴的车辆。交通工程师通过使用传统经验法将车轴总数除以 2 来获得交通量,故对于具有 3 轴或 5 轴的车辆,其换算系数分别为 1.5 和 2.5。

这两种分类方法的区别在于,双轮双轴车辆根据车轮数量被归类为重型车辆,但根据车轴数量被归类为乘用车。具有四个以上车轮的双轴车辆包括双皮卡、某些巴士和某些单体货车。重型车辆的其他示例包括牵引车 – 挂车组合、任何牵引挂车车辆以及具有两个以上车轴的巴士。休闲车是一种独特的车辆类型,虽然许多休闲车只有四个轮子,但休闲车的尺寸和性能特征通常与重型车辆更为相似。此外,与大多数重型车辆(通常需要商用驾照)相比,休闲车通常由非专业驾驶人驾驶。

摩托车是另一种可能出现在连续流交通设施上的独特车型。摩托车有两根轴,通常有两个轮子。因此,摩托车通常算作乘用车,也可以将它统计为一种特定的车辆类别,具体取决于统计的目的。

美国联邦公路管理局开发了一套车辆分类系统,可以识别 13 种不同类别的车辆,如图 7.1 所示。美国联邦公路管理局系统主要基于车轴数量和挂车数量(如果有)。

2. 交通量统计的持续时间

交通量统计的时间间隔从 1min 到一整天不等,其最常用的单位是 veh/h 和辆/天。交通量统计一般有以下几类:

- 子小时:统计的时间间隔为 1min、5min 和 15min。15min 统计很常见,因为 15min 统计可用于确定高峰小时系数。在可能存在短期交通波动的位置,1min 和 5min 统计可用于识别较短时间间隔内交通流的可变性。高峰小时期间的高峰 15min 交通量是计算高峰小时系数的关键因素,在下面有相关介绍。
- 每小时:60min 统计表示高峰或非高峰时段的小时交通量,通常通过对连续子小时统计求和来确定 1h 的交通量。高峰小时是通过确定提供最高小时交通量的连续统计的持续时间(即 12 个连续的 5min 统计或四个连续的 15min 统计)来确定的。当从持续时间为 1min 或 5min 的统计中确定高峰小时,高峰小时不必与四分之一小时的间隔对齐。例如,由 5min 统计确定的高峰小时可能从下午 4:55 开始。
- 每日:24h 统计量,可以代表不同的日交通量。
- 日交通量:一天统计 24 次得到的交通量。
- 平均日交通量(ADT):指两天或两天以上,但不到一年的日均交通量。
- 年平均日交通量(AADT):全年 ADT 的平均值。真正的 AADT 统计需要测量全年的日交通量,而典型的 AADT 统计通常通过将日调整系数和季节调整系数应用于 ADT 统计来确定。
- 工作日、周末和季节交通量:日交通量可以换算为一年中典型的工作日、周末或季节的交通量,具体取决于与特定位置相关的情况。此类统计的示例包括:

平均工作日交通量(AWDT 或 AWT)——平均工作日总的交通量。

年平均工作日交通量(AAWDT 或 AAWT)——周一至周五的年平均日交通量,它不包括周末的交通量。

平均周末日交通量（AWET）——平均周末日（周六或周日）的总交通量。

年平均周末交通量（AAWET）——周六和周日交通量的年平均日交通量，它不包括工作日（周一至周五）的交通量。

季平均日交通量（SADT）——以季节计算的平均日交通量，通常定义为包含年交通量80%的整月交通量，SADT通常与停车场和其他季节性设施相关。

值得特别注意的是，"流率"作为交通量的一种表达形式，实际上不是交通量的统计值，而是在一个位置上以等效veh/h的单位表示一种测量或预测交通流（量）的形式。通过将子小时统计量乘以一小时内的间隔数，可以将子小时统计量表示为流率。例如，15min内的200辆车的交通量的流率为800veh/h（200辆车/15min×4即间隔15min/h）。交通量和流率之间的区别很重要，因为许多分析过程（特别是《公路通行能力手册》）使用峰值15min的流率作为分析的基础。

类别	类别名称	描述	图像
1	摩托车	所有两轮或三轮机动车辆。此类典型车辆具有鞍式座椅，由车把而非方向盘操纵。此类别包括摩托车、踏板车、轻便摩托车、电动自行车和三轮摩托车	
2	乘用车	所有主要为载客而制造的轿车、双门轿车和旅行车，包括牵引休闲车或其他轻型拖车的乘用车	
3	其他双轴四轮单体车	除乘用车之外的所有双轴四轮车辆。这一分类包括皮卡、板车、面包车和其他车辆，如露营车、房车、救护车、灵车、载运车和小型公共汽车。其他牵引休闲车或其他轻型拖车的双轴四轮单体车辆也包含在此分类中。由于自动车辆分类器很难区类别3和类别2，因此可以将这两个类合并为类别2	
4	巴士	所有双轴（三轴或更多轴）六轮的传统载客汽车。这一类别仅包括作为载客车辆运行的传统巴士（包括校车）。改装后的巴士应视为货车，并应视情况适当分类	
5	双轴六轮单体货车	所有带有双轴和双后轮的单车架车辆，包括货车、露营、休闲车和房车等	
6	三轴单体货车	所有三轴单车架车辆，包括货车、露营、休闲车和房车等	
7	四轴或四轴以上单体货车	四轴或四轴以上的单车架车辆	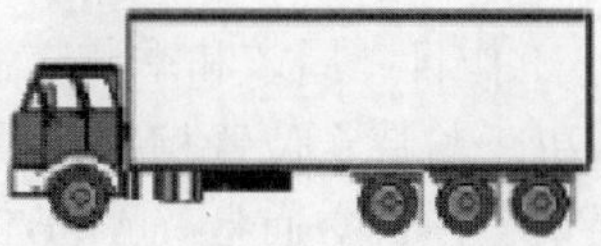

图7.1　FHWA

资料来源：FHWA（2011）和得

第7章 连续流设施的交通流特性

流率实际上不是交通量的统计,而是在一个位置上以等效 veh/h 的单位表示一种测量或预测交通流(量)的形式。

3. 交通量调查的典型条件

识别与特定的交通量统计或模型预测的流量相关的条件是极为重要的。除了专门针对其他条件的分析外,交通模型通常预测的是理想条件下的交通流。下面列出了与理想条件有关的几个因素。与预测流量相比,很少能在现场测出理想条件下的交通量。在现场调查交通量时,必须注意偏离理想条件的因素,以便在分析过程中能合理地使用交通量数据。此外,交通量应该在能够代表测量地点典型条件的时

类别	类别名称	描述	图像
8	四轴或四轴以下单拖挂货车	由两个单元组成,其中一个单元是拖车或直线式货车动力单元,四轴或四轴以下的所有车辆	
9	五轴单拖挂货车	由两个单元组成,其中一个单元是拖车或直线式货车动力单元,且有五个车轴的所有车辆	
10	六轴或六轴以上单拖挂货车	由两个单元组成,其中一个单元是拖车或直线式货车动力单元,六轴或六轴以上的所有车辆	
11	五轴或五轴以下多拖挂货车	由三个或三个以上单元组成,其中一个单元是拖车或直线式货车动力单元,五轴或五轴以下的所有车辆	
12	六轴多拖挂货车	由三个或三个以上单元组成,其中一个单元是拖车或直线式货车动力单元,且有六个车轴的所有车辆	
13	七轴或七轴以上多拖挂货车	由三个或三个以上单元组成,其中一个单元是拖车或直线式货车动力单元,七轴或七轴以上的所有车辆	
注	在上报货车信息时,应采用以下标准: • 在没有挂车的情况下行驶的货车牵引单元将被视为单体货车 • 以鞍座形式拉动其他此类单元的货车牵引单元将被视为单体货车,并且仅由牵引单元上的车轴数定义其类型 • 车辆类型由与道路接触的车轴数定义,因此"浮动"的轴仅在其处于下降位置时被计入 • 术语"挂车"包括半挂车和全挂车		

车辆分类计划

克萨斯州交通部(2001 年)。

段进行调查：
- 日光条件。
- 晴朗的天气和干燥的路面。
- 车道宽度为 3.66m。
- 交通流中只有客运车辆。
- 道路两侧有宽路肩。
- 没有影响交通流的因素。
- 重型车辆和其他类型车辆占比较低。
- 没有影响交通流的施工或维护工作。
- 没有影响交通流的事件或其他突发状况。

给定位置的交通量会受到位于 1.6km 之外的事故或施工区的影响，具体取决于设施的位置和类型。例如，某个交通量是在一个方向上有三条车道的高速公路的特定位置上测量的。然而，在该位置上游 5km 处，三车道高速公路有一个车道封闭，在封闭的车道和调查位置之间的入口匝道上交通量非常低。在调查位置测出的最大交通量是车道封闭时两条车道的通行能力加上入口匝道的交通量，这可能小于车道没有关闭时测出的交通量。同样值得注意的是，在一场事故处理完后的一段时间内，该事故可能仍会对所测的交通量产生影响。在事故发生地点附近产生的排队车辆清空之前，测得的交通量不会恢复到正常水平。即便如此，交通量还可能受到出行者所掌握的信息的影响，而这些信息会导致驾驶人转向其他路线。

有许多分析方法都是基于理想条件，但可能会包括对某些因素的调整，如车道宽度、重型车辆的比例、路肩宽度和其他因素等。

4. 交通量变化

交通量可能因地点、时间、星期、月份和季节而变化。在给定位置进行的单次交通量统计无法代表该位置一天、一周或一年的交通量。如图 7.2 ~ 图 7.7 所示说明了各类交通量的可变性。

图 7.2 显示了 1983 年 8 月明尼苏达州明尼阿波利斯 35W 号州际公路的中间车道 2h 内连续的 5min 流率。通过将 5min 流率除以 12（1h 中有 12 个 5min 的间隔）来计算给定的 5min 内的交通量。图 7.2 还说明了 15min 流率是三个连续 5min 流率的平均值。高峰小时交通量是 12 个连续 5min 交通量之和，这些交通量给出了最大小时交通量或包含最大流率的 12 个连续 5min 流率的平均值。

图 7.3 显示了 2003 年得克萨斯大学站以南得克萨斯州 6 号公路双向交通量在一周之内按小时变化的情况。周一至周四的交通量取平均值，因为

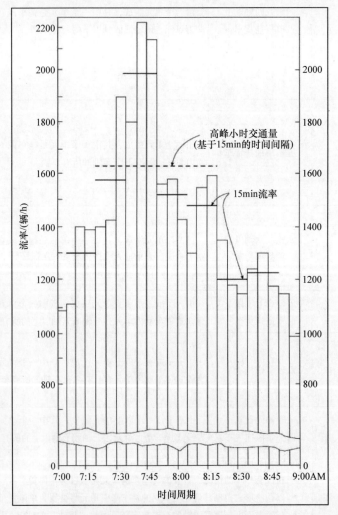

图 7.2 5min 交通量变化与流速的关系
资料来源：TRB（2000），附件 8-10。

这几天的交通量相对恒定（为 AADT 的 96%～101%）。图 7.4 用不同的方式显示了公路同一位置的交通量状况，以所占 AADT 百分比的形式展示了一周中每日交通量的变化。与图 7.4 类似，图 7.5 显示了几类交通设施一周内的日交通量占周总交通量的百分比。

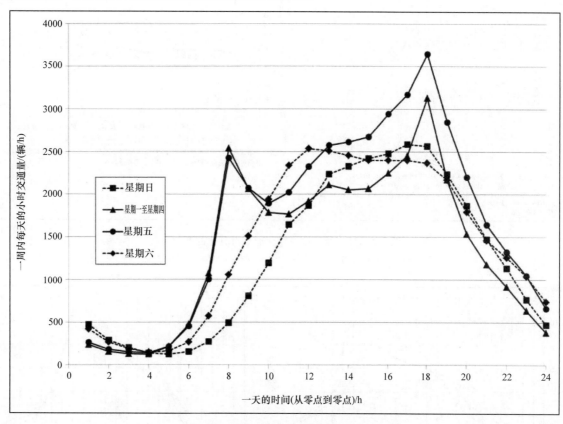

图 7.3　一周内每日和每小时的小时交通量

资料来源：得克萨斯州交通部（2001）。

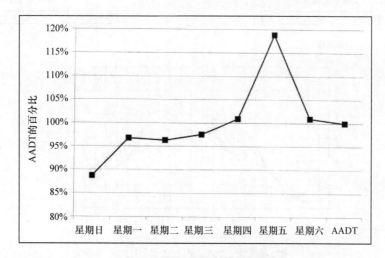

图 7.4　一周内每日的交通量变化

资料来源：得克萨斯州交通部（2001）。

图 7.6 显示了乡区路线上的交通量占日交通量的百分比变化。从图中可以看出，一条道路的工作日高峰小时交通量约为日交通量的 8%～10%。

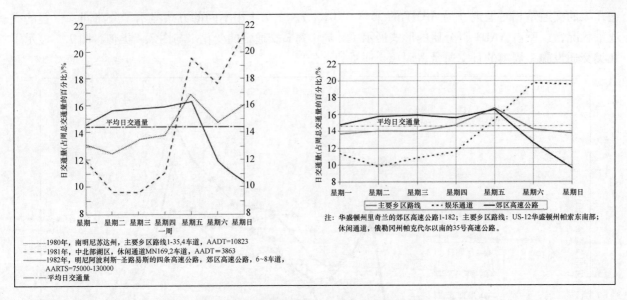

图 7.5　日交通量占周总交通量百分比的变化

资料来源：TRB（2000），附件 8-4；和 TRB（2010），附件 3-3。

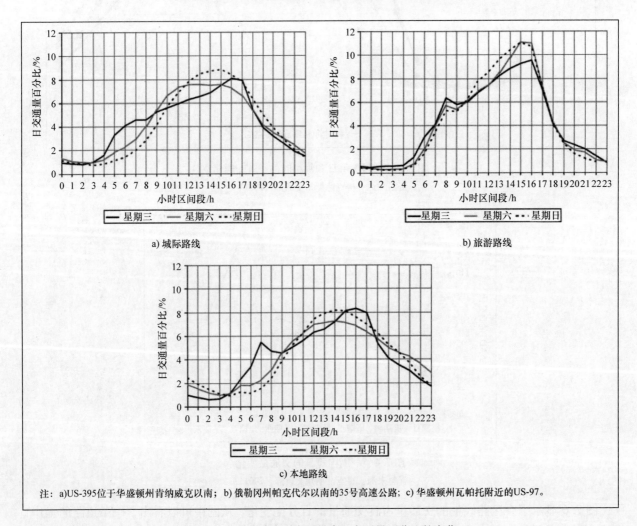

图 7.6　乡村线路小时交通量占日交通量百分比的变化

资料来源：TRB（2010），附件 3-5。

图 7.7 显示了在一年中各月的交通量占 AADT 的百分比。由图中的数据可知,在天气较暖和的月份,乡村或城际线路的交通量往往较高,这些地区预期可能会有更多与度假和娱乐相关的交通量,但城区交通量没什么变化。

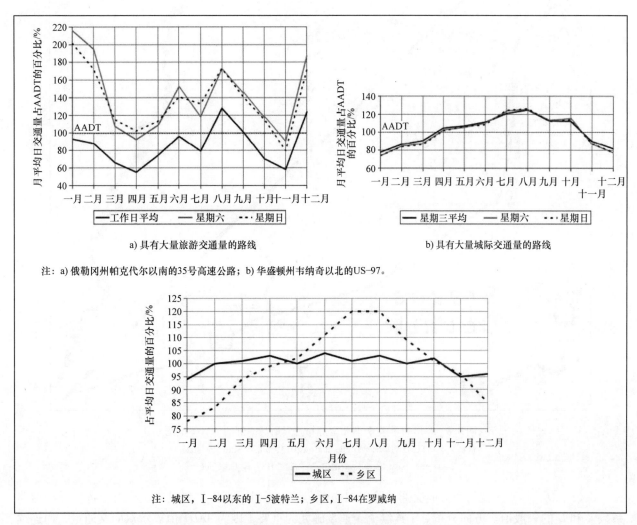

图 7.7 全年交通量的变化

资料来源:TRB(2010),展览 3-1 和 3-2。

图中所示的关系仅限于调查交通量的特定位置,可能并不适用于其他位置。虽然交通流有一些普遍的形式,但只有通过比较同一区域内具有类似道路和出行特征的位置全年的统计数据,才能确定给定位置的实际交通变化情况。例如,将图 7.7 中明尼苏达州公路的修正百分比应用于南部州的公路可能不合适。

5. 交通量调整参数

一般来说,给定位置的交通量可能仅在某种特定形式才可用。图 7.8 显示了得克萨斯州大学站附近的布拉索斯县南部公路的 AADT 地图,图中数字表示指定位置的 AADT 统计量,这些交通量是通过计算几天的交通量并应用季节调整参数来确定的。高峰小时交通量的估计值可以通过将 AADT 乘以 7%~12% 的系数来计算,该系数表示高峰小时的交通量占日交通量的典型百分比,通常被称为系数"K",系数 K 计算如下:

$$K = DHV/AADT \tag{7-1}$$

式中 DHV——设计小时交通量，即全年第30h交通量；
$AADT$——年平均日交通量。

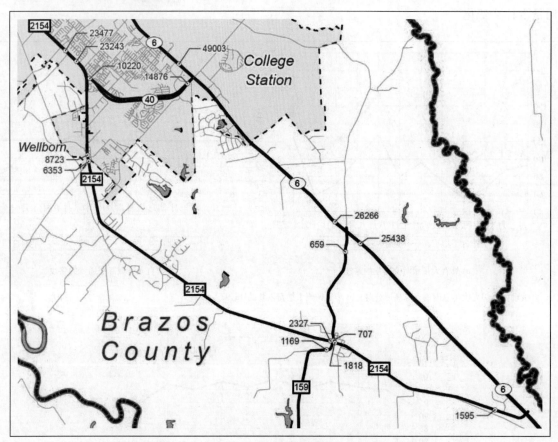

图7.8 2013年得克萨斯州南部布拉索斯县南部的AADT地图

资料来源：TxDOT District Traffic Maps—2013，http：//ftp. dot. state. tx. us/pub /txdot – info/tpp/traffic_counts/2013/bry_base. pdf。

系数"D"等于主要行车方向交通量除以双向行车总交通量，表7.2和表7.3给出了各种类型道路系数K和D的一般值。方向分布对于连续流交通设施尤为重要，因为$AADT$值表示双向交通量，而连续流交通设施上的流量通常是按方向进行分析的。

另一个衡量交通量变化的指标是高峰小时系数（PHF），该值表示了高峰小时内15min流率的一致性，下面的公式说明了如何计算PHF。如果高峰小时内4个15min流率全部相同，则PHF等于1.00。当道路在整个高峰小时内以通行能力运行时，PHF通常接近1.0。如果整个高峰小时交通量与四个15min流率中的某个相等，则PHF等于0.25。需要注意的是，PHF计算中使用的15min交通量或流率必须在高峰小时时段内。大多数城市道路的PHF范围在0.85~0.95。在许多分析过程中，最高15min流率可用高峰小时交通量除以PHF得到。

$$PHF = \frac{高峰小时交通量}{4 \times 高峰15min 交通量} = \frac{高峰小时交通量}{高峰15min 流率} \tag{7-2}$$

式中 PHF——高峰小时系数；
高峰15min交通量或高峰15min流率——均为高峰小时内四个15min值中的最大值。

通过以下公式，调整值还可将日交通量统计值转换为$AADT$。表7.4和表7.5提供了2013年乔治亚州州际公路日变化系数和月变化系数的示例。值得注意的是，星期日的交通量通常最低，因此它的调整参数最高。一月份的月交通量最低，因此调整参数最高。

$$AADT = V_{24ij} \times DF_i \times MF_j \qquad (7\text{-}3)$$

式中 $AADT$——年平均日交通量；

V_{24ij}——第 j 个月第 i 天的 24h 交通量；

DF_i——第 i 天的日调整参数；

MF_j——第 j 个月的月调整参数。

表 7.2 AADT 对应的系数 K 的示例

AADT	系数 K 的平均值	AADT	系数 K 的平均值
0 ~ 2500	0.151	20000 ~ 50000	0.107
2500 ~ 5000	0.136	50000 ~ 100000	0.091
5000 ~ 10000	0.118	100000 ~ 200000	0.082
10000 ~ 20000	0.116	>200000	0.067

系数 K 是第 30h 交通量。

资料来源：TRB（2010），附件 3-9。

表 7.3 方向分布值示例

高速公路类型	系数 D	高速公路类型	系数 D
农村城际	0.59	郊区径向	0.60
农村休闲和城际	0.64	城市径向	0.70
郊区环线	0.52	市区内	0.51

资料来源：TRB（2010），附件 3-10。

表 7.4 日调整参数的典型值

星期	城市高速公路	农村高速公路	城市主干道	农村主干道
星期日	1.23	0.95	1.46	1.21
星期一	0.99	1.08	0.98	1.02
星期二	0.98	1.14	0.94	1.01
星期三	0.96	1.10	0.94	1.00
星期四	0.93	0.99	0.92	0.95
星期五	0.90	0.82	0.86	0.85
星期六	1.06	0.99	1.10	1.03

日系数 = $AADT/ADT$。

资料来源：乔治亚州交通部（2013），交通监测方案，表 4。

表 7.5 月调整参数的典型值

月份	城市高速公路	农村高速公路	城市主干道	农村主干道
一月	1.07	1.19	1.05	1.10
二月	1.02	1.09	0.98	1.04
三月	0.99	0.98	0.97	0.99
四月	0.99	0.95	0.98	0.99
五月	0.99	0.97	0.99	0.98
六月	0.98	0.90	1.00	0.96

(续)

月份	城市高速公路	农村高速公路	城市主干道	农村主干道
七月	0.98	0.89	1.03	0.97
八月	0.99	1.00	1.00	1.00
九月	1.00	1.05	1.00	1.01
十月	1.00	1.01	1.02	0.95
十一月	1.01	1.00	1.00	1.00
十二月	1.01	1.04	1.00	1.06

系数 = AADT/月 ADT。

资料来源：乔治亚州交通部（2013），交通监测方案，表5。

6. 车头时距

在微观分析中，一般用车头时距来表征交通流。车头时距的单位（时间/辆，通常为s/辆）是交通量单位（辆/时间，通常为veh/h）的倒数。车头时距是指前后相邻两辆车驶过道路某一段面的时间间隔，而且是从车辆的同一位置（例如，从车尾到车尾或从车头到车头）测量的。车头时距不是车辆之间的间隔时间（第一辆车的车尾到第二辆车的车头），它包括车辆通过时间和与前车的间隔时间。交通流的流率可以通过取车头时距的倒数并乘以3600s/h来确定。对于1.5s/辆的平均车头时距，其等效流率计算如下：

$$V = \frac{1}{\overline{h}} \times \frac{3600\text{s}}{\text{h}} = \frac{1}{1.5\frac{\text{s}}{\text{辆}}} \times \frac{3600\text{s}}{\text{h}} \tag{7-4}$$

$$V = 2400 \text{ 辆/h}$$

式中　V——流率；

　　　$\overline{h}$——平均车头时距，单位为s/辆。

前面的示例得出了《公路通行能力手册》中规定的自由流速度为110~120km/h（HCM，2010，第11-4页）的道路的最大通行能力，说明驾驶人教育中建议的车距（车辆之间保持2s或3s的间隔）与达到道路通行能力下的实际交通状况之间存在差异。

7.2.2　速度

速度是第二个经常测量的交通参数，它能较好地反映设施上交通运行的状态。实际交通流或单个车辆的速度越接近自由流速度，则交通运行的状态越好。速度是行驶一段距离所需时间的倒数，可以在一个点上（或很短的距离上）或在很长的距离上测量。

1. 速度测量的类型

有两种测量速度的方法：空间平均车速（TMS）和时间平均车速（SMS）。当测量一段时间内车辆行驶的距离（或行驶特定距离所需时间的倒数）时，即是空间平均车速，该值可通过测量一辆车或一组车获得。当在一个点或短距离上测量时，它表示车辆瞬时速度，即时间平均车速。时间平均车速只能对单个车辆进行测量，可以对单个测量值取平均或以其他方式进行分析以表示整个交通流。空间平均车速代表交通流的速度，用于宏观分析；而时间平均车速与单个车辆的速度相关，用于微观分析。

表7.6提供了根据样本数据计算时间和空间平均车速的示例。5辆车在一段长16km的道路上行驶，每辆车的速度值如表第二列所示。在路段的中点，使用雷达测速枪获得每辆车时间平均（瞬时）车速的测量值，参见时间平均车速一栏，行驶16km所需的总行程时间，参见行程时间一栏。在本例中，单个车辆的时间平均速度和空间平均速度是相同的。但是整个车辆组的时间平均车速和空间平均车速并不相同，计算如下所示。

$$TMS = \frac{\text{所有瞬时速度之和}}{\text{车辆数}} = \frac{325}{5} = 65.00 \text{mile/h} \tag{7-5}$$

$$SMS = \frac{10 \text{mile} \times 5 \text{辆}}{46.281 \text{min}/60 \text{min/h}} = \frac{50}{0.77135} = 64.821 \text{mile/h} \tag{7-6}$$

表 7.6 时间和空间平均车速计算

车辆编号	速度范围/(mile/h)	时间平均车速/(mile/h)	行程时间/min	空间平均车速/(mile/h)
1	57~63	60	10	60
2	63~68	67	8.955	67
3	62~72	63	9.524	63
4	64~66	65	9.231	65
5	68~71	70	8.571	70
合计	—	325	46.281	—

2. 速度类型

除了上述两种测量速度的方法外，还有一些描述速度的方式。其中一些是实际的速度测量值（例如85%位车速），而另一些则是为设计使用或其他应用（如设计速度或速度限制）建立的速度标准。

- 85%位车速——它表示在道路给定位置上，85%的车辆具有这个速度值或者在这个速度以下，只有15%的车辆速度高于此值。
- 建议车速——在建议速度标志牌上显示的速度，该标志与警告标志相结合，指示在道路某一路段或几何特征位置上行驶的所有车辆的建议速度。
- 设计速度——该速度是确定或设计交通设施几何特征的基础，设计速度不能通过测量得到。
- 自由流速度——特定条件下通过特定交通设施的车辆或交通流的最佳速度。
- 平均速度——特定位置的时间平均速度除以观测次数的总和。
- 运行速度——交通流或车辆在道路特定位置上行驶的典型速度。
- 最佳速度——通过某一点的交通流速度的最大值（即达到通行能力）。
- 区间速度——跨度16km/h的速度区间，它代表了交通流中占百分比最大的车辆速度的范围。
- 限制车速——限速标志确立的适用于某段公路的最高（或最低）速度。
- 最高限速——当没有其他具体的速度限制时使用的默认限制车速，并且驾驶人可能超过此限制速度。在大多数管辖区，这种速度限制已经被绝对速度限制所取代。
- 行驶速度——即行驶距离除以行驶时间（车辆实际运动或移动速度超过预设速度的时间）。它表示除去延误后车辆的平均速度。
- 地点车速——在道路上某一点测量的单个车辆的时间平均速度。
- 法定（绝对）限速——通过立法措施确定的限制车速，通常适用于具有特定设计、功能、管辖区和（或）位置特征的特定等级公路，不一定在限速标志上显示。
- 行程速度——即行驶距离除以总的行驶时间，行驶时间包括车辆延误和停车时间。

3. 速度测量条件

通常情况下，测量或预测的速度应表示与测量位置的一般情况尽可能接近的条件。为了代表一般状况，速度测量应考虑以下条件：

- 远离交叉口和其他影响速度的几何特征。
- 远离车辆加速或减速的位置。

7.2.3 密度

第三个交通流特性参数是密度，它是这三个参数中最难测量的，测量密度唯一实用的方法是通过航空或卫星照片测得。因此在实际中很少直接测量密度，通常根据流量和速度来计算密度。《公路通行能力手册》（2010版）使用密度作为确定几种连续流交通设施服务水平的基础，密度也可以通过测量道路上某一点的占有率并将占有率测量值转换为密度。从宏观分析的角度来看，密度代表了交通流的可压缩性；从微观分析的角度看，它代表了两车之间的车头间距。

使用占有率作为密度的替代值

占有率是指车辆占用某段道路的时间的百分比。它通过使用环形或其他类型的检测器来测量，这些检测器可以感知到车辆在某一点上是否存在。使用以下公式可以将占有率转换为密度：

$$密度 = \frac{占有率 \times 5280}{车辆平均长度} \tag{7-7}$$

式中　密度——按辆/mile（辆/km）计算；

占有率——按百分比测算；

5280——1mile（1600m）中的ft数；

车辆平均长度单位为ft/辆。

7.3 专业实践：测量交通流特性参数

由于许多对交通流的分析都是基于测量交通流的3个参数（交通量、速度、密度/占有率），如何又快又准地收集、记录这些数据就显得十分重要。在本节中，我们将介绍5种测量交通流量参数的方法。前四种方法如图7.9所示。

- 定点调查。测试点（如气动管）的分布彼此独立，且间距小于0.6m。我们可以利用气动管、电磁感应圈等仪器或者人工计数来进行点测量。目前包括雷达/微波、红外线和超声波检测设备在内的数种检测设备可供选择。它们可以测出交通流量、车头时距以及（在使用合适的设备时）速度。

- 较短距离调查（不超过9m）。较短路径的测量也可使用气动管和电磁感应圈，其成对放置即可。电子系统如视频检测和其他点测量系统，也可用于较短路段的数据收集。路段测量可用于测量交通量、车头时距和速度，也可以用于测量车道占用率，但不能直接测出密度。

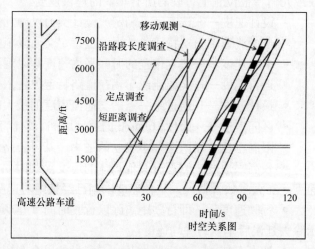

图7.9　测量交通流量参数的四种方法图

资料来源：霍尔（2012）图2.1。

- 沿路段长度调查（400~1600m或以上）。长距离道路的测量必须在空中平台或高层建筑中进行。因为长度测量的拍摄是对某一瞬间的定格，所以只能用于测量密度和车头时距。在已知时间间隔内整合多帧照片也可以估算出速度。

- 移动观测调查。移动观测调查法，如浮动车技术，可用于测量速度和沿路段行驶时间。设计相关流程可以实现交通流的数据测量。

- 对区域范围内大量车辆进行取样调查。例如利用电子收费标签或蓝牙传感器来测量车辆通过一段道路的时间。现代智能交通系统也可用于获取和估算交通流的基本参数。现有的系统甚至可以按车辆类型（汽车、货车、公共汽车、摩托车等）对数据进行分类处理。

7.4 连续交通流参数间的关系

虽然交通量、速度以及密度的测量方法不同，但三者间的联系具有普遍性，所以我们可以将其用于分析和预测交通流。将这些参数联系在一起的数学方程式便是交通流理论模型。本章主要介绍连续流的交通流模型。《公路通行能力手册》是用于评价连续流设施交通特性的模型之一。

7.4.1 连续流基本模型

布鲁斯·格林希尔治于1935年首次提出包含交通量、速度以及交通密度的传统模型，因此，我们也称之为格林希尔治模型。该模型的关键点在于其假设速度和交通密度之间呈线性关系，如图7.10左上部分所示。该模型同样假设交通量等于速度乘以交通密度。图7.10的左下部分以及右上部分分别为格林希尔治模型的交通量-密度曲线和速度-交通量曲线。表7.7则给出了对应图7.10中曲线的方程式。

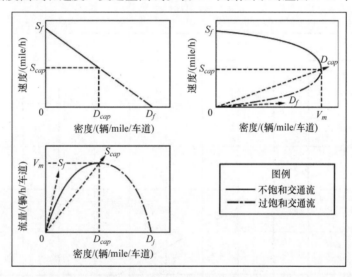

图7.10 格林希尔治模型的交通量-速度-时间关系图
资料来源：TRB（2010），附表4-3。

表7.7 格林希尔治模型相关方程式

	方程式	
基本方程	$V = SD$	(7-8)
速度-密度方程	$S = S_f\left(1 - \dfrac{D}{D_j}\right)$	(7-9)
密度-速度方程	$D = D_f\left(1 - \dfrac{D}{D_j}\right)D$	(7-10)
交通量-速度方程	$V = D_j\left(S - \dfrac{S^2}{S_f}\right)$	(7-11)
交通量-密度方程	$V = S_f\left(D - \dfrac{D^2}{D_j}\right)$	(7-12)
容量	$V_{容量} = \dfrac{S_f D_j}{4}$	(7-13)

表7.7中术语含义如下：

V = 交通量（veh/h）；

$V_{容量}$ = 容量（veh/h）；
D = 密度（辆/km）；
D_j = 堵塞密度（辆/km）；
S = 速度（km/h）；
S_f = 自由行驶速度（km/h）。

尽管格林希尔治模型与实际交通流参数有一定的关联，但作为一个理论模型，其不免存在瑕疵。其中最具代表性的是，该模型将交通流统一视作连续流，然而实际上交通流有两种状态：畅通与阻塞。对此，格林希尔治模型引入两种速度状态：阻塞状态的速度和畅通状态的速度。这一概念在现代模型中也有所体现。如图7.11~图7.13所示是基于格林希尔治的理论关系绘制的高速公路数据图，数据不同导致两种模型展示出不同的趋势。如图7.14~图7.16所示则是一种双重状态模型，其数据与图7.11~图7.13的数据是相同的。

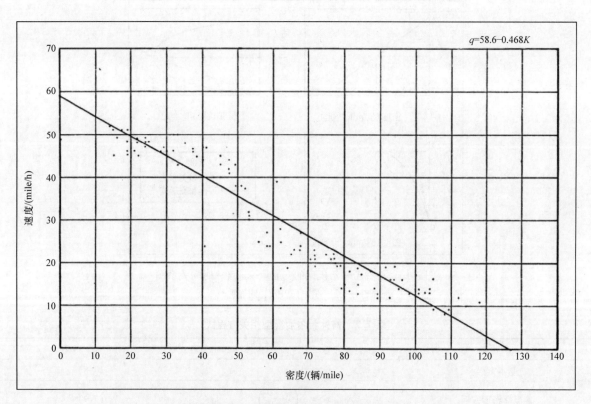

图7.11　根据实际速度和密度数据绘制的格林希尔治速度-密度关系

资料来源：德雷克，舍弗和梅（1967），图11。

7.4.2　连续流模型的实际表示

随着收集到足够多的数据，格林希尔治理论模型与实际交通流关系的差别也显现出来。如图7.17~图7.19所示展现了不同版本的《公路通行能力手册》中的速度-流量曲线及其关系的演变。图7.20则包含了全部三个参数：交通量、速度以及交通密度（占用率被用作密度的代替品）的变化趋势。

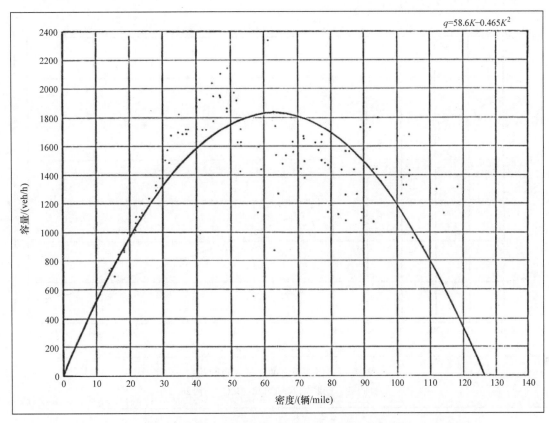

图 7.12 根据实际交通量和密度数据绘制的格林希尔治交通量-密度关系

资料来源：德雷克，舍弗和梅（1967），图12。

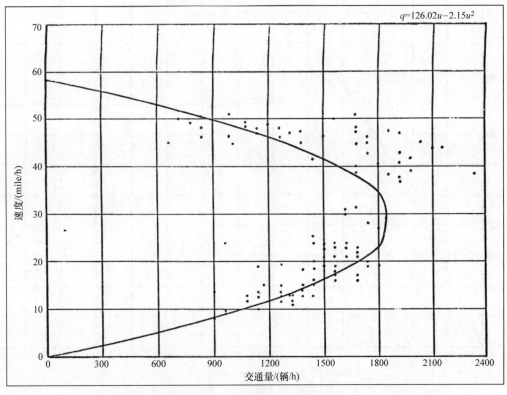

图 7.13 根据实际速度和交通量数据绘制的格林希尔治速度-交通量关系

资料来源：德雷克，舍弗和梅（1967），图13。

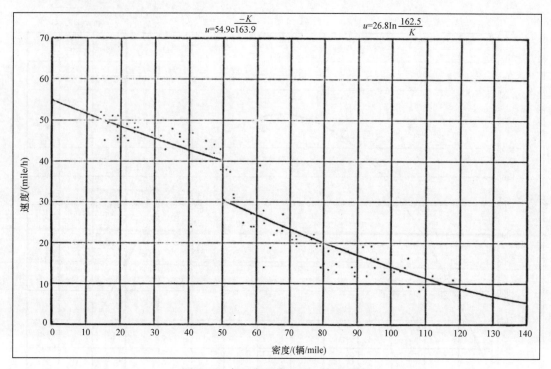

图 7.14　伊迪假设的速度 – 密度关系
资料来源：德雷克，舍弗和梅（1967），图 26。

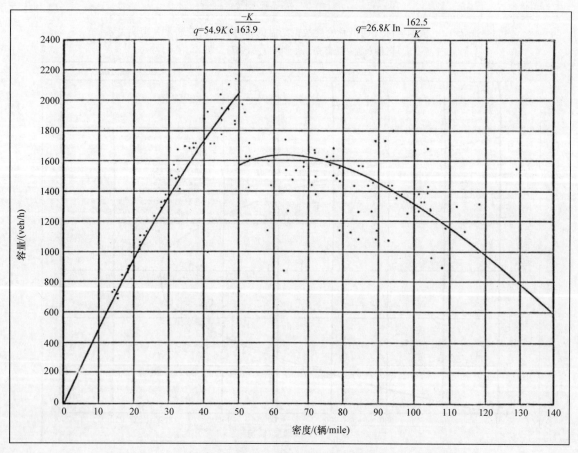

图 7.15　伊迪假设的交通量 – 密度关系
资料来源：德雷克，舍弗和梅（1967），图 27。

第7章 连续流设施的交通流特性

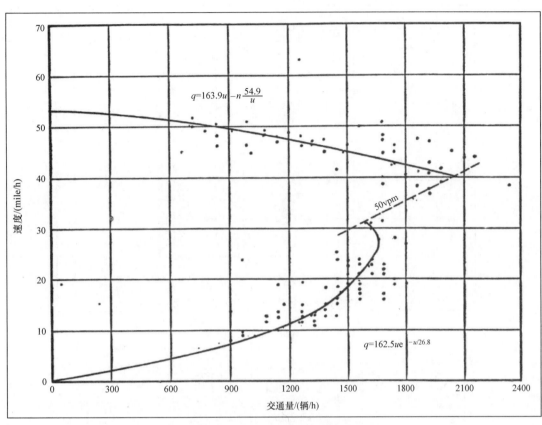

图 7.16 伊迪假设的速度 – 交通量关系

资料来源：德雷克，舍弗和梅（1967），图 28。

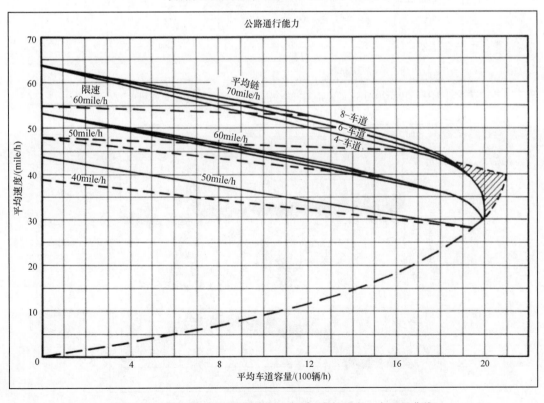

图 7.17 1965 版《公路通行能力手册》中的速度 – 交通量曲线

资料来源：公路研究委员会（1965），图 3.41。

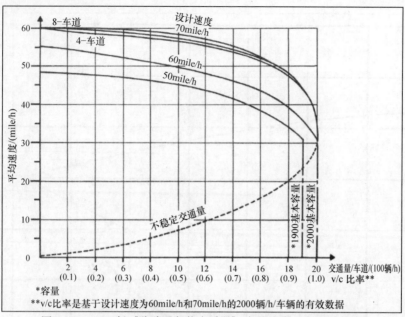

图 7.18　1985 版《公路通行能力手册》中的速度 - 交通量曲线
资料来源：TRB（1985），图 3-4。

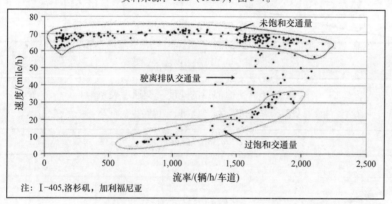

图 7.19　2010 版《公路通行能力手册》中的速度 - 交通量曲线
资料来源：TRB（2010），图 11.1。

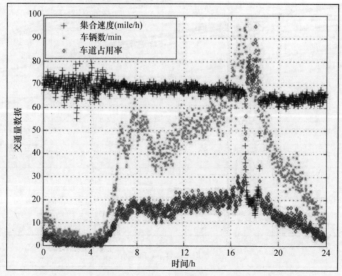

图 7.20　24h 内交通量、速度和车道占用率的变化
资料来源：泰吉（2007），图 4。

7.5 交通冲击波

冲击波是交通流状态发生转变时出现的现象（不饱和变为饱和，反之亦然），代表两种状态的临界点，在速度、密度和交通量快速变化时产生。在连续流中，当需求超过容量，便会产生冲击波，并形成排队。当车流从自由流速度减慢时，会形成集结波，而由队列的起始加速至自由流动时，会形成疏散波，如果运力增加（事故得到排除）或者需求减少（交通流转向另一条路线），集结波与疏散波将相遇，车队消失。

冲击波是交通流从一种流动状态过渡到另一种流动状态时出现的现象。

如何观测冲击波呢？最简明的指示就是制动灯。当前方遇到车辆时，驾驶人会踩制动踏板，只要需求超过容量，制动灯就会像波浪一样向上游依次亮起，这便是集结波。制动灯亮起的区域即为拥堵区。当车辆通过瓶颈处或事故点后，会再次加速至自由速度，制动灯熄灭，这便是疏散波。当疏散波向上游移动的速度比集结波更快时（由于需求减少或容量增加），队列消失，交通流中的制动灯熄灭。虽然冲击波总是向上游移动，但在某些情况下它们也可以向下游移动（例如在高速公路上低于自由速度且占用两条车道行驶的车辆，会造成通行能力下降）或者保持不变（例如当某个位置的需求等于通行能力时）。

冲击波的产生与很多情况有关，包括需求上升（例如高峰时段）、容量受限（例如由通道合并或减少形成的瓶颈）、导致通行能力降低的事故（如车道或路肩上出现撞毁或无法行进的车辆）或者是会降低通行能力的天气条件。虽然本章未做介绍，但信号交叉口也存在冲击波。信号灯变红时会产生集结波，变绿时会产生疏散波。

对于畅通（低密度）和拥堵（高密度）交通流间的转换，我们可以使用宏观或微观的技术手段进行分析。在本节中，流动状态的改变通过从宏观角度来分析冲击波的变化。冲击波的速度由基本方程（$v=sd$）和上、下游的流量变化值和密度变化值确定，公式如下所示，当冲击波速度为正，波向下游传播，若为负，则向上游传播。

$$S_{sw} = \frac{\Delta v}{\Delta d} = \frac{v_1 - v_2}{d_1 - d_2} \qquad (7\text{-}14)$$

图 7.21 为高速公路上三种类型冲击波的示例。图左侧代表一条三车道的快速路，交通流沿箭头方向运行。在 t_1 时刻一辆车停在右车道上，挡住了车道。而需求为 2.5 车道，故形成车队。集结波向上游传播直至 t_2 时刻，此时需求变为 2.0 车道，在这段时间内，疏散波是静止的。在 t_2 至 t_3 时刻之间，需求为 2.0 车道不变，故集结波静止。静止不动的集结波与疏散波之间的距离即为车队长度。在 t_3 时刻，需求降至 1.5 车道，故集结波开始向下游（向前）传播。在 t_4 时刻，停在车道上的车辆移除，通行能力恢复至 3.0 车道，致使疏散波向上游（向后）传播。在 t_5 时刻，集结波与疏散波相遇，车队消失。倘若

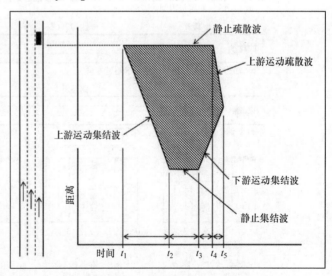

图 7.21 高速公路事故中的冲击波

需求一直为 2.5 车道，那么 t_1 和 t_2 时刻间的冲击波将保持相同斜率的移动，直至与疏散波相遇。

7.6 瓶颈位置的交通参数测量

对连续流来说，测量的位置会对分析结果产生重大影响。图 7.22 说明单独取点观察可能会对交通状况的评估造成负面影响。在图 7.22a 中，高速路先是由三车道（A 段）变为两车道（B 段），而后又变回三车道（C 段）。若单看 C 段会导致分析人员认为整段路的容量都是三车道，可事实上因为 B 段只有两个车道，所以 C 段容量不可能超过两车道。图 7.22b 中的快速路则有一条车道分割出一条备用车道。分岔口的下游有五条车道，然而由于备用车道的缘故，下游的总容量为四车道。并且由于上游的输入被限制为四车道，下游的容量永远也无法达到五车道。

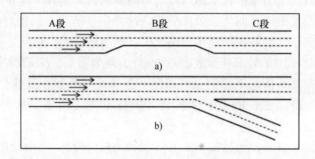

图 7.22 位置对容量的影响

在交通需求接近或超过容量水平之前，位置的影响通常无法确定。除了图中提到的案例以外，当发生事故时，交织区段、匝道交叉口（车道和/或路肩变窄）或驾驶人工作负荷高的位置都可能存在通行能力限制。

图 7.23 说明了在不同的容量需求和容量限制下瓶颈的影响，图中所示的高速公路走廊有四个部分。

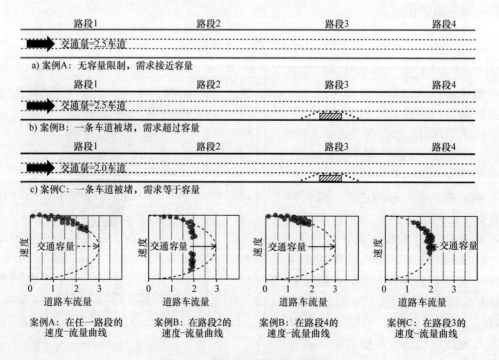

图 7.23 位置对测量与分析的影响

图 7.23a 中，没有容量限制，总交通容量等于 2.5 车道乘以每车道容量。第一条速度 – 交通量曲线（案例 A）表示交通流速度等于或接近自由速度，且达到需求水平。在图 7.23b 中，路段 3 的一场事故阻断了一条车道。第二条速度 – 交通量曲线包含路段 2 的交通参数。该段的交通量无法超过瓶颈的容量，即 2 车道。该段的速度 – 交通量曲线既展示了畅通状态，又展示了拥堵状态。通行状态由上游该段结尾处的畅通状态变为下游结尾瓶颈处的低速状态。第三条速度 – 交通量曲线中，需求依然是 2.5 车道。但由于路段 3 存在限制，尽管路段 4 的通行能力为 3 车道，但也只能通过 2 车道的交通量。第四条速度 – 交通量曲线表示由于改道和其他行动，需求减少为 2 车道的情况，故速度 – 流量曲线与路段 3 表示出的交通参数相同。在这种情况下，需求等于容量，瓶颈位置的最终速度即为最佳速度，也是格林希尔治模型中自由速度的一半。

7.7 连续流交通设施的服务质量

本章前面描述的交通特性可用于定义高速公路或其他不间断交通设施提供的服务质量。总的来说，服务质量是从出行者角度来评价连续流交通设施表现好坏的指标。影响出行者对服务质量判断的要素包括速度、出行时间、延误/停顿、出行可靠度、舒适度、安全性、花费等。

服务质量由服务水平（LOS）这一概念来进行量化评估。我们可以将服务水平视为特定交通设施在给定时间点的运营情况报告。LOS 的评级范围由 A（最好）到 F（最差；容量过剩）。对连续流交通设施而言，LOS 是根据密度进行评级的。表 7.8 提供了各种等级及其对应的密度值范围。我们一般用换算的交通量除以换算后的速度来计算密度。交通量的换算要考虑重型车辆、交通量的可变性、车道数量和驾驶人数量等因素。速度的换算则受空间和交通量水平的影响。

表 7.8 连续流交通设施服务水平等级

服务水平	情况描述	密度
A	交通量很小，交通为自由流，使用者不受或基本不受交通流中其他车辆的影响，有非常高的自由度来选择所期望的速度行驶，为驾驶人和乘客提供的舒适便利程度极高	≤11
B	交通量较前者增加，交通处在稳定流动范围的较好部分。在交通流中，驾驶人容易受到其他车辆的影响，选择速度的自由度相对来说还不受影响，但驾驶自由度比服务水平 A 稍有下降。由于其他车辆开始对少数驾驶人的驾驶行为产生影响，因此所提供的舒适和便利程度较服务水平 A 低一些	>11 ~ 18
C	交通量大于服务水平 B，交通处在稳定流动范围的中间部分，但车辆间的相互影响变大，选择速度受到其他车辆的影响，驾驶时需相当留心部分其他车辆，舒适和便利程度有明显下降	>18 ~ 26
D	交通量又增大，交通处在稳定流动范围的较差部分。速度和驾驶自由度受到严格约束，舒适和便利程度较低，当接近这一服务水平下限时，交通量若有少量增加就会出现问题	>26 ~ 35
E	此服务水平的交通常处于不稳定流动范围，接近或达到最大交通量时，交通量有小的增加或交通流内部有小的扰动就将产生大的运行问题，甚至发生交通中断。所有车速降到一个低的但相对均匀的值，驾驶自由度极低，舒适、便利程度也非常低	>35 ~ 45
F	崩溃或是不稳定流。这种情况存在于瓶颈后形成的队列中。导致交通崩溃的原因如下： 交通事故可能会暂时降低一小段路段的通行能力，因此到达某个点的车辆数量超过该点可以通过的车辆数量 反复出现的拥堵点，如合并或交织路段和车道减少，需求非常高，到达的车辆数量大于可以离开的车辆数量 在预测交通量的分析中，预测流量超过给定位置的估计容量	>45

资料来源：改编自 TRB (2010)，第 11 - 6 页和附件 11 - 5。

《公路通行能力手册》是权威的参考文件，该手册描述了确定各种交通设施服务水平的方法（HCM，2010）。2010 版《公路通行能力手册》的第二卷重点介绍连续流交通设施，包括以下几个章节：

- 10：高速公路设施。
- 11：高速公路基本路段。
- 12：高速公路交织路段。
- 13：匝道和匝道交叉口。
- 14：多车道高速公路。
- 15：双车道高速公路。

每一章都包含计算密度和其他交通参数的详细步骤，以确定交通设施的服务水平。随着《公路通行能力手册》历经 5 个版本 60 年的演变，这些方法变得更加复杂。除了服务水平方法之外，现在的《公路通行能力手册》还包含广泛的背景知识和教育信息。建议想要了解更多有关连续交通流设施服务水平的个人或群体查阅最新版的《公路通行能力手册》。本章的案例学习部分就包含了使用《公路通行能力手册》的方法来计算高速公路基本路段通行能力的案例。

7.8 案例研究

以下章节为案例研究，这些案例研究以具体事例说明了冲击波和服务质量概念在连续交通流设施中的应用。

(1) 案例研究7-1：冲击波

在本例中，交通设施为一四车道快速路（每向两车道），下午4：45，事故发生。这起事故造成双向各有一车道阻断15min。下午5：00，其中一条车道恢复通车。每个时段的参数如下：

- 下午4：45 之前（情景1）：速度 =60mile/h，需求 =3000vph（平均交通量为1500vphpl，共有两条车道）。
- 下午4：45 至下午5：00（情景2）：速度 =0，队列中的平均车头时距 =9m，没有车道存在交通流动。
- 下午5：00 后（情景3）速度 =20km/h，平均交通量 = 四分之三单车道容量 =1125vphpl，一条车道上有交通流动。

冲击波分析可确定车队的最大长度、消失的时刻以及受该事故影响的车辆总数。该分析由计算事故发生前畅通交通流，也就是情景 1 的密度为起始。

$$D = \frac{V}{S} = \frac{1500}{60} = 25.0 \text{vpmpl} \tag{7-15}$$

下一步是计算队列中交通流的密度，如下式所示。此时为情景2，由于两条车道都被堵塞，交通量与速度均为零。然而，该点上游的队列密度是根据队列中车辆的平均车头时距计算的，为30ft。

$$D = \frac{5280 \text{ft/mile}}{30 \text{ft/辆}} = 176.0 \text{vpmpl} \tag{7-16}$$

集结波（sw1）的速度可以通过交通量和密度值计算出来，如下所示。此处速度为负，表示向上游方向传播。结果表明该波以 9.9mile/h 的速度向上游（后）传播。分母为负值（密度增加）表明交通状态由自由流变为拥挤流。

$$S_{sw1} = \frac{v_1 - v_2}{d_1 - d_2} = \frac{1500 - 0}{25 - 176} = -9.9 \text{mile/h} \tag{7-17}$$

情景3 始于下午5：00，发生事故的一条车道恢复通行，通行能力为普通车道的四分之三。因此产生疏散波（sw2）。首先，疏散过程的密度由式 7-18 所示计算。

$$d = \frac{v}{s} = \frac{1125}{12} = 93.8 \text{vpmpl} \tag{7-18}$$

疏散波的速度及方向的计算方法与集结波相同，依式 7-19。分母为正值，表明交通状态由拥挤流变为自由流。

$$S_{sw2} = \frac{v_1 - v_2}{d_1 - d_2} = \frac{0 - 1125}{176.0 - 93.8} = -13.7 \text{mile/h} \tag{7-19}$$

即使在下午 5:00 重新开放一条车道后，由于冲击波 2 的速度要快于冲击波 1，队列的起点仍继续向上游延伸。车队将在两个冲击波相遇的时间点消散。该时间点可依下式计算。

$$sw1(t_1 + t_2) = sw2(t_2)$$
$$-9.9(0.25 + t_2) = -13.7(t_2)$$
$$t_2 = 0.66\text{h}$$
$$t_2 = 39.8\text{min}$$
$$t_1 + t_2 = 15 + 39.8 = 54.8\text{min 或 } 0.91\text{h} \tag{7-20}$$

式中 t_1——事故开始到容量部分恢复经过的时间（本例中为 15min）；

t_2——容量部分恢复到车队完全消失的时间。

本例中，两波相遇用时 54.8min，从下午 4:45 开始，到下午 5:39.8 结束。想要计算队列长度，我们可以用一个冲击波乘以从起始到和另一个冲击波相遇的持续时间。两个波的对应计算过程如下。由于冲击波的单位为 mile/h，所以时间要换算为 h。得出队列的最大长度是事故上游 14km（长度的值为负表示队列为上游方向）

$$\text{排队长度} = sw1(t_1 + t_2) = -9.9 \times 0.91 = -9.0 \text{mile}$$
$$\text{排队长度} = sw2(t_2) = -13.7 \times 0.66 = -9.0 \text{mile}$$

虽然分析过程到此为止，但这并不意味着冲击波的传播结束。即便是这样一个相对简单的场景，也会导致至少 7 次冲击波产生，一次又一次从自由通行到停止通行、部分恢复、再到最终疏散的循环往复。虽然在本章中对该过程的分析显得过于复杂，不过我们可以通过图 7.24 中的长度 - 时间图大体说明该过程。

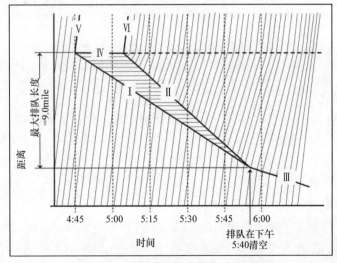

图 7.24 冲击波分析实例的时空图解

图中向后传播的疏散波与集结波分别标注为冲击波线 I 和 II。下午 5:39.8，冲击波 III 在事故发生后 14km 处起始。此时无需停车，但还是要缓慢经单车道通过事故处。由于车辆已经通过碰撞现场，并且几乎处于开放道路条件下，故图中 5 区情况视作自由行驶。事故地下游无图线的位置实际上不存在交通流。冲击波Ⅴ和Ⅵ界定了这一交通流的"真空区",该区域由事故发生前最后一辆通过事故处的车辆和单条车道重新开放后第一辆通过该处的车辆形成。冲击波Ⅳ是由事故生成的驻波,从下午4:45持续至下午5:00,期间无车辆通过。下午5:00后,车辆几乎立即从非常密集的排队状态转变为自由流动状态。

(2) 案例研究7-2:服务质量

对高速公路基本路段而言,《公路通行能力手册》中的方法基于图7.25所示的速度–流量–密度关系。此处介绍了《公路通行能力手册》中评价高速公路基本路段服务质量的方法。该例旨在说明这种方法的步骤,并未提供分析所需的所有信息。读者应参考《公路通行能力手册》的指南和参数,开展特定场地特定条件的分析。

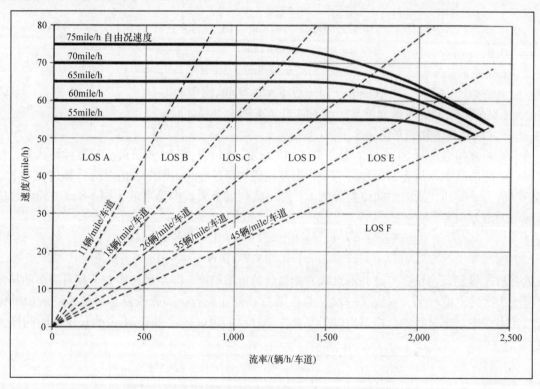

图7.25　HCM对于基本高速公路路段的服务水平评级划分

资料来源:TRB(2010),附图11.6。

步骤1:确定输入数据

为了确定高速公路基本路段的服务水平,分析员需要测量或假设下表中确定的输入数据值。括号中的数字是用于本案例研究的值或条件。

- 需求量(每小时1726辆)。
- 车道数(单向三车道)。
- 车道宽度(每条车道11ft,约为3.3m)。
- 快速路右侧的横向净空(4ft,约为1.2m)。
- 匝道总密度(匝道间隔2mile = 匝道密度为0.5 匝/mile)(匝道间隔3km = 匝道密度为0.3 匝/km)。
- 重型车辆比例(5%为货车/巴士,大型娱乐车辆为0%)。
- 高峰小时系数(0.927)。
- 地势:(平坦)。

- 驾驶人类型因素（老手）。

步骤2：确定自由行驶速度

自由行驶速度应尽可能进行实地测量，如不具备条件，可用式（7-21）估算：

$$FFS = 75.4 - f_{LW} - f_{LC} - 3.22TRD^{0.84} \tag{7-21}$$

式中 FFS——高速公路基本路段的自由行驶速度（mile/h）；

f_{LW}——道宽调整值（mile/h）；

f_{LC}——右侧净空调整值（mile/h）；

TRD——匝道总密度（匝/mile）。

使用步骤1中数据，计算出自由行驶速度，见式（7-22）：

$$FFS = 75.4 - 1.9 - 0.8 - 3.22 \times 0.5^{0.84} = 70.9 \text{mile/h} \tag{7-22}$$

式中 $f_{LW} = 1.9$，查《公路通行能力手册》表11.8得；

$f_{LC} = 0.8$，查《公路通行能力手册》表11.9得。

步骤3：选择自由行驶速度曲线

速度－流量曲线以5mile/h（约为8km/h）的增量显示。步骤2中计算的自由行驶速度四舍五入到最接近的5mile/h（约为8km/h）增量曲线。本例中，自由行驶速度由70.9mile/h近似为70mile/h（约为120km/h）。

步骤4：换算需求交通量

对测量或预测的交通量进行换算，以获得单条车道15min的交通量。使用以下公式，考虑高峰小时系数、车道数、重型车辆和驾驶人类型对测量或预测的交通量的影响。

$$V_p = \frac{V}{PHF \times N \times f_{HV} \times f_p} \tag{7-23}$$

式中 V_p——同等条件下的需求交通量；

V——普遍条件的需求交通量；

PHF——高峰小时系数；

N——分析方向的车道数；

f_{HV}——交通流中存在重型车辆的换算系数；

f_p——新手驾驶人调整参数。

重型车辆换算系数用下式计算：

$$f_{HV} = \frac{1}{1 + P_T(E_T - 1) + P_R(E_R - 1)} \tag{7-24}$$

式中 f_{HV}——重型车辆换算系数；

P_T——交通流中货车和公共汽车的比例；

P_R——交通流中娱乐车的比例；

E_T——交通流中一辆货车或公共汽车的客车当量（PCE）；

E_R——交通流中一辆娱乐车的PCE。

代入公式，f_{HV} 与 V_p 的计算式如下：

$$f_{HV} = \frac{1}{1 + 0.05(1.5 - 1) + 0.00(1.2 - 1)} \tag{7-25}$$

式中 $E_T = 1.5$，查《公路通行能力手册》表11.10得；

$E_R = 1.2$，查《公路通行能力手册》表11.10得。

$$V_p = \frac{1726}{0.927 \times 3 \times 0.926 \times 1.0} = 636 \tag{7-26}$$

驾驶人类型参数（f_p）代表交通流中新手驾驶人的影响。新手比例越高，影响就越大。本例中驾驶人均为老手，故无影响（$f_p = 1.0$）。

步骤 5：排查服务质量等级是否为 F

在计算服务水平之前，有必要检查计算出每条车道每小时客车数量是否超过通行能力。表 7.9 给出了不同自由行驶速度下的容量值。在本案例研究中，每条车道每小时 636 辆客车的容量远远低于每条车道每小时 2400 辆客车的容量，因此继续进行下一步。

表 7.9　高速公路基本路段容量值

自由行驶速度/(mile/h)	容量值/(辆/车道/h)	自由行驶速度/(mile/h)	容量值/(辆/车道/h)
55	2250	65	2350
60	2300	70 和 75	2400

资料来源：TRB（2010），第 11-4 页。

步骤 6：估算速度和密度

从速度-流速曲线中可以看出：从交通量较低时起，到密度高到足以影响速度前，速度等于自由行驶速度。速度低于自由行驶速度时的交通量根据自由流速度而变化。对于 70mile/h（约为 120km/h）的曲线而言，当交通量小于等于 1200 辆/车道/h 时，则车辆运行速度等于自由行驶速度。然后将该值与交通量一起用于计算密度，如下公式所示：

$$D = \frac{V_p}{S} = \frac{636}{70} = 9.1 \text{ 辆/英里/车道} \tag{7-27}$$

步骤 7：确定服务质量等级

计算得到的密度 9.1 辆/mile/车道（约为 14.5 辆/km/车道）与表 7.9 对比，得出该案例的服务质量等级在服务水平系统中为 A 等级。

作为对照案例，假设将测量或预计的交通量由 1726vph 翻倍变为 3452vph。上述步骤中绝大部分不变，V_p 与 S 变化如下：

$$V_p = \frac{5178}{0.927 \times 3 \times 0.926 \times 1.0} = 1908 \text{vph} \tag{7-28}$$

交通量的修正计算值大于速度-交通量曲线上的盈亏平衡点（1200 辆/车道/h），故车辆运行速度小于自由行驶速度。对 70mile/h（约为 120km/h）的自由行驶速度曲线而言，使用以下公式计算速度：

$$S = 70 - 0.00001160 (V_p - 1200)^2 \tag{7-29}$$

$$S = 70 - 0.00001160 (1908 - 120)^2 = 64.2 \tag{7-30}$$

$$D = \frac{V_p}{S} = \frac{1936}{64.2} = 29.7 \text{ 辆/mile/车道} \tag{7-31}$$

结果显示，若交通量变为原来的 3 倍，服务质量将由 A 等级变为 D 等级。

参 考 文 献

Drake, J. S., Schofer, J. L., and May, A. D. (1967). A statistical analysis of speed density hypotheses (Highway Research Record 154: *Traffic Flow Characteristics*). Washington, DC: Highway Research Board.

Federal Highway Administration (FHWA), Office of Highway Policy and Information. (2011, April 5). *FHWA vehicle types*. Washington, DC: Author. Retrieved from www.fhwa.dot.gov/policy/ohpi/vehclass.htm.

Georgia Department of Transportation, Office of Transportation Data. (2013, December). *Traffic monitoring program*. Retrieved from www.dot.ga.gov/informationcenter/statistics/Documents/2013_Georgia_Traffic_Monitoring_Program_4.pdf.

Hall, F. L. (2012). Traffic stream characteristics. In *Traffic flow theory: A state-of-the-art report* (ch. 2). Washington, DC: Transportation Research Board. Retrieved from www.fhwa.dot.gov/publications/research/operations/tft.

Highway Research Board. (1965). *Highway Capacity Manual. Special report 87*. Washington, DC: Highway Research Board.

Texas Department of Transportation. (2001). *Traffic data and analysis manual*. Austin, TX: Texas Department of Transportation. Retrieved from http://onlinemanuals.txdot.gov/txdotmanuals/tda/fhwa_vehicle_classification_figures.htm.

———. (2013). *District traffic maps—2013*: Bryan District base sheet, Austin, Texas (base sheet 8 of 11). Retrieved from http://ftp.dot.state.tx.us/pub/txdot-info/tpp/traffic_counts/2013/bry_base.pdf.

Transportation Research Board (TRB). (1985). *Highway Capacity Manual. Special report 209*. Washington, DC: Transportation Research Board.

———. (2000). *Highway Capacity Manual*. Washington, DC: TRB.

———. (2010). *Highway Capacity Manual*. Washington, DC: TRB.

Tyagi, Vipin. (2007). *A non-continuum approach to obtain a macroscopic model for the flow of traffic* (Doctoral dissertation). Texas A&M University, College Station, TX.

第8章 乡村地区路段及立交的设计与运营

原著：Reza Omrani 博士，Ali Hadayeghi 职业工程师、博士，Brian Malone 职业交通运营工程师
译者：谢君平 副教授、博士

8.1 基本原则及参考资料

交通工程师往往需要在满足道路使用者的各种需求的同时维护环境的完整性。从工程师的角度出发，采用科学的道路设计以及选取可接受的服务质量可以平衡道路使用者对于安全和效率的需求，并兼顾经济效益。近年来，道路几何设计及交通运营原理的应用有了长足的发展。在开发公路项目备选方案时，交通工程师不仅需要考虑公路工程技术和运行标准，还必须考虑美观、社会价值以及自然和社会环境。特别是对于公共交通项目，交通运输专业人员可以利用这些标准来量化不同设计方案对于利益相关者价值的大小，以便做出正确的决策。围绕设置有不间断流设施的乡村公路，本章为交通运输工程师和从业者提供了设计和运营管理的方法。

道路新建和大型重建项目通常受美国国家公路和运输协会（American Association of State Highway and Transportation Officials，AASHTO）发布的《公路和街道几何设计政策》（*Policy on Geometric Design of Highways and Streets*，也称为《绿皮书》）所列的几何设计标准。该书包括了道路平、纵线形以及横断面的设计标准等。标准中吸收了许多由美国国家公路合作研究计划（National Cooperative Highway Research Program，NCHRP）、美国联邦公路管理局（Federal Highway Administration，FHWA）以及各州交通运输部门赞助完成的研究成果。除了《绿皮书》之外，AASHTO 还发布了多种有关道路设计方法的补充指南，其中涉及道路几何设计的主要如下：

《行人设施的规划、设计及运营指南》
《路侧设计指南》
《自行车设施开发指南》
《公路安全设计及运营指南》
《公路柔性设计》
《公路柔性设计实施指南》

除了这些指南，FHWA 还发布了《统一交通控制设施手册》（*Manual on Uniform Traffic Control Devices*，MUTCD），以规范交通控制设备的设计和应用，提升驾驶人的驾驶体验和道路的安全性。本手册中包含了有关道路标志、标线和交通安全设施的相关指南。

《公路通行能力手册》（*Highway Capacity Manual*，HCM；TRB，2010a）第2卷中共有6章内容涉及交通运营管理，详细介绍了评估不间断流量设施（包括乡村高速公路，多车道公路和双车道公路）通行能力和服务质量的方法。《公路通行能力手册》提供的方法可以对现有或规划中的设施进行分析。例如，《公路通行能力手册》可用于识别和评估运营中出现的问题或评价有关公路、街道、公交、自行车或行人相关设施备选改建方案的效果。此外，《公路通行能力手册》还可用于方案设计过程中的辅助决策，特别是确定车道数或在指定服务水平（Level of Service，LOS）下设施运营所需的空间。

除了《公路通行能力手册》中介绍的方法和流程外，还存在其他运营评估工具可以帮助设计人员评估现有或规划中的运输设施。例如，交互式公路安全设计模型（Traffic Analysis Module of the Interactive Highway Safety Design Model，IHSDM）应用交通仿真模型来估计在当前或预计的未来交通流下现有

或设计的交通服务质量。关于道路安全，AASHTO 出版的《公路安全手册》（*Highway Safety Manual*，HSM）包含一系列内容和评估方法，可用于估计工程措施、现有道路或规划道路的预期安全性能。《安全分析师》软件和 IHSDM 也可进行安全评估工作。美国联邦公路管理局交通噪声模型（FHWA Traffic Noise Model）能够评估高速公路附近的噪声水平。由美国环境保护局的运输和空气质量办公室（U. S. Environmental Protection Agency's Office of Transportation and Air Quality，OTAQ）开发的机动车排放仿真器（Motor Vehicle Emission Simulator，MOVES）可对机动车排放的多种污染物进行多尺度计算分析。交通运输项目在一开始就必须建立绩效指标和各自的优先级，用来评价设计方案与预期目标的达成度。

总的来说，本章旨在帮助交通运输从业人员设计和运营管理乡村地区路段和立体交叉。本章将重点讨论以下主题：

- 设计控制和标准。
- 乡村地区不间断流设施的设计要素，包括道路视距、平面线形和纵断面线形、横断面要素以及乡村高速公路和立交设计。
- 道路安全对道路设计的影响以及可用于衡量所有交通参与者（包括行人、自行车和机动车驾驶人）安全性的工具。
- 乡村地区道路标志、标线、交通安全设施和照明条件。
- 有效措施，包括车道调控、行人和自行车驾驶人的安全，关联性设计方案（Context – Sensitive Solution，CSS）和交通仿真模型。
- 乡村地区交通规划所面临的共同挑战。
- 案例研究，包括关联性设计方案（CSS）示例、安全有效性评价和道路安全审核（Road Safety Audit，RSA）程序。
- 乡村公路设计和运营的行业新动态，包括交互式公路安全设计模型（IHSDM）中的设计一致性模块、公路战略研究计划，适用于智能交通系统（Intelligent Transportation System，ITS）的 ePrimer 软件、乡村地区交通事件的处置以及绿色公路概念的应用。

8.2 专业实践

8.2.1 简介

对不间断流设施进行几何设计要求工程师们满足各种交通参与者和载运工具的需求，同时还能够将设施对环境的影响降至最低。当道路上没有控制设备中断交通流且上游交通信号不会使车辆形成队列时，就形成了不间断流。例如高速公路、多车道公路和双车道公路。工程师们在设计中需要整合三个维度：道路平面线形、纵断面线形和横断面线形。除了这些设计要素外，不间断流设施的专业实践还包括道路设计对交通运行和安全的影响，以及乡村地区的标志、标线和交通安全设施。

8.2.2 设计控制和标准

设计控制是指导道路几何设计的物理尺寸或对道路用户进行的限制。例如不间断流设施的设计控制包括车辆的物理尺寸和性能、设计车速，驾驶人驾驶特性以及接入道路的控制和管理。设计准则包含几何特征、元素或模型，它们都不固定，需要设计人员做出判断和决策。乡村地区不同几何元素的设计标准包括了视距、平面线形和纵断面线形以及道路横断面。下面的内容介绍了有关乡村地区不间断流设施的设计控制和标准。

1. 设计车辆

设计车辆是指遵循一定规则在公路或街道上行驶的最大的车辆。设计车辆通常可以分为四类：乘用车、公交车、货车和房车。AASHTO 的《绿皮书》(第 6 版；AASHTO，2011) 包含有关于如何选择设计车辆的通用指南。对于乡村地区，WB-67 (WB-20) 半挂拖车或许是设计高速公路立交桥匝道或匝道端部平交口最合适的设计车辆种类。设计车辆的选择主要是基于道路的功能等级划分以及道路预期承载的交通量。例如在乡村地区，设计车辆的选择应主要考虑农业或采矿车辆的需求。另外，超大/超重车辆 (Oversize/Overweight Vehicles, OSOW) 已经在不同行业中得到了广泛使用，这类车辆会对乡村道路带来挑战。考虑到 OSOW 的总体尺寸和重量，可以作为设计车辆来代替 WB-67 (WB-20) 半挂拖车。有关其他信息，请读者参阅《绿皮书》中的第 2 部分内容。

设计车辆是预计在公路上行驶的最大车辆，包括半挂拖车、农用或采矿车辆，或是超大/超重车辆。

《绿皮书》中定义了 19 种不同的设计车辆，其常见尺寸见表 8.1。其中关键尺寸包括高度、宽度、长度、轴距以及总重量。这些参数都会影响公路和街道的几何设计。在乡村道路设计中，设计车辆最常影响的设计要素包括停车和超车视距，上、下坡临界长度，立交匝道设计和加、减速车道设计，车道宽度，平面曲线半径，超高和弯道路面加宽，道路横向坡度和垂直净空。读者可以参考 AASHTO 的《绿皮书》了解常见的设计车辆尺寸 (AASHTO，2011)。还应注意，设计人员通过使用转弯模板或计算机辅助设计 (Computer-Aided Design, CAD) 软件来评估设计是否满足设计车辆。建议读者阅读《NCHRP 系列报告 505：道路设计中货车特性的回顾》，以了解有关货车性能与道路几何设计之间关系的更多信息 (Harwood 等，2003)。

表 8.1 设计车辆尺寸

设计车辆类型	符号	尺寸/ft										
		整体			前后悬		WB_1	WB_2	S	T	WB_3	WB_4	典型主销距串联式后轴中心距离
		高度	宽度	长度	前悬	后悬							
乘用车	P	4.3	7.0	19.0	3.0	5.0	11.0	—	—	—	—	—	—
单体货车	SU-30	11.0~13.5	8.0	30.0	4.0	6.0	20.0	—	—	—	—	—	—
单体货车（3轴）	SU-40	11.0~13.5	8.0	39.5	4.0	10.5	25.0	—	—	—	—	—	—
巴士													
长途大巴	BUS-40	12.0	8.5	40.5	6.3	9.0[a]	25.3	—	—	—	—	—	—
	BUS-45	12.0	8.5	45.5	6.2	9.0[a]	28.5	—	—	—	—	—	—
市内公交	CITY-BUS	10.5	8.5	40.0	7.0	8.0	25.0	—	—	—	—	—	—
传统校车（65座）	S-BUS 36	10.5	8.0	35.8	2.5	12.0	21.3	—	—	—	—	—	—
大型校车（84座）	S-BUS 40	10.5	8.0	40.0	7.0	13.0	20.0	—	—	—	—	—	—
铰接公交车	A-BUS	11.0	8.5	60.0	8.6	10.0	22.0	19.4	6.2[b]	13.2[b]	—	—	—
拖车													
中途半挂拖车	WB-40	13.5	8.0	45.5	3.0	4.5[a]	12.5	25.5	—	—	—	—	25.5
州际半挂拖车	WB-62*	13.5	8.5	69.0	4.0	4.5[a]	19.5	41.0	—	—	—	—	41.0
州际半挂拖车	WB-67**	13.5	8.5	73.5	4.0	4.5[a]	19.5	45.5	—	—	—	—	45.5
双联半挂拖车/拖车	WB-67D	13.5	8.5	72.3	2.3	3.0	11.0	23.0	3.0[c]	7.0[c]	22.5	—	23.0
双半挂拖车/拖车（后拖车为单轴）	WB-92D	13.5	8.5	97.3	2.3	3.0	17.5	40.0	4.5	7.0	22.5	—	40.5
三半挂拖车/拖车	WB-100T	13.5	8.5	104.8	2.3	3.0	11.0	22.5	3.0[d]	7.0[d]	22.5	22.5	23.0
双半挂拖车/拖车（后拖车为双轴）	WB-109D*	13.5	8.5	114.0	2.3	4.5[e]	12.2	40.0	4.5[e]	10.0[e]	40.0	—	40.5

(续)

设计车辆类型	符号	尺寸/ft										典型主销距串联式后轴中心距离
		整体			前后悬		WB_1	WB_2	S	T	WB_3	WB_4	
		高度	宽度	长度	前悬	后悬							
休闲车												
房车	MH	12.0	8.0	30.0	4.0	6.0	20.0	—	—	—	—	—	—
露营拖车	PA	10.0	8.0	48.7	3.0	12.0	11.0	—	5.0	17.7	—	—	—
游船拖车	P/B	—	8.0	42.0	3.0	8.0	11.0	—	5.0	15.0	—	—	—
房车带游船拖车	MH/B	12.0	8.0	53.0	4.0	8.0	20.0	—	6.0	15.0	—	—	—

注：1. WB_1、WB_2、WB_3 和 WB_4 是有效轴距，或前后车轴组之间的距离。

2. S 是从尾部有效轴到挂钩点或铰接点的距离。

3. T 是从挂钩点或铰接点到下一个车轴或双车轴中心所测得的距离。

*1982 年《陆上运输援助法》（Surface Transportation Assistance Act，STAA）规定了 48.0ft 的拖车。

**根据 1982 年《路上运输援助法》（Surface Transportation Assistance Act，STAA）的规定，设计的 53.0ft 的拖车。

a 尾部到后双轴后轴悬挂长度。

b 组合尺寸为 19.4ft，铰接部分宽度为 4.0ft。

c 组合尺寸通常为 10.0ft。

d 组合尺寸通常为 10.0ft。

e 组合尺寸通常为 12.5ft。

资料来源：AASHTO（2011）。

2. 驾驶人

驾驶人能够顺利完成驾驶任务的前提是能够获得正确的信息。研究人员假设驾驶人有足够的时间来处理相关信息。信息对于在道路运行环境中的驾驶人至关重要。更多内容请参阅第 3 章中的"道路使用者基本特性和限制"部分。

感知–反应时间是其中一种与驾驶人相关的设计控制。与简单情况或少量信息相比，高度复杂情况和大量信息需要驾驶人花费更多的感知–反应时间。设计人员和工程师应了解老年道路使用者的能力和需求，并考虑采取适当措施以提高其出行的安全和效率能。推荐读者阅读 FHWA 的《老年驾驶人公路设计手册》（Staplin，Lococo，Byington，1998 年）、《积极引导用户指南》（Alexander，Lunenfeld，1990年）以及《老年驾驶人和行人公路设计手册》（Staplin 等，2001 年）。

除上述参考文献外，FHWA 还组织开发并应用了交互式高速公路安全设计模型（IHSDM）。IHSDM 是一个模块化的集成系统，公路规划和设计人员可以使用该系统在 CAD 环境中评估公路几何设计备选方案的安全性。系统包含有驾驶人和车辆模块，该模块包括一个与车辆动力学模型对应的驾驶人性能模型，该模型允许设计人员在设定环境下评估不同驾驶人操作给定车辆（如乘用车或牵引拖车）的情况，并确定是否存在可能导致车辆失控（如打滑或侧翻）的因素。读者可以参考 FHWA 编写的《交互式公路安全设计模型中驾驶人及车辆模块的开发》（Levinson，2007）。

3. 速度

车辆在公路或街道上行驶速度的高低不仅取决于驾驶人和车辆，还取决于其他 5 个常见的因素：公路的物理特性、路侧干扰、天气、其他车辆的存在以及速度限制（由法律或交通控制设备确定）。尽管以上因素中的任何一个都有可能决定车速，但是车辆的实际速度通常由这些因素的组合而决定。以下部分简要回顾了速度的相关知识。有关如何利用不间断流设备测量速度的详细信息，读者可参阅第 7 章内容。

运行车速是在自由流状态下观察到的驾驶人操作车辆的速度。最常见的做法是将测量车速的 85% 位车速作为公路特定位置或几何特征下的运行车速。

速度限制是通过立法或行政手段而制定的。州立法或地方条例可规定对应于特定道路功能类别的一般速度限制。通过行政手段规定的速度限制来源于工程研究。例如，通常将限速设置在85%分位速度左右。85%车速通常在大多数驾驶人使用的"速度"或正负15km/h的速度范围内。如果随意确定速度限制，则会造成正常速度区间的紊乱。此外，由交通工程研究确定的速度区间应该与公路沿线条件和公路横截面相匹配，并需要适当的执法配合（Fitzpatrick，2003；Alexander，Lunenfeld，1975）。

行驶车速是指单个车辆通过公路某一路段的速度。行驶速度等于公路路段的长度除以车辆通过该路段的行驶时间。可以使用《公路通行能力手册》（TRB，2010a）中的程序来确定交通量对平均行驶车速的影响。《公路通行能力手册》指出：

对于高速公路和多车道公路，在相当大的流率范围甚至是高流率范围内，车速对流率相对不敏感。然后，随着每股车道上的流量接近通行能力，车速会随着流量的增加而大幅降低；对于双车道公路，在零到通行能力的整个流率范围内，车速随着流率的增加呈线性下降。

出行者常常会将车速和出行时间作为选择出行路径和出行方式的主要依据。设计车速通常是设计人员在道路设计过程最基本的考虑因素，其被定义为"为确定道路的各种几何设计特征而选定的车速"（AASHTO，2011）。所选定的设计车速应与设计道路所处地形、土地使用、功能等级以及道路上的预测运行车速相匹配。所选的设计车速决定了道路的许多几何设计标准。

在设计一段相当长的公路时，最好选择一个统一的设计速度。但是，地形的变化和其他控制设施可能需要调整某些路段的设计车速。如遇这种情形，设计人员应避免突然采用较低的设计车速，而应设置足够的距离使得驾驶人在抵达低速设计路段前能够逐渐改变车速。据AASHTO研究显示，对于城际高速公路，可以使用110km/h的设计速度。在山区，可以使用80~100km/h的设计车速，同时这一速度区间也较为符合驾驶人的预期（AASHTO，2011）。此外，对于相对较直的高速公路通道，车道和立交可采用更高的设计车速。因此，近年来，美国的一些州和地区，包括爱达荷州、得克萨斯州、犹他州和怀俄明州，一直在提高设计车速，并在随后也相应提高了车速限制。在这种情况下，可以说对于拥挤程度较低的乡村地区，较高的设计车速可以提高道路设施的整体运行质量。

设计速度的选择应鼓励驾驶人驾驶车辆的方式与公路或街道预期的功能相一致。

设计人员的目标是使各种车速指标相互协调。换句话说，设计人员使用设计车速来确定道路的设计标准，并期望设计车速尽量与其他运行车速及速度限制相等。选择设计速度时，应鼓励驾驶人驾驶车辆的方式与公路或街道预期的功能相一致。因为《绿皮书》建议设计人员使用大于最低限速的设计车速，而实际出行的驾驶人倾向于根据道路沿线物理和操作上的限制来选择车速，所以选用高于最低限速的设计车速可能会导致与实际情况的不一致。不仅是设计人员，执法人员也认为这样的做法存在问题，他们经常观测到道路上车辆的实际速度远超过限速，同时又收到公众关于道路上车辆运行速度过高而速度限制过低的投诉。实现车速协调的关键是在道路设计阶段就使得设计车速、运行车速和速度限制与驾驶人、执法人员以及设计人员的直觉保持一致。还应注意，与较高的车速相比，车速的变化是对安全更大的威胁。

建议使用配备有球式示倾器和高精度速度计的车辆在现场确定速度。该方法简单易行，已被广泛应用于弯道建议车速的确定。如图8.1所示为典型的球式示倾器（ITE，2009）。

图8.1 球式示倾器

车辆在行驶过程中球式示倾器会显示一个读数，该读数表示超高、横向（向心）加速度和车身倾斜的合成影响。车身倾斜对球式示倾器读数的影响在1°以内，如果是使用标准车进行的测试，则基本可以忽略车身倾斜。研究指出，驾驶人在驾驶车辆通过弯道的速度通常会比现有的建议速度高 8～10mile/h。这表明过去用来建议车速的选取标准（最初在 1940 年左右制定）过于保守。建议使用以下球式示倾器读数标准来确定弯道建议速度：16°对应 20mile/h 或以下的速度，14°对应 25～30mile/h 的速度，12°对应 35mile/h 或更高的速度。（ITE，2009）。

可以使用配备有球式示倾器或加速度计的车辆在实际道路上行驶来确定建议车速。

加速度计是一种可以测量车辆在弯道行驶时横向（向心）加速度的电子设备。可以使用加速度计的方法来代替球式示倾器确定建议速度（ITE，2009）。类似于使用球式示倾器的方法，测量人员驾驶标准车以固定速度通过弯道，并尽可能使转弯半径等于弯道半径，弯道建议车速为驾驶人能够保持舒适横向加速度的情况下达到的最高车速。

8.2.3 设计要素

道路的线形会对周边环境、用地布局和道路使用者产生重大影响。线形包括了多种设计要素，这些要素共同作用于道路设施，使得道路设施能够安全、高效地服务于交通，并满足预期功能要求。线形设计要素之间应相互协调，从而完成一致、安全和有效的设计。本章讨论的内容包括了线形设计要素，以及乡村地区连续流设施下道路的特殊设计。需要注意的是，本节中的某些内容同时适用于城市和乡村地区。对于一些城市范围内的街道设计要求，有兴趣的读者可参考第 9 章的相关内容。

设计要素包括了视距、平面线形和纵断面线性、横断面要素以及乡村地区高速公路和立体交叉的设计。

1. 视距

驾驶人能看见前方的能力对于车辆安全、快捷地行驶至关重要。设计人员在道路设计过程中应为驾驶人提供足够的视距，从而避免驾驶人在车辆行驶中因视距不足而发生意外碰撞。例如，某些双车道的公路应具有足够的超车视距，以使驾驶人能够借对向车道完成超车，同时不会对对向车道上即将驶来的车辆形成干扰。乡村地区双车道的公路通常应在大部分沿线道路长度内按一定的间隔设置超车视距（AASHTO，2011）。总之，本部分内容介绍了视距的四个方面：

1）停车视距，适用于所有公路。
2）超车视距，仅适用于双车道高速公路。
3）复杂地点决策视距。
4）设计中测量上述视距的标准。

乡村地区适用的视距包括停车视距（Stopping Sight Distance，SSD）、超车视距（Passing Sight Distance，PSD）和决策视距（Decision Sight Distance，DSD）。

（1）停车视距

应当在道路全线提供停车视距（SSD），以便驾驶人在以设计车速或接近设计速度驾驶车辆在路上行驶时发现静止物体后可以及时停车。停车视距由两部分组成：感知－反应时间行进距离和制动距离。道路平面线形和纵断面线形设计均会影响停车视距。读者可参考 AASHTO 的停车视距计算公式。

在设计中，通常假定制动－反应时间为 2.5s。但是，2.5s 可能不能满足实际驾驶场景中所遇到的最复杂的情况。此外，和感知－反应时间一样，设计中假设的车辆减速度也反映了这样一种情况，即大约 90% 的驾驶人在遇到意外障碍物需要停车时都超过了所要求的时间。3.4m/s^2 是车辆能够保持在行驶车道并且驾驶人能够维持方向盘控制情况下在潮湿路面上的减速度。

AASHTO 中停车视距还假定驾驶人的视线高度为 1.08m，障碍物高度为 0.6m，后者与标准车尾灯的高度一致。尽管AASHTO规定障碍物的高度为0.6m，但美国的某些州和辖区（例如俄勒冈州）在其指南中继续使用150mm的物体高度。该值取自1994年AASHTO的《绿皮书》。根据2000年代初进行的研究，驾驶人视线高度以及后来1994版AASHTO《绿皮书》中提出的障碍物高度不能代表现实情况。因此，强烈建议使用AASHTO最新的停车视距计算公式。尽管在停车视距模型中未明确考虑货车，但通常货车驾驶人的视线高度比客车驾驶人要高。由于没有提供对应货车的停车视距计算公式，因此可以选取大于最小值的停车视距以使风险最小化。

（2）决策视距

决策视距（DSD）是指驾驶人在道路环境中察觉到可能引起视觉混乱的意外或难以感知的信息源或状况，识别状况或其潜在威胁，选择适当的速度和路径，启动和完成复杂行为所需的距离（Alexander, Lunenfeld, 1975）。由于决策视距为驾驶人提供了更多的误差余量，并提供了足够的距离使得驾驶人能在原有或降低的车速下操纵车辆，而不仅只是停车，因此其值要大于停车视距。对于乡村地区设计车速为110km/h的高速公路，停车和改变速度/路径/方向所需的决策视距为305m和390m，相同设计速度的停车视距分别为215m（AASHTO，2011）。

（3）超车视距

驾驶人在双向两车道公路上希望超越前方慢速车辆，必须有足够的距离完成超车操作，并且在遇到对向车道上的车辆之前不影响所超越车辆的行驶。这个距离称为超车视距（PSD）。设计中使用的最小超车视距是基于MUTCD以及AASHTO《绿皮书》（FHWA，2009）中提供的保证双车道公路禁止超车区的最小视距得来的。表8.2（AASHTO，2011）中列出了超车视距的设计值。

表8.2 双车道公路超车视距设计值

公制标准				美国标准			
设计车速/(km/h)	假设车速/(km/h)		超车视距/m	设计车速/(mile/h)	假设车速/(mile/h)		超车视距/ft
	超越车辆	被超越车辆			超越车辆	被超越车辆	
30	11	30	120	20	8	20	400
40	21	40	140	25	13	25	450
50	31	50	160	30	18	30	500
60	41	60	180	35	23	35	550
70	51	70	210	40	28	40	600
80	61	80	245	45	33	45	700
90	71	90	280	50	38	50	800
100	81	100	320	55	43	55	900
110	91	110	355	60	48	60	1000
120	101	120	395	65	53	65	1100
130	111	130	440	70	58	70	1200
				75	63	75	1300
				80	68	80	1400

NCHRP的一项研究已经证实，表8.2中的超车视距值与现场观测到的超车行为是一致的（Harwood等，2008）。这项研究针对超车驾驶人的视距需求使用了两种理论模型，两种模型都基于这样的假设：如果在整个超车过程中具有潜在冲突危险的车辆在超车车辆到达临界位置之前就进入超车驾驶人视野，超车驾驶人将中止超车行为，并返回原来车道继续跟随被超越车辆行驶；如果超越车辆已经经过临界位置，则超车驾驶人将致力完成超车行为。

与这些美国联邦政府的研究和指南相反，一些美国的公路设计手册采用了不同的方法来计算最小超车视距。例如，由加利福尼亚州交通部（California Department of Transportation，Caltrans）发行的第六版《公路设计手册》（Highway Design Manual，HDM）中的超车视距的取值大于 MUTCD 和 AASHTO《绿皮书》中的建议值（加利福尼亚州交通部，2014）。根据这本手册，设计车速为 70mile/h 的超车视距为 2500ft，是表 8.2 中列出的建议值（即 1200ft）的 2 倍。两个值之间的差异是由于利福尼亚州交通部《公路设计手册》中的超车视距考虑的是交通运营标准，而 AASHTO 的建议值则是从设计特性得出的。

新版 AASHTO《绿皮书》中的超车视距与 MUTCD 保持一致。

2. 平面线形

道路平面曲线的设计应基于设计速度和曲率之间的适当关系，以及它们与超高（道路倾斜）和侧向摩擦系数的共同关系。尽管这些关系源于力学定律，但设计中的实际值取决于现实情况的限制以及一些或多或少凭经验确定的因素。这些限制和因素将在下面进行说明。

（1）设计平面曲线

设计平面曲线时，需要特别注意曲线半径、超高率和侧向摩擦系数。在不太可能下雪和结冰的地区，最大超高率为 8%；而在有可能下雪和结冰的地区，建议最大超高率为 6%。在较高的行程车速下，如果使用最大侧向摩擦系数将会产生较大的向心加速度，可能会使驾驶人感到不适。而在较低的行程车速下，驾驶人通常愿意接受更高大的向心加速度，因此在设计中可以使用更高的最大侧向摩擦系数。

设计平面曲线时，需要特别注意曲线半径、超高率和侧向摩擦系数。

在公路和城市道路的平面曲线设计中使用的最小曲线半径是基于最大侧向摩擦和最大超高的极限值。例如，在 110km/h 的设计车速下，最大超高率为 6%，最大侧向摩擦系数为 0.1，对应曲线半径将为 950m（AASHTO，2011）。读者可以参考 AASHTO 给出的表格中最大超高和侧向摩擦对应的最小曲线半径值。

除了最小曲线半径，平面曲线还具有特定的物理尺寸和典型组成。在平面曲线设计中，曲线尺寸由桩位表示。1 里程桩美制单位为 100ft（1+00）；公制单位为 1km 或 1000m（1+000）。平面曲线沿其长度（L）标记桩位。相交点 PI 是两个切线的相交点。曲线上的点 PC 是平面曲线的起点，而直线上的点 PT 是平面曲线的终点。平面曲线的示例如图 8.2 所示（AASHTO，2011）。

（2）超高过渡段设计

正如本章后面所讨论的，道路的直线段通常设置有横坡，而曲线段设置了超高。由于直线和曲线的路面横坡不同，道路必须逐步旋转一定的距离，以避免车辆横向加速度突然发生变化，提高驾驶舒适性。这被称为超高过渡段或线形过渡段。如果道路从直线段直接过渡到圆曲线，则超高过渡段是直线延长段和超高缓和段的总和。

图 8.2 平面曲线构成
资料来源：ITE（2009）。

当在车辆行驶方向上设置超高过渡段时，直线段延长部分包括了完成外部车道横坡从正常横坡率变为零所需的长度（图 8.3 中的 A-B 段）。超高缓和段包括了完成外部车道横坡率从零增加至全超高率所需的长度，反之亦然（图 8.3 中的 B-E 段）。图 8.3（AASHTO，2011）对此概念进行了说明，其中道路横坡围绕中心线旋转。当然也存在其他旋转轴，例如道路内侧或外侧边缘。读者可在 AASHTO《绿皮书》中查询有关超高缓和段和过渡段长度的计算方法（AASHTO，2011）。

高速公路上使用的最大超高率受四个因素控制：气候条件（即冰、雪天气出现的频率和数量）；地形条件（即平原、丘陵或山区）；区域类型（即乡村或城市）；可能受到大超高率影响导致行驶速度非常缓慢的车辆出现的频率。综合考虑这些因素，没有任何单个的最大超高率是普遍适用的。通常公路的最大超高率是10%，某些情况下可以使用12%，而高于8%的超高率仅用于不会出现冰雪天气的地区。尽管较高的超高率有利于高速行驶的车辆，但从目前的工程实践来看，大于12%的超高率已经超出了实际限制。工程实践从道路建设过程、维护难度和低速车辆运行等三个方面进行了综合考虑。低流量碎石路面可使用12%的超高率，以利于路面排水。但是，如此高的超高率可能会导致诱发更高的车速，造成路面车辙和砾石位移。总体来说，8%的超高率可以被认为是合理范围的最大值。读者可以参考《绿皮书》第3.3.3节中有关开发超高确定的详细过程（AASHTO，2011）。

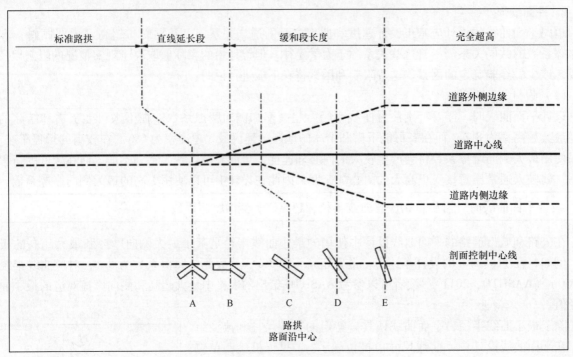

图8.3　超高过渡段剖面图示例

资料来源：AASHTO（2011）。

前面关于平面曲线的几何设计标准（包括超高值）来源于简单地将车辆表示为质点的数学模型。有研究人员提出，对于陡坡段的平面曲线，建议增大《绿皮书》中的点质量模型的侧摩擦系数值和轮胎载荷的变化范围，但该观点尚未得到充分的研究论证。最近，NCHRP启动了一项研究项目，主要针对陡坡（即4%或更大）段小半径平面曲线制定超高值标准（Torbic等，2014）。这项研究主要采用了定量分析的方法，实地采集了大量陡坡段平面曲线相关的数据并加以理论分析和计算机仿真。总而言之，该报告提供了以下建议，可供修订下一版《绿皮书》和MUTCD时作为参考：

对于简单平面曲线，下坡段最大超高率不应超过12%。如果必须使用大于12%最大超高率，则建议在相邻直线和曲线间设置螺旋曲线过渡段，以提高防侧滑安全系数。

对于坡度为4%或者更大的上坡段，设计车速为55mile/h或更高，最小半径曲线段的最大超高率应限制在9%以内，以避免发生车轮离地情况。或者如果可以确认可用视距大于最小停车视距设计值，则最小半径曲线段可使用最高12%的最大超高率。

低设计车速（即30mile/h或以下）不适用于坡度为4%或更高的下坡段上的小半径曲线（或接近最小半径的曲线）。如果无法避免这种情况，则应在平面曲线开始之前使用警告标志提醒驾驶人降低车速。

（3）弯道：复合曲线的使用

弯道包括立交匝道和用于右转车辆的平交弯道。立交弯道由直线和曲线组合而成，通常采用环形或菱形形式。平交弯道一般采用菱形形式，并且由曲线（通常为复合曲线）组成（AASHTO，2011）。

当弯道的设计速度为70km/h或更低时，可以使用复合曲率来形成弯道的整个路线。当设计速度超过70km/h时，复合曲线的专有使用通常是不切实际的，因为它往往需要大量的通行权。因此，高速弯道遵循互换坡道设计准则，并包含切线和曲线的混合。通过这种方法，设计可以对通行权的影响以及驾驶人的舒适度和安全性更加敏感。

一个重要的考虑因素是避免复杂的曲线设计误导驾驶人对曲线半径的期望。对于弯道上的复合弯道，振颤半径与锐利半径之比最好不超过2:1。该比率导致两条曲线的平均行驶速度降低了大约10km/h。

3. 纵断面线形

（1）纵坡

纵断面线形的设计包括直线和竖曲线设计。竖曲线通常为抛物曲线。由于速度一致性是设计中的一项性能目标，因此应设计纵坡，以最大限度地减小整个路线的不均匀速度。纵坡低于4%~5%的乘用车通常不会受到严重影响；但是，陡度和坡度长度以及货车的重量/功率比，可影响货车在陡峭竖直上坡段的速度。因此，推荐的最大坡度是基于功能等级和地形等级的。对于设计速度为110km/h的乡村高速公路，在平原、丘陵和山区的最高坡度分别为3%、4%和5%（AASHTO，2011）。

（2）设计竖曲线

竖曲线一般为抛物曲线，可以呈上凸或下凹形式。竖曲线标记为水平面中，由两条直线延长线的交点（垂直交点PVI）构成。竖曲线的起点是竖曲线上的点PVC，竖曲线的终点是直线上的点PVT。竖曲线构成如图8.4（AASHTO，2011）所示。

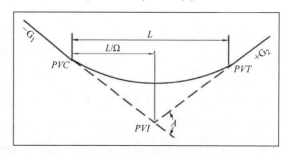

图8.4 竖曲线构成
资料来源：AASHTO（2011）。

对于设有路缘带的道路，应设置纵坡以便地面排水。较为合适的最小坡度通常为0.5%，但如果铺装的表面准确倾斜并支撑在公司路基上，则可以使用0.30%的坡度。应特别注意雨水进口的设计及其间距，以使行进路上的水流散布在可容忍的范围内。路边沟渠和中央分隔带洼地通常需要比道路剖面更陡的坡度，以便充分排水。读者可以参考《绿皮书》了解垂直曲线的详细设计（AASHTO，2011）。

（3）竖向净空

《绿皮书》通常建议在坡度分隔的位置的最小竖向净空为4.4m，理想的竖向净空为5.0m。某些高速公路和干线的最小垂直间距为4.9m。在其他类型的道路上，建议最小垂直间隙为4.3m。设计地下通道时应考虑将来重铺路面。穿越铁路时，最小垂直间隙为7.0m。

（4）测量和记录视距

可以使用计算机辅助设计和制图程序（Computer-aided Design and Drafting，CADD）来确定和绘制视距。曲线内部的水平视距受障碍物（例如建筑物、树篱、林木区域、高地和其他地形特征）的影响，可以将其绘制在图纸上。如图8.5最上方图形左侧所示，水平视距是用直尺测量的。切坡在图上用一条线表示，该线代表道路面上方0.84m处的建议开挖坡度（即停车视距大约平均1.08m和0.60m）和超车视距的路面上方约1.080m的点。该线相对于中心线的位置可以根据绘制的公路横截面进行缩放。最好在一条交通车道上的点与另一条车道中间的超车视距之间测量停车视距（AASHTO，2011）。

以通过计算机辅助设计和制图程序（CADD）绘制平面图和剖面图来确定视距。

对于两车道公路通常不需要进行上述改造，且沿中心线或行车道边缘测量视距是合适的。如果道路坡度的变化与平面曲线一致，且内侧有阻挡视线的切坡，则视线截取斜坡的平面位置要么低于，要么高

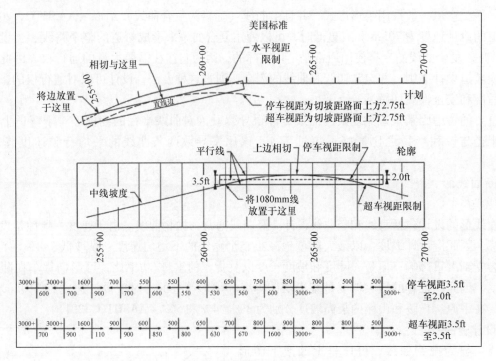

图 8.5 视距平面示意图
资料来源：AASHTO（2011）。

于假定平均高度。在测量视距时，使用假定的 0.84m 或 1.08m 高度时的误差通常可以被忽略。

垂直视距可以按照图 8.5 中间图形右侧所示的方法由所绘制的图形进行缩放。可以绘制一个纵坐标上下边相距 1.08m，并且上边距距虚线 0.6m 的透明长条形。长条形的下边缘放置在需要设置垂直视线距离的位置上，然后将长条绕此点旋转，直到其上边缘与轮廓线相切。初始位置与 0.6m 线相交的位置之间的距离为停车视距。初始位置与长条形下边缘相交的位置之间的距离为超车视距。

4. 平面线形与纵断面线形的组合

一旦确定了道路路线，再去改变其几何要素就会十分困难且花费巨大。因此，遵循线形协调的基本原则就显得很重要：

- 限制大半径平面曲线与陡坡的组合使用。
- 限制小半径平面曲线与缓坡的组合使用。
- 将平面曲线叠加在纵断面曲线上通常会产生美观的路面。
- 限制在凸形纵断面曲线的最高点处或附近使用小半径平面曲线。
- 限制在凹形纵断面曲线的最低点处或附近使用小半径平面曲线。
- 考虑在双车道公路的长直线段增加设置可超车路段。
- 限制在交叉口附近平面线形和纵断面线形的急剧变化。
- 如果经济允许，可以考虑公路双向采用不同的线形。

应该注意的是，在 IHSDM 中设计一致性模块可以评估与驾驶人的速度期望值相关的设计一致性，尤其是在平面曲线和竖曲线中。本章"发展趋势"部分将对此进行了详细说明。

5. 横断面要素

道路的横截面包含以下部分或全部要素（AASHTO，2004）：

- 行车道（路幅用于车辆的行驶的部分，不包括路肩）。
- 路幅（供车辆使用的公路的一部分，包括路肩）。
- 中央分隔带（在双向公路上用于分隔上下行路幅的物理或标线分隔）。

- 自行车和行人设施。
- 公共服务和景观区。
- 排水沟和边坡。
- 侧向净空（即从行车道边缘到固定障碍物或非穿越斜坡的距离）。

作为一个独立部分，所有的横断面要素均可视为道路用地。道路用地通常可以描述为包括了各种横截面要素的公有土地。

(1) 行车道和路肩宽

行车道是指在路幅上划分出来的供车辆单向单列行驶的区域。行车道提供了多种功能，这些功能对于道路系统效率的提升十分重要，例如直达公路、专用车道（公交车、其他公共交通等）、辅助车道（转弯或超车）、停车区和自行车道。

硬路肩应在行车道两侧连续设置。右侧硬路肩的宽度至少为3m，当交通量组成中货车的比例较大时［即单向设计小时交通量（DDHV）超过250veh/h］，建议增加到3.6m。内侧或左侧硬路肩侧向净空应为1.2~3.6m，具体数值取决于交通量和行车道的数量。高架高速公路的最大超高率应为6%~8%。在其他类型高速公路上，最大超高率应为8%~12%，具体数值取决于当地冬季冰雪天气情况。在路权受限的山区高速公路上，垂直坡度通常限制在7%以内。在地形平坦地区，坡度通常为3%~4%。应当注意的是，在设置有超高的平面曲线上，驾驶人会借用硬路肩作为右转车道。在转弯车辆借用路肩的情况下，设计人员应将路肩侧翻坡度限制在转弯车道标准（4%~5%）上（AASHTO，2011）。

车道和路肩设计宽度因道路不同功能类型、设计流量和设计速度而异。AASHTO建议乡村高速公路的车道宽度为6m，路肩宽为1.2~3.6m。读者可参考《绿皮书》相关内容，以获得更多关于车道和肩宽的信息。

(2) 中央分隔带

中央分隔带宽度可以定义为路幅上对向行车道边缘之间的距离，包括左路肩的宽度（如果有的话）。在乡村高速公路上，中央分隔带宽度通常为15~30m。

如图8.6a所示，中央分隔带宽度为15m，坡度路肩宽1.8m，前坡坡度为1:6，分隔带挖沟深为1m（AASHTO，2011）。足够的距离有助于车辆回复偏离；根据AASHTO《路侧设计指南》（*Roadside Design Guide*，AASHTO，2006）的建议，中间分隔带采用支柱形式的，需要在支柱表面包裹缓冲材料。如图8.6b所示，中央分隔带宽度为30m，这一宽度允许设计人员针对山坡地形，将两侧路幅设计为独立线形，使得高速公路与周边环境更加融为一体，同时能够保持坡度的平坦以便车辆及时回复。在地形平坦地区，若道路建设考虑未来增加两条3.6m的行车道，则30m的中央分隔带宽度也同样适用。有关中央分隔带设计的详细内容，参见《绿皮书》（AASHTO，2011）。

(3) 边坡

在乡村高速公路上，应设置平坦、圆滑的边坡，以适应地形并与可用路权保持一致。对于挖方路段和中等高度的填方，建议采用1:6或更平坦的前坡。在中等填方高度路段，可以使用可回复边坡和不可回复边坡的组合来提供适当的车辆回复区。对于高填方路段，由于边坡较陡，需要设置护栏进行保护。在有岩石或黄土沉积的地方，后坡可能接近于垂直，但在可行的情况下，应设置后坡，以便为偏离车辆提供足够的回复区域（AASHTO，2006）。

(4) 侧向净空

宽容性路侧允许车辆出于任何原因偏离正常路线而离开道路，并倡导以尽量减少道路偏离造成的严重后果为目的的路侧设计（ITE，2009）。针对路侧障碍物的设计措施按优先顺序如下：

- 清除障碍物。
- 重新设计障碍物放置地点，使其不易被撞到。
- 将障碍物移动到不太可能被撞到的位置。

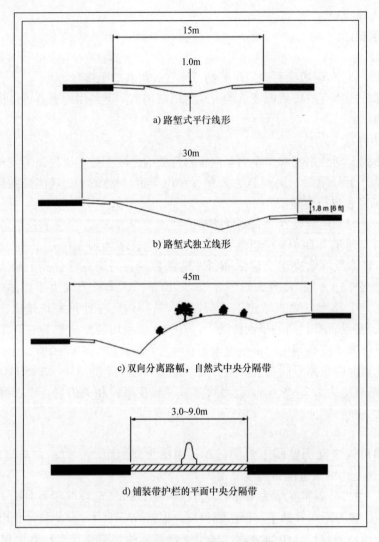

图 8.6 典型乡村高速公路中央分隔带形式

- 利用适当的解体消能设施来降低撞击的严重程度。
- 利用设计用来重定向的纵向交通护栏来遮挡障碍物。
- 如果上述措施均不适用，可用标志标线明确标记出障碍物。

如 AASHTO 的《路侧设计指南》中所述，路侧净空旨在通过在特定路段上提供尽可能宽的无障碍路侧回复区来提高行车安全（AASHTO，2006）。首次应用时，无论道路上的流量和车速如何，均假设所有道路侧向净空宽度为 9m。在该净空区内，所有对象均按前述设计要求进行。然而，在低交通量、低车度的道路上，这一距离显然是不合适的。目前，确定净空区主要是使用涉及后坡或前坡、设计车速和道路平均日交通量（ADT）等在内的设计程序。高速公路侧向净空宽度曲线如图 8.7 所示（ITE，2009）。

对于半径小于 900m 的平曲线，建议在从图 8.7 中获得对应的宽度值后再应用修正系数进行修正，尤其是在研究了某些特定地段的历史事故数据后显示有此必要时。该系数基于指定的设计车速和平曲线半径。推荐的侧向净空宽度修正系数见表 8.3（AASHTO，2006）。

6. 乡村高速公路及立交的设计

通常乡村高速公路类似于城市高速公路，只是在平面线形和纵断面线形的设计上更为宽松，这与乡村高速公路通常具有更高的设计车速和更多的用地供给有关。相对于城市，在乡村地区的道路用地通常更容易获得,且价格更低,因此可以设置更宽的中央分隔带,从而提高道路的安全性。除了增强乡村高速公路的安全性外,提高乡村高速公路的设计车速还可为道路本身带来更大的通行能力,更高的机动性,并有可能减少车道数。高速公路的基本要素包括路幅、中央分隔带、立交和匝道。本章前面部分已经讨论了路幅的基本设计要素、控制和标准。读者可参考第9章,了解乡村地区和城市高速公路的常见设计要素。

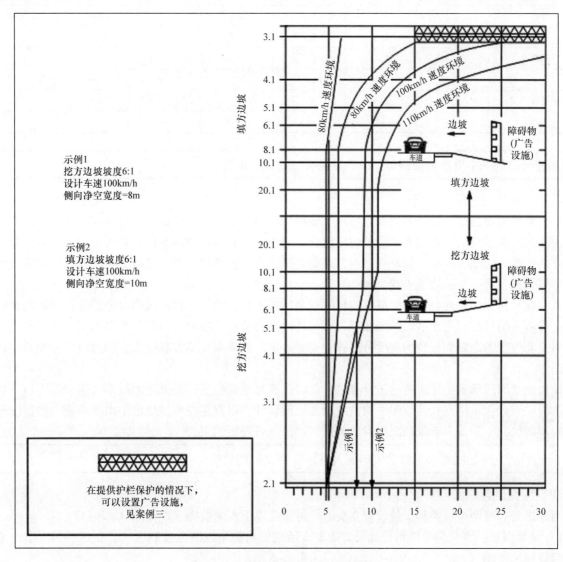

图 8.7 高速公路侧向净空宽度曲线

表 8.3 平面曲线侧向净空宽度修正系数

半径/ft	设计车速/(mile/h)						
	40	45	50	55	60	65	70
2860	1.1	1.1	1.1	1.2	1.2	1.2	1.3
2290	1.1	1.1	1.2	1.2	1.2	1.3	1.3
1910	1.1	1.2	1.2	1.2	1.3	1.3	1.4
1640	1.1	1.2	1.2	1.3	1.3	1.4	1.5
1430	1.2	1.2	1.3	1.3	1.4	1.4	—

(续)

半径/ft	设计车速/(mile/h)						
	40	45	50	55	60	65	70
1270	1.2	1.2	1.3	1.3	1.4	1.5	—
1150	1.2	1.2	1.3	1.4	1.5	—	—
950	1.2	1.3	1.4	1.5	1.5	—	—
820	1.3	1.3	1.4	1.5	—	—	—
720	1.3	1.4	1.5	—	—	—	—
640	1.3	1.4	1.5	—	—	—	—
570	1.4	1.5	—	—	—	—	—
380	1.5	—	—	—	—	—	—

高速公路的基本要素包括路幅、中央分隔带、立交和匝道。

(1) 平面线形和纵断面线形

乡村地区高速公路上的交通流通常呈现大流量和高速度的特点，因此道路应具有平滑的平面线形与纵断面线形以及适当的平坦曲率和缓和坡度组合。应该利用有利的地形条件，将可变的中央分隔带宽度和独立的道路线形结合起来，以增强高速公路的美感。在可行的情况下，应避免在平面线形切线段改变中央分隔带的宽度，以免造成外观变形。

通常在乡村地区修建公路网所遭遇的自然限制比城市少，因此乡村地区高速公路往往可以贴合地面修建，形成平滑且相对平坦的纵断面线形。乡村地区高速公路纵断面线形设计更多地考虑排水和土方工程因素，而较少考虑频繁出现的坡度分隔和立交的需求。如果需要填方和挖方，则可以参考城市高速公路指南。

即使纵断面线形满足了所有的设计要求，如仅仅满足最低标准，则最终的线形可能会呈现出不自然和不平滑。设计人员应在长连续图中检查纵断面线形设计，以避免在起伏地形中出现不理想的过山车线形。应同时研究平面线形和纵断面线形的关系，以便获得理想的组合。

应同时研究平面线形和纵断面线形的关系，以便获得理想的组合。

(2) 立交设置前提

当考虑是否在两条道路相交处设置立交时，可参考以下6个前提（AASHTO，2011）：

1) 设计因素：将全部道路相交处设置为立交形式的前提是道路全控制出入。在这种情况下，道路上的交通流呈连续状态。

2) 减少瓶颈或交通拥堵：在交通繁忙的路线上，道路通行能力不足可能会导致一条或多条路径出现严重的拥堵情况。

3) 提高安全性：如果无法采用成本较低的方法来减少或消除事故多发平交口的事故率，则应当考虑改用立体交叉。

4) 地形因素：在一些地方，采用分离式立交是唯一经济可行的选择，因为现场地形可能会使得建造平交口的费用非常昂贵。

5) 道路使用者的利益：由于拥挤的平交口会造成大量延误，立交的使用可有效降低道路使用者的出行成本。

6) 交通量需求：尽管目前尚未出现计算通过某一立交的交通量的方法；但是其明显要大于平交口的通行能力，因此可以证明设置立交是合理的。

除了这些前提之外,FHWA 的《设计规程支持工具》还提供了向州际公路系统增加新接入点的要求。读者可参考有关州际公路系统接入点的 8 条接入原则,以获取更多的信息(FHWA,《设计规程支持工具》,颁布时间不详)。

一旦决定设计立交,确定主路是上跨还是下穿次要道路就显得至关重要。通常需要根据地形和经济因素做出决定。

主路下穿的优点是:

1) 驾驶人通常可从远处根据上跨结构知悉正接近立交桥。
2) 驶出匝道为上坡,有助于驶出车辆减速行驶。
3) 驶入匝道为下坡,有助于汇入主线车辆时加速行驶。
4) 在现有地面上修建主要道路,更为经济节约。
5) 噪声影响较小。

主路上跨的优点是:更有利于分阶段施工,主路的垂直净空不会受到影响,有利于在施工期间控制对现有道路的交通干扰。此外,上跨的道路通常较窄,相应的设计车速也较低,从而降低了施工成本。

设置立交的前提有很多,包括设计因素、减少拥堵、提高安全性、地形因素以及交通量等。

(3) 立交设计

立交存在多种形式,包括三岔形、四岔形、错位形和组合形。形式的选取决定于相交道路上预测的交通量、货车数量、直行和转向比例,地形条件和几何设计要求。此外,立交还可进一步分为服务型或枢纽型。服务型立交可将高速公路连接到次要的道路设施(不控制出入)。枢纽型立交连接着两条或多条高速公路。常见的立交类型如图 8.8 所示(Leisch,Manson,2005)。读者在第 9 章中可了解城市地区常见立交的设计内容。

常见立交类型包括喇叭形,定向 Y 形,菱形,部分苜蓿叶形以及定向形。

在乡村地区,立交形式的选取主要是根据服务需求来进行。当相交的道路为高速公路时,可能需要定向立交才能满足较大的转向交通量。通常,乡村地区的立交之间间隔较远,设计时可视作独立个体,而忽略系统内其他立交的影响。然而,某个立交最终型式的确定往往需满足路线连续性、出口形式的一致性、下游出口、消除主线交织、预设标志以及道路用地的需求。高速公路立交段的视距应大于等于停车视距。如涉及出口,首选反应视距,尽管并非总是可行的。

常见三岔形立交包括喇叭形和定向 Y 形。这一类型设置有可用于直达交通的定向匝道。对于喇叭形立交,主要转向交通流通常使用定向匝道,而次要转向交通流使用环形匝道。定向 Y 形立交上的所有车流均是定向的,因此可有效减少交织现象的发生。与喇叭形立交相比,定向 Y 形立交的结构更为复杂。当无需使用第四岔路时,应尽量使用三岔形立交型式。

菱形立交是四岔形立交的一种,可能也是最常见的立交形式。当在每个象限中设计一个单向对角匝道时,就形成了一个全菱形立交。菱形立交桥在城市和乡村地区均可应用。在匝道与地面道路相交处,可应用不同的交通控制方式,也可使用环交;如果交通量特别大,可能还需要进行渠化或增设额外的转向车道。

部分苜蓿叶形(或称为 parclo)的立交来源于苜蓿叶形立交形式。部分苜蓿叶形立交是最早由加拿大安大略省运输部(MTO)开发,用于取代 400 系列高速公路上苜蓿叶形立交形式。这种新型式立交有利于消除较为危险的交织现象,并使高速公路拥有更多的加速和减速空间。此设计一经推出便广受好评,已成为北美最受欢迎的高速公路——城市主干道立交形式之一。在一些欧洲国家,如德国、荷兰和英国,也偶有应用。

在城市或农村地区,相交道路均为高速公路时应使用定向立交。定向立交均采用单向车道,确保了车辆不会过于偏离预定行进方向。这样的设计形式有利于提高行驶车速、通行能力以及消除交织现象,

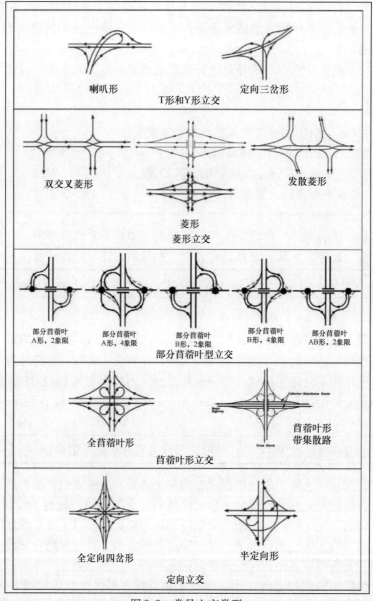

图 8.8 常见立交类型
资料来源：ITE（2009）。

从而提高了运行效率。

前面已经介绍了多个立交形式。更多信息请参考《高速公路和立交几何设计手册》（Leisch，Manson，2005）。此外，该手册还提供了完整的立交形式选择方法，其中考虑了运行、安全、成本、环境和社会问题。整个过程的第一步是区域环境评估系统，它涉及区域类型（城市或乡村）和相交道路的功能等级。如图 8.9 所示是根据驾驶人期望、运行效率和土地利用要求绘制的（Leisch，Manson，2005）。该过程中剩下的步骤涉及根据现场条件进行三维（平面线形、纵断面线形和横断面）概念设计以及预测交通量。当然，也可以考虑多种替代形式，然后再根据环境影响、运行特性、安全性、成本和实施计划等方面进行评估选择（Leisch，Manson，2005）。

（4）匝道设计

匝道是指立体交叉口内部连接 2 条或多条岔路的各种类型、结构和规模的转向道路。如图 8.10 所示为几种类型的匝道及其特征形状（AASHTO，2011）。

立交匝道上的变速车道可用于车辆驶入或驶出高速公路直行车道时进行加速或减速操作。驾驶人在

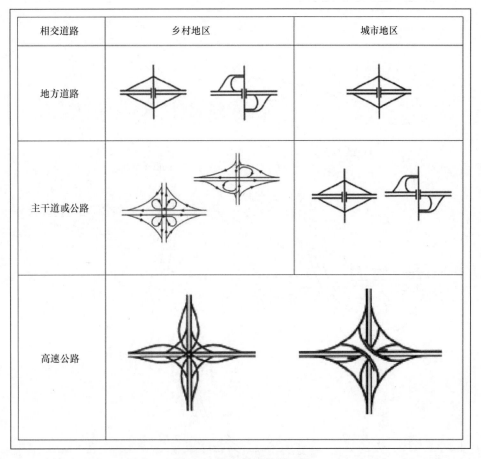

图 8.9 立交形式选择过程

资料来源：Leisch & Manson（2005）。

出口匝道直接式减速车道和平行式减速车道上表现出的差异很小。当减速车道选用直接式的形式时，分流点处楔形端渐变率应控制在 20∶1 至 30∶1 之间（AASHTO，2011）。

匝道上坡坡度超过 5% 时，可能会对其上正常行驶的货车和公交车产生影响。同时，当交通流中含有大量货车或公交车时，应避免使用下坡坡度大于 3% 或 4% 并叠加小半径平面曲线这样的组合设计（AASHTO，2011）。

匝道间距设置指南如图 8.11 所示（AASHTO，2011）。推荐的匝道间距在城市地区为 1.5km，乡村地区为 3km。可以使用交通仿真软件来评估匝道连接处间距和立交间距的影响。

8.2.4 道路安全管理流程

在过去 20 年间，道路管理部门开始认识到沿用被动安全措施所带来的问题（AASHTO，2011）。随着研究人员和技术人员所使用的分析工具的进步，道路安全管理由过去的被动方式（即对事故高发点进行调查）逐渐向主动方式（即在道路周期的所有阶段均考虑交通安全）发展。上述分析工具可分为定量分析工具和定性分析工具两大类。作为定量安全分析方法的一部分，下面章节介绍了道路安全管理的流程。有关定性安全分析方法的更多信息，请参阅第 4 章。

道路安全可以使用定量和定性分析工具来进行评估。

定量分析方法主要来源于 AASHTO 在 2009 年出版的《公路安全手册》（TRB，2009），其中系统地提出了一种道路安全管理的流程。该流程如图 8.12 所示，并在交叉口和路段均适用（FHWA，2006a）。

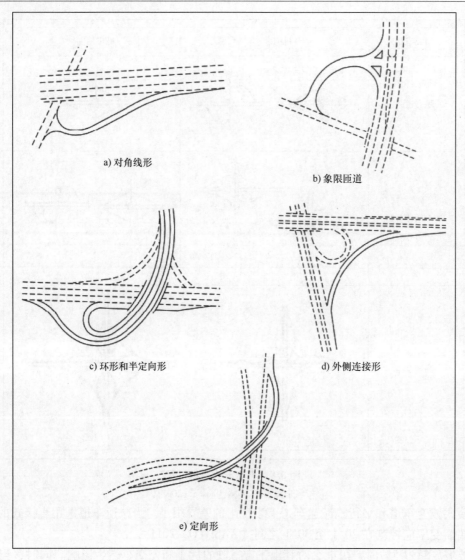

图 8.10 常见匝道类型
资料来源：AASHTO（2011）。

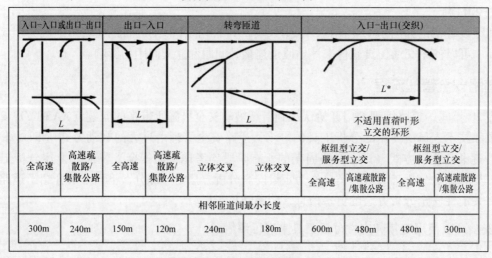

图 8.11 最小匝道间距指南
资料来源：AASHTO（2011）。

道路安全管理流程从网络筛查开始，其主要目的是确定可能从安全性改进中获益最大的路段。其基本假设是道路设计属性往往在交通事故中起着重要的作用。在网络筛选中，将每个单独路段的安全性能与辖区内类似地点的安全性进行比较，以确定目标路段的安全性能是否可接受（FHWA，2006a）。

道路安全管理流程的下一步是诊断。这一步骤确定了在网络筛查中确定的路段上发生交通事故的成因。为了完成这一步骤，应用了一种被称为"运营道路安全检查"的系统方法，以确保分析的彻底性和准确性。"运营道路安全检查"是一项独立的检查，旨在评估现有道路的整体安全性能，确定交通安全问题，并提出提高安全性的对策。

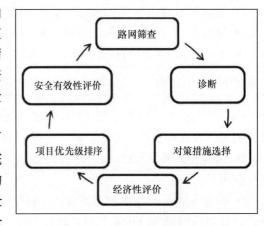

图 8.12　道路安全管理流程

接下来的工作步骤是对策选择和经济性评价。这涉及选取解决在诊断步骤中确定的安全问题的对策。在这一选择过程中，通常会发现缓解问题的对策往往不止一种。随后的经济性评价将评估全部问题多发路段的所有对策，以确保各项对策的经济可行性。在确定对策措施的优先顺序时，其目标是在预算限制的情况下，最大限度地减少交通事故的发生。安全有效性评价主要是跟踪已实施的改进措施，以评估其对提高安全的有效性。在这一步骤中获得的信息对于前瞻性判断十分有用，可以帮助决策者根据每种对策措施的有效性做出更加明智的决定。

道路安全管理流程是一个持续的过程，需要道路管理部门以及大范围行政管理部门（如国家范围管理部门）提供大量资源。这个过程需要大量的数据，应该每年采集一次。因此道路管理部门热衷于推进道路安全管理流程的自动化，以提高道路安全性改进项目的效率。为了满足道路管理部门日益增长的上述需求，AASHTO 于 2009 年发布了被称为"安全分析师"的软件（www.Safety Analyst.org）。该软件包由 4 个模块组成，其中包含 6 个分析工具；这些分析工具与前面所提到的道路安全管理流程的 6 个步骤一一对应。下面简单介绍了这 6 个步骤。

（1）路网筛查

目前有多种技术手段可用于识别发生交通事故的频率或速率高于预期的地点或路段。有时这也被称为路网筛查。技术手段应用效果的好坏取决于数据是否容易获取（例如，交通量）、道路系统的规模和复杂性，以及分析师和决策者所使用技术的先进性。需要指出的是，无论使用何种技术手段，其目的都是筛选出最需要进行安全性提高的地点或路段。第 4 章详细介绍了路网筛查技术。

路网筛查是指识别发生交通事故的频率或速率高于预期的地点或路段的过程。

（2）诊断

本节讨论交通工程师应该如何正确诊断交叉口存在安全问题的类型。只有对特定安全问题进行诊断，才能够采取合适的对策措施。现场安全诊断可按以下四个步骤进行：
- 第 1 步：审查安全数据。
- 第 2 步：评估相关文档。
- 第 3 步：考查现场条件。
- 第 4 步：陈述问题。

在对路段进行安全诊断时，交通工程师力图从交通事故数据中寻找规律，并确定事故的成因。安全数据审查可分为三个阶段：收集事故数据、对事故数据进行描述性统计和总结事故数据。在评价数据时，重要的是要找出明确的规律，并将其分为以下几组：
- 事故类型（例如追尾碰撞、侧向碰撞、与动物有关的碰撞）。

- 事故严重程度（例如死亡、受伤、财产损失）。
- 环境条件（例如天气、路面状况、桥面结冰）。
- 时间段（例如上午9：00—11：00）。

道路安全管理流程的诊断步骤包括审查安全数据、评估相关文档、考查现场条件以及陈述问题。

一旦从数据库中提取出交叉口的交通事故数据，就能够从历史事故数据中寻找规律，并确定潜在的事故成因。在安全诊断作业中，技术人员通常使用三种技术手段来识别事故规律和成因：

- 可视化工具：交通工程师可以利用图形和图表工具从多个交通事故属性角度对事故频率进行可视化分析。
- 事故聚类分析：事故聚类分析过程包括了人工筛选事故属性。此类分析的目的是为每个事故属性进行分类，例如事故影响类型、路面条件、照明条件等。
- 过表达分析（Overrepresentation Analysis）：过表达分析是为了确定在对象交叉口得到的特征比例是否与在一组类似场景交叉口中发现的特征比例相同。识别异常趋势有助于找出可能的解决方案。为确保过表达的有效性，需要使用适合的统计手段。卡方检验是确定过表达的方法之一。《公路安全手册》将该分析称为"超比例阈值特定事故类型分析法"，该方法详细信息可在《公路安全手册》第4章中找到。

描述性事故统计的最终结果是一组被确定为过表达的特征。接下来是将事故模式和过表达特征与特定的方法联系起来。事故图可以用来建立这种联系。事故图描述的是在特定时间段内现场发生的事故的平面图。在事故图中，用箭头和符号的组合来表示事故的类型。图8.13显示了某段道路上的发生事故类型（TRB，2010b）。

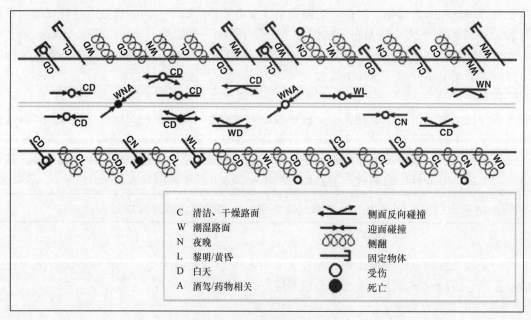

图8.13　某路段交通事故图

资料来源：TRB（2010b）。

事故图有助于分析事故类型。当与条件图结合使用时并考虑交通运行、道路设计和人为因素时，它可以帮助技术人员确定导致事故发生的因素。仔细分析完整的事故报告可以发现事故简报中没有提及的，例如造成事故的潜在因素等重要信息。

环境条件也是造成事故的重要因素。例如，造成事故的因素如包含潮湿天气、冰和雪环境条件，则提示应该改善的道路的排水条件。所有在事故特征分析中确定的变量有助于更加深入地理解事故发生的因果关系。

站在用户角度来评估现场条件的重要性再怎么强调都不为过。交通工程师应查勘现场，以确定驾驶人和/或行人的任务和信息需求。同时有必要评估驾驶人的工作负荷，并确定是否存在任何可能导致驾驶人操作失误的因素。还应检查标志的可读性、视距以及是否存在令人困惑或分心的信息。该分析的结果将会形成一份导致事故的潜在因素的清单。该清单可能包括设计因素（如车道宽度过窄或平面曲线半径过小）、运行问题（如标志或标记的位置和可见性或信号灯配时不当）或其他因素（如超速）。

（3）对策措施选择。诊断步骤结束后的下一步是对策选择。经过诊断后最终得到的是一个或多个有关事故类型与其潜在成因的问题陈述报告。对策措施选择步骤的主要目标是根据诊断步骤中确定的事故成因提出对策措施。具体操作是列出所有能降低诊断步骤中确定的事故的频率或严重性的措施。下面展示了一些典型事故类型的可能原因和可能对策措施，说明了应分析的重点。现场调查和事故类型分析对确定对策措施是必要的。表8.4和表8.5列出了乡村地区道路上常见的事故类型以及可能的对策措施（ITE，2009）。读者还可参考第9章和第10章的内容，分别了解与城市道路和交叉口相关的对策措施。

> 对策选择步骤的主要目标是根据诊断步骤中确定的事故成因提出对策措施。

表8.4 乡村地区双车道公路车辆冲出路外事故

潜在成因	可能的对策措施
速度过快	降低限速
路面湿滑	铺装路面 设置足够的排水设施 拉毛刻划路面 设置小心路滑标志
道路照明不足	改善照明条件
弯道警示标志能见度差	增大标牌尺寸
道路设计问题	加宽车道 重新调整曲线 安装防撞护栏
线形指示问题	安装/改进警告标志 安装/改进路面标线 安装/改进线形指示设施
路肩问题	升级路肩，改善路侧陡坡
路面养护不足	修复路面

资料来源：ITE（2009）。

表8.5 乡村地区双车道公路车辆对撞事故

潜在成因	可能的对策措施
车速过快	降低车速限制 安装中央分隔带护栏
路面标线问题	设置/改进路面标线
道路照明不足	改善照明条件
道路设计问题	加宽车道 设置中央震动带
路肩问题	升级路肩
路面养护不足	修复路面
危险超车	升级标志、标线

交通工程师应根据当地做法或本手册建议列出对策措施。建议在对每项措施进行经济性评价之前对

其进行筛选，以减少经济性评价的工作量。

如何对提出的对策措施进行筛选？一种方法是根据研究小组成员之间的共识，对每种对策措施的各个评分项进行打分，得出评分矩阵。可供参考的评分项如下所示：

- 总体可行性：实施这项对策措施的可行性如何？是否需要花费大量的工作、时间，并且/或者需要警察、维修人员、运输规划人员或公众的配合？简单易行对策措施得正分；难以实施的得负分。
- 对交通运营的影响：此项对策措施是否有望改善交叉口影响区域内的交通流？能够改善交通运行的对策措施得正分；降低交通运行质量的措施得负分。
- 与当地做法的一致性：该对策措施是否与地方通常做法相一致？对于当地公众熟悉且已知好处的对策措施得正分；公众不太熟悉且大部分未在当地进行过测试的措施得负分。

对每一种对策措施进行评分，使研究团队能够快速预测哪些对策措施会对路段产生积极或消极的影响。然后，潜在对策措施的范围可以进一步缩小。根据研究团队事先确定的分数阈值，可以对各项对策措施进行筛选，得分较低的可能会被舍弃。

（4）经济性评价。进行经济性评价，以确定如果采用在道路安全管理流程的前一步骤中所选取的对策措施带来的收益是否大于成本。经济性评价的包括以下三个步骤：

- 第一步：估算对策措施的收益。
- 第二步：估算对策措施的实施成本。
- 第三步：评价对策措施的成本效益。

进行经济性评价，确定如果采用对某种对策措施所带来的收益是否大于成本。

为了评价安全改进项目（对策措施）的收益，可以引入交通事故修正系数（Crash Modification Factor，CMF）。CMF 是在道路安全工程中广泛使用的一个术语。CMF 是某处采取了事故对策措施后的预期事故频率除以未采取措施的预计事故频率的比值。假设采用对策措施后的预期碰撞频率为9，而未经处置的预计碰撞频率为12，则 CMF 为 $9/12 = 0.75$。

许多州已经制定了 CMF 参考值，以帮助工程技术人员选择适合的交通事故对策措施。FHWA 还建立了 CMF 信息交换所（www.cmfclearinghouse.org）。CMF 信息交换所拥有一个基于网络的 CMF 数据库及其他相关文件，可以帮助交通工程师确定最符合其安全需求的对策措施。

预计事故减少数等于预计事故发生数乘以该对策措施实施后预计的事故减少百分比，可以假设预计事故发生数（总数或严重程度）与对策措施实施前相同。但更精确的方法是根据安全性能函数（Safety Performance Function，SPF）曲线或经验贝叶斯法，对预计事故数进行估计。

在量化对策措施的安全收益时，一种常见的做法是按严重程度对交通事故的经济价值进行评价。目前有几种社会成本的计算方法可供参考（相关资料可从 FHWA 和各个州的交通运输机构获得）。

经济性评价的下一步是项目（对策措施）实施成本估算。与其他道路改善项目类似，安全改善项目的实施成本可能包括土地购买、建设成本、公共设施搬迁、环境影响、运营成本、维护成本以及与规划和管理相关的成本。

项目实施成本估算主要是依靠公路部门在当地的历史经验。"安全分析师"软件也内置了一些对策措施的成本数据。

一旦计算出道路安全改善项目的收益和成本，就可以利用工程经济学中涉及的多种收益/成本分析方法来评估项目是否具有经济可行性。在实践中，最常用的评价方法是净现值和收益/成本比。

前期估算的收益和成本可能会在未来不同的时间跨度内发生。因此，使用平均利率（折现率）计算收益和成本的现值。然后，计算基年折现成本和折现收益之间的差额（净现值）。净现值大于零表示项目收益大于成本，在经济上是可行的。

在收益/成本比（Benefit/Cost Ratio，BCR）法中，首先计算收益和成本的现值。然后计算收益现值与成本现值之比。如果该比值大于1.0，则表明该项目在经济上是合理的。

（5）项目优先级排序。在道路安全管理流程的前面步骤中，可能会为一个或多个交叉口选择一个或多个对策措施。现在，交通工程师和道路管理部门都面临着一个重要的问题：考虑到资源有限，应该首先实施哪些项目，以最大限度地提高公众利益？可以使用以下两种简单的方法来确定项目实施的优先级（Antonucci等，2004）：

- 按经济效益指标排序。
- 按增量收益/成本比排序。

项目优先级排序的目的是进行经济性评价，以确定某种对策措施所带来的收益是否大于成本。

确定项目实施优先级最简单的方法是按经济效益排序。在该方法中，已证明经济上合理的项目可按下列任一指标从高到低排序：

- 净现值。
- 项目成本。
- 项目收益的货币价值。
- 交通事故减少总数。

然后，负责部门可按列表中的顺序由上而下设施项目。此方法的主要问题是，它没有考虑资源约束和其他潜在的竞争性优先顺序。可按以下步骤进行增量收益/成本比排序（Antonucci等，2004）：

- 计算每个项目的收益/成本比。
- 按估算成本从小到大的顺序对效益/成本比大于1.0的项目进行排列，成本最小的排在第一位。
- 计算增量投资的收益/成本比，方法是将前后两个排名项目的收益差除以前后两个排名项目的成本差。
- 如果增量投资的收益/成本比大于1.0，则选中成本较高的项目并与列表中的下一个项目进行比较；如果增量投资的收益/成本比小于1.0，则选中将成本较低的项目并与列表中的下一个项目进行比较。
- 重复上述过程。在最后一次比较中选择的项目被认为是本轮最佳的经济投资项目。

选择每一轮的最佳经济投资的项目，剩下的不断重复整个评价过程，直到对所有项目进行排序。

（6）安全有效性评价。安全有效性评价是定量评价某种对策措施、单个项目或一组项目对交通事故频率或严重程度的影响的过程。为此可进行前-后对照研究（Before-and-After Study），即对某一地点对策措施实施前后事故发生的频率进行对比分析。在前-后对照研究中，至关重要的一点是将由对策措施的实施引起的安全性的变化与由其他因素引起的安全性变化严格区分开来。

在前-后对照研究中，可将相同地点对策措施实施后的事故发生频率与后期未实施对策措施的事故频率进行比较分析。显然，后期未实施对策措施的事故频率是未知的。因此，文献资料中提出了不少方法可以预测未实施对策措施情况下的事故频率，例如：

- 对照组前-后对照研究。
- 经验贝叶斯前-后对照研究。

安全有效性评价可以使用对照组前-后对照研究或经验贝叶斯前后对照研究。

在对照组前-后对照研究中，选择的对照组应该具有与实验组具有类似的几何和运营特征。这一方法的基本原理是，在对策措施实施前和实施后影响安全性的所有因素（交通量、天气等）对实验组和对照组都具有相同的影响，实验组和对照组之间的唯一区别是对策措施的实施。在该方法中，实验组未实施安全对策的交通事故发生频率的预测值为实验组后期事故频率乘以对照组后期事故比与对照组前期事故比。该方法已广泛应用于道路安全领域。该方法唯一的问题是存在趋中回归现象。

在经验贝叶斯前-后对照研究中,不使用对照组,而是使用了针对与实验组相关的参考组的安全性能函数(SPF)来预测实验组未实施对策措施时的事故发生频率。由于考虑了趋中心回归现象,本方法要优于前一种方法。《公路安全手册》详细介绍了有关对策措施安全有效性评价的方法。此外,Ezra Hauer 在其重要的著作中也详细介绍了在道路安全领域有效开展前-后对照研究的各种方法(MMUCC,2008)。

8.2.5 标志、标线和交通安全设施

1. 道路使用者的信息需求

驾驶任务的成功与否取决于驾驶人接收和使用多源信息的能力。信息不足会增加驾驶人犯错以及发生交通事故的可能性。公路信息系统(交通控制设施)的目的是帮助驾驶人提高驾驶水平。相关文献中提出了3个等级的驾驶人信息需求:

- 控制:这一级的驾驶行为主要是对车辆的实际操纵。信息大部分来自车辆本身,并主要通过驾驶人来感知。
- 制导:这一级的驾驶行为主要是在公路上选择安全车速和行驶路径,包括车道定位、跟车、超车。信息主要来自道路本身、路面标线、强制和警告标志。
- 导航:这一级的驾驶行为包括出行的规划和实施。信息主要来自地图、指示标志和地标。

"正确制导"(Positive Guidance)主要是针对驾驶人在制导层面上的信息需求。如果驾驶人选择了不合适的车速或路径,则可能导致交通事故的发生。驾驶人大部分的制导信息(或错误信息)(高达90%)都是通过视觉获得的。非正式的信息源包括其他车辆、道路设计特征、路侧条件等。正式信息源包括标志、标线及交通信号,这些信息必须可以用来补充来自非正式信息源的信息(或错误信息)的不足。

公路信息系统(包括控制、制导和导航)目的是帮助驾驶人提高驾驶水平。

2. 标志

强制标志(Regulatory Signs)是一类用来告知道路使用者相关法律法规要求的标志。强制标志应设置在适用路段的起点,并周期性重复。如图 8.14 所示列出了常见的强制标志(FHWA,2009)。

强制标志包括:

- 车速标志:例如限速标志和作业区限速标志。应基于对道路通行车速(作为主要因素)、道路本身、环境因素以及交通事故历史数据的工程研究来设置速度限制区。
- 行驶标志:例如车道控制标志、优先车道标志和车种禁止标志。在需要实施限制或禁止的地方,标志应非常醒目,文字尺寸足够大,以方便接近限制区域的驾驶人阅读。

警告标志(Warning Signs)是一类用来告知道路使用者路上或周边潜在危险状况的标志。如图 8.15 所示列出了常见的警告标志(FHWA,2009)。

警告标志对道路使用者的安全至关重要,但某些情况下不一定会使驾驶人采取适当的操作,这是因为有些警告信息可能不具体或仅在极少数情况下适用(如有鹿横过道路或前面桥面结冰)。应谨慎使用警告标志,但一旦使用应保证其效力优于其他交通控制设施。警告标志的作用可通过增加冗余度(例如多个设置多个重复标志,加装闪光灯,配合路面标线等)来加强。警告只有在风险实际存在时才会被激活(可使用闪光灯或可变情报板),可极大地提高驾驶人对标志的识别度和依从性。

指示标志(Guide Signs)是一类提供导航信息用以帮助道路使用者到达预期目的地的标志。良好的指示信息对于减少驾驶人的困惑以及优化交通流的安全性和效率至关重要。指示标志主要包括路名标志、路线标志、目的地和距离标志以及公路立交标志。如图 8.16 所示列出了常见的指示标志(FHWA,2009)。

第 8 章 乡村地区路段及立交的设计与运营

图 8.14 常见强制标志

资料来源：FHWA（2009）；http://mutcd.fhwa.dot.gov。

图 8.15 常见警告标志

资料来源：ITE（2009）。

图 8.16 常见指示标志

资料来源：FHWA（2009）；http：//mutcd.fhwa.dot.gov。

根据 MUTCD 的建议，路名标志上的街道或公路名称首字母应大写。表 8-6 列出了路名标志上字母最小高度的建议值（FHWA，2009）。

表 8.6 路名标志上字母最小高度建议值

安装形式	道路类型	车速限制	推荐字母高度最小值	
			大写首字母	小写字母
悬臂式	所有类型	不限	12inch	9inch
立柱式	多车道	超过40mile/h	8inch	6inch
立柱式	多车道	低于40mile/h	6inch	4.5inch
立柱式	双车道	不限	6inch	4.5inch

注：在车速限制为25mile/h 及以下的双车道地方道路上，可以使用4inch 高的大写首字母和3inch 高的小写字母。

驾驶人信息标志（Motorist Information Signs）是一类为驾驶人提供路上或周边相关设施、服务、商业及景点信息的标志。主要包括提示周边加油站、餐饮、住宿等一般性服务设施标志；具体服务设施标志（具体加油站、餐饮、住宿和景点标志）；娱乐、文化景点以及重要地标标志；游客商业标志。图 8.17 列出了常见的驾驶人信息标志（FHWA，2009）。

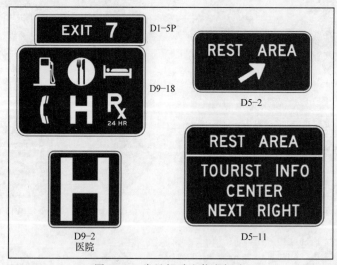

图 8.17 常见驾驶人信息标志

资料来源：ITE（2009）。

3. 标志的应用

（1）平面线形警告标志（Horizontal Alignment Warning Signs）

垂直转弯、曲线转弯、反向垂直转弯、反向曲线转弯和连续转弯标志（图 8.18）可用于警告驾驶人道路水平线形发生变化的地点（FHWA，2009）。

曲线转弯或反向曲线转弯标志可设置于建议车速大于30mile/h 的转弯处（图 8.19）。建议经过实际工程判断后再考虑是否设置平面线形警告标志（FHWA，2009）。

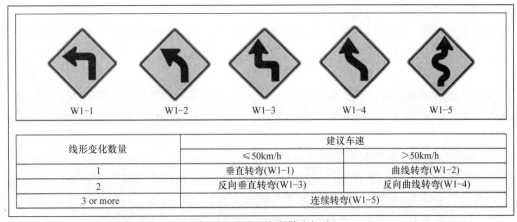

图8.18 平面线形警告标志

资料来源：FHWA（2009）；http：//mutcd.fhwa.dot.gov。

图8.19 建议车速为35mile/h或更高时的急转弯警告标志

资料来源：FHWA（2009）；http：//mutcd.fhwa.dot.gov。

并非所有的转弯都需要设置警告标志。满足以下所有条件的转弯通常无需设置平面线形警告标志（ITE，2009）：

- 转弯曲率平缓或适中，无需提示建议车速。
- 转弯处具有充分的视距。
- 设置有足够的路面标线和/或凸起路面标记或轮廓标。

美国国家统一交通控制设施委员会（National Committee on Uniform Traffic Control Devices）已通过了在MUTCD中增加平面线形警告标志使用指导相关内容的提议，并建议FHWA在下一版MUTCD中增加该部分内容。工程人员应持续关注规范的制定，因为在下一版MUTCD定稿时，某些表述可能会发生变化。

（2）路名标志（Street Name Signs）

在乡村地区，路名标志为驾驶人提供了重要的指示信息。MUTCD指出，应该在乡村地区未标识名称的重要道路上设置路面标志。

立柱式路名标志上的字母高度应至少为6inch，并应全部使用大写字母或使用大写和小写字母的组合。在限制车速大于65km/h的多车道道路上，立柱式路名标志上的字母高度最小应为8inch。上述的建议字母高度是指大写首字母的高度。

路名标志的配色一般为绿色背景白色图案，也允许使用蓝色、棕色或黑色等背景色。标志应为反光式或照明式。当标志采用悬臂式安装时，由于夜间受车辆前照灯照射不足，需要在标志内部设置照明装置。

在农村地区，应在所有已命名道路相交的信号交叉口或设有专用转向车道的交叉口之前的主干道上设置前方路名标志。前方路名标志的配色应为绿色背景白色图案。

（3）标志反光性

MUTCD 要求所有强制、警告和指示标志必须为反光式或照明式，并且无论白天还是夜晚都能显示相同的图形和相近的颜色，除非该标志经论证后无需达到上述要求。对于反光式标志，其上的反光材料在光源附近的观察者看来是最亮的。该反射原理可用于交通标志和其他交通控制设备。尽管目前有很多技术可以实现标志的反光性，但主要都是基于两种技术进行的变化：球面透镜反射技术和角锥棱镜反射技术（ITE，2009）。

MUTCD 要求所有强制、警告和指示标志必须为反光式或照明式。

球面透镜反射利用玻璃珠和处于光线汇聚焦点处的反射层将入射光返回至光源处。入射光在玻璃珠表面发生折射（弯曲）后进入玻璃珠的底面。玻璃珠底面涂有反射层，光线经反射层反射后离开玻璃珠时再次发生折射，返回光源方向。角锥棱镜（微棱镜）的背面是 3 个互相垂直的面。入射光从棱镜的前表面进入，在 3 个底面依次反射，然后通过前表面返回光源。角锥棱镜的底面不必涂抹反射层，因为当光线的入射角大于临界角时，会发生全反射。

反光标志牌上无数的球面透镜或角锥棱镜被封装在一层抗风化的透明塑料薄膜中。为了能反射颜色，在塑料薄膜或透镜/棱镜反射面加入了颜料或染料。有些标志是由一种荧光材料制成的。这种荧光材料在紫外线照射下会发出鲜艳的光。尤其是在黎明和黄昏的时候，这种标志看起来比普通标志更亮。然而，在夜晚这种荧光效果在车辆前照灯的照明下并不明显（ITE，2009）。

4. 临时交通管制标志

大多数标志是永久性的，适用于全天或周期性的交通状况。此外还有针对特定时期交通状况的临时标志，例如道路施工、维护和紧急救援等期间。停车、让行和限速标志是最常用的临时交通管制标志（ITE，2009）。

最常用的临时交通管制标志包括停车、让行和限速标志。

临时交通管制标志的使用应十分谨慎。这类标志通常应由政府部门安装；当由承包商或公用事业单位来安装时，应经相关道路管理部门批准。此类批准可针对具体事务，也可是所有事务的全面批准。在获得全面批准的情况下，承包商或公用事业公司的员工或负责人应十分熟悉 MUTCD 和当地有关标志的各项规定。尤其是当主要道路受到临时交通管制标志的影响时，定期召集承包商和公用事业公司讨论包括交通管制在内的各种事务是有十分有益的。

临时交通管制标志的主要作用是告知驾驶人道路上的突发状况，并警示和引导车辆通过或绕过涉及路段。最常见的临时管制状况是路面上或附近区域的施工和维护作业。临时标志的设置应有针对性，应明确告知道路使用者交通状况的改变，并且仅在管制状况存在时才发挥作用，其他时间应覆盖或移除标志。如果驾驶人见到设置有"前方有人指挥交通"（FLAGGER AHEAD）标志却在前方未见到有人指挥交通，则在实际需要临时交通管制标志时会降低其效用。

5. 路面标线

路面标线是指设置于路面上或路面内的线条、图案、文字、符号和其他装置，用以管制、警告或指示道路使用者。路面标线可用于：

- 告知管制（禁止通行区域，强制转弯车道）。
- 配合其他设备（停车线）。
- 指示道路使用者（车道线，人行横道）。
- 警告道路使用者（"前方信号"字符，铁路道口）。

路面标线是指设置于路面上或路面内的线条、图案、文字、符号和其他装置，用以管制、警告或指示道路使用者。

路边缘线用以提示驾驶人道路边缘位置。在恶劣天气和能见度低的情况下，路边缘线可以在视觉上引导驾驶人在车道内行驶，减少车辆对路肩的侵入，防止路肩被损坏。通常路肩上路面不像相邻行车道上的路面那样稳定，如果过度使用，路肩往往损坏的更快。MUTCD指出，所有高速公路都应设置路边缘线。

车道偏离事故（包括冲出道路和两车正面相撞）占美国所有道路发生死亡事故的半数以上。这些交通事故大多发生在夜晚和乡村公路上。尤其是在夜晚恶劣天气条件下，道路中线和边缘线的视认性会很差。针对这种情况，一种被实践证明经济有效的方法是设置振动带。当路中线或边缘线设置在振动带上时，与相同材料的标准平整线相比，该标线在夜间和雨雪天气下的视认性更好。增强的视认性加上车辆在振动带上行驶的声响和方向盘的振动，可有效警告驾驶人，减少车道偏离碰撞事故的发生。

8.2.6 照明

照明可以减少车辆在夜间公路或街道上发生交通事故，并提高驾驶的舒适性。在乡村公路上可设置照明设施，但与城市道路相比，乡村公路对照明的需求较少。目前的共识是，乡村公路一般无需照明，除非在某些关键区域，如立交、平交口、铁路平交道口、长或窄的桥梁、隧道、急转弯以及存在路侧干扰的区域。大多数现代乡村公路都设计有开放式横断面和高等级平面和纵向线形。这些设计能最大限度地利用车辆前照灯的灯光，从而降低了设置公路照明需求。

AASHTO《道路照明设计指南》（*Roadway Lighting Design Guide*）可以帮助设计人员或工程技术人员确定需要设置固定照明设施的公路或街道路段，并提供设计参考值（AASHTO, 2005）。该指南还包含了隧道和地下通道照明的相关内容。为了将眩光的影响降到最低，并提供最经济的照明设施安装方式，灯具的安装高度至少为9m。安装高度越高，灯具的照明均匀性越好，所以在大多数情况下，灯具安装高度最好为10~15m。高杆灯（灯杆高度大于等于30m）可用于大型公路区域，如立交和服务区。该灯具可为整个区域提供均匀的照明，并可提供道路线形诱导。然而，高杆灯也存在缺点，即散射光会对周边社区有较大的影响。有关更多的信息，请参阅《道路照明设计指南》（AASHTO, 2005）。

8.2.7 有效措施

1. 车道管理和控制

车道管理和控制策略的目的和范围各不相同。一般而言，它们定义了可接受和不可接受的驾驶行为，或其他限制道路使用的措施，以改善运营状况和公共安全。本节介绍了以下适用于乡村道路的车道管理和控制的措施和理念：

- 双向道路。
- 自行车道。

（1）双向道路

美国和加拿大的大多数道路都是双向道路，每个行驶方向的交通流都分配有独立的车道。由于在双向道路内侧车道上对向行驶的车辆相互靠近，因此需要一些有针对性的管理和控制策略，以保证道路设施的安全和效率。首先是适当设置禁止超车区。另一种在乡村地区双向道路上有时会采用的策略是提供路侧临时超车段，以便速度较快的车辆超过慢速车辆，而不必驶入对向车道。在这些情况下，可在中央分隔带处设置连续双向左转车道（Two-way Left-turn Lane，TWLTL）供车辆左转使用。

根据 MUTCD 的规定，在工程研究表明由于视距不足或其他特殊情况必须禁止超车的平面曲线、纵断面曲线或其他位置上"应设置禁止超车区"（FHWA，2009）。

超车视距可以通过测量规划图或根据《交通控制设施手册》（*Traffic Control Devices Handbook*，ITE，2004）和《交通运输工程研究手册》（*Manual of Transportation Engineering Studies*，Schroeder 等，2010）的相关要求现场测量。道路某些路段的超车视距可能受到各种因素限制而小于最小值，视距设计记录有助于确定这种路段长度所占公路长度的百分比，这是评估道路总体设计和通行能力的重要标准。

（2）自行车相关规定

为自行车出行提供充足的空间是大多数道路管理部门的重要目标。《自行车设施开发指南和规划、设计标准》（*Guide for the Development of Bicycle Facilities and Review of Planning Guidelines and Design Standards for Bicycle Facilities*，AASHTO，1999）给出了自行车停车相关的一些主要考虑因素。

自行车道和自行车专用路属于路幅的一部分，专门供自行车或自行车和非机动交通设施使用。在大多数乡村地区，现有道路系统能够为自行车交通提供服务。AASHTO 指南涵盖了城市和农村地区自行车路上设施、共用道路和停车设施的规划、设计、运营、维护和安全。它还提供了设计值参考范围，倡导满足所有道路使用者需求的关联性（Context-Sensitivity）自行车设施设计。例如，一些乡村公路被旅行自行车手用于城际和休闲旅行。在大多数情况下，只有在需要与其他自行车专用路连续设置时，此类路线才应被指定为自行车专用路。即使在这些路线上，设置 1.2m 宽的带振动带边硬路肩也能显著提高自行车和机动车驾驶人的安全和便捷。在无法全程设置路肩的乡村公路通道上，应考虑在上坡路段增设或改善路肩，以帮助自行车驾驶人行驶。

由于在乡村道路上设置了提醒机动车驾驶人偏离车道的振动带，自行车驾驶人也可能因此受到影响。如果在车道外侧临近硬路肩的地方设置振动带，则振动带右侧应至少有 1.2m 宽的硬路肩。即使有足够的侧向净空，振动带外缘和路肩外侧之间的剩余区域也经常散落着垃圾（Torbic 等，2010）。因此，如第 3 章所述，路肩振动带每 12~18m 长度应预留 3~3.7m 的间隔，以便自行车驾驶人安全驶离路肩以避让垃圾。

除了设计方面的考虑之外，正确的标志、标线对于自行车道的安全和效率至关重要。自行车标志、标线的相关要求可参考 MUTCD 第 9 部分。

2. 行人安全

在美国，每年有 5000~6000 名非机动车驾驶人死于交通事故，约占所有机动车交通事故的 12%（美国交通部，2011）。从年龄分布看，5~15 岁年龄组的交通事故率（每 10 万人交通事故率）最高；70 岁及以上年龄组的行人死亡率（每 10 万人死亡率）最高。46% 的导致行人死亡的交通事故中驾驶人或行人的血液酒精含量（Blood Alcohol Content，BAC）为 0.08 或更高；34% 的遭遇交通事故死亡的行人的 BAC 为 0.08 或更高。大约一半的致行人死亡事故发生在晚间。

FHWA 的一项研究报告（Hall，Brogan，Kondreddi，2004）指出，乡村地区涉及行人的交通事故虽然发生率较低，但更可能造成行人死亡或重伤；该报告还分析了新墨西哥州乡村地区涉及行人的交通事故，发现涉及饮酒行人的事故发生率较为显著。分析涉及行人交通事故的类型对于选择适当的安全对策措施非常重要。最常见的事故类型是行人突然横穿同向车道（驾驶人视线在碰撞前被遮挡，行人突然横穿同向车道时被车辆撞倒，24%）；交叉口碰撞（行人在穿过交叉口时被车辆撞倒，并且驾驶人的视线在碰撞前被遮挡，13%）、行人突然横穿对向车道（驾驶人视线在碰撞前被遮挡，行人突然横穿对向车道时被车辆撞倒，10%）、路中段碰撞（行人横穿车道被车辆撞倒，且驾驶人视线在碰撞前未被遮挡，8%）和车辆转向碰撞（5%）。

有效的行人安全保障措施涉及多个方面，包括工程、执法、教育和应急响应等。

有效的行人安全保障措施涉及多个方面，包括工程、执法、教育和应急响应等。相关统计数据显示，儿童和老年人的交通事故率较高，因此关注人的因素至关重要。FHWA 为工程技术人员提供了"行人安全对策措施选择系统"（Pedestrian Safety Countermeasure Selection System，PEDSAFE），以选择最合适的处置方法来解决特定的交通事故，并解决行人安全和可达性的问题（FHWA，日期未注明）。PEDSAFE 系统包括四个主要部分，包括背景信息、对策措施、示范案例和应用工具。该应用工具同时适用于城市和乡村地区，这些地区的特征，包括土地利用、车辆流量、功能分类等，可以作为背景信息输入。应用工具是一套专家决策系统软件。根据用户输入的道路基本安全问题和现场条件，软件可以生成一份针对上述情况下解决行人安全问题的对策措施的候选名单。事实证明，PEDSAFE 系统中包含的以下对策措施在减少涉及行人交通事故方面是有效的。当然，具体对策措施的选择应基于对涉及行人交通事故类型的确定以及观察到的行人和车辆行为的分析来进行（Harkey，Zegeer，2003）。

- "行人设施设计"可用于提高行人安全。这些措施包括设置人行道、路缘坡道、有标记的人行横道和附属设施、公交车站、改善照明、行人天桥/地下通道，以及街道设施/步行环境。
- "行车道设计"对策包括诸如右转半径修改、增设行人过街安全岛、行车道收缩和增设自行车道等。
- "交叉口设计"包括设置交叉口中央隔离岛、改进型 T 形交叉口和环形交叉路口。
- "交通静化设施"包括交叉口瓶颈化、减速丘、减速弯以及整条道路窄化。读者可以阅读本手册第 14 章"道路设计指南中的交通静化"，了解有关交通静化策略的更多信息。
- "信号和标志标线"包括设置行人信号、红灯右转限制和交叉口自行车停车线前置。
- 其他措施包括提高学校周边交通安全，加强路侧停车管理、教育和执法。

有效的行人安全保障措施可分为行人设施设计、行车道设计、交叉口设计、交通静化设施以及信号和标志标线。

3. 关联性设计

关联性设计（Context - Sensitive Solutions，CSS）力图将工程设计标准（包括安全性和机动性）、自然环境以及社会和当地价值观的维护等一起整合到交通项目开发过程中。关联性设计的一个关键部分是公众和利益相关者能够参与项目的规划和设计工作。重点不仅在于遵守项目的几何设计，还在于项目的美观、环境影响和土地保护等。

关联性设计力图将工程设计标准、自然环境以及社会和当地价值观的维护等一起整合到交通项目开发过程中。

由于公众参与、历史和街区保护、地方和经济发展以及环境影响的重要性越来越大，交通工程师面临着过去不曾有的挑战。AASHTO 召开的"道路之外的思考"研讨会的结论中概述了优秀交通运输设计的几个特征（AASHTO，1998）：

- 利益相关者早期参与并论证了项目目的和必要性。
- 确保服务于所有用户和当地社区的交通运输设施是安全和高效的。
- 保护项目范围内的美观、环境、历史、自然和风景资源。
- 开发项目与当地价值观相协调。

为确保设计方案的质量，有必要在所有利益相关者之间构建开放的沟通渠道，在项目开发期间为公众参与提供充分的机会，确定重要的当地资源，并在完成工程设计之前形成项目相关共识。带来的好处如下（关联性设计，日期未注明）：
- 与当地社区和谐相处，并保持了该地区的环境、风景、美观、历史和自然资源价值。
- 对所有用户是安全的。
- 解决所有利益相关者共同关注的问题。
- 满足或超过设计师和利益相关者的期望，从而为当地社区、环境和交通系统增加持久的价值。
- 在各方之间有效和高效地使用资源（人员、时间、预算）。

以下几种资源可用于实现关联性设计方案：

- 《实现关联性设计最佳实践指南》（*Guide to Best Practices for Achieving Context Sensitive Solutions*，Neuman 等，2000）。该指南包含制定和实施公众参与计划、确定环境和当地限制、建立适当的设计标准以及制定和实施适用于特定项目需求的关联性设计流程的各种方法。
- 《全国关联性设计：案例集》（交通运输研究通告 E-C067，TRB，2004a）。该文详细介绍了关联性设计的10个典型案例。
- 《关联性设计性能指标：州交通部指南》（NCHRP 网络文档69，TRB，2004b）。该指南提供了一个用于州交通机构制定关联性设计性能指标的框架。其中项目层面的重点指标包括组建多学科团队，确定公众参与流程，制定满足利益相关者需求的项目目标，考虑多种的替代方案，以及施工和维护人员参与项目的开发过程。
- 《公路灵活性设计的指南》（AASHTO，2004 年）。该指南回顾了交通运输项目的开发流程，并给出了如何实现关联性设计的指导意见。其中实现关联性设计的指导意见包括利益相关者早期公开的参与，确定项目的目的和需求，有效的公众参与，举行公开会议，制定独创的"工程设计备选方案并记录设计决策"。
- Donnell 和 Mason 在《交通运输政策和管理手册》（*Handbook of Transportation Policy and Administration*）一书中叙述了有助于制定关联性设计策略相关的交通运输法规（Donnell 和 Mason，2007）。此外，还重点介绍了几个关联性设计的典型案例。

4. 交通仿真模型

交通仿真是应用计算机软件对交通系统进行数学建模，以更好地辅助、规划、设计和运营交通系统，其中也包括乡村地区的不间断流交通设施。国家和地方交通运输管理部门、学术机构和咨询公司广泛应用交通仿真来帮助他们管理道路交通网（Dowling，Skabardonis，Alexiadis，2004）。

交通仿真建模已经成为分析和解释现实世界现象的必不可少的工具，在交通工程领域更是如此。例如，交通仿真建模可用于以下情况：

- 由于问题过于复杂而使用数学分析方法不可行或不充分时。
- 当对数学公式或结果产生疑问时。
- 当需要从动画角度来研究车流中车辆行驶的行为时。

值得注意的是，模拟只能用作评价和扩展其他概念或数学公式或模型生成结果的辅助工具。交通仿真可满足多方面的需求，包括备选对策措施的评估、测试新的道路设计元素和安全分析。近年来，交通分析工具已成为仿真交通设施和系统运行的最有效的手段之一。在这方面，FHWA 发起了一项名为"交通分析工具"的计划（Traffic Analysis Tools Program），试图在开发新的、更好的交通运行分析工具与部署和使用现有工具两者之间取得平衡（FHWA，2014）。为此，FHWA 制定了多项指南和培训材料，以帮助交通工程专业人员为手头的工作选择正确的交通分析工具。建议读者访问 FHWA 交通分析工具网站以了解更多相关信息（http：//ops.fhwa.dot.gov/trafficanalysistools）。至于交通仿真模型，FHWA 指南给出了从项目开始到项目完成进行仿真分析的7个步骤，具体内容如下：

- 定义问题和模型目标。
- 收集数据。

- 开发基础模型。
- 标定模型。
- 比较模型有效性度量（Model Measure of Effectiveness，MOE）与现场数据（并调整模型参数）。
- 验证模型。
- 编制文档。

其中最重要的步骤是开发仿真模型，这取决于所需驾驶人行为和交通流的细节水平。在此基础上，交通仿真模型可分为宏观、中观和微观三类。微观模型可用来研究交通系统的个体要素，如个体车辆动力学和个体出行者行为。中观模型可用来分析小群体中的交通运输元素，其中在这一群体中元素被认为是同质的。一个典型的示例是车队动力学和家庭出行行为。宏观模型可用来处理交通运输要素的集合特征，例如集合交通流动力学和区域出行需求分析。

在上述三类仿真模型中，微观仿真建模经常被用作分析交通和驾驶人行为的工具。常见商业微观仿真软件的应用领域包括高速公路和主要通道研究、子区域规划研究、人员疏散规划、高速公路管理策略制定、环境影响研究、智能交通系统（ITS）评估，以及当前和未来交通管理方案。仿真结果可以用不同的方式进行展示。动画可以显示所需信息，并且从大量的交通环境中获得的规律（如果可用的话）是分析仿真结果的强大工具。值得注意的是，交通微观仿真软件通常可以提供系统交互功能，而其他工具（如 Synchro 或 HCS）往往专注于单个点（如合流、分流、交叉口）。计算机技术的发展带动了高精度仿真模型的发展；然而，为保证工具的可靠性，应适当校准仿真模型，以重现真实的交通状况。校准模型的最主要目的是尽量减少观测到的和仿真得到的交通条件之间的差异，例如观测的历史起讫点（OD）交通量、环形线圈检测器数据以及依靠一些新兴技术手段（例如蓝牙和车载导航系统）得到的速度数据，都可以输入系统用来校准仿真模型。

交通仿真建模的输出取决于选定的有效性度量（MOE）。有效性度量是系统性能统计指标，可用来对备选对策措施满足项目目标的程度进行分类。在分析仿真模型时，常见的有效性度量指标如下：

- 道路部分（即路段）速度、流量、密度、出行时间和延误。
- 交叉口转向交通量和延误。
- 环形线圈检测器记录的车速、占用率、车头间距和车辆间隔。
- 车辆行驶里程（VMT），为网络中的车辆数量和总行驶距离的乘积。
- 车辆行驶时间（VHT），为计算方法为路段交通量和路段出行时间的乘积。
- 网络总延误。

8.2.8 乡村地区交通运输规划面临的挑战

FHWA 曾举办了多达 10 次的有关乡村地区交通运输规划的研讨会，涉及美国 47 个州。这些研讨会为不同州如何应对乡村地区交通运输规划的挑战提供了思路，其中包括了在州、地区、县和地方规划过程中用于确定需求及制定农村地区项目和规划的方法。表 8.7 总结了根据 FHWA 研讨会得出的关于乡村地区交通运输规划人员面临的挑战的一般性结论（FHWA，2001）：

表 8.7 乡村地区交通运输规划人员面临的挑战

挑战	发现
制定涉及多种交通运输方式的规划	不同交通运输方式的规划可能是割裂的 乡村地区交通运输规划还主要集中在如何保持现有系统的运作上面 制定多方式运输和多式联运的规划受到诸多因素的影响，包括资金缺乏灵活性、缺乏规划间的协调以及不同运输方式的投资方不同等

(续)

挑战	发现
制定规划和优先级	在多数情况下，此类规划需要分步实施 根据项目是否有资格获得联邦政府的资助，地方和区域层面项目立项过程可能有所不同 许多乡村地区的规划需要涉及与地方官员、机构和其他利益相关者大量的协调工作
乡村地区交通运输系统的资金来源	各州资金筹措和系统维护的任务量差别很大 各州在提供非联邦配套资金的方式各不相同 大多数州与地方政府共享联邦政府的资助 一些州采用区域性解决方法，即将部分或全部资金再分配给各区域，然后让每个区域根据自己实际情况选择项目
协调交通运输规划和流程	较完善的乡村地区交通运输规划流程如下： 建立定期与规划人员举行会议交换信息的制度 将每个规划作为开发其他规划的输入 制定共享和统一的数据集和分析策略 为社会经济和人口预测建立一套通用的假设 为系统和项目选择建立通用的测量和评估标准
与经济发展相适应	通常情况下，经济发展会从两个方面影响乡村地区的交通运输规划： 尽力升级区域间公路（通常是四车道双向分离公路或高速公路），以引导企业搬迁 尽力适应一个具体的新规划提案
与土地利用相协调	乡村地区交通运输规划主要针对的土地利用可分为以下三个类别： 正在经受城市交通溢出影响的乡村地区 没有经历增长但对经济发展感兴趣的地区 适应新发展的出行需求

资料来源：FHWA（2001）。

8.3 案例研究

8.3.1 关联性设计

背景：美国61号国家公路明尼苏达州段（Minnesota's Trunk Highway 61，TH61），又被称为明尼苏达州北岸观景公路，从德卢斯地区（Duluth）的贸易中心延伸至加拿大，沿途穿越苏必利尔湖（Lake Superior）岩石林立、密林丛生的湖畔区域，全长约150多mile。TH61沿途景色优美，是热门旅游地，也是明尼苏达州东北部重要的区域和国际贸易走廊。整条公路穿过19个小型社区、大型国家和州森林资源和休闲区，8个州公园，众多河流、溪水、历史遗迹、景点，大量安全休息区、路边公园和露营地，1个印第安人保留地和一座国家纪念碑。

问题：TH61需要对路面进行改造。尽管原先双向四车道已经满足需要，但仍需按照现代设计标准对道路进行升级。这样做面临的困难是如何设计道路横断面线形，以同时满足游客、当地居民和商业经营者的需求。除了作为一个旅游休闲的自驾目的地，在一个环境较为复杂的区域内，北岸景观公路必须为当地居民、企业、休闲娱乐区和商业货车运输提供足够的安全性、机动性和可达性，同时能够容纳骑自行车、行人和铁路交叉口。如何平衡这条通道沿线的交通、社区、环境和利益相关者的需求成为一个

第8章 乡村地区路段及立交的设计与运营

巨大的挑战。

利益相关者的参与：整个项目需要与19个社区、国家和州林区，8个州公园和1个印第安人保留地进行协调。对于TH61北岸观景公路段，需要与当地居民和商业经营者、古德港区（Good Harbor Bay）以及州立公园进行协调。通过与利益相关者的会议和讨论，在交通运输、社区和环境利益相关者间达成如以下共同目标：

- 提高道路安全和交通流量。
- 满足当前和未来的交通运输需求。
- 改善路面质量。
- 改进现有的用途有限的安全休息区设施。
- 最小化路权以及施工的影响和成本。
- 与北岸通道（North Shore Corridor）区域发展愿景和管理目标保持一致。
- 提升北岸通道的景观视觉质量。
- 保护公路上的历史和传统景观。
- 保护并加强进入湖岸的开放通道。
- 避免对住宅和商业地产主造成不利影响。
- 避免对环境和州公园造成不利影响。

关联性设计方法：明尼苏达州采用的方法侧重于利益相关者的参与，以充分了解所有问题、应用几何设计标准的灵活性、避免而非减轻不利影响的承诺，以及寻找机会增强项目的特色。

明尼苏达州交通运输部（Minnesota Department of Transportation，Mn/DOT）在对TH61苏必利尔湖古德港段进行线形改造的过程中了应用了关联性设计方法来平衡交通运输、当地社区和环境的需求，而无需例外几何设计标准。该项目还说明了关联性设计不是产生于公众参与和争论，而是产生于积极的项目管理和利益相关者的参与。

设计的灵活性和设计标准的应用：项目设计人员和利益相关者根据AASHTO《绿皮书》中提供的灵活性设计要求，最终采用了55mile/h的设计车速，而并非最初选择并用于初步线形调查的70mile/h的设计车速。设计人员经过论证后认为此处应用较低的设计车速更适合项目的特点（交通需求、地形、土地使用、重要资源等），并能最大限度地提高灵活性，在整个通道的安全性、机动性以及社会、经济和环境目标之间找到最佳的道路几何线形平衡点。明尼苏达州交通运输部参考了AASHTO的《绿皮书》和ITE的《交通工程手册》相关内容作为其选择较低的设计车速的依据。较低的设计车速允许公路线形发生变化，实现设计上的灵活性，而无需例外几何设计标准；此外，较低的设计车速使得车道及路肩能够设计成全尺寸宽度，适当的路侧安全设计也成为可能；最后，较低设计车速能够在施工时避免大量的山体开挖，帮助明尼苏达州交通运输部节省客观的施工成本。

加强设计——适应关联性：道路线形的改变使得原来只能缓解的矛盾可以完全避免。具体就本项目而言，避免了对州立公园的影响以及成本较高和影响景观的山体开挖施工。

不仅仅是避免矛盾，明尼苏达州交通运输部遵循关联性设计方法，积极邀请项目利益相关者参与，在确定项目目的以及平衡交通运输、当地社区和环境目标的必要性方面达成了共识。具体而言，即在根据项目特点采用较低的设计车速可以提供道路线形设计的灵活性并在项目目标间取得平衡而无需例外几何设计标准方面达成共识。

经验总结：该项目显示了建立基本关联性设计标准的重要性，同时还说明了一个意想不到的经验：即乡村地区公路采用较低的设计车速反而比较高的设计车速更安全。其他经验包括与利益相关者密切合作的重要性；以及在交通运输项目的设计和施工中，不仅要抓住机会缓解或避免环境问题，还要设法改善环境。

在项目开发过程中，应用适当且关联的设计灵活性成功地平衡了交通、当地社区和环境的需求。该建设项目还从 4 个指标显示了其成功所在：
1) 社区接受度。
2) 环境兼容性。
3) 工程和功能可靠性。
4) 财务可行性。

8.3.2　安全有效性评价

背景：密西西比州交通运输部（Mississippi Department of Transportation，MDOT）通过乡村安全创新计划（Rural Safety Innovation Program，RSIP）获得资金，在乡村地区的州公路沿线实施两种类型的安全改造：设置路中线振动带和恢复侧向净空。改造的主要目的是减少车辆发生车道偏离事故的数量和严重程度。整个项目覆盖了大约 468mile 长的没有全线安装路中线振动带的乡村双车道公路。据估计，该项目共设置了大约 350mile 长的路中线振动带。在许多设置了路中线振动带的路段已经设置了路肩振动带，并且在许多情况下，是最近设置的（即在设置路中心振动带后的一两年内设置的）（Torbic 等，2010）。

问题：研究人员对双向分离道路上同时设置有路中线振动带和路肩振动带的安全有效性进行了大量研究。目前的实践表明，在评价组合实施的对策措施的安全有效性时，应将其每项措施的有效性相乘。这种方法假设单一对策的安全有效性是独立的，这有可能不准确。本次评价的目的是根据已取得的交通事故数据，评价乡村地区双车道公路上的路中线振动带和路肩振动带组合的安全有效性。

利益相关者的参与：在项目开始时，研究团队联系了参与 RSIP 的 9 家相关单位，讨论各自项目的实施和评价。研究团队的首个任务是详细了解每个 RSIP 项目。通过一系列电话会议，研究团队收集了每个项目的详细信息，确定了每个项目的具体评估时机，讨论了可用于分析的数据的可得性，并确定了在收集数据阶段各单位的对口联系人。

评价方法：在电话会议之后，研究团队使用经验贝叶斯法（Empirical Bayes，EB）进行了事故发生频率和严重程度差异的观察性前 – 后对照研究（Observational Before – and – after Study）。研究对象共 19 个路段，其中包括 11 个改造后的路段和 8 个未改造路段，总里程分别约为 80.1mile 和 101.7mile。在研究中，"前期"年份仅仅指安装路肩或路中线振动带之前的年份，"后期"年份指安装路中线振动带之后的年份。使用了 2005 年至 2012 年的事故数据，其中交通事故被划分为三种严重程度——事故（即包括所有严重程度的事故）、死亡和受伤事故（Fatal and All Injury Crashes，FI）以及死亡和严重受伤事故（Fatal and All Serious Crashes，FS）。研究人员对《公路安全手册》和《安全分析师》软件中提供的安全性能函数（Safety Performance Function，SPF）进行了校准，并酌情用于了此类分析。

经验总结：在已经设置有路肩振动带的乡村地区双车道公路上设置路中线振动带，会减少单车冲出道路（Single – vehicle Run – off – road，SVROR）、反向侧面碰撞和两车正面碰撞事故的发生。在乡村地区双车道公路上，同时设置有路中线振动带和路肩振动带能使目标总事故数减少 35%，目标死亡和受伤事故数减少 40%。研究结论强调尚需要进行更多研究，以量化在组合对策设施过程中单一对策措施的安全有效性。同时本研究结果还表明，目前用于评价组合对策措施安全有效性的实践方法（即将单个对策措施的交通事故修正系数相乘得到组合对策的交通事故修正系数）可能会高估组合对策的安全有效性。

8.3.3　道路安全审计

背景：US60 公路属于美国编号公路（U.S. Numbered Highways，为国家公路系统的一部分），全长 350mile，横跨俄克拉荷马州北部地区（Gibbs，Zein，Nabors，2008）。道路安全审计小组审查了 US60 公路途径奥萨奇县（Osage County）长度为 2.9mile 的路段的升级改造工程的详细（90%）设计图纸。路段的限速为 65mile/h，报告的年平均日交通量（AADT）为 3500 辆。路段现状如图 8.20 所示，为双车道乡村公路，单车道宽 12ft，沿线有较窄的或无硬路肩（Gibbs，Zein，Nabors，2008）。除了重新铺筑路面外，升级改造工作还包括：

- 更换巴克河（Buck Creek）和特基河（Turkey Creek）上的现有桥梁，包括将引道重建为两条 12ft 宽的车道，并在两侧铺设 8ft 宽的路肩。
- 加宽两座桥梁间路段的路肩，以提供连续 8ft 宽的硬路肩，并在与区划道路（Section-line Road）——宝灵路（Bowring Road）相交的无信号交叉口处增加一条渠化右转车道，这是一条路段。
- 重新铺设巴克河（Buck Creek）以西 1.2mile 的"附加路段"（单车道宽 12ft，两侧硬路肩宽 2ft）的路面，以连接临近的近期向西延伸的 US60 公路的路段。

巴克河桥
计划的升级改造项目包括重新
铺设路面，改造桥梁，设置8ft宽路肩
资源来源：Gibbs，Zein，Nabors（2008）

临近"附件路段"
计划的升级改造项目包括重新
铺设路面，改造桥梁，设置2ft宽路肩

图 8.20　安全审计路段实景（俄克拉荷马州交通运输部安全审计）

道路安全审计发现的关键问题与建议：安全审计中发现的关键问题与建议见表 8.8。交通运输部答复将按照建议对本路段进行了完善，但涉及与业主重新协商或公用设施搬迁（问题 1）的问题除外，因为这些工作已经完成无法重新进行；还有会导致升级改造工期重大延误或产生大量额外费用（在"附加路段"重新设计横截面元素）的问题除外。交通运输部还拒绝了设置振动带的建议，因为通常在俄克拉荷马州境内的公路上不设置振动带。

表 8.8　俄克拉荷马州交通运输部公路安全审计安全问题总结和建议

经筛选后的安全问题（编号和描述）		风险评级	建议
1	凸形纵断面曲线影响了 US60 公路上驾驶人前方经过宝灵路交叉路口的视线	C	• 设置"前方交叉口"警告标志 • 将私人小区道路移至交叉口次要道路上 • 提供加速车道
2	应评估改造"附加路段"后对安全的影响		
2A	重新铺设路面可能会降低现有防撞护栏的防护效果		• 重新安装护栏至适当高度
2B	向西方向一侧道路路肩宽度将从 8ft 降至 2ft		• 在过渡点设置渐变段 • 设置适当的标线
2C	向西行驶的驾驶人可能无法沿"附加路段"东端附近的平面曲线行驶	C	• 设置适当的标志和标线
2D	改造后的路面可能会导致沿"附加路段"出现较高的最多车速，有可能会误导后续的工作		• 确认现有的设计元素与可能车速和当前的几何标准一致 • 设置路侧和/或路中线振动带
3	施工期间可能出现路侧安全隐患	C	• 考虑进一步降低施工区车速限制 • 在临时护栏端部加装闪光装置或保护装置 • 在坡度为 2:1 的边坡设置临时护栏
4	计划设置的一排防撞护栏延伸至一条私人小区道路前结束	B	• 将防撞护栏延伸至私人小区道路

资料来源：Gibbs，Zein，Nabors（2008）。

关键经验总结：作为安全审计流程的一部分，确定设计的安全效益非常重要。对 US60 公路升级改造主要是出于安全的考虑，原因在于现有道路的路面和路侧条件较差，希望通过升级改造将其建设成连续且高质量的路段。作为安全审计流程的一部分，安全审计小组论证了设计团队提出的改进方案是如何积极解决现有的安全问题的。安全审计报告中引用的示例包括：

- 铺设 8ft 路肩和较平缓的填方边坡将降低车辆冲出道路事故的风险和严重程度。
- 重新铺设路面将改善行驶条件，新的路面标线将增强对驾驶人的引导。
- 重建桥梁将可以增加侧向净空，并可以改善防撞护栏端部处理措施。

8.4 最新发展

8.4.1 交互式公路安全设计模型（IHSDM）设计连续性模块

当前版本的 IHSDM 包含有乡村道路的评估程序。IHSDM 设计一致性模块包含一个速度曲线算法，用于评估在连续性设计下行驶在双车道乡村公路上的车辆的预测运行速度。回归方程与仿真模型输出（使用 TWOPAS 软件）相结合，并根据驾驶人驶入和驶离平面曲线时的期望加减速率进行调整。设计一致性评估基于以下条件（Fitzpatrick，2000）：

良好的设计：
- 速度变化：$\Delta V85 < 10$km。
- 减速度：$1.00 \sim 1.48$m/s^2。
- 加速度：$0.54 \sim 0.89$m/s^2。

一般的设计：
- 速度变化：20km/h $> \Delta V85 > 10$km/h。
- 减速度：$1.48 \sim 2.00$m/s^2。
- 加速度率：$0.89 \sim 1.25$m/s^2。

较差的设计：
- 速度变化：$\Delta V85 > 20$km/h。
- 减速度：>2.00m/s^2。
- 加速度：>1.25m/s^2。

$\Delta V85$ 是在连续设计要素下 85% 位标准车运行速度的预测变化值。该速度定义为驾驶人在自由流状态下驾驶车辆，而不受平面或纵断面线形的限制。在这种情况下，假设速度为 100km/h。IHSDM 设计一致性模块（Design Consistency Module，DCM）输出的速度曲线如图 8.21 所示。输出显示预测的 85% 位速度、期望速度、设计速度、平面和纵断面线形数据、交叉口位置以及与设计一致性评估相关的信息。该输出可用于评估设计项目中可能导致速度不一致（如果存在）的设计因素（FHWA，2006a）。

8.4.2 战略公路研究计划

由 FHWA、TRB 和 AASHTO 发起的第二战略公路研究计划（Strategic Highway Research Program，SHRP2）已经承担了 100 多项研究项目，旨在解决美国国家和地方所面临的重大问题，如基础设施老化、交通拥堵和安全问题。目前，研究结果已经形成了一系列有效的解决方案，这些方案将提高交通专业人员规划、运营、维护美国道路的水平并提升安全性。

实施援助计划（Implementation Assistance Program，IAP）可帮助州交通部（DOT）、都市规划机构（Metropolitan Planning Organization，MPO）和其他感兴趣的组织实施 SHRP2 解决方案。计划发起方提供了一系列的机会来加深大家对 SHRP2 解决方案的了解，并鼓励尽早采用这些产品。每年大约会提供两

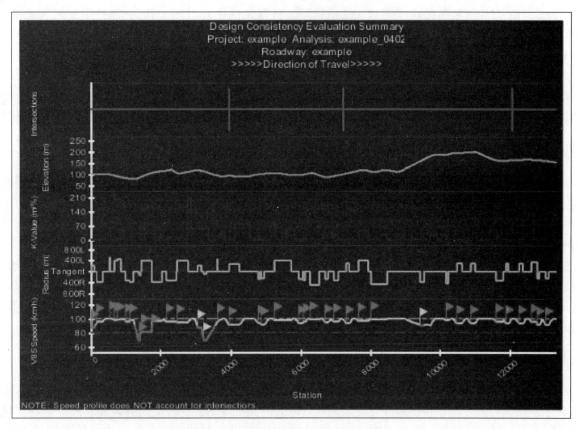

图 8.21　某路段 DCM 图形输出示例

次申请时段。

实施援助计划中的每一种产品都可针对当今交通运输面临的复杂挑战而提出更有效、更低成本的方案。SHRP2 实施援助计划可为不同州的项目提供实施和技术方面的援助。FHWA/AASHTO IAP 联合项目始于 2013 年，迄今为止已向各类交通运输机构提供了 24 个 SHRP2 解决方案，涉及大约 200 个项目。以下是与安全解决方案相关的产品示例。读者可以访问 SHRP2 解决方案网站（www.fhwa.dot.gov/goshrp2/）以获得更多项目更新列表的信息。

- 对策措施实施：使用 SHRP2 安全数据研究对策措施实施，分析驾驶人行为，揭示导致公路交通事故的原因。
- 确定可靠性缓解策略影响的分析程序：该项目的目标是在可靠性改进策略和可靠性性能指标之间建立技术关联。
- 可靠性数据和分析工具：一套帮助交通规划人员和工程师改进数据监测和分析的工具，以实现更连续、更可预测的公路出行。
- 3D 公共事业设施位置数据资源库：3D 建模帮助相关机构设计最优的运输解决方案。
- 全国交通事件管理人员培训项目：以实现更安全、更迅速、更有效、更综合的事件响应。
- 无损检测工具箱（Nondestructive Toolbox）：包含了高速无损检测程序的最新，该程序可用于设计评估和施工检查，以便更快地重新开放设施。

8.4.3　ITS ePrimer

智能交通系统（Intelligent Transportation System，ITS）ePrimer 软件由美国运输部研究与创新技术管理局（Research and Innovative Technology Administration，RITA）发起，旨在为交通运输专业人员提供与

ITS 技术相关的基本概念和实践（美国交通运输部，日期未注明）。ITS ePrimer 软件中乡村和地方 ITS 应用模块主要关注与乡村环境相关的特殊问题、用户需求和先进技术应用。其次，该模块涉及区域 ITS 规划和州际通道问题。

与城市地区一样，乡村地区也面临着重大的安全性、机动性、基础设施、经济发展和可持续性等问题，但每个领域的具体问题都是由乡村环境决定的。换句话说，出行者在城市和乡村道路上都可能面临长时间的延误，但在城市地区，延误更可能是由拥堵造成的；而在乡村地区，延误更可能是由恶劣天气或缺少备选路线造成的。类似地，潜在的解决方案必须在乡村地区的重大限制条件下发挥作用，这些限制条件包括财政资源有限、地理位置偏远、城镇之间距离遥远以及通信和技术基础设施薄弱等。

根据 ITS 项目成功应用的案例，美国已开始应用和评估乡村地区 ITS 技术，以解决交通运输部确定的所有关键问题领域。最初，大多数系统的部署都是为了应对单一问题或在特定位置。然而，目前正在朝着综合系统和区域协调的方向发展，特别是在通道层面。通道的集合形成了集成系统的雏形和国家 ITS 网络的发展框架。

当前的研究和新兴的技术为强化信息共享和区域协调提供了支持。车联网技术可以监控道路状况、天气状况、车辆位置和驾驶人行为，并向车辆、路边基础设施或交通管理中心发送信息。这一功能对加强区域交通管理，发布实时安全警报、加快应急响应以及使用其他乡村地区 ITS 应用程序（促进集成、协调和互操作性）具有重大意义。

8.4.4 交通事件管理

交通事件管理（Traffic Incident Management，TIM）是一个事先计划和协调好的方案，用于检测和消除事件，并尽可能安全、快速地恢复交通通行。随着时间的推移，研究人员开发和实施了多种工具和策略，以提高 TIM 整个的作用。特定任务工具和策略通常被认为是提高农村地区 TIM 工作最有效的工具和策略，其包括以下内容（Carson，2009）。

- 检测和确认：通过现场人员和闭路电视摄像机进行现场观测。在乡村地区，紧急救援电话亭和自动事故通知系统（Automated Collision Notification System，ACNS）可加快检测。
- 出行者信息：511 系统、出行者信息网站、合作媒体、可变情报板（Variable Message Sign，VMS）。
- 响应：紧急拖车调度程序、快速拖车、救援区协作、救援人员以及较短的救援距离。
- 现场管理和交通控制：救援车辆停车计划，以提高现场机动性。高可见度安全服装和车辆标志、现场应急照明程序，以及安全、快速的清障法规，法规要求接近事故点的驾驶人减速和/或改道，以保证现场救援人员的安全。
- 快速清除和救援：废弃车辆立法/政策，以加快清除道路用地上的废弃车辆，并将涉及废弃车辆的二次事故风险降至最低；以及安全、快速驾驶人离场法、服务巡逻、车载防撞保险杠和事故调查现场，以加快相关驾驶人或救援人员对小事故的清场速度。

8.4.5 绿色公路

绿色公路是按照相对较新的道路设计理念建造的道路，该理念体现了交通运输功能性和生态的可持续性。其在整个规划、设计和施工过程中都考虑了环境友好性。其结果是建成了一条有利于交通、生态系统、城市增长、公共卫生和周边社区的公路（绿色公路伙伴）。"绿色公路伙伴"（Green Highways Partnership，GHP）是 FHWA、美国环境保护局（Environmental Protection Agency，EPA）、AASHTO、美国国家交通和环境机构、行业、贸易协会、学术界成员和承包商的联盟，旨在鼓励环境友好型道路的建设。另一项创造绿色公路的努力是一个名为沥青研究联盟（Asphalt Research Consortium，ARC）的研究计划，该计划由 FHWA、私营机构和几所大学合作创建。该计划研究的目的是寻找使沥青更具环境可持

第8章 乡村地区路段及立交的设计与运营

续性的潜在方法，这将改善交通安全并降低生命周期成本（沥青研究联盟；www.arc.unr.edu/）。

按照上述理念的标准建造的绿色公路对环境有着巨大的好处。因为它们是采用可渗透材料建造，提供优良的流域驱动雨水管理，可以阻止金属和有毒物质进入河流。绿色公路的建设材料部分为回收材料，这样就减少了垃圾的填埋。此外，通过在设计中使用先进技术，使得珍贵动植物栖息地和生态系统避免了公路基础设施的侵入。

为了开发绿色公路，项目可以遵循"绿色公路伙伴"提供的指南：

- 提供流域环境功能和价值的净增长。
- 超出环境法律法规规定的最低标准。
- 确定和保护历史和文化地标。
- 绘制区域内所有资源的地图，以避开、识别和保护关键资源区。
- 采用创新的自然方法提高渗透性，并清洁项目区域内的所有径流。
- 最大限度地利用现有运输基础设施，提供多式联运机会，推进合乘/公共交通。
- 使用可回收材料消除废物，减少修建公路所需的能源。
- 将区域交通计划与当地土地利用合作联系起来。
- 控制入侵物种的数量，促进本地物种的生长。
- 加入项目后监测，以确保环保方面的成果。
- 通过恢复自然排水路径，保护湿地和河道的水文。
- 根据当地环境需求，形成一系列目标明确的环保成果。
- 根据野生动物保护计划，在既定区域开辟野生动物走廊和通道，以减少对生态过程的破坏。
- 通过将未来增长和能力建设与生态约束相结合并加以引导，鼓励智能增长。

例如，美国301号公路–华尔道夫交通改善项目（Waldorf Transportation Improvements Project）正致力于成为美国第一条真正的绿色公路，其在早期规划阶段就引入了"绿色公路伙伴"和绿色基础设施的原则。该项目范围从乔治王子县（Prince George's County）的MD5与US301立交到查尔斯县（Charles County）的US301与华盛顿大道（Washington Avenue）和特基山路（Turkey Hill Road）的交叉口的区域。它旨在改善US301沿线的交通运行，同时促进和保障环境管理工作。

参 考 文 献

Antonucci, N. D., Hardy, K. K., Slack, K. L., Pfefer, R., and Neuman, T. R. (2004). *A guide for reducing collisions at signalized intersections* (NCHRP Report 500). Vol. 12 of *Guidance for implementation of the AASHTO strategic highway safety plan*. Washington, DC: Transportation Research Board.

California Department of Transportation. (2014). *Highway design manual*. Sacramento, CA: California Department of Transportation.

Carson, J. L. (2009). *Best practices in traffic incident management*. Washington, DC: Federal Highway Administration.

Context Sensitive Solution. (n.d.). Retrieved from http://contextsensitivesolutions.org.

Donnell, E. T., and Mason, J. M. (2007). Context-sensitive design for highways and streets. In J. F. Plant, V. R. Johnston, and C. Ciocirlan (eds.), *Handbook of transportation policy and administration*. Boca Raton, FL: CRC Press.

Dowling, R., Skabardonis, A., and Alexiadis, V. (2004). *Traffic analysis toolbox volume III: Guidelines for applying traffic microsimulation modeling software* (No. FHWA-HRT-04-040). McLean, VA: Federal Highway Administration.

Federal Highway Administration (FHWA). (n.d.). Decision discipline support tool. Retrieved from www.fhwa.dot.gov/modiv/programs/intersta/iapp.cfm.

———. (n.d.). *Pedestrian safety guide and countermeasure selection system (PEDSAFE)*. Retrieved from www.pedbikesafe.org/PEDSAFE.

———. (2001). *Planning for transportation in rural areas*. Washington, DC: FHWA.

———. (2006a). *FHWA road safety audit guidelines* (Publication No. FHWA-SA-06-06). Washington, DC: FHWA.

———. (2006b). *Interactive highway safety design model: Design consistency module engineer's manual*. McLean, VA: Federal Highway Administration.

———. (2009). *Manual on uniform traffic control devices for streets and highways*. Washington, DC: FHWA.

———. (2014). Traffic analysis tools. Retrieved from http://ops.fhwa.dot.gov/trafficanalysistools.

Fitzpatrick, K. (2003). *Design speed, operating speed, and posted speed practices* (NCHRP Report No. 504). Washington, DC: Transportation Research Board.

Fitzpatrick, K., et al. (2000). *Evaluation of design consistency methods for two-lane rural highways: executive summary* (No. FHWA-RD-99-173). Washington, DC: Federal Highway Administration.

Gibbs, M., Zein, S. R., and Nabors, D. (2008). *Tribal road safety audits: Case studies* (FHWA-SA-08-005). Washington, DC: Federal Highway Administration.

Green Highway Partnership. (n.d.). Retrieved from www.greenhighwayspartnership.org.

Hall, J. W., Brogan, J. D., and Kondreddi, K. (2004). *Pedestrian safety on rural highways*. Washington, DC: Federal Highway Administration, Office of Safety.

Harkey, D. L., and Zegeer, C. V. (2003). *PEDSAFE: Pedestrian safety countermeasure selection system*. Retrieved from www.ite.org/membersonly/annualmeeting/2003/AB03H4404.pdf.

Harwood, D. W., Gilmore, D. K., Richard, K. R., Dunn, J. M., and Sun, C. (2008). *Passing sight distance driteria* (NCHRP Report 605). Washington, DC: Transportation Research Board.

Harwood, D. W., Torbic, D. J., Richard, L. C. R., Glauz, W. D., and Elefteriadou, L. (2003). *Review of truck characteristics as factors in roadway design* (National Cooperative Highway Research Program [NCHRP] Report 505). Washington, DC: Transportation Research Board/National Research Council.

Institute of Transportation Engineers (ITE). (2004). *Traffic control devices handbook*. Washington, DC: ITE.

———. (2009). *Traffic engineering handbook* (6th ed.). Washington, DC: ITE.

Leisch, J. P., and Manson, J. M. (2005). *Freeway and interchange geometric design handbook*. Washington, DC: Institute of Transportation Engineers.

Levinson, W. H., et al. (2007). *Development of a driver vehicle module for the Interactive Highway Safety Design Model* (FHWA-HRT-08-019). McLean, VA: Federal Highway Administration.

Model minimum uniform crash criteria (MMUCC) guideline (3rd ed.). (2008). Retrieved from www.mmucc.us/sites/default/files/2008MMUCCGuideline.pdf.

Neuman, T. R., Schwartz, M., Clark, L., and Bednar, J. (2002). *A guide to best practices for achieving context sensitive solutions* (NCHRP No. Project C15-19 FY 2000). Washington, DC: Transportation Research Board.

Schroeder, B. J., Cunningham, C. M., Findley, D. J., Hummer, J. E., and Foyle, R. S. (2010). *Manual of transportation engineering studies* (2nd ed.). Washington, DC: Institute of Transportation Engineers.

Staplin, L., Lococo, K., and Byington, S. (1998). *Older driver highway design handbook* (FHWA-RD-97-135). McLean, VA: Federal Highway Administration.

Staplin, L., Lococo, K., Byington, S., and Harkey, D. (2001). *Highway design handbook for older drivers and pedestrians* (FHWA-RD-0l-103). McLean, VA: Federal Highway Administration.

Torbic, D. J., Bauer, K. M., and Hutton, J. M. (2014). *Delta region transportation development program: Rural safety innovation program evaluation*. Washington, DC: Federal Highway Administration.

Torbic, D. J., Hutton, J. M., Bokenkroger, C. D., Bauer, K. M., Donnell, E. T., Lyon, C., and B. Persaud. (2010). Guidance on design and application of rumble strips. *Transportation Research Record: Journal of the Transportation Research Board*, 2149(1), 59–69.

Torbic, D. J., O'Laughlin, M. K., Harwood, D. W., Bauer, K. M., Bokenfroger, C. D., Lucas, L. M., and Varunjikar, T. (2014).

Superelevation criteria for sharp horizontal curves on steep grades (NCHRP Report 774). Washington, DC: National Cooperative Highway Research Program.

Transportation Research Board (TRB). (2004a). *Context-sensitive design around the country: Some examples* (Transportation Research Circular E-C06). Washington, DC: TRB.

———. (2004b). *Performance measures for context-sensitive solutions: A guidebook for state DOTs*. Washington, DC: TRB.

———. (2009). *Highway safety manual*. Washington, DC: TRB.

———. (2010a). *Highway capacity manual*. Washington, DC: TRB.

———. (2010b). *Highway safety manual*. Washington, DC: TRB.

U.S. Department of Transportation. (2011). *Fatality analysis reporting system: General estimates system*. Washington, DC: U.S. Department of Transportataion.

U.S. Department of Transportation, Research and Innovative Technology Administration (RITA). (n.d.). *ITS ePrimer*. Retrieved from www.pcb.its.dot.gov/ePrimer.aspx.

第9章 城市道路和立交桥的规划、设计与运营

原著：Mark Doctor 博士，Patrick Hasson 博士，Hillary Isebrands 博士和 John McFadden 博士

译者：施榆吉 副教授、博士

9.1 引言

当今世界上存在着各种各样的专业术语或者定义用以描述和分类不间断交通流设施（例如，高速公路、快速路、限制通行道路等），而这些专业术语的适用范围各有不同。因此，本章将明确这些术语的定义，并在具体的城市环境进行解释。一般来说，不间断的交通流设施可分为以下两大类：

- 完全封闭高速公路。
- 部分封闭高速公路。

城市快速路里程数仅占城市道路总里程的3%，却承载着37%以上的城市日交通出行量（FHWA，2012）。在美国大部分区域，高速公路是道路运输系统的一个重要组成部分。城市高速公路网络承担着国防装备运输、紧急疏散等任务。随着一些地区交通需求的日益增长，高速公路也面临着许多挑战。

目前城市高速公路系统的建设重点已从新建或拓宽转向提供与其他交通方式衔接更顺畅的道路设施服务，实现整个交通系统运行效率最优。通常交通系统优化的首要目标是尽量减少交通拥堵（及其副作用）、提高安全性、提高出行者可达性。

持续增长的交通需求、有限的资源和预算等客观问题使得城市交通基础设施服务的不断提升面临着很大的挑战。因此现代交通工程实践中的核心原则是提供经济、能适应不断变化需求并能满足用户偏好的交通基础设施及服务。如今交通工程师的职责已不再只局限于作为技术专家在规划、设计以及运营交通设施方面提供指导，而是以绩效为目标设计项目方案。这就要求工程师利用可量化的成本以及效益指标做出决策，以帮助公共机构充分利用有限的公共资金。交通工程师应运用风险管理策略以及财务分析来评估备选方案，以确定哪些方案能产生最大的投资回报率（Return on Investment，ROI）。投资回报率可通过多种指标进行量化，包括（但不限于）：

- 安全性：减少交通事故的数量和严重程度。
- 运营性能：为各种用户改善可达性、出行时间和服务质量。
- 对环境和社区的影响。

特别是在城市环境中，交通规划师应根据利益相关者价值的优先顺序，利用各种技术方法评估规划方案的优劣，以为交通系统的服务对象提供利益最大化的方案。本章将以这一思路为宗旨，介绍城市快速路和高速公路基础设施的规划、设计以及运营中的相关方法技术。

本章主要内容来源于以下参考资料。这些参考资料所提供的信息远超本章的内容，以下将给出这些参考资料的简要介绍，以方便读者能够快速找到所需要的信息。

1. ITE 出版物

ITE 出版物《高速公路与交汇处几何设计手册》（FIGDH）是经典的设计指导资料。读者可以从此手册中获取多种主题内容，包括：最有利于城市环境的交汇类型，如何设计城市中的高速公路系统交汇区域、坡道间距、高架标志、坡道配置等。本章并不试图复制已包含在 FIGDH 中的内容，而是提供了在高速公路本章所涉及内容的亮点，以期望感兴趣的读者能把 FIGDH 应用于自己的设计中去。更重要的是，由于 FIGDH 专注于几何设计，因此本章将重点介绍那些影响交通运营的几何设计元素及其安全性。

ITE 出版物《交叉口行人和自行车的安全设施设计指南》也是一本经典的参考资料，它可以为交叉

口处行人和自行车的安全设施设计提供相应指南。

2. AASHTO 出版物

AASHTO 出版物《公路和街道几何设计政策》及其配套文件《州际系统设计标准政策》，包含有可直接影响到城区基础设施运营情况的几何设计指南。这两个文件均建议适当灵活地开展几何设计，确保能充分满足所有道路使用者的需求。

AASHTO 出版物《公路安全手册》中涵盖了定量估算碰撞事故的频率和严重程度的方法，并提出了安全预测方法论，该方法论适用于各种高速公路以及交汇处，例如高速公路-高速公路系统、高速公路-十字路口、立交桥和坡道终端等。

3. FHWA 出版物

FHWA 出版物《交叉口信息报告》为城市交叉口设计人员，提供了新的思路和设计方法。同时，它也提供了城市高速公路和交汇处区域人行道和自行车道设计的有用信息。

而 FHWA 出版的《州际系统访问信息指南》则提供了州际系统访问请求中，请求类型划分以及相关的处理方法的指南。该指南在考虑国家、州和地方各级的需求的基础上，在不损害洲际系统完整性的前提下，提供分析访问请求的信息和方法。该指南还力求扩大访问分析的地理范围和分析内容。该指南还审查了州际公路系统运行的访问变化对州际交通系统运行、环境、潜在经济发展、当地街道系统安全的影响。

FHWA 出版物《老龄化人口道路设计手册》（FHWA，2014c）为设计者提供了实用的信息源，为设计者在设计与运营高速公路的过程中充分考虑老龄化人口特征提供了数据基础。

4. 交通研究委员会（TRB）出版物

《公路通行能力手册》（TRB，2010）中提供了一种可用来分析通行能力、服务水平（LOS）、车道要求以及交通与设计的特征对高速公路和立交桥影响的方法。TRB《出入口管理手册》则介绍了一种有关车道、中央分隔带、立交桥和其他街道连接的位置、间距、设计和运行方面的系统控制策略。该指南提供了道路的施工技术，以及如何开发和实行有效的出入口管理项目的指导。美国国家合作公路研究计划（NCHRP）第 687 号题为《互通式立交桥和匝道间距指南》的报告中指出，基于设计、运营、安全和标志四个方面综合考虑，提供了有关匝道和互通式立交间距的指南。当机构考虑在现有设施上修建新的匝道或立交桥、改建现有设施的匝道或立交桥，或者规划和设计新的公路和立交设施时，这些指南可以起到帮助机构做出合理决策的作用。NCHRP 报告第 600 号题为《道路系统人为因素指南》（第一版和第二版）提供了有关道路位置要素和交通工程要素的指南，以及有关特殊设计主题（包括高速公路和立交桥）的教程。此外，该指南还提供数据和见解，来说明道路使用者在多大程度上受年龄、视觉需求、认知和预期效果的影响。

5. 城市快速路和立交桥的州指南

一些州根据本版《交通工程手册》的内容制定了自己的指南，来为城市环境中的所有道路使用者提供更新且更完备的相关信息。与此相关的两个有价值的信息是来源新泽西州交通部制定的《立体交叉口处自行车和行人安全需求》，以及由 CALTRANS 制定的《完整的交叉口——为骑车人和行人重建交叉口和立交桥的指南》。这两个指南所提供的建议都是非常具体且实用的，以确保所有潜在的道路使用者可以安全地按照指南中的建议来操作。

9.2 基本原则

9.2.1 一般定义

城市快速路是城市主干道系统的一部分，尽管只占城市道路系统总里程的一小部分，但它们却承担了很大比例的交通量。它们通常服务于城市的主要活动中心，以及起到连接市中心和城郊的作用（例如，连接中心商务区和外围居民区）。另外，它们也为位于城市地区的农村区域干道提供了连接走廊。

目前，对城市的标准化定义还不清晰。例如，在2010年的人口普查中，美国人口普查局将城市定义为至少包含2500人口的区域。但《美国法典》第23章第101（a）（33）条却将城市定义为人口超过5000人口的地区，这便与人口普查局的定义有较大的出入。人口普查局对超过50000人口的发达地区所组成的城市化区域进行划定，以更好地对城市进行规划、设计，并可以更好地分隔在大型区域附近的城乡区域、人口和住房。本章中，城市是指土地利用开发密集并且具有较高出行需求的区域。

依靠人口这一指标并不能完全定义城市，但在城市设施的设计和运营过程中是重点考虑的因素。路网密度和土地利用模式对于平衡各类出行者的需求也至关重要。城市区域的主次要干道通常比农村地区多，这会影响到立交间距和匝道的设计。此外，当城市地区的非机动车数量增加时，匝道末端的机动车和非机动车之间的交互作用也会增加。

9.2.2 道路路段

城市快速路路段可分为隧道路段、高架路段以及平地路段三种形式，当然快速路也可以是这些路段的组合。

隧道路段通常低于地面，这有利于降低机动车噪声。另外，它可以使跨街结构的立交桥更容易通过，同时与其他形式相比隧道路段对相邻街道的侵占也更少。高等级的道路通常会跨越隧道，而其他交叉街道则只会延伸到平行的临街道路或道路红线处。除此之外，隧道路段也可以被占用，以便用于开发或提供空地。此外，隧道路段可能会需要额外的排水系统来排送雨水。

高架路段通常修建在高架桥或路堤上，尤其当遇到通行量受限或由于水位较高导致开挖不顺时修建高架路段可能会比较有利。高架路段的其他优点还包括它能尽量减少对公共设施和施工期间对地面街道交通的干扰。但高架路段的缺点是不美观、维护成本高以及天气较冷时路段可能会结冰。如图9.1所示为高架城市快速路路段的示例。

平地路段在地形相对平坦或交叉路口间距较大的城市地区是比较常见的。交叉路口的轮廓在主线上方还是下方，通常取决于公路路段和竖曲线。

组合式路段是由以上所述三种路段演变而来，这种路段的出现可能是由地形或者限制条件发生变化引起的结果。例如，在城市地区，由于通行量受限、没有可用的路段，可能需要从低洼高速公路过渡到高架高速公路。

图9.1 高架城市快速路路段
资料来源：Mark Doctor（洛杉矶巴吞鲁日110号州际公路照片）。

此外，还有各种特殊的城市高速公路路段类型，包括逆向车道高速公路、双车道高速公路和有集散道路的高速公路。当交通量在方向上分布比较复杂或者主要道路方向的交通量中有很大一部分在始发地和目的地之间长途行驶而不需要互通式立交桥时，应优先考虑使用逆向车道高速公路。当需要8条以上的直行车道并且交通量在方向上分布均衡时，与其他类型的高速公路类型相比，在每个行驶方向上由两条分离的车道组成的高速公路效率会更高。高速公路的外围路段通常服务于所有的立交桥，而内部车道可以承担相当一部分直行交通量，因此内部车道与外围路段的联系相对较少。如图9.2所示为城市双车道高速公路的概念设计。

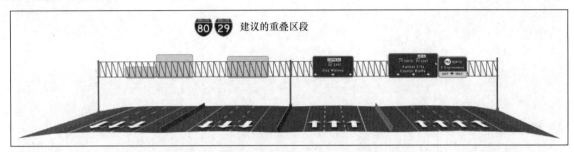

图9.2　城市双车道高速公路的概念设计
资料来源：爱荷华州交通部

带有集散车道的高速公路类似于双车道路段，但通常这种高速公路的长度较短，并且通常用于在间距较小的匝道上来容纳进出的车辆。这种路段通常设置在单个互通式立交内且穿过两个相邻的互通式立交，或者在一段距离内连续设置，以容纳高速公路沿线上的多个密集互通式立交。而这种道路与临街道路的不同之处在于，它们不通往相邻街区。

各州关于自行车和行人使用高速公路和快速路的法律和惯例各不相同。西部的几个州允许在高速公路包括州际公路上骑自行车。虽然某些州可能禁止在高速公路上骑自行车，但美国联邦法律并没有明确禁止这种行为。在某些地方，州际公路或其他高速公路可能是自行车唯一可用的道路。因此在评估是否允许自行车在高速公路和快速路上行驶时，应考虑备用路线的可用性和影响使用者安全的因素。

在高速公路沿线内共享使用路径这种做法有很多实例。而且几乎所有的高速公路和共用道路之间都有明显的障碍物（墙或栅栏）或立交。在波特兰、俄勒冈州、大都会地区，很多州际公路内或附近有共享使用路径。而弗吉尼亚州阿灵顿66号州际公路附近更是修建了一条共用道路，整条道路与高速公路隔开，所有交叉口均为立交。这条道路还通往东瀑布教堂地铁站，该地铁站位于I-66公路中间带内。在华盛顿州，沿I-90公路有一条共用道路，它横跨西雅图以东的华盛顿湖。此外，这条道路还与I-5公路平行，如图9.3所示。

9.2.3　城市立交类型及特点

互通式立交按功能大致可分为两大类："服务互通式立交"和"系统互通式立交"。服务互通式立交一般适用于连接高速公路和较小设施（非高速公路）的互通式立交，如干道或控制路段。大多数服务互通式立交在匝道末端和非高速公路交叉口都设有平面交叉口。这些交叉口通常会设有某种类型的交通控制标志（停车标志、交通信号或让行标志），以便要求驾驶人停车或让行给其他交通工具或行人。连接两条或多条高速公路的互通式立交常称为系统互通式立交，其匝道上的车辆可自由移动但不可以停车（存在收费站等特殊情况除外）。

在设计或者改进城市立交设施时，可以选择的立交结构是多种多样的。在选择合适的城市立交结构时应当考虑这些因素的影响：地形、交叉路段数量、通行路段的可用性、主干道与十字路口的需求、场地影响和成本。预期交通量会极大地影响立交桥的配置类型，所以，每个立交桥的设计必须符合各个站点的需求。

1. 菱形立交

菱形立交是最常见的服务互通式立交的配置类型，它适用于各种条件。菱形立交在每个象限中均配

图9.3 华盛顿州奥林匹亚和莱西附近与I-5公路相似的共用道路
资料来源：马克博士（华盛顿州5号州级公路的照片）。

置有单向斜坡道。由于菱形立交桥的普遍应用，驾驶人对它很熟悉，其交通操作也相对简单。从人为因素的角度来看，当驾驶人希望在行驶方向上左转时，则需要在立交桥处左转。相比之下，使用环形匝道的立交桥需要在立交桥处右转，以进行通常被视为驾驶人预定行驶方向左转的行驶。

菱形立交可根据匝道间隔距离和匝道末端的交通控制措施进一步分类，包括紧密城市菱形立交、单点菱形立交和发散菱形立交。如图9.4所示为城市环境中常见的菱形立交结构。

在城市环境中，立交桥的占地面积往往是一个主要问题。

位于农村的传统菱形立交桥两个交叉口之间的间距通常至少为250m。而在城市和郊区，这是不切实际的。当两个交叉口之间的距离为125~250m时，为"压缩"菱形立交。这是城郊或市区较常见的菱形立交形式。交叉口交通控制是否合适取决于交通量的大小，但通常城市交通需要的是信号控制或环形交叉口。"紧密"菱形立交桥的特点是两个交叉口之间的间距为125m或更小。

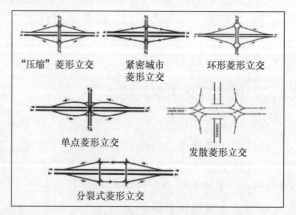

图9.4 城市环境中常见的菱形立交结构
资料来源：联邦公路管理局国家公路学院课程#380073。

在城市环境中，立交桥的占地面积是一个主要问题。在有密集的交叉路口和多条单行道路的城市环境中，设置双向菱形立交桥是一个比较有利的选择。分裂式菱形立交桥服务于多个十字路口连接的单向道路。分裂菱形立交通常设置在靠近市中心商业区的地方，因为那里对城市街道电网的接入需求非常大。

双环形交叉口已成功应用于城市立交匝道枢纽。将环形交叉口设置在立交桥的某些位置处是十分有利的，譬如可将其设置在增加车道数量有困难的地方。为提高匝道的通行能力，通常需要为左转车辆增加更多的车道以及拓宽立交桥或重建地下通道。然而将环形交叉口应用于匝道交叉口处，通常可以减少车辆排队的时间和延误，而且不用考虑拓宽桥梁或修建地下通道的问题。由于环形交叉口处分离岛的几何结构比较复杂，双环形交叉口可有效降低错误转向出口匝道的可能性。

在互通式立交桥处，可以考虑设置带有雨滴状中心岛的双环形交叉口，以减少转弯。在这种配置中，想要掉头的驾驶人必须绕着两个雨滴形状的中心岛屿行驶。一方面，雨滴结构消除了来自上游环形交叉口分支上的不利条件（实际上消除了匝道末端之间车辆拥堵的可能）。另一方面，由于与其他环形交叉口（其中一个不需要提供入口）缺乏操作一致性，会倾向于应用传统形状而不是雨滴形状的环形交叉口。如图9.5所示为菱形立交桥处的多对环形交叉口。

图9.5　菱形立交桥处的多对环形交叉口
资料来源：Hillary Isebrands（科罗拉多州雅芳路70号州际公路照片）。

单点菱形立交桥（SPDI）将所有进出匝道的左转车流在中心的交叉口合并。所有四个左转相位都由一个多相交通信号灯控制，使得左转方向的车辆始终转向道路的左侧。SPDI的运行效率很高，因为它通过让交叉口左转的半径更缓和，可以使车辆在道路上流畅的行驶。但SPDI的一个缺点是桥梁结构成本较高。一般情况下，常需要一个大型结构来容纳转弯车道，而单点菱形立交桥的十字路口可以从高速公路的上方或下方通过。在高速公路上修建SPDI交叉口，可以使结构支撑柱位于高速公路中间带，从而减少结构净跨并降低成本。此外，如果交叉口位于高速公路的顶层，它还可以被均匀照明。在高速公路下方的SPDI交叉口也需要额外的垂直净空，以便将信号灯设置在车道上方。

发散菱形立交又称双交叉菱形立交，是一种通过减少冲突点数量和在交叉口处运行两相位信号配时设备的创新设计，它通过一种几何结构和渠化设施将匝道末端间的车辆转移到道路左侧十字路口，以实现在不需要专用信号相位的情况下完成左转（图9.6）。实践证明，此种立交可以大大提高菱形立交交叉口的安全性和运行能力。另外，发散菱形立交可以大幅度提升交通运输效率。自2009年6月美国密苏里州斯普林菲尔德（Springfield）设置第一个分叉菱形立交以来，这种设计在交通机构中被迅速接受和使用。而今，发散菱形立交设计已被证明能显著减少交通延误和交通事故。

图 9.6　发散菱形立交桥

资料来源：联邦公路管理局（15 号州际公路在犹他州 Lehi Timpanogos Hwy 的照片）

2. 苜蓿叶形立交

苜蓿叶形立交拥有四个带有环路的人口，以适应部分或全部的左转车流。四个象限中均具备环形立体式立交桥通常被称为全苜蓿叶形立交。由于全苜蓿叶形立交占地面积相对较大，它们一般不是实用的替代方案。全苜蓿叶形立交的另一个主要缺点是必须在环形匝道之间进行交织。除非交通量不大，否则交织车辆很有可能会发生交通事故。为缓解全苜蓿叶形立交因交织而出现的交通事故，AASHTO《街道和公路几何设计政策》（2011）中建议，当两个连续环路上的交通量总和接近 1000 vph 时，集散系统（C‑D）应与主线交通分开以容纳交织的交通量。

具有三个或三个以下环路的立交桥通常被称为部分苜蓿叶形立交。此种苜蓿叶形立交的几种形式可适用于特定的条件。通常情况下，可以使用环路来分散立交桥上的左转车流。城市环境中的部分立体交叉通常适用于左转交通量相对较高、在菱形立交匝道末端上可能会发生事故的情况。另外，当只能在一个或多个象限内修建匝道时，苜蓿叶形立交也具有优势。如图 9.7 所示为城市环境中常见的部分苜蓿叶形立交。

用于描述苜蓿叶形立交的术语是根据环路位置以及其匝道是否位于第四象限、第三象限或者第二象限建立的。在苜蓿叶形 A 立交桥中，高速公路入口是通过环形匝道建成的，这就减少了高速公路入口匝道上的左转车流量，从而改善了十字路口的运行状况。

这种立交桥由于不需要在十字路口处设置左转车道，因此它可以降低成本。而其出口是通过将匝道与十字路口连接而建成的，故而十字路口需要交通控制设施。在四象限的苜蓿叶形 A 中，所有高速公路的车辆都是在十字路口右转进入的。只有两个象限的匝道（不可由十字路口直接进入的匝道）要求从十字路口左转进入环形匝道。

在交织区，匝道可以容纳从高速公路离开的车辆。在一个四象限的苜蓿叶形 B 中，环路使得离开高速公路的车辆不需要在十字路口左转。尽管苜蓿叶形 B 需要两个交叉口，但十字路口上的直行车辆

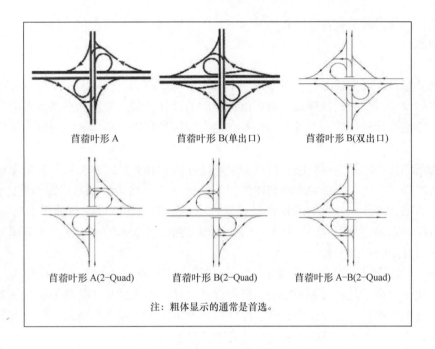

图 9.7　城市环境中常见的部分苜蓿叶形立交
资料来源：联邦公路管理局，国家公路协会课程#380073。

最多只需停车一次。如果交叉口设置了信号灯，则信号灯的设计应确保穿过交叉口的车辆能接收到连续的绿色信号。四象限的苜蓿叶形 B 的另一个主要优点是，由于高速公路的出口车道上未设有信号灯，故而出口匝道上不易发生交通拥堵现象。四象限的苜蓿叶形 B 立交桥的匝道末端的设计大大降低了车辆从错误方向进入匝道的可能性。

在苜蓿叶形 A–B 立交桥中，所有匝道都位于十字路口的一侧。这种形式主要应用于两种情况：

1）道路交叉口一侧限制通行。
2）交叉口靠近铁路轨道、河流或者在同侧修建匝道的物体。

在苜蓿叶形立交桥上，匝道和十字路口的交通控制形式可能有所不同。评估十字路口的平面交叉口通行能力将有助于设计师确定适当的交叉口控制形式。在苜蓿叶形立交桥的匝道末端交叉口，环形交叉口可能是最佳选择。

3. 系统立交

定向立交是高速公路交叉口常用的系统立交形式。定向互通式立交采用单向道路，这就使得车辆的行驶方向与预期的行驶方向相同，并通过消除车辆的交织可提高运行效率。在城市地区，系统互通式立交需要占用比较紧凑的空间。定向互通式立交也包括环形匝道，以适应拥有较低交通量的车道。

4. 其他互通式立交

对于其他的互通式立交以及由上述几种立交演变而成的立交形式，读者可以查询 ITE《高速公路和立交几何设计手册》（2005）来获取更多的相关信息。此外，该手册提供了一套完整的立交选择方法，在确定适当的立交形式时，其考虑到了运营、安全性、成本、环境和社会问题等所有重要因素。故而设计师们应根据安全性、运行特性、成本、环境影响和可施工性，全面考虑和评估各种备选方案。

9.2.4　设计一致性

设计一致性可以广义地定义为设施的几何元素与环境以及驾驶人期望相平衡的程度。不满足驾驶人期望的设计元素可能会导致碰撞风险增加。设计一致性的目标是确保几何元素的设计与驾驶人的期望协调一致。由于城市高速公路的设计、运营以及安全性三者之间的相互联系是未知的，使设计一致性成为一个很复杂的问题。

1. 设计速度

设计速度是公路设计和交通工程实践中的一个基本准则，其目的是达到设计的一致性。停车视距、水平和垂直曲线的设计以及交叉口视距是确定设计速度的设计要素。然而，车辆的实际运行速度通常与设计速度不同。确定设计速度的一个基本目标是在能充分体现公路环境且满足驾驶人期望的前提下，建立一致的几何公路设计。

高速公路的车辆往往涉及高速行驶，所以在交通密度较大和互通式立交较多的城市地区，行车任务对驾驶人有较高的要求。驾驶人必须阅读和理解标志牌的含义，然后采取适当的措施，例如改变速度、寻找车道变换的间隙、离开或并道。在这种情况下，一个谨慎的公路设计将使用非常高的尺寸值。然而，由于实际情况的限制往往不允许这样做。因此城市公路设计面临的挑战是在充分满足用户需求和城市环境的实际局限性之间找到平衡。

在城市地区，通常选择100km/h的高速公路设计速度，以80km/h的设计速度作为最小值。在高速公路上，驾驶人往往习惯于高速行驶和较大的路段设计尺寸。而农村高速公路上更是如此，那里的驾驶速度往往更高，货车运载量的百分比也更高，而拥挤程度可能低于城市化地区。但大多数驾驶人不会注意到农村高速公路和城市高速公路路段设计尺寸之间的过渡。

2. 城市高速公路横断面要素

城市高速公路上的行车道宽度通常为3.6m。但是在受限条件下，需要设置较窄的车道。窄车道上相邻车辆的横向距离较小，当路段上货车流量较大时这会明显影响到驾驶人的舒适性。

铺面路肩应位于行车道的两侧，其右肩宽度至少为3.0m，左肩宽度至少为1.2m。如果货车流量很大的话（根据AASHTO，DDHV超过250 vph），则需要3.6m的右肩宽度。如果高速公路路段内有三条或三条以上的车道，则内侧或左侧铺面路肩应为3.0m。

在城市快速路路段，中间带的可用宽度通常会受到限制。中间带的最小宽度应满足如前所述的左侧路肩和中间带屏障的设置尺寸。有关中间隔离带的设计信息，应参考AASHTO《路侧设计指南》（2010版）。在城市快速路上，由于互通式立交的间距很近，且邻接街道网络的连通性很高，因此不需要设置中央立交桥。

一些城市高速公路设有用于轨道交通的中间带、公共汽车道或与公共汽车共用的高载客量车辆（HOV）设施。这些设施通常与高速公路的车道是分开的。在高速公路的外侧路肩或车道上也可设置专用公交车道。一些城市快速路还配有中转站，并设有楼梯、匝道或电梯，以方便乘客到达中间带的乘客站台。高速公路中央分隔带内的公交车道必须考虑公共汽车的减速、停止和起步加速。高速公路路肩外侧边缘与公交车道之间的横向间距至少应为6m，并应设置障碍物或者围栏，以防止行人穿过高速公路。有关带有交通设施的高速公路的详细信息可从AASHTO《公路和街道交通设施几何设计指南》（2014版）中获得。

城市快速路应具有与其运行速度、交通量和边坡相匹配的净区宽度。有关净区宽度和侧向偏移量的详细信息，请参见AASHTO《路侧设计指南》。城市地区的高速公路通常有更严格的通行秩序，这便要求将挡土墙或桥墩设置在净空区内。挡土墙和桥墩防撞墙应采用整体混凝土护栏形状，或与路肩偏移至少0.6m，并超出路肩外缘，以便使用单独的护栏进行防护。净空区内的固定对象应为分离式设计。

3. 视距及水平和垂直对准

第8章介绍了高速公路和互通式立交的一般视距以及有关注意事项。在城市高速公路上，弯道上的桥墩和桥台可能会限制驾驶人的水平视距。在给定设计速度的最小曲率半径下，桥墩和桥台的正常横向间距可能无法提供最小的停车视距。在这种情况下，应考虑额外的补偿或缓解措施。对于急弯道上的城市高速公路路段，可能需要在中央分隔带增加额外的横向偏移，以提供内侧车道的最小停车视距。类似地，在立交桥上，如果使用设计速度的最大曲率半径，则视距限制可能是来自于桥梁栏杆的偏移。如果在城市快速路或互通式立交上使用最小曲率半径，则应计算桥台、桥墩或桥梁栏杆的间隙，并在权衡增加结构跨度或宽度的成本以后，可以适当地增加间隙以获得所需的视距。

4. 匝道设计

匝道是一种单向车道，它允许车辆从高速公路上进出和从其他高速公路进入当前高速公路。出口匝道一般有两种形式，分别是平行型和锥形型。在出口末端，特别是当出口在曲线上或视距有限时，选择出口标志的位置至关重要。在一个设计良好且自然的锥形出口，大部分驾驶人都处在发散区。发散角通常在 2°~5°。对于处在斜坡上的匝道终点处，平行出口匝道类型是比较好的选择，因为它增加了发散点的可见度，并降低了对驾驶人离开匝道时的转向要求。出口匝道应该设计为发散形状，以确保垂直曲率不会将沿匝道的能见度限制为小于匝道设计速度对应停车视距的数值。如果驾驶人看不到交叉路口后面的拥堵车辆，那么"看不见"的匝道就可能会产生问题。当需要在匝道确定合适的减速带距离时，应考虑沿出口匝道的车队要求。理想的做法是沿匝道提供可以到停车队列任意位置的决策视距。在考虑斜坡长度需求时，建议考虑第九十个百分位和最大排队长度。

与高速公路主线类似，立交匝道设计速度的选择会对项目成本、通行需求以及潜在的环境和社会产生很大的影响。这尤其适用于有环形匝道或立交式匝道的系统互通式立交和服务互通式立交。AASHTO《公路和街道几何设计政策》（2011 版）中建议使用匝道设计速度，即连接公路的固定百分比。例如，"低"范围值设置为连接公路设计速度的 50% 左右。无论匝道是自由移动系统连接还是终止于交叉口的服务立交匝道，匝道设计速度都应适用于匝道本身的控制线形要素。在选择匝道设计要素时，应考虑许多相关因素，如果沿匝道所有部分应用单一的设计速度，则可能无法充分考虑不同匝道类型的固有速度设计。系统互通式立交中高速公路之间的连接通常为自由流，而且应以较高的设计速度（主线的 85%）连接。而立体交叉或部分立体交叉的环形匝道通常处于在较低的范围内（在主线设计速度的 50% 以内）。在改善现有城市立交桥的项目中，以较高的设计速度重建匝道是不切实际的，因此可以考虑以下缓解策略：

- 将曲线的半径增加到实际值。
- 增加匝道超高。
- 在匝道路面上提供高摩擦表面处理。
- 拓宽匝道横截面以在曲线上提供额外路肩。
- 在主线和低速匝道之间提供过渡曲率。

入口匝道有助于车辆速度从城市的较低速度过渡到速度较高的高速公路。入口匝道的一个重要设计方面是提供足够的距离，以允许从匝道的设计速度加速到高速公路的设计速度，并为进入的车流提供足够的距离，以便其在相邻的主线车道上找到空隙并安全合流。由于匝道的坡度和曲率，大部分车辆会在匝道上加速。但当匝道与高速公路主线连接时，可能需要额外的长度来实现车辆进一步的加速，且此加速车道长度至少为 370m，当速度增加值超过 2% 时，需要使用更长的加速车道。此外，应提供足够的车辆并道长度，以允许合并车辆适当调整速度并安全地驶入高速公路主线。具有较高交通量或高货车交通量的高速公路通常要保证在入口处提供较长的车辆并道长度，以提高安全性。而在城市环境中典型的高交通量条件下则需要 155m 或更长的车辆并道长度。

入口匝道末端有两种常见的形式，分别是平行式和锥式。在高速公路交通量较大的城市环境中，平行式入口可以提供更长的车辆加速车道和车辆合并车道，这可显著增加安全效益。在新建城市立交或改造现有的互通式立交时，建议采用平行式入口匝道。平行式入口匝道下游端的合流锥体的最小锥形长度应为 100m。当匝道的几何形状限制了车辆加速至接近高速公路的运行速度时，设置平行式入口匝道尤其有利。驾驶人在入口匝道和合流区必须能目视到接近的干线交通，以便确定其视距值。

一些机构使用（或以前使用过）锥形入口匝道，其入口以长而均匀的锥度（要求 70∶1 或者更大）

并入高速公路。如果设计得当，单车道入口匝道也可采用锥形入口。当使用锥形入口时，匝道的几何结构应允许车辆在到达匝道左边缘与高速公路行车道连接时，应达到与高速公路运行速度相差不超过 8km/h 的速度。多车道入口匝道上应避免使用锥形入口匝道，因为它会产生合流状况。车辆合流可能与驾驶人的期望相反，并且如果由于交通量大而导致交通空隙很小，则可能会出现问题。在交通量大的情况下，面临车辆合流的驾驶人别无选择，只能接受较小的间隙，并可能对主线上的交通流造成干扰。总体而言，平行入口匝道通常是首选，研究表明，平行入口匝道通常比锥形入口匝道更安全。特别是，并行设计为高龄驾驶人提供了优势。有关此主题的具体信息，可参考 FHWA 出版的《老龄化人口道路设计手册》(FHWA，2014c) 对于锥形入口，在合流前，驾驶人使用侧/后视镜查看周围交通的范围会变小。当驾驶人难以识别主线线形时，锥形入口匝道也会造成混乱。

9.2.5　互通式立交设计注意事项

1. 立交间距

互通式立交的间距是新建或改建互通式立交设计中的重要考虑因素。互通式立交间距通常定义为沿主干道测量，与主干道相交的两个十字路口中心线的距离。在城市环境中，互通式立交的位置应足够近，以便容纳或释放交通网络中的交通量，但其间距应足够大，以便高速公路上的车辆可以自由移动。城市地区的最小立交间距应根据变速车道所需的长度、交织距离来确定。在城市地区，当相邻互通式立交之间的间距小于 1.6km 时，可能会发生交通拥堵，因此应仔细评估互通式立交之间的间距。城市地区还可能需要使用集散道路或立体交叉来容纳密集的立交桥。如图 9.8 所示为匝道"交织"的示例，其中入口匝道和出口匝道分开并相互交叉。

图 9.8　立体匝道示例

资料来源：Mark Doctor（新墨西哥州阿尔伯克基 25 号州际公路匝道照片）。

互通式立交匝道之间所需的最小间距是根据独立的设计要求来确定的。互通式立交之间的间距尺寸从根本上说是将从十字路口到高速公路主线（入口匝道），或从高速公路主线到十字路口（出口匝道）的各个匝道合并后的剩余值。合理设计的匝道应提供适当的水平线形（以方便车辆实现变速）、垂直线形（以便于车辆适应坡度变化并满足其视距需求）以及横截面设计有关的注意事项。入口匝道需要提供足够的通行能力，以及为运行车辆提供足够的变速空间。例如，左转弯双车道在菱形立交桥处进入入口匝道时，需要两条入口车道保持一定距离,然后以适当的角度合并两条车道,以创建单车道入口。在出口匝道上,匝道长度应大于匝道终端交叉口的预期汽车队列长度,并为该车队的后尾提供足够的视距和减速距离。另外,出口匝道应具有足够的切线长度,以达到控制曲线的减速目的。匝道间距能对高速公路的运营和安全产生重大影响,因此需要一种综合、动态的方法来确定匝道和互通式立交的配置。NCHRP 报告第 687 号报告《匝道和立交间距指南》,提供了评估城市高速公路匝道间距需求的详细方法。

2. 车道平衡

车道平衡的原理是将一种行车均衡的车道与进出交通结合起来,以促进车辆顺畅通行。在高速公路出口处,当离开岔道段的车道数大于进入车道的车道数时,车道平衡得以实现。换言之,如果在高速公路上的车道数与分岔后的匝道数大于分岔前高速公路上车道数,则存在车道平衡。遵守这一原则基本避免了"陷阱"车道或只有出口车道的车道下降情况。应用这一原则还可实现在入口末端处,合并前(高速公路和匝道上)的车道总数等于合并后高速公路上的总车道数(如果增加车道,则比总车道数多一条)。

车道平衡是指如何在匝道末端布置车道,以便在出入口位置保持有序和有效的交通运行。在入口处,合流点以外的车道数应等于或小于引道总数(高速公路加匝道)。在出口处,引道总数应该小于两种不同车道的车道数总和。如图 9.9 所示为车道平衡的典型示例。

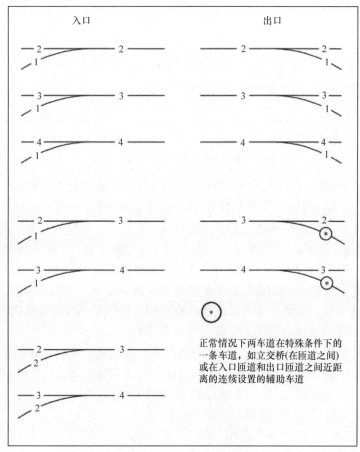

图 9.9 车道平衡的典型示例
资料来源:图来源于 AASHTO(2011),图 10-503。

3. 交织

高速公路上的交织区涉及通过合流和分流产生的交通流交叉。交织区需要各种换道操作,这些操作取决于交织区的交通量和长度。这些换道操作可能会造成严重的交通紊乱,进而导致运行和安全问题。

交织区通常发生在间隔较小的两个出入口之间,或在一个立交内,例如在一个完整的立体交叉上或者在环形匝道之间可能会出现短交织段。在城市地区,立交的间距往往很小,并且入口端锥形的末端与出口端锥形尖端之间的距离可能很短，这种情况可以通过使用入口匝道和下游出口匝道之间的连续辅助车道来提高运行效率。当与连续辅助车道相连的出口匝道紧跟在入口匝道后面时，考虑交织段内的运行是很重要的。如图 9.10 所示为常见交织道路配置。

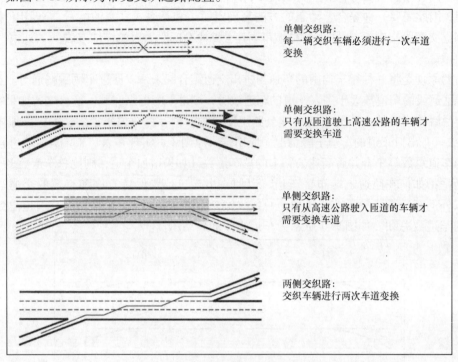

图 9.10　常见交织道路配置

资料来源：TRB（2010）。

高速公路交织区内的车辆运行情况在很大程度上取决于交织区的交通量和长度。重型车辆（特别是货车）需要更长的交织区长度，以允许车辆以合理的速度安全地变换车道。在评估设计方案时，应考虑关键风险因素，如交织和非交织交通量、高速公路自由流速度、交织区的形状和长度。交织区对交通运行的影响也取决于交织区的类型。2010 版《公路通行能力手册》（TRB，2010）对先前版本《公路通行能力手册》中的若干有关内容进行了修订，并利用下述三个数值描述符来描述交织区的结构：

- 匝道至高速公路间交织车辆所需的最小车道变更次数。
- 高速公路至匝道间交织车辆为成功完成移动所必须进行的最小车道变换次数。
- 在一次或不进行车道变换的情况下完成交织的车道数。

延长交织区的长度可改善其运行状况。在某些情况下，适当延长交织区的长度会降低交通事故的风险。城市高速公路上的交织区是快速路系统的关键组成部分，应仔细评估。此外场地的特定条件，如总交通量、货车交通量、坡度或曲率，会极大地影响交织区的运行方式。

对于可能存在问题的交织区，应考虑以下设计方案：

- 修建一条集散车道，在该道路上进行交织。
- 重新设计匝道末端的位置，以延长交织区。
- 在出口处延长辅助车道，为进入车道驾驶人寻找交通空隙以改变车道。

采用集散车道的设计方案，可用于交织区和通过车辆交织将密集匝道分隔开，但其成本会更高。为了在设计方案之间做出合理的决策，需要考虑所增加的成本并权衡其他有影响的因素。

4. 基本车道数

基本车道数是指整条路线所提供的最小车道数，其中不包括任何的辅助车道。基于年交通预测量的交通分析可确定城市高速公路路段上的基本车道数和匝道上的车道数。在主线路段上，基本车道数在高速公路的一段距离内应保持不变，并且不得因为进出高速公路局部路段的交通量发生变化就使用互通式立交桥改变车道数。可以为交通需求发生局部变化的路段提供辅助车道，但基本车道数应保持连续性。

城市高速公路中主线基本车道数量应保持不变，并当交通量大幅减少时，应在到达郊区后减少基本车道数。减少基本车道数最好是在互通式立交之间完成，而不是在互通式立交处减少车道。在郊区，由于交通量减少，故而可以减少基本车道数。此时车道数减少应发生在具有决策视距的切线路段上，并且在不干扰立交桥运行的前提下，应在距离立交桥下游足够远的地方设置车道减少标志。

5. 路线连续性

路线连续性是高速公路运行一致性的另一个重要原则，它指的是在直行路线上行驶的车辆不需要改变车道。提供路线连续性简化了驾驶任务，因为它能减少车道变更的次数并简化了方向标志。为了保持路线的连续性，立交结构多选择直达路线，但直达路线可能没有较大的交通量。在这种情况下，可通过设计大流量多车道出口来分担交通量，这些出口应位于平坦曲线上并要具有合理的直行路线和辅助车道。在设计互通式立交桥时必须综合考虑路线连续性、车道连续性、车道平衡和保持基本车道数这四个原则。但这四个原则不是完全独立的，在某些复杂的情况下，如果优先考虑最初原则以外的一个原则，那么有必要适当地偏离最初的原则，因为在特定的情况下，可以带来更大的效益。

9.3 专业实践

9.3.1 章程

在城市地区，出行需求往往超过道路的通行能力。因此，为提高交通服务的质量，有效规划快速路以及高速公路非常重要。很多地区的高速公路系统主要由构成德怀特 D·艾森豪威尔洲际公路和国防公路系统的路线组成。洲际公路是一个国家交通运输网的基础，在塑造国家经济和发展历史方面发挥了重要作用。建设和完善洲际公路系统会带来经济增长并可为其创造生产力以及竞争力。而当洲际公路穿过市区时，它可以缓解沿线区域的交通压力。但不断增长的交通需求给洲际公路系统带来了压力，尤其体现在城市高速公路方面，因为这些高速公路还需要发挥货运通道的作用。

在许多城市地区，自高速公路网络初步规划和建设以来，实现了人口增长，与此同时土地利用也发生了变化，这种变化不仅有助于使用该系统的需求稳步增长，也有助于增加对新型立交桥的需求，但对新型立交桥的需求可能会带来挑战。为公路网的其他部分提供高速公路入口对整个地面交通运输系统的运行至关重要。然而，立交桥设计质量不过关或者过于密集的布置会极大地降低交通运行能力和交通安全性。规划新入口必须做到合理权衡高速公路系统运行性能（即保证高速公路交通流不间断）和维持交通系统其他部分之间的平衡。

修建新立交桥通常与加强社区经济和社会活动息息相关。但有时提高交通可达性与维持交通安全性会相互冲突，由于设计不良导致交通堵塞便是一个很好的实例。因此在修建新的立交桥之前，必须充分分析高速公路通行能力发生变化而带来的影响，这一点至关重要。如果设计、操作和维护有效，那立交桥可使驾驶人以安全、方便和舒适的方式实现在高速公路和其他道路之间的衔接切换，而不会对交通造成延误或影响。但是，若设计条件降低到临界值（即匝道间距太小、匝道不能提供足够的加速或合流距离，或者无法承担不断增加的交通量），这可能会影响到交通的有效和安全运行。

互通式立交桥的开发为其周围地区的发展带来了机遇和挑战，譬如其周围地区的土地利用开发规划中，存在平衡通行性与流动性的问题。一个高效的交通运输系统（可提供进入开发区通道并保证流动性）要求互通式立交桥要平稳运行。只有合理规划土地以及提供高效的通行管理政策，新型立交桥方可成为一种高效且有吸引力的社会财富；若规划不当，对其随意的开发则会使新型立交桥产生交通拥堵现象，这会损害其周围地区土地所有者的经济收益。所有利益相关者的目标应是使立交桥与周围地区的发展一致。故而在规划新型立交桥时应当把其周围地区的土地利用规划也纳入考虑范围之内。

从各种道路功能来看，高速公路网主要用于实现长距离的区域间或区间内出行，而短途出行应在地方性街道或者公路网中进行。除了修建全新的立交桥，我们也应该考虑这样一种备选方案：全面规划而后对地方性道路系统进行必要的改进。只有在极少数情况下——当无法对当地道路网进行改进时，才应该考虑修建一个全新的立交桥并依托于高速公路系统来满足当地出行的需求。在城市高速公路上修建互通式立交桥时，我们必须评估附近道路是否能非常方便地使车辆进出高速公路，尤其是当地道路应当能容纳预期的交通量，而无需使车辆回流至高速公路。

9.3.2　安全性

有关城市高速公路的规划、设计和运营指南主要是基于多年来积累的经验进行制定的。自完善交通基础设施以来，相关人员针对不同条件下交通的运行以及安全性能进行观察、量化和分析。但目前一些市区的条件背景（高交通量、环境极具挑战性以及充满复杂性）要求我们针对这种以往经验没有涉及的情况重新进行规划，因为传统的方法可能已不再适用于这些情况。当目前的指导不充分时，设计师要充分判断情况进而制定出缜密且有逻辑性的方案。在复杂的环境条件下，设计师们不应拘泥于已有的设计规范，而应以增强安全性与运行性为目的进行创新性设计。

在城市环境中，高速公路匝道与立交桥十字路口之间的交叉口对于平衡所有使用者的运行和安全性具有极大的挑战性。交叉口作为道路使用者的主要冲突点，其对交通运行也有很大的影响。一旦发生交通运行故障，高速公路匝道交叉口往往会面临很高的交通风险。而影响其交通机动性的因素包括交通信号配时方案、车道数量和配置以及交通流需求。一些高速公路匝道交叉口设计可能会对其他使用者，如行人、骑自行车者和过路者产生不利影响。同时，一旦非机动车使用需求降低，那些有利于非机动车使用者的道路功能可能会令成本增加，也会让提议这些设计特点的交通运输机构陷入困境。由于要考虑的因素十分复杂，因此设计全新的互通式立交以实现为所有用户提供安全性与机动性这项工作面临巨大的挑战。

行人以及自行车委员会（PBC）的成员早就认识到，行人以及骑自行车者在互通式立交桥的安全问题是增大步行和自行车模式在交通网络中所占比重的最大障碍。为应对这些挑战，PBC 发起了一系列的互动研讨会，旨在讨论有关行人和骑行者的安全以及立交桥设计困难及机遇。随后，ITE 发布了一份题为《立交桥行人和自行车通行建议设计指南》（2014 版）的报告，总结了研讨会提出的建议。

9.3.3　环境

实现城市高速路运营以及安全性这一愿望往往必须在改进的社会、环境和经济成本中得到平衡。城市地区的土地价值可能会大幅提高且土地使用权获得的成本可能会更高，甚至会令人望而却步。交通专业人士面临的挑战是，在权衡各种因素并且灵活设计高速公路以及立交桥前提下运用工程学知识、分析工具以及现代手段进行设计。

9.3.4　时下高效的做法

1. 管理车道

许多交通运输机构使用"管理车道"来描述通过各种运营和设计措施来提高高速公路效率的策略和技术。尽管一些机构为满足其特殊需求和应用，对"管理车道"一词已进行了标准化定义，但这些定义通常具有一些共同的主题。

"管理车道"通常定义为高速公路设施或者高速公路设施中的车道，这些车道通常按照一种固定或者实时的战略模式运营，以实现地方性目标——与高速公路车道上常发生的拥堵情况相比，更有效地驱动交通流在车道中的移动。"管理车道"是"有效运输需求管理"（ATDM）的一个组成部分，本章后面将对 ATDM 这种新兴趋势进行介绍。有效管理利用各种手段的组合来改变运营变量，以应对不断变化的外界条件。这些手段包括设置车辆进入管理车道的资格、标价、可达性限制或这些内容的组合。

高占用率车辆（HOV）车道（又称为共乘车道或菱形车道）是一种普遍的管理设施形式。HOV 车道优先通行已被证明是最灵活且最具成本效益的替代方案之一。近年来，HOV 专用车道的概念已演变为其他的管理车道方案，包括出现了将 HOV 与定价策略结合在一起的设施，在车道容量允许的情况下，这种设施允许车辆不通过支付通行费获得通行权。交通运输机构使用各种各样的术语来描述这些系统，但最常见的是高占用率收费（HOT）车道、快速收费车道（ETL）和货车专用收费（TOT）车道。

HOT 车道的优点在于它通过将闲置容量出售给愿意购买车道通行权的驾驶人来提高 HOV 车道的利用率。随着设施交通需求以及未来车道容量的变化，HOV 车道的管理方法可能会随着时间的推移而变化。

在"价值定价"的车道和设施中，收费金额会随着交通需求增加而变化，这种车道目的是满足管理需求，以便这些车道或设施持续为其用户提供出行时间优势。更重视时间的用户会继续使用该设施（并为其支付更高的费用）。对于不重视时间的用户我们不提倡使用收费车道或收费设施，反之建议他们选择普通车道出行。通过有效管理，车道价值量会根据系统中当前的流量和可预期到的需求发生实时变化。车道通行费采用电子方式收取，以确保设施保持行车时间优势，并简化进入车道或设施的方式。

有效交通管理（ATM）涉及基于当前和预测的交通状况来管理经常性和非经常性的拥堵现象。重点关注行车时间的可靠性，ATM 致力于最大化地提高公路系统的有效性和效率。ATM 策略可以单独部署以满足特定的需求，也可以协同使用以实现更好的交通拥堵管理、出行者信息和安全改进。

2. 使用路肩作为行驶车道

长期以来，路肩一直被用作安全避难区使用，但路肩作为行车道的使用历史可追溯到 20 世纪 70 年代，当时它主要用于特殊用户，如公交车辆。使用"路肩车道"作为临时行车道这种做法已越来越普遍，因为它可以有效地利用公路路段来提高拥堵市区道路的通行能力。例如，各机构已将使用路肩作为一种低成本、效率高的策略，以改善公交运营和可靠性，而不必获得额外的通行权以及在基础设施上投入额外的大笔资金。这些运营策略通常取决于通用车道的拥堵情况，并且会对使用路肩的车辆进行限速。美国联邦公路管理局提交国会的报告（FHWA，2010b）对美国的经验进行了很好的概述。

使用路肩作为行车道的目的在于提高公路通行能力的有效利用率。

总的来说，在美国，对于临时使用路肩的经验是很丰富的，而且越来越多机构正在考虑用这种策略来解决其日益严重的拥堵现象。美国对路肩的使用用途可划分为以下所描述的几种方式：

（1）公交专用路肩

路肩公交（BOS）认为是专用路肩车道的特殊用途应用，通常被作为提高可靠性的一种手段来实施，以鼓励公众使用公交车辆。在明尼苏达州的明尼阿波利斯/圣保罗，BOS 的使用节省了出行时间，一方面对骑手非常有利，另一方面也增加了公交车乘客数量并为交通服务供应商带来了额外收入。有趣的是，骑手认为节省的时间是实际节省时间的两倍。除了节省时间外，即使在交通拥堵的时候，交通的可靠性也是非常高的。明尼苏达州有关 BOS 运行的安全记录显示，在 BOS 运营里程长达 466.7km 的这 19 年里仅发生过两起伤亡事故。

（2）转换路肩用作永久性车道

为了应对日益严重的交通拥堵，一些州设置了专用路肩车道，这些车道可与狭窄的车道宽度结合使用或者代替其使用。专用路肩车道可满足通用或 HOV 特定通行能力的需求。大多数 HOV 使用内部车道，而外部路肩通常用于通用交通，以保持与实施前存在相同数量的通用车道。

（3）临时使用路肩作为通用交通车道或管理车道

临时使用路肩是一种低成本的临时解决方案，其最终计划是进行成本高昂的项目拓宽或重建。也可以采用路肩使用策略的组合。收费动态路肩车道（PDSL）允许公交和车辆免费使用路肩，同时有通行费标签的客户可免费使用路肩。如图9.11（明尼苏达州35号州际公路上的一个示例）所示，正如标志架指示显示，此时左路肩可通车。当通用车道拥堵时，路肩会打开而且会降低通用车的通行速度。

如图9.12所示为华盛顿州US-2公路动态路肩车道的典型部分示意图。

图9.11 开放式收费的动态路肩车道

资料来源：http://www/ops/fhwa.dot.gov/public/fhwashop13018/ch3.htm网站，FHWA（2010b）再版。

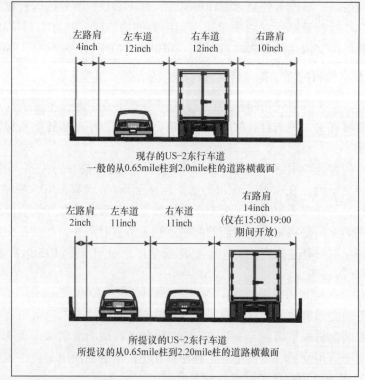

图9.12 华盛顿州US-2公路动态路肩车道的典型部分示意图

资料来源：华盛顿州交通部，FHWA（2010b）再版。

一般来说，当路肩车道打开时，通用车道上的车速会随之降低。然而，这些车道的出行时间也会被缩短50%。以US-2通道为例，改进以前其出行时间峰值高达15min，晚高峰时间（下午4:30—5:30）则平均为11min。而改进路肩宽度后，出行时间可缩短至7min以内，而晚高峰时则平均为5min。如图9.13所示为高峰期路肩运营前后的匝道速度变化。

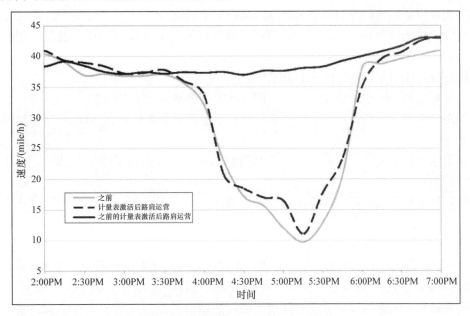

图9.13 高峰期路肩运营前后出行速度
资料来源：华盛顿州交通部，FHWA（2010b再版）。

（4）应急疏散路线

佛罗里达州和得克萨斯州已将某些高速公路路肩车道作为应急疏散路线使用，这些车道也已被列入大规模疏散人员的疏散路线规划文件经验表明，路肩车道可以提高运输安全性和效率，但各机构规划人员必须要综合考虑各种因素以确定是否需要建设路肩。本书推荐考虑以下几种因素：

- 道路横断面几何设计。
- 交通信号控制设施。
- 绩效指标。
- 安全效益。
- 养护措施。
- 运营条件。
- 应急事件响应。
- 指挥人员培训。
- 建造成本。
- 责任和义务问题。
- 公众宣传和教育。

修建路肩车道必须充分考虑它的安全效益。有迹象表明，辅助路肩车道的运用可以降低道路整体碰撞率，但路肩车道开始处以及其末尾处的碰撞比率却在增加。

因此在检测路肩运营环节时，应充分考虑到以下与路肩运营安全性相关的内容：

- 入口匝道冲突点。
- 供应急撤离路线。
- 潜在视距限制。

- 通用车道与路肩车道的速度差异。
- 减少桥梁间隙。
- 排水系统性能。

以下为路肩运营过程中的其他注意事项（FHWA，2010b，2011）：
- 路肩须能在事故发生时及时疏散道路瓶颈路段的交通压力。
- 完善应急事件响应协议、合理设置避难区、增加指挥人员的勤务巡逻以及将合理调度非路肩使用设施可有效缩短事故响应时间。
- 应定期检查与路肩车道相邻的应急避难区。
- 临时路肩可采用较窄的路肩车道。车道的具体宽度可酌情设置及调整。
- 应根据路段交通需求适当设置立交桥临时路肩车道的用途。如可将其视为"入口专用"，也可视为"出口专用"。
- 路肩车道需设置交通信号控制设施，并利用静态或动态标志指示路肩运营状态、车道状况、运营时间、紧急疏散区设置等。
- 若将路肩用于行车道，需对其结构进行重新设计。

9.3.5 建模与仿真

交通运行分析方法是评估各种城市道路优化方案优缺点的常见手段。其中，可用建模仿真方法评价各种方案中城市道路网的运营效率。以下内容为建模仿真过程须达到的目标：
- 改进决策过程：交通运行分析应对复杂运输问题做出适当的规划和工程决策，而后选择合适的实施方案。
- 评估多种变化场景以确定需要分析的内容：在城市地区不断发展过程中，其出行需求和土地利用模式变化均具有动态性。因此以运行分析方法评估未来可能发生的交通情况是十分必要的。
- 评价设计方案并确定其优先级：运用交通运行分析方法评估不同设计方案的优缺点时，需根据项目选择合适的评价指标，对各种设计方案的影响和效益进行比较。
- 为公众呈现优化方案：可采用交通分析工具对存在的交通问题、交通需求和优化方案进行可视化。

由于建模仿真分析会增加项目开发时间和研究成本，因此在确定项目规划范围时，应尽早确定交通分析的精度及是否需要建模仿真分析。而仿真和分析精度应综合被评价情况的复杂性以及潜在投资回报率确定。

进行运行评价分析时，首先需要定义当前的运行性能指标，根据系统运营性能确定优化方案的目的和目标，并以此为比较基础评估设计方案。通过定义优化目的及目标，选择适当的研究范围、分析方法、交通分析工具，整合项目资源来完成成本效益分析。

而后需要考虑以下几种因素确定分析范围（空间和时间两维度）：
- 研究区域范围（当相邻的交叉路口和交叉口距离很近时，该范围通常会远远超出项目的建设限制）。
- 现有设施和未来预期变化的拥堵程度（通常以小时计算）。
- 改善项目决策所需的精确度。
- 出行需求模式和土地利用场景的变化（评估优化方案的稳定性和灵活性）。

建立超出改进方案地域限制的分析区域需要平衡研究目标和研究资源，分析时应考虑区域的影响以及替代方案对地理和时间方面的影响。交通量是运行分析的主要输入，其有效性在很大程度上取决于输入数据的准确性，通常以平均每日交通量和设计小时交通量来表示。交通运行分析主要采用设计小时交通量计算服务交通流比率以及评价交通流状况。

考虑到交通拥堵状况可能会持续 1h 以上，因此仅使用一个设计小时流量指标难以准确评价交通流变化。对于达到或接近饱和交通流量的位置，应考虑多个时间段进行评价。高峰时段的运行状况可以表征路段处于或接近饱和交通流的时间长短，评估各个设计方案中交通拥堵发生的地点及时间范围，以及量化各种运行评价指标。但由于高峰时段内每个小时的平均速度和交通流量值存在差异，因此了解各设计方案中高峰时段交通需求的变化情况可能比评估其高峰时段 15min 内的交通流量更为重要。

对某些发展较快的地区而言，其出行需求预测量可能超出该地区设计年（20 年）的预测交通量。考虑到需求增长 5% 或 10% 可能会导致接近饱和或过饱和的运行状况，建议在各种出行需求预测量下评估各设计方案，这通常被称为敏感度分析。

依据未来交通需求量评估各种设计方案。

利用敏感性分析可以更好地了解交通系统在需求略有变化时的运行方式。换句话说，此过程类似于各设计人员对不同设计方案进行压力测试，并进一步评估各方案的优势和局限性。

对经常发生严重拥堵的城市地区而言，选择恰当的评价指标至关重要。一个好的评价指标应该能反映出现有问题和未来目标。此外，系统不同部分的评价指标应该是不同的（如，通用车道与管控车道）。除传统评价指标外（如服务水平），《公路通行能力手册》中详细论述了系统可靠性和其他性能评价指标。

性能评价指标应综合考虑项目目的和目标、系统的预期运行性能两方面内容进行选择。选取性能评价指标的目的是对投资和管理决策内容进行指导。目前已存在很多交通分析工具可被用于评估各种设计方案和交通管理策略的运行性能。但是这些工具使用的评价指标不尽相同，这便可能导致不同工具所给出的性能评价结果存在差异。另外，由于不同的交通分析工具使用的性能评价指标不同，因此难以判断交通运行特性是否可被接受。因此，重点应该放在如何应用这些工具及怎样解释不同工具的评价指标，从而使各种备选方案能够相互比较，并最终确定最合适的备选方案。

一般来说，某种运行特性是否可被接受是基于道路通行能力、服务水平的等级判断的，如果服务水平低于所选阈值，则认为备选方案存在不足。如果该项目的通行能力和服务水平等级从可接受变化为不可接受，则会严重影响系统运行性能。但如果实际运行性能的较大下降与和较小下降均令服务等级由可接受变为不可接受，且下降后的值同属一个等级范围，这时便难以准确解释不同变化引起的影响程度。而其他评价指标（如出行时间、出行可靠性、车辆行驶时间、平均运行速度、出行时间变化等）可能没有确定"不可接受"的水平，那么是否可以用它们判断备选方案运行特性是否可接受？因此建议采用多种指标评价运行情况不良的路段，以表征不同运行特性的持续时间、范围、强度和可靠性。

规划人员应当认识到每一种交通分析工具都有其局限性。《交通分析指南》第二卷详细介绍了如何选择合适的分析工具和分析方法。其中第二卷的第 1.3 节按照类别对各种交通分析工具进行了详细讨论。规划人员应充分了解每种工具的局限性再选择最合适的分析工具即方法优化方案。

9.3.6 标志标线的问题与挑战

《交通信号控制设施手册》阐述了高速公路上标志标线使用的相关要求和建议。然而各种标识具有不同的使用寿命。且对于交通走廊沿线（或同一交通走廊内），标识和标线面临的挑战是在各种几何条件、资金投入不同的路段呈现交通特征。而这种场景复杂性也增大了陌生驾驶人识别标识的挑战，因为不同立体交叉口的标识风格差异可能较大。

因此实现不同路段的标识一致性至关重要，而实现一致性的难题在于如何统筹协调不同路段的几何条件与合理应用标识标线两方面内容。这便要求规划人员掌握布局技术、图标图例和标识材料质量等内容。同一交通走廊内应用一致的车道分配箭头、图标图例、字体大小能减少驾驶人的识别负担。而标识材料质量，尤其是其使用年限和目前的性能，也可以采用走廊单位进行分配。

标志和标线需要去向驾驶人传达重要的引导信息。在项目早期应该对每个立体交叉口不同路段设计好合适的标识规约和标识类型。但若城市高速公路走廊上的标识间距有限，那么便难以精准确定每个标识的位置。在实施优化时，应尽量基于现有的标识结构和支撑技术进行改进以减少修建成本，但是如果原标识位置不合适或者原标识结构无法满足新的功能需求但难以被改进，那么应该重新设计该标识结构。标识设计的原则应为在尽可能不增加驾驶人对路段信息单元的理解难度情况下提供必要的路段信息指示。因此在立交项目的早期设计阶段，应充分考虑高速公路引导标志的复杂性，以清晰简单为标识设计准则，以让不熟悉路况的驾驶人也能理解设计目标。此外，标识需求会直接影响交叉口间距、匝道位置、辅助车道的设计以及交叉口布局等设计内容。

设计标识和标线时应保证每个重要引导标志具有合适的预览距离。在对高速路段和立交桥区域进行景观设计时，交通工程师应该与景观设计师共同设计植被，以最大限度地减少未来植被干扰驾驶人视线的可能性。

在斜坡和十字路口附近增加标识能够提高城市立交桥的整体安全性和运行效率，例如可以考虑在十字路口入口匝道设置高架车道和目的地标志，以及在十字路口和高速公路干线设置水平标记（路面标线）。

9.4 案例研究

9.4.1 创新型立交设计应用，明尼苏达州布卢明顿市

背景：I-494 号公路和 34 号大道南部交叉口处的互通立交桥位于明尼阿波利斯-圣保罗国际机场和布卢明顿市的边界。1985 年，随着明尼苏达河 I-494 号公路交叉口的改进，该立交桥也得到了完善。2003 年，为了更好地与海华沙轻轨系统（也称为蓝线）衔接，有关部门进一步对该互通立交桥进行了调整。

问题：该互通立交桥需要被改进的主要原因是其在高峰时期总会发生严重拥堵。2008 年，明尼苏达州交通部、布卢明顿市和城市机场委员会（Metropolitan Airports Commission，MAC）资助了一项研究对其进行改进。但该研究需要确定所研究区域的预计交通增长需求。

参与者：由城市机场委员会（MAC）负责，并联合布卢明顿市和明尼苏达州交通部共同完成。

方法：对各种备选方案进行评估，最终将菱形分流立交（Diverging Diamond Interchange，DDI）确定为首选方案。DDI 通过在匝道入口处通过信号控制设施使入口处的车流向左侧通行来提高菱形立交的通行效率，从而在不使用专用信号相位的前提下，也可实现进出高速公路匝道车辆的左右转弯。位于 34 号大道南和 I-494 号公路处的菱形分流立交于 2013 年 11 月投入运营。该项目是第一个包含轻轨线路的 DDI 项目，成本约为 750 万美元，其轻轨线路从该立交桥的中间穿过。如图 9.14 所示为 34 号大道中段 DDI 处轻轨铁路的鸟瞰图。

经验教训：通过减少交通信号相位的数量，DDI 配置大大减少了高速公路出口的车辆队列长度。基于 DDI，轻轨交通线路可以在 34 号大道的中间运行，并可在交叉路口"直走"。如图 9.15 所示，当轻轨列车通过立交桥时，火车图形的标志亮起，十字路口两个方向的车辆都将停止通行。即使在十字路口额外增加信号相位以便轻轨列车通行，DDI 仍然比传统的菱形运营公路具有更高的运行效率，并能减少车辆交通的延误。在此种方案中，行人设施位于 DDI 的外侧。

9.4.2 佐治亚州迪卡尔布县，为改善运营状况而应用集散车道

背景：对佐治亚州运输部而言，在亚特兰大城市和其他地方，沿着存在交织问题的高速公路路段，

图9.14　明尼苏达州布卢明顿市Ⅰ-494号公路和34号大道南部的互通立交

图9.15　明尼苏达州布卢明顿市DDI交叉路口的轻轨熄灭标志

战略性地建设集散车道是一个非常有成本效益的策略。佐治亚州交通部正在寻求合适的优化方案，以利用有限的财政资源达到更好的交通机动性。佐治亚州交通部已经意识到，一个现代化、互联互通并且多式联运的全州交通系统对佐治亚州的持续经济增长、繁荣和生活质量改善来说至关重要。

问题：在州际20号公路东部与州际285号公路（环绕亚特兰大的州际高速公路环路，在当地被称为"周长"）交界处附近，严重的交织问题是造成交通堵塞的主要原因。从Ⅰ-285号公路向东进入Ⅰ-20号公路的车辆与从卫斯理教堂路相邻交汇处向东驶出的车辆之间均存在明显的冲突。如图9.16所示为当时的车道配置，以及利用集散系统进行改进后的情况。

邀请邻近业主参与方案改进：该项目包括在Ⅰ-20号公路南侧安装隔音屏障，并邀请周边住户参与检测此创新型隔音屏障方案的效果，以减少对邻近业主的影响。

方案：该项目耗资3100万美元在原有的东行Ⅰ-20号公路车道旁修建了约1.9km的隔离带集散（Collector-Distributor，CD）车道，以缓解从Ⅰ-285号公路车道进入Ⅰ-20号公路并在卫斯理教堂路（Wesley Chapel Road）驶出的车辆的交织运动。它将CD车道交织的车流与Ⅰ-20号公路东行穿越车流分开，大大缓解了拥堵问题。从Ⅰ-285号公路进入的大量车辆先在CD车道上行驶，而后经过卫斯理教堂路并入Ⅰ-20号公路。在Ⅰ-20号公路南面现有的通行范围内，建造了三条由连续屏障分隔的CD车道，并在通往CD车道的滑坡道前方，在Ⅰ-20号公路上增加了一条辅助车道。此外，东行的Ⅰ-20号公路也增加了一条行车线，从卫斯理教堂以东延伸至下一个交汇处，在那里CD线与Ⅰ-20号公路汇合，形成双行车线。为提供更充足的斜坡储存容量，卫斯理教堂道东行的斜坡和帕诺拉道东行的出口斜坡部分已重新组合。通往Ⅰ-20号公路的Ⅰ-285号公路北行和南行的匝道也重新排列，以形成CD通道的起点。如图9.17所示为东行Ⅰ-20号公路的照片，照片拍摄于卫斯理教堂路立交桥。从此图中不难发现，

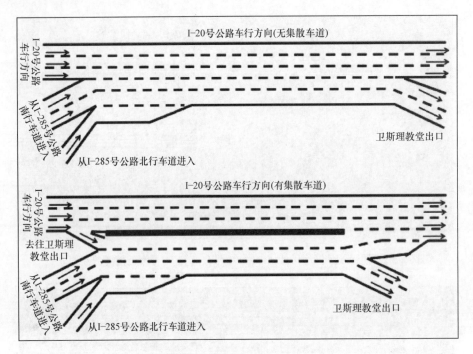

图 9.16 有集散车道之前和之后的车道配置

此车道上的车辆正逐渐靠近 CD 车道与干线 I-20 号公路的交叉口。

图 9.17 佐治亚州迪卡尔布县集散车道

经验教训：增加城市高速公路集散（CD）车道是佐治亚州交通部在几个地点成功实施的一项战略性改进方案，它有效利用了有限的财政资源来提高车道的机动性和安全性。迪卡尔布县向东行驶的 I-20 号公路上的 CD 车道证明这种相对低成本的车道也会大大改善交通运行效率。CD 车道于 2013 年 6 月开放，短短几个月就取得了巨大的"物超所值"的成功。该方案实施不久，当地通勤者便感觉到了明显的改善，各大媒体也相当关注佐治亚州交通部的项目。该方案在时间节约和机动性改善方面产生的效益远远超出了预期目标，例如在高峰时段，车辆沿 I-20 号公路东行的时间从 18.3min 减少到

6.2min，提高了195%。

9.4.3 城市菱形互通立交桥，伊利诺伊州50号公路与57号州际公路交汇处

背景：伊利诺伊州50号公路与57号州际公路交汇处位于坎卡基城市化地区的布拉德利村。该立交桥改建难度较大，一方面，它位于两条水平曲线之间，另一方面，立交桥西部须跨越铁路而东部则要经过一条城市街道。而该地区的交通需求主要源自于商业、工业和住宅用地的开发三方面。因此修建此立交桥应主要考虑铁路、客车、小汽车、自行车和步行等出行需求。该项目实施后，预计未来20年内，此立交桥的交通量将增加78%，而货车交通量则会增加30%。

问题：原立交为四象限苜蓿叶形A形立交，且此桥上的Ⅰ-57号公路横跨一条州际公路，二者之间的垂直距离仅为4.34m。由于该立交桥的外部桥梁曾多次被车辆撞击并导致立交桥结构性能下降，因此需要对此桥梁进行修理加固。该立交桥发生碰撞事故的原因主要为以下两点：第一，位于立交桥西部及中央铁路上方的57号州际公路结构宽度收缩，导致匝道锥度和匝道终端的加减速长度不足；第二，匝道加减速长度和环形匝道半径不符合伊利诺伊州交通部制定的新型设计标准。

参与者：该项目由伊利诺伊州交通部与当地（布拉德利村）村委会官员合作完成，从而为骑自行车的人提供更好的服务。最初，该项目准备在伊利诺伊州50号公路外修建4.3m宽的车道，但在与当地村委会官员商议后，决定改为修建一条3m宽的共享车道，以便更好地为行人和骑自行车的人服务，并为沿线区域提供便利的交通。此外，伊利诺伊州交通部还参与了Ⅰ-57号公路大桥的建设。经两部门人员协商之后，最终决定抬高Ⅰ-57号公路路基，以提供7m的最小垂直净空。

方法：此项目包括取消现有的苜蓿叶形立交桥并设置四个新匝道，将原立交改建为菱形互通立交，并拓宽现有的四车道公路。重新配置互通立交匝道、伊利诺伊州50号公路向每个方向拓宽至3条车道、在Ⅰ-57号公路上修建标准出口匝道终端、增加加减速路段长度以及取消现有的两个环路合流区。实践证明上述措施显著地提高了互通立交的整体安全性，并满足了该地区当前和未来的交通需求。

经验教训：对现有的流量大且周围建筑环境复杂的城市立交桥进行重建或者改善时，菱形立交桥往往是一种可行且经济有效的替代方案。如图9.18所示为此项目可选择的立交配置替代类型。综合考虑最低成本、运行状况改善效益以及驾驶人对各种立交类型的熟悉程度等因素，最终该项目选取传统菱形立交替代类型。

立交类型	建造成本/美元	运营修护成本/美元	总成本/美元	服务水平 匝道/快速路交叉路口	
				出口	入口
传统菱形立交	22100000	900000***	23000000	C/C	C/C
-非标准式苜蓿叶形	23320511	150000**	23470511	C/C	D/D，C/C
-紧凑形市区菱形立交	23140000	26000	23166000	C/C	C/C
单点型市区菱形立交	25993000	0	25993000	C/C	C/C
-标准式苜蓿叶形	26103000*	15000000	41103000	C/C	D/D，C/C

* 估算成本（该立交类型未进行完整的成本估算）。
** 该项成本假定每平方英尺10美元。
*** 该成本假定每平方英尺6美元。
所有成本都包括20%的意外开支和12%的施工工程成本。

图9.18 项目立交类型评估摘要
资料来源：该信息由伊利诺伊州交通部提供。

9.4.4 主动交通管理技术，5号州际公路，华盛顿州西雅图

背景：主动交通管理系统（Active Traffic Management，ATM）源自于欧洲地区（FHWA，2010a），近年来也逐渐被应用于美国城市的道路交通中。ATM是一种基于当前交通状况，使用一种或多种实时预测方法，动态管理、调控交通需求与道路通行能力的方法。合理利用ATM可以最大限度地提高道路交通设施的运行效益和效率，保证安全性、运行可靠性和车辆吞吐量。

问题：在美国，西雅图最早采用ATM系统，并将其应用在位于市中心处的5号州际公路11.2km路段。如图9.19所示为此路段示意图。选择此路段的原因在于，此处每年交通事故频发，且相当一部分事故与交通拥堵有关（296/436）（FHWA，2014a）。因此当地交通部期望通过ATM系统提醒驾驶人前方车速过慢和车道堵塞，以缓解此路段交通拥堵程度并降低此处交通事故的发生量。

参与者：该项目主要由华盛顿州交通部（Washington State Department of Transportation，WSDOT）负责（WSDOT，2007），FHWA、华盛顿州巡逻队、PSRC、其他地方机构的代表协助完成。项目目的为确定每个路段最适合应用的ATM策略。项目开发初期，基于交通系统运行开发的理念，WSDOT与华盛顿州巡逻队联合确定了ATM系统的监管内容。ATM系统启动前期，该项目参与者会当地媒体机构向公众人员普及该系统的运用场景和监管机理。

方法：该ATM系统由15个新型电子标志桥组成（图9.20），并通过长达11km的光纤电缆连接97个电子标志（FHWA，2014a）。各标志桥间隔800m设置，并配备以下设备：

- 可变限速标志（指示驾驶人逐步降低速度）。
- 更换车道标志（当车道被阻塞时，指示驾驶人更换车道）。
- 路况信息提示标志（提醒驾驶人前方可能发生减速、拥堵和碰撞）。

经验教训：在此路段应用ATM系统后，驾驶人、维修人员、警察和其他应急响应人员对该系统的效益反馈均非常好。该项目性能评测结果表明ATM系统能有效改善道路运行状况。此项目实施后的三年时间里，I-5号公路路段交通事故发生率下降了4.1%（WSDOT，2014），而金县其他高速公路上交通事故发生率则上涨2.4%~4.4%。除了安全效益显著外，I-5号公路上的ATM系统被证明可以提高恶劣天气下的应急响应效率。

图9.19 华盛顿州西雅图的5号州际公路主动交通管理系统

9.4.5 互通式立交桥，I-70号州际公路与佩科斯街交汇处，科罗拉多州丹佛市

背景：I-70号州际公路位于科罗拉多州丹佛市北侧，它承载着丹佛市区大量的旅客运输和货物运输任务。I-70号州际公路北侧的Pecos路佩科斯平均日交通量可达10000pcu/d，南侧可达19000pcu/d，

第9章 城市道路和立交桥的规划、设计与运营

图9.20 5号州际公路动态交通管理电子标志桥

匝道处则为4000~9000pcu/d，并且该路段承担着全市5%~10%的货运量。

问题：如图9.21所示（来自谷歌地图）为该地区原有I-70号州际公路立交桥以及改建此立交面临的问题：

- 北部六个路段按照六相位信号灯运行。
- 通行能力与几何结构（线性、存储长度）不足以满足当前和未来的交通需求。
- 工业用地与住宅用地的分界线。
- 与I-25号公路的距离间隔过小（不到1mile）。
- 行人流量大且连续性强（包括学生）。
- 各方向道路通行权限制。
- 不能干扰机械结构稳定的土墙（MSE）。
- 施工期间某些人行通道与路段必须保证正常运行。
- 设计和施工必须在30个月内完成。

参与者：在当地社区委员会的协助下，该项目的项目组团队会定期维护项目网站、更新项目内容以及在附近的学校、居民和业主中进行宣传。为方便不同居民阅读项目方案，该团队编制了英文和西班牙文两种语言的项目说明书。此外，为保证施工期间居民出行，项目组设定每次道路封锁时长为50h（每次施工期间封锁道路时间不超过50h）

方法：项目开发初期，项目组团队初步制定出以下几种改善方案：

图9.21 原立交桥位于I-70号州际公路及佩科斯街

- 重建现有桥梁以提供两条向南左转的车道。
- 在桥上增加车道。
- 调整北十字路口的位置（七种方案）。
- 完全重建该立交。
- 采用单点城市立交。
- 采用分叉式菱形立交。
- 用立体交叉口代替平面交叉口。
- 现代环形交叉口：两个多车道环形交叉口。

项目组对所有方案进行评估后，最终选择了环形交叉口设计方案。此项目的特点在于采用了施工总承包管理策略（CMGG）、开展了价值工程研究以及施工周期短。该项目最终将施工内容确定为修建一个六相环岛和四相环岛，如图 9.22 所示。由于该项目会在此立交的三个角修建 15 个停车位，故而它对当地道路通行能力的影响不会很大。另外，此项目还将建造一个人行天桥，以便各方向的行人都可以通过此交叉口的三个环道。另外，在此立交北部 48 号大道上的一个杂货店入口处增设了一条行人过街通道。当地交通局基于行人流量情况，对巴士站点位置也做了适当调整。该项目还在 I–70 号州际公路东向出口匝道上设置了行人混合信号灯（图 9.23），在其西向入口匝道上安装了闪光信号灯。

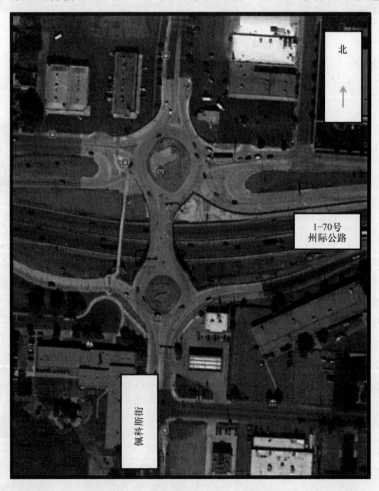

图 9.22　改进后的环形立交

经验教训：应用新型设计理念和施工技术并不断协调各种因素，可以减小项目施工对出行用户的影响，以及缩短施工时间。

项目团队：科罗拉多州交通部、联邦公路管理局、科罗拉多州丹佛市和县威尔逊公司（设计）及基威特公司（承包商）。

图 9.23　改进成混合信号灯的人行横道

9.4.6　对各种设计方案进行仿真建模

背景：I-93 号与 I-95 号州际公路交汇处交叉口的交通需求主要源自于 I-93 号与 I-95 号两条州际公路、周边商业区域和居民住宅区三个层面。由于这两条州际公路承担着波士顿市区大量区域和地方交通出行需求，因此该交叉口的交通流量非常大。2004 年该交叉口的日交通量超过 37.7 万辆，高于马萨诸塞州其他所有交叉口。由于邻近城镇的土地开发，未来此交叉口的交通量还会大幅度增长。

问题：该立交桥建于 20 世纪 70 年代初，其匝道曲率半径、交织段长度、加减速车道长度等尺寸均小于现在的标准设计值，因此会造成交通拥堵以及影响道路行车安全。并且随着交通量的不断增加，车辆合流和分流难度也会进一步加大。如图 9.24 所示为现有立体交叉口示意图。

图 9.24　I-93 号州际公路和 I-95 号州际公路的四叶苜蓿形的立体交叉公路

参与者：2001 年，马萨诸塞州交通部（MassDOT）提出了一项改善该立交安全性和运营效率的方案，但由于建设成本非常高，且未得到很多市民支持，该研究未得以实施。经与项目咨询顾问商议后，MassDOT 遵循开放、全面和包容理念，于 2002 年成立 I-93 号与 I-95 号州际公路交叉口项目攻关小组，并邀请社区成员为在整个项目设计实施过程提供相关意见。项目攻关小组的成员包括当地社区成员、地方民选官员、州议员、州和联邦机构以及对此项目感兴趣的相关组织。除了成立项目攻坚小组外，MassDOT 在拟定重大决策方案时会举行民众会议，以充分考虑公众意见进一步改善决策方案。

方法：马萨诸塞州交通部与项目攻关小组密切合作，以制定项目目标、目的和评估标准以及确定要解决的问题，从而共同完成对此立体交叉口的改进工作。项目规划初期，双方合作制定了短期和长期两种替代方案，然后根据以下四个标准初步筛选各种方案：交通拥堵缓解程度、安全性改善的效益、车辆通行费用高低、通行能力大小。然后详细分析其余备选方案的优劣势，并制定出最终的建设方案。

为评估道路交通运行特性，该项目使用 CORSIM 软件通过标定模型中每辆车的驾驶人行为对道路交通流进行仿真建模。模型中的路网包括主立交桥各方向车道，立交桥附近的交叉口、街道和公路以及与立交桥相邻的信号控制交叉口。另外，模型中也加入了实时的车道配置、交叉口信号配时、车流速度和道路交通量数据，以标定仿真模型，从而使仿真模型的交通流量和速度的输出与该时刻实际道路情况相一致。完成标定后，运行仿真，输出交通流评价数据（如行驶时间、车流密度、进出车辆数、车道行车速度等），并生成相关的仿真动画。

与《公路通行能力手册》中的传统交通运行分析方法相比，交通流仿真分析更便捷且可以更为准确地评估各种备选方案的性能，如在设计集散车道交织区时，利用仿真模型可在充分考虑路权、周边建筑环境资源限制的同时保证该路段道路交通运行状况。另外，利用仿真模型还可以判断立交桥交通流量变化对附近交通干道运行状况的影响。

经验教训：为保证项目效益，进行仿真分析时应充分考虑以下内容：

- 准确标定模型参数：需根据分析时刻真实的道路交通情况标定模型，保证模型分析结果的可靠性。
- 减少占地面积：所设计的项目方案需在解决交通安全问题的同时保证尽可能减少占用住宅、商业用地。
- 能够解决复杂路段设计问题：仿真建模需能够解决复杂路段设计问题，如集散车道交织段设计。
- 仿真模型可有效评估各备选方案的效益：如可以使用各方案的预期节省时间、换道次数、相邻车道的速度差（可影响碰撞发生率）以及立交桥的设计道路通行能力等指标评估各方案的效益。
- 仿真动画可读性高：仿真分析输出的动画可以向 ITF 和公众直观呈现该项目方案可以带来的道路交通运行改善效益。

该项目的设计目的是解决目前存在的安全性和道路运行特性问题。项目内容包括连通西北方向和东南方向的环路匝道，消除相邻立交之间的冲突点，在立交桥北部增加一条单行车道，保证该立交桥的道路通行能力。如图 9.25 所示为改进后的 I-93 号与 I-95 号州际公路立交示意图。

图 9.25　对用于改进 I-93 号与 I-95 号州际公路立交的备选方案 HS-OS 实物展现

9.4.7 佛罗里达州南部 I-95 号州际公路快速车道建模方法

背景：为了满足佛罗里达州南部 I-95 号州际公路当时和未来的交通需求，佛罗里达州交通部（FDOT）第四区一直以来致力于快速路建设。2010 年，在 836 号州际公路北部与迈阿密戴德县的 Golden Glades 交汇处完成了一期"95 号快速路"建设，而二期建设（2014 年仍在建设中）则将此快速路从 Golden Glades 交汇处延伸至布劳沃德县的布劳沃德大道。当时 FDOT 第四区计划于 2018 年开始三期建设，将此快速路从 Broward 县的 Stirling 路延伸至 Palm Beach 县的 Linton Boulevard，该路段总长 40km。在国家和州层面，通过建设快速路提高道路通行能力目前已成为美国诸多州、城市改善当地道路交通情况的首选策略。在高峰时段，用户可以通过缴纳通行费驶入快速路从而减少行驶时间。而对于非高峰时段（快速路的需求较少），快速路通行费率则会降低。95 号快速路每隔 15min 动态调整通行费率，从而动态管理交通需求并保证该车道在大多数时段内（90% 运营时段）的行驶速度能够保持 72km/h 或更高。如图 9.26 所示为 I-95 号州际公路上处于运行状态的快速车道示意图。

图 9.26 I-95 号州际公路在南佛罗里达州拥有 95 条快速路

问题：95 号州际公路快速路的三期建设路段发生拥堵原因主要有以下三点：道路交通流量非常高（日通行量可达 300000 pcu/d）、交叉口间距过小、公路线形设计不合理。当时此路段的各方向上均设有一条 HOV 车道，但由于其相邻通用车道的行驶速度较低，因而这些 HOV 车道经常发生交通拥堵。在项目评估阶段，可以使用微观仿真技术检测各种改善方案的效益。由于传统方法在评估交通需求时无法考虑驾驶人的车道选择行为，故而其估算结果的可靠性不高，因此需要在微观仿真模型中动态分配交通量，以正确评估快速车道的交通需求和相关的道路运行情况。

参与者：本项目由公路设计顾问公司（CDC）协助 FDOT 进行技术分析，完善初步的概念设计以及撰写项目设计-建造提案书。此外，FDOT 与佛罗里达收费公路企业（FTE）合作，根据路段交通流量、道路通行费用税收、快速路的动态收费机制开发了一个微观交通仿真模型，并将预期的道路运行状况记录在交通运行分析报告（CTAR）中。FDOT 负责指导和管理 CDC 团队的生产工作；FDOT 中心办公室和 FHWA 的工作人为制定和应用适当的分析软件以及审查结果和技术支撑文档提供政策指导和决策建议。

方法：该项目使用 Vissim 进行仿真分析，并使用专用管理车道设施（MLF）功能执行交通量的动态分配。模型仿真范围为自 Broward 县的 Hallandale 海滩大道至 Palm Beach 县的 Linton Boulevard 路的 I-95 号州际公路沿线路段，这其中共包含 56km 的高速公路干线、I-595 立体交叉口、23 个服务立体交叉口和46个平面交叉口。项目难点在于应用Vissim中MLF功能动态分配交通量以及开发定价和决策模型。基于快速路中的车流密度指标，根据允许范围内的密度变化编写动态收费算法，进而对通行费率进行动态调整。

　　Vissim中MLF决策模型根据节省的行驶时间、收费金额和时间价值来评估快速通道的使用概率。该决策模型使用收费选择系数来评估行程长度、感知安全性、可靠性和其他因素（与节省时间无关）对快速路交通量的影响，根据在Ⅰ-95号州际公路上收集的陈述和显示性偏好研究信息内容选择时间价值参数取值。而通过研究Ⅰ-95号州际公路路段上的驾驶人驾驶行为，分析可靠性参数取值及其对决策模型参数的影响。

　　该模型根据现在的道路状况标定模型，并对标定后的模型进行了修正，以反映2040年备选方案实施前后的道路运行情况。利用模型效度指标（MOE）对比分析预测的早晚高峰时段在该方案实施前后的道路运行特性。项目过程中项目团队还利用该模型对快速路进出口匝道的位置进行评估，并提出相应的改进措施，以提高运行效率。实施该项目方案后，预计在早晚高峰时段，Ⅰ-95号州际公路南行与北行方向的整体交通量都将增加6%~10%。此外，Ⅰ-95号州际公路的运行速度也将有所提高，交通延误也会有所降低。如图9.27所示为该方案实施后2040年晚高峰时段北行方向行驶速度的变化。

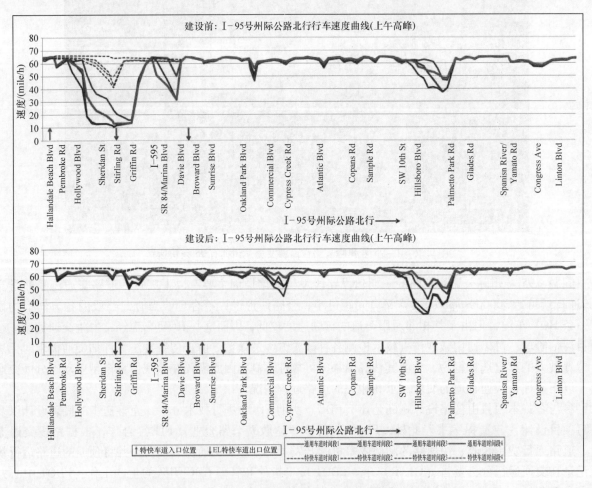

图9.27　特快车道建设和不建设选择的行驶速度曲线

　　经验教训：实践证明，此快速路收费仿真模型可以改善道路交通运行状况。然而，此收费模型存在一定的不足，因此运用此模型时应注意考虑以下内容：

- 恰当运用收费算法：本项目取得较好成果得益于项目团队与收费公路企业人员的通力合作。其中收费公路企业人员对如何应用收费算法和选取决策模型参数进行了指导。
- 合理制定收费政策：保证快速路通行费用与其对应时刻的道路运行状况相一致。
- 充分理解决策模型参数对驾驶人选择行为的影响：本项目根据所收集的 95 号州际公路上陈述和显示性偏好调查中的时间和可靠性价值，来分析决策模型参数对出行选择的影响。
- 共享软件与数据信息：由于该微观仿真模型的构建需要多个团队协作努力，因而保证所有项目人员之间共享软件和数据信息，将有助于保持研究一致性并提高结果准确性。
- 考虑需求约束：决策模型不仅应包含动态车道选择分配，还应限制交通需求输入量，可考虑使用需求约束（例如，在中观动态流量分配模型中使用的约束）来处交通需求量过大的情况。

9.5 新兴趋势

主动运输需求管理（ATDM）是指运用动态策略对出行需求、交通需求和交通流进行调节、控制，以保证道路交通的有效运行。ATDM 利用一系列工具和方法管理交通运行，并在用户的整个出行链中实时影响出行者的行为。应用 ATDM 的目的在于实现区域的道路交通运营目标，例如降低事故发生率，提高安全性，促进可持续交通方式的发展，减少汽车尾气排放以及最大限度地发挥运输效率。

应用 ATDM 可使相关部门规划人员充分利用现有道路的通行能力、运输设施，创建更有效的运输系统并延长现有运输设施的使用寿命。主动管理理念可被应用于交通系统的各个组成部分（例如对高速公路设施实施动态定价以减少交通拥堵）。但如果将这种理念集成在运输系统的某些设施中，将会大大提高交通管理效率，例如，相关部门人员可以应用匝道自适应控制器来提高高速公路的交通量。但是，如果忽略匝道控制器对相邻主干道的影响，或者没有采取动态调控措施来全面管理交通需求，则将无法发挥匝道控制器系统的某些性能。

ATDM 包括跨越式交通管理、需求管理、泊车管理以及有效利用其他运输方式等多种管理方式。以下为城市不间断设施的主动交通管理（ATM）中应用 ATDM 理念的示例：
- 匝道自适应控制器：该策略包括在高速公路入口匝道上设置交通信号控制设施，以动态控制驶入高速公路车辆的速度。匝道仪控系统通过阻止大量的车流同时涌入高速公路，以有效管理进入高速公路的交通流。通过严格控制进入高速公路的车辆的车头时距，可有助于促使车辆合流而减少交通拥堵发生率，进而缩短车辆在高速公路上的行驶时间。此外，匝道仪控系统通过减少同时驶入高速公路的车辆数目，可以减少事故发生率进而提高安全性。自适应匝道仪控系统利用交通响应或自适应算法（与预定时间或固定时间相反），基于高速公路上的实时或预期交通量来控制进入高速公路车辆的行驶速度。此外，该设施还可以利用先进的计量技术，例如动态瓶颈识别、交通事件自动检测以及与相邻主干道交通信号灯协调配合以保证高速公路运行效率。
- 动态交叉口控制：此方法适用于交通量大、主干道和匝道的相对交通需求经常变化的交叉口，该系统通过在上述交叉口处的主干道和匝道上动态分配车道以调控交通运行状况。对于匝道外侧位置，其调控策略包括在入口专用、出口专用、出入均可用三种车道下动态分配车道。对于匝道处，此设施将通过在流量较大的入口匝道上游的主干道上动态减少车道，或延长路肩车道将其作为双车道入口匝道的加速车道。
- 动态换向车道：换向车道系统适用于早晚高峰时段存在大量的定向需求的路段。换向车道可以动态分配各方向道路通行能力，以更好地满足全天的交通需求。
- 动态车道使用控制：此方法包括根据需求动态关闭或打开各个行车道，并提前（通常通过动态行车道控制标志）发出警告，以保证交通流安全合并。在 ATDM 方法中，随着实时监控道路网络运行情况，根据实时发生的交通事件和拥堵数据控制车道启闭，并动态管理车道启闭位置以减少后方交通拥堵和其他交通事故的产生。

- **动态限速**：此策略根据实时交通状况、道路情况和天气情况来调整限速。动态限速可以是强制执行（调节性）限速，也可以是建议车速，并且可应用于整个道路或单个车道。实行 ATDM 方法时，可用实时和预期的交通状况动态调整限速，以达到交通部门的安全性、机动性和减少对环境影响的目标。

- **拥堵警告**：此策略主要通过沿道路实时显示警告消息（通常采用闪光信号指示灯），以警告驾驶人前方发生拥堵或提醒其减速，从而避免发生追尾事故，同时也提高行车安全性。对于集成了 ATDM 理念的拥堵警告系统，由于该设施可以连续长距离监控道路交通状况，因此警告消息将根据车流的位置和拥堵严重性以及减速情况而动态变化。

读者可以浏览 FHWA 网站查找这些方案的具体示例。以下为城市不间断设施的主动需求管理（ADM）类别中的 ATDM 应用示例：

- **动态管理车道**：动态管理的内容包括根据 HOV 车道和通用车道上的实时或预期交通状况来更改 HOV 车道的通行权。另外，可以动态调整乘员人数（例如，从 2 名乘员调整到 3 名乘员）以及实行免费政策（例如，将 HOV 车道改为公交专用道）。

- **动态定价**：此策略会根据交通拥挤程度的变化而动态调整收费，而不是依据固定时间表调整价格。运用 ATDM 理念时，可基于实时和预期的道路交通运行状况来调整通行费率，以实现相关部门的目标。

参 考 文 献

American Association of State Highway and Transportation Officials (AASHTO). (2010). *Roadside design guide*. Washington, DC: AASHTO.

———. (2011). *A policy on geometric design of highways and streets*. Washington, DC: AASHTO.

———. (2014). *Guide for geometric design of transit facilities on highways and streets*. Washington, DC: AASHTO.

Federal Highway Administration (FHWA). (2010a). *Synthesis of active traffic management experiences in Europe and the United States*. Washington, DC: FHWA.

———. (2010b). *Efficient use of highway capacity: Summary, report to Congress*. Washington, DC: FHWA.

———. (2011). *Evaluation of operational and safety characteristics of shoulders used for part-time travel lanes*. Washington, DC: FHWA.

———. (2012). *Highway statistics*. Retrieved from www.fhwa.dot.gov/policyinformation/statistics/2012/.

———. (2014a). *Active transportation and demand management (ATDM)—Seattle ATM overview*. Washington, DC: FHWA.

———. (2014b). *Diverging diamond interchange informational guide*. Washington, DC: FHWA. Retrieved from http://safety.fhwa.dot.gov/intersection/alter_design/pdf/fhwasa14067_ddi_infoguide.pdf.

———. (2014c). *Handbook for designing roadways for the aging population*. Washington, DC: FHWA. Retrieved from http://safety.fhwa.dot.gov/older_users/handbook/aging_driver_handbook_2014_final%20.pdf.

FHWA Operations. (n.d.a). *Active demand management. Approaches: Active transportation and demand management*. Retrieved from http://ops.fhwa.dot.gov/atdm/approaches/adm.htm.

———. (n.d.b). *Active traffic management. Approaches: Active transportation and demand management*. Retrieved from http://ops.fhwa.dot.gov/atdm/approaches/atm.htm.

Institute of Transportation Engineers (ITE). (1993). *Traffic safety toolbox: A primer on traffic safety*. Washington, DC: ITE.

———. (2005). *Freeway and interchange geometric design handbook*. Washington, DC: ITE.

———. (2014). *Recommended design guidelines to accommodate pedestrians and bicycles at interchanges*. Washington, DC: ITE.

Transportation Research Board (TRB). (2010). *Highway capacity manual*. Washington, DC: National Research Council.

Washington State Department of Transportation (WSDOT). (2007). *Active traffic management feasibility study*. Olympia, WA: WSDOT.

———. (2014). *2014 corridor capacity report*. Olympia, WA: WSDOT. Retrieved from http://wsdot.wa.gov/publications/fulltext/graynotebook/CCR14.pdf.

Zegeer, C. V., Deen, R. C., Council, F., and Neuman, T. R. (1981). Effect of lane and shoulder width on accident reduction on rural, two-lane roads. *Transportation Research Record, 806*.

第 10 章 交叉口间断交通流的设计与控制

原著：Anurag Pande 博士和 Brian Wolshon 博士
译者：雷利利 副教授、博士；周海超 副教授、博士

10.1 基本原则

与高速公路、城市快速路和农村道路上的交通相比，城市主干道和次干道上的交通需加以管理，以避免与其他车辆、行人、自行车、铁路和过境交通的交叉、合并和分流，从而产生冲突。特别是在十字交叉路口、匝道口和环形交叉路口，车辆和行人会周期性地停车、减速，或者受到交通信号、停车标志和其他形式的交通管控措施的限制。广义上，这种类型的受控交通流被称为间断流。

在连续流情况下，交通流的流量和相关参数主要由车辆之间、车辆与道路环境要素之间的相互作用决定（见第 7~9 章）。在间断流街道上，交叉口作为边界点来定义道路段的长度。根据《公路通行能力手册》（*Highway Capacity Manual*，HCM）（TRB，2010），一段路线及其边界交叉口构成一个路段，道路设施定义为"由相邻的路段组成的道路范围"。间断流的城市道路设施在功能上划分为城市干道和城市辅道（TRB，2010）。在这类设施中，车与车以及车与路不间断交互的某些概念仍然适用，但通过外部控制设备（如停车标志、让路标志或交通信号）和/或环形路等几何设计来管理交叉口相互冲突的车流和行人流至关重要。本手册的功能性内容部分（第 10~14 章）提供了间断流的详细信息，其中包含了平面交叉口中多股交通流之间的相互作用。

由于交通控制是交叉口的关键组成部分，因此根据第 3 章讨论的与人为因素相关的概念，为所有用户提供一致连续的交通控制十分重要。指导交叉口设计和控制的关键资源包括 AASHTO《绿皮书》（AASHTO，2011）、《统一交通控制设施手册》（*Manual on Uniform Traffic Control Devices*，MUTCD）（FHWA，2009）、《公路通行能力手册》（TRB，2010）、《交通信号配时手册》（Koonce 等，2008）以及《交通控制设施手册》（Seyfried，2013）等。虽然本章在交叉口的背景下定义了间断流的一些基本概念，但希望读者不要将交叉口视为孤体，而应将其作为整个道路或路网的组成部分来看待和分析。经验是实践工程师获得更广阔视角的最好途径。然而，在多模式街道背景下，本章关于基本原理应用的案例研究具有同样的作用。读者也可以阅读本手册的第 11 章，以获得更为详细和综合的参考。

多模式交叉口基本原理

交叉口是两个或多个道路水平方向交叉或连接的位置。从交通运行和安全的角度来看，交叉口是关键位置，因为其可以控制上游和下游的交通流量。作为各个方向交通流的汇集点，交叉口区域存在着大量潜在的冲突点。因此，交叉口处通常比路网中其他交通设施具有更高的交通事故发生率（参见第 4 章，了解更多关于安全研究的细节和相关定义，包括事故发生率）。道路在同一水平面内进行交叉形成的区域，称为平面交叉口。当道路在垂直方向的不同高度层相交时，称为立体交叉口。通常，将带有互通匝道的立体交叉路口称为互通式交叉口。本手册在不间断流道路条件下对这些立体交叉口进行了讨论（见第 8 章和第 9 章）。其他交叉口包括不同交通方式相汇形成的交叉口，如高速公路和铁路交叉口、行人设施和自行车道的交叉口。无论何种类型的交叉口，每个都需要仔细考虑各种几何特征、用户类型和交通信号控制设备，以便进行安全有效的设计和操作。

1. 交叉口区域

根据 MUTCD（FHWA，2009），交叉口定义如下：

1）侧向路缘线延伸或连接时所包围的区域，或者两条道路的侧向边界线以直角或近似直角相互连接的区域，或者车辆在其上行驶时可能发生冲突的不同道路，以任意角度连接形成的区域。

2）小巷及车道与行车道及公路的连接处不构成交叉口，除非该交叉口处的行车道或公路由交通信号控制装置控制。

3）如果一条公路包括两条相距 30ft 或以上的道路（见中央分隔带定义），则该公路每条道路的每一个交叉口都应作为一个单独的交叉口。

4）如果两条相交的公路都包含两条间隔 30ft 或以上的道路，则该两条公路的每一个交叉点都应作为一个单独的交叉口。

5）不论上述 3）及 4）中所界定的不同路口之间的距离如何，在交通信号控制的地点：

① 交叉路口之间的道路未设置停车线、让行线、人行横道时，则两个交叉路口及其之间的道路视为一个交叉口。

② 在交叉口进路上设置了停车线、让行线、人行横道时，人行横道内和指定停车线、让行线以外的区域视为交叉口的一部分。

③ 在交叉口出路路面上设置人行横道时，交叉口应当包括该人行横道远侧的区域。

交叉口区域包括物理区域和功能区域。交叉口的物理面积，定义为交叉道路重叠的面积，如图 10.1 所示。交叉口的功能区域在交叉口边界前后各延伸了一段距离，如图 10.1 所示。

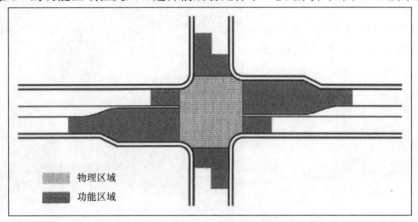

图 10.1 交叉口物理和功能区域（TRB，2003）

本章从多个角度强调了平面交叉口设计、运营和控制的关键原则。此外，本章还包括最新的分析技术，用以评估现有和预期的交叉口运行条件，并强调新的做法以用于提高交叉口运行的总体安全性和效率。

2. 功能设计和安全考虑

为了保持交通畅通，交叉口设计上尽量减少几何特征和控制障碍。同时，为了保持较高的安全性，交叉口的设计和控制应消除或最大限度地减少车辆、行人和自行车交通流的冲突交叉、合并及分流。理想情况下，上述要求可通过多方协调来实现，协调过程涉及交通和土地使用规划、设施的设计和控制以及驾驶人教育和交通执法工作等方面。众多参考文献都提出了在设计交叉口时应该考虑的目标、原则和指导方针。一般来说，这些资料统一认为在设计过程中应考虑五个主要方面，包括：

1）人为因素，如驾驶人和行人的习惯、反应时间和期望。

2）道路使用者，包括交叉路口所有使用者的数量和特征。

3）物理要素，如交叉口附近的地形及发展情况、道路交叉口的角度、其他形式的设施以及各种环境因素等。

4）经济因素，包括建筑成本，对邻近的住宅和商业地产的影响，以及能源消耗。

5）交叉口功能区，包括从交叉口向上下游延伸的受其内部各种操作影响的进出入口区域。

大多数设计资料还认为，交叉口的设计应该尝试对冲突进行管理，以保证安全、有效地通过交叉口以及改变交通方向，同时减少碰撞的可能性。这可以通过以下方式实现：

1）尽量减少冲突点的数量。

2）简化冲突区域。

3）降低冲突的频率。

4）限制冲突的严重程度。

除了解决传统交叉路口的这些冲突外，现代环岛是减少交通冲突数量和严重程度的设计方法之一。环岛不同于交通环，其有以下独特特点，如 NCHRP 环岛信息指南（Rodegerdts 等，2010）第二版所述：

1）所有进岛车辆入口处需让行。

2）进口处采用分隔岛进行渠化。

3）水平曲率用于保持较低的入口、循环和出口速度

这些环岛元素可以在图 10.2 中的示例中观察到。Rodegerdts 等（2010）详细讨论了现代环岛与其他类型的环形交叉口（包括转盘、信号环形交叉口和社区环形交叉口）的区别。

许多行人安全领域的专家认为，使用设计特征来改善车辆的运行及安全，可以提高交叉口的通行速度并增大交叉口容量，但往往会对包括行人在内的其他道路使用者造成不利影响。可能产生如下影响：

1）转弯时，较大的转角半径导致较高的车辆速度。

2）在交叉口增加转弯车道会延长行人过马路的距离，从而增加行人穿越交叉口时的风险。

综上所述，在考虑一个设计特征对所有用户的安全、使用权限和效率的影响之前，了解每个交叉口的独特环境很重要，特别是当设计特征可能产生相互矛盾的效果时。因此，在交叉口设计过程中，对所有道路使用者的有利方面和潜在的负面影响进行仔细评估和权衡至关重要。本章的"专业实践"部分提供了一些示例，用于说明如何运用这些理念来设计间断流环境下的平面交叉口。

图 10.2　来自密苏里州 Lee Summit 市的环岛示例

所有交叉口设计特征对道路使用者既有益处也有负面影响。须在每个交叉口的独特环境中仔细衡量这些利弊，以了解设计特征对所有用户的安全、使用权限和效率产生的全面影响——特别是当设计特征可能产生相互矛盾的影响时。

3. 复杂操作注意事项

正如文中所述，交叉口设计的目的是将与交叉口相关的冲突和风险最小化，而交通控制的目的是对冲突进行管理，最大限度地提高交叉口的安全性和通行效率。交通管制通过让行标志、停止标志或信号来分配通行权。如果不通过以上方式来分配路权，则认为该交叉口在由车辆和交通法规决定的道路基本规则下运行（Roess，Prassas，McShane，2004 年）。《统一交通控制设施手册》（FHWA，2009）为在交

叉口处安装交通控制标志和信号装置提供了具体指导。与让行和停车标志相比，信号令状涵盖了更为广泛的特定条件。这些将在后面"专业实践"章节中讨论。

交叉口控制的类型对交叉口的运行和安全有着深刻的影响。此外，街道设施的运作会受到邻近路口管制之间关系的影响。例如，通过信号协调，可以在街道上形成一个车头间距较小的理想车辆队列模式，该队列模式在街道上有较大的空隙间隔（方便在较小交叉口处的通行）。到达和离开交叉口的模式也会影响到其运作。当用排队论对这些模式分析时，可以形成车辆在各个交叉路口延误的基础理论。

交叉口的交通排队是造成延误的一个重要原因。然而，排队并不是交通所独有的现象，排队论也不是只适用于间断交通流。在连续交通流路段上，关闭车道也可能导致道路通行能力下降，从而延长排队长度。但在本章中，我们仅在间断交通流的背景下讨论排队现象。

交叉口交通控制装置的作用对于理解间断流以及车辆之间、车辆与道路环境其他组成部分之间的相互作用至关重要。

研究交通排队的目的是为了给公路重要性能指标的评估提供一种方法，性能指标中的道路用户延误，是间断交通流条件下汽车（和运输）服务水平（LOS）的一个重要组成部分。排队模型源于对到达模式、离开模式和排队规则的基本假设。到达和离开可以是一种确定的模式，也可以是随机分布的（例如，泊松分布；参见第2章）。交通队列的离开模式也取决于离开通道的数量。通常，间断交通流仅使用一个离开通道。带有多个服务亭的收费广场是一个多离开通道的示例。交通队列遵循先进先出（FIFO）的规则。排队论引出了HCM中使用的交叉口延误模型（TRB，2010）。该理论在均匀延迟估计中的应用将在本章后续性能测量部分进行讨论。

当然，信号交叉口的各种延迟也取决于信号配时。识别排队分析的信号配时程序可适用于交叉口的所有模式。

10.2 专业实践

在间断交通流条件下，处理复杂交通流需要了解几个关键部分。这些关键部分包括：设计部分（例如，水平交通和垂直交通的对接，交叉口功能区域的估算），实施部分（例如，交通管制需求的识别及处理，控制延迟的估计），安装/维护部分（例如，检测系统和信号硬件相关工作，交通标志清单）。

本节内容组织如下：首先，针对包括环岛在内的各种交叉口讨论多模式交叉口的设计和安全性。设计和安全讨论之后是交叉口的操作注意事项和性能测量。在适用的情况下，设计准则（例如，视距）、操作注意事项和性能指标由交叉口用于分配路权的交通控制装置来组织。关于硬件细则和安装/维护部分（本手册中没有涉及），我们建议读者参考《交通控制设施手册》（Seyfried，2013）的第3章和第10章。

交通工程师做出的设计和操作决策包含了对复杂交通流（见第11章）、出入管理（见第12章）和交通静化（见第14章）的考虑。需要注意的是，交叉口的设计和操作范围的涉及面非常大，将众多联邦、州和地方的政策、标准和指导方针囊括在一章中是不现实的。同样，将与交叉口设计及性能相关的各种机构和个人的观点、理念和期望都包含在内也是不可能的。因此，希望读者能够结合当地的需求和期望来阅读本章所提供的信息，并根据特定需求和考虑，在应用惯例、标准和指导方针时做出适当的工程判断。

10.2.1 多模式交叉口设计与安全

每个交叉口在相交道路的数量和类型、交通量和交通组成、相交道路的水平和垂直角度、周边土地开发利用、进口的可视距离和不同模式的影响方面都是独特的。本节总结了交叉口设计的关键要素及其指导方式。有关交叉口设计及安全考虑的更详细讨论，在其他参考资料中可以找到，比如 ITE 和 FHWA 联合出版物——《交叉口安全和设计手册》(ITE，2004)。

1. 功能区

通常情况下，上游交叉口功能区由三个部分组成，如图 10.3 及表 10.1（TRB，2003）所示。其中，d_1 为基于每个引道设计速度下，感知 – 反应过程中车辆所驶过的距离；d_2 为从设计速度减速到停车所需的距离；d_3 为车辆队列存储所需的长度。在表中，用于计算 d_1 的感知 – 反应时间，在乡村和郊区条件下假设为 2.5s，在城市区域取 1.5s。城市、郊区和农村地区之间的减速/机动距离和队列存储长度存在显著差异。在农村地区，通常车速高但流量小，大部分功能区距离由 d_2 构成。在城市和郊区，通常车速和流量情况相反，大部分功能区距离由 d_3 构成（TRB，2003）。

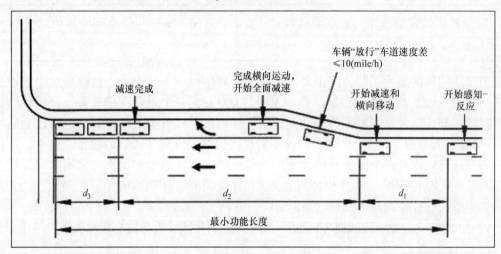

图 10.3 功能交叉口的距离示意图

表 10.1 功能交叉口的距离

位置	速度/(mile/h)	在感知 – 反应时间内驶过的距离 d_1/ft	机动距离 d_2/ft	感知 – 反应 + 机动距离 d_1+d_2/ft	队列存储长度 $d_3^{①}$/ft	上游功能距离 $d_1+d_2+d_3$/ft
农村	50	185	425	610	50[②]	660
	60	220	605	825	50	875
	70	255	820	1045	50	1095
郊区	30	110	160	270	375[③]	645
	40	145	275	420	250[④]	670
	50	183	425	610	125[⑤]	735
城市	20	45	70	115	500[⑥]	615
	30	65	160	225	500[⑥]	725

① 必须为每个引道确定队列存储。
② 最小存储长度可容纳 2 辆汽车和 1 辆货车。
③ 可存放 15 辆汽车的示例。
④ 可存放 10 辆汽车的示例。
⑤ 可存放 5 辆汽车的示例。
⑥ 可存放 20 辆汽车的示例，双左转车道可以减少队列存储长度。

资料来源：TRB（2003），表 8-4，第 134 页。

下游功能区可根据交叉口视距要求来确定（见本节后续讨论）。这一规则使得驾驶人在通过下一个路口之前，就需要考虑下游交叉口的潜在冲突。在分析视线距离以及定位路缘坡道、人行横道、路边停车区域、公共汽车站和周边开发项目出入口时，识别这些区域非常重要。

2. 进路

每条进入交叉口的道路都形成了一条进路。两条公路交汇形成的交叉口有四条进路。当一条道路的尽头与另一条路相交时，就形成了三岔路口或T形交叉路口。有时，两条以上的道路会在一个点相交，形成一个复杂的多支交叉路口。尽管AASHTO建议尽可能避免修建多支交叉路口，但在许多城市地区，这种交叉口仍很常见。

很多时候，交叉口处道路的功能等级不同。例如，主干道和集散道路的相交。在这种情况下，等级更高的道路或主干道路通常在设计和控制方面具有优先权。这种做法合乎常理，因为主要道路通常比次要道路具有更大的交通量和运行速度。在设计过程中，主次道路的区分很重要，因为它可以决定控制或管理装置的类型、需求及安装位置、渠化装置以及横坡的设计。

3. 间距

交叉口间距是影响各交通方式安全高效运行的另一个因素。合理的交叉口间距对于协调机动车和非机动车的信号配时至关重要。在城市地区，需要提供人行横道及通往邻近建筑和交叉口的通道以满足使用需求，这往往导致信号交叉口过于密集。该情况也可能发生在交通量比较大的郊区交通走廊处。

合适的交叉口间距与环境高度相关，同时需要平衡不同道路使用者的需求冲突。

因此，合理的交叉口间距需要在沿着和穿越道路的行人需求之间取得平衡。例如，穿越街道时，起讫点采用直连方式对于行人来说更为方便，但他们较慢的行驶速度为其他道路使用者带来了不利影响。当信号交叉口间距过大时，行人必须面临以下选择：行走较长一段距离后在交叉口处穿过街道，在没有交通控制的安全保障情况下穿过街道，或者在较短行程情况下选择驾车出行（实际中，如果他们有这个选择的话）。然而，信号交叉口间距过小时，由于频繁停车、车辆队列重叠、交叉口拥堵和车速差异等原因，会导致行车不安全、行车延误和驾驶人驾驶体验差等问题的产生。《出入口管理手册》（TRB，2003）建议通过信号定位来方便交叉口处的通行，并将信号接入连接纳入整个交通信号协调计划。该手册还指出，在主干道上，长距离且均匀间隔的全通式信号交叉口可以提高信号协调的能力，使交通在期望的速度下连续运行。这些技术和其他相关技术将在第12章进行讨论。

另外，交叉口间距是环境的函数。一些市中心，如费城、宾夕法尼亚和俄勒冈州的波特兰，具有信号间距接近60m的密集路网。该范围内的信号间距适合高密度混合用途区域，这种区域通常具有行人需求量大、路线及模式选择多样化的特点。对于其他郊区区域，没有特定的最小间距要求，但有一个通用经验法则：信号之间的间距大约为400m。通常，这种较宽的间距给行人和自行车骑行者穿越道路带来不便，因此，当前或未来的非机动车出行需求，应该考虑缩小交叉口间隔，或者采用适当控制的中间街区来穿越道路。此外，所有公交车站均须设置人行横道，因此必须仔细考虑公交车站位置与交叉口之间的关系。综上所述，交叉口间距应该考虑所有的道路使用者、街道分级/功能以及操作方面的相关问题，例如转弯车道的空间要求。

4. 其他交叉口类型

交叉口的设计因交叉口的交通量和交通组成而异。在两条大流量或高速道路的交叉处，可采用立体交叉。立体交叉口可铺设桥梁或隧道来分隔交通流，立体交叉口也可建造复杂的立交桥，这些立交桥通过匝道互连，以便车辆进行交通转向。在交通量较大的情况下，立体交叉口非常有效。但是，它们也有局限性，因为车辆不能直接转向至与之相交叉的道路上。互通式立交的两大缺点包括建设费用高和具有道路优先权要求。如前所述，第8章和第9章讨论了这些交叉口类型。

私人车道也会产生交叉口。虽然这些车道主要是为了方便与公路毗邻的社区居民的出入，但它仍可能承载较大的交通量，并且在设计车道时，通常使用与公路交叉口类似的几何和控制特征。

另一种类型的交叉口是公路与铁路相交产生的平面交叉口。由于列车与机动车、自行车和行人之间的冲突会带来非常严重的危害,这些交叉口在视距、交通控制、垂直和水平线型等方面都需要给予特殊的设计考虑。公路与铁路的平面交叉口设计要求不在本章范围内。该部分内容可以在 AASHTO《绿皮书》(AASHTO,2011)和《铁路与公路平面交叉手册》第二版(Ogden,2007)中找到。

最后,常用交通步道(小径)和与混合交通街道上的自行车道口形成另一种类型的交叉。本手册第 11 章提供了适当的步道交叉口设计方法。

5. 交叉口车辆排队存储

当交叉口处转向交通量较大时,需要设置专用的转向车道。除了为排队的车辆提供一个等待区域外,转向车道也在直行车道之外提供一块区域,让驾驶人在转弯前减速。由于隔离排队车辆带来安全效益,一些运输组织要求在所有信号交叉口使用左转等待车道。在转向交通量很大且交通堵塞严重的情况下,使用双转向车道(有时采用三转向车道)。多转向车道的缺点主要有以下几个方面:需要额外的路权,增加了行人和自行车骑行者的过街距离和道路占用时间,需为边道行人增加绿灯通行时间,多转向车道进路需要保护信号相位。

《公路通行能力手册》(TRB,2010 年)建议:左转交通量大于或等于 100 辆/h(后文统称 vph)时,在信号交叉口使用单左转车道;左转交通量大于或等于 300vph 时,使用双左转车道;右转交通量大于或等于 300vph 时,使用右转车道。当交通量低于以上建议水平时,转向车道同样可以提高交叉口通行能力,以达到整体所需的服务水平,尤其是在转向车道可以减少导致直行交通延误的转向交通量时。

在道路和中央分隔带宽度允许的情况下,应考虑在街道或公路上为相对左转车道设置位置偏置,以提高左转车辆的能见度。该技术措施可以显著提高左转车辆的视距。图 10.4 所示为来自 AASHTO《绿皮书》的关于转向车道偏置的插图。

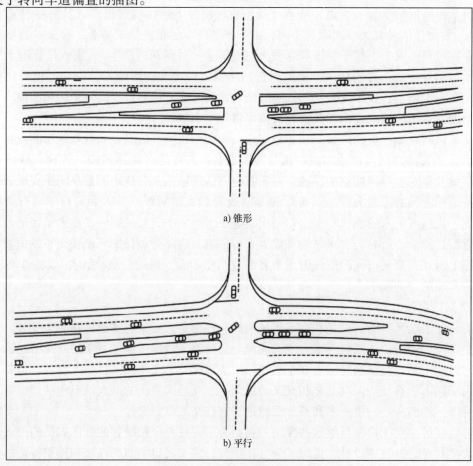

图 10.4　平行和锥形偏置转弯车道

资料来源:SHTO(2011),图 9-52。

即便在小流量无信号交叉口，转弯车道也能产生安全效益，因为它们可以将停止和减速的车辆从直行车流中移除。该操作可以减少追尾、侧滑以及冲出路面事故的发生。确定转弯车道长度的方法有许多。FHWA 关于《信号交叉口信息指南》（FHWA，2014）建议"左转弯道的长度应该足够长，以存储在高峰时段不断增加的车辆数量，减少与直通车道的运行干扰。储存长度应足以防止车辆从转向车道溢入邻近的直行车道。存储长度是周期长度、信号相位、车辆组成以及到达率和离开率的函数。根据经验，左转弯车道设计时，所能容纳的车辆数是每周期排队队列中车辆平均数量的 1.5~2 倍，不过设计方法因辖区不同而有所不同。典型的做法是使用类似 HCM 和交通仿真软件中的计算模型来量化和可视化排队过程。"

在考虑转弯车道时，自行车转弯运动的适当调整也是一个关键问题。右转机动车通常与直行自行车流交叉。信号和路面标记可以引导交通流，帮助控制交通冲突。在混合交通中，左转自行车骑行者通常处于左转车道的右侧。当自行车的交通量较大时，可以采用不同的措施来保证自行车骑行的舒适性和安全性。这里给出了其中的两项措施。更多详细内容参见《城市自行车道路设计指南》（NACTO，2014）。

- 自行车等待区：允许自行车骑行者在红色信号阶段移动到队列的最前面，增加他们的能见度，并方便其转弯（图 10.5）。

图 10.5　自行车等待区

- 两段式转弯排队等待区：在宽交叉口或较高交通量的情况下，自行车骑行者很难汇入左转交通流中，两段式转弯排队等待区特别适用于此种交通场景。这些等待区允许自行车骑行者从当前道路直行机动车道的右侧行驶到指定区域，并在相交街道直行交通放行时完成左转操作（图 10.6）。

图 10.6　俄勒冈州波特兰市的两段式转弯排队等候区

6. 环岛设计中的综合考虑

环岛是一种交叉口类型，近年来的应用显著增加。环岛之所以很受欢迎，是因为它保证了交通处于连续流动状态，可以容纳多个入口道路，与信号交叉口相比，可以减少设备维护，并提高交通安全性。环岛简化了驾驶人和行人的决策，因为车辆以单方向旋转行驶，允许在正常交通流内掉头，而且可以消除危害较大的交叉口碰撞（直角碰撞和正面碰撞）。因为交通运行保持连续不断的状态，所以延误、车辆排队、油耗和排放都会降低。

然而，环岛也有一些缺点导致其不适用于某些交通场景。另外，环岛的选址对其设计和运营效率至关重要。最明显的是，在交通流动严重不平衡的地点，无法保证车辆以合适的时间间隔进入环岛。与传统交叉口相比，环岛需要更多的路权，但其无需设置左转车道。不合理的环岛选址或设计所带来的不良影响往往会被放大，导致运行和安全效益的降低，结果甚至比备选方案更糟。

这种优势和劣势的共存为潜在用户提供了一系列选择。尽管本章无法涵盖环岛设计的所有相关细节，但以下各节简要介绍了一些需要解决的关键特性和各种注意事项。我们也鼓励读者参考以下讨论中引用的参考文献，了解更多详细信息。

(1) 基于行人的考虑　交叉口处的行人通道设置在每个入口和出口处。人行横道不能通往中央岛；不鼓励行人前往中央岛。在多数情况下，人行横道应该设置在让行线[1]后大约一个车长的位置。人行横道上的安全岛[2]宽度至少应为1.8m，为自行车骑行者和推着手推车或婴儿车的行人提供足够的庇护空间（Rodegerdts 等，2010）。行人安全岛的宽度也必须符合《美国残疾人法》（ADA）中最小庇护面积的要求。

行动不便的人，尤其是视力有障碍的人，通过环岛时有一些特殊困难。这些困难包括以下方面（Inman，Davis，Sauerburger，2006）：

1) 由于没有信号控制，驾车人士通常不会礼让行人。
2) 在环岛处，循环交通产生的噪声使听觉检测变得困难。
3) 依靠耳朵来判断噪声间隔十分困难。

按照定义，环岛处的交通处于连续流动状态。对于视力有障碍的行人，仅靠听觉来判断交通状况十分困难。因此，环岛处应使用交通标志和路面标记来提醒驾驶人为行人让路。此外，环岛亦应为所有正常行人设置清晰无障碍道路，并确保机动车辆慢行。与在环岛入口设置人行横道相比，在某些情况下，将人行横道设置在环岛上下游更为有利。如果读者想了解更多关于该问题的详细信息，建议参考《环岛指南》第二版（Rodegerdts 等，2010）来获取更多信息，包括如何为有视力障碍的行人提供方便，以及在车流量或人流量大的环岛处如何满足行人的需求。针对以上问题的最新技术包括组合行人混合信标——通常称为高强度激活人行横道信标和矩形快速闪烁信标（RFFB）技术，需要注意的是，RFFB不包括在 MUTCD 中，但 FHWA 在 2008 年 7 月的一份备忘录中已批准使用 RFFB。该备忘录规定，"RFFB 不得用于有让路标志、停车标志或交通控制信号的人行横道"。但这一禁令并不适用于环岛进出口处的人行横道（FHWA，2008）

(2) 基于自行车骑行者的考虑　骑行者在环岛处通常有两种选择。许多自行车骑行者在环岛处会获得较好的骑行体验，因为环岛车道上机动车和自行车的速度相差不大。对于单车道环岛[3]来说尤其如此，无需考虑车道偏离。此种情况下，自行车不需要特殊对待，环岛进路与出路上的自行车道应该终止于距离环岛车道大约 100ft 处（AASHTO，2012）。自行车骑行者和机动车辆共用环形车道。

不愿共用环形车道的骑行者，特别是在多车道或复杂的环岛处，这类骑行者可选择在环形车道旁的人行道或公用道路上骑行。此种情况下，自行车道的尽头应该设置自行车坡道，以便自行车骑行者穿过人行道。自行车流和行人流以这种方式混合时，需要认真考虑环岛的设计，特别是涉及有视力障碍的行人时。《自行车设施发展指南》（AASHTO，2012）第 4.12.11 节提供了更详细的指导。

7. 多路交叉口的平、纵曲线及横断面考虑

交叉口的线形设计应保证交叉口区域的安全通行，并尽量减少车辆、行人和其他用户之间的干扰。这些线形还应保证车辆驾驶人、自行车骑行者和行人与交叉口处其他车道上的车辆驾驶人、自行车骑行者和行人能够互相清晰地看到彼此，以便于清楚观察行驶方向上的情况及是否存在危险，保持连续行驶。设计师面临的挑战是如何以经济有效的方式满足以上要求，同时要平衡行人、自行车、交通工具和车辆安全、效率及经济性等方面的设计要求。以下各节总结了车辆交叉口设计的基本要素，同时对一些针对所有用户该如何提高交叉口安全性和机动性的设计进行了说明。

（1）平曲线　交叉口的平曲线是进口道路线形的函数。呈锐角交叉的道路会使车辆驾驶人难以看到某些交叉支路上接近的车辆，给大型车辆转弯带来问题，并延长所有用户穿越交叉公路所需的时间和距离。因此，强烈建议交叉道路应采用直角或近似直角的交叉形式。

遗憾的是，交叉口进口道路的线形、地形特征和周边情况偶尔会使直角交叉难以实现。此时，可以采用一些设计处理方法来降低小锐角交叉的不良影响。

在交叉角度小于或等于60°的位置，建议重新设计交叉口。重新设计一般分为两类：一是通过重新设计道路线形来增大交叉角度，二是保持倾斜角度但尽量降低几何特征带来的危险影响。当然，与所有的设计方法一样，需要对它们的具体收益和成本进行权衡。本小节将讨论其中几种设计处理方法及其特点。

> 在道路交叉角度小于或等于60°的位置，建议重新设计交叉口。重新设计方案包括通过重新调整道路引道来增加交叉角的处理方法，以及保持倾斜角但尽量降低几何特征危险影响的处理方法。

一般来说，路线调整方案的费用要高得多，因为通常需要更多的通行权及对道路引道进行重大改造。根据具体情况有许多可行的处理方法，图10.7显示了五种解决交叉口倾斜的方法。在图10.7a、b所示的两种方法中，需要对交叉口中等级较低的那条道路的线形重新设定，以便形成垂直交叉。图10.7a方法的缺点是必须重新定位交叉口。在图10.7b中，尽管交叉点位置保持不变，但受通行权或交叉口附近建筑环境的限制，在次要道路上难以增加四条使用半径能够满足设计速度及确保足够视距的曲线。当这种情况发生时，弯道可能会像斜交路口一样产生重要的安全问题，因此，建议在设计中加入带有预先警告标志的减速措施。

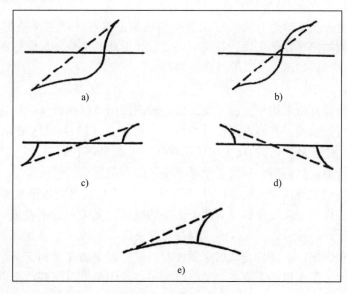

图10.7　交叉口改道方案

图 10.7c、d 将交叉路口分成两个独立的三路垂直交叉口。尽管这些布局消除了倾斜交叉，但可能会对次要道路的运行效率产生重大影响。在这些设计中，次要道路上的所有直行交通都需要进行两次转弯，一次右转，一次左转。图 10.7c 中的左转交通可以在交叉路口之间设置左转车道来通行。

另一个重要考虑因素是交叉口之间的间距。这段距离必须足够长，首先能够允许次要道路直行交通完成直行然后进入转向车道的穿梭操作，同时要提供足够长的转向车道，以存储两个方向排队的左转车辆。所需存储长度是信号或无信号位置处转向量和转向机会数量的函数。穿梭距离取决于该区域的车辆运行速度。对于 45mile/h 的非高峰速度，建议该距离最小长度为 750ft；对于 40mile/h 的非高峰速度，建议该距离最小长度为 600ft；对于 35mile/h 的非高峰速度，建议的最小长度为 500ft。因此，若交叉口的位置在初期可以进行合理设定，那么高速和大容量交叉口之间应给予更长的间隔距离。

图 10.7e 显示了弯曲路段上的斜交叉线处理方法。其描述了以下位置情形：曲线道路和其某条切线延伸出来的道路之间形成了一个交叉口。在公路弯曲路段应尽可能避免设置交叉口。弯道交叉口不仅有视距限制，同时弯道与超高横坡（如适用）使得这些路段的设计变得复杂而困难。

另一种成本较低的解决斜交叉路口相关问题的方法是在交叉路口设置信号或环岛。在车辆进行交织和转弯时，信号能够减少因能见度差而发生撞车的可能性，特别是在进路锐角完全受控时（例如红灯时不能右转）。斜交叉口会使信号难以与引道正面对齐，通常需要使用较长的信号遮光罩、百叶窗信号、视觉受限信号指示或设法放置信号头部支撑（悬索或悬臂）等，环形交叉口是更为有效安全的备选方案，但可能需要更多的通行权，同时需要认真考虑与理想进、出和循环速度相关的接近角。

（2）纵曲线 交叉口的纵曲线设计比路段的纵曲线设计复杂，因为它必须顾及来自各个方向的车辆和行人。交叉口线形设计时，应通过视距最大化和便于车辆制动来提高安全性和机动性。同样，交叉口处的纵曲线，特别是道路横断面的形状（例如，超高、路拱等），也会对交通安全和运营产生重大影响。坡度也应尽可能保持平坦，以免影响交叉口有效排水能力。以下章节讨论了交叉口线形设计的要求，以及为了提高设计质量能够采用或需避免采用的技术。

8. 纵坡

经验表明，坡度在 3% 或以下时，乘用车停车和加速的能力与水平路面没有显著差异。然而，坡度超过 3% 会增加车辆停车所需的距离，降低车辆（尤其是大型货车）起步加速能力。由于大多数驾驶人无法估计在陡坡上停车或加速所需的额外距离，建议在交叉道路上停车条件下的坡度不超过 3%，并且停车状态下的坡度不应超过 6%（AASHTO，2011）。

在陡峭的进路坡道上，交叉口边界处最好设置平坦区域。这些区域通常被称为存储平台或着陆区域，为车辆提供较为平坦的停车存储区域，并减少交叉口处形状的突变。尽管是在垂直面中，但该设计结果与图 10.7b 中用于水平调整斜交叉口的线形类似。

9. 交叉口坡度

交叉道路横坡也会给设计带来挑战。由于交叉口处的路面横坡以相反角度相连，因此必须注意确保汽车、自行车和行人的可行驶性。在有人行横道的地方，横坡必须满足 ADA 要求。最好将所有进路的坡度保持在 2% 或更低。对于大于 4% 的坡度应认真评估，尤其是当它们对通过交叉口的车辆造成显著的代数差异或对行人出行造成障碍时。尽管需要考虑交叉的两条道路，但通常情况下，优先考虑的是主路的纵坡和横坡。主路的横坡通常穿过交叉口（超高例外），并且次路会根据主路进行调整。应避免通过交叉口的超高。通常的做法是在交叉口处对两条道路的纵坡和横坡进行平整或"弯曲"，使它们不会在一个或多个进路方向上产生坡道效应。这通常通过在交叉路口形成一个平缓倾斜的"台面"来实现，使径流指向外侧路缘半径方向。在评价交叉道路横坡时，应考虑交通速度和交通控制的影响。当新道路与现有道路形成交叉口时，甚至可能需要在交叉路口前一小段距离处对现有道路进行重建，以实现圆形的横坡。

坡度和横坡的设计同时必须有利于交叉路口的地表径流排水。首先，在交叉路口的主要落差方向引导水流，同时消除或至少最少化交叉路口的地表水流。前面讨论的"台面"设计有助于将地表径流引导到交叉口的外侧。虽然该特殊设计取决于两条道路的纵曲线和横坡，但在有路缘的道路上，径流通常被交叉口每个区域的集水井或排水沟截流。在明沟设计中，径流会越过路肩流入路边区域。

坡度、横坡和排水特征的设计也可能因为分车道公路、中央分隔带和其他渠化设施而变得复杂。在以上不同特征情况下，都必须同时考虑径流的数量和方向，以确保不会在这些设施边缘的低洼处积水。避免意外低洼点的一种有效方法是标记路面表面高程点以确定流向，然后绘制交叉口影响区域内所有路面边缘或排水沟的高程曲线图，以确定可能蓄水的平坦段和低洼点。

10. 横断面

公路横断面设计与车道、路肩、中央分隔带、人行道、路缘石、路堤、排水设施和路面厚度有关，尤其是这些设施的宽度和坡度。横断面设计还包括路边区域的设计，特别是要保护驾驶人不受道路附近各种危险的影响。交叉口的横截面设计包含许多相同的特征，尽管它们的设计在很大程度上取决于交叉道路横截面。交叉口的一些关键横截面元素包括中央分隔带、方便排水和转弯的适当坡度，以及车辆与行人和自行车的相互作用。

交叉口的中央分隔带的作用类似于安全岛，因为它们分隔了方向相反的交通流，减少了路面面积，提供了行人避护区，并提供了一个区域来安装各种交通控制设施和照明设施。中央分隔带的另一个显著优势是，它们可以通过消除左转弯来控制进出交叉口的相邻区域。交叉口中央分隔带也有一些缺点。如果没有设计嵌入式左转车道，宽的中央分隔带可能导致左转互锁，这种情况发生在相对方向的左转车辆穿越道路时。交叉口中央分隔带的其他安全和操作方面的缺点包括增加了进入错误车道的可能性，延长了人行横道的最短绿灯时间。绿皮书（AASHTO，2011）描述了交叉口中央分隔带的几个特征的设计，包括进路前端的宽度和坡度处理。

非机动车使用者的使用空间也必须包含在交叉口的横截面设计中。市区交叉口必须包括人行道区域和入口斜坡。在面向行人的区域，交叉口处的车道引道宽度可以变窄，以形成路缘延伸区域。这些窄化技术有许多好处，因为它们有助于：①降低交叉口附近的运行速度；②为行人在交叉口前排队提供额外的空间；③缩短行人穿行长度。

其他横断面改善技术包括垂直方向的措施，如高架交叉口和高架人行横道，用来限制高行人流量的交叉口周围的速度。

11. 视距

交叉口的另一个关键设计要点是提供足够的视距。为有利于交叉口周围的安全通行，必须在交叉口区域为驶入车辆、自行车骑行者和行人提供无阻挡视野。交叉口视距必须能够让所有道路使用者预测并避免与穿越及汇入交通流、行人、自行车骑行者等发生潜在冲突。无障碍视距的尺寸是交叉口物理条件、交叉口控制条件、道路使用者行为、设计速度和加减速距离的函数。

在路段中，沿公路干线行驶的车辆驾驶人可以连续获得视距，而交叉口的视距旨在为次要道路（以下简称次路）交通流穿越及进入交叉口提供清晰的视线。为了避免发生冲突和碰撞，公路路段的停车视距仍然是必要的，但与交叉口视距相比，路段上的无障碍距离更短。交叉口的视距应能够让车辆驾驶人确定是否存在安全进入主路交通流并加速的条件，而不会严重阻碍主路上的交通，并可以看到是否有正在等待通过的行人。对于有停车控制的进路上的穿越及转向操作，这些视距是从次路当前位置（假设距主路边缘至少14.4ft）处的驾驶人眼睛（假设距路面3.5ft）到主路右侧或左侧驶入车辆（也假设距路面3.5ft）的距离。一个典型的直立的成年自行车手的眼睛高度大约为60in，因此，为汽车驾驶人设计的视距对骑行者来说已经足够了。手动自行车骑手和一些斜躺自行车骑手的位置可能略低于一般驾驶人（AASHTO，2012）。

不同条件下，视距的具体设计会因地点的不同而有所不同，主要取决于几个因素：假定的交叉口控制、车辆设计和交叉道路的接近角。以下章节简要介绍了各种交叉口控制情况下的一般注意事项。虽然对每种情况的详细讨论超出了本书的范围，但我们鼓励读者查阅 AASHTO《绿皮书》（AASHTO，2011）以及参考清单和"进一步阅读"部分中包含的其他相关设计资源。

- 情况 A——无控制交叉口：在这种情况下，交叉口视线距离规定基于交通规则的实践，这"要求"在没有控制装置的情况下，左边的车辆要让路给右边的车辆。在无控制交叉口，要有清晰的视距，让驾驶人可以看到其他驶近的车辆，以及等待过马路的行人，他们可以在一个地方停下来或调整车速，以避免发生碰撞。如果在这些情况下无法提供视距，则应考虑降低进近速度、安装警告标志和/或改变交叉路口控制（例如，在一个或多个进路上安装停车标志）。

- 情况 B——次路停车控制交叉口：停车控制交叉口参考无障碍视野范围，允许次干道的驾驶人和自行车骑行者看到从主干道左右两侧驶来的车辆。在这些交叉口有三种情况可以考虑。情况 B1 提供了一个适合让驾驶人从次路左转进入主路的驶离视距三角形。在这种情况下，驾驶人左侧有足够的视距允许驾驶人穿过这些车道，右侧提供足够的视距，使驾驶人有时间从停车处加速车辆，以避免因为明显的速度差而干扰主干道的运行。

情况 B2 涉及为驾驶人提供足够的驶离视距三角，让他们从次干道右转进入主干道，计算过程类似于 B1。在这种情况下，次干道驾驶人可以对转弯操作和加速过程的速度进行计算，以免大幅影响主车道的行驶速度。然而，在 B2 中，驾驶人不需要看两边来通过另一个交叉车道。右转所需的时间间隔通常小于左转所需的时间间隔。

情况 B3 提供了从次路穿过主路的视距。在大多数情况下，B1 和 B2 中的视距将为穿越操作提供足够的距离。但是，在宽阔道路交叉情况下，当禁止转弯或当大量重型车辆处于停车控制的道路上时，最好提供更长的视线距离。

- 情况 C——次路让行控制交叉口：如果主路上没有冲突车辆驶近，也无明显的行人冲突，则让行控制交叉口允许驶来的车辆在不停车的情况下穿越交叉口或转弯。这些条件下的视距超过了停车控制条件下的视距（情况 B），并且与无控制条件下的视距相似，即只有在让行控制进路上的车辆才需要停车或调整速度。

- 情况 D——交通信号控制交叉口：在有信号的交叉口应保持无障碍视线范围，以便在任何一个进路上首停车辆的驾驶人都能看到其他进路上的首停车辆。视线距离也应使左转车辆驾驶人能够看到对向车流并选择适当的间隙。然而，如果在交通量减少期间，该信号采用双向停闪操作（主路上闪动黄色，次路上闪动红色），则在所有次路上应提供情况 B 中定义的视线范围。此外，任何红灯右转或渠化自由右转的进路也应该具有情况 B2 中描述的视距。

- 情况 E——全向停车控制交叉口：与情况 D 类似，对于全向停车控制交叉口来说，需要足够的视线距离，即在任何一个进路上停车的第一辆车都应该对其他进路上第一辆停车驾驶人可见。由于这种情况所需要的视距包络范围很小，所以在其他控制形式下无法获得或维持足够视距的地点，全向停车交叉口控制往往是一种有利的选择。在 MUTCD（FHWA，2009）中有关于全向停车控制的使用依据。

- 情况 F——从主路左转：在当前或将来允许从主路左转的各处位置应提供足够的视距。为了提高左转车辆的视距，应考虑诸如偏置左转车道（在本章前面讨论过；另请参见图 10.4）之类的处理方法。AASHTO 指南（AASHTO，2011）规定，当次路已为主路提供双向停车视距以及 B 和 C 情况下的交叉口视距时，无需再进行单独的情况 F 评估。

10.2.2 多模式交叉口控制

《统一交通控制设施手册》将交通控制设施定义为：

安装在如下场所或安装在如下场所上方或周围的用于管制、警告或引导交通的标志、信号、标记和其他设施。这些场所包括街道、公路、行人设施、自行车道、由有管辖权的公共机构或官方授权向公众开放的私人道路以及由有管辖权的私人所有者或私人官员授权的私人道路（FHWA，2009）。

交通控制设施对于间断流设施上的交通运行至关重要。MUTCD 是交通控制设施设计、安装、管理及维护的依据。除某些州特殊允许的例外情况，国家 MUTCD 被美国联邦法典采用，作为美国所有州的交通控制设施的国家标准。交通工程师需要了解各自辖区内的这些例外情况，除非另有说明，否则手册中有关专业实践的讨论均指的是国家 MUTCD。同样需要注意的是，在引用 MUTCD 时，不同术语代表不同的等级，"shall"或者"shall not"代表强制性条件或某一"标准"；"should"表示建议的条件或"指导"，"may"表示许可条件或某一"选项"。

MUTCD 对任何交通控制设施都有五个基本要求，包括用于告知、引导和控制道路使用者的标志和信号（FHWA，2009）：

- 必须满足需要。
- 必须能够引起道路使用者的注意。
- 必须传达明确简单的意思。
- 必须获得道路使用者的重视。
- 必须给道路使用者足够的反应时间。

间断流设施上常用的一些监管标志包括：

- 路权系列，包括停车标志或让行标志。
- 速度系列，包括限速标志。
- 动作系列，包括转弯禁令和单行道标志等。

在 MUTCD 中，"shall"或者"shall not"代表强制性条件或某一"标准"；"should"表示建议的条件或"指导"，"may"表示许可条件或某一"选项"。

此外，MUTCD 还为其他类型的标志提供了依据和指南，包括用于交叉口、环形交叉口及水平弯道的警告标志等。MUTCD 说明了这些标志的放置以及醒目性要求，以便所有道路使用者能够及时、安全地观察这些标志并对他们做出反应。

1. 交叉口交通控制

交叉口的设计必须考虑打算使用的控制类型。用于交叉口交通控制的标志是上述"路权"系列的一部分。此外，本文根据道路使用者在避免交叉口冲突方面的自由裁量权，提出了交通控制应用的指导原则。控制范围可以从道路基本规则到交通信号控制，即为不同的交通流分配路权，以便消除所有或大多数冲突。

（1）道路、让行和停车控制的基本规则 这些路权系列标志的主要目的是为车辆、自行车骑行者和行人的优先通行分配路权。在交叉口也可以使用让行标志来分配路权。在某些低交通量条件下，如当地社区街道或交通量较小的乡村道路，交叉口的交通流可以不受控制，通行权由公认的"道路规则"来进行分配，这就要求左侧车辆给几乎同时到达路口的右侧车辆让行。

AASHTO 根据通行速度、坡度、反应时间和停车标准摩擦系数，为停车视距要求提供依据。无控制情况下，交叉口处应该有清晰的视线范围，允许驾驶人某一点能够看到其他接近的车辆，从而停止或调整车速以避免发生撞车事故。如在这些情况下无法提供足够的视距，则应考虑：①降低接近速度或设置警告标志；②清除或减少视线障碍或改善视线；③在一条或多条道路上安装路权标志（停车标志或让行标志），不然需要设置交通信号或修建交叉口控制，如环形交叉口。最后一种解决方案是最常用的，MUTCD 提供了让行标志（MUTCD 第 2B. 08 ~ 2B. 09 节）或停车标志（MUTCD 第 2B. 05 ~ 2B. 07 节）安装的依据。MUTCD 指南明确指出，这些标志只适用于分配路权，而不适用于速度控制。根据 MUTCD 规定，应使用工程判断方法来建立交叉口控制，同时考虑以下因素（FHWA，2009）：

1）所有进路上的车辆、自行车和行人交通量。
2）进路数量和角度。

3）进路速度。

4）每个进路的视距。

5）碰撞事故记录。

此外，MUTCD 还提供了安装补充标志的详细指南，如"交叉交通不停车"标志等。虽然本章未提供停车和让行标志的详细说明，但提供了交通信号灯的设置依据，因为相比停车和让行标志，交通信号可广泛解决各种具体情况。通常，在这些情况下，交通信号是在特定位置促进交通流安全高效切换的唯一实用措施。但是，安装交通信号应该仔细进行分析，并注意考虑众多因素，这些因素有些是显而易见的，有些则不明显。与无交通信号控制交叉口相比，没有授权的信号，甚至是符合一个或多个 MUTCD 条件的信号，可能更不安全、效率更低。NCHRP 报告 49 页中的最新研究，提供了一种将事故数据与交通信号需求联系起来的方法（McGee，Taori 和 Persaud，2003）。虽然人们认识到在规划交通信号时，成本也是一个需要考虑的因素，但成本本身不应成为超过 MUTCD 中最低保证的主要原因。

（2）交通信号控制　工程研究证实，交通信号可以消除或至少大大降低交通冲突的数量和严重程度。它们还定期中断繁忙的交通流，允许其他车辆、自行车、小型货车/轨道交通和行人通过。这可以减少延迟和提高通过性。由于这些优点，交通信号灯被认为是"解决所有交叉口交通问题的灵丹妙药"。然而，这种观点忽视了交通信号的以下潜在缺陷，尤其是那些在 MUTCD 中列出的不合理信号（FHWA，2009）：

- 过度延迟。
- 过度违反信号指示。
- 当道路使用者试图避开交通管制信号时，使用不合适路线的数量增多。
- 碰撞频率显著增加（尤其是追尾碰撞）。

因此，MUTCD 建议考虑以下交通信号替代方案（FHWA，2009）：

- 沿主要街道设置标志，以警告接近交叉路口的道路使用者。
- 重新定位停车线并进行其他改进，以提高交叉口的视距。
- 在进路上设置减速措施。
- 在交叉口安装闪烁信号灯，作为停车标志控制的补充。
- 在主干道和/或次干道进路上的停车标志控制的交叉口前的警告标志上安装闪光信号灯。
- 在进路上增加一条或多条车道，以减少每条车道上的车辆数量。
- 修改交叉口的几何特征，引导车辆移动，减少车辆完成移动所需的时间，这也有益于行人通行。
- 修改交叉口处的几何特征以添加行人中央安全岛和（或）路缘延伸。
- 如果夜间撞车事故多发，则安装道路照明。
- 如果有其他路线可用，则可在一天当中限制一个或多个转弯动作。
- 如果满足要求，则可安装多模式停车标志。
- 如果行人安全是主要问题，则安装行人混合信号灯或道路警示灯。
- 设置环形交叉口。

确定信号安装需求需要工程研究数据，这些数据包含以下内容（FHWA，2009）：

1）平均日 12h 内每小时从各个道路入口汇入交叉口的车辆数，优先选择包含 24h 高峰流量的时段。

2）交叉口每条道路按车型（重型货车、小客车、轻型货车、公共交通车辆以及自行车）划分的 15min 交通量，15min 交通量的观测时段取进入交叉口的总车流量最大的上午 2h 和下午 2h。

3）在与第 2）项交通量相同的观察时段以及在行人流量最高的时段内，每条人行横道的行人交通量。对于年幼者、年长者和身体或视觉有缺陷的人士，需要特别对待，行人及其过街时间则可按常规观察进行分类。

4）用于服务年幼者、年长者和残疾人的周边设施和活动中心的信息，包括残疾人要求改进所在地无障碍通道的意愿。若没有信号限制该人群的行动,那他们可能无法充分反映在行人流量统计中。

5) 标识的或法定的速度限值或无控制进路上的第 85% 位车速值。

6) 显示物理布局细节的状态图,包括交叉口几何特征、交通渠化、坡度、视距限制、全顺货车停靠点和路线、停车条件、路面标线、道路照明、车道、附近铁路道口、到最近交通控制信号的距离、电线杆和装置以及周边土地使用情况。

7) 至少一年的事故数据记录,记录显示车辆类型、位置、运行方向、严重程度、天气、时间、日期和星期几。

第 4 章讨论了进行工程研究来收集以上数据的细节。需要注意的是,MUTCD 建议收集至少一年的事故数据。正如第 2 章和第 4 章所述,事故数据有回归均值的趋势。因此,最好研究至少 3~5 年的长期交通事故数据。

作为信号授权分析的一部分,工程研究也为未来信号设备的安装、信号相位和信号配时的确定提供信息。

为了更准确地了解交叉口的运行情况,可以在前面第 2) 项所述的时间段内获得以下数据 (FHWA, 2009):

1) 每条进路分别确定的停车延误的车辆小时数。
2) 从次要街道进入主要街道时,主要街道上的交通间隙数量和分布。
3) 在受控交叉口附近但不受控制的位置处的标识或法定车速限值或第 85% 位车速值。
4) 一般工作日或周六、周日,至少两个 30min 高峰行人延误周期的延误时间。
5) "停车"控制进路上的排队长度。

如果一个信号的安装确实被交通工程师认可,那么这些数据也可以帮助交通工程师对未来信号相位和配时做出决策。值得注意的是,在对信号设置依据进行研究时,在街道上与其他车辆混行的自行车通常被视为车辆,而使用行人设施、公用设施或独立通道的自行车通常被视为行人。

2. 交通信号设置依据

在对交叉口的运行条件进行评估后,工作重点转移到确定在这些条件下是否需要设置交通信号。由于交通信号既有优点也有缺点,因此 MUTCD 通过采用各种定量标准和特定阈值,从而为工程决策提供支持。这些信号设置准则将在下一节中简要介绍。读者必须阅读 MUTCD 的第 4C 章 (FHWA, 2009),标题为"交通控制信号需求研究",以全面了解这些设置准则的应用。另外,满足其中一个或多个准则并不意味着应该安装交通信号;它仅仅表明需要更为详细的工程研究来评估和判断信号灯的设置对交通的双面影响 (FHWA, 2009)。

(1) 许可准则 1,8h 车流量 (MUTCD [2009] 第 4C.02 节) 本条准则涉及两种基于交通量的条件:

条件 A:两条相交街道均达到或超过最小车辆流量阈值。

条件 B:连续性交通中断,交通量较小的次要街道与交通量较大的主要街道相交。

条件 B 中主要街道上的最小车流量阈值高于条件 A 中规定的阈值。如果将准则应用于乡村地区 (人口 <10000 的弧立社区) 或高车速地区 (第 85% 位的速度 ≥40mile/h),则阈值降低至其值的 70%。建议工程师仔细检查 MUTCD 中的相关规定,因为主路交通流量阈值是基于主路双向进路的总流量,而次路阈值是基于单向进路流量的较高者。需注意的是,在 8h 内的某段时间,次路其中一个方向进路为高流量进路,而在剩余的时间内,对向次路进路为高流量进路。8 个 1h 的时段不必连续,通常包括上午 4 个高峰时段和下午 4 个高峰时段。如果主要街道和次要街道的指定不明确,则可以将每条街道作为"主要"街道来进行信号设置依据分析。但是,"主要"街道的指定应在整个应用过程中保持一致。

(2) 许可准则 2,4h 车流量 (MUTCD [2009] 第 4C.03 节) 此准则与准则 1 类似,但其取决于 4

个 1h 时段内的交通流量情况。另一个区别是，该依据是以每小时主要街道流量（双向进路流量总量）和次要街道流量（单向进路中流量较高者）之间的连续关系来显示的。如果将该准则应用于乡村地区或通行速度较高的地区（与准则 1 中对乡村地区和高通行速度的分类标准相同），则还需要一个单独的关系来反映所规定的交通流量减少了 70%。

（3）许可准则 3，高峰小时流量（MUTCD [2009] 第 4C.04 节）　此准则针对的交通条件可能只在一天中 1h（连续 4 个 15min 时间段）内存在。根据 MUTCD 的规定，该准则只适用于在一天中短时间内能够吸引或释放大量交通的地点。此外，如果交通控制信号被工程研究证明是合理的，并且这是该位置满足的唯一准则，则在不满足该准则规定的流量标准小时内，交通控制信号可以在闪烁模式下运行。

（4）许可准则 4，行人流量（MUTCD [2009] 第 4C.05 节）　此准则适用于行人试图穿越主要街道时出现过度延误的情况。该准则的图表表示主要街道上每小时过街行人总数与主要街道车辆流量（双向进路流量总量）之间的关系。准则包括 4h 状况和高峰小时状况。若将该准则应用于乡村地区或高通行速度地区（与准则 1 的标准相同），则该准则的交通流量阈值也允许降低 70%。高峰小时交通条件或 4h 交通条件都满足该准则。根据 MUTCD 规定，"如果相邻的协调交通控制信号能够持续为行人提供足够的横穿间隙，则该处不需要设置交通控制信号"（FHWA，2009）。当行人的第 15 百分位通过速度低于 3.5ft/s 时，MUTCD 还提供了一个将穿过主要街道的行人流量标准降低 50% 的选项。需要注意的是，如果信号安装仅基于此准则，那么该信号至少应该是一个半感应式信号，配备行人信号设备（按钮和行人信号头）。如果同一交叉口满足其他准则，则应确保车辆信号配时能为行人过马路提供足够的时间。

在不符合本准则的地点或符合本准则（或下一个学校交叉口准则）但最终决定不安装交通控制信号的地点，安装行人混合信号灯（之前提到过的环形交叉口进口和出口处的行人设施）以方便行人过街。

（5）许可准则 5，学校交叉口（MUTCD [2009] 第 4C.06 节）　该准则类似于准则 4，但专门用于学校交叉口位置。这种准则在实践中很少被应用，因为对于大多数位置，配置一名手持"Stop"标志牌的交叉口交通指挥员就足够了。在学生以及过街车辆交通量大的地方，应考虑修建立天桥或地下通道。

（6）许可准则 6，协调信号系统（MUTCD [2009] 第 4C.07 节）　此准则旨在通过确保两个连续信号交叉口之间的间隔不会导致车辆队列断开，使交通控制信号的设置有助于促进交通运行。在车流中断的情况下，车辆队列是指由于交通信号控制、几何结构或其他因素而自愿或非自愿地一起行驶的相对密集的车辆组。如果工程研究发现满足下列标准之一，则应考虑设置交通控制信号：

1）在一条单向街道或一条以单向交通为主的街道上，相邻的交通控制信号相距甚远，无法满足车辆排队行驶。

2）在双向街道上，相邻的交通控制信号不满足车辆排队行驶，拟建的和相邻的交通控制信号将共同提供渐进式运行（FHWA，2009）。

（7）许可准则 7，事故记录（MUTCD [2009] 第 4C.08 节）　这是唯一与安全相关的特殊准则。其中一项要求是：在 12 个月内有 5 起以上报告的可以"通过使用信号装置来纠正"的交通事故。这类碰撞不包括追尾、正面碰撞、单车碰撞或侧面碰撞。此外，应满足 MUTCD 中规定的车辆（许可准则 1 的 80%）或行人（许可准则 4 的 80%）的流量阈值。为了满足准则要求，工程师还必须确保"在认真对替代方案进行充分的试验后，未能降低碰撞频率"。在乡村地区或高速通行地区，该许可准则允许交通量阈值（56%）。我们鼓励读者查阅最新的 NCHRP 研究（Bonneson 等，2014），该研究建议在 MUTCD 的未来版本中对该准则进行重大修订。

（8）许可准则 8，路网（MUTCD [2009] 第 4C.09 节）　此准则支持使用信号将交通集中在特定地点。如工程研究发现两条或多条主要路线的交叉口满足以下一个或两个标准，则应考虑设置交通控制信号：

1）在一般工作日的高峰时段，该交叉口现有或预计进入的总通行量至少为每小时1000辆车，并且根据工程研究，该交叉口5年预计交通量在普通工作日满足许可准则1~3中的一项或多项。

2）在非工作日（周六或周日）的任何5h内，该交叉口现有的或预计进入的总通行量至少为每小时1000辆车（FHWA，2009）。

MUTCD还定义了本条许可准则中所使用的"主要路线"的特征。

（9）许可准则9，平交道口附近的交叉口　该准则用于以下情况：某交叉口不满足其他8个交通信号设置准则中描述的条件，而且交叉口靠近平交道口、由"停止"或"让路"标志控制。此类型交叉口是影响交通控制信号设置的重要因素，原因是由"停车"或"让路"标志管制的车辆队列可能伸入甚至溢出平交道口。

本节讨论了一些与信号设置准则相关的理论。交通工程师必须参考最新版本的MUTCD，从工程研究中得出结论，从而使用这些准则。另外要注意，满足甚至超过MUTCD信号许可准则并不意味着一定要安装交通信号。这些准则是考虑设置交通信号控制的最低条件。即使信号满足准则要求，但工程判断和众多其他衡量可能认为设置信号并非是恰当的解决方案。

3. 信号配时策略和程序

交通信号配时需要在各种不同的交通需求之间进行平衡，同时也需要尽可能安全地消除和分离冲突。根据制定信号配时策略的地方或州机构不同，信号配时的程序也有所不同，有些非常明确，而有些则根本不存在。表10.2来自《交通信号配时手册》（Koonce等，2008），该表提供了多种信号配时策略，各机构可根据自己的考量来选用。

表10.2　信号配时策略

运输策略	应用场景	信号配时策略
以行人/自行车为重点	市区、学校、大学、密集的多功能开发区、公园或行人/自行车交通繁忙的任何位置	缩短周期长度以减少等待时间 延长行人过街时间 添加自行车/行人检测 使用行人专用相位 包括行人先行时间
以全顺货车为重点	全顺货车走廊、全顺货车路线沿线、全顺货车站点或交叉口	高重要性运输模式（如铁路）具有信号抢占权 战略运输方式和路线具有信号优先级 基于运输车辆速度进行信号协调 延长行人过街时间 使用行人专用相位 使用行人先行时间
以紧急车辆为重点	往返医院、消防局和警察局的主要道路和路线	高重要性车辆具有信号抢占权
以汽车/货运为重点	汽车或货车/货运列车繁忙的地区、具有区域重要性的设施、货运走廊、港口或联运站点	避免出现周期失效（例如，排队的车辆未能在一个绿色信号周期内通过交叉路口） 不断改进协调式信号系统，同时尽可能减少停车和降低延迟。 采用适当的周期长度，较短的周期长度会减少延迟，但会增加"损失时间"（车辆减速，驾驶人反应时间和车辆加速所损失的时间），而较长的周期长度会增加延迟、减少损失时间、提高车辆吞吐量 确保适当的行人信号配时，以允许道路网络的安全综合使用

(续)

运输策略	应用场景	信号配时策略
低流量地点或时段	交通流量低的地点或非高峰交通期间	确保信号配时操作有效（避免不必要的停车和延误）。条件允许时可采用闪烁信号（黄色-红色或红色-红色）。对没有交通需求的信号使用适当的静止状态（例如，保持红灯不变、保持绿灯不变以及在主要道路上显示"行人过街"信号） 允许略过不必要的交通（例如，未启用的左转相位），但要确保它不会产生"黄灯陷阱"。其周期长度可采用其他协调信号交叉口周期长度的二分之一、三分之一或四分之一 如果行人和车流量较小，则允许行人过街激活装置临时延长一个周期长度，消除交通流的交叉

请注意，表10.2中包含的几个术语（例如，损失时间、黄灯陷阱）将在本章后面的内容中详细讨论。

4. 信号配时概念

现代信号交叉口配备了检测车辆、自行车、公交和行人需求的技术，并能够将信息传递给信号控制器，快速为冲突交通分配通行权。这种技术被称为感应式信号控制。有关上文提到的检测技术的详细信息，请参阅《交通控制设施手册》（Seyfried，2013）。

全感应式信号控制是指在每条进路上装设探测器，用来控制每一相位的发生及持续时间。半感应式信号控制通常仅检测次要交通流和行人过街情况，不检测主要交通流；当次要交通流的需求得到满足后，它就会立即变回绿灯并保持绿灯，直到一个或多个次要交通流再次产生通行需求。

在交通信号建设期间、所有进路的高峰需求期间或在作为城市协调信号系统的一部分时，感应式控制信号通常不会以定时方式来工作。全感应式信号还具有"呼叫非感应（CNA）"的功能，该功能可用于主要相位，以确保在经过相位检测后，绿灯将返回到主要交通运动。

要了解信号配时的基本原理，熟悉信号配时参数非常重要。相关参数的定义选自MUTCD（2009）和《交通信号配时手册》（Koonce等，2008）。请注意，此处不包括交通信号的硬件组成部分，但硬件部分可以在《交通信号配时手册》中找到（Koonce等，2008）。

5. 术语

- 周期：交通信号灯各灯色显示的一个完整过程。
- 信号周期长度：信号完成一个周期所需的时间。
- 绿信比：分配给每个可能发生的相位或间隔的周期长度。
- 虚拟相位：没有明确编入控制器的相位，但在后台定时实现特殊的操作要求。虚拟相位不分配负载开关或内存故障单元（MMU）通道。
- 空放中断：该功能描述的是在某个相位的通行时间或间隔内，由于没有检测到车辆而引起的相位终止。此时，绿灯时间终止。
- 非锁定模式：指车辆检测输入控制器组件的模式。在非锁定模式下，必须连续占用检测器以保持呼叫。当禁用（即锁定）时，在黄灯和/或红灯期间接收到的呼叫被锁定至控制器的检测器存储器中。即使没有检测到车辆，控制器也会对相位进行服务。此外，如果非锁定被禁用，则当通行计时器中的剩余时间结束时，呼叫会留在该相位上。若设定非锁定模式，则会使此操作失败。
- 通过时间：控制器相位程序中的一个计时器，在绿灯期间对车辆感应进行响应。无论是否有冲突的相位服务呼叫，它都将始终在激活的绿灯相位进行计时，除非绿灯时间已达到最长绿灯时间，或者同时间隔处于非活动状态且相位被终止。在连续感应的情况下，即使通行时间已经为零，相位也不会终止。当通行时间结束而且没有车辆感应时，该相位的放行才结束。

- 搭接：与一个或多个相位相关的控制器输出。例如，T形交叉口处的右转绿色箭头与主干道左转信号同时显示。搭接相位通常由程序来控制，并且取决于所属的母相位。在前面的示例中，主路左转相位是右转搭接相位的母相位。
- 召回：车辆信号召回是提供重复需求的一种方式，即使该相位不存在实际需求，也可以对该相位进行服务。在行人相位，信号召回是要求信号显示"行走"标志，而不是要求按下按钮。最小召回会给相位至少初始绿灯时长的服务时间，无论这个方向是否有需求。一旦服务开始，根据实际需求可以延长该相位的绿灯时间。软召回与最小召回相同，区别在于如果冲突相位有呼叫，则召回相位的呼叫将停止。最大召回与最小召回相似，区别在于最大召回中无论是否有实际需求，绿灯会持续到绿灯时间最大值。

6. 车道配置和交通流组

车道组和交通流组的概念适用于无信号交叉口和信号交叉口。信号交叉口的信号配时策略和车道配置彼此紧密关联。交叉口处的独立车道组设定适用于以下情形：①专用于一种交通流的某个车道（或几个相邻车道的组合）；②由两种或更多交通流共用的某车道（图10.8）。

独立交通流组的设定适用于以下情形：①具有一个或多个专用转弯车道的某交通流；②直行交通流（包括与之共享车道的任何转弯交通流），如图10.8所示。这些概念对于交通容量分析同样重要（TRB，2010）。

车道数	车道上的交通流	交通流组(MG)	车道组(LG)
1	左转、直行及右转：	MG 1:	LG 1:
2	左转专用： 直行及右转：	MG 1: MG 2:	LG 1: LG 2:
2	左转及直行： 直行及右转：	MG 1:	LG 1: LG 2:
3或更多	左转专用： 左转专用： 直行： 直行： 直行及右转：	MG 1: MG 2:	LG 1: LG 2: LG 3:

图10.8 车道组和交通流组的名称

资料来源：TRB（2010）。

车道配置也会影响某交通流是否必须被保护或是否可以在允许模式下操作。如果冲突流中存在可用的间隙，则许可型交通流可通行。同时，保护型交通流具有专用路权，没有交通流与之相冲突。

7. 相位顺序——环-屏障图

交通信号相位定义为在一个信号周期内，一个或多个交通流的绿灯（通行）、黄灯（变更）和红灯（清空）信号的显示状态。信号持续时间是指信号周期中信号指示不变的一段时间。

针对信号控制中的相位组织，当前美国的通常做法是将它们组成一个连续的循环（称为环），并将相互交叉或相互冲突的交通流分隔开，或者对相位顺序（例如在同一个环中，相位被一个黄灯变更间隔和红灯清空时间所分隔）进行排列，或者在相位之间增加一个屏障。图10.9显示东西向的主要街道相位位于屏障的左边，南北向的次要街道相位位于屏障的右边。两个环需同时跨越屏障，以确保两个相互冲突的相位不会被同时放行。

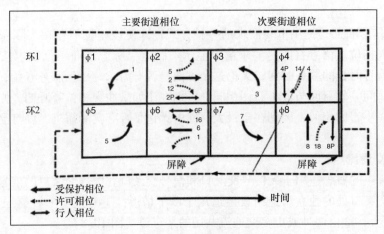

图 10.9　环 – 屏障图
资料来源：TRB（2010）。

8. 左转相位

因为左转车流需要穿过对向直行车流以及某条人行横道，所以在设置信号配时时，左转相位的需求和运行需要仔细考虑。根据《交通信号配时手册》（Koonce 等，2008），左转相位的选择应基于以下几个因素：

- 左转交通量和对向直行交通量。
- 对向直行车道数。
- 对向交通速度。
- 视距问题。
- 事故记录。

适用左转交通的信号相位有多种选择（Koonce 等，2008）：

- 仅许可模式——在该模式下，当圆形绿灯或闪烁黄色箭头指示期间，左转驾驶人可以在同向直行交通放行时，在向冲突车辆或行人让行后左转。
- 仅受保护模式——在该模式下，仅当左转绿色箭头指示期间才允许左转；在该模式期间，不允许包括行人在内的冲突交通放行。
- 受保护/许可（专用/许可）模式——该模式是受保护和许可模式的组合，在该模式下，可在各自模式（受保护模式或许可模式）规定的绿灯显示期间进行左转。受保护相位和许可相位可以在一个周期内以任何顺序出现。也就是说，受保护相位可以在许可相位之前（"超前"），也可以在许可相位之后（"滞后"）。

9. 左转相位顺序

根据《交通控制设施手册》（Seyfried，2013），超前 – 超前左转相位（图 10.10）是最常用的左转相位序列之一。当为一条街道的双向引道提供受保护的左转时，两个左转相位都在其关联的许可相位之前，并且两个左转相位都被分配给独立的控制器单元。由此，在一个左转相位的需求停止时可终止对应的绿色箭头灯，对向直行车流开始放行，另一个受保护的左转可以继续，（Seyfried，2013）。

对于滞后 – 滞后左转相位，两个左转车流都跟随对向直行车流进行左转（图 10.11）。因此，该类型左转相位可以适应直行绿灯期间内稍晚到达的（左转）车辆。这种相位顺序的缺点是，除非两个左转运动的需求总是一致或几乎一致，否则其中一个将获得不需要的绿色箭头灯时间，导致整个交叉口的效率低下。

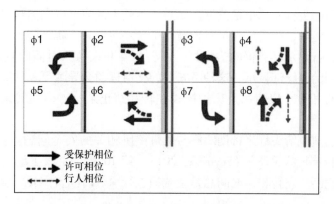

图 10.10　超前 – 超前左转相位
资料来源：Seyfried（2013）。

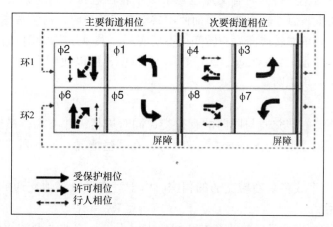

图 10.11　滞后 – 滞后左转相位
资料来源：Seyfried（2013）。

超前 – 滞后左转相位（图 10.12）发生在街道上一个方向的受保护左转领先而另一个方向的受保护左转滞后的情况。与超前 – 超前左转或滞后 – 滞后左转相比，超前 – 滞后左转的使用可以为直行交通提供更大的绿灯带宽。

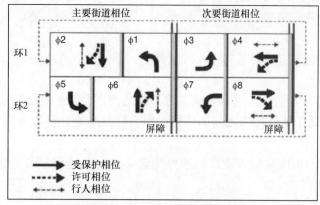

图 10.12　超前 – 滞后左转相位
资料来源：Seyfried（2013）。

如果在保护 – 许可模式下进行左转，那么两个许可左转运动同时结束很重要，否则会导致潜在的不安全情况，即黄灯陷阱。《交通控制设施手册》中关于黄灯陷阱的描述如下：

"在许可左转操作中,相邻直行车道的绿灯显示允许驾驶人进行许可左转。当直行显示为黄灯时,左转驾驶人通常认为对面的直行显示也是黄灯。此时,驾驶人认为可以在黄灯显示期间或对向直行显示为红灯后立即完成左转。然而,在滞后许可左转操作中,左转驾驶人看到的黄灯与对面直行驾驶人看到的信号灯不同,对向的直行显示可能仍然为绿灯。左转的驾驶人认为对面的直行信号显示为黄灯或红灯,而对面的驾驶人看到的是绿灯显示,这种不安全的交通运动会导致严重的撞车事故。如果可以,则可通过仅使用超前 - 左转相位、仅使用受保护模式左转和禁止某一方向左转来避免黄灯陷阱"(Seyfried,2013)。

可以考虑使用闪烁的黄色箭头灯来帮助缓解与黄灯陷阱相关的安全问题。关于如何缓解黄灯陷阱,详细讨论可参见《交通控制设施手册》(Seyfried,2013)第10章。应该注意的是,左转相位和配时的设定通常需要进行工程判断。左转相位时间总是会减损直行绿灯时间,需要对整个交叉路口的信号相位进行权衡。

分离式相位是另一种常用于保护转向的相位设计。在这种相位设计中,交叉口一个进路的所有交通流在一个相位进行,而其对向进路的所有交通流在下一个相位进行。当左转交通量很大而需要多条车道,但受道路宽度限制不能设置左转专用车道而使用共享左转车道时,通常考虑使用分离式相位。因为使用共享车道使得惯用的超前左转或滞后左转变得不切实际。采用分离式相位时需要考虑如何适应行人交通。在《交通控制设施手册》(Seyfried,2013)第10章中,可以找到实施分离式相位的各种具体方法以及说明相位顺序的环 - 屏障图。

10. 右转相位

通常,在许可模式下,右转交通与同向的直行交通同时进行,并与人行横道上的行人运动产生冲突。但根据《交通信号配时手册》(Koonce 等,2008),在某些情况下,下列"专用"相位类型可用于右转运动:

- 添加专门服务于一个或多个右转交通的相位。由于对交叉口其他交通的通行效率有不利影响,这种类型的相位很少使用。
- 将右转交通流分配到交叉路口的补充左转相位中。不过,这种类型的相位需要通过禁止掉头来消除补充左转引起的交通冲突。

11. 行人相位

通常,在交叉路口,行人相位与邻近的直行相位是同时进行的。然而,这种常用的相位策略在许可模式下使行人与右转车辆及左转车辆发生冲突(并产生潜在危险)。《交通信号配时手册》(Koonce 等,2008)建议采用以下措施来解决该问题:

- 超前行人时间——先于相邻直行相位几秒开始。该方法允许行人能够提前使用人行横道,从而减少与转弯车辆的冲突。
- 滞后行人时间——运作方式与超前行人时间类似,不同之处在于行人步行时间落后相邻直行相位几秒开始。
- 行人专用相位(也称为"行人混行"或"巴恩斯之舞")是专门为所有行人设置的相位。这种相位的优点是可以减少右转车辆与行人之间的冲突,但会降低车辆通行能力以及延长周期时间(增加所有道路使用者的延误)。

研究还发现,专用行人相位对行人造成的额外延误导致行人违反信号的比率显著增加(Bechtel,MacLeod,Ragland,2003)。

10.2.3 制订信号时序计划

MUTCD通过显示"WALK、闪烁的DON'T WALK、持续性DON'T WALK"的方式为黄灯和红灯时长的配时参数提供参考、指导和选择。其中,MUTCD提供的一些选择和参考参数已被美国各地的许多司法管辖区作为强制性标准。与大多数准则一样，与信号配时有关的方法和策略应符合权威的标准。了解无障碍公共权利准则（Public Right – of – Way Accessibility Guidelines，PROWAG）也很重要。FH-WA的策略是将美国访问委员会的PROWAG草案作为新信号和重建信号的推荐做法（FHWA）。

与预先规定的不同相位的准确时间相反，精准设计不同相位的时序是需要事先提供的。对于实际信号，一个已确立的时序计划应包括服务相位的规划，该服务相位的时长是介于已确定的最小绿灯时间和最大绿灯时间范围内。最大绿灯时间的估算是需要根据预先设定的条件计算信号配时方案而定的。根据《交通信号配时手册》，信号配时方案应每3~5年审查一次，如果交通量或道路条件有重大变化，则应进行更多频次的审查。形成这些方案通常需要以下类别的数据：交通特征、交通控制设备、交叉口几何形状和历史事故等。

《交通信号配时手册》（Konce等，2008）也提出实地审查的条件，这是因为实地审查可向工程师们提供发现异常信号设备（即车辆和行人指示、探测器和控制器）的绝佳机会。这些异常操作问题是难以通过硬盘存储数据显现出来的，如队列溢出和难以满负荷运行需求的方法等，但这些均可在现场观察发现。有关不同用户类型信息和频率，以及周围发展的信息和频率也有助于估算出合理高效的信号计时方案。还应明确的是，同一个信号计时，可以根据一天中不同时间段的交通模式的差异性而使用不同的配时方案。

依据评估程序的描述，信号配时方案中部分典型参数如图10.13所示。

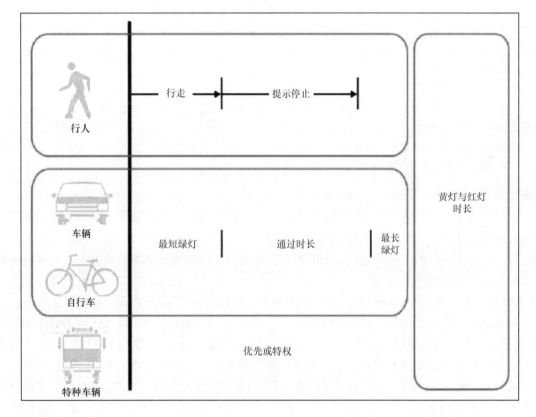

图10.13　信号配时计划相位的典型组成

1. 最小绿灯时间

最小绿灯时间参数是指为行人运动提供最短的绿灯信号时间。最小绿灯时间主要受三个因素的影响：驾驶人期望、排队清空和行人过街需求。基于驾驶人期望的相应最小绿灯时间见表10.3。

最小绿灯时间可能受到交叉口和控制器操作停止牌STOP的影响。与之相对应的基于队列消散的相应最小绿灯时间见表10.4。

最小绿灯时间还必须满足行人通过车辆交通相位的时间,该阶段与行人红绿灯按钮无关,但要满足行人需求。在这种情况下,最小绿灯时间是指行人步行时长加上行人过路间隙时长(估算过程在本节后面描述)。

表 10.3 满足驾驶人期望的最小绿灯时间

阶段类型	设施类型	满足驱动所需的最小绿灯时间(G_e)/s
通过	主干道(限速超过40mile/h)	10~15
	主干道(限速40mile/h 或以下)	7~15
	次干道	4~10
	汇入口,旁支路,私人车道	2~10
左转	无限制	2~5

资料来源:Koonce 等(2008),表 5-3,第 5-9 页。

表 10.4 满足排队消散需求的最小绿灯时间

停车线与附近距离/ft	满足排队消散需求的最小绿灯时间(G_q)/s
0~125	5
26~50	7
51~75	9
76~100	11
101~125	13
126~150	15

注:1. 所列的最小绿灯时间仅适用于具有一个或多个探测器、无停止线标识的路口,伴随有添加初始参数的路口是不适用的。

2. 最小绿灯时间是需要满足排队消散需求的,即 $G_q = 3 + 2n$(以 s 为单位),其中 n 表示在一条车道上停车线与最近上游检测器距离之内的车辆数目。此外,$n = D_d/25$,D_d 为停车线与最近的上游探测器下边界之间的距离(以 ft 为单位),25ft 是平均车辆长度,它会随着车辆类型不同而发生变化。

2. 最大绿灯时间

最大绿灯时间参数通过一组最大时刻来终止一种相位,绿灯信号显示基于一组最长时间来终止某一相位,如果检测到冲突的存在,在该时间内绿灯信号则会显示。最大绿灯时间是用来限制交叉口的其他行为的延误,并防止绿灯循环长度超过最大限值。它还确保了在探测器故障的情况下信号满足不同阶段的需求(Koonce 等,2008)。

《交通信号配时手册》(Koonce 等,2008)提出了两种确定最大绿灯时间的方法。这两种方法都估计了平均交通量所需的绿灯持续时间,并将此值适当放大以适应周期循环的峰值,更为具体的方法详见《交通控制设施手册》(Seyfried,2013)。估计最大绿灯时间的方法之一需要使用临界运动分析来建立等效的最大绿灯配时,详细的分析方法可参考《交通信号配时手册》第 3 章(Koonce 等,2008)。其基本思想是按照每个相位的临界车道组容量比例设置每个相位的绿灯时长。关键车道组是需求最强烈的车道组(而不一定是容量最高的车道组)。例如,拥有许多左转车辆的车道组可能比仅有大容量的直行通过车道的需求更迫切(Roess,Prassas,Mc Shane,2004)。最大绿灯时间的准备时间计划可使用交通仿真软件进行优化。

3. 车辆延长

车辆延长(也称为通行时间、通行间隙或单位延长)是指在绿灯开始时,根据检测到的车辆来延长绿灯时长。此参数将每个车辆通行的绿灯时长扩展到最大绿灯。在一个连续的信号系统(在本章后面讨论)中,车辆延长周期可能会被强制关闭。

4. 黄灯变化区间

黄灯信号指示的目的是对将要进入交通流中的对象发出交通路权即将改变的警示。因此，黄灯信号表明相关的绿灯信号即将结束，或者说红灯信号即将开始。黄灯信号时长可以通过工程实践计算来预先设定。

依据法律许可，只要在黄灯信号显示之前或者闪烁期间，驾驶人可以进入交叉口。在有使用红灯许可时长的辖区内，可以通过使用红灯许可间隔来确保驾驶人可以在交叉口消除右拐车辆与直行车辆之间的潜在冲突，以及车辆与行人之间的潜在冲突（美国46个州和加拿大12个省）。相反，在限制性法律下，驾驶人不得在黄灯信号指示期间进入交叉口，除非在红灯信号指示开始之前，交叉口内车辆已被清除，或者无不安全的停车（美国4个州）。

基于车辆行驶速度或制动性能，驾驶人需要在停止指示牌一定的距离内进行减速。在接近理论距离的临界点，驾驶人可以就制动停止或继续前行做出决定。黄灯时长的持续时间为车辆行驶通过交叉口提供了足够的时间，从初速度开始，经过一定距离后，驾驶人可以在进入交叉口之前以一个合适的减速过程来停车（Eccles，McGee，2001）。在此基础上，对于一个给定行驶速度的黄灯变化时间，由驾驶人感知-反应时间（PRT）、初始速度和车辆减速率等因素决定，其中，1s的PRT是大多数驾驶人所具备的。大多数驾驶人认为合适的制动减速率为3.0m/s²。许多驾驶人可能愿意以轻微不舒适的减速度制动，相当于大于3.0m/s²，而少数人喜欢以更低的减速度来制动。这些加速度离散值的选择将倾向于满足大多数驾驶人的需要，从而形成一个相对保守的黄灯时长设计。

下述方程为黄灯变化配时提供了理论计算参考依据：

$$Y = t + \frac{1.47V}{2a + 2Gg} \tag{10-1}$$

式中 Y——黄灯时长（s）；

V——第85%位车速限值（mile/h）；

t——感知-反应时间，一般假定为1.0s；

a——平均减速度，一般假定为10ft/s²；

g——接近等级（百分比除以100，降级为负值）。

该模型最初是在ITE报告"确定车辆信号变化和间隙间隔"（Thompson，1994）中提出的，之后被广泛称为ITE公式和黄灯时长确定指南。确定黄灯变化间隔持续时间的工程实践发表在ITE《交通信号设计手册》（Kell，Fullerton，1991）中。在2001年的ITE出版物《交通信号中黄灯和全红时长的历史》（Eccles，McGee，2001）中，进一步探讨了红灯和黄灯时长的配时计算。

根据MUTCD的数据，黄灯变化时长应在3.0~6.0s。在下坡的交叉口，由于重力作用会导致长的制动距离，故需要更长的黄灯时长。相反，在上坡道路上，由于制动距离较短，因此需要的黄灯时长也较短。

美国国家公路合作研究计划（NCHRP；McGee等，2012）开展的研究全面审查了目前关于黄灯变化和全红时长的做法，并在美国多个信号交叉口进行了实地调研（McGee等，2012）。该研究回顾了用于黄灯时长配时的方法，包括运动学方程、经验法则、均匀值、组合运动学和停止概率，以及左转弯运动的修正运动学方程。研究结果表明，采用ITE方程来修改黄灯变化间隔的持续时间可以减少36%~50%的红灯运行时间。

美国国家公路合作研究计划也给出了修正黄灯时长参数值的建议。根据现场观测，驾驶人的平均感知反应时间为1.0s，汽车的平均减速度为3m/s²。这两个参数值是ITE公式中的许可接受值。对于车速限值的85%而言，NCHRP的研究认为在汽车直线行驶阶段，该限值可以再提高11km/h；而在左转行驶阶段，该限值需要降低8km/h。

资深的交通工程师在特殊的情况下可以修改上述参数。工程判断也可适用于这些情况，此外，修改内容和修改合理性说明的佐证资料需要一起记录在案。

5. 红灯全红时长

如前所述，黄灯时长的持续时间是为了确保驾驶人能够在黄灯闪烁终止之前进入交叉口。在黄灯变化间隔开始时，远在临界点的驾驶人可在黄灯闪烁结束时处于交叉口内，或者驶离交叉口。然而，当黄灯闪烁开始时，一些刚刚通过交叉口临界点的驾驶人是不可能在黄灯闪烁结束时通过停止线的，只有在这些驾驶人排除了任何潜在可能的冲突之后，交叉路口的交通压力才会得到缓解。为实现这一点，在黄灯闪烁结束后就会引入红灯全红时长。在此期间，过街的行人相位在显示绿灯信号之前需要增设一个红灯信号。红灯间隔配时也称为全红时段。它可以部分或全部清除黄灯时长结束时正在通过交叉口的行驶车辆。它也可以用来帮助清除由于允许左转或其他原因而没有时间在交叉口排队的车辆。

红灯全红时长周期可用来清除部分或全部的交叉口处车辆。全部清除需要综合考虑交叉口的宽度，以及近侧和远侧行人、车辆长度等因素。ITE 出版物《交通信号中黄灯和全红时长历史》（Eccles，McGee，2001）提供了用于清除全部车辆的全红时长的计算方程。

下述方程是在美国计算车辆行驶速度（mile/h）的基准：

$$R = \frac{W + L}{1.47V} \qquad (10\text{-}2)$$

式中　R——全红时长（s）；
　　　V——第 85% 位车速限值（mile/h）；
　　　L——车辆长度，一般假定为 20ft；
　　　W——交叉口宽度（ft）。

美国国家公路合作研究计划（McGee 等，2012）阐述了全红时长分配的相关方法，包括运动方程、均匀值、冲突区和左转动作的修正动力学方程等。研究指出，使用 ITE 方程计算得出的全红时长持续时间可减少 8%~14% 的碰撞冲突，同时降低大约 12% 的碰撞伤害。此外，使用 ITE 方程计算的全红时长并没有影响红灯时右拐车辆行驶。

美国国家公路合作研究计划通过实地观察评估了冲突交通的起动延误。在研究中发现，平均延误时间为 1.1s，之后采用 ITE 方程推荐设置延误 1s 来减少交通冲突。对于全红时长方程中的参数值，NCHRP 也提供了具体建议。研究发现，第 85% 位的车速限值是一个不准确的估计值。因此，对于直行通过的车辆，建议在第 85% 位车速限值基础上增加 11km/h 来估计。此外，研究也建议最小全红时长为 1.0s。

研究表明，在计算车辆左转的全红时长时，无论规定的速度限制如何，都可以推荐使用 32km/h。车辆长度建议为 6m，这是一般常见的乘用车车长，通过增加车辆长度以考虑较大车辆通常认为是不必要的。交叉口宽度是介于近侧边道线的上游边缘到最远车道的延长线或外侧边缘所定义的交叉口远侧的距离。对于左转车辆，测量将沿着转弯路径进行计算。

在特殊条件下需要修改参数时，工程判断或许也可适用于这些情况，但修改内容以及证明修改合理性的佐证资料需要一起记录在案。

6. 困境区域

在高速路上，道路使用者的优柔寡断行为会导致形成犹豫区（第二类困境区域）。在黄灯指示开始时，驾驶人在距离停止标识前几秒的行驶距离内，往往对他们的停车与否存在犹豫不决，图 10.14 描述了这一区域。

如果驾驶人计划继续通过交叉口，但此时另一方向交叉信号指示为绿灯时，可能会导致严重的直角碰撞冲突。另一种情况是车辆突然停止，但这会导致潜在的追尾事故发生。《交通控制设施手册》（Seyfried，2013）中提供了针对困境区域的解决方法。这些方法包括在高速交叉口处的停止标识之前，增加额外的全感应式信号控制装置。在半感应式信号控制（在主要街道上没有探测器）情境下，困境

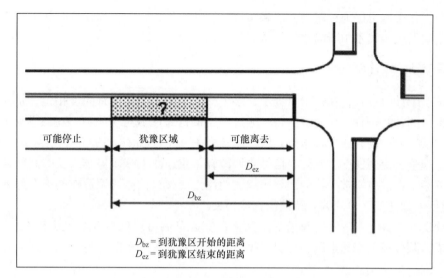

图 10.14 困境区域

资料来源:Koonce 等(2008),图 4.18。

区的保护措施无法开展。因此,对于无信号控制的高速路,不建议采用半感应式信号控制。

7. 行人步行时长

行人相位包括三种时长:步行通过,行人突变(主要指非正常行走、来回穿梭的行为),停止等待。其中,三种时长中的第一种时长主要表示行人在信号内正常通行时长。行人突变时长主要是在正常行走人群中快步穿梭的行人所需要的时长。停止等待时长遵循行人突变时长,通过橙色的举手指示器来体现(Upraised Hand)。当显示举手指示器时,处于相反相位的车辆则处于即将起动或发动状态(FHWA,2009)。

8. 行人时长

行人时长应为行人提供足够的时间来觉察步行通过指示,并确保行人在过街清尾时间前离开。MUTCD(FHWA,2009)指出,行人步行时长应至少为 7s,同时也指出,如果行人流量较低或行人行为不能满足 7s 时,则可使用低至 4s 的步行时间。在行人流量大的城市里,可能需要使用较长的行人时长,以便在步行时长结束前离开路缘,进而为后续的排队行人提供时间通行。在学校或有老年人所在的区域,行人时长应考虑超过 7s。有时,在距离行人过街按钮较远的情况下,也需要增加额外的步行时间。最终,行人时长的制定需要依据当地行政政策,该政策在 MUTCD 和美国残疾人法中有所提供。行人时长的制定必须因地制宜,而不是所谓的"一刀切"。

9. 行人清空时间(Pedestrian Clearance Time)

行人清空时间是行人通过距离除以通过速度计算得到的。MUTCD(FHWA,2009)中推荐计算行人清空时间时的步行速度为 3.5ft/s。而对于步行较慢的人群,如坐轮椅或有视力缺陷的人,MUTCD 推荐采用 3.0ft/s 的步行速度来计算清空时间,从而保证他们具有充足的时间通过交叉口(MUTCD 中第 4E.06 节第 14 段),而关于步行速度演变规则详见 MUTCD 第 3 章。以步行速度 4ft/s 为依据,可用于估算在安装了扩展按钮功能地点的行人清空时间是否足够,以便让较慢的行人有机会通过行人探测器来请求和接收更长的行人清空时间。在行人过街时间超过 7s 的人行横道上,所使用的行人信号探头都应包括行人过街倒计时显示装置,以便告知行人通过交叉口的剩余秒数(FHWA,2009)。

MUTCD 中第 4D.27 节(FHWA,2009)通过改变正常的信号定时和相位计划的方式,提供交通信号设计与操作的选择,以便应对特种车辆接近和通过等行为。可选方案可以简单地扩展当前显示的绿灯时长,也可以复杂地替换整套信号相位和配时。针对救护车和轨道车辆,需要提供优先控制策略。此外,通行船只的吊桥也需要优先控制策略。优先控制策略通常也适用于某些非紧急车辆,如公共汽车和轻轨车辆。公交优先策略可以通过多种方法来实现，例如延长识别阶段的绿灯时间，改变相位序列，并在相邻交叉口之间引入持续不中断的路灯信号（Seyfried, 2013）。

10.2.4　信号序列与协调

信号协调是一个计时过程，在这个过程中，多个交叉口的主街道具有同步相位，是一个以计划速度通过一系列交叉口的计时过程。交通编队行驶通过制定的信号区域可更为有效地发挥路网的潜在容量。信号协调与大批量行人运动，或自行车流，或汽车流等有关（Virkler, 1998）。信号协调也可通过交通走廊来更好地管理整个交通速度。此外，信号协调减轻了主道路上多次停车或长时间延误的问题，这些问题可能会导致撞车事故或不被希望的次要路线的使用。交叉口信号协调运作的潜在好处与车辆、自行车、过境和/或行人到达交叉口的编队特性都直接相关。

在一条设计良好，甚至没有专属车道的道路上，交通车流可以保持800m以上的编队行驶。然而，对于那些不希望编队分离的交通走廊，可以根据信号灯设置，观察车队运行特性，从而检查辅助的交通信号是否有助于维持车队编队行驶。

沿一条主干道或在一个有相交的主干道路网中，800m之内的交通信号和控制器单元是相互连接的。在确定协调信号系统时，需要考虑的因素包括地理特征，如已有交叉口间的距离、可能中断车辆编队的交通控制设施位置，以及车队的组成。

系统协调的时间参数

协调信号定时计划对应的配时参数定义如下：
- 强制关闭——在协调的时间计划中，无论绿灯相位需要与否，都会设置相应点终止绿灯相位。
- 控制器偏移——指示时间关系，用秒或控制器周期长度的百分比表示，由从系统参考点到预先设定的协调相位绿灯中的定义点的滞后来决定。
- 双入口——控制器功能，以确保每个周期中总是有一个相位处于"打开"状态，即使该周期没有需求，否则将"全红时长"与单一的相位进行选择和单独计时。通常，协调信号系列中的所有交叉口都具有相同的周期长度或倍数关系。
- 抑制最大——该功能可以激活单个相位，同时防止相位终止时间达到"最大超时"；然而，它不会停止正常的最大定时器操作。在协调模式下，该功能允许控制器软件程序使用相位分配来确定绿灯最大时间，而不是控制器中的编程最大绿灯时间。在协调的定时计划中，如果最大值没有被抑制和正确设置，则可能在强制关闭点之前使相位达到最大值，而永远不会得到预期的分配。
- 权限窗口——该功能在一个协调的周期内为非协调的阶段（如侧街）需求提供一个机会窗口，以便在当前周期中提供服务。
- 屈服点——一个循环中的点，在第一个允许周期开始和协调阶段，可能通过维持或激活强制关闭点的点。
- 许可期——一个受起点和终点约束的时间区间，控制器可以选择性地服务非协调阶段的车辆和行人需求，受车辆和行人离去的影响。

协调信号的信号配时计划应满足所有道路使用者的定时需要，包括行人、自行车和汽车。机动车交通协调制订计划可详见《交通控制设施手册》（Seyfried, 2013）。骑行者和行人突然出现的协调信号也已引起从业人员的注意（例如，Taylor 和 Mahmassani, 2000），并在必要时在特殊情况下加以考虑。

10.2.5　交叉口能力和性能测量概念

对于现有的交叉口，经常需要对其交通行为进行分析，以确定是否可以通过各种改进措施来改善交通流，包括交叉路口的信号重新定时。交通行为分析包括对各种性能改进措施的估计，以及在各种条件下的延误。交叉口的容量和延误是中断交通流设施的关键评估参数。本节描述了在信号化和非信号化交叉口下估计这些参数的过程。汽车服务水平（Level of Service，LOS）可以通过应用阈值延误度量和检查 V/C（体积与容量）比来获得。如第 5 章所述，交叉口的延误也是多模式 LOS 程序框架中的特征。此外，第 11 章将会讨论多模式交叉路口设计与潜在竞争需求之间的一些内在权衡。

为理解基于 LOS 估计机动车辆的交叉口容量和延误，必须熟悉以下术语的定义：

- 通行能力——在现行条件下，车辆可通过交叉口的最大量。
- 延误——与道路使用者所经历的预期自由流动时间相比，额外增加的流动时间。
- 基础条件和通行条件——基础条件是在给定的交叉口或道路设施下，理想的、最优可能的道路条件；对于交叉口或其他道路设施，通行条件是指可能导致通行能力变化的条件。这些条件随着几何设计（如车道数、车道宽度）、交通状况（如车辆类型分布、驾驶人人数）和交通控制（如停止控制、信号定时和相位）的变化而变化。

关于中断流量设施的 LOS 性能度量方法和标准，由 HCM（TRB，2010）第 3 卷概括。为达到分析目的，HCM 确定了城市街道段和城市街道设施的性能衡量方法。对于高速公路上连续不断的汽车，可以通过车流密度来进行衡量。然而，在有偶尔停车的低需求下，中断流段和设施的汽车性能衡量方法要包括受交通延误影响的行驶速度。当然，对于多模式交通流的其他部分（如行人、自行车和汽车），需要采用不同的标准，其中交通延误是必须考虑的部分（见第 5 章）。关于行人和自行车模式的标准是基于旅行者对整体服务质量的感知。汽车模式的标准是基于服务质量变化对旅客的影响。这些措施并不仅仅依靠直接感知的、实地可测量的标准，如延误。关于多式联运 LOS 的补充资料详见第 5 章。道路上的汽车驾驶人是可以感受到交叉口的延误的。因此，除了 V/C 比外，基于排队论的交通控制延误估计是对交叉口位置的性能度量。

1. 间隙接受行为

间隙接受行为是交通流相互作用的一个重要方面。这种行为也适用于不间断的交通流（例如，高速公路上的合并和变道），在这种情况下，间隙的识别和接受允许驾驶人进入机动车流中。在本节中，间隙接受行为将在中断的环境中进行讨论，即驾驶人如何从受停车控制的次干道合并到不受控制的主干道。

在停车受控制的十字路口，间隙接受模型并不能就道路用户何时离开停车位置以及后续合并进入主干道的行为提供积极的指导。因此，驾驶人（汽车、自行车或货车）必须在停车标志栏处，估计不受控制的车辆主干道与附近车道之间的距离，直到认为车道间隙适合后，方可安全地汇入或穿过主车流。Raf 提出的临界间隙概念表示"比它短的可接受间隙的数目等于比它长的不可接受间隙的数目"（Garber，Hoel，2009）。根据 HCM（TRB，2010），可以根据给定方法来观察最大拒绝和最小接受间隙，从而估计临界间隙。间隙接受的现象也可以用来评估延误、等待时间，以及在交叉口停止指示栏处的排队长度。

2. 信号路口的交通流量措施

交通信号的主要目标之一是尽量减少延误。在一天时间，甚至 1h 内，局部交通流都有可能发生很大变化，因此，信号周期的长度以及在周期内交通的路权分配也应随之发生变化，以减少交通延误。信号交叉口的流量分析主要包括以下因素：

- 交叉口的交通流量和到达特征。
- 交叉口的车辆出发率和饱和流量。
- 由交通造成的起动延误和时间损失。
- 在相反和交叉的交通流中的间隙可用性。
- 绿灯信号的数量和分布以及信号周期内的全绿时长。

这里定义了与信号交叉口操作相关的一些基本概念。这些概念可通过时间与流量关系曲线来阐明，如图 10.15 所示。

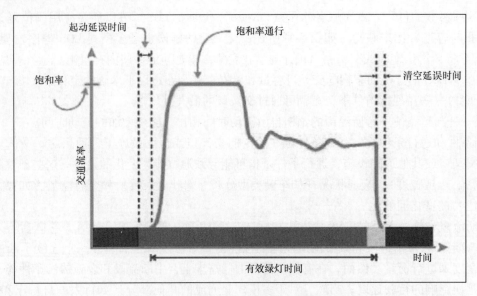

图 10.15　信号交叉口流量作为时间的函数
资料来源：Koonce 等（2008），图 3.2。

1）饱和率：在一次连续的绿灯时间内，每小时通过交叉口的车辆数，或每车道每小时通过的车辆数。

2）起动延误时间：指信号交叉口车队的前几辆车，依据绿灯信号的反应来起动、加速至稳定速度所消耗的额外时间，以 s 为单位。

3）清空延误时间：在交叉口的两个信号相位之间，任何具有潜在危险的交通活动都不可执行的时间，一般以 s 为单位。

4）有效绿灯时间：进行某一交通活动或一系列活动需要的时间。它等于循环长度减去有效的红灯时间。有效的红灯时间还包括每个周期的总延误时间。

5）信号交叉口的延误估计：在分析周期内，所有车辆经历的平均控制延误是信号交叉口的 LOS 标准之一（同时还有交通量与通行能力比）。根据 HCM，延误估计定义为

$$d = d_1 + d_2 + d_3 \cdots \tag{10-3}$$

式中　d——控制延误（s/辆）；
　　　d_1——均匀延误（s/辆）；
　　　d_2——增量延误（s/辆）；
　　　d_3——初始队列延误（s/辆）。

HCM 延误估计模型来源于分析非饱和交叉方法。图 10.16 显示了交叉口的典型到达和离开曲线。

（1）均匀延误　当信号变为绿灯时，均匀到达率为 q，离开率为饱和流量 S，所有车辆的总延误可以定义如下：

$$UD_a = \frac{1}{2}C(1 - g/C)Q_s \tag{10-4}$$

式中　C——信号周期长度，有效红绿间隔之和；
　　　g——有效绿灯时间；
　　　Q_s——在进口道直到队列消散为止的累计次数。

集合延误是图 10.16 中阴影三角形的面积。在图中，从红灯阶段开始到队列消散的累计到达次数是由到达率乘以从红灯阶段开始到队列消散的时间来定义的。利用输入–输出方法对交通队列进行分析，可以得到均匀延误的估计如下：

$$d_1 = UD = \frac{1}{2} \frac{C(1 - g/C)^2}{1 - \left(\dfrac{g}{C}\right)X} \tag{10-5}$$

式中 X——非饱和交叉口进口道的交通量与通行能力之比。

HCM（TRB，2010）建议使用 $X = 1$ 来估计过饱和交叉口进口道的均匀延误。所有其他术语都与前面定义的一样。

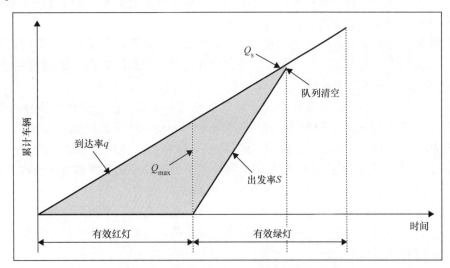

图 10.16　不饱和信号交叉口的确定性队列表示
资料来源：Gartner，Messer，Rathi（1997）。

详细的计算过程可在几种《交通工程手册》中找到（如 Roess，Prassas，Mcshane 2004）。需要指出的是，对控制延误的均布分量的估计假定有：
- 有效的绿灯循环周期和该周期内的饱和流速率。
- 抵达数是分布均匀的。

HCM 延误方法中删除了上述假设，以便更准确地估计均匀延误，通过将连续的交通活动、具有多个绿灯周期的运动，以及具有多个饱和流速率的运动（例如，受保护的左转）考虑在内，来执行一个递增的队列积累的计算过程。

（2）增量延误　根据 HCM 阐述，增量延误由两个部分组成，一种是在偶尔超过流动能力的周期波动导致的随机周期内产生的延误；另一种是在分析期内持续过饱和引起的延误。在分析期结束时，存在的队列被称为残差队列（TRB，2010）。

（3）初始队列延误　HCM 关于增量延误估计的假设是在分析周期开始时不存在队列。式（10-3）中的 d_3 项解释了由于初始队列而产生的额外延误。HCM 指出："应该注意的是，'初始队列'并不是指由于需求而逐周期波动的车辆队列。"在 HCM 的第 18 章中给出了所有这些交叉口延误分量的详细计算过程。虽然这里没有讨论环形交叉路口特有的性能测量参数，但感兴趣的读者可以在 HCM 第 21 章中找到。

值得注意的是，HCM 延误方法忽略了交叉路口的特殊需求、通行能力和控制条件（例如，下游交叉口的队列溢出、转弯溢出等）。现有的交通流仿真模型已是高效的替代方案，进而能够详细评价和估算相关位置的延误。HCM（TRB，2010）对初始队列延误计算方法的具体局限性（包括但不限于这里讨论的延误模型）进行了重要的讨论和指导，而这些局限性可通过模拟工具得以解决。

10.2.6　环形交叉路：运行注意事项

在环形交叉路口，来自不同方向的具有冲突性的交通流势必会相互融合，并依据驾驶人预期的方向进入和离开环形交叉口（Rodergerdts 等，2010），因此，环形交叉口的几何参数设计对交叉口交通流存在至关重要的作用。环形交叉口的几何形状设计需要着重考虑一些细节元素，而有关这些元素的详细信息，读者可参考《环形交叉路口：信息指南（第二版）》。Rodegerderts 等（2010）指出，环形交叉口几何设计参数对交通运行情况的影响是一个持续的研究对象。特别地，相比澳大利亚和美国的研究，英国的研究结果表明，交通通行能力与适当的几何设计参数之间存在着较强的相关性。而澳大利亚和美国的研究表明，交通流参数比几何设计参数对环形交叉口运行情况的影响更为显著。这一节侧重于环形交叉路口常见的运行注意事项，以及性能可衡量的参数。

换道现象同样对环形交叉口的车辆运行起着重要的作用。车辆进入环形交叉路口时需要寻找和接受可驶入的车道。在绕行车速较低时，车道介入和车辆合并过程是相对简单的；而较高的绕行车速会对环形交叉路口车辆运行产生负面的影响。

还应指出的是，所有车辆的运行在环形交叉路口是相互平等的，而不像在停止标志和交通信号附近，对那些相对更为急需的车辆提供优先权的情形。根据 Rodegerdts 等的研究（2010）："与其他交叉类型和控制策略相比，应特别考虑在应急路线上的限制"。这将会产生比其他主干道路上更为严重的交通延误。因此，在选择环形交叉路口的位置时，应考虑整个街道的登记类别和层次结构。在涉及协调信号系统的情况下，环形交叉口处的道路优先权是不予考虑的。

在拥有最大交通流汇入的环形交叉口附近的信号设施，通常是将一个协调信号系统分解为两个子信号协调控制系统。这样做的优势是降低循环周期长度的最小值。后面的章节将会详细介绍现存的和未来的环形交叉口的关键性能参数等内容。

环形交叉口通行能力和跟进（时间）距离

随着冲突车流的增加，环形交叉路口处的通行能力将会下降。通行能力为每个可使用道路的车辆进入量。主要的冲突车流是指从可用道路直接进入交叉口的环形车流。当冲突车流接近零时，最大的进入车流量可采用跟进距离进行表征，这类似于信号交叉道路上的饱和距离（Rodegerdts 等，2010）。HCM 指出，道路使用者的行为和居民对环形交叉路口的熟悉程度是至关重要的，这也是导致美国环形交叉路口通行能力较低的潜在原因之一。

通常使用三种性能指标来评估给定的交叉口设计效果：饱和度、延误和排队长度。每个性能指标都提供了独特的视角来评估环形交叉路口在给定的交通和几何条件下的服务质量。此外，在计算特定的性能指标之前，应先掌握对环形交叉口入口处的估算值。

（1）饱和度 饱和度表示环形交叉路口入口的实际交通量除以入口的饱和交通容量。虽然 HCM 没有给出具体的饱和度标准，但根据 Rodergerdts（Roundabout Guide）指南，反映交叉口饱和度的阈值范围为 $0.85 \sim 0.9$（Rodergerdts 等，2010）。

（2）延误 环形交叉路口的延误包括控制延误和几何延误。控制延误是指用户由于控制器的原因而产生的额外的出行时间，包括信号分配的通行权、将通行权以安全的方式过渡所花费的时间、遇到排队时车辆减速的时间、等待绿灯开始的时间，以及加速的时间等。应该指出，HCM（TRB，2010）只包括测量控制延误的过程，这也是制定控制延误的标准。给定车道的平均控制延误是关于车道容量和饱和度的函数。用于分配 LOS A~F 的控制延误所用的阈值与用于双向停车控制（TWSC）交叉口的阈值相同。无论控制延误如何估算，一旦车道的交通量与容量比值超过 1.0，无论何种控制延误都会分配到 LOS F。

几何延误是指不存在冲突的单一车辆在进入环形交叉口后，通过降低速度、再加速到正常速度过程中所需要的额外时间。虽然几何延误是环形交叉口延误中更为重要的一部分（例如，与 TWSC 或信号交叉口相比），但 HCM 估算依旧无法将其考虑在内。由澳大利亚出版的《环形交叉口设计指南》（Austroads，1993）提供了几何延误的估算方法（Rodegerdts 等，2010）。

（3）排队长度 虽然排队长度不是 LOS 标准的一部分，但仍需要根据可用的容量和环形交叉路口附近的车道进行检查。《环形交叉路口：信息指南（第二版）》（Rodegerdts 等，2010）提供了估计每条车道排队长度的方程：

$$Q_{95} = 900T \left[x - 1 + \sqrt{(1-x)^2 + \frac{(\frac{3.600}{C})x}{150T}} \right] \left(\frac{C}{3.600} \right) \tag{10-6}$$

式中　Q_{95}——第95%位队列（辆）；

　　　x——主车道的饱和度；

　　　C——主车道的容量（辆/h）；

　　　T——时间段（h），对于1h，$T=1$，对于15min，$T=0.25$。

注：该方程用于估计每个车道上的队列长度，而不考虑与相邻车道交叉排队长度。如果有证据表明相邻车道间队列之间的重要性，则《环形交叉路口：信息指南》建议考虑使用确定性工具和模拟工具对环形交叉路口进行操作评估。

这里所描述的三个关键性能指标，在给定的交通和几何条件下，提供了一个关于环形交叉口通行能力的独特视角。因此，在分析给定的环形交叉路口时，应尽可能多地估计这些性能指标。如前所述，环形交叉路口处需要更细致的设计元素，如进入、循环和驶出的速度差，以及车道宽度，这都会显著影响交叉路口处的运行和安全性能。如果设计不当，将无法实现、延误和排队长度等指标的估计。需要说明的是，HCM（TRB，2010）和《环形交叉路口：信息指南（第二版）》（Rodegerdts 等，2010）阐述了详细的参数估计算法与设计元素的影响关系。

10.3　案例研究

有多种处理方法可应用于十字交叉路口，以提高所有用户的安全性和运营效率。通常，这些处理方法主要围绕设计和控制功能进行联合修改，因为相对于任何道路位置而言，交叉路口会将诸多交通行为和冲突行为汇集在一起。与其他道路的改善措施一样，交叉路口处理也会在特定方面存在利弊关系。改进优化的主要原则是在所有操作和安全领域利益最大化的基础上，兼顾建造、维护等方面的附加成本，使其保持尽可能低的改造成本。

为了说明计划的实施和多模式不连续交通流设施的操作概念，以下3个部分介绍了3个案例研究。这些示例重点介绍了本章所讨论的交通工程概念及其实际应用。其中第一个案例是采用实际工程措施来解决闯红灯的问题。第二个案例是通过将TWSC交叉口转换为环形交叉路口，解决了交通冲突和安全改善的问题。第三个案例涉及弗吉尼亚北部实施的智能系统，以改善行人通行，特别是对于残疾人。

10.3.1　关于闯红灯的工程对策的评价

利用交通信号灯分配路权能够有效地确保道路使用者选择并遵守信号灯指示进行活动。此案例研选自 Bonneson 和 Zimmerman（2004），其描述了增加黄灯时长解决闯红灯问题的过程。

1. 问题

Bonneson 和 Zimmerman（2004）指出，非故意的违反红灯信号的行为可能是由于信号可见度差导致的。相比之下，故意违反信号灯的行为或许可以通过增加黄灯时长来解决。这些所谓的故意行为是指驾驶人看到信号指示（黄灯或红灯），但在到达交叉路口前发现无法安全停车。然而，对闯红灯行为的研究大多集中在执法的有效性上，而就工程对策评价的研究相对较少。

2. 评价方法

在8个交叉口站点前后进行了针对性研究分析，其中站点被定义为一个交叉的车道。每个"前"研究和每个"后"研究都包括每个交叉口车道上收集6h所得的交通流数据。在每个站点，"后"研究是在黄灯增加后连续 6 个月进行收集的。黄灯时长增量从 0.6s 增加至 1.5s。依据站点的信号协调不被扰乱和任何黄灯时长不超过 5.5s 的规则来增加黄灯间隔时间。这两种方法下，黄灯间隔没有改变，依旧是协调站点服务的。该站点是作为一个对比性的站点。利用经验贝叶斯方法对"前"时段的车辆闯红灯频率进行无偏估计。

3. 经验借鉴

该研究的主要结果表明，增加黄灯时长或降低行驶速度都可有效地减少闯红灯行为；但是，这对涉及闯红灯导致事故的影响甚微。通过该工程措施的实施，可有效降低与车辆左转相关的交通事故。此外，针对"前后"的研究证实了驾驶人可适应黄灯时间的增加。然而，这种适应并不能体现出由黄灯时长增加所带来的益处。还应注意的是，增加黄灯时长最有利于降低交叉口的交通违规频率，在这些交叉口处，已有的黄灯时长是要小于采用 ITE 公式计算所得的黄灯时长的（本章前面已讨论）。由此可知，增加黄灯时长虽然是解决闯红灯行为的有效措施之一，但对于交叉口最有效的措施选择应根据综合交通条件、控制设备可见度和交叉口视距的工程分析而实施。

10.3.2 明尼苏达州斯科特县的环形交叉路口

1. 背景

13 号高速公路与 2 号县道的交叉口处（2 号县道上最初设有 TWSC）。本案例研究描述了将此四路交叉口的 TWSC 转换为环形交叉路口的过程。然而，在转化过程中，高速公路将会等效转换为限速为 55mile/h 的乡村公路。本案例来源于 FHWA 对转换的描述。

2. 问题

在 2000 年 6 月—2005 年 6 月这 5 年中，四路交叉口的 TWSC 是 2 起致命事故和 50 起受伤事故的发生点。为提高道路安全，该路口采用了更大的停车标志、条纹和闪烁灯（以及其他）等方法来提高安全性，但这些措施似乎并未显著降低交通事故发生率。

3. 解决办法

如前所述，环形交叉路口可用于消除和/或减少交通冲突的严重性。从四路交叉口的 TWSC 转换为环形交叉路口后，车辆冲突的数量从 32 个减少到 8 个（参见 FWHA 的《环形交叉路口：信息指南》）。环形交叉路口同样可减少行人冲突，但是，这与乡村地区位置没有直接关系。

4. 执行问题

这些地方的路缘和桥台都经过精心设计，以使宽阔的农用车和大型铲雪车可有效通过环岛。此外，环形交叉路口的设计包括了附加的标志、扩大的中圈和路缘，以及一个凸起的中心墩，这些都以视觉方式提示驾驶人减慢速度来进行环形绕行。由于不需要额外的通行权，因此交叉路口造价的成本很低。

5. 经验借鉴

在实施环形交叉路口后，每年（在两年期间）在交叉路口发生的事故总数从原来的 6.3 起减少到现在的 1.5 起，每年发生的受伤事故从 4.7 起减少到仅有 1.0 起。这一案例的成功实施为明尼苏达州交通部以及地方司法机构，在容易发生交通事故的交叉口和环岛设计的观念及实施奠定了良好基础。

10.3.3 弗吉尼亚莱斯顿的智能交通信号系统

作为联邦公路管理局在线的行人安全指南和对策选择系统的一部分，它强调了一种通过经济有效的处理方法，将行人出行需求纳入大流量交通信号中去。该网站上列举的 20 个州以及加拿大和瑞士的多种处理方法说明了交通信号系统能够有效改善行人出行安全。

在这项由行人和自行车信息中心（Pedestrian and Bicycle Information Center）开展的研究中，"智能"技术被纳入弗吉尼亚州北部的一个交通信号系统，目的是改善行人，特别是残疾人的可达性（《行人安全指南和对策选择系统》）。这些改进措施可以用来解决由于该地区行人交通增加带来的问题。基于这种需求，弗吉尼亚州的北弗吉尼亚区（NOVA）试图将这种创新的多模式计划纳入信号系统中，以此来解决交通拥堵和改善行人流动性。

1. 处理

在该地区实施了 5 项不同的改进措施。第一个是弗吉尼亚州莱斯顿的"走中休息"试行项目。莱斯顿是一个混合用途的规划社区，莱斯顿大道横贯社区，是一条交通繁忙的四车道主干路。由于其位置原因，行人需要穿越该道路往返于商业区和住宅区。在 9 个交叉路口中，WALK 指示器与绿灯信号指示器协调作用，而不需要行人通过按钮激活指示器来穿行道路。这节省了行人等待时间，减少了不合法和危险地穿行马路的行人数量。第二个改进措施是在大流量交叉口安装了先进的行人专用时相，对于行人而言，WALK 指示器提供足够长的时间让行人注意右转车辆，进而观察交通情况以便穿行道路。第三个改进措施是在繁忙的区域性枢纽（如地铁站和公交站）安装了行人倒数计时显示器。第四个措施是无障碍行人交通信号（APS），它带有定位器声音、振动以及文字信息，可以向残障人士提供穿行马路的信息，并重新固定信号系统按钮来提高其可用性。第五个措施是沿着繁忙的商业走廊安装示意指示牌，使用 18 个指示牌向居住在附近的行人提供清晰的行人信号操作说明。

2. 结果

当地市民对所有这些举措的成果感到满意，并认为这些改进可为行人，尤其是行人横穿马路，提供更安全的交通环境。由于 VDOT 的成本相对较低，当地未来还会将其应用于更多行人交叉路口规划工程中。

10.4　新兴趋势

随着交通工程实践的发展，以及人们对多模式、可持续性、弹性、用户需求和多用途灵活性概念的更多重视，设计重点已经以模仿方式转移到适应需求。本章前几节已经讨论了其中的许多问题，接下来的几节将介绍一些在交叉路口设计中的新的想法。有些"非常规性"的想法已经应用了几十年，其他的则在众多应用项目中逐渐被认可。

10.4.1　行人和自行车的信号

1. 无障碍行人信号

无障碍行人信号通过向视力障碍的行人提供语音信号，以帮助其通过信号交叉口。MUTCD 指出，基于以下工程研究和评估，无障碍行人信号或许可以得到推广应用（FHWA，2009）：

- 无障碍行人信号的潜在需求。
- 无障碍行人信号的需求。
- 考虑行人通行时的交通流量，包括小交通流量的时段。
- 红灯转弯的交通量。
- 交通信号相位的复杂性（比如分解相位、转弯保护相位、引导行人间隔和行人专用相位）。
- 交叉口几何的复杂性。

关于无障碍行人信号的应用、设计和操作，MUTCD 提供了详细指导。

2. 自行车信号

2013 年，联邦公路管理局颁布了第 16 号暂行政令（IA-16），提供了有关自行车信号的使用指南（FHWA，2014）。自行车信号主要管理自行车行为和解决下述问题：

- 骑行者不遵守交通管制。
- 提供一个提前或滞后的自行车间隔。
- 在专用转弯车道的右侧拓展自行车道。

- 加强隔离式逆流自行车设施的设计。
- 通过复杂的交叉口、冲突区域和信号控制，为异常或意外的骑行行为提供便利，提高其安全性。

根据 IA-16（FHWA，2014），自行车使用者须知如下：

- 自行车信号指示的意义。
- 稳态自行车信号的应用。
- 自行车信号的设计。
- 自行车信号的操作。
- 自行车信号的授权。
- 监管签署。
- 禁止使用。

10.4.2　非常规交叉口设计

为了提高交叉口的通行效率和安全性，工程师在主道/汇集交叉口应用了各种非常规策略。之所以称为非常规，是因为这些措施融合了标准的四路交叉口或三路交叉口不使用的几何特征或运动限制等要素。这些要素包括消除或重新布置各类通行和转弯的动作。这些设计的共同之处是追求大容量主干道的通行能力以改善交叉口整体运行。一般而言，这些优势主要是通过移动或消除左转冲突行为和少数交叉道路来实现的，从而减少信号相位的数量（以及相关的起动延误和清除时间），使得交叉口拥有一个简单的两相位控制。但是，这些好处有时会以增加延误、通行时间、主要街道左转交通以及一些小型街道上车辆和行人出行的距离为代价。

以下各节描述了这些设计的基本布局和操作，以及每种设计相对于类似的四路交叉口设计的优缺点。本节还讨论了最优设计位置和条件。此处提供的信息已在众多研究和从业人员的报告中进行了总结。其他细节和设计方法也可以在《交叉口安全和设计手册》中查阅（ITE，2004）。

1. 中等远引掉头

中等远引掉头设计的主要目的是在主要交叉路口消除所有的左转交通。在此配置中，高速公路上主要的交叉路口所有左转交通都转换为右转，形成一个 U 形转弯掉头。图 10.17 显示了一个典型的中等远引掉头示意图。

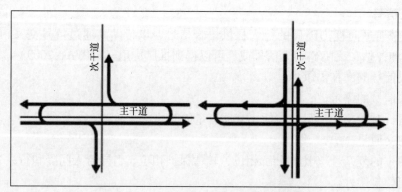

图 10.17　典型的中等远引掉头示意图

这种信号交叉口设计主要应用于主干道，因为它不必考虑将信号周期时长分配给左转车辆。由于可采用两相位来控制中等远引掉头的可行性，这种设计措施可以很好地协调大流量主干道上的交通信号。这种设计还消除或重新定位了与所有车辆左转相关的冲突。因此，由左转引起的直接冲突得到消除。需要注意的是，虽然右拐和中等远引掉头可能会导致事故风险增加，但这些事故风险往往小于车辆左转造成的风险。

当然，使用中等远引掉头设计也存在一些缺点，其中一个缺点是有可能增加了左转交通的停车和延误时间。尽管如此，在特定的交通流条件下，这种设计已展现出改善交叉口总体延误和行驶时间的重要作用。另一个缺点是，中等远引掉头设计需要在主干道上设有大规模的道路（事实上，AASHTO 建议以 60ft 作为中位数，以容纳大型货车）。当需要保证信号时，这种设计还需要使用多个信号装置（通常是三个：一个用于主交叉路口，其余两个用于中间交叉路口），而不是一个。

从非机动车用户的角度来看，这种设计对行人横穿马路的威胁比标准的四路交叉路口要小。尽管这种设计需要更多的时间来穿越主干道，但可以为行人设置安全区。还应注意的是，穿行道路距离越长，就越需要更长的最小绿灯时长，或者两个周期的行人穿行道路通过信号。因此，这种设计可能会导致更多的行人过街与右转行驶的交通流发生事故。

中等远引掉头交叉口最适用于交通流量大、左转弯量小的主干路，以及行人具有优先权的道路走廊。

2. 连续流交叉口

移位左转交叉口（XDL）（也称为两相增强型平交路口和连续流交叉口）是在道路交叉口前，将主干道上左转的交通优先权转移到相反方向车道上，如图 10.18 所示。然后，同时完成左转动作，不与伴随的和相反的车流形成干扰。

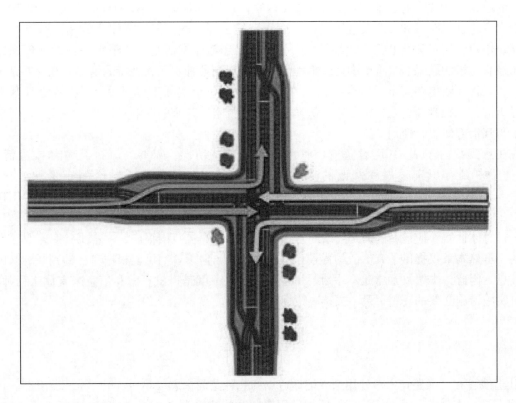

图 10.18　连续流交叉口

资料来源：Margiotta，Spiller（2012）。

左转车道的移动允许主路口以两相信号运行。如果存在右转优先或其他成本问题，则可以采用三相位信号来取消象限区域中的一个或多个匝道。

在大流量情况下，也可以在交叉路口之前发出左转跨道信号。由于跨道信号可以与主交叉路口的信号相协调使用，该信号对于交叉口整体运行的影响较小。

由于这种设计不需要宽的中间隔离带设置跨界车道，因此可以应用于狭窄的道路。当然，XDL 交叉路口也存在一些缺陷。因为驾驶人必须在交叉路口之前进行左转，信号灯必须给予明确的引导指示，提醒驾驶人关注即将移位的道路，并将其引导至合适的车道。由于交叉路口内有多个车道交叉，以及在交叉路口转弯车道上，车辆会从意想不到的方向驶来等原因，行人也需要进行引导并被告知车辆驶入方向。

连续流交叉路口最适合大流量主干道且无需掉头。另一个重要的考虑因素是交叉口附近的发展水平。由于左转车道和右转车道的位置，移位左转交叉口难以轻松进入或驶离相邻车道。

尽管连续流交叉路口已经使用了大约40年，但是在美国，这种设计并未得到大量应用。1994年，纽约长岛建立了一个单象限带有匝道的T型交叉路口；2000年，马里兰州建造了另一个类似交叉路口；2001年，路易斯安那州巴吞鲁日建造了一个拥有四车道中两车道的部分移位左转交叉口。

10.5 结论

本章从两方面讨论了交叉口，一方面是从顶层、底层这两个角度阐述了任何位置或条件下的信息应用，另一方面是解决特定需求和无中断多模式交通难题的针对性观点表述。这些概念的应用细节和进一步讨论将会在本手册的后续章节进行阐述，尤其是第11~14章。本章还介绍了相关资料，以指导读者从更权威的道路设计和交通控制资源中找到重点内容，包括但不限于AASHTO绿皮书和MUTCD。

尽管本章包含的技术和实践展现了经过全面研究的工程实践，但需要注意的是，所有交叉口（如所有道路、用户、位置和交通状况）都是独一无二的。还需注意的是，几乎每一种设计理念或措施都会带来积极和消极的结果。最重要的是，工程师经常会遇到各种实例和独特的情况，在这些情况下，没有一种已有工程实践能够完全"符合"情况。因此，针对每个实际工程问题，工程师必须基于已有的实践和经历进行工程判断，在特定位置上认真评估替代技术所带来的影响和优势，替代技术是应该单独使用还是与其他方法组合使用。

还应注意到，由于MUTCD设备应用程序导致的独特情况，需要对其进行解释或澄清。因此，MUTCD程序中具有识别发展和修改的功能（FHWA，2009）。本章所讨论的矩形快速闪光信号（RRFB）是用于辅助行人的示例，在2009版MUTCD中并未使用。但是，直到RFFB成为MUTCD的下一版之前，它都可以根据FHWA在2008年7月授予的临时批准的规定继续使用。

但是，总体而言，应该明确的是，中断且多模式下的交通流范围很广，一本书的一章是难以涵盖全部内容的。虽然本章仅提供了有价值的背景和基础性信息，但读者们可以根据自己的判断力来解释和应用这些信息。因此，本章（通常是本手册）的主要目的之一就是提供资源和信息来支撑工程师的职责，包括所有实施措施必要的完整记录、文档决策标准和论证。

尾 注

1. 让道线：在交叉路口入口处用来标记让道点的一种路面标志（Rodegerdts等，2010）。
2. 安全岛：在道路上凸起或涂漆的区域，用来隔离进出交通和交通转向等，向两阶段穿越交叉口人行横道的行人提供安全空间，也被称为中间岛或隔离岛（Rodegerdts等，2010）。
3. 单车道环岛：在所有入口设有单车道及一个循环车道的环形路；其他类型的现代环形路包括迷你环形路和多车道环形路。迷你环形路只包括一个中心岛，而多车道环形路至少有一个带有两条或多条车道的入口，以及一个可容纳多辆并排行驶的车辆的循环车道。

参 考 文 献

American Association of State Highway and Transportation Officials (AASHTO). (2011). *A policy on geometric design of highways and streets* (6th ed.). Washington, DC: AASHTO.

———. (2012). *Guide for the development of bicycle facilities*. Washington, DC: AASHTO.

Austroads. (1993). *Part 6: Roundabouts*. In *Guide to traffic engineering practice*. Sydney, Australia: Austroads.

Bechtel, A. K., MacLeod, K. E., and Ragland, D. R. (2003). *Oakland Chinatown pedestrian scramble: An evaluation*. Safe Transportation Research and Education Center. Retrieved from http://escholarship.org/uc/item/3fh5q4dk.

Bonneson, J., Laustsen, K., Rodegerdts, L., and Beaird, S. (2014). *Crash experience warrant for traffic signals* (NCHRP Web-only Document 204). Washington, DC: NCHRP.

Bonneson, J., and Zimmerman, K. (2004). Effect of yellow-interval timing on the frequency of red-light violations at urban intersections. *Transportation Research Record, 1865*, 20-27.

Eccles, K. A., and McGee, H. W. (2001). *A history of the yellow and all-red intervals for traffic signals*. Retrieved from http://trid.trb.org/view.aspx?id=643153.

Federal Highway Administration (FHWA). (n.d.a). *Frequently asked questions—Part 4 highway traffic signals—FHWA MUTCD*. Retrieved from http://mutcd.fhwa.dot.gov/knowledge/faqs/faq_part4.htm#pcfq11.

———. (n.d.b). Minnesota roundabout—A Scott County success story—Safety, Federal Highway Administration. Retrieved from http://safety.fhwa.dot.gov/intersection/resources/casestudies/fhwasa09013/.

———. (2008). Interim approval for optional use of rectangular rapid flashing beacons (IA-11) (Interim Approvals Issued by FHWA—FHWA MUTCD). Retrieved from http://mutcd.fhwa.dot.gov/resources/interim_approval/ia11/fhwamemo.htm.

———. (2009). *Manual on uniform traffic control devices (MUTCD)*. Washington, DC: FHWA.

———. (2014). Interim approval for optional use of a bicycle signal face (IA-16) (Interim Approvals Issued by FHWA—FHWA MUTCD). Retrieved from http://mutcd.fhwa.dot.gov/resources/interim_approval/ia16/.

Garber, N., and Hoel, L. (2009). *Highway and traffic engineering*. Toronto, ON, Canada: Cengage Learning International.

Inman, V. W., Davis, G. W., and Sauerburger, D. (2006). *Pedestrian access to roundabouts: Assessment of motorists' yielding to visually impaired pedestrians and potential treatments to improve access* (No. FHWA-HRT-05-080). Washington, DC: FHWA, U.S. Department of Transportation. Retrieved from http://trid.trb.org/view.aspx?id=786696.

Institute of Transportation Engineers (ITE). (2004). *Toolbox on intersection safety and design*. Washington, DC: Federal Highway Administration and Institute of Transportation Engineers.

Kell, J. H., and Fullerton, I. J. (1991). *Manual of traffic signal design*. Retrieved from http://trid.trb.org/view.aspx?id=349378.

Koonce, P., Rodegerdts, L., Lee, K., Quayle, S., Beaird, S., Braud, C., et al. (2008). *Traffic signal timing manual*. Retrieved from http://trid.trb.org/view.aspx?id=875807.

Margiotta, R. A., and Spiller, N. C. (2012). *Recurring traffic bottlenecks: A primer: Focus on low-cost operational improvements*. Retrieved from http://trid.trb.org/view.aspx?id=1143911.

McGee, H., Moriarty, K., Eccles, K., Liu, M., Gates, T., and Retting, R. (2012). *Guidelines for timing yellow and all-red intervals at signalized intersections* (NCHRP Report 731). Washington, DC: Transportation Research Board.

McGee, H., Taori, S., and Persaud, B. (2003). *Crash experience warrant for traffic signals* (NCHRP Report 491). Washington, DC: TRB.

National Association of City Transportation Officials (NACTO). (2014). *Urban bikeway design guide* (2nd ed.). Washington, DC: Island Press.

Ogden, B. D. (2007). *Railroad-highway grade crossing handbook*. Retrieved from http://trid.trb.org/view.aspx?id=1154855.

Pedestrian safety guide and countermeasure selection system. (n.d.). Retrieved from www.pedbikesafe.org/PEDSAFE/casestudies_detail.cfm?CM_NUM=61&CS_NUM=102.

Robinson, B.W., Rodegerdts, L., Scarborough,W., Kittelson,W., Troutbeck, R., Brilon,W., et al. (2000). *Roundabouts: An infor-*

mational guide. Retrieved from http://trid.trb.org/view.aspx?id=654119.

Rodegerdts, L., Bansen, J., Tiesler, C., Knudsen, J., Myers, E., Johnson, M., et al. (2010). *Roundabouts: An informational guide* (NCHRP Report 672). Washington, DC: Transportation Research Board.

Rodegerdts, L. A., Nevers, B., Robinson, B., Ringert, J., Koonce, P., Bansen, J., et al. (2004). *Signalized intersections: Informational guide* (No. FHWA-HRT-04–091). Washington, DC: Federal Highway Administration, U.S. Department of Transportation. Retrieved from http://trid.trb.org/view.aspx?id=771951.

Roess, R. P., Prassas, E. S., and McShane, W. R. (2004). *Traffic engineering*. Upper Saddle River, NJ: Prentice Hall.

Roundabouts in Minnesota. (n.d.). Retrieved from http://www.dot.state.mn.us/roundabouts/.

Seyfried, R. (ed.). (2013). *Traffic control devices handbook* (2nd ed.). Washington, DC: Institute of Transportation Engineers.

Taylor, D. B., and Mahmassani, H. S. (2000). Coordinating traffic signals for bicycle progression. *Transportation Research Record: Journal of the Transportation Research Board*, *1705*(1), 85–92.

Thompson, B. A. (1994). *Determining vehicle signal change and clearance intervals*. Washington, DC: ITE.

Transportation Research Board (TRB). (2003). *Access management manual*. Washington, DC: TRB.

———. (2010). *Highway capacity manual 2010*. Washington DC: TRB.

Virkler, M. R. (1998). Signal coordination benefits for pedestrians. *Transportation Research Record: Journal of the Transportation Research Board*, *1636*(1), 77–82.

补 充 信 息

Dover, Victor, and Massengale, John. *Street Design*: The Secret to Great Cities and Towns. Hoboken: John Wiley and Sons, 2014.

Federal Highway Administration (FHWA). *Desktop Reference for Crash Reduction Factors*. United States Department of Transportation Report No. FHWA-SA-07–015, Washington, DC, 2007.

———. *Permissive/Protected Left Turn Phasing, Intersection Safety Case Study*. Washington, DC: USDOT Office of Safety, 2007. Available at http://safety.fhwa.dot.gov/intersection/resources/casestudies/fhwasa09015/fhwasa09015.pdf.

Jacobs, Allan. *Great Streets*. Cambridge, MA: MIT Press, 1995.

National Association of City Transportation Officials. *Urban Bikeway Design Guide* (2nd ed.). Washington, DC: Island Press, 2014.

Pedestrian and Bicycle Council and CFA Consultants. "Evaluation Tools for Complete Streets." Unpublished presentation (ITE), January 2011.

A Guide for Reducing Collisions at Signalized Intersections. National Cooperative Highway Research Program Report 500, Volume 12. Washington, DC: The National Academies, 2004.

Improving Pedestrian Safety at Unsignalized Crossings. National Cooperative Highway Research Program Report 562/Transit Cooperative Research Program Report 112, 2006.

Performance Measures for Context Sensitive Solutions.

Roundabouts in the United States. National Cooperative Highway Research Program Report 572, 2007.

Transit Capacity and Quality of Service Manual (3rd ed.). Transit Cooperative Research Program Report 165, 2013.

第 11 章 完整街道和交叉口的设计与运营

原著：Jeffrey R. Riegner, P.E., AICP, PTOE
译者：潘公宇 教授、博士

11.1 基本原则

11.1.1 完整街道的基本原理

从交通运输的角度来看，完整街道可以为所有年龄段的使用者及所有的交通方式（行走、骑车、公共交通、驾车等）提供安全通道。完整街道还解决了比流动性更广泛的目标。它们支持所有出行者之间平等的关系，支持宜居社区，并促进 ITE 的"为所有用户设计"的目标。

完整街道可以为所有年龄段的使用者及所有的交通方式提供安全通道。

在美国，越来越多的州、县和地方管辖区采用了完整街道政策。据美国全国完整街道联盟称，截至 2015 年 1 月，美国采用了 712 项完整街道政策。此后，又有近一百项新政策获得通过，总数达到 800 多项。这些政策对交通工程师来说很重要，因为它们既有助于确定管辖区面临的交通问题，也有利于界定相关方案是否成功。

11.1.2 间歇式城市道路交通流

城市道路的特点通常是间歇式流动，即由交通信号、停止标志或环形交叉路口来调节交通流。如第 10 章所述，受控交叉口和交通控制装置定期产生周期性延迟。交通工程师在间歇式通行街道上的一个目标通常是最大限度地减少所有潜在街道使用者的停车次数和/或减少延误。

《公路通行能力手册》第三卷（TRB，2010）是分析城市街道上间歇式交通流量的主要资料来源，该卷分为三个部分。第一部分由第 16 章和第 17 章组成，提供了分段式及总体式分析城市街道的多模式方法。这两章都描述了计算四种出行方式中每一种服务水平的分析方法：行人、骑自行车者、公交乘客和机动车驾驶人 [《统一交通控制设施手册》将行人定义为"步行、坐轮椅、穿溜冰鞋或乘滑板的人"（FHWA 2009）]。汽车的服务水平按自由流动速度的百分比计算。正如关于性能指标的讨论中所指出的，由于较慢的机动车速度实际上可以创造出更安全和更有活力的城市街道，因此设计者可以选择使用其他性能指标，如停止和延迟。非汽车模式使用各种基于舒适性的服务质量指标以及延迟作为其性能指标，详见第 5 章。

《公路通行能力手册》第三卷的第二部分涉及交叉口，包括如下章节：第 18 章"信号控制交叉口"、第 19 章"双向停车控制交叉口"、第 20 章"全路段停车控制交叉口"、第 21 章"环形交叉口"、第 22 章"交汇处及终点站"。

第三部分由第 23 章"非街道步行和自行车设施"组成，涉及不属于（或紧邻）城市街道的设施。因此，这一部分将不在此讨论。

11.1.3 评价指标的选择

正如第 5 章所述，在设计或分析城市街道的运营时，需要考虑广泛的潜在评价指标。交通工程专业历来依赖容量、机动性和安全性作为交通系统有效性的主要评价标准。城市街道项目的"传统"评价指标如下所示：
- 机动车延误（s）。
- 出行速度（km/h）。
- 车辆每百万千米撞车事故率。

这些指标对于确保公众的出行安全至关重要。然而，由于宜居已成为联邦和地方两级交通运输政策的基石，交通工程师必须认识到，城市街道的功能范围很广，不仅仅是人员和货物的流动。街道是社区公民生活的中心，也是经济引擎；投资一条具有特色的街道可以增加零售租金和住宅物业价值。设计用于步行、骑车和公共交通的街道也会对公共健康做出积极的贡献，使出行者仅通过出行即可完成许多体育锻炼。同样重要的是，必须认识到，持续关注减少机动车辆的延误可能会导致非机动车出行者安全性和便利性的降低。

由于城市街道不仅用于人员和货物的流动，还具有广泛的功能，因此必须考虑除安全性和移动性以外的性能指标。

各种因素促使在评估城市街道时需要考虑更广泛的性能指标。例如，印第安纳州 Peru 市的性能指标包括以下几点（NCSC，Smart Growth America，2014）：
- 建成的自行车道或自行车道总里程数（km）。
- 新建行人通道的直线距离（m）。
- 建造的 ADA 设施数量。
- 建造的无障碍交通设施数量。
- 沿城市街道安装的新型路缘匝道数量。
- 新种植的行道树数量。
- 称赞和投诉。
- 自行车、行人和多式联运服务水平（LOS）。
- 交通方式的转变（由家庭出行调查提供）。
- 人行横道和交叉口的改善。
- 通过人行道和路缘匝道可到达的公交车站百分比。
- 各种模式下事故率、受伤率和死亡率。
- 步行或骑自行车上学的儿童比例。
- 车辆行驶里程（VMT）或单人车辆（SOV）行程减少量。
- 本政策获核准豁免的数量。

11.1.4 街道周边环境区域

周边土地利用也在城市街道的设计和运营中起着至关重要的作用。由于这些土地用途可能有很大的不同，《适合步行的城市干道的设计：环境敏感方法》（ITE，CNU，2010）提供了基于建筑大小、聚集程度、密度和布局的环境区域的分类，用于城市街道设计和运营规划。

在城市街道上使用环境区域代表了简单的"城市"分类的显著扩展，在传统设计资料，如《公路和街道几何设计政策》（AASHTO，2011）中，表明不同的社区受益于不同类型的街道设计。

街道周边环境特征见表11.1（ITE，CNU，2010）。确定和选择街道周边环境区域的七项准则如下：
- 考虑现有的条件和未来的计划，认识到道路往往比相邻的建筑物维持时间更久。
- 评估区域规划并审查总体规划、综合规划和具体规划、分区规划、社区目标和规划目标。它们通常为区域的远景提供详细的指导。

- 将该地区的主要土地利用模式、建筑类型和土地利用与表 11.1 所示的特征进行比较。
- 特别注意住宅密度和建筑类型、商业楼面面积比和建筑高度。
- 如果一个区域或走廊具有可能属于多个街道周边环境区域的多样性特征，则考虑将该区域划分为两个或多个街道周边环境区域。
- 确定目前的行人和交通出行活动水平，或根据土地用途的类型、组合和邻近程度估计未来的水平。这是城市环境的有力指标。
- 考虑该区域的现有和未来特征，而不只是通行道路的设计，可将考虑范围扩展到整个社区或地区。

表 11.1 街道周边环境特征

环境区	区别特征	共性特征	建筑物布局	临街类型	典型建筑高度	公共开放空间类型	过境交通（如提供）
C-1 大自然	自然景观	自然特征	不适用	不适用	不适用	自然开放空间	无
C-2 农村	农业分散发展	农业活动和自然特征	极大阻碍	不适用	不适用	农业和自然空间	农村地区
C-3 郊区	主要是具有步行发展模式和步行设施的单户住宅，主要的景观特征包括分散的商业用途，以支持住宅用途，并以步行方式连接	通常与 C-4 区域相邻的带有院子的独立式建筑。商业用途可能包括邻里或社区购物中心，带有侧面或后方停车位的服务或办公室	前后庭院的阻碍	住宅用途包括草坪、门廊、栅栏，还有自然植树。商业用途面向街道	1~2层，有些到3层	公园，绿化带	本地公交快车
C-4 城市通用	包括附属单元在内的多种住房类型，以及社区和社区范围内的一系列商业和公民活动	主要是独立式建筑，景观和建筑之间的平衡，有行人存在	对中前院和侧院有较小的阻碍	门廊、栅栏	2~3层，有一些波动，但高层建筑很少	公园，绿化带	本地有限站快速公交、公交快车；固定式轨道交通
C-5 城市中心	附属住房类型，如联排别墅和公寓，社区或分区域范围内的零售、工作场所和公民活动混合	主要是附属建筑，公共道路范围内的景观美化，有大量的行人活动	微小或没有阻碍，建筑物面向街道的位置和性质界定了街道墙	门廊、庭院、店面和拱廊走道	3~5层，有一些波动	公园、广场和林荫大道中央地带	本地公交；限停快速公交或公共快车；固定式轨道交通
C-6 城市核心	分区或区域内密度最高的域，具有高密度的居住和工作场所用途以及娱乐、和文化用途	公共道路内附属建筑形成闭环和连续的街道墙景观。步行量和公共交通活动量最高	微小或没有阻碍，建筑朝向街道，置于物业前方	门廊、庭院、店面和拱廊走道	4层以上，有一些较低的建筑	公园、广场和林荫大道中央地带	本地公交；限停快速公交或公共快车；固定式轨道交通
管制区域	由当地指定的区域是指具有低密度开发模式和车辆机动性优先通道的一次性使用或多次使用的区域。这些区域可能是大型区域，例如机场、商业园区和工业区						适用

资料来源：Duany Plater-Zyberk&Company。

11.1.5 环境敏感方法

根据 AASHTO 和 FHWA，"环境敏感方法（CSS）是一种协作性的跨学科方法，所有利益相关方都参与提供适合其环境的运输设施。它是一种保护和增强风景、美学、历史、社区和环境资源的方法，同时改善或维护安全、机动性和基础设施条件。"

在城市街道的设计中，CSS 特别重要。在城市街道上，在相对较小的地理区域内经常发现可能存在竞争需求的各种用户和利益相关者。《关于实现环境敏感解决办法的最佳做法指南》（TRB，2002）等文件为交通工程师和其他交通专业人员提供了指导，保证他们有效地参与所服务社区的建设。

完整街道策略为 CSS 过程添加了另一个维度。通过在规划过程中处理利益相关者的投入，这些策略通常为将纳入街道设计项目的要素提供具体指导。一些地方，如费城，甚至在整个城市逐街指定道路类型。在这种情况下，有效的 CSS 工作将这些策略用作寻求公众意见的框架，从而将策略制定过程中的规划工作告知利益相关者。

11.1.6 面向所有用户的设计：模式平衡或优先级

如以下部分所述，没有一组模板可以创建完整的街道。各种出行方式的相互调节完全取决于土地使用和交通条件，如建筑用途、建筑类型、障碍物、交通量（按模式）、交通速度（按模式）、公共交通频率和当地偏好。为了协助评估潜在的相互竞争的优先事项，负责街道的辖区必须决定如何平衡这些优先级。换句话说，在这种特殊情况下，什么构成"完整"？

解决这一困境的一种方法是在各种方式之间取得平衡。例如，交通工程师可以使用《公路通行能力手册》多模态城市街道服务水平方法评估各段街道（参见第 5 章）。这将为行人、骑车者、公共交通用户和机动车驾驶人提供独立的服务水平。对于这个示例社区，将寻求到一种解决方案，可为每种出行方式提供大致等效的服务水平。

对于强调安全的一些城市，将优先考虑街道上最容易受到伤害的用户的需求。行人作为最容易受到伤害的街道使用者，在这种情况下获得优先权。这种方法可用芝加哥的模态层次结构来表示，如图 11.1 所示。

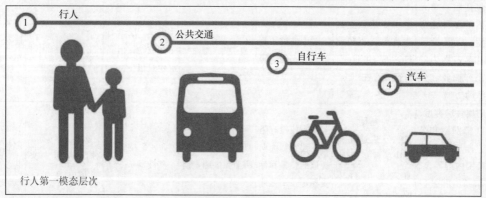

图 11.1　模态层次

资料来源：CDOT（2013）。

11.2　专业实践

11.2.1　设计规范和标准

包括城市街道在内的交通设施规划和设计最常用的指南是《公路和街道几何设计政策》（第 6 版），由美国国道和交通官员协会（AASHTO，2011）出版，通常被称为《绿皮书》。

诸如车道宽度、坡度和曲率之类的设计准则是根据已知的基本假设制定作为"设计控制"。选择适当的设计控制是至关重要的,以确保完成的街道能够履行服务机构和社区所期望的职能。这些功能通常被表示为性能指标,本章后面将更充分地描述这些功能。

1. 灵活运用设计准则

通常,交通工程实践是选择一个单一的设计准则,假设车道宽度为3.6m,并将其作为默认设置应用于所有背景环境中。这种方法往往导致强调单一的出行方式,通常是机动车。然而,在现实中,既定的国家指南,如绿皮书,允许在选择和应用设计准则和设计控制方面有很大的灵活性。

一些设计控制,如用户特性、设计车辆的物理和性能特性,以及在某种程度上的多模态交通量,随着时间的推移是相对固定的。然而,其他策略如选择适当的设计车辆、速度和可接受的拥堵程度,则由执行机构制定(FHWA,2012)。地方机构也可以灵活地在地方管辖范围内建立功能分类或通道类型;然而,这种灵活性对于州际公路来说比较有限,属于FHWA功能分类范畴。

2. 设计速度与目标速度

由于意识到城市街道具有复杂环境,交通工程师在选择设计速度时,应该允许该环境的所有用户有足够的时间识别潜在的冲突并对其做出反应。

在所有交通设施中,特别是在城市街道上,高速对车祸的数量和严重程度有着不成比例的影响。当不同模式的用户之间存在显著的速度差异时,这一点尤其如此。《城市街道设计指南》(NACTO,2013)简明扼要地描述了这一问题:

传统的街道设计是建立在公路设计原则的基础上的,这些原则容忍驾驶人的错误及适应较高的车速。这种方法基于设计速度和85%的速度限值——驾驶人实际驾驶的速度而不是驾驶人应该驾驶的速度。假如有一组速度更快的驾驶人,那么实际按限制速度行驶的驾驶人将面临危险。这种被动使用设计速度的方式将适应并间接鼓励超速,并造就最糟糕的驾驶人和最高潜在风险的街道。此外,更高的设计速度要求更大的路缘半径,更宽的行车道、护栏,街区将没有停车位和宽敞的空地,降低了城市街道和可步行社区的质量。

综上所述,基于驾驶人行驶速度而建立的容忍街道设计速度的做法不适用于完整街道。在调查车祸对行人的影响时,这一点尤为明显,因为行人是城市街道最常见和最容易受到伤害的使用者。

由于意识到城市街道具有复杂环境,交通工程师在选择设计速度时,应该允许该环境的所有用户有足够的时间识别潜在的冲突并对其做出反应。这就改变了设计中对运行速度的使用;工程师应设计将运行速度安全地限制在所有街道使用者所期望的水平,而不是设计为现有运行速度。

了解驾驶人的速度与其观察环境的能力之间的关系对于建立目标速度至关重要。图11.2说明了驾驶人对周围环境的关注是如何随着速度的增加而急剧减少的。

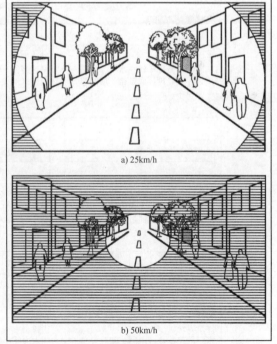

图11.2 速度与关注区域
资料来源:联邦公路管理局。

城市干道的最大目标速度为55km/h,当地街道的最大目标速度为50km/h(NACTO,2013年)。这些都是最高速度,更低的速度将适合许多街道。例如,街道狭窄的居民区经常设置的30km/h的速度有利于儿童和其他用户。此外,从表11.2中可以清楚地看出,目标速度低于 40km/h 时，行人死亡风险大大降低。

表 11.2 行人死亡风险

速度/(km/h)	行人死亡风险（%）
15~25	2
30~40	5
50~55	45
>65	85

资料来源：ITE 运输规划委员会（1999）。

在街道上张贴限速标志通常不足以影响驾驶人的行为。街道设计及其周边土地使用环境应为驾驶人提供适当的行驶速度提示。在较密集的环境地带，靠近街道的较高建筑物、较窄的车道和行道树的树冠处的标志可能足以引起对速度的重视。在其他情况下，可以适当使用交通调节措施。有关更多信息，请参见图 11.3 和第 14 章。

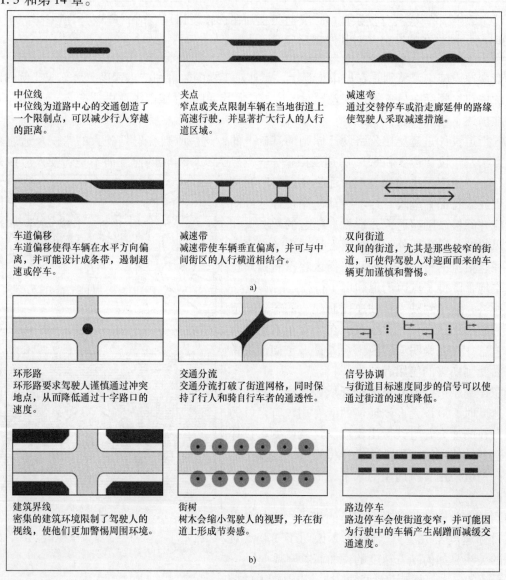

图 11.3 减速机理

资料来源：NACTO（2013）。

3. 功能分类与街道类型

功能分类是对运输设施进行分类的一种手段，"主要依据是机动车辆的出行特点和相邻建筑物的通行程度"（AASHTO，2011）。联邦和州公路机构建立了三个功能分类的一般类别：快速路、城市干路和本地乡村公路。这些分类可在广义的"城市"和"农村"环境下进一步分类，在一些地区被划分为较小的类别。广义地说，AASHTO 快速路的主要功能是为机动车辆提供机动性，使车辆能够以更高的速度行驶更长的路程。相比之下，本地乡村街道的主要目的是访问相邻的街区。城市干路填补了两者之间的空白。图 11.4 虽然不再出现在绿皮书中，但提供了功能分类层次结构的传统说明。

在城市街道上，传统的联邦功能分类类别并没有完全覆盖城市中的街道范围。无论出行者使用的何种方式、土地使用的区域环境、街道宽度、相邻的土地使用或社区的期望，一套单一的设计标准适用于一个分类（例如"城市干道"）。其结果可能出现一条与其实际功能相悖的街道。例如，图 11.5 所示的四条街道都是"快速路"，但它们对所有街道用户的功能和感知差异很大。

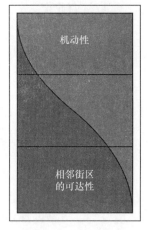

图 11.4　功能分类
资料来源：联邦公路管理局。

费城提供了一个示例。在编写《费城完整街道设计手册》时，该市将其区域内的每条街道重新划分为 11 种类型：

图 11.5　快速路示例
资料来源：Whitman, Requadt&Associates, LLP。

- 大流量行人街道。
- 文娱街。
- 步行商业街。
- 城市干道。
- 面向商业/工业的汽车道路。
- 公园路。
- 风景大道。
- 城市居民区道路。
- 低密度住宅道路。
- 公共狭窄道路。
- 本地乡村道路。

在费城的示例中，新型的街道类型分类并没有消除传统的功能分类。"相反，它提供了一个更敏感的环境分类，以帮助规划和设计完整街道，为所有道路用户提供适当的设施"。

4. 车辆的选择

经济发达的社区需要各种交通工具，以确保其持续繁荣。乘用车可以进入大多数城市街道，以方便人员流动；校车和公交车可载运更多的乘客；各种尺寸的货车为企业提供进货及出货；应急车辆为业主提供消防和警方保护；而有时，最大的公共车辆、搬家货车需要进入每一条街道。由于这种多样性，交通运输专业人员必须明智地为特定的街道和土地使用环境选择设计车辆。选择一辆大于需要的车辆可能会导致街道或交叉口过于宽阔，从而降低其他街道用户的体验感。

"选择适当的设计车辆需要设计人员考虑的不仅仅是转弯路径的操作要求。虽然一些设计师可能更喜欢使用最大尺寸的设计车辆，但这种方法可能不划算，甚至不是最理想的。合理地选择频繁出现的设计车辆可能是一种更好的方法，特别是对于某些受限制城市地区的交叉口。对于城市街道来说，经常出现的最大的车辆往往是校车或公交车，或类似的长车辆。这可能是设计交叉口几何形状对有限空间及使用频率较低大型车时所应选用的合适设计车辆"（AASHTO，2004）。在许多城市住宅街道上，唯一常见的车辆为乘用车。

设计车辆的轨迹是决定交叉口转弯半径的重要因素。这些半径，反过来又会影响出行速度。当一种特定类型的车辆通过一个交叉口时，最好能确保这种类型的车辆可以从一条街转向另一条街，不偏离出行车道且并不阻碍其他交通流。不太常见的车辆类型，特别是在低容量街道上，可以使用相邻的车道进行转弯。在弗吉尼亚州北部的泰森斯地区，弗吉尼亚州交通部门通过区分"设计车辆"和"控制车辆"来适应车辆轨迹的这种灵活性（VDOT，2011）。如图11.6所示，控制车辆是较大的车辆，只是偶尔转弯，例如在居民区的搬家货车就是一个很好的示例。它们可以进入相邻的车道进行转弯。这种方法允许较小的转弯半径，缩短行人过街距离和降低机动车速度，同时仍然使得各种车辆都能适应社区环境。

《城市街道设计指南》注意到了乘用车（P）和单体货车（SU-30）之间存在差距。NACTO建议采用一种新的"设计车辆"，即DL-23，代表常见的包裹运送货车。"城市街道最频繁出现的用户是DL-23"（NACTO，2013）。

5. 设计小时和服务目标水平

《绿皮书》指出，"设计中通常应该使用的小时交通量是一年中最高的第30h流量，缩写为30HV"（AASHTO，2011）。这一原则是基于这样的假设，道路的设计应该在合理可行的情况下尽量减少拥堵。针对每年发生不到30次的高峰时间进行设计是不经济的。

这种方法最适合在高速公路等环境中使用，因为高速公路几乎完全由驾驶人使用。正如本章其他部分所指出的，城市街道是复杂的系统，其目标远不止机动车交通的安全和高效移动。因此，设计和评估城市街道的交通工程师必须更仔细地审查设计小时的概念和他们在设计小时内寻求达到的每种模式的服

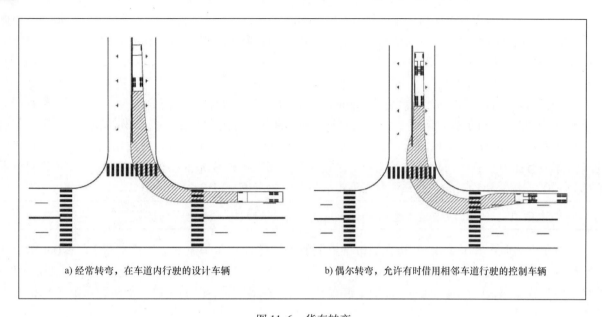

a) 经常转弯，在车道内行驶的设计车辆　　　　b) 偶尔转弯，允许有时借用相邻车道行驶的控制车辆

图 11.6　货车转弯

资料来源：惠特曼，Requardt&Associates，LLP，选自波特兰运输部的一份说明。

务水平。

举个示例，一个城市街道，其主要的机动车使用是在典型的通勤高峰时间。这条街的设计可能是为了适应高峰时间的交通量，无论城市认为其服务水平如何。因此，这条街的运营时间大约为每周 10h；每周 5 个工作日中的每天都有 2h 的高峰时段。在许多城市，这样的街道在每周剩下的 158h 中都是空的。在那段时间里，它们对于驾驶人来说仍然运行良好。然而，由于当时的街道比较宽畅，这往往会鼓励人们以高于预期的速度行驶，并使得行人队伍变长、过马路变得困难。因此，大约在 90% 的时间里，这些街道在为它们所经过的社区做出贡献方面没有发挥出应有的作用。"为交通流量高峰期设计的街道可以缓解高峰时间的拥堵，但可能无法在一天的其他时间提供安全和有吸引力的环境"（NACTO，2013）。

《公路通行能力手册》（TRB，2010）提供了服务水平的定义及其在各种情况下的适用性。它们的范围从最不拥挤（服务水平 A）覆盖到最拥挤（服务水平 F）。绿皮书建议将城市干道和当地街道设计为 D 级或更好的服务，城市主要街道设计为至少 C 级或 D 级服务（AASHTO，2011）。

如本章其他章节所述，交通工程师需要在一系列潜在的城市街道性能指标中评估设计时间和目标服务水平。一些城市认识到一定程度的拥堵对于充满活力的社区是一个可接受的指标，并由此确定了服务水平的门槛。而另一些地方则认识到多个高峰时段的出行，"在 2~3h 的高峰交通活动中调整高峰流量，以更好地理解（和适应）整个高峰时段的交通状况"（NACTO，2013）。

6. 在市区选择适当的车道宽度

各种用途的城市道路使用权的分配是设计者最重要的任务之一。正如在《设计适合步行的城市道路》中所指出的那样，"街道宽度必须能支持在适当的环境下所需的设计元素，例如为车辆的安全横向定位、街道停车、景观中间带和自行车道提供足够的空间。然而，宽阔的街道（大于 18m）为行人设置了障碍，并促使车辆加快行驶速度；宽阔的街道会减少行人的流动水平，不利于商业经济和社区活动；宽阔的街道也不利于公共交通换乘（ITE，CNU，2010）。

如前所述，绿皮书和其他设计指南在路权内为选择各种横截面元素的宽度方面提供了很大的灵活性。具体来说，绿皮书建议城市和农村主干道的车道宽度在 3.0~3.6m。"在低速（70km/h 或更低）的断流工况下，较窄的车道宽度通常较为合适并且具有一定的优势"（AASHTO，2011）。

混合交通车道的宽度应该基于多式联运的安全性和容量，以及更广泛的社区目标来定。从安全角度来看，美国中西部研究中心对主干道的车道宽度与安全的关系进行了广泛的研究。一般而言，在车速为 70km/h 或更低的主干道上，3.0m 宽的车道并不比更宽的车道更不安全（Potts，Harwood，Richard，2007）。

《交通工程指南》指出，当宽度低于 3.6m 时，城市街道的通行能力会降低。上一版《公路通行能力手册》（2000）提供了影响系数，表明在低于 3.6m 的车道宽度时，每减少 0.3m 都会使信号交叉口的通行能力降低约 3%。然而，最近的研究表明，3.0m 和 3.6m 的通行能力大致相同。因此，2010 年的《公路通行能力手册》对信号交叉口的车道宽度给出了新的调整系数，车道从 3.0~3.9m 的调整系数都为 1.00。较低和较高的系数分别对应于较窄和较宽的车道（TRB，2010）。

在城市街道上，10ft 应该是车速为 45mile 或更低车速的通用车道的默认宽度。

现有研究表明：鉴于 3.0m 车道在城市干道上的可接受性，在其他城市街道类型上，3.0m 车道在一定程度上是不可取的。一般来说，如果较大的车辆（如货车或公共汽车）在交通流中占很大比例，并且横向位置相邻，则可以考虑 3.3m 的车道宽度。紧急车辆频繁行驶的车道（如消防站附近）也可能超过 3.0m。

7. 自行车道

"自行车道宽度应根据情况和预期用途确定"（AASHTO，2012）。在大多数情况下，应提供至少 1.5m 的自行车道宽度。较宽的自行车道宽度为 1.8~2.1m，甚至 2.4m，并且应考虑设置在与街道停车场相邻和/或自行车数量预计较高的地方。当与路缘面或其他垂直面相邻时，自行车道宽度应至少为 1.8m（NACTO，2014）。AASHTO 的《自行车设施发展指南》（2012）和 NACTO 的《城市自行车道设计指南》（2014）为各种类型的自行车设施的设计和评估提供了指导。

8. 停车场

关于街道停车场的作用，将在第 13 章中有更详细的描述，它不仅是简单地存放机动车，还在行人和移动车辆之间起到了缓冲作用，并增强了街道的活力。"设计适合步行的城市道路"中建议，与商业街道平行的停车车道宽度为 2.4m，住宅街道的停车车道宽度为 2.1m。

11.2.2 完整街道设计流程

为了针对特定项目建立适当的性能指标和设计规范，必须建立一个充分纳入技术分析和相关利益攸关方意愿的设计过程。第 5 章的"设计适合步行的城市道路"提供了一个详细的过程，以设计城市环境下的完整街道（ITE，CNU，2010）。图 11.7 显示了这个过程由 5 个阶段组成。

第一阶段：审查或制定区域交通规划。区域交通规划为特定项目提供了环境，并且往往在个别项目方案之前就已完成。一个管辖区的综合规划，完整的街道政策和/或其他文件可以提供政策指导，处理如何在特定的背景下设计街道和制定周围的土地用途。作为设计的基础，这一阶段往往包括出行需求预测，按模式确定预期的未来交通量。

第二阶段：了解社区对环境和道路的期望。这一阶段通常出现在本节开始阶段所描述的环境敏感解决方案过程中。持续且真正协作的公众参与是任何城市街道项目成功的关键，因为如此多的利益相关者对城市街道的各种元素都感兴趣，让每一个利益相关者参与进来是发

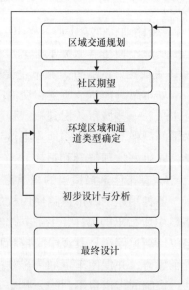

图 11.7 设计过程各阶段

资料来源：ITE，CNU（2010）。

展社区参与项目的唯一途径。对于联邦资助的项目，它也是国家环境政策法案的一个关键要素，在不同司法管辖区也有类似的州或地方许可程序。

第二阶段对第一阶段中提到的以前的规划文件进行了审查，以了解潜在的项目目标和目的。与社区一起审查这些问题，以便为该项目确定一套正式的目标和目的。从这些目标中可得到评价指标，或者被定义为项目的成功元素。

第三阶段：确定兼容的通道类型和环境区域。在这一阶段，土地利用和交通被聚合在一起，以建立城市街道类型（结合或独立于其正式功能分类）和它所处的土地使用环境。土地使用环境不仅必须反映目前的情况，而且还必须反映综合计划或其他规划文件中所阐明的预期未来的变化。

使用第二阶段中确定的性能指标，在第三阶段中选择设计规范和标准。"这一阶段可能是一个迭代过程"（ITE，CNU，2010），因为项目团队和利益攸关方需要在下一阶段审查结果。如果第四阶段的设计不能反映社区对项目的目标和目的，那么第三阶段的控制和标准可能需要进行调整。

第四阶段：最初的道路方案的设计与分析。方案分析阶段包括准备和评价满足项目设计目标及要求的若干备选方案。通常，这些备选方案中的每一种都可能设计成适合某种特定模式。例如，某种备选方案在满足其他所有模式的前提下，可能提供最好的自行车设施。一个可能使街道停车最大化，而另一个则可能提供最大的人行道宽度。这些备选方案由项目团队和利益相关方进行审查、改进和调整。如前所述，这样反复修改调整的过程可能需要重新评估第三阶段建立的设计规范和标准。第四阶段的目标是选择一个首选的设计方案。

第五阶段：制定详细的道路设计。最后的设计阶段整合了之前4个阶段的所有工作，并将首选的设计方案融入施工文件中。为了确保项目团队和社区的目标得到实现，环境敏感解决过程需要贯穿到整个设计过程及施工阶段。

11.2.3 街边设计

1. 人行道地带

联邦公路管理局基于俄勒冈州波特兰的工作，建立了一个城市环境下，特别是有大量行人通行的商业区域的人行道设计模型（FHWA，2014）。图11.8显示了人行道的4个不同地带。

1）边缘带：路缘或边缘带提供移动车辆和行人之间的物理垂直分离并调节雨水径流。

2）设施带：从广义上讲，这一地带一般可以有三种用途，即种植、街道设施和公用设备。它位于边缘带和人行带之间，以提供行人和车辆之间的进一步隔离，增加行人的舒适度。种植是该区域最常见的用途，建议在路边和铺好的人行道之间有一条宽度至少为1.0m的草带。在机动车速度更高的情况下，隔离带应该更宽。更多的城市环境经常以街头树木为特色；诸如长凳和垃圾桶之类的街道设施的设置取决于环境，但通常是需要的。特别是年长的行人或行动不便的行人，在出行中尤其需要休息的地方。

在遇到大量积雪的天气时，积雪的清除和储存通常决定了设施带的大小以及可在该地带放置什么。除非当地的做法是用离场方式处理街道和人行道上的积雪，否则该区域应足够宽，以容纳通常发生的降雪。必须能在降雪结束后的一段时间内，清理包括公共交通在内的所有交通区，包括自行车设施和人行道。

3）人行带：虽然这个区域可以用于站立和社交目的，但它主要是用于行人行走。在所有情况下，该区域的最小宽度应为1.5m，以保证两个轮椅相互通过，并保证两个人舒适地并排行走。更多的城市区域往往需要更宽的步行区，以确保更多的步行者的移动性和舒适性。

4）临街带：应在明显的人行带和建筑物正面之间设置相应区域，以允许进出、开门及窗口销售等。一些社区选择在这个区域提供一个宽大的空间，以容纳街头小贩或户外餐饮。即使街道前面没有建筑物，在人行带和地界线之间也应留出0.3m的空间。这种方法有利于人行带的建造和维护，并确保诸

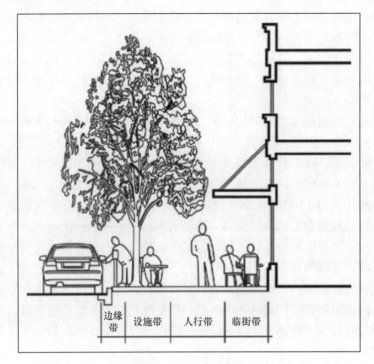

图 11.8 人行道地带
资料来源：联邦公路管理局。

如栅栏之类的垂直构件不会直接设置在人行带旁边，以缩小人行带的有效宽度。

2. 无障碍环境

出于公平和监管方面的原因，交通设施必须为身体和认知有缺陷的人士提供便利。1990 年，《美国残疾人权利法》（ADA）及其后的修正案颁布了无障碍要求。《美国残疾人权利法》在公共通行权方面的应用指南由美国通行委员会提出（美国通行委员会，2011）。尽管在撰写本手册时，该指南尚未最终定稿，但 FHWA 建议在最终指南获得批准之前都应满足这一要求。由于这种变化，交通工程师在设计交通项目和评估其性能时，应咨询委员会以便获得最新指导意见。也就是说，在任何项目中都应该考虑可达性的管理原则（FHWA，2014）。以下提供了部分清单：

1）等级：人行道的等级通常应与相邻街道的等级相匹配。然而，行动不便的行人更喜欢 5% 或以下等级的人行道。在可行的情况下，应在人行道等级超过 5% 的地方提供平地过渡平台。

2）横坡：ADA 要求人行道横坡不超过 2%。一般情况下，若地形显示斜坡较陡，行人区须维持在 2% 或更加平坦的水平。为了弥补路缘和道路右侧边缘之间的坡度差异，可以在设施带设计较大的斜坡。

3）净宽：所有人行道一般应提供 1.5m 的净宽。这个宽度能保证两个轮椅通过。在某些公用通道受限区域，允许有 1.2m 的净宽，但距离净宽 1.5m 的区域不超过 60m。

4）路面：不仅仅是残疾人，所有的行人都能从平坦坚硬的人行道中受益。铺有混凝土或沥青路面的人行道往往是平坦防滑的，易于维护。在某些情况下，其他材料如砖块、混凝土铺路石、硬石块或泥土等材料可能是合适的，但需要大量维护以确保无障碍。应该避免使用会给行人带来振动感的材料，因为这些材料会让背部有问题的轮椅使用者感到疼痛。砖块、铺路石和其他装饰处理如果沿着人行道放置，则会增加人们的兴趣。

5）突出物：视力受损的行人通常无法检测到不靠近人行道表面的突出物体。应避开这些物体或将其延伸至人行道以方便检测，或在其行走足迹下方放置路缘石。

6）车道交叉口：前面描述的 2% 的最大横坡要求也适用于车道。最好的做法是在人行道前面设置一个至少1.2m的设施区，这样就可以在不影响人行道横坡的情况下放置倾斜的车道。或者，提供一个在车道范围内的最大交叉坡度为2%的人行道交叉口，使车道两边的部分变陡。

3. 街树

"在公共道路上种植街树和景观绿化可提高城市的物质、生态和文化方面的品位"（旧金山公共工程部）。视觉偏好调查表明，使用各种方式的出行者都喜欢有树的街道。因此，包括交通工程师和景观建筑师在内的专业人员团队有责任确保街道树木的放置方式能够最大限度地发挥其效益（包括公共安全）。

在大多数情况下，街树被放置在路缘与人行道之间的设施带。城市街道上的树木一般应该种植在距离路边至少0.6m的地方。这种设置允许停车打开车门或下车，并为行驶的机动车或自行车提供水平间隙。街树和交通标志的设置要协调，确保标志醒目。同样的原则也适用于位于道路中间的树木。

在交叉口附近设置街树需要特别注意。在交叉口，所有的街道使用者彼此之间都需要能很好地看到对方，能看到适用于他们的交通控制装置。如图11.9所示，旧金山公共工程部建议在十字路口的近侧和远侧，树木和人行横道的距离分别为7.6m和1.5m。树木的位置必须允许每个通道在接近交叉口时至少有两个交通信号面的可视性。对于停车控制交叉口和具有左转车道的中间带，也有类似的可见性要求（旧金山公共工程部）。

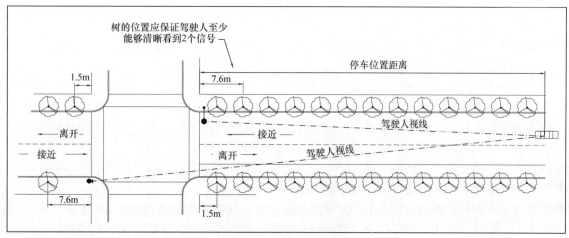

图11.9 街树与视线距离

资料来源：旧金山公共工程部。

11.2.4 交叉口设计及运营

交叉口在许多方面都是城市街道最重要的组成元素。它们不仅提供了最大的互动和交流机会，在潜在冲突方面也带来了最大的挑战。本节将介绍完整街道交叉口设计和运营的要点。其他几个资料可能提供更详细的介绍，包括《绿皮书》（AASHTO，2011）、《统一交通控制设施手册》（FHWA，2009）、《公路通行能力手册》（TRB，2010）、《设计可步行城市街道》（ITE，CNU，2010）和《城市街道设计指南》（NACTO，2014）。

1. 交叉口的几何学

完整街道交叉口设计的两个指导原则是，要适应所有的交通模式，并尽量减少冲突点，不仅是各模式之间的冲突，而且包括使用同一模式的不同运动之间的冲突。有效的交叉口设计需要在这两个原则之间进行协调折中。

减少冲突和降低冲突发生时的严重性的最佳方法之一是尽量减少街道所有使用者之间的速度差异。在十字路口，一种非常有效的控制速度的措施是减少路缘半径（转弯半径）。一般来说，在不损害所有用户穿越交叉口能力的前提下，应尽可能减小路缘半径。小的路缘半径能降低速度，缩短行人过马路的距离。过马路距离短不仅减少了行人暴露在马路的时间，而且缩短了信号交叉口所需的闪烁"禁止通行"的时间长度。在清空行人控制街道绿灯时间的情况下，较短的交叉口时间可以允许给主要街道分配更多的绿灯时间和/或为步行阶段分配更多的时间。在本例中，街道的所有用户都将受益。

正如在本章其他部分提到的，适当设计车辆的选择决定了路缘半径。路缘半径的设计应使得经常出现的车辆保持在其车道内。转弯频率较低的大型车辆可以选择进入相邻车道完成转弯。此外，街道上的停车区域和自行车道也应该考虑在内，因为它们可以有效地增加路缘半径，使得实际的物理半径很小，如图11.10所示（ODOT，2011）。

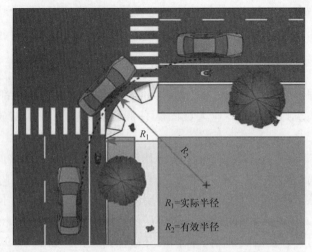

图11.10 路缘半径
资料来源：ITE，CNU（2010）。

完整街道交叉口设计的两个指导原则是，要适应所有的交通模式，并尽量减少冲突点，不仅是各模式之间的冲突，而且包括使用同一模式的不同运动之间的冲突。有效的交叉口设计需要在这两个原则之间进行协调折中。

尽管渠化右转对容量大的右转交通有好处，并能产生较高车速，但在城市环境中使用时必须小心又谨慎。因为大多数渠化右转车道不受信号的控制，因此驾驶人与过马路行人之间发生冲突的可能性会有所增加。

在城市环境中适合渠化右转的一种情况是必须使用大型货车的地方。如上一节所述，可以采用渠化岛代替较大的路缘半径，以保持行人过马路的距离较短。

在右转量较大的地点及其他情况下，建议使用疏导岛，采取多种措施来减少对其他街道使用者的影响。如图11.11所示，较小角度右转可以提高行人和路边车辆的能见度（ITE，CNU，2010）。在这种情况下，人行横道应该使用高可见度的材料，并且照明良好。在机动车与行人发生冲突概率较高的情况下，应对渠化右转进行信号标识。

行人是城市街道最容易受到伤害的使用者，但在许多方面都是街道活力的最佳指标。在交叉口，所有使用者的良好视野和低速，能提高所有出行方式的安全性。在设计交叉路口的人行横道时，应提高行人的可见度。人行横道应该位于靠近交叉口的地方，以便迎面和转弯的机动车辆和骑车人都能清楚地看到行人。人行横道应使用高可见度的材料。虽然像砖块这样的装饰性人行横道材料可以提高美观性，但对于驾驶人来说往往看不清楚，特别是在光线较昏暗的情况或恶劣的天气下。装饰性人行横道也应有醒目的标记。在所有情况下，都应该注意确保行人出行路径内的人行横道材料是防滑的，不会造成轮椅振动问题。

尽可能缩短行人过马路的距离也很重要。除了小的路缘半径外，路缘延伸也可用于此目的。路缘延伸应与街道停车结合使用，"遮蔽"交叉口处的停车场。延伸部分界定了停车场的末端，并为美化环境提供了机会。最重要的是，它们能使行人更清楚地出现在驾驶人的视线中。这些视线也可以通过采光的方法在没有路缘延伸的情况下得到改善。在这种情况下，低矮的绿化带或其他措施，可以防止汽车停靠在人行横道附近。

2. 自行车设施

从性能的角度来看，骑车人的需求介于机动车驾驶人和行人之间。在道路上，骑车人有与其他驾驶人

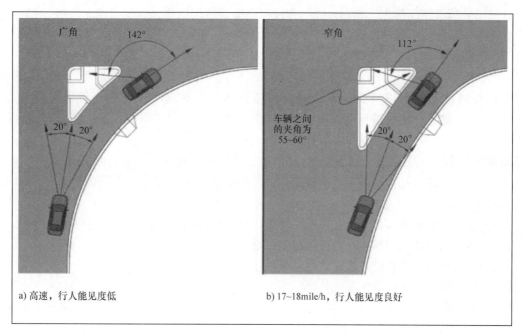

图 11.11 街道右拐
资料来源：ITE，CNU（2010）。

员同样的责任。但在大多数情况下，自行车的速度比机动车慢；它们的足迹更小，因此可操作性更强。

因为骑车人比机动车辆的速度慢，所以由设计或目标速度所确定的大多数街道的设计元素足以满足骑车需要。因此，合理选择断面宽度和控制交叉口是设计人员最关心的首要问题。《自行车设施发展指南》第 4 版（AASHTO，2012）和《城市自行车道设计指南》第 2 版（NACTO，2014）为自行车设施的设计提供了指导。这里总结了一些通用的分类。

许多辖区已经制定了自行车总体规划，确定了适当的处理方法，以及设立了优先考虑自行车的街道。为每条街道选择自行车设施应该考虑到这些政策。一般而言，对于更多的用户来说，与交通隔离的自行车设施比自行车道或共享车道更舒适。因此，独立的自行车设施网络将很可能在社区中创造更大的自行车模式共享。

自行车专用道。如前所述，"自行车车道宽度应根据环境和预期用途确定"（AASHTO，2012）。在大多数情况下，自行车车道宽度至少应为 1.5m。在附近有街道停车场或者自行车通行量预计较高的地方，自行车车道宽度应为 1.8~2.1m 甚至 2.4m。当与路缘面或其他垂直面相邻时，自行车车道宽度至少为 1.8m（NACTO，2014）。为了与通行的机动车辆以及停放车辆的区域保持更大的距离，可以使用缓冲自行车道。这些缓冲区通常由路面标线组成，更多的物理分隔方法将在下面的"自行车车道"部分讨论。

自行车车道。在自行车交通与机动车及行人交通之间采用物理隔离，对增加人们选择骑自行车的比例具有很大的潜力。研究还表明，它们不仅提高了感知安全性，还提高了实际安全性（NITC，2014）。自行车车道是分离式自行车道的一个子集，这些自行车车道"具有不同的形式，但具有共同的元素——它们提供专门或主要用于自行车的空间，并与机动车行车道、停车车道和人行道分离"（NACTO，2014）。自行车车道可以是单向或双向的，也可以通过升高的路缘或灵活的护柱与相邻的行驶车道或停车车道分开。建议单向设施的宽度为 1.5m，双向设施的宽度为 3.6m（NACTO，2014）。如果街道上的停车场与自行车道相邻，则在车道和交叉口的引道上需取消一些停车位，以促进在冲突点形成足够的视距三角形。

自行车林荫道。"自行车林荫道是指机动车交通量较小和速度较低的街道，这为自行车出行提供了优先权。自行车林荫道使用标志、路面标线、速度和交通量管理措施来减少机动车通行，并在繁忙的主干道上建立安全、方便的自行车交叉口"（NACTO，2014）。还可以建立一条有用的平行路线，如果沿主要街道不允许提供专用自行车设施的话。

共享车道。除非法律禁止，骑自行车的人一般有权使用一般用途的车道。然而，骑车人感到舒适的程度取决于自身的技术水平以及机动车交通量和通行速度。共享车道适用于较低速度的车辆通行（55km/h或更低）。除了在交通量很低、速度很慢的住宅街道上，应考虑其他解决骑自行车出行的方法而不是共享车道。

当提供共享车道时，可通过路面标线和标志的组合来指示。共享车道标记可用于：

1）协助骑自行车的人在共享车道上横向定位，并在街道上平行停车，以降低骑自行车的人撞到已停车辆敞开车门的概率。

2）当车道太窄，车辆和自行车无法在同一车道内并排行驶时，帮助骑车人进行横向定位。

3）提醒道路使用者注意骑车人在行进道路上可能占据横向位置。

4）鼓励骑车人和机动车驾驶人彼此安全通过。

5）减少自行车骑错车道的发生率。

6）共享车道可配"自行车使用全车道"标志。这些标志向骑自行车的人和机动车驾驶人提供信息，说明这两类车辆可以使用同一车道。

除了在交通量很低、速度很慢的住宅街道上，应考虑其他解决骑自行车出行的方法而不是共享车道。

3. 公交车站

公交车站是公交系统与街道的主要衔接处。因为大多数乘坐公共汽车的乘客是步行到公交车站的，所以通畅的行人通道至关重要。此外，由于许多乘客乘坐公共汽车往返，因此双向街道上的公共汽车站需要配备过街设施。

交叉口的公共车站位于交叉口的远端或在交叉口的另一边。远端公交车站"允许行人在公共汽车后面过马路，这比在公共汽车前面过马路更安全。在多车道道路上，还增加了等待信号灯的驾驶人对过街行人的能见度"（NACTO，2013）。近端公交车站通常用于远端公交站受到限制的情况下，或当行人活动频繁的站点位于交叉口的近侧时。近端车站也有助于"排队超车"，允许"公共汽车在信号交叉口或在信号交叉口之前绕开一段交通排队，从而减少乘客的延误时间"（TRB，2013）。

在街道横截面内设置公共汽车站，需要在公共汽车、机动车和行人之间取得平衡。最常见的布局是典型的路边停车。

公交港是路缘的延伸，允许公共汽车在车道内停车。这种设计允许公交车在乘客上车后能够立即出发，并为行人提供额外的等候空间。在交叉路口，公交港可能是行人过街处路缘延伸的组成部分。它们还为公共汽车候车亭提供了机会，并有助于满足ADA对公共汽车乘客下车区域的要求，使公交车驾驶人能够将两个车门紧靠路边打开。公交港的主要缺点是，在公共汽车行驶的方向上只有一条车道时，机动车辆必须等待乘客上下车。

公交湾是路缘线上的凹槽区域，允许公共汽车离开车道让乘客上下。当公共汽车停在公交湾时，机动车可以自由通行。然而，在交通高峰期，公共汽车驾驶人可能难以返回交通流，从而造成延迟。此外，公交湾减少了人行道宽度，可能需要获得确认。

一些城市街道优先考虑公共交通，因此除了简单的公交车站外，还需要进行其他处理。这一点在公交专用道和快速公交系统中尤其适用。由于公交优先道路的详细设计超出了本手册的范围，读者可参考《公交通行能力和服务质量手册》第3版（TRB，2013）了解更多信息。

4. 环形交叉口

环形交叉口是在许多城市环境中经过验证的交叉口处理方法，与其他类型的交叉口控制相比，环形交叉口具有较低的碰撞风险（TRB，2007）。它们在城市环境中的主要好处是可以确保行车安全、降低行驶速度，并且不会降低其他通行模式的运行能力。环形交叉路口尤其是在高峰以外的时间减少了停车次数。这一性能衡量标准对驾驶人来说可能与延误一样重要。

环形交叉口设计及运营的综合处理超出了本章的范围。根据 NCHRP 报告 672，《环形交叉路口：信息指南》（TRB，2010）是美国环形交叉路口设计和运营的权威指南。然而，在评估完整街道上的环形交叉路口时，必须考虑到一些关键点，怎样协调骑车人和行人，特别是残疾人士与环形交叉路口的关系。

与城市道路路段一样，环形交叉路口的设计和允许运行速度对非驾车模式的出行有着重要的影响。机动车辆应保持较低的行驶速度，以减少出行者之间的速度差异，并降低对行人及骑车人群碰撞事故的严重程度。同样，对非机动车用户来说，具有单车道入口和出口的环形交叉路口采取较低的速度以及较短的交叉距离是比较令人满意的。

骑车人通过环形交叉口通常有两种方式。在速度和容量相对较低的地方，骑车人可以选择与机动车辆混在一起通过环形交叉口。环形交叉道路内不应标记出自行车道，因为这些标记会使驾驶人在进出时产生混乱。第二种方法是提供一个从街道到人行道的坡道，有效形成一条围绕环形交叉路口的共享道路。尽管这种方法对骑车人来说是间接的，但一些不愿冒险的骑车人可能更喜欢它，而不是与机动车道相混合。"为了适应不同能力水平的骑车者，两种选择都可以在同一个环形交叉路口实施，除非具体条件另有特别要求"（ITE，CNU，2010）。在任何一种情况下，环形交叉口的设计都应尽量减少各种出行模式潜在冲突点之间的速度差。在环形交叉口及其引道内，机动车辆应以对自行车友好的速度行驶，同时应提供设计处理方案，以降低自行车进入人行道及绕行环形交叉路口时的速度。

环形交叉路口的人行横道通常是不受控制的，依靠环形交叉路口的设计来确保机动车进出速度相对较低。由于环形交叉路口使用中心岛来分离每条道路上的进出机动车辆和自行车，行人一次只需要穿过交通的一个方向。这些人行横道应该距离让行线至少一辆车的距离。有视力障碍的行人在通过环形交叉路口会受到进一步的挑战。在信号交叉口，这类行人往往依赖于听觉（或在某些情况下，可询问行人）来确定在交叉口的位置以及道路如何交叉。环形交叉路口不会直接中断交通流，特别是在非高峰时期，因此这些线索是不存在的。在多车道进出的环形交叉口行走会造成额外的困难。

在空间受限的城市地区，小型环形交叉口是一种新兴的交通处理方式。与传统环形交叉口相比，它们有许多安全和减速方面的优势，而且占地面积较小，可以在已建成的环境中进行改造，从而提供更多的机会。它们通常用于接近速度为 50km/h 或更低的地方。由于这些交叉口的规模较小，它们与正常规模的环形交叉口有一个主要的运行差异：大型货车有时可完全穿过中心岛。然而，它们通常被升高到一定高度，以鼓励乘用车在环岛公路上行驶。

5. 城市道路交通信号

城市信号交叉口的设计和分析详见《统一交通控制设施手册》（FHWA，2009）和《公路通行能力手册》（TRB，2010）。本书第 10 章还讨论了交通信号配时的详细内容。如前所述，这些位置是道路交通和社会功能的中心点。"交叉口设计应提高所有用户的可视性和可预测性，创造一个安全、轻松和直观的环境。该设计应该能够让道路上所有使用者之间进行目光交流，形成一个行人、驾驶人和骑自行车的人之间能够相互了解并能有效共享空间的街道景观"（NACTO，2013）。从根本上说，交叉口是所有交通出行方式都可能会同时占用的地方，被时间而不是被空间隔开。在最繁忙的交叉口，交通信号提供了暂时的分离。

许多一般概念可以应用于信号灯控制的交叉口或城市道路，其程度大于或相反于其他土地使用情况。

1）尽量减少那些没有专门用于交通的空间。道路过宽及路缘半径过大往往会加快机动车速度，增加所有出行模式的碰撞严重程度，降低行人和自行车的舒适度。合理的渠化道路为所有道路使用者提供了更清晰的适当出行路径。

2）对行人、骑车者以及公交车辆的暂时隔离。在行人流量非常大的区域，可考虑设置行人专用信号。如果行人数量适中，或者如果一个专用行人时段会给其他交通出行者造成不必要的延误，则可以采用行人早开时相（LPI）。LPI 在机动车通行的绿灯之前提供步行指示，让行人先行，并增加了驾驶人对行人的能见度。在这种情况下，视线受限的行人将不会有听觉提示，因此可以提供无障碍行人信号。

根据联邦公路管理局临时批准的自行车信号，自行车的早开时相也是允许的。一些自行车道设计要求使用自行车信号，以尽量减少冲突或提供逆流的自行车交通。此外，公交信号优先权还允许公交车"跳过"机动车的排队队列，以尽量减少公交乘客的时间延误。

3）减少模式混合的空间量。本章其他部分讨论的路缘延伸减少了行人暴露在机动车交通中的风险。窄车道和中心岛也有助于实现这一目标。同样，原则上，机动车辆和自行车混合的区域应该相对较短，并有明确的界定。

4）减少周期长度和每个周期的信号相位数。较短的周期长度有助于提高遵纪守法的自觉性并缩短所有出行者的等待时间。周期长度通常是通过平衡减少等待时间和最小化损失时间来决定的。通过减少信号相位的数量，可以减少周期长度，同时保持损失的时间可控。在道路相互连接的城市中，禁止转弯可能是适当的，以避免繁忙的交叉口的左转相位。

5）使用预设信号和触动信号。"在城市地区，最好使用固定信号而不是触动信号，以增加城市环境的可预测性，确保行人过街和交叉交通的一致性"（NACTO，2013）。

6）协调信号网络。为交通信号配时以增加协调性，从而减少停靠点，一直是交通工程师的重要工具。信号协调在规范通行速度方面也很有效，事实上，信号协调是确定城市街道目标速度的最有效手段之一。

11.2.5 中间交叉口

在街区间距较长或交叉口之间行人活动频繁的区域，可考虑设置中间街区交叉口。由于机动车辆的速度通常不受中间街区交通控制装置的影响，在这种情况下，确保行人的能见度和安全至关重要。

美国国家合作公路研究计划报告 562《改善无信号交叉口行人安全》（TRB，2006）中描述了街区中间区人行横道的最佳实践方案。利用实地研究的结果，报告根据高峰时段行人和机动车的交通量、街道宽度和主要机动车速度制定了行人过街处理指南。在行人流量小于 20 人/h 的情况下，建议使用几何变化，例如路缘延伸、中心岛或者道路安全措施，而不是仅仅依靠交通控制设备。对于行人较多（或预计将来会较多）的地方，可以考虑下列五种类型之一的交通控制装置：

- 人行横道，仅由路面标记组成。
- 增强装置，可以增强交叉口位置和等待过马路的行人的可见性。此类警告标志、标记或信号灯在任何时候都在交叉口位置存在或活动（TRB，2006）。
- 主动装置，如行人驱动信号灯，仅在激活时显示警告。
- "红色"装置，如行人混合信号灯，它会向驾驶人发出红色指示。
- 交通信号灯。

11.2.6 多车道道路

一种特别适用于繁华城市的道路是多车道道路。多车道道路通常由多条道路组成，其特征是将通过本地的交通流和当地机动车交通流分隔开来（Jacobs，Macdonald，Rofe，2002）。多车道道路通常由三条道路组成，通常这些道路由凸起的、种有植物的中间带隔开。中间道路承载着高速交通，主要是机动车辆，通常服务于距离更长或较少的地方出行。

街道两旁有一些较小的道路，更多地服务于当地交通。这些道路上的车速通常较低，并服务于城市道路的各种用途：自行车和步行、街道停车场和邻接土地。

从本质上讲，多车道道路体现了单一城市道路用地的多种传统功能分类。旁边道路起着当地街道的作用，通过各种交通方式能够直接进入住宅和商业区。中央道路则根据具体情况，可以作为主干道或集散道，更好地适应通过的交通。

在过去的60年里，人们很少设计多车道道路的一个原因是担心交叉口的安全。由于一条大道由多条道路组成，且这些道路与交叉道路的交叉点非常接近，因此这些交叉点处的冲突点数量明显高于两条常规道路的交叉点。然而，对美国和全世界一系列多车道道路的研究显示，车祸率与其他道路相当（Jacobs，Macdonald，Rofe，2002）。

与其他城市道路一样，提高多车道道路安全性的一个关键因素是降低所有交通方式之间的速度差，在这种情况下，应降低同一道路内不同车道之间的速度差。这一原则妨碍了中央车道的高速行驶。相反，中央道路对直行交通的好处是与侧面碰撞较少。没有车道，以及相对较少的小路与中央道路交叉，可以使该道路上的交通以安全的速度行驶，且对交通流的干扰最小。

11.2.7　优先通行道路

即使在具有特定完整街道政策的社区，当地环境也可能表明不同的街道优先通行不同的交通出行方式。这在点与点之间具有多条潜在通行路径的发达交通网络系统中尤其如此。例如，加利福尼亚州阿拉梅达市建立了一个由不同交通出行方式优先通行的道路网络，同时仍然确保在几乎每条街道上为每种交通出行方式提供一些停留处（ITE，2011），如图11.12所示。

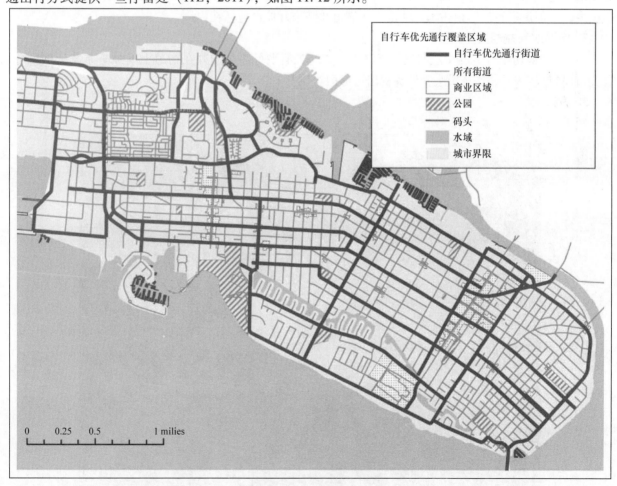

图11.12　分层网络

资料来源：ITE（2011）。

其中包括:

1) 行人优先道路:虽然行人专用街道在美国取得的成功有限,但在允许其他出行方式通行的道路上,人们往往希望优先考虑行人。

2) 自行车道:如前所述,自行车车道是通过积极管理机动车的速度和数量来优先考虑自行车通行的街道。

3) 公交优先街道:虽然一些街道可能优先考虑公交车辆,如轻轨、电车和快速公交,但这些街道通常是完整的,因为有效的公交依赖于素质良好的行人和自行车连接。

4) 工业园区街道:在空间广阔、土地利用密度低、货车使用频繁的地区,可优先考虑机动车辆。

11.3 案例研究

11.3.1 纽约汉堡的62号公路

1. 背景

汉堡是纽约伊利县一个大约9400人的村庄,距布法罗以南大约20min的车程。汉堡与纽约州交通部在两条市中心街道(主街和布法罗街)进行合作,形成了穿过村庄的62号公路。这个项目的目的是提供能穿过城镇的安全通道,同时振兴当地经济。狭窄的车道和环形交叉口使用了适合所有道路使用者的速度,以促进通行。行道树木、中段人行横道和路缘延伸也包括在内。

2. 问题或利益相关方的参与

"该项目最初是对美国交通部(NYSDOT)提议取消平行停车场并在街道上增加一条车道的回应。有关市民组成62号公路委员会,带头提出更好的建议"。

3. 方法

图11.13显示了美国62号公路的改进。

图11.13 纽约汉堡的主干道

资料来源:丹伯登。

- 交通安静化策略包括用环形交叉路口取代红绿灯，增加更多的路边停车场，并在该地区种植更多的树木。布法罗街是一条指定的货车路线，新的环形交叉路口经过精心设计，为大型转弯车辆提供了足够的空间。条纹"安全车道"还为停放的汽车和移动的交通提供了空间，并起到自行车道的作用。
- 如今，这条道路的建筑设计标准维护了历史风貌，并鼓励在街道上建造具有商店和住房的建筑物。这条街于2012年被列入美国国家历史遗迹名录。
- 街头集市和活动在街上很受欢迎，包括公园里的电影之夜、乡村花园散步和音乐节等（Schlossberg 等，2013）。

4. 经验教训

Schlossberg 等人报告说，该项目自2009年完成以来产生了很大的社区效益：

- 这些改进措施实施两年后，撞车事件减少了66%，受伤事件减少了60%。
- 在设计完成后的4年内，在33个建筑项目上花费了700万美元。纽约街道建设拨款项目提供了20万美元的拨款，同时激发了120万美元的私人投资。
- 乡村商业咨询委员会（VBAC）在建设期间共同努力促进当地商业的发展。在建设过程中没有丢失任何企业，改善后反而吸引了更多的企业到该地区。建筑许可证的数量从2005年的15个增加到2010年的96个。
- 当地人说人们正在返回汉堡，从2005年到2011年，平均房地产销售额增长了169%。

11.3.2 北卡罗来纳州阿什县的西杰斐逊街景项目

1. 背景

"通过当地政府和NCDOT工作人员的合作，杰斐逊大道（NC-194/US 221巴士）的例行翻新项目通过融资变成了西杰斐逊市中心的改造，通过移除两个十字路口的交通信号灯，并融入适合行人步行的街景元素来吸引新的商业活动到市中心来"（UNC HSRC）。

杰斐逊大道是西杰斐逊的主要街道。这条街最初是为了适应多种用途而开发的，包括多个行业。这条街宽18m，包括两个交通信号灯，用来应对商业高峰期间的交通量，以及为货车提供大的路缘半径。

然而，随着20世纪末西杰斐逊经济的变化，商业交通模式也发生了变化。商业交通下降，货车在杰斐逊大道上行驶的频率较低。工业的减少也对市中心的经济产生了不利影响。该镇试图利用交通减少的优势，创造一个更适合步行的市中心。

2. 问题

"由于当地工业的衰退，失业和投资减少给西杰斐逊镇带来了沉重的负担，社区成员决心振兴和重新塑造他们市中心的特色。过时和无效的街道元素，包括照明不良、褪色或无标记的人行横道和难看的架空电线，正在破坏该地区的'外观吸引力'，并扼杀潜在的商业投资。此外，通过市中心商业区的高速交通对行人来说比较危险，这使得在市中心步行成为一件困难而危险的事情"（UNC HSRC）。

3. 利益相关者的参与

杰斐逊大道的复兴规划始于2003年，当时"该镇接待了来自北卡罗来纳州立大学设计学院风景园林系的学生，进行了设计研讨"（UNC HSRC）。社区的参与形成了注重步行性的设计，缩短了人行横道，改善了人行道。当该项目与北卡罗来纳州交通部（NCDOT）合作进入设计阶段时，利益相关方继续积极参与。由于市中心的商人对这条街道很熟悉，而且他们能从这个成功的项目中获得利益，所以特别关注了他们。

4. 方法

2003年的设计研讨会和随后于2010年制订的行人计划为后续的改进奠定了基础，而2011年NCDOT的重新铺设项目则为改进提供了机会。城镇和NCDOT官员共同努力，确保项目范围包括对每个人都有利的要素。改善措施包括铺装带路缘延伸的人行横道、地下公用设施、街道设施、景观美化和方便步行的街道照明，如图 11.14 所示。

图 11.14　北卡罗来纳州西杰斐逊街道景观的改善效果
资料来源：NCDOT/Dean Ledbetter。

该项目成功的一个关键因素是将两个交通信号灯替换为全程停车控制。这个决定有多重好处。为了提高行人的安全性，过去为了"闯红灯"而加速的车辆已经开始减速，NCDOT 不再需要承担操作和维护信号灯的费用。

5. 经验教训

交通安静化和人行横道缩短，使行人的安全和舒适度得到了预期的改善。NCDOT 官方院长莱德贝特（Ledbetter）在回顾该项目的成功时说："它改变了驾驶人和行人之间互动的整体性质"（UNC HSRC）。

机动车速度的降低和可步行性的提高带来的经济效益甚至超过了最初的预期。"自从交通信号灯取消后，市中心空置的店面和公寓数量从 33 个减少到了 5 个。店主们注意到，该项目降低了杰斐逊大道的交通速度；居民们说，穿越马路感觉更安全。阿什郡奶酪店老板乔希·威廉姆斯说，'我们在这里看到了改善的迹象，我认为主要是因为杰斐逊大道的车辆速度放缓。这一措施让驾驶人们慢了下来，他们被迫停在我们正上方的十字路口，从而环顾四周。'西杰斐逊的故事已经成为其他小城镇的典范"（UNC HSRC）。

11.3.3　犹他州盐湖城南 300 号

1. 背景

典型的盐湖城市区，南 300 号是一条非常宽的街道，它现在需要重新分配道路通行权，来满足所有的交通出行方式，并将街道改造成一个适合人们活动的地方，而不仅仅是一个交通走廊。南 300 号改造的主要目的之一是提供受保护的自行车道，这将满足更多的潜在骑车者，促进骑车的出行方式。

2. 问题

盐湖城希望能够增加步行和骑车出行的游客数量，特别是在市中心。城市宽阔的道路往往导致机动车高速行驶，降低了骑车者和行人的舒适安全性。

"南 300 号的改变将进一步增强街道的人性化，同时继续为机动车提供入口和停车位。从西 300 到东 600，一条新的路边独立的自行车道将进一步把这条已经很受欢迎的街道改造成一个出行目的地"。

3. 利益相关者的参与

盐湖城行人和自行车车道的总体改进规划工作于 2012 年开始，到 2014 年末接近完成。在规划过程中收到的数千条意见，为南 300 号项目的改善提供了依据。在南 300 号项目设计过程中，也征求了公众的意见。

4. 方法

盐湖城利用一项翻修计划的契机重新改造了南 300 号。与单独建设两个项目相比，该规划将完整街道的改善与定期维护的理念相结合，不仅降低了成本，而且减少了对邻街和出行公众的影响。

根据不同的街道宽度和土地使用情况，各种方法被用于重新分配通行权。一般来说，"路边停车场将调整到道路中心，物理屏障会把道路交通和停车与路边自行车道分开。减少交通车道、降低车速将改善行人的出行体验和步行性"（盐湖城市交通部）。图 11.15 展示了该项目一部分的典型状况。

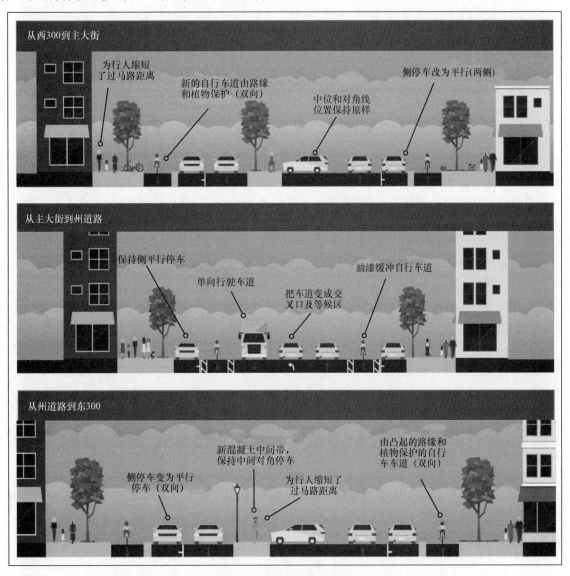

图 11.15　犹他州盐湖城南 300 号完整街道
资料来源：盐湖城市交通部。

该项目的一个主要特点是设置了受到保护的自行车道，并根据街道路段的情况，以不同的方式与机动车交通分开（油漆缓冲区、停放的汽车和/或中间凸起的种植物）。将自行车交通设施与机动车交通分离，将吸引以前在混合交通车道甚至在传统的彩绘自行车道上感到不安全舒适的骑车者。

此外，"减少交通车道以及降低速度将改善行人的出行体验和步行性"（盐湖城市交通部）。南300号项目还为低压力的市中心自行车网络提供了动力，该网络将连接其他小道、自行车车道以及未来其他街道上受到保护的自行车道。

5. 经验教训

南300号项目的建设已于2014年开始。尽管建设后的研究尚未完成，但盐湖城预计沿街自行车的数量将显著增加，包括随着低压力网络的不断扩展，市中心自行车出行模式的份额将普遍增加。根据同级城市的经验，该市期望行人和自行车出行的改善能对商业产生强烈的积极影响。"与在普通的自行车道上骑行相比，在受保护的自行车道上放松的节奏更有利于停下来购物或吃东西，而在普通的自行车道上骑行者可能更关注交通。骑自行车来的顾客更本地化，购物的次数会更多，而且他们可能有更多的可支配收入，因为他们节省了交通费用。作为该项目的一部分，盐湖城将提供一些面向骑车者推销的商业资源，并将高度关注受保护的自行车道沿线的商业。"（盐湖城市交通部）。

11.4　新兴趋势

11.4.1　服务措施的综合或优先级别

《公路通行能力手册》（TRB，2010）中的"城市街道多模式服务水平"方法在第5章中进行了描述。该方法为行人、骑车人、公交乘客和驾驶人制定了四个不同的服务水平。这种方法的一个内在挑战是如何在道路设计中进行协调折中，权衡利弊，因为一种折中方案可能使一种出行方式受益，而对另一种方式产生不利影响。例如，执行机构如何确定将道路宽度从通用车道重新分配出自行车道是否会给社区带来净效益？

目前还没有一种被广泛接受的方法来比较不同模式下的服务水平。此外，由于人们对不同模式的评价不同，不仅取决于其固有的特点，而且还取决于每次交通出行的目的，因此很难比较不同模式之间的服务水平。客观的测量也很有挑战性。例如，行程时间的测量几乎总是倾向于更快的交通方式（即驾驶），而不是主动交通（ITE行人和自行车委员会，CFA顾问，2011）。然而，事实并非如此。对汽车来说，行程时间的测量可以显示出较低速度的好处，但需要最少的停车次数。例如，汽车的多模式服务水平是自由交通流速度的百分比。因此，在给定的行驶速度下，较低的自由交通流速度会产生较好的服务水平。

这是一个新兴的领域。在制定综合、均衡或优先服务水平时考虑的潜在资源包括：

1）多目标优化模型。这个模型是为了确定最佳的城市道路设计以便为城市主干道上的出行者提供预先定义的服务等级，包括汽车、行人以及自行车使用者，同时符合几何设计标准。

2）特定模式的优先策略。一些社区选择优先考虑弱势的出行方式（即步行和骑车）作为完整街道政策的一部分。其他一些城市，比如加利福尼亚州的阿拉米达，则将街道划分指定为优先模式。例如，某一特定出行方式的服务水平标准（例如，对于自行车优先街道上的骑车人）可能比其他道路更严格。这就形成了一个完整街道的分层网络，不同的道路更适合不同的出行方式（ITE，2011）。本章其他部分提供了更多关于模式优先街道的信息。

3）加权。平衡各服务模式级别的一个相当简单的方法是根据社区偏好为每个交通出行模式分配一个相对权重。虽然这个权重体系的开发具有高度的主观性，并且会因社区而异，但一旦开发出来，它就可以作为一个简单有效的工具。根据《加利福尼亚州完整街道法》（AB 1358，第657章，2009），道林协会（2010）编制了一份清单，以衡量各种出行方式和用户群体的利益和影响。图11.16给出了一个示例。

完整街道一览表

该清单旨在协助各机构评估其街道在多大程度上符合《加州完整街道法》（AB 1358，第657章，2009）的要求。具体而言，"街道是否能在农村、郊区或城市环境下，满足驾驶人、行人、骑自行车者、儿童、残疾人、老年人、商业物品搬运者和公共交通使用者的需要？"（请参阅说明注释）。

街道：				
界限：			环境：	城市/郊区/乡村

用户组	可接受的最低服务水平	计算服务水平	百分比	权重(1~5)
1.驾驶人				3
2.公交乘客				3
3.骑自行车者				3
4.步行者				3
5.儿童				
a.是否符合适用的学区交通管制要求？				
6.残疾人				
7.年长者				
a.街道两边是否都有无障碍路线？				3
b.街道交叉口是否畅通？				3
c.容易察觉到交通信号吗？				3
d.街上是否有足够的无障碍停车位？				3
e.是否有足够的无障碍乘客上下车区域？				3
f.能到公交站台吗？				3
8.商业货物搬运商				
a.街道是用来容纳货车的吗？				3
b.这里或附近是否有足够的过境货车路线？				3
c.是否有足够的街上装货区/街外装货区？				3

总体评估：根据上述数据和权重，该街道符合上述标准的 ▇▇▇ %。
根据我们机构的政策，这条街<u>达到或者未达到</u>我们机构对整条街道的要求。

填写人：		
机构：		日期：

图 11.16　完整街道样本核对

资料来源：Kittelson，Associates，Inc。

11.4.2　共享空间

共享空间是一个概念，在低速的城市环境中，依靠人们负责任的行动，而不是大量的交通控制设备，来调节各种交通出行模式的出行者之间的相互行动。"共享空间有助于创造公共空间，使交通、社会和所有其他空间功能协调一致，人们可以出行、约会、一起做事或结识某人"（弗里斯兰省，2005）。图 11.17 显示了来自北卡罗来纳州阿什维尔的一个示例。

对大多实现了共享空间的欧洲一些地方的研究表明，这些类型的空间可以显著提高流动性和安全性，它们取代了有信号的十字路口或其他更严格管制的街道环境。事实上，"在混合使用的环境中降低速度通常会改善而不是降低交通流量"（Garrick，Hanley，2010）。同样重要的是，它们常常改善了街道环境，对商业和居民都是如此。

图 11.17　共享空间示例

资料来源：丹伯登。

11.4.3　战术都市主义

城市中街道设计的一个日益明显的趋势是"更轻、更快、更便宜"，这种方法通常被称为"战术都市主义"（图 11.18）。这种方法通常以基层的努力开始，对街道进行改变，以提高宜居性（Street Plans Collaborative）。例如，将路边的停车位改为就餐区或座位区、填补多余的人行道闲置的尴尬角落等。随着这些方法越来越受欢迎，它们得到了纽约市和旧金山等政府机构的支持。这些城市看到了这些项目给社区带来的好处和影响。并体会到它们相对较低的成本。

图 11.18　战术都市主义

交通工程师常常对街道内或街道附近的此类项目感到不安，因为缺乏关于它们对交通和安全的影响的数据。为了获得更多传统交通专业人员的认可，鼓励实施战术都市主义的团体和机构会在实施项目之前对交通和相关条件进行基本评估。交通工程师和公共政策制定者同样依赖前后数据来评估项目的成功程度。据说有证据显示，战术都市主义对社区有好处，但在没有确凿数据提供证实的情况下，对各机构来说，改变政策是一个挑战。这些数据往往可以快速、低成本地获得，有时也可由志愿者提供，这对这些项目的快速实施几乎没有影响。

参 考 文 献

American Association of State Highway and Transportation Officials (AASHTO). (2004). *A guide for achieving flexibility in highway design*. Washington, DC: AASHTO.

———. (2011). *A policy on geometric design of highways and streets* (6th ed.). Washington, DC: AASHTO.

———. (2012). *Guide for the development of bicycle facilities* (4th ed.). Washington, DC: AASHTO.

City of Chicago, Department of Transportation (CDOT). (2013). *Complete Streets Chicago: Design guidelines*. Chicago, IL: CDOT.

City of Philadelphia, Mayor's Office of Transportation and Utilities. (2013). *Philadelphia Complete Streets design handbook*. Philadelphia, PA: City of Philadelphia.

Dowling Associates. (2010). *Checklist for Complete Streets*. Oakland, CA: Dowling Associates.

Federal Highway Administration (FHWA). (n.d.). *Mini-roundabouts: Technical summary* (FHWA-SA-10-007). Washington, DC: FHWA.

Federal Highway Administration (FHWA). (2009a). *How to develop a pedestrian safety action plan*. Washington, DC: FHWA.

———. (2009b). *Manual on uniform traffic control devices*. Washington, DC: FHWA.

———. (2012). *Flexibility in highway design*. Available at www.fhwa.dot.gov/environment/publications/flexibility/.

———. (2014). *Designing sidewalks and trails for access*. Available at www.fhwa.dot.gov/environment/bicycle_pedestrian/publications/sidewalks/sidewalks.pdf.

Fryslan Province. (2005). *Shared space*. Leeuwarden: Fryslan Province.

Garrick, N., and Hanley, J. G. (2010). How shared space challenges conventional thinking about transportation design. Planetizen (December 16). Available at www.planetizen.com/node/47317.

Institute of Transportation Engineers (ITE). (2011). *Planning urban roadway 10.16: An ITE proposed recommended practice*. Washington, DC: ITE.

Institute of Transportation Engineers (ITE) and Congress for the New Urbanism (CNU). (2010). *Designing walkable urban thoroughfares: A context sensitive approach*. Washington, DC: ITE.

Institute of Transportation Engineers (ITE) Pedestrian and Bicycle Council and CFA Consultants. (2011). *Evaluation tools for Complete Streets* (unpublished presentation).

Institute of Transportation Engineers (ITE) Transportation Planning Council. (1999). *Traditional neighborhood development: Street design guidelines*. Washington, DC: ITE.

Jacobs, A. B., Macdonald, E., and Rofé, Y. (2002). *The boulevard book: History, evolution, design of multiway boulevards*. Cambridge, MA: MIT Press.

National Association of City Transportation Officials (NACTO). (2013). *Urban street design guide*. Washington, DC: Island Press.

———. (2014). *Urban bikeway design guide* (2nd ed.). Washington, DC: Island Press.

National Complete Streets Coalition (NCSC) and Smart Growth America. (2014). *The best Complete Streets policies of 2013*. Washington, DC: NCSC.

National Institute for Transportation and Communities (NITC). (2014). *Lessons from the green lanes: Evaluating protected bike lanes in the U.S.* (NITC-RR-83). Portland, OR: NITC.

Oregon Department of Transportation (ODOT). (2011). *Oregon pedestrian and bicycle design guide* (3rd ed.). Salem, OR: ODOT.

Potts, I. B., Harwood, D. W., and Richard, K. R. (2007). *Relationship of lane width to safety for urban and suburban arterials.* Presentation at Transportation Research Board Annual Meeting, Washington, DC.

Salt Lake City Transportation Division. (n.d.). 300 South protected bike lane. Retrieved from http://www.slcgov.com/transportation/300south.

San Francisco Department of PublicWorks. (n.d.). Ordinance No. 165-95: *Regulating the planting, maintenance, or removal of trees and landscape material on public sidewalk areas.* San Francisco, CA: San Francisco Department of Public Works.

Schlossberg, M., Rowell, J., Amos, D., and Sanford, K. (2013). *Rethinking streets: An evidence-based cuide to 25 Complete Street transformations.* Eugene, OR: Sustainable Cities Initiative, University of Oregon.

The Street Plans Collaborative. (n.d.). *Tactical urbanism* (vol. I). Brooklyn, NY: The Street Plans Collaborative.

Transportation Research Board (TRB). (2002). *A guide to best practices for achieving context sensitive solutions* (National Cooperative Highway Research Program Report 480). Washington, DC: TRB.

———. (2006). *Improving pedestrian safety at unsignalized crossings* (National Cooperative Highway Research Program Report 562/Transit Cooperative Research Program Report 112). Washington, DC: TRB.

———. (2007). *Roundabouts in the United States* (National Highway Cooperative Research Program Report 572). Washington, DC: TRB.

———. (2010a). *Highway capacity manual*. Washington, DC: TRB.

———. (2010b). *Roundabouts: An informational guide* (2nd ed.). National Highway Cooperative Research Program Report 672. Washington, DC: TRB.

———. (2013). *Transit capacity and quality of service manual* (3rd ed.) (Transit Cooperative Research Program Report 165). Washington, DC: TRB.

University of North Carolina Highway Safety Research Center (UNC HSRC). (n.d.). West Jefferson streetscape project. Retrieved from http://www.completestreetsnc.org/project-examples/ex-westjefferson/.

U.S. Access Board. (2011). *Proposed guidelines for pedestrian facilities in the public right-of-way*. Washington, DC: U.S. Access Board.

Virginia Department of Transportation (VDOT). (2011). *Transportation design standards for Tysons Corner urban center*. Richmond, VA: VDOT.

补 充 信 息

American Association of Retired Persons (AARP). (2015). *Evaluating Complete Streets Projects: A Guide for Practitioners*. Washington, DC: AARP.

American Association of State Highway and Transportation Officials (AASHTO). (2004). *Guide for the Planning, Design and Operation of Pedestrian Facilities*. Washington, DC: AASHTO.

———. (2010). *Highway Safety Manual* (1st ed.). Washington, DC: AASHTO.

Dover, V., and Massengale, J. (2014). *Street Design: The Secret to Great Cities and Towns*. Hoboken, NJ: Wiley.

Federal Highway Administration (FHWA). (2010). *Public Policies for Pedestrian and Bicyclist Safety and Mobility: An Implementation Project of the Pedestrian and Bicyclist Safety and Mobility International Scan*. Washington, DC: FHWA.

———. (2015). *Separated Bike Lane Planning and Design Guide*. Washington, DC: FHWA.

Florida Department of Transportation (FDOT). (2007). *Conserve by bicycle program study final report,* Appendix A-P. Tallahassee, FL: FDOT.

———. (2013). *2013 Quality/Level of Service Handbook*. Tallahassee, FL: FDOT.

Petritsch, T. (n.d.). The Influence of Lane Widths on Safety and Capacity: A Summary of the Latest Findings (online resource). Retrieved from http://nacto.org/docs/usdg/lane_widths_on_safety_and_capacity_petritsch.pdf.

Rosales, J. (2006). *Road Diet Handbook: Setting Trends for Livable Streets*. New York, NY: Parsons Brinckerhoff.

Transportation Research Board (TRB). (2004, October). *Performance Measures for Context Sensitive Solutions—A Guidebook for State DOTs* (NCHRP Web-Only Document 69). Washington, DC: TRB. Retrieved from http://onlinepubs.trb.org/onlinepubs/nchrp/nchrp_w69.pdf.

第 12 章 出入口管理

原著：Vergil G. Stover，博士，专业工程师，Kristine M. Williams，美国持证规划师
译者：展凤萍 讲师、博士

12.1 引言

出入口管理一般被定义为"对道路和相邻地面间的出入口进行协调规划、管理以及设计"（Williams，Stover，Dixon 等，2014），包括系统地控制道路机动车道、中央分隔带开口、立交及平交口的位置、间距、设计和运行，以及交通信号间距、中央分隔带的设置和附加车道（Committee on Access Management，2003）。

出入口管理的目的主要有两部分：

1）为主要道路沿线的土地发展提供车辆进出通道，以确保人员和货物的安全及有效流动。

2）通过网络和节点流线的规划来提高机动性，加强城市核心区域、活动中心和社区内的综合运输。

出入口管理为有效和经济的交通基础设施管理提供了机会，由于基础设施改善的资金短缺，使得出入口管理变得越来越重要。出入口管理涵盖了一套相对低成本的策略，并通过以下方式来保持交通系统的质量：

- 通过交通冲突管理，提高道路设计和运营的安全性。
- 通过保持主要道路的更高速度、更大运量的交通和货运，促进经济活力，保护商业市场。
- 通过改进网络规划，加强土地利用与交通规划的协调，提高不同交通方式之间的连通性。
- 促进主要道路沿线的站点可达性和流线设计。
- 减少主要道路的拥堵和延误，同时增强城市区域内和城市区域之间的机动性。

自 20 世纪 80 年代以来，干线道路特别是郊区干线道路的出入口管理得到了快速发展。在 FHWA 的支持下，TRB 在出入口管理研究中扮演着重要角色，如成立 TRB 交通和土地开发分会，以及 20 世纪 90 年代中期以来成立的 TRB 道路出入口管理分会。一些国家会议、州及国家研究继续推动着这一实践。

AASHTO 编写的《公路和街道几何设计政策》（AASHTO，2011，也叫作《绿皮书》）也在 2000 年增加了有关出入口管理的内容。2003 年，TRB 出版了第一版《出入口管理手册》（出入口管理分会，2003）。大约十年后启动了 NCHRP 项目 15-43，并根据此项目的研究成果于 2014 年出版了第二版《出入口管理手册》（Williams，Stover，Dixon 等，2014）。随着国际社会对出入口管理的不断重视，美国及其他国家和地区取得的研究成果为不断推进出入口管理的发展提供了支持。

经验表明，有效的出入口管理会随着道路功能、土地使用以及社会文化或者制度特征的不同而存在差异。因此无法制订适合所有情况的指南或"理想"的操作流程。相反，根据规划、工程和城市设计进行的最佳实践，已经为各种情况定义了一系列原则和指南。随着如何最佳管理交通和土地使用的专业理念的发展，这些实践正在不断完善中。

本章将回顾出入口管理的基本原则和已有成果，并概述同期的专业实践，包括与多模式目标、规划指南、政策和法规及公众参与的兼容性。最后通过案例分析对未来的发展趋势进行展望。

12.2 基本原则

本部分简要概述了现代出入口管理的几个基本原则，并介绍了针对原则1)~7)的附加引论。基本原则如下（Williams，Stover，Dixon 等，2014）：

1）为不同道路的规划、设计和管理提供专门的道路系统以确保道路使用者的安全及机动性。均衡的道路网络能够满足限制进出（如高速公路、快速路）的高速、长距离的车辆通行需求，也能够满足限制车速和流量的局部可达和通行（如地方街道、次要集散道路）需求。

2）实行交叉口分级。应提供从某一等级道路到另一等级道路的适当过渡，避免将低等级的道路直接连接到更高等级的道路。

3）信号设置应支持通行。信号交叉口设置应符合整体的交通信号协同方案。在主要道路上设置间距长而均匀的绿波带信号控制交叉口，可提高信号灯间的协同性，使车辆以期望车速继续行驶。

4）保留交叉口和立交功能区。在道路交叉口或互通式立交的功能区外使行车道与街道连接，以改善安全和运行。

5）限制冲突点数量。每个冲突点都是一个潜在的事故点，随着冲突点的增加，驾驶条件变得更加复杂，驾驶人更易犯错。相反，简化驾驶任务有助于改善交通运行，减少交通冲突。

6）分离冲突地区。通过适当设置出入距离和中央分隔带（图12.1）来隔离冲突区域，可以简化驾驶任务，减少行人和自行车对汽车的干扰，有助于改善交通运行和安全性。冲突区域的间距需要为驾驶人提供足够的感知和反应时间，且随着行驶速度的增加而增加。

7）将转弯车辆移出直行车道。转弯车道可为驾驶人提供一个保护区，使其从直行车道逐渐减速并等待完成转弯。它们降低了转弯车辆与直行车辆之间潜在的严重和持续冲突，提高了道路交叉口的安全性和效率。

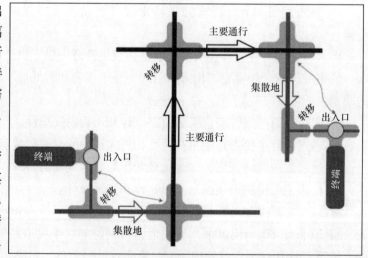

图12.1　功能交通系统中的出行阶段

资料来源：AASHTO。

8）在主要道路上使用中央分隔带。中央分隔带可以分离对向车流，并指定掉头地点。它们通过限制直行车辆、行人或者自行车与左转车辆的接触，以及为行人"二次过街"提供安全岛来改善安全性。

9）沿干线和其他主要出行路线设置配套的道路网络。集散道路和地方街道路网络将短途出行从干线道路中移除，并减少直接进入干线的需求，提高了使用者的机动性。

10）沿主要出行路线，在各住宅小区内部和小区之间提供统一的站点和交通系统。此类系统消除或者减少了站点间的机动车的交通需求，并应包括安全、标记清晰的自行车和行人交通系统——这一关键点在站点和交通设计中经常被忽视。

12.2.1 提供专门的道路（交通）系统

大多数出行，无论是机动车、步行、自行车还是公共交通，都包括以下几个阶段：

- 终端（起点和终点）。
- 出入口（连接公共道路网络）。
- 集散地（当个人接近目的地时，来自不同出发地/出行分布的出行集成）。
- 主要通行。

当出行者从一个出行阶段进入另一个出行阶段时转变出现。该转变的出现代表了功能交通系统出行阶段的层次结构（如交叉口），如图 12.1 所示，将在下面进行讨论。

1. 功能交通系统（Functional Circulation System）

功能交通系统指的是通过设施设计来调节每个出行阶段以安全有效地调节机动车、行人和自行车的出行。出行阶段与公共道路类别之间的兼容性见表 12.1。

为满足社区的需求，可酌情对三种基本功能道路类别进行进一步分类（表 12.2）。此外，选择交叉路段来提供适合其所在环境的各种设计。

功能交通系统旨在通过设施设计来调节每个出行阶段，以安全有效地调节出行。

安全和高效的通行和可达性是互不相容的，通过适当的道路设计和管理来调节出行阶段。因此，主路需要更多的出入控制，以保持车辆通行功能。相反地，由于一般道路的功能不是车辆通行（速度和交通量），可能有频繁的车辆进出。一般道路上高水平的直达性符合低速、低交通量的条件。减少一般道路上的通行功能，可保持街区的宜居性，并提高行人和自行车的出行安全。

功能交通系统的概念是功能道路分类的基本原理。图 12.2 展示了基于通行和可达性的功能性道路等级的经典图解。该图显示，干线主要服务于通行功能，地方道路主要服务于可达性，而集散道路服务于可达性和通行功能。

表 12.1　出行阶段和对应的功能道路类别

出行阶段	基本道路类别
终端	不适用
出入口	地方道路
集散地	集散道路
主要通行	干线

表 12.2　基本功能道路类别扩展

服务出行阶段	基本类别	规划设计扩展类别
终端	停车位	不适用
出入口	地方道路	巷道 共享街道/庭院道路 Woonerf① 死胡同 环路 长街区网格
集散地	集散道路	次要集散道路 主要集散道路
主要通行	干线	次要干线 主要干线 快速路 高速公路

① Woonerf：荷兰语的意思是"生活的院子"，这里指在不同的模式中提供共享空间的一种街道。

每一个基本功能类包含几个不同的几何设计道路。

Ewing（1993）指出，美国现有的大多数道路包含通行和出入口，与支路不同的是主路有更多的交叉路段而不是更多的出入口。因此，很多但不是大部分现有的城市道路系统不符合最优交叉口等级，这部分内容在后续章节介绍。

Brindle（2003）指出，提供通行和可达性的道路既不高效也不安全。这使人们意识到基于通行和可达性的道路等级划分应如图12.3所示。主要集散道路或者更高等级的道路应该主要服务于通行，而次要集散道路或更低等级的道路应该主要服务于可达性。此外，在城市中，作为主干道的道路也必须优先考虑行人、自行车、公共交通以及货运。还应认识到，大部分发达地区的城市干道必须继续提供通往临街的通道，有公交车站的地方还涉及行人、自行车和通勤人员的过街需求。因此，人们认为图12.3能更好地描述更边远郊区的情况。

当前的出入口管理实践认识到道路应该主要服务于出入口或通行（Brindle，2003）。

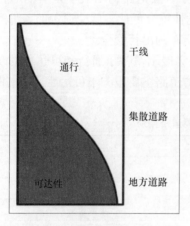

图 12.2　基于连续功能的道路分级
资料来源：Stover（1981）。

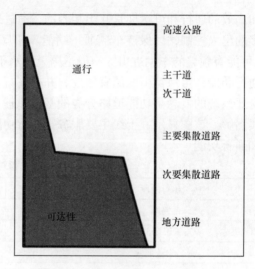

图 12.3　基于功能分离的道路分类
资料来源：改编自 Brindle（2003）。

主要道路除了服务于人员和货物的移动外，还包含一系列功能。它们可能不完全符合交通规划中的传统功能类别。此外，现有的网络可能存在着规划不周全或发展决策难以或不可能纠正的历史问题。因此，政府机构可能在实现某些路段可达性水平方面能力受限，也可能面临只是充分利用其所拥有的系统的问题。

行人、自行车和公交车可能出现在主要的城市道路上，有时流量相当大。将这些用户纳入城市或郊区主要道路的设计和运营中，对于包括机动车用户在内的所有用户的安全、方便和有效的移动至关重要。适应所有用户的"完美街道"的性质和横截面将根据其所处的环境以及在道路上和右侧（ROW）发生的活动而有所差异。

假如优先考虑特定模式可以提高安全和效率（ITE，2011，第18页），分层的道路网络系统则可被采用。这种方法特别适用于行人和自行车混行的城市、郊区和城市化边缘环境。在乡村（不发达）地区，分层有助于解决货运路线需求。分层网络特别适用于大型货车路线的设计，原因如下：①大型货车的大小和操作特性与其他机动车辆有很大的不同，因此它们将受益于针对这些需求的设计标准；②高价值商品的有效流通将有助于经济的发展；③"及时"交货需要快速、可靠的装运时间。

一个常见而艰巨的挑战是地方政府将州际高速作为通行的主要道路，该道路对当地交通和商贸十分重要。在这种情况下，有必要协调通行和当地交通及行人活动的优先程度。交通走廊管理计划和环境敏感的设计实践为解决这些问题提供了有效的手段。在无法协调通行和局部交通以及可达性的情况下，可以考虑使用具有大量出入口控制的绕道路线。

2. 交通系统的公共和私有要素

交通系统的一些要素是公共领域，其他的是私有领域，比如在私人车道上停车（终端）是在私人领域，而与车道连接的街道是公共的。在大型场地上，如区域购物中心，集散功能区、局部环路和停车场都是私人财产。进出口和基本位移也发生在公共道路上。

表 12.3 列举了与公共街道功能分类相媲美的私有交通元素的示例。理解这些对等关系对于有效的运行管理、间距和私人连接点设计以及审查站点规划很重要。

作为出入口管理的一部分，每个机构都应该确定私人和公共交通要素之间的等价关系。在行政执行方面，州交通运输机构可以在车道流量基础上建立这些"等价关系"。地方政府在土地利用和开发方面拥有很大的权力。因此，公私等效应该包括现场交通元素以及车道。同样的标准也应该应用到车道上。

表 12.3　公共街道分类、站点可达和交通元素的参照

公共街道分类	站点交通
地方道路	停车场内的通道
次要集散道路	停车场末端的交通通道 小型独立企业的入口通道
主要集散道路	连接大型开发区内的停车场交通道路 中等规模住宅区如社区购物中心的入口通道
次干线	大型住宅区的入口通道
主干线	超大型多功能住宅区或区域/地区性购物中心的入口通道

资料来源：Stover and Koepke (2002)。

3. 城市主要街道间距

随着区域的扩展，合适的街道间距能为有效的出入口管理提供最好的框架。各种资料表明，间隔 1.6km 的城市，主干道连同其路段中的次干道或主要集散道路呈网状排列，如图 12.4 所示。

人口密度和配套网络是决定街道规模和间距的因素。800m 间距的四车道比 1.6km 间距的六车道能提供更好的交通性能和交通分布，也能改善步行、自行车和公交的条件（Levinson，1999）。控制进出的四车道主干道网络和次干路/主要集散道路、货运交通和服务道路组成的交通系统能够满足 1550～2390 人/km^2 或更高人口密度的交通需求。

这种城市道路网络结构在出入口管理方面的优势包括：

● 主干道和次干道/主要集散道路上的本地巴士服务，使居民可以在合理的步行距离（400m）内乘坐巴士。

● 次干道/主要集散道路的持续性（虽然不如主干道的持续性）为主干道提供另一种选择，并为短途旅行提供服务。

● 合理的住宅到主要街道的出行距离可以减少在当地街道和次要集散道路的行车辆里程数，从而改善住宅环境，减少住宅街道上的车-人冲突。

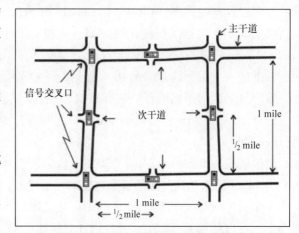

图 12.4　城市干线间距参考

资料来源：Committee on Access Management (2003)。

- 当地街道和次要集散道路上的行驶距离会更短，应急响应时间可能会得到改善。
- 有助于开发800m的信号交叉口间距，可以提供有效的交通发展，以应对高峰和非高峰的交通状况。
- 为住宅区创建了一个259hm²的"单元格"，并被次要干线/主要集流街道划分为64.75hm²的亚单元格，它允许住宅街道设计成非直通交通，同时支持行人和自行车的连通性和连续性。

许多，甚至大部分的六车道道路是由现有道路拓宽而成的，以弥补有效的配套交通系统的缺失。进出车辆之间的冲突降低了每个方向上的一个（或多个）车道的效率。合理设计的地方街道、集散道路和交通网络有助于将交通更均匀地分布在小区，从而减少对主要道路和宽横截面的需求。在需要六车道道路的地方，设计宽中央分隔带和间接左转的大马路可以改善交通效率和行人需求（Levinson，1999）。

12.2.2 交叉口等级

经验表明，当向主要城市道路提供次要通道连接（公共道路或私人车道）时，安全性和操作性会降低。因此，许多地方政府都通过了相关法规，禁止为单户居民提供服务的车道直接连接主干道。

道路管理的一个重要原则是避免将低等级的道路直接连接到更高等级的道路（芝加哥大都会规划局，2009；Stover，Koepke，2002；交通和道路研究实验室，1991）。理想的做法是允许直接连接到下一个更高或更低的功能分类，如图12.5所示。这一概念适用于现场交通、停车场设计以及公共道路系统。

图12.5 功能类别之间的关系
资料来源：Stover，Koepke（2002）。

该条准则有两个例外：第一个涉及住宅区，独户或复式住宅、住宅区街道可连接到次要集散道路；第二个例外是主要集散道路可能连接到主干路。当城市地区有增强型主要集散道路系统但没有次干路时，就会出现这种情况。本指南适用于密集的城市区域，这些地区的车速较低，并配有限制交叉口的右转中央分隔带。

12.2.3 交通信号灯间距及操作

在主干道上，密集或不规则间隔的交通信号会导致频繁停车、不必要的延误、燃油消耗增加、车辆排放过多以及高碰撞率（Gluck，Levinson，Stover，1999）。长而均匀的信号间隔能够有效地适应高峰和非高峰期间不同交通状况的配时方案。它也有助于采用随时间变化的交通控制系统（Stover，Demostenes，Weesner，1991；Stover，Koepke，2002）。因此，选择长而均匀的信号交叉口间距是制定出入口间距标准的一个重要因素。第10章已讨论了很多相关内容。

信号灯间距对道路通行效率有直接影响。与信号间距为400m且中间有完全开口的信号交叉口相比，信号间距为800m且仅在信号交叉口之间有右转的信号交叉口可以减少59%的车辆延误和42%的车辆行驶时间。

其他研究（Stover，Koepke，2002）认为，信号交叉口间距为800m的四车道分隔的干道与信号灯间距为400m的六车道分隔的道路运送的交通量相同。这说明统一的800m信号交叉口间距、限制某些街道和车道连接且仅限于右进/出的中央分隔带、左转/掉头和右转辅助车道是道路拓宽的常见做法的替代方案，可以增加通行能力，减少行驶时间和延误，提高交通质量。

在密集或不规则间隔的交通信号系统中，每英里道路上增加一个交通信号都会使车速降低3~5km/h（Gluck，Levinson，Stover，1999）。一些研究发现，随着交通信号灯频率的增加，撞车次数和撞车率也会增加（Gluck，Levinson，Stover，1999；Millard，1993；Head，1959）。

图12.6表明，以400m的均匀间隔部署的信号灯会使行车速度保持在48km/h，信号周期为60s；但是，将信号周期增加到90s会使行车速度降至32km/h，120s的信号周期会将行车速度降低到24km/h。

信号灯间隔为800m时，沿郊区干线能够以56~72km/h的速度提供高效的双向交通。在这些速度下，交通量可达到最大，油耗和排放量保持最低。

长而均匀的信号间隔的另一个好处是能够对各种交通状况做出反应。随着社会发展和活动模式的变化，交通量通常会随着时间而变化。此外，早高峰、中午、晚高峰、傍晚和深夜/清晨的交通状况也大不相同。800m间距能够实现配时计划，从而在适合用于非高峰交通量的周期长度下产生适当的非高峰行驶速度。此外，沿郊区主要干道的800m间距与很多州的土地划分模式一致。

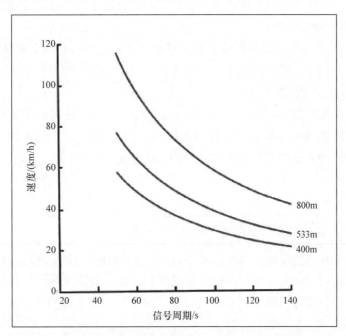

图 12.6　基于信号间隔和周期长度的连续速度函数
资料来源：Stover，Koepke（2002）。

由于整个中央分隔带开口位置都应该设置信号灯，800m的间距也是中央分隔带开口间距的公认值。无信号的中央分隔带开口不适合设置信号灯，应在主要道路仅设计左转，或在信号交叉口设计有中间开口的U形转弯（Stover，Koepke，2002）。这些中央开口通常称为定向中央开口。

主干道上长而均匀的交通信号间隔可促进有效的交通发展，减少车辆排放。

长而均匀的信号交叉口间距能够使交通工程师通过信号配时有效地应对一系列交通状况。这将最大限度地减少变速次数，减少停车延误，降低油耗，并减少车辆排放。《交通和土地开发》（Stover，Koepke，2002）提供了与速度和信号间隔相关的燃料消耗和车辆排放的附加信息。NCHRP报告348（Koepke，Levinson，1992）进一步给出了信号交叉口位置的评估指南。

国家交通主管部门或地方政府制定的出入口管理条例应规定下列条件/标准，以评估偏离所采用交通信号间距的请求：

1）按一天中的时间（即早高峰、中午、晚高峰、傍晚等）划分的每类道路（如主干道、次干道和主要集散道路）的最小行进效率（通过带宽除以循环长度）。

2）按一天中的时间（即早高峰、中午、晚高峰、傍晚等）对每类道路的行驶速度和周期长度的连续性进行划分，并必须达到最低的行驶效率。

3）评估中使用的其他要求以及机构官员负责提供这些需求，包括但不限于：①特定路段，包括现有和未来的信号灯位置；②使用的评估程序或计算机模型；③代表未来扩建条件的交通量，而不仅仅是现有的交通量。

在无法实现长而统一的信号间隔或者交通连续性不重要的地方，可用环形交叉口有效替代信号交叉口。

在干线上已经存在或无法避免不规则信号交叉口间距的情况下，为提高交通流速度和行进效率，可考虑以下选项：

- 限制或禁止在交叉道路上左转和横穿，并通过在主干道上右转和掉头来补偿这些限制。
- 禁止从十字路口和主干道左转，通过主干道的十字交叉和270°右转到达主干道来实现上述行为。
- 用立交桥或部分立交桥代替平面交叉口。

例如，密歇根州广泛采用间接左转。Levinson等（2000）回顾了这些间接左转方案，并发现密歇根U形转弯可使通行能力提高20%~50%。通行能力提高归因于在信号交叉口消除左转和维持两相信号运行的能力，从而在高峰和非高峰期间提供双向行驶。信号交叉口处的左转被交叉口两侧约200m处的定向U形交叉口取代，并在每个U形交叉口的中央分隔带处设置左转车道（Levinson等，2000）。无信号的次要交叉路口变为"T"形交叉口，从而防止在这些位置的车辆交叉。

信号交叉口间距较大的街道考虑在街区中间设置人行横道。

在活动中心和密集开发的商业区，通常需要更近和/或不规则的信号交叉口间距，以容纳行人、公共交通、自行车、车辆转弯和交叉交通。折中方案是降低车辆行驶速度和通行效率。在有足够的通行权的情况下，环形交叉口可被视为间隔不规则信号交叉口的替代。在平行街道上，通常使用"单向街对"来缓解拥堵。

如果长信号交叉口间距导致中间街区和/或自行车交叉的需求，则应提供行人安全岛，并在适当情况下提供行人/自行车交叉信号。这些交叉口的信号运行可与交通信号配时相协调，以保持有效的交通进展。

12.2.4 保留交叉口功能区

功能区从物理交叉口向上游和下游延伸，如图12.7所示。理想情况下，上游或下游功能距离内不允许进入。当人口位于交叉口的左转排队位置时，从车道上驶出的车辆通常会在等待进入左转车道时阻塞直行车道。改善措施包括使车道仅为单向入口，并在左转车道和相邻直行车道之间使用柔性桥塔或纵向渠化。

应避免在交叉口的功能区内通行。

1. 上游功能区距离

上游功能区距离的组成如图12.8所示。第10章还讨论了与交叉口设计和控制有关的功能距离的考量。图12.8中的距离 d_1 随着感知-反应时间和速度的增加而增加。感知-反应时间随驾驶人对路段的熟悉程度和警觉状态而变化。熟悉道路和交通状况的警觉驾驶人的感知-反应时间小于不熟悉道路和交通状况的驾驶人的感知-反应时间。

此外，城市和郊区道路上的交通状况使得该道路上的驾驶人比乡村公路上的驾驶人具有更高的警觉性。因此，城市和郊区道路上的感知-反应时间通常为1.5s；由于驾驶人在乡村道路上的警觉性会降低，乡村道路上的感知-反应时间为2.5s（Stover, Koepke, 2002）。AASHTO（2011）建议正常条件下的反应时间为1.5s，更复杂的条件下反应时间为2.5s。

第 12 章 出入口管理

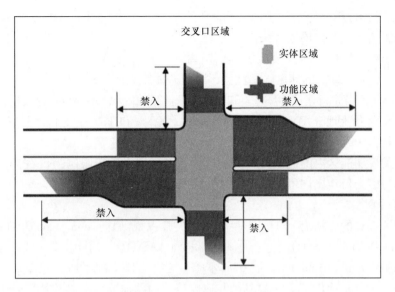

图 12.7　交叉口功能区示意图

资料来源：Stover，Koepke（2002）。

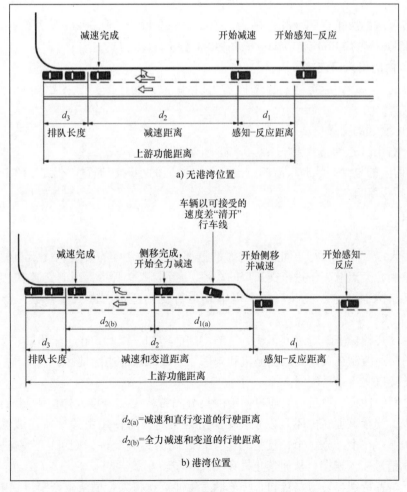

$d_{2(a)}$=减速和直行变道的行驶距离

$d_{2(b)}$=全力减速和变道的行驶距离

图 12.8　上游功能交叉区（有无港湾式车道）

资料来源：Stover，Koepke（2002）。

减速/行驶过程中出行距离为 d_2，上游功能区距离的分量可采用以下两种方法确定，并适当地采用最大长度：①减速距离法；②碰撞距离法。

减速距离法基于减速度的广域速度范围提供距离 d_2 的值，而碰撞距离法仅适用于选择 30mile/h、40mile/h、45mile/h 和 50mile/h 的速度。请注意，对于碰撞距离法，30mile/h 和 35mile/h 的建议距离相差很小（20%或更小）；因此，建议 30mile/h 曲线也用于 35mile/h。d_1 和 d_2 的表格以及排队长度 d_3 的估计方法包含在《交通和土地开发》（Stover，Koepke，2002）和 TRB 制定的《出入口管理手册》第 2 版（Williams，Stover，Dixon 等，2014）中。

当无法避开交叉口功能区内的进出口时，使用中间隔离带将通行限制为仅右进/右出，并考虑最大限制车道交通量作为出入口连接许可的条件。

2. 下游功能区距离

确定下游功能区距离的方法有：①加速距离；②决策视距（Decision Sight Distance，DSD）和停车视距（Stopping Sight Distance，SSD）。基于加速度标准（AASHTO，2011，图 2-24）的最小下游功能区距离从 32km/h 时的 30m 到 113km/h 时的 707m 不等。《出入口管理手册》第 2 版（Williams，Stover，Dixon 等，2014，第 15 章）提供了 32～113km/h 速度范围内的加速距离以及基于 DSD 标准的距离。

AASHTO（2011，第 3~6 页）将决策视距定义为"驾驶人察觉道路环境中突发的或其他难以察觉的信息源或视觉混乱等交通状况，识别该状况或其潜在威胁，选择适当的速度和路径，安全有效地起动和完成驾驶时所需的距离。"由于城市区域的速度、路径和方向的变化比乡村地区更为复杂，因此其决策视距更长。城市区域的决策视距变化范围为从 50km/h 的 195m 到 130km/h 的 510m 不等，而乡村区域的决策视距从 45km/h 的 140m 到 105km/h 的 340m 不等。

3. 功能交叉区内的出入口连接

如果有可选择的出入口，应拒绝上游或下游功能区距离内的连接。如果无法使用备用出入口，则应采用以下方法：

1）出入口尽可能远离交叉口。

2）仅限右进/右出（这通常需要安装屏障以防止左转）。

3）在 24h 周期内的早晚高峰时段限制进出出入口通道的小时交通量。但是，在这种情况下，要注意平衡当地企业的需要和利益。

12.2.5 限制冲突点

车-车、车-人以及车-自行车间发生碰撞的概率随着冲突点的数量和交叉口复杂性的增加而增加。一般来说，车辆冲突点取决于进出交叉口的车流。如图 12.9 所示，四向交叉口总共有 32 个车辆冲突点，而三向交叉口只有 9 个。交叉口冲突概率和运行受车道数、进入车辆数、行人和骑自行车的影响。

两车之间发生冲突的概率随着进入车辆数量的增加而增加。因此，在主干道的主要交叉口和主要集散道路实施有效的交通控制至关重要。在城市和郊区以及发展中的边缘地区，需要干线与其他干线以及主要集散道路的交叉口实行信号配时。

信号交叉口之间的冲突点数量可以通过使用中央分隔带将无信号接入连接限制为仅右进/右出（两个冲突点）来减少。当横截面宽度不足以安装中央分隔带时，可使用由柔性桥塔或纵向渠化组成的中央分隔带护栏。如果存在中央分隔带，且信号交叉口之间的距离允许，则可以为右进/右出和左进（5 个冲突点）设计无信号接入连接，从而禁止横穿交叉和左转弯。

行人和骑自行车者特别容易与左转和右转车辆发生冲突。将人行横道重新定位到中间街区位置可减少交叉口总冲突的数量和复杂性。由于没有转弯车道，无防护交叉距离减少，通过提供安全岛，可使行人一次穿过交通流。此外，行人过街处可设置不干扰交通通行的交通信号灯。

连接间距

连接分隔标准限制和分离无交通信号的出入口连接。当车辆进入和离开直行车道时，这些连接会在交通流中造成冲突和摩擦。在大交通量和高速条件下，车辆从直行车道转弯时，会对后续跟车的车辆产生"冲击波"。这可能会造成在距离入口连接上游相当远的地方发生追尾和换道碰撞。增加无交通信号灯出入口连接之间的距离可以简化驾驶任务并降低事故发生率。

一般来说，路线对货物和人员的移动越重要，出入口连接间隔越长。许多州交通运输机构和地方政府都制定了无信号接入分隔标准。大多采用 1mile 的里程（如 1/2mile、1/4mile、1/8mile），这反映了美国的土地测量系统。

交通工程实践提供了其他几种方法来解决无信号交叉口的连接间隔问题，包括独立的接入连接、上游功能区距离、转弯车道设计、安全性、停车视距、交叉口视距、决策视距、右转冲突重叠和出口容量。有关这些方法和相应间距指南的信息，请参见 TRB《出入口管理手册》第 2 版（Williams，Stover，Dixon 等，2014）以及《交通和土地开发》（Stover，Koepke，2002）。

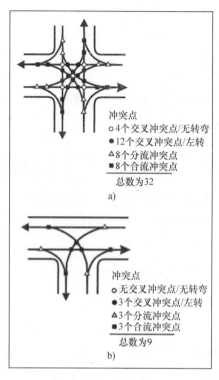

图 12.9　车辆冲突点

资料来源：Stover，Koepke（2002）。

12.2.6　分离冲突区

如图 12.10 所示，当冲突区之间的距离允许驾驶人在其他位置遇到潜在冲突之前清除一个冲突区时，交通运行和安全就会得到改善。可考虑以下标准来确定该间隔距离（见表 12.4）：①随速度、路径和方向变化的 DSD；②减速至停车的 DSD；③SSD。

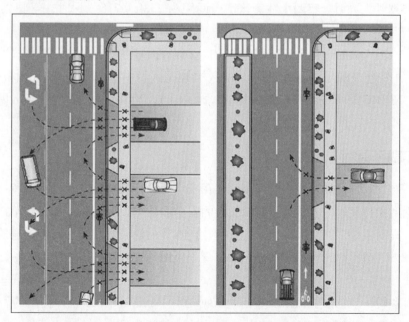

图 12.10　分离冲突区可减少驾驶人的工作负荷，降低自行车和行人发生碰撞的风险

资料来源：俄勒冈交通部（1999）。

基于 DSD 准则的冲突区分离允许机动空间。建议在关键位置考虑 DSD。对于相同的环境（乡村和城市）和相同的速度，机动到停车的 DSD 通常小于速度、路径和方向变化的 DSD。需要注意的是，虽然合并车道确实减少了冲突点的数量，但并没有减少冲突的总数。因此，转向车辆的数量保持不变，但转向将集中在一个点上。

采用 DSD 标准分离乡村地区主干道冲突区，信号交叉口间距为 800m，通常会在信号出入口之间提供出入连接（仅右进/右出，或右进/右出和左进）。该间距还将为信号交叉口和街廊中段中央分隔带开口处左转车道预留足够的设计长度。

主要道路上的出入口连接应间隔开，以便驾驶人在遇到后续连接之前跳过该连接。

通常，集散道路的流量低于干线。此外，集散道路和干线上的驾驶人期望是不同的。因此，较短的停车视距可能适合主要集散道路。基于 SSD 的间距可能是干线上的差异。基于视距标准的冲突区域间距示例见表 12.4。

表 12.4 基于视距标准的冲突区域间距示例

速度/(mile/h)	郊区主干道①/ft	主要集散路段②/ft
30	535	200
40	715	305
50	890	425
60	1125	570

① 基于 DSD，机动到停车。
② 基于 SSD。

当冲突区的间距小于驾驶人能够"一次一个"地处理潜在冲突区的距离时，就要求驾驶人同时观察多个冲突区，并准备对其做出反应。例如，使用表 12.4 中的距离，以 40mile/h 的速度行驶 357ft（715/2）时，需要驾驶人同时观察两个冲突区。当间距为 238ft（715/3）时，驾驶人必须同时观察三个冲突区。

互通立交附近的出入口管理在土地开发和出入口管理方面存在特殊的问题。美国国家公路合作研究项目 07-23 正在研究这个课题。在此期间，以下材料提供了一些指导：NCHRP 报告 348（Koepke, Levinson, 1992）、NCHRP Synthesis 332（Williams, Forester, 2004）和 NCHRP Synthesis 404（Gluck, 2010）。

12.2.7 禁止车辆在直行干道上转弯

转弯车道允许驾驶人逐渐减速驶出直行车道，在安全区等待转弯机会，以降低转弯车辆与直行车辆之间冲突的严重程度和持续时间，提高道路交叉口的安全和效率。十字路口和右转车道之间的行人岛可以缩短穿越距离，提高主要道路交叉口行人的安全性。本节讨论转弯车道、支路车道的设置依据，以及减速车道的设计。下一节将讨论这些和其他出入口管理应用的安全性和操作性。

1. 设置依据

非信号交叉口左转车道的设置依据及其衍生依据是由 Harmelink（1967）提出的。最近研究指出这三种设置依据存在着一些问题（Fitzpatrick, Woolridge, 2001；Kikuchi, Chakroborty, 1991；Ivan 等，2009；Van Schalkwyk, Stover, 2007；Staplin 等，2001）。观察到的时间参数值（执行左转弯的时间、清除转弯车道的时间和清除反方向车道的时间）比 Harmelink（1967）提出的值低得多。

无信号配时交叉口的左转车道车流很小（Fitzpatrick 等，2013）。

NCHRP 报告 745（Fitzpatrick 等，2013）使用效益/成本标准对无信号交叉口的左转车道进行分配路权。对表 12.5 和表 12.6 的分析表明，在城市/郊区以及乡村地区，左转车道设置的值极低。对表 12.5 的评估表明，根据效益/成本准则，在城市/郊区干线上，所有非信号控制出入口连接的左转车道都是合理的，因为高峰小时交通量很容易超过 450vph。NCHRP 457（Bonneson，Fontaine，2001）提出了评估十字路口改进的规则，包括增加左转弯车道和右转弯车道。

佐治亚州、新墨西哥州和科罗拉多州要求在车流量较小的情况下设置右转车道。

表 12.5　根据效益/成本标准，在城市或郊区干线的出入口连接处设置左转车道的依据

左转流量[①]/vph	干线流量/vph	
	三叉路口	四叉路口
10	300	50
15	250	50
20	200	50
25	200	50
30	150	50

① 最低左转弯值为 5vph。
资料来源：改编自 Fitzpatrick 等（2013）。

表 12.6　在乡村地的出入口连接处设置左转车道的依据

左转高峰小时流量[①]/vph	双车道公路		四车道公路	
	三叉路/(vph/车道)	四叉路/(vph/车道)	三叉路/(vph/车道)	四叉路/(vph/车道)
5	200	150	75	50
10	100	50	75	25
15	100	50	50	25
≥20	50	<50	50	25

① 5vph 是最低左转值。
资料来源：改编自 Fitzpatrick 等（2013）。

这些效益/成本准则支持了科罗拉多州和佐治亚州所采用的法规。当左转流量超过 10vph 时，科罗拉多标准要求在地区公路、乡村公路和非乡村公路的道路上设置左转车道（表 12.7）。由于任何成功的商业活动都会产生超过 10vph 的左转值，科罗拉多法规实质上要求设置连接这些道路的左转车道。在区域高速公路上，如果右转车流辆超过 25vph，则需要使用减速车道，但最小的商业开发项区除外。

表 12.7　科罗拉多州交通部减速车道设置依据

道路	分级	左转交通量/vph	右转交通量/vph
快速路，主要支路		>10	>10
区域高速		>10	>25
乡村高速	速度 >40mile/h	>10	>25
	速度 ≤40mile/h	>25	>50
非乡村公路		>10	>25

（续）

道路	分级	左转交通量/vph	右转交通量/vph
干线	速度 >40mile/h	>10	>25
	速度 ≤40mile/h	>25	>50
临街道路	速度 >40mile/h	>10	>25
	速度 ≤ 40mile/h	>25	>50

资料来源：科罗拉多州交通部（2002）。

佐治亚州交通部法规指定左转和右转速度、每天左转或右转交通量、车道数（两车道和两车道以上）和平均日交通量（Average Daily Traffic，ADT）。比如，在一条45mile/h的四车道城市或郊区主干道上的出入口，每天承载10000辆以上的车辆（vehicles per day，vpd），左转值将大于250vpd。

新墨西哥州法规在对比城市与乡村、双车道与多车道以及速度基础上制定。这些规则还需要一条交通量相对较低的辅助车道。例如，当右转交通量超过35vph时，允许在45mile/h的多车道城市道路上使用左转车道。当左转交通量超过40vph时，需要左转车道。在同一速度下，乡村公路的依据值低于城市街道。

2. 减速车道设计

随着速度差（转弯车辆和跟随车辆之间的速度差）的增加，碰撞可能性呈指数级增加（图12.11）。主要公路通常采用10mile/h的速度差，但由于交通量较低和驾驶人期望值增加，集散道路上可接受较大的速度差。

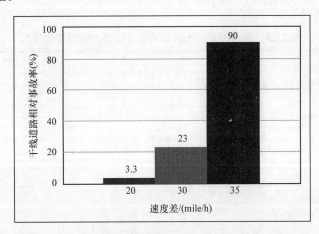

图12.11　速度差对转向车辆和直行车辆发生碰撞的影响

资料来源：改编自Solomon（1964）。

右转车道和左转车道的要素是相同的。对于右转，减速距离包括锥形长度。表12.8给出了10mile/h速度差的最小设计长度。该表还可以用来获得其他速度差下的减速距离。例如，在40mile/h的道路上使用150ft的距离将造成20mile/h的预期速度差。一些机构在右转时使用较短的距离，而不是停止或停下来。不建议执行此过程，因为虽然有些驾驶人可以不停车转弯，但有些驾驶人需要完全停车才能完成右转。

排队长度必须能够容纳某一概率下的最大排队车辆。《交通和土地开发》（Stover，Koepke，2002）和TRB的《出入口管理手册》第2版（Williams，Stover，Dixon等，2014，第16章）给出了设计长度的估算方法。

表 12.8　左转或右转车道的最小设计长度（不包括排队长度）

速度①/（mile/h）	不包括排队长度的最小长度②/ft
30	150
40	290
50	440
60	655
70	875

① 在确定转弯车道的设计长度时，使用了高峰和非高峰速度。排队长度加上本表中给出的停车距离之和中较大者为设计长度。
② 假定速度差为 10mile/h 或以下。

锥形长度应小于从直行车道过渡到转弯车道时的行驶距离。佛罗里达州使用标准的 15m 锥形长度作为单一转弯车道，使用 30m 锥形长度作为双转弯车道。佐治亚州格温内特县，在 56~64km/h 的速度下使用 15m 的锥形长度，在 72~88km/h 的速度下使用 30m 的锥形长度。

计算上午、下午和非高峰时段的减速距离加上排队长度的总和。总距离中较大者为设计长度。

3. 辅道

近年来，直行车辆经过待左转车辆的情况越来越普遍。典型的应用是在三路交叉口，如图 12.12 所示。

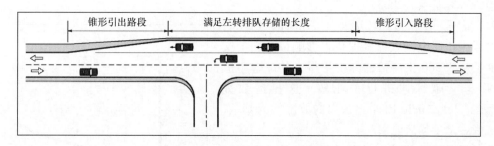

图 12.12　T 形交叉口的辅道
资料来源：TRB（2014）。

NCHRP 报告 745 号（Fitzpatrick 等，2013）给出了基于效益/成本准则的辅道设置依据。该依据指出，在交通量较低的情况下，辅道是合理的（表 12.9）。50vph/车道的交通量相当于每天每车道约 500 辆车，对于主要道路来说，这是一个非常低的交通量。虽然每小时 5 辆车是最低左转交通量，但左转和接近交通量的模式表明，在不需要左转车道的街道或出入口连接处，都可以使用辅道。

表 12.9　乡村双车道公路的辅道设置依据

左转高峰小时交通量/vph	三叉路口，主要双车道公路高峰小时交通量/（vph/车道）	四叉路口，主要双车道公路高峰小时交通量/（vph/车道）
50	50	50
10	50	<50
≥15	<50	<50

资料来源：改编自 Fitzpatrick 等（2013）。

在不符合设置左转车道的地点，佐治亚州运输部采取设置辅道的措施（表 12.10）。一些行政区广泛使用辅道，尽管没有具体的交通量依据。

表 12.10 佐治亚州交通部规定的辅道设置依据

公布速度/(mile/h)	仅适用于双车道路线的 ADT/vpd	
	<4000	≥4000
≤35	每天 200LTV	每天 125LTV
40～45	每天 100LTV	每天 75LTV
50～55	每天 75LTV	每天 50LTV

注：LTV 代表左转交通量。
资料来源：格鲁吉亚交通部（2009）。

12.3 出入口管理的成效

通过几十年的研究，出入口管理技术的成效已得到证实。本节提供了与安全、操作、经济和美观效益相关的部分调查结果。关于辅助车道以及信号和无信号出入口间距的安全和运行效益的其他信息，请参见本章前面的内容。

12.3.1 安全

多年的研究清楚地记录了出入口管理的安全效益（Gluck，Levinson，Stover，1999）。这些安全效益可归因于三个关键问题：①改进的出入口设计；②更少的交通冲突点；③驾驶人对潜在冲突更快的反应时间（通道管理委员会，2003）。

NCHRP 报告 420 号（Gluck，Levinson，Stover，1999）是迄今为止研究出入口管理技术影响最全面的文件。它提供了从 37500 次碰撞的分析中得出的综合事故率指数，并与文献综述进行了比较。这些指数如图 12.13 所示，以每 1mile 10 个出入口的故障率为基数，用出入口密度表示平均故障率。

具体关系因道路几何结构（车道宽度、是否存在转弯车道和中间带）、运行速度、车道和交叉口交通量的不同而不同。尽管如此，这些指数清楚地显示了道路边缘的出入口密度与交通事故率之间的关系，例如，从 1mile 10 条车道增加到 1mile 30 条车道，交通事故率将增加约 70%。该报告还提出了一套更精细的步骤，可以按出入口密度估计事故率的相对变化。

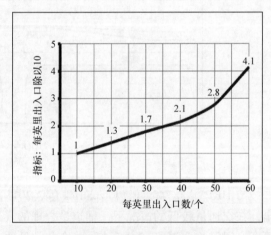

图 12.13 综合事故率指数
资料来源：Gluck 等（1999）。

研究表明，从 1mile 10 条车道增加到 30 条车道将使车祸率增加约 70%。

大量的研究已经证明了中央分隔带的安全效益。NCHRP 报告 420 号（Gluck，Levinson，Stover，1999）提出了大量的对比评估研究，涉及不可分割的道路、具有双向左转车道（Two-Way Left-Turn Lanes，TWLTL）的道路和具有中央分隔带的道路。这项研究的结论是，在设有中央分隔带的道路上，平均事故率比使用 TWLTL 低 30% 左右。

2001 年，佛罗里达州交通部发表了一项研究，评估了在具有中央分隔带的多车道主干道上掉头与直接左转的安全和运行影响（Lu 等，2001）。通过对 250 个地点的分析，在六车道的干线上右转加 U 形转弯的交通事故率比直接左转低 17.8%，伤亡率低 27.3%。研究还发现，在大交通量情况下，U 形转弯的驾驶人比从车道直接左转的驾驶人所经历的延误要少。

研究还记录了在通过主干道、未分割道路或具有连续双向左转车道的道路时，中央分隔带对行人安全的效益（Bowman，Vecellio，1994）。佐治亚州的研究发现，与TWLTL设计相比，增加中央分隔带的道路每100mile的行人死亡率降低了78%（Parsonson，Waters，Fincher，1993，2000）。

根据FHWA（2010）的统计，通过在有标记的人行横道位置提供凸起的中央分隔带和/或行人安全岛可减少46%的行人事故，在无标记的人行横道位置进行类似处理可减少39%的行人碰撞。中央分隔带和行人安全岛的其他好处包括（FHWA，2010）：

- 通过允许行人一次跨越一个方向的交通流，并为行人提供具体安全岛来等待通过间隙，减少行人穿过交通流中的"洞"或在行驶车辆之间交织的风险，简化交叉任务并减少交叉延误。
- 提供了一个改善照明的位置，可将十字路口夜间行人死亡人数减少78%。
- 在具有5000 ADT的四车道道路上，可以将行人等待延误减少78%（从41s减少到9s）。
- 提供直达公交车站的人行横道，以及所需的公交车站。
- 减速队列排队车道降低了转弯车辆和跟驰直行车辆之间冲突的严重程度。与信号控制交叉口相比，停车控制交叉口的交通事故减少率往往更高（表12.11）。

表12.11 在主要进口上设置转向车道后预计减少的交通事故

交叉口特征			一个进口增加转向车道	两个进口增加转向车道
左转车道	乡村	三路交叉口 停车标志	44%	—
		三路交叉口 交通信号灯	15%	—
		四路交叉口 停车标志	28%	48%
		四路交叉口 交通信号灯	18%	33%
	城市	三路交叉 停车标志	33%	—
		三路交叉 交通信号灯	7%	—
		四路交叉口 停车标志	27%	47%
		四路交叉口 交通信号灯	10%	19%
右转车道		停车标志	14%	26%
		交通信号灯	4%	8%

资料来源：Harwood等（2002）。

12.3.2 运行

出入口管理策略通过改善道路运行、安全性和可靠性，有助于公交、货车和私人车辆的高效运行。一系列的分析技术已被用于评估出入口管理对道路运营的影响。总体而言，迄今为止的研究表明，通过保持期望自由流速度和减少延误，出入口管理技术有助于保持道路的通行能力。

例如，历史上公认的通行能力技术表明，每个出入点的自由流速度（单向）的标准下降约为0.25mile/h，1mile道路的右转速度下降约为0.005mile/h（Reilly等，1989）。表12.12给出了2010年《公路通行能力手册》建议的不同服务水平确定的出入口密度调整系数。

表12.12 出入点和自由流速度

每英里出入点数量	自由流速度降低/(mile/h)
0	0.0
10	2.5
20	5.0
30	7.5
40 或更多	10.0

资料来源：TRB（2010）。

最大限度地减少交通信号灯的数量，促进均匀的信号间隔，显著改善了出行时间。表12.13给出了以1mile 2个交通信号灯为基础，随着信号灯密度的增加，预计行程时间增加的百分比。例如，1mile 有4个信号灯的路段，其行驶时间比1mile 有2个信号灯的路段行驶时间长16%。

表12.13　随着信号灯密度增加，行程时间增加的百分比

每英里信号灯/个	行程时间增加百分比（%）
2	0
3	9
4	16
5	23
6	29
7	34
8	39

资料来源：NCHRP 报告420（Gluck，Levinson，Stover，1999）。

几项研究表明，U 形转弯增加会对运行产生轻微影响。Carter 等发现在16个十字路口，随着U 形转弯交通量的增加，运行延误略有增加（Carter 等，2005）。Liu 等（2008）认为随着掉头频率的增加，左转车道通行能力略有下降。Liu（2006）还提出了一种确定U 形转弯效果的方法，即窄中位数为6.9s（随访时间为3.1s），宽中位数为6.4s（随访时间为2.5s）。U 形转弯对左转车道通行能力的影响可以参考2010年《公路通行能力手册》中的分析方法（TRB，2010）。

密歇根州的一项研究中，研究人员应用交通仿真模型分析了小区分别位于两条相交道路拐角和一条道路路侧时实施小区道路转向限制的运行影响（Lyles 等，2009；Malik，Siddiqui 和 Lyles，2011）。结果表明，随着拐角间距的减小，车道延误增加。此外，主线交通量的增加对小区道路延误的影响大于小区道路交通量。该研究提出了不同主线和小区道路交通量以及角间距值组合下禁止左转入和转出的一般准则。

左转或右转车道可增加交叉口通行能力，减少延误、油耗和车辆排放。《交通和土地开发》（Stover，Koepke，2002）认为，与仅在关键引道上设置左转车道相比，在四路交叉口的所有引道上设置双左转车道可使交叉口通行能力增加近14%。四路交叉口所有引道的右转车道与右转港湾相比，通行能力增加约10%。

Dale（1981）指出，当需要在转弯车辆后面停车时，直行车辆会产生相当大的延误（表12.14）。该表显示，通过驾驶实践，当将速度降低10mile/h 时，尽管延误会大大减少，仍会有相当大的延误，其中10mile/h 是主要道路（高速公路除外）转弯车道设计中假定的速度差。

表12.14　每1000次变速周期内额外延误小时数　　　　　　　　　　（单位：h）

初始速度/(mile/h)	驾驶人减速后加速至初始速度的速度值		
	停止	10mile/h	20mile/h
30	3.46	1.87	0.70
40	4.42	2.81	1.52
50	5.37	3.75	2.34

资料来源：Dale（1981）。

Rakha 和 Ding（2002）使用 Mobile 6 模型评估城市主干道无信号路段的燃油消耗和车辆排放。他们得出的结论是，最低油耗发生在车速为45～55mile/h，而巡航速度在30～60mile/h 时，油耗差别不大，这与 Dale（1981）的说法是一致的。Dale 指出巡航速度在30～50mile/h 之间的油耗基本上是恒定的。这个速度范围（30～50mile/h）包括城市主干道在高峰时段的期望速度30mile/h 和非高峰时段的期望

速度 40~50mile/h，如图 12.14 所示。行人过街是主要关注点，即使在非高峰时段，也应考虑保持较低的交通速度，这将允许通过信号协同为行人过街提供足够的间隔。

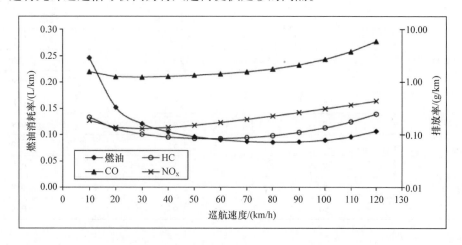

图 12.14　车辆燃油消耗量和排放率随巡航速度的变化情况
资料来源：Rakha，Ding（2002）。

Rakha 和 Ding（2002）指出，当初始速度超过约 40mile/h 时，制动到停车过程中的油耗迅速增加。Dale（1981）计算了减速后加速回初始速度过程中所产生的油耗。由表 12.15 可知，在设置有右转或左转车道的情况下，直行车辆受前面转弯车辆的影响速度下降 10mile/h，将节省大量燃油。

最低油耗发生在车速介于 30~60mile/h。

表 12.15　减速后加速到初始速度产生的附加油耗（轻型汽油车辆）

初始速度/(mile/h)	每1000次变速循环的油耗/USgal		
	制动到停车	减速 10mile/h	节省燃料
30	9.5	3.0	6.5
40	12.5	3.5	9.0
50	16.5	4.0	12.5

资料来源：改编自 Dale（1981）。

Rakha 和 Ding（2002）还指出，当车辆减速至停车时，车辆排放量迅速增加，特别是在初始速度大于 35mile/h 时。由于主干道上的速度通常都会超过 35mile/h，辅助车道可以减少车辆排放，并节省燃油消耗。

导致车速频繁变化的交通状况会导致过度的燃油消耗和排放。

Dale（1981）计算了直行车辆因被前一转弯车辆强制减速而降低速度带来的车辆排放的减少。表 12.16 展示了相比于制动至停车时的排放量，车速降低 10mile/h 时的排放量。例如，对于 40mile/h 的初始速度，每 1000 个事件的 CO 排放量减少 18.0lb，氮氧化物排放量减少 1.5lb，碳氢化合物排放量减少 1.3lb。

在高流量道路上，转弯车辆会干扰没有辅助转弯车道的跟驰车辆。没有转弯车道也会通过一个协同的信号系统干扰交通，进一步增加燃料消耗、排放和交通延误。

表 12.16　因减速后加速至原始速度而造成的车辆过量排放（轻型汽油车辆）

排放	初始速度/(mile/h)	每1000次速度变化周期的排放量/lb	
		制动到停车	速度减少10mile/h
一氧化碳（CO）	30	18.0	9.0
	40	30.0	12.0
	50	45.0	15.0
氮氧化物（NO_x）	30	1.5	0.8
	40	2.4	0.9
	50	3.5	0.9
碳氢化合物（HC）	30	1.8	0.7
	40	2.1	0.8
	50	2.9	0.8

资料来源：改编自 Dale（1981）。

12.3.3　经济影响

出入口管理不善，再加上设置了中央分隔带，会显著增加事故发生率、出行时间和延误时间。尽管交通条件恶化的经济影响取决于企业的具体特征，但有害影响可能包括以下几个方面（Williams，Stover，Dixon 等，2014）：

- 当客户认为进入某企业不安全时（特别是进出现场的左转操作），他们可能会停止光顾该企业（失去市场份额）。
- 当到达某企业的出行时间增加时，其市场覆盖率下降。如果另一地区的类似企业在同一市场区域内以较短的出行时间提供同等的产品，则原先的企业可能会失去现有客户。
- 延误可成比例地增加运输和配送成本，也就是说，沿交通走廊的出行时间增加10%，可使该路段的运输成本增加10%。此外，如果运输和配送路线的事故频率较高，保险公司会提高保费。如果运输和分销成本大幅上升，利润率很低的企业可能会变得无利可图。

当客户流失或成本增加足够大时，企业可能关闭或搬迁。现有地点的投资价值丧失，财产价值下降，市政府失去财产和销售税收入。如果在一段合理的时间内不能重新使用该财产，或者搬迁一些企业，那么商业区的健康状况和财富价值可能会下降，且通常会急剧下降。

国家运输机构对出入口管理的经济影响进行了大量研究，这主要是由于企业反对中央分隔带的建设。迄今为止的研究结果普遍表明，中等规模的中央分隔带建设对周边商业活动的负面影响微乎其微。一些企业报表销售额增加，一些报表没有变化，而另一些报表销售额下降。大多数企业报表显示在中央分隔带工程实施后，业务活动没有变化。

以下是迄今为止有关出入口管理对财产价值影响的研究结果：

- 佛罗里达州的一项研究表明，70%以上受中央分隔带改造项目影响的企业资产价值没有变化，其中13%的企业价值有所增加（Long，Helms，1991）。
- 明尼苏达州的一项研究发现，主要出入口管理改善的主干道沿线的资产价值更多地取决于位置和当地经济（Plazak，Preston，2006）。
- 在得克萨斯州，具有出入口管理交通走廊，其财产价值保持不变或增加（Eisele，Frawley，1999）。
- 对堪萨斯州资产的研究表明，即使通过临街道路直接进出，资产用途也没有改变（Rees，Orrick，Marx，2000）。

目的地类型的企业，如某些餐厅和专卖店，似乎比主要依赖过往交通的企业（如加油站和便利店）对访问变化的敏感度要低。众所周知，随着相对交通量的增加，左转进入企业的可能性会下降；因此，在交通量大的道路上或在出行高峰期，中央分隔带对左转进入企业的客户数量的影响相对较小。

12.3.4 美学

尽可能减少路缘石的数量，整合通道，建造景观隔离带，减少通道附近的停车场，可以创造一个视觉上更令人愉悦且更具功能性的交通走廊，进而有助于吸引新的投资。较少的出入口连接增加了用于景观美化的面积。道路边缘和分隔道路中间带的景观美化增强了主要走廊的外观。适当的景观美化也有助于为车道和中央分隔带开口提供视觉提示。

从美学上讲，出入口管理策略是许多改善街景或通道形象以及吸引经济发展计划的组成部分（Williams，Forrester，1996）。中央分隔带重建项目、中央分隔带景观美化和中央分隔带通道改造可用于改善步行环境，支持社区美化和经济振兴目标。

12.4 专业实践

出入口管理的专业实践包括大量规划、管理和设计策略。下面列举出入口管理技术的几个示例来说明前面提到的原则：

- 确定交通信号灯的位置，以支持信号协调以及在各种交通量和速度范围内的有效交通。
- 使用中央分隔带，以限制直行交通、行人和自行车与左转车辆接触。
- 提供右转和左转减速及排队车道，让驾驶人可以安全地等待并完成转弯，这样转弯车辆不会阻碍直行交通，或者发生追尾碰撞。
- 限制和分离主要道路上的车道和其他出入口连接，以简化驾驶任务并减少碰撞的可能性。
- 限制信号交叉口附近的车道，以减少交叉口冲突和事故。
- 在交通量大的位置分离左转进出口。
- 为主干道住宅区提供地方道路和集散道路以及住宅区前后的服务道路。
- 相邻住宅区之间的共享出入口和弧间连接，包括自行车和行人连接。
- 保持非垂直通道的连续性，直接连接公交车站或中央街区交叉口位置。

出入口管理规划应确保道路网络能够适应土地使用和预期的活动模式。总体网络规划和土地开发审批中的其他问题包括：

- 毗邻干道的所有开发区都需要集散街道系统的支持。
- 应在住宅区和相邻的商业开发和就业中心之间提供连接。
- 应在相邻商业开发的现场交通系统之间提供连接。

本节的其余部分将回顾当前出入口管理实践中的注意事项，包括出入口管理和多模式目标的兼容性、程序组件、指南、政策、法规以及经验教训。

12.4.1 多目标的兼容性

在稀疏或断开的地方街道网络中进行路边商业街开发是导致道路系统沿线通行设计不佳的一个关键问题。无控制出入口的商业街开发不仅降低了道路安全性，还降低了步行、骑行和乘坐公交的可能性。商业街开发和土地利用之间的连通性差也是城市蔓延的特征，即在不考虑城市形式或交通系统需求的情况下进行开发。

出入口管理策略避免了计划不周的乡村土地转为城市用途，并鼓励建立一个支持经济增长，支持骑行、步行和乘坐公交的环境。出入口管理中的关键土地规划行动包括：①鼓励多用途活动中心而不是单一用途的开发；②在指定活动中心和快速交通走廊建立最低密度和激励措施；③在可行的情况下沿街道引导城市开发。

无控制出入口的商业街开发不仅降低了道路安全性，还降低了步行、骑行和乘坐公交的可能性。

与商业街开发相比，位于公交线路沿线的城镇中心或以公交为导向的开发项目增加了客流量，减少了主要道路上车辆和行人的冲突，形成了统一的内部交通系统。在城市地区，向靠近主要街道线的方向开发，改善了行人和公交的可达性，同时增强了地域感。在乡村和欠发达地区，可将混合用途分区"包络线"应用于关键节点的集群商业活动。

遵守出入口管理原则有助于确保土地使用活动中心在区域和地方都能满足各种交通方式和路径的高可达性。这些途径可能包括（Williams，Levinson，2011）：

- 高速公路、快速路和其他出入控制的主要干线公路，以及区域交通服务（例如，通勤铁路、轨道快速交通、专用车道上的快速公交），来支持主要活动中心间的区域流动。
- 规律间隔的主干道和主要集散道路，辅之以当地交通服务（如公共汽车、电车、轻轨），来支持城市化区域内和城市化区域之间的交通。
- 一个密集的，由次要集散道路和地方街道、多用途道路、人行道和用户设施（如自行车架、长凳、饮水机等）组成的连接网络，来支持当地活动中心和周围居民区内部和之间的邻里流动性。

出入口管理包括识别和连接多式联运网络中丢失的链路。行人和自行车路线的连续性及其与公交站和车站的连通性是一个关键目标。凸起的中央分隔带为行人和自行车提供了安全的中间街区交叉口，并在需要较长交叉间距的地方，支持频繁的中间街区行人交叉机会。通过在设有行人过路岛的主要道路交叉口设计转弯车道，提高了行人安全性。部分资料提供了行人中间街区交叉处理的位置和设计指南，包括《城市街道设计指南》（NACTO，2013）。

出入口管理的关键目标之一是提高行人和自行车至公交站点和车站的连通性。

除了土地使用和网络设计的效益之外，出入口管理对系统安全性和可靠性的效益也累积在各种运输方式中。尤其是公交和货车运行，受益于延误减少和系统可靠性提高的策略。提高可靠性和缩短公交站点之间的行程时间将有助于减少公交线路上的行程时间。这将减少公交用户的乘车时间，提高公交车队的利用率，以及降低燃油消耗、排放和维护成本。

12.4.2 规划和指南

现代出入口管理程序包含以下关键要素：①一种按功能将道路划分为逻辑层次的系统；②为每一类道路定义允许设置出入口的标准（包括信号接入和非信号接入连接的间距标准）；③适用于每个出入口连接的适当几何设计和交通工程标准；④管理和执行该程序的政策、法规和许可程序。

出入口分类系统是在道路系统上应用适当的道路管理标准和规范的方法。它定义了何时、何地以及如何在主要道路、交叉道路和车道之间提供出入口，并将允许的出入口与每条道路的目的、重要性和功能特征联系起来。功能分类是出入口分类的第一步。

几个基本的出入口类别或"等级"可应用于任何道路系统。它们的范围覆盖完全控制出入（高速公路）、很少或根本没有对当地街道的出入进行控制。分配这些类别时的修改因素包括现有开发区、车道密度和几何设计特征，如是否存在物理隔离带。互通式立交、信号交叉口、无信号交叉口和中央分隔带开口的通道间距、位置和设计标准由出入口类别决定。

这些标准适用于新开发项目以及现有开发项目的规模和性质发生重大变化时。对于现有的不符合标准的出入口设计或间距，在场地再开发时升级到可行的程度。此外，在道路改善过程中，可能会对分隔带设计和现场出入口进行更改。

在没有其他合理出入口的情况下，可以对不符合间距标准的地块提供出入口；但是，必须明确记录此类放宽行为的依据，以避免对后续标准的执行产生不良影响。在有替代出入口的情况下，还可在出入口通行许可证中规定拆除出入口的条件。

沿道路的信号交叉口间距标准适用于交叉街道和车道。其目的是将信号灯限制在交通移动不会受到明显阻碍，并保持以期望行驶速度的位置（Williams，Levinson，2010）。周期长度超长（通常超过2min），说明需要采取纠正措施，如互通式立交、立体交叉、改线左转、增加车道或改善二级街道系统，以减少主干道左转交通量。

无信号车道间距可参考安全停车视距、运行速度、重叠右转或决定视距。间距和设计标准反映了道路重要等级（出入口类别）、道路速度和交通生成器的大小。左转和右转间隔的设计（长度）也会影响间距。

中央分隔带通过将左转限制在专门为其设计的位置，减少了频繁进入主要高交通量道路所带来的安全隐患。信号交叉口之间的无信号定向开口提供了便捷的邻接特性，减少了信号交叉口的U形转弯和冲突左转。用定向开口取代无信号的全隔离带开口可以大大降低事故率。

典型的出入口应用过程包括考虑所涉及道路的出入口分类，以及满足出入口间距要求的资金能力。出入口审计还可能涉及交通影响分析、流通和安全评估。出入口管理计划的关键问题包括设置申请费和许可证费、处理标准偏差、处理小地块以及提高出入口土地用途，包括重新开发。

道路分类和通道分类

出入口分类系统是一种将道路出入口决策与其规划的出入口和出行相匹配的方法。将出入口管理准则应用于道路系统涉及3个基本步骤：

1）定义出入口管理类别。出入口类别是一种行政结构，用于对道路或路段应用一系列出入口管理标准，就像行政区划分是对不同的土地应用分区规则一样。

2）为每个类别建立适当的出入口管理标准。每个类别都确定了出入口管理和设计标准，较低类别的限制性标准会越来越少。

3）为每个道路或路段指定一个出入口管理类别。道路的每一段都被指定了一个出入口类别，这使得它在许可证和项目开发期间必须遵守该类别的要求。

所需的出入口管理类别的数量和类型取决于管辖区负责的道路网络的规模和性质，以及土地使用活动的类型和范围。例如，如果地方政府负责广阔的道路网络，州交通部可能只负责几个类别，如高速公路、主要干道和次要干道。当州交通部负责大部分道路系统时，需要更多的出入口管理类别。

此外，在土地利用活动极低的地方（例如，在俄勒冈州东南部和蒙大拿州东部的一些州），城市化地区非常小，而且相隔很远，人口增长的可能性很小或没有，一条国道的交通量可能非常低（每天几百辆车）。在这种情况下，出入口管理不存在问题，基于交通量的出入口类别（例如，AADT < 1000）可能包括在国家交通部出入口管理分类系统中。

各种典型的横断面设计，可应用于基于道路所在环境的给定出入口管理分类的道路。这会影响车道数、中央分隔带类型和宽度、人行道位置和宽度、自行车设施、公共交通设施、人行道设施、美观、公用设施布置等。不同的术语，如"大道""大街"和"街道"，通常用于标识特定的设计。

紧凑的城市区域，包括市中心或主要街道环境，需要在主干道出入口分类系统中特别考虑。建筑物的临街部分是为了改善行人通道，缩短有街道的城市街区，而不是以车道为标准的独立场地。密集和连通的网络提供了更好的局部流通，较低的速度可以安全地支持交通量更大的交叉口。我们的目标是加强这些条件，并支持在整个网络中更均匀地分配交通量。

紧凑的城市区域需要在主干道道路通行分类系统中特别考虑。

街区短、本地街道连接频繁的城市可以通过出入口分类系统中的子类别进行处理。例如，俄勒冈州交通部在其出入口分类系统中将此类区域确定为"特殊交通区域"，并指出，现有城市街区间距或当地综合规划中确定的间距，可以指导这些区域的出入口管理决定。

12.4.3 政策法规

在明确的政策、标准、法规和程序中规范出入口管理是有效管理和执行的必要条件。国家交通运输机构应当采用国家通行代码或者管理规则。地方政府应将政策纳入综合规划，并将出入口管理标准纳入土地开发法，或采纳出入口管理条例。几何设计标准、交通运行指南和交通影响研究应当更新，以与计划保持一致。州和地方政府，有时与区域机构合作，可以联合制订一个特定走廊的监管和改善计划。

在明确的政策、标准、法规和程序中规范出入口管理是有效管理和执行的必要条件。

鉴于其安全优势，中央分隔带是任何出入口管理程序的重要元素。与涉及产权问题的车道控制不同，设置中央分隔带的一个明显优势是其在大多数州被法律解释为道路设计元素和交通控制功能。然而，安装凸起隔离带可能会引起争议，而且很可能需要公众的早期和持续参与。

佛罗里达州交通部（FDOT）采用的一个有效策略是在所有新的或现有的主干道中加入中央分隔带。FDOT 在中央分隔带政策的支持下实现了这一点，而中央分隔带政策被认为是其出入口管理计划中更有效的要素之一（FDOT，2012）。以下提供的中央分隔带政策由 FDOT 设计办公室制定，不属于州出入口管理规则的一部分：

- 所有多车道战略多式联运系统（SIS）设施的设计应采用凸起或限制性中央分隔带。
- 所有其他多车道设施的设计应具有凸起或限制性中央分隔带，但设计速度小于或等于 40mile/h 的四车道路段除外。设计速度不超过 40mile/h 的设施应包括凸起或限制性中央分隔带路段，以增强车辆和行人的安全性，提高交通效率，并达到该公路系统的出入口管理分类标准。

佛罗里达州交通部还颁布了一项官方规定，对中央分隔带开口和连接的申请进行审查。这些程序的目的是促进一种更加一致的管理标准的方法，并为工作人员和公众澄清指导出入口管理决定的技术和政策参数。审查标准基于 FDOT 出入口管理工程师的经验和最佳实践。以下是一个示例（FDOT，2013，修订版）：

在评估建议的中央分隔带开口偏差时，可被视为有利的条件包括：

1）缓解现有或规划信号交叉口严重交通拥堵。
2）提供服务于两个或多个交通生成器的联合出入口。
3）存在无法重新安置的控制点，如桥梁、水道、公园、历史或考古区域、墓地和独特的自然特征。
4）严格应用中央分隔带开口标准会导致安全、机动或交通运行问题（注：如果中央分隔带开口处存在信号灯，则保持有效信号协调的能力是城市和郊区的另一个重要考虑因素）。

FDOT 在每个地区办事处设立了出入口管理审查委员会，以处理在许可和重建项目中出现的偏离出入口管理标准的请求。委员会由来自设计、运营和维护等关键部门的高级代表组成。公平和专业的审查委员会程序，可以通过缓冲高层管理人员的政治诉求和阻止琐碎的偏离请求，来提高合规性和执行力（Vargas，1993；Sokolow，Williams，2010）。

高度的员工培训和沟通提高了决策的一致性，有助于解决项目中的问题。科罗拉多州交通部（CDOT）和 FDOT 都会定期为员工提供出入口管理方面的培训，并定期主持全州区域员工出入口管理会议，讨论当前实践中的问题。FDOT 会议包括法律顾问。

许可和审查

有效的许可程序必须具备以下要素：

1）功能性道路分类系统。

2）为每个路段分配一个通行等级。

3）正式采用出入口管理规定。

4）申请出入口连接许可证的书面标准、政策和程序。

5）在遵守所采用的出入口管理策略或标准时，用于申请差异的书面标准和程序是不切实际的。

6）当申请被拒绝、申请变更（偏离出入口管理标准）的要求被拒绝或者申请人不接受许可证上的条件时，申请人可提出上诉。

这些标准、政策和程序必须符合州交通部的州行政规则。对于地方政府来说，功能分类系统通常是地方政府综合规划中交通要素的一部分。与出入口有关的监管标准和程序也应通过地方条例。

典型的出入口申请将包括考虑主题道路的功能分类、替代出入口的可用性、满足出入口管理标准的资产能力，以及评估需要的信息，以便满足连接需求。其他需要在出入口规则中解决的问题包括：①确定连接许可证申请和上诉的费用；②处理在主题道路上有小临街面的房产；③当一个房产重新开发或两个或多个房产合并在一个再开发计划中时，出入口位置和设计的变化。

出入口管理法规可能会出现两种差异：①确定某一特定策略在特定情况下可能不必要或不适用；②遵守特定的出入口管理标准是不可能实现的、不实际的，或替代方案能提供安全或操作优势。后者，也是迄今为止最常见的差异类型，通常涉及诸如转弯间隔长度、出入口连接间距、中央分隔带类型和开口、车道配置和交叉口功能区内的出入口等项目。可能出现的其他限制因素包括地形特征、现有结构以及区域文化或环境造成的限制。

在选择"合理"值和"最低"值时，使用"合理"值会增加许可机构的论证负担，因此，选用"最低"值往往成为惯例。

一种通用的标准方法是指定"合理"值和"最低"值。这通常导致"最低"成为标准，尽管机构继续试图实现"合理"值。更好的方法是确定标准（合理）值，并通过识别"小"偏差和"大"偏差来确定允许的偏离标准。

采用"最低"值的接入间距（偏差允许的间距较小）将由申请人承担举证责任。

在预期的条件和情况下，"轻微"偏差不太可能在预计的出入口连接处及其附近造成安全或运行问题。大于确定为"轻微"偏差的是"重大"偏差。对于重大偏差的支持/证明文件将更加复杂和广泛，涉及更长的批准/拒绝时间，必须在更高的行政级别上批准，可能涉及与"轻微"偏差不同的上诉标准。

"轻微"与"重大"偏差值通常通过识别"标准"值和选择为"轻微"偏差的值来实现，见表12.17。如果一个小的方差小于所允许的值，则表示该值与标准有较大的偏差。

表12.17 出入口管理标准的"最小"和"允许差异"值说明

道路功能等级	中央分隔带	无信号出入口连接间距/ft	
		最小值	允许偏差①
1	是	660	500
1	否	1320	1000
2	是	440	330
2	是	660	440
3	否	330	250

① 方差允许间距小于"最小"值。

如果出入口获得批准，将颁发许可证。出入口许可证必须包括设计、使用和出入口设置的情况。例如，在科罗拉多州，出入口许可是根据交通量和车辆类型签发的，仅适用于出入口。按照使用许可证的条款和条件所述，当土地使用性质的变化使进出交通量增加到一定百分比以上时，必须按照当前标准升级。根据规定，如再次开发场地会导致进出口类型或性质发生变化的，也要遵守新的车道许可证要求。

12.4.4 常见问题

多年的出入口管理项目经验发现了在政策制定和实施中应避免的某些情况或问题，常见的问题有：
- 不一致或定义不明确的出入口连接，容易引起执法或法律问题。
- 灵活性不足/过度依赖标准。
- 当采用的标准无法满足要求时，缺乏清晰的处理方法。

合理应用现有的法规和设计标准，可以确保交通安全有序，并保护公共机构不受侵犯或承担侵权责任。过程和设计一致性对于可预测性和对过程和标准的清晰理解至关重要。因此，在实现一致和期望的结果方面，标准比准则更有效。由于缺乏明确的执法权限，视情况而定的出入口间隔准则比标准更容易受到损害。

未严格执行标准导致了效果不一致，这反过来又会给业主带来更多的不便。分散地实施也阻碍了公众对管理决策基础的理解。如果没有明确地向公众阐述的、公平地管理的且对所有相关方都是可预测的出入口管理策略，那么就很难维持出入口管理计划。

尽管如此，灵活性仍然是可取的，以避免排除可行的操作解决方案，并解决现有走廊和场地条件带来的限制，特别是在改造情况下。清晰的程序和标准提供了灵活性，不会因不适当的变化决定而损害了项目，导致这些决定在将来会成为有害的先例。

此外，许可证管理人和申请人都需要明确的指导，当采用的出入口间隔标准无法满足时，应如何进行处理。允许在新出入口管理策略生效日期前，继续合法访问。然而，当出入口使用发生变化时，机构可能会要求重建、重新安置或关闭出入口，以使出入口更符合现在的标准。如果不能达到标准，那么目标就是改善现有条件。任何搬迁、重建或关闭进出口的必要性是通过参考采用的标准和使用规则的变更来确定的。

清晰的程序和标准为偏差的评审提供了灵活性，同时减少了可能危及程序的不适当的偏差决策。

例如，科罗拉多交通部对其出入口编码的使用变化进行了规定，这一规定得到了科罗拉多法令的支持——"在任何时候，如果许可的小区车道及其使用不符合本节、出入口通行规范或许可证条款和条件的要求，发证机构可撤销该进出许可证。"出入许可的条款和条件，特别是在出入许可中指明的交通量和车辆类型，提供了一种方法，以执行应对出入口使用变化产生的一致性要求。

出入口管理中的另一个常见问题是对法规和道路设计标准之间差异的误解。几何设计标准的偏差遵循一个正式的设计异常流程，该流程与接入策略的偏差不同。考虑出入口政策变化的第一个标准是必要性证明。申请人有责任证明其需求以及为什么不可能达到标准。

最后，政府间协调可能是一个问题。改善出入许可方面的州和地方协调的具体策略包括：
- 制定兼容的政策、标准和程序，并确保出入口间隔标准一致。
- 参与州和地方联合许可审查，并对大型或复杂车道许可申请发表意见。
- 制定政策或程序，以便及早通知涉及州高速公路出入口的分区、重新分区和其他发展建议。
- 作为建筑许可证或居住证的条件，要求提供符合州出入口要求的证明。

关于上述策略的第4项，一些地方机构会扣留建筑许可证或占用证明，直到申请人提交其他监管机构的必要许可批准，包括进入州高速公路的州准入许可证。地方政府还可以在当地建筑许可证上设立一个签名栏，由州交通运输署来验证与州高速公路相连的提议是否可以接受。

另一种情况是，一些州的运输机构会在获得当地开发批准后才发放最终进入许可证。定期的沟通和明确的程序可以防止申请者为了获得批准而相互竞争，也可以避免因政府间协调不力而造成不必要的拖延。

12.4.5 公众参与

政府影响房产使用权的行为可能会引起争议。出入口的迂回性、对商业活动的影响、邻里直通交通的可能性、送货车辆的进出以及掉头的安全性是出入口管理中经常出现的问题。因此，有效的公众参与对于出入口管理的成功至关重要。它可以引出对政策或项目重要的信息，并有助于减少任意或不希望发生的变化的可能性。

在隔离带项目中，公众对机构管理或民选官员的反对和诉求很常见。解决对经济影响的担忧是项目工程师或经理要解决的比较困难的问题之一。如本章前面所述，迄今为止的研究表明，隔离带对商业活动没有重大不利影响。然而，隔离带项目确实会让受影响的企业产生相当大的焦虑。所有受影响方直接和有意义地参与隔离带问题至关重要。

佛罗里达州的一项研究发现，佛罗里达州交通部在隔离带项目中有公众参与过程的地区办事处，其行政听证较少，而且在实现出入口管理目标方面比其他地区取得了更大的成功（Vargas，1993；Williams，1995）。行政区工程师将他们的成功归功于一个公平和公开的流程来回应公众的担忧，包括早期公众参与设计决策，真诚努力解决潜在的不利影响，以及一个开放式的会议形式，以提供一个更私人的氛围。

与隔离带项目相关的公众担忧通常包括对商业活动的影响、与掉头相关的担忧以及与隔离带开口位置有关的冲突。以下是让公众参与隔离带项目时应考虑的因素：

- 尽早让主要利益相关者参与，并向他们解释如何参与该过程。
- 准备解决与对业务活动、送货货车和掉头安全的影响有关的问题。
- 回应公众对中央分隔带开口位置和拟议备选方案的担忧。
- 向高层管理人员和民选官员简要介绍该项目以及为解决公众担忧而正在进行的进程。

公开会议是隔离带项目公开会议的一种有效形式，因为它允许一对一的讨论，并尽量减少公开反对者的哗众取宠。与当地政府官员、业主、民间团体和其他必要人员进行个人访问和会晤，也有助于避免可能损害公众舆论的谣言和误解。

演示测试也很有帮助。密苏里州斯普林菲尔德一项出入口管理研究的项目工程师在一个大型停车场设置了一个双U形转弯，并观察了几种车辆的转弯能力，包括消防车、半挂车和公共汽车。将现场数据与自动转弯跟踪进行对比，并将视频发布在项目网站上，以消除利益相关者对大型车辆通过转弯能力的担忧。

项目工程师的沟通策略

对所提议的出入口管理操作需求提出异议的用户将更不愿意接受和妥协。因此，为何要进行出入口管理必须与公众进行强有力的沟通，证实该行动为什么重要以及必须做什么。避免依赖标准来证明决策经验的合理性，这表明说"这就是标准"根本不足以回应公众的担忧（Sokolow，Williams，2010）。

经验表明，在公众会议之前进行初步的交通工程分析是非常必要的。这使项目工程师能够正确地解决有关中央分隔带或出入口变更的潜在影响以及为什么需要该项目的问题。与公众沟通时，使用清晰的视觉描述，并将其与交通走廊的鸟瞰图而不是公众难以理解的蓝图联系起来。视频也有助于交流出入口管理策略或重大项目的好处。

项目工程师必须清楚地传达分隔带或出入口变更的基本原理或需求。

"你要让我破产！"是有关隔离带和主要出入口更改最常见的投诉。这是小企业主特别关心的一个问题,他们的财务前景往往取决于他们企业的成功与否。尽管很难让企业主明白安装中央分隔带或关闭中央分隔带开口不会对其业务产生重大影响,但可以提出以下几点(Gwynn,2000;另见表12.18):

1) 以往的研究表明,中央分隔带开口调整对驾驶人选择商店几乎没有影响。大多数驾驶人都愿意掉头进入他们过去常去的商店。

2) 最令人担忧的往往是便利店或路过型企业(如加油站、快餐店、甜甜圈店等)。但是,中央分隔带的变化不会影响这些项目的需求。

3) 许多驾驶人避开那些被视为不安全进出口的企业。这通常发生在通行管理不善、冲突众多的道路沿线。驾驶人可能更容易被吸引到潜在冲突较少且交通系统设计良好的地方。

4) 在对企业主进行前后期调查时发现,大多数企业主没有受到负面影响,大多数人说,情况并没有他们最初担心的那么糟糕。

5) 大多数接受调查的驾驶人表示,他们喜欢隔离带的变化,这种变化并没有改变他们的购物习惯。

6) 服务业办事处(医生、律师、会计师等)和专卖店一般不会受到影响,因为他们的顾客往往会直接找他们。

表 12.18　公众对中央分隔带的担忧

"你会让我破产的。"
对另一条已完成中央分隔带项目交通走廊上的企业主和驾驶人进行调查,并分析结果。
向驾驶人解释要避开不安全车道。
中央分隔带项目经济效应研究综述。
强调需求不受影响。
讨论高交通量情况下左转的难度。
"货车呢?"
与企业主和/或送货驾驶人交谈,以确定其担忧点。
自驾。
寻找内部交通问题。
准备好讨论具体的货车问题。
"掉头不安全。"
回顾隔离带项目的安全研究,并解释减少交通冲突的效果。
避免出现问题的地点,例如有大量右转车辆、货车或右转重叠的区域。
查看道路上的事故数据。
与当地执法人员交谈。

资料来源:Gwynn(2000)。

12.5　案例研究

自出入口管理全面启动以来,已经进行了各种案例研究。表12.19列出了选定案例研究(华盛顿布里奇波特路大学广场)中的主要效益报告。

本案例的研究结合了出入口管理技术(配套网络连接、中央分隔带、掉头处理)、"道路瘦身"、多模式改进和创新的公众参与策略。它改编自对环境敏感的解决方案设计案例研究 10(布里奇波特道路案例研究)。布里奇波特路是一条主要的城市干道,是大学城的"主要街道"——华盛顿塔科马附近的一个郊区社区。该项目涉及将一条现有的五车道公路改建为一条四车道的分车道公路，全长约1.5mile。

表12.19 案例研究报告效益

案例研究		报告效益	
位置	改进说明	速度	安全
科罗拉多州丹佛市阿拉帕霍路和科罗拉多州丹佛市帕克路（5.2mile）	设置中央分隔带、有限转弯和1/2mile交通信号间隔的出入口管理道路	道路的晚高峰小时速度为40mile/h，而无出入口管理的干线为15~20mile/h	每百万VMT有4~7次事故，而在无出入口管理的干线上则高达13次
佛罗里达州劳德代尔堡奥克兰公园大道（2.2mile）	在17条无信号车道上设置连续中央分隔带	延误减少30%	碰撞率下降了10%，受伤率下降了28%，减少了30%的中央街区隔离带
佐治亚州亚特兰大吉米卡特大道（3.0mile）	用中央分隔带、六条直行车道和受保护的左转车道取代四车道道路上的TWLTL	据报道速度有所提高	凸起隔离带使事故率下降32%，障碍隔离带使事故率下降40%
佐治亚州亚特兰大纪念博士（4.3mile）	用中央分隔带、六条直行车道和受保护的左转车道取代六车道道路上的TWLTL	—	减少40%的事故，总事故率下降37%，减少64%的左转事故
新泽西州瓦恩兰47号公路（1.8mile）	四条窄车道改为两条直行车道加上受保护的左转车道	下午高峰小时车速从35mile/h下降到32mile/h	减少39%的总事故，减少86%的左转事故
新泽西州130号公路（4.3mile）	中央分隔带开口关闭，并设置左转车道	—	事故率下降45%
新泽西州23号公路（3.9mile）	利用两个旋转阻断道路构建支点	—	事故率下降34%

资料来源：出入口管理委员会（2003）。

该项目旨在将布里奇波特路发展成为一条走廊，改善交通安全，增加社区的机动性和凝聚力，改善走廊的外观，控制交通增长。它也被认为是市议会通过创建城镇中心来改善社区生活质量的重要愿景。

在该项目实施之前，该走廊段平均每年发生67起交通事故，其中1/3的事故涉及人身伤害，约1/2为严重的直角碰撞。由于缺乏人行道和安全的人行横道，行人安全成为另一个关键问题（图12.15）。

该项目减少了37%的事故和80%的中央街区伤亡。

改善走廊的策略包括：
- 网络概念计划。
- 广泛征求公众关于如何重新设计街道的意见，包括设计说明、公众会议、开放式住宅、与社区团体的会议和一对一的会议。
- 使用特殊设计的路灯实现景观隔离带。
- 沿整个走廊的种植带，使街灯与中间照明系统相匹配。
- 设置沿整个走廊的自行车道。
- 在地下铺设公用电线，以增强道路的美观性。

图 12.15　改善前华盛顿大学城布里奇波特路的危险行人环境
摄影师：John Malone。

- 整合所有交通方式（乘用车、公共交通、自行车和步行）。

此外，最初在两个中央街区人行横道处设置了带路面闪光灯的中央街区人行横道。然而，由于驾驶人不遵守规则和 5 次车－人事故，人行道上的灯被行人交通信号灯取代，如图 12.16 所示。这些信号与走廊沿线的其他信号相互连接，以优化交通连续性，最大限度地减少车辆与行人之间的冲突。

图 12.16　为公交站服务的信号化中央街区交叉口
摄影师：John Malone。

项目实施后，走廊的撞车事故减少了 37%，中央街区损伤事故减少了 80%。对出入口的改进如图 12.17 所示。此外，走廊内的商业活动也增加了。项目各施工阶段完工后，走廊内的销售额增加了约 8%（基于征收的销售税收入）。

图 12.17　布里奇波特路多式联运出入口改善
摄影师：Jack Ecklund。

12.6　新兴趋势

美国交通规划的背景正在发生变化，这直接影响到出入口管理。机构资源不断减少，出行需求不断增加，基础设施维护需求不断增长，能源效率和气候变化问题持续受到关注。此外，交通机构正面临越来越大的压力，需要通过精明增长、完善街道和环境敏感的解决方案来整合土地使用和交通政策。人们期望建立一个更可持续、更节能的交通系统，从而改善机动性和模式选择，以及环境质量。

在这方面，尽管这一做法正在推进，但对出入口管理的有效指导的需求也在增加。一开始，人们把重点放在减少高速公路上的车道和改善高速公路的通行设计上，涵盖广泛的交通和土地管理行动，现已逐渐成熟。这些努力的目标是在交通和社区设计方面采取更加协调的方法，即保护主要交通走廊的安全和机动性，在发达地区提供配套网络，并强化理想城市形态。

在过去的 20 年里，出入口管理策略和程序的数量和复杂程度都有了显著改善。

所有这些都在改变出入口管理程序的性质，尤其是国家运输机构，必须从更广泛的角度考虑出入口管理问题。新一代出入口管理实践必须在特定模式和环境方面取得平衡，同时推进限定该实践的基本原则。

在过去的 20 年里，出入口管理策略和程序的数量和复杂程度都有了显著改善。在交通走廊出入口管理规划和项目发展方面，进行政府间和利益攸关方协调的努力也日益普遍。此外，与走廊、网络规划、城市形态或地方建构举措相比，国家政府间伙伴关系和技术援助方案已更加普遍。

随着各机构和社区持续将更多的交通方式纳入城市街道设计，出入口管理也在不断发展。这些基本原则继续适用于减少汽车交通、行人和各种形式的公共交通之间的冲突。街道网络规划方面的进展导致了道路规划的改善，并使人们认识到连续道路需要有规律的间距。另一个新趋势是重新利用现有的道路通行权，以重新利用行人、自行车和交通设施（又称"道路瘦身"）的行车道。

良好的街道间距和配套交通系统为有效的出入口管理提供了框架。

为满足这些需要，交通运输影响评估程序也变得更加全面。这些程序正在改进，以解决以下基本问题：人们能否方便和安全地步行、骑自行车、乘公交和开私家车到达开发区？还必须审查可能发生的多式联运冲突、实现网络连续性和多式联运连通性的方法以及所有模式的安全流通分析。

2014年，TRB《出入口管理手册》进行了修订，以处理专业实践中的影响因素。新增章节包括性能测量、功能网络规划和设计、互通式立交区域出入口控制、辅助车道的规定和设计以及区域代理计划，说明了在无法达到理想的出入口标准时应采取的措施，是一本综合考虑自行车、步行和公交运行模式的出入口管理影响因素，以及走廊出入口管理策略的应用指南。

12.7 结论

运输系统是一个多层面的设施和服务网络，支持人员和货物的高效和低成本移动。除了机动车辆外，道路还必须为行人、自行车、公共汽车以及某些情况下的轻轨交通提供便利。此外，机动车辆包括多种车辆，包含私家车到城市间/区域间货运的大型货车。

此外，道路走廊是整个道路和毗连的邻接地界，而不仅仅是机动车行驶的路面。路边开发和邻接路权的规划和设计决策应同时进行，以实现出入口管理目标。此外，随着地区的发展，良好的街道间距和配套的交通系统为有效的出入口管理提供了框架。

出入口管理继续发展，以满足当代社会的需要。出入口管理提高了主干道的流动性和安全性，作为综合走廊管理的一个组成部分，它还促进了宜居性、能源和可持续性目标的实现。出入口管理为交通工程师提供了与这些目标相关的技术和原则。关注出入口管理策略，交通工程师与城市规划师的合作有助于保护主要交通线路沿线的车辆交通流，支持商业开发的出入口需求，为所有系统用户提供安全便捷的移动。

参 考 文 献

American Association of State Highway and Transportation Officials (AASHTO). (2011). *A policy on geometric design of highways and streets* (6th ed.). Washington, DC: AASHTO.

Bonneson, J., and Fontaine, M. (2001). *Engineering study guide for evaluating intersection improvements* (NCHRP Report 457). Washington, DC: TRB, National Research Council.

Bowman, B. L., and Vecellio, R. L. (1994). Effect of urban and suburban median types on both vehicular and pedestrian safety. *Transportation Research Record, 1455*, 169–179.

Bridgeport Way case study (Context Sensitive Solutions Design Case Study No. 10). (n.d.). Retrieved from http://contextsensitive solutions.org/content/case_studies/kentucky_bridgeport/resources/kentucky_bridgeport_pdf/.

Brindle, R. (2003). *An access categories approach to road classification*. Presentation at Australian Institute of Traffic Planning and Management (AITPM) National Conference, Sydney, New South Wales, Australia.

Carter, D., Hummer, J., Foyle, R., and Phillips, S. (2005). Operational and safety effects of U-turns at signalized intersections. *Transportation Research Record, 1912*, 11–18.

Chicago Metropolitan Agency for Planning. (2009). *Arterials and street infrastructure and operations for mobility, access and community in metropolitan Chicago* (Part I, Pavement; Part II, Access Management). Chicago, IL: Chicago Metrtopolitan Agency for Planning.

Colorado Department of Highways. (1985–1986). *State of Colorado access control demonstration project*. Denver, CO: Colorado Department of Highways.

Colorado Department of Transportation. (2002). State highway access code. In *Code of Colorado Regulations 601-1* (vol. 2). Transportation Commission of Colorado.

Committee on Access Management. (2003). *Access management manual*. Washington, DC: TRB.

Dale, C. W. (1981). Procedures for evaluating traffic engineering improvements. *ITE Journal, 51*(4), 39–46.

Eisele, W., and Frawley, W. (1999). *A methodology for determining economic impacts of raised medians: Data analysis on additional case studies* (Research Report 3904–3). College Station, TX: Texas Transportation Institute.

Ewing, R. (1993). Residential street design: Do the British and the Australians know something we Americans don't? In *ITE Compendium of Technical Papers*, pp. 135–141. Washington, DC: ITE.

Federal Highway Administration (FHWA). (2010). *Safety benefit of raised medians and pedestrian refuge areas* (FHWA-SA-10–020). Washington, DC: FHWA.

Fitzpatrick, K., Brewer, M., Eisele, W., Levinson, H., Gluck, J., and Lorenz, M. (2013). *Left turn accommodations at unsignalized intersections* (NCHRP Report 745). Washington, DC: TRB.

Fitzpatrick, K., and Woolridge, M. (2001). *Recent geometric design research for improved safety and operations* (NCHRP Synthesis 299). Washington, DC: TRB, National Research Council.

Florida Department of Transportation (FDOT). (2012). 2.2.2 Multilane Facility Median Policy. In *Plans preparation manual: Design geometrics and criteria*. Tallahassee, FL: State of Florida Department of Transportation.

———. (2013). Median opening and access management decision process (Topic No. 625–010–021-d, FDOT).

Georgia Department of Transportation. (2009). *Regulations for driveway and encroachment control*. Atlanta, GA: Georgia Department of Transportation.

Gluck, J. (2010). *State of the practice in highway access management* (NCHRP Synthesis 404). Washington, DC: TRB.

Gluck, J., Levinson, H., and Stover, V. (1999). *Impacts of access management techniques* (NCHRP Report 420). Washington, DC: TRB.

Gwynn, D. (2000). Public information meetings for access management projects—The District Five experience. In *Proceedings of the Fourth National Access Management Conference*, Portland, OR.

Harmelink, M. D. (1967). Volume warrants for left-turn storage lanes at unsignalized grade intersections. *Highway Research Record, 211*, 1–18.

Harwood, D. W., Bauer, K. M., Potts, I. B., Torbic, D. J., Richard, K. R., Rabbani, E. R., Hauer, E., and Elefteriadou, L. (2002). *Safety effectiveness of intersection left- and right-turn lanes* (Report FHWA-RD-02–089). Washington, DC: FHWA.

Head, J. A. (1959). Predicting traffic accidents from roadway elements on urban extensions of state highways. *HRB Bulletin, 208*, 45–63.

Institute of Transportation Engineers (ITE). (2011). *Planning urban roadway systems: An ITE proposed recommended practice*. Washington, DC: ITE.

Ivan, J. N., Sadek, A. W., Zhou, H., and Rande, S. (2009). *Warrants for exclusive left-turn lanes at unsignalized intersections and driveways*. Prepared for the New England Transportation Consortium.

Kikuchi, S., and Chakroborty, P. (1991). Analysis of left-turn warrants of unsignalized T-intersections on two-lane roadways. *Transportation Research Record, 1327*, 80-88.

Koepke, F., and Levinson, H. (1992). *Access management guidelines for activity centers* (NCHRP Report 348). Washington, DC: TRB, National Research Council.

Levinson, H. (1999). Street spacing and scale (TRB Circular E-C019). *Urban Street Symposium*.

Levinson, H., Koepke, F., Geiger, D., Allyn, D., and Palumbo, C. (2000). Indirect left turns: The Michigan experience. In *Proceedings of the Fourth National Access Management Conference*, Portland, OR.

Liu, P. (2006). *Evaluation of the operational effects of U-turn movement*. Doctoral thesis, Civil and Environmental Engineering Department, University of South Florida.

Liu, P., Pau, T., Lu, J., and Cas, B. (2008). Estimating capacity of U-turns at unsignalized intersections. *Transportation Research Record, 2071*, 44–51.

Long, G., and Helms, J. (1991). *Median design for urban roadways*. Gainesville, FL: Transportation Research Center, University of Florida.

Lu, J., Dissanayake, S., Zhou, H., Castillo, N., and Williams, K. (2001). *Methodology to quantify the effects of access management on roadway operations and safety* (3 vols.). Prepared for the Florida Department of Transportation.

Lyles, R., Malik, B., Chaudhry, A., Abu-Lebdeh, G., and Siddiqui, M. (2009). *An evaluation of right-turn-in/right-turn-out restrictions in access management*. Prepared for the Michigan Department of Transportation.

Malik, B., Siddiqui, M., and Lyles, R. (2011). An evaluation of driveway turning restrictions in access management using microsimulation. In *Proceedings of the 90th Annual Meeting of the Transportation Research Board*. Washington, DC: TRB.

Millard, W. (1993). Accident analysis relating crashes to major access management features (US 41, Lee County, FL). Tallahassee, FL: FDOT.

National Association of City Transportation Officials (NACTO). (2013). *Urban street design guide*. Washington, DC: Island Press.

Oregon Department of Transportation. (1999). *Main Street ... When a highway runs through it: A handbook for Oregon communities*. Salem, OR: Oregon DOT.

Parsonson, P., Waters, M., and Fincher, J. S. (1993). Effect on safety of replacing an arterial two-way left-turn lane with a raised median. In *Proceedings of the First National Conference on Access Management*, Vail, CO.

———. (2000). Georgia study confirms the continuing safety advantage of raised medians over two-way left-turn lanes. In *Proceedings of the Fourth National Conference on Access Management*, Portland, OR.

Plazak, D., and Preston, H. (2006). Long-term business and land development impacts of access management: Minnesota Interstate 394 case study (Paper 06–0040). In *Proceedings of the 85th Annual Transportation Research Board Meeting*, Washington, DC.

Rakha, H., and Ding, Y. (2003). Impact of stops on vehicle fuel consumption and emissions. *Journal of Transportation Engineering*, *129*(1), 23–32.

Rees, M., Orrick, T., and Marx, R. (2000). Police power regulation of highway access and traffic flow in the state of Kansas (Presentation). In *Proceedings of the 79th Annual Meeting of the Transportation Research Board*, Washington DC.

Reilly, W., et al. (1989). *Capacity and service procedures for multi-lane rural and suburban highways* (NCHRP Project 3-33: Final Report). Washington, DC: TRB.

Sokolow, G., and Williams, K. (2010). Florida's Access Management Review Committee procedure. In *Proceedings of the Ninth National Access Management Conference*, Natchez, MS.

Solomon, D. (1964). *Accidents on main rural highways related to speed, driver, and vehicle*. Washington, DC: Bureau of Public Roads.

Staplin, L., Lococo, K., Byington, S., and Harkey, D. (2001). *Highway design handbook for older drivers and pedestrians* (Report No. FHWA-RD-01–103). Washington, DC: FHWA.

Stover, V. (1981). *Guidelines for spacing of unsignalized access to urban arterial streets* (Technical Bulletin No. 81–1). College Station, TX: Texas Engineering Experiment Station, the Texas A&M University System.

Stover, V., Demosthenes, P., and Weesner, E. (1991). Signalized intersection spacing: An element of access management. In *Compendium of Papers, Institute of Transportation Engineers, 61st Annual Meeting*, Milwaukee, WI.

Stover, V., and Koepke, F. (2002). *Transportation and land development*. Washington, DC: ITE.

Transport and Road Research Laboratory. (1991). *Towards safer roads in developing countries: A guide for planners and engineers* (reprinted 1994). Crowthorne, England: Overseas Unit, Transport and Road Research Laboratory.

Transportation Research Board (TRB). (2010). *Highway capacity manual*. Washington, DC: TRB.

———. (2014). *Access management manual* (2nd ed.). Washington, DC: TRB.

Van Schalkwyk, I., and Stover, V. (2007). Revisiting existing warrants for left-turn lanes at unsignalized intersections on two-way roadways (Paper 07–0784). In *86th Annual Meeting of the Transportation Research Board Compendium of Papers*. Washington, DC: TRB.

Vargas, F. (1993). Access control and irate public—Community awareness. In *Proceedings of the First National Conference on Access Management, Vail, Colorado* (pp. 101–104).

Williams, K. (1995). *A public involvement handbook for median projects* (prepared for the Florida Department of Transportation). Center for Urban Transportation Research.

Williams, K., and Forester, J. R. (1996). *Land development regulations* (NCHRP Synthesis 233). Washington, DC: TRB, National Research Council.

Williams, K., and Levinson, H. (2010). Access management: An overview. *ITE Journal, 80*(1), 24–28.

———. (2011). The role of access management in sustainable development. In *Proceedings of the First T&DI Congress, ASCE*, Chicago, IL.

Williams, K., Stover, V., Dixon, K., et al. (2014). *Access management manual* (2nd ed.). Washington, DC: TRB.

第 13 章 停车场设计

原著：Mary S. Smith 博士，Randall W. Carwile 博士
译者：姚明 副教授、博士

13.1 引言

虽然发展的社区接受智能技术、完善的街道设施及可持续发展的交通系统，但停车场仍然是交通系统中重要的组成部分。停车场是许多用户对目的地的第一印象和最后印象。规划设计停车场的关键是采用"智能停车"的原则。其中一些原则包括：

- 考虑到地理位置、交通特性和用户特征，需要在不同用途土地利用上设计安全、友好和方便的停车场，以促进当地的繁荣发展。
- 不同用途土地之间共用停车场，这通常可以使用于停车场的铺装面积减少 15%~30%。
- 停车费用由用户支付，其价格至少在市场承受范围内，以便用户了解停车成本，从而做出更明智的出行选择。这通常需要将停车管理从设施租赁协议中分开。随着时间的推移，停车费可以提高，从而满足当地交通需求管理的目标。
- 停车场能反映行人和驾驶人的需求。
- 对停车场进行高效的设计，从而避免不必要的拥堵、人行道区域的浪费、材料使用、燃料消耗等。

本章根据当今最佳实际案例的设计思想，重点介绍高效、安全、用户友好的路内和路外停车设计，并在最后一节介绍停车场规划设计的发展趋势。与规划相关的主题，如停车研究、需求估计、停车政策以及融资，已在交通运输工程师学会（Institute of Transportation Engineers，ITE）《交通规划手册》（*Transportation Planning Handbook*，TPH）的最新版本中进行过讨论（ITE，2009）。

"智能停车"指的是足够安全、便捷的停车，其能与共享停车混合使用，并且不限定车位，同时考虑行人和自行车出行，从而实现高效设计，并达到最低限度地使用不可再生资源的目的。

13.2 基本原理和原则

13.2.1 法规考虑和设计资源

以下的法规和标准是在停车场设计时需要参考的，在此以首字母缩写表示。大多数常规的交通工程参考资料，如《公路通行能力手册》不包括在此列表中。

1) IBC——《国际建筑规范》（*International Building Code*），由国际规范理事会发布，并被美国大多数州和地方政府采用。每三年更新一次，最新版本日期为 2015 年，于 2014 年 6 月 3 日发布。

2) ADA——《美国残疾人法案》（*Americans with Disabilities Act*，1990），涵盖"建筑障碍法"或"公平住房法"未涵盖的所有实体，宗教实体和私人会所除外。1992 年后兴建或改建的建筑物及设施，必须符合司法部（Department of Justice，DOJ）所采纳的设计指引。

3) ADAAG——《美国残疾人法案设计指南》（*Americans with Disabilities Act Design Guidelines*），最初

由建筑和交通障碍改善委员会（Access Board）于1991年发布，2004年全面修订。ADAAG也与IBC和IBC/ANSI A117.1协调，但有一些不同。

4) 2010版ADA标准——2010年3月，司法部发布了符合ADA的2010版《ADA无障碍设计标准》（美国司法部，2010）。其内容虽然主要由ADAAG 2004组成，但它包含专门针对ADA的修正案。

5) ASTM F1637——《道路安全步行实施标准》（Standard Practice for Safe Walking Surfaces），最新版本发布于2013年。该标准介绍了人行道两侧及人行道路中的相关元素，包括地面和人行道表面、人行道、短楼梯、格栅、阻轮器和减速带。需要注意的是，F1637在2015版前都没有被国际建筑规范引用，因此，建筑法规中通常对此不要求遵守，当地建筑官员也不强制执行。但是，它可以作为安全相关诉讼的参考。

6) MUTCD——《统一交通控制设施手册》（Manual on Uniform Traffic Control Devices），最新版本由联邦公路管理局（FHWA）在2009年发布，是交通控制设备设计、安装和维护的标准。在MUTCD中适用于停车场的几个特定术语在本书中也用于其他目的：

- TCD——交通控制设备，包括所有的标志、信号、标记和其他设备，用于引导、警告发生在街道、高速公路、行人设施或开放给公众通行的私人道路上或附近的交通。根据2009版MUTCD，其他设备包括路障、大门、分隔护栏和渠化设备。

- OPT——对公众出行开放，即允许公众无限制通行的道路或街道（包括任何与道路平行的人行道和自行车道）。根据2009版MUTCD，私人封闭物业内的道路（门禁收费公路除外）、停车区、停车区内的行驶过道和私人封闭区域平交道口不包括在本定义中。

- PROW——公共通行权，是指由政府部门（通常是州或地方政府）为提供车辆、行人和公共使用而拥有或专用的公共财产。

- Site——不在PROW定义内的地块，其上有建筑物或其他修缮物，如公园或拟修建的公园。它可能为政府或私人实体所有，并与ADA对地点的适用性相一致。

- SOPT——对公众出行开放的地点。一个对MUTCD场地适用性定义进行修订研究的专门工作组所采用的一种术语。之所以采用这一术语，是因为2009版MUTCD关于OPT的表述是针对私有财产的，而专门工作组建议对所有地点进行修改。

7) IES——照明工程学会出版的RP-20-14《停车设施照明》，最新版本为2014版。

8) CAFE——企业平均燃油效率标准。根据联邦法律，环境保护局（EPA）制定了计算燃油效率的方法，也制定了车辆排放的标准；然而，CAFE标准是由美国交通部的国家公路运输安全局（NHTSA）制定的。

9) 综合设计资源——以下是相对较新的综合设计参考资料的简称：《停车结构》（Chrest等人，2001）；《尺寸》（停车顾问委员会，2009）；《停车101》（国际停车研究会，2005）。

13.2.2 停车类型

停车设施有很多不同的类型，以下是用于区分不同类型设施的一般术语；某些设施可以分属多个类型（例如，一个停车场可以是公共或私人停车设施）。停车的两种最基本的类型是路内停车和路外停车。

1) 路内停车——沿着道路两侧进行停车的方式。该种停车方式主要利用连接起讫点间的道路，而不是简单地将车停入停车场。大多数路边停车都包含在PROW中，但是，它也可以沿着不包含在PROW中的道路进行停车。

2) 微型公园——将一个或多个路边停车位改建为公共人行道或步行区的延伸部分（图13.1）。微型公园可以简单地提供行人休息区、绿地或艺术空间，也可以提供所需的自行车停车位。然而，一些城市正在允许微型公园扩大户外座位，用于餐饮和其他商业目的。有些公园是半永久性的，另一些则可能是临时性用于特定活动，如公园日[1]。在这一天，艺术家、设计师和市民将街边的停车位改造成面向公众的公园。

3）路外停车——位于特定场地上的停车设施。非街道停车设施包括车道、停车场、住宅中的多车车库，以及总共车位超过1万个的建筑物。路外停车设施有两种基本类型：停车场和停车楼。

4）停车场——在平整的地面上露天停车，也称为地面停车场。

5）停车楼——有一个或多个楼层可供停车的建筑物。建筑规范区分了需要机械通风且通常位于地下的"封闭式停车场"和自然通风且通常位于地上的"开放式停车结构"。

图 13.1　旧金山的小公园
资料来源：沃克停车咨询公司。

开放式停车结构对照明和通风等所需的能源明显较少，因此更具有可持续性。在用于停车楼的术语上，不同地方有不同的称呼，包括停车场、停车坪、停车平台、立体停车场等。

从功能上讲，任何非街道设施，包括地面停车场和建筑物，有时甚至是路边停车场，都可以分为以下几种：

1）私人设施——完全预留给特定的使用者，例如，由停车场服务的建筑物内的居民。

2）公共设施——一种停车设施，为任何想要使用它的人提供服务，通常是收费的。公共设施可能属于公共部门（如地方政府或州立大学）或私人所有。

3）多式联运停车设施——一种本身不服务于土地特定用途，但允许在私家车与另一种出行模式（如公共交通）间进行转换的设施。最常见的多式联运设施是停车换乘设施，而这又通常包括"接驳换乘"停车，这是一种非常短暂的停车，驾驶人接送的乘客可以在此上下车。

4）共享停车位——为每周不同时间、不同地点、不同用途的停车者提供服务。例如，白天为办公室员工提供服务，晚上和周末为餐厅顾客提供服务。

5）共享使用区域——在不需要停车时转换为另一种土地用途的停车场。例如，在商业活动需要停车位之前的周末早上用作农贸市场的停车场。

随着世界范围内停车密度的增加，停车结构有几种不同的用途变得越来越受欢迎：

1）混合用途停车设施——一种主要为其他区域提供服务的公共停车设施，但在同一层（如零售）或最顶层有其他土地用途，如公园、运动场，或者办公、住宅或其他利用空间。美国绿色建筑委员会

（USGBC）通常不会考虑停车场设施能获得 LEED 认证，除非该建筑内的其他用途面积至少占建筑总面积的 25%。

2）地下停车设施——所有停车位都低于街道水平面的停车结构。地下停车场的建造成本比地上停车场高得多，而且在绝大多数地方，期望靠建成后收取停车费来筹措建造资金是很困难的。地下停车设施每往下一层的建造成本都高于上一层，如果需要移走岩石、支撑邻近街道或重新安置公用设施，或者停车位置低于地下水位，则成本将呈几何级数上升。

3）平台停车设施——平台是位于停车层之上的结构覆盖层，可以作为休息用地或上方建筑物的基础，特别是当这些建筑物没有覆盖停车设施整个区域时。平台式停车设施包括相对较小的带有公园和开放空间的地下车库，或者带有零售区域或其他空间的单一建筑，或者在零售区域之上（也可能在零售区域之下）的多层停车场，以及在停车场之上占用空间的高层塔楼。平台停车场在城市中的应用越来越多，如图 13.2 所示。

图 13.2　平台停车场

资料来源：沃克停车咨询公司。

4）包围式停车——位于街区或场地中间的独立式停车建筑，该建筑周围大部分或所有侧面都有"附属建筑"，如图 13.3 所示。当停车结构位于地面以上时，许多城市规划者都强烈倾向于将停车设施包围起来。如果停车区域距离其服务的周围建筑有 3m 的距离，则该停车区域仍然可以被定义为开放式且避免使用机械通风的结构。

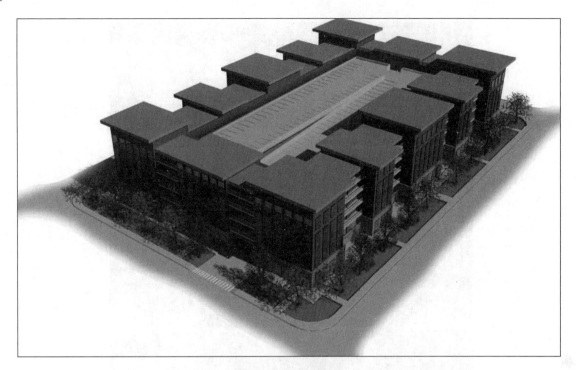

图 13.3　包围式停车
资料来源：沃克停车咨询公司。

5）机械停车——由机械设备储存和取回车辆，而不是由顾客或服务员停放的设施。如今市场上有多种类型的机械系统，从"汽车堆垛机"（将一辆车升起，以便将另一辆车停在下面）到自动化机械停车设施（AMPF）。在 AMPF 中，计算机控制的电梯和机器人设备将车辆移至或移出存放点，如图 13.4 所示。

13.2.3　停车费用

很多人在开发社区时对建造和运营停车场设施的成本知之甚少，因为涉及成本的细节往往隐藏在项目整体开发和运营成本的报表中。TPH 中的"停车"一章更详细地讨论了拥有和运营停车设施的成本，每月单个车位的运营成本见表 13.1。这些数字还只是美国各地的平均成本，各地间可能差异很大，特别是在建设和运营成本都较高的地区。总成本将转换为每月拥有和运营成本，以便与该地区目前每月收取的主流停车费（如果有的话）进行比较。

表 13.1 中的成本不包括土地成本或停车税，这两项差异太大，不能包含在成本计算中，但会显著增加拥有和运营成本。

一般强烈建议将停车费与租赁费分开，这样可使得用户按照市场费率支付停车费。但很显然，美国绝大多数地方停车场目前收取的月度停车费都不足以覆盖运营简单的地上停车场的成本，更不用说地下或自动机械式停车场了。但如果停车场在包括晚上和周末的时间段内都具有大量的短期停车，那么运营这类新的停车场本身还是可行的。

综上所述，拥有和运营停车场成本很高，停车成本应该更准确地反映在收费决策过程中。许多人指责地面免费停车是城市杂乱无序的根本原因，然而考虑到刚刚列出的成本，与城市开发相比，带有免费地面停车的郊区开发项目的租赁费率更低，对各类租户更具有吸引力。这些成本也是市中心许多再开发项目的开发商要求当地政府帮助建造或补贴停车场的原因。如果市场无法承受停车费，无论是由用户支付还是隐含在租约中，理性发展的项目就根本不可能发生。同时，把资源浪费在不必要的空间或过大的停车尺寸上，也是不可持续的。

图 13.4 自动化机械停车设施
资料来源：沃克停车咨询公司。

表 13.1 拥有和运营新停车设施的成本

	拥有和运营成本/[美元/(车位·月)]	
	免费郊区停车	城市收费停车
地面地段	50	110
典型地上结构	170	280
增强型架构/零售级别	220	360
封闭式结构	190	320
带地面零售的开放式讲台	260	430
高级自动化机械	350	540
地下1层（无平台）	280	460

(续)

	拥有和运营成本/[美元/(车位·月)]	
	免费郊区停车	城市收费停车
地下 2 层（无平台）	330	540
地下 4 层（无平台）	580	940
地下自动化机械	470	740

注：1. 包括"基本运营成本"，如果停车设施对用户免费且是开放式的，那将包括水电费、维护费、保险费、清洁费等费用。对员工及居民服务的受控式停车设施成本可能略高一些。

2. 受控式停车场以及车位周转率高的停车场，包括基本运营成本加上税收和安全成本。在税收方面，有管理合同规定从每月和每日停车收入中收取杂项费用，包括人工及福利、用品、门禁及收入控制设备的保养及维修、信用卡费用等；在低到中风险地区的一个典型停车场的安保费用（参见安全部分）。

3. 资本成本中不包括土地成本。假设全部建设成本来源于融资，加上 10% 的间接成本和 15% 的融资成本（包括财务咨询成本），结构化停车贷款期限为 20 年，而地面停车贷款期限为 10 年，年利率为 7%。

4. 拥有和运营成本是按照"盈亏平衡"计算的，不包括折旧或私人融资的投资回报，也不包括公共债券所需的保险和准备金。

资料来源：沃克停车咨询公司。

所有的交通运输、规划和社区建设都不应在停车的任何方面采用"越多越好"的理念。

13.2.4 用户注意事项

停车设施的设计，最根本的是要考虑使用者的需要。停车设计中的服务水平（LOS）法，无论是定性的（最低限度或最大化）还是定量的（LOS A/B/C/D 的详细设计指南），都有助于根据用户的需要定制设计功能，并避免浪费资源。具有此类需求的用户可以通过下列多种特性进行分类：

1）不同的目的——与员工或居民相比，访问目的地的访客可能不经常使用该设施，也不太熟悉该设施。他们可能会开得更慢、更谨慎，因为他们需要试着了解该设施，从而找到合适的出行路线。这些访客有可能是更易分心的驾驶人，难以处理沿途所有可用的视觉信息，包括意外倒车的车辆。有些访客可能会在压力很大的情况下寻找停车位，比如在医院，或者在时间有限的情况下寻找停车位，比如在机场。与临时访客相比，经常使用者对设施更加熟悉，对社区及设施的安全性设计感到更舒适，但访客通常会预先考虑停车设施，特别是停车结构的安全问题。基于这些因素，同时考虑访客车位通常周转率较高并追求更高的舒适性，因此在访客车位设计时通常采用更宽敞的尺寸。访客停车位通常也设在最容易找到的区域，而且步行距离最短。

2）使用频率——经常使用的人，比如目的地周边的员工或居民，通常都知道这个设施，甚至可能在使用两三次后都不会去看标志。他们当然希望有一个合理的安保水平，但并不一定需要更高的照明水平，虽然这可能会让不熟悉的游客放心。最小尺寸车位通常是为代泊车服务人员预留的，他们需要整天在设施中反复驾驶。

3）停留时间——短期停车一般定义为 3h 或更少的停车时间，通常是为到达目的地的访客服务的。一般来说，短期停车采用更舒适的尺寸和更短的步行距离。长期停车通常为员工和居民服务，但也可能为停留时间较长的访客提供服务，如在酒店、机场等。例如，在机场，将短期停车与日常停车和多日停车分开是很常见的，这样周转的停车位就集中在一个较小的搜索区域，而这些区域通常设置在到达航站楼最方便的位置。

4）周转量——一般定义为在一天内使用一个停车位的平均车辆数。大多数用于访客停车的泊位可能一天周转 3~10 次。员工和住店停车场每天的周转次数可能也不超过一次，除非是多班制，而机场和酒店的停车场设施每天的周转次数可能也不超过一次。当停车场内到达和离开的车辆在一天中大部分时间都有活动时，停车场提供的服务水平应该比仅有早晚停车活动的停车场更好。

5）预期的用户——那些参加体育运动和其他大型活动的人希望将车停在离目的地更远的地方，因为他们预计离开时可能会有交通堵塞，并且可能不会特别注意或关心车位尺寸大小。同样地，人们在节假日去机场或在高峰期去购物中心也会遇到拥堵，很难找到车位，在停车场的出口也会排起长队。偶尔在购物中心使用的一种策略是，将几乎每天都要使用的车位尺寸设计得更大，但对只在购物高峰期使用的车位则设计更为紧凑的尺寸（如房屋顶层停车场或室外停车场）。

6）位置——一般来说，城市地区的停车者不仅能接受而且会预料到更紧凑的车位尺寸，更长的步行距离，以及比郊区停车者更长的拥堵和延迟时间。

7）服务水平——访客通常代表了低熟悉度/高周转率的情况，因此停车场设计要求有更高的舒适度，例如在郊区的服务水平 A，在城市环境中使用稍微紧凑（或服务水平 B）的尺寸。员工和居民代表了另一端，熟悉度高/周转率低；停车场通常被设计为 C 级服务水平，偶尔会升级到 B 级或下降到 D 级。D 级服务水平通常只在最大城市的核心区域使用，这些区域的土地价值和停车费都很高。值得注意的是，在一些区域，如拥挤的匝道或出口的延误，每天使用该设施的员工可能比偶尔使用该设施的员工更难以忍受交通拥堵。

在停车设施中，服务水平标准可用于多种设计考虑，包括入口/出口、几何形状、流量、行驶距离、转弯半径和地面坡度。这里的最小尺寸通常是服务水平 D，而建议的最大尺寸是服务水平 A。

13.2.5 路径查找

对于停车设施，路径查找的定义是在任何位置查找停车的地点以及在回家的过程中能知道自己在哪里，想去哪里。路径查找发生在访问停车设施的每一步，如图 13.5 所示。

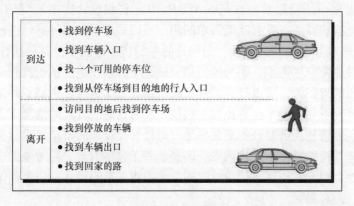

图 13.5 路径查找阶段

导向设计也许是停车设施设计中最基本的元素，以满足行人和驾驶人的使用需求。理想的导向设计不需要任何标志，用户会直观地知道下一步该去哪里。能看到电梯比看到一个指向电梯的标志要好。至少 40 年来，各种停车场参数设计的经验法则都是以寻路能力为衡量标准。例如，一个可接受的楼层间的车辆流通系统的行驶旋转次数，应该不会使顾客变得沮丧和/或迷失方向。许多其他的标准都是简单的常识——任何能帮助用户看到停车场对面的东西，就能帮助他们找到方向。因此，导向设计提供了一个框架，将所有涉及用户友好性的因素都纳入一个凝聚的单一焦点。良好的导向设计的另一个好处是，几乎所有增强导向设计的功能都能增强安全性和保障性。除了这里讨论的内容，其他的服务水平设计标准，特别是影响导向设计的内容都可以在停车场结构这部分中找到。图 13.6 展示了对导向设计至关重要的停车设施的特征。

图 13.6　关键特征

13.2.6　考虑停车设施的车辆设计

自20世纪80年代初以来，车辆尺寸随着时间的推移而变化，停车咨询委员会（2011）采用了一种合理的方法来确定适当的停车位尺寸。该方法模拟了已经确定的在交通工程中使用或设计的车辆。采用这种方法是因为美国国家公路与运输协会（AASHTO，2011）中的客运汽车，自从1959年或更早以来就没有改变过尺寸，但在停车设计中却不敢轻易地使用这个尺寸，即使这种车型在当时的美国很普遍。按照停车来设计车辆的尺寸，不仅可用于确定停车位和过道尺寸，还可用于各种各样的停车设计考虑，包括坡道、车道宽度、最小转弯半径等。其他一些国家和城市，包括澳大利亚、卡塔尔和阿布扎比，都采用了专门用于停车设施的车辆设计方法。

推荐使用两种不同的设计车辆方法：最小到最大车辆范围内的第85%位车辆尺寸用于停车场，而第99%位用于非停车场坡道和通常仅限汽车通行的道路。图13.7所示为该概念在2013年美国销售的汽车（包括轿车、越野车、跨界车、货车和小货车，它们被归类为轻型车辆）中的应用。据《汽车新闻》报道，自1983年以来，每年的车辆销售量都在被评估，以确定停车场对应的车辆设计尺寸。2013年，销量排名第85%位的车型是丰田Sequoia，它的尺寸为2.0m×5.2m。尽管第85%位车型的实际尺寸每年都会略有变化，但自1996年以来，销量中的第85%位车型一直非常稳定，在任何方向上最多变化1in或2in（1in＝25.4mm），而且往往会在第二年变回去。因此，推荐用于停车场的设计车辆自1998年以来一直保持不变，即2.0m×5.2m。

美国国家公路与运输协会的客运车辆尺寸通常不用于停车设施中的车辆设计。虽然这个客车比现在几乎所有的全尺寸皮卡（除非是定制的双轮皮卡）都宽10~12cm，但是这个客车的长度、轴距和转弯半径实际上比美国三家制造商销售的许多超级皮卡都要小。大型皮卡和面包车很少停放在停车场，只有西部和西南部的州例外，在那里，甚至最大的皮卡也被用作个人交通工具。表13.2显示了美国国家公路与运输协会的客运车辆和美国停车设计车辆、几个国际车辆和2013—2014年美国车辆模型的尺寸，以供比较。

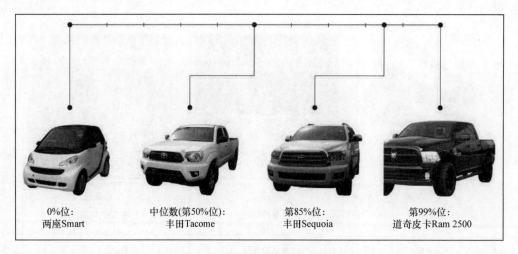

图 13.7　2013 年美国乘用车销量

表 13.2　乘用车尺寸　　　　　　　　　　　　　　　　　　（单位：ft）

	宽度	长度	悬架尺寸	轴距	轮距	转向圆	转弯半径
美国国家公路与运输协会乘用车（美国道路）	7.00	19.00	3.00	11.00	6.00	47.60	21.00
Ram 3500 皮卡（2013 年美国第 99% 位车型）	6.58	19.20	3.29	11.71	6.28	45.10	
福特 E 350 厢式货车	6.62	18.06	2.91	11.50	6.35	48.00	
卡塔尔交通总体规划第 99% 位尺寸（公路）	6.56	17.85	2.99	10.40	6.00	42.65	18.63
美国车位	6.58	17.08	3.00	10.00	6.00	40.25	17.50
98 款福特 Expedition	6.55	17.05	3.22	9.93	6.01	40.20	
2014 款福特 Expedition	6.57	17.21	3.27	9.92	6.15	40.80	
丰田 Sequoia	6.66	17.09	2.92	10.17	6.22	38.10	
澳大利亚和阿布扎比第 99% 位尺寸（公路）	6.37	17.06	3.12	10.01	6.03	41.80	18.14
卡塔尔交通总体规划第 85% 位尺寸（停车）	6.37	16.04	2.69	9.35	5.88	40.12	17.39
澳大利亚和阿布扎比第 85% 位尺寸（停车）	6.14	16.11	3.02	9.19	5.81	37.69	16.40
法国	5.91	15.75	3.28	9.18	5.74	36.42	15.68
英国	5.74	15.42	2.73	8.86	5.74	34.94	14.96
德国	5.58	15.09	2.95	8.86	5.58	36.15	16.47

一些人认为使用"平均"尺寸更可接受。如果使用中间尺寸设计车辆进行停车设计，许多较大的汽车将很难进出停车位，有些汽车需要多次移动才能进入停车位，并且影响其他人进出相邻停车位或车辆停在这些停车位上的能力。实际上，所有用户的舒适度，包括那些驾驶小型汽车的用户，将会由于典型设计尺寸的减小而大幅降低。

13.2.7　汽车是不是越来越小了

在过去的几年里，许多关注美国可持续发展的人一直希望看到汽车的体积能缩小。根据最近的 CAFE 规则，燃油效率的显著提高必须在 2025 年前实现，但对汽车尺寸的影响尚不可预测。然而，媒体的报道给许多人留下了这样的印象：汽车越来越小了。例如，2012 年，福特和通用的官员认为紧凑型车、微型车和迷你车销量的"激增"是向小型车的"永久性"转变（Wright，2012）。但是，在汽车销售全面增长的背景下，"激增"只是一个非常小的波动，2013 年又出现了跨界车、越野车和皮卡（被认

第 13 章 停车场设计

为是轻型货车）的回归。2014 年，轻型货车销量增长了 20%，而汽车销量增长了 1%。其他人则认为，汽车销量相对于轻型货车的增长似乎与本章的数据不符。关于汽车尺寸的报道相互矛盾的原因有两个：

- 在同一行业中，缓慢但稳定的"尺寸增长"已经持续了近 30 年。例如，2014 款丰田卡罗拉（Toyota Corolla）比 1985 年款要宽 15cm 和长 38cm，该年花冠被正式从超紧凑型重新归为紧凑型轿车。2012 年最新设计的卡罗拉相比前款在宽度和长度上又分别增加了 15mm 和 10cm。
- 政府对汽车法规的调整和最新的改变（更重要）。这将直接影响媒体报道，具体取决于用于分析的数据来源。

美国环保署（EPA，2014）在 2017—2025 年 EPA 和 NHTSA 的排放和燃油经济性法规中，排除了许多大型汽车，RL Polk 和《汽车新闻》（AN）使用类似的分类。此外，环保署（EPA）的标准与 2013 年之前的标准相比有了显著的变化。车辆总重超过 3855kg 的超级轻型货车和客货车继续被排除在轻型车辆的 CAFE 法规之外。然而，3855~4535kg 的越野车之前也被排除在外，但现在被纳入最新的汽车 CAFE 法规，并已被添加到 EPA 的数据库中（回溯到 1975 年）。EPA 进一步将两轮驱动越野车和跨界车重新归类为 CAFE 车型。

这些改变填补了一些"漏洞"，这些"漏洞"最初被制造商用于生产小型货车，然后用于跨界车，从而提高了全部车型整体的燃油经济性。这种差异导致了关键数据的冲突，据 EPA 统计，2013 年有 63% 的汽车和 37% 的轻型货车销售，而 AN 则报道 2013 年销售了 50% 的汽车和 50% 的轻型货车。EPA 2013 年的报告指出，将跨界车和运动型多用途车单独改为轿车，使得轻型货车的比例减少了 10%。反过来，EPA 趋势报告显示，自轻型货车市场份额达到峰值（2004 年为 48%，2013 年为 37%）以来，轻型货车向轿车的转变比 AN 数据库（2004 年为 53%，2013 年为 50%）更为显著。因此，EPA 的数据显示，越来越多的人"转向汽车"，尽管他们开的是跨界车和越野车。

为了更精确地监控汽车尺寸，更好地了解尺寸趋势，停车顾问委员会（Parking Consultants Council，PCC）已将年度销售数据按尺寸级别制成平面图，如图 13.8 所示。

这些分级是基于实际外形（宽度×总长度）来实现的，而不是制造商的标签。5~7 级的尺寸只适合小型汽车的泊位（SCO）（2.3m×4.7m），8 级则包括了大多数紧凑型车以及雪佛兰 Volt。自 1996 年以来，汽车尺寸的平均水平一直处于第 8 级。然而，8 级汽车比小型汽车尺寸最多要宽 15cm 和长 30cm，不能停在用于小型汽车的车位上（PCC 使用 SCO 正是出于这个原因："紧凑型车"不再适用）。最新的 CAFE 规则将小汽车归类为中型（而非小型）车，这一事实就证实了这一点。

无论是 2008 年经济衰退以来，还是 1996 年以来，8 级汽车的市场份额都出现了最显著的增长。但很明显，大部分市场份额的增长来自于第 7 级的升级。因此，汽车设计趋势是尺寸更大，而不是更小。尽管推出了新一代微型车，但这些车型似乎只从 6 级车开始销售，但小型车中最小车型（5 级和 6 级）的销量也略有下降。

好消息是，根据 EPA 最新的趋势报告显示，自 2005 年以来，利用《汽车新闻》的数据对汽车销售情况进行的分析表明，尽管汽车的尺寸已经在逐渐增大，但汽车的燃油经济性一直在改善。EPA 进一步指出，2014 年 34% 的车型已经达到了 2016 年的燃油效率目标，4% 的车型（包括混合动力、插电式混合动力和电动汽车）已经达到了 2025 年的目标。他们的结论是："由于 2025 年的标准还有几年才会出台，燃油汽车技术的持续改进还有相当长的时间。"许多实用主义者认为，制造商将设法满足这些标准，同时为美国人提供尽可能大的汽车，正如自阿拉伯石油禁运导致政府首次采用 CAFE 标准以来一直发生的那样。

由于道路上汽车的平均使用年限超过 10 年（Naughton），现在销售的车辆任何显著变化至少在 3~5 年内都不会在停车场设施的设计中体现，因此，在可预见的未来，基于本章所推荐的设计车辆的停车尺寸可能仍然可行。

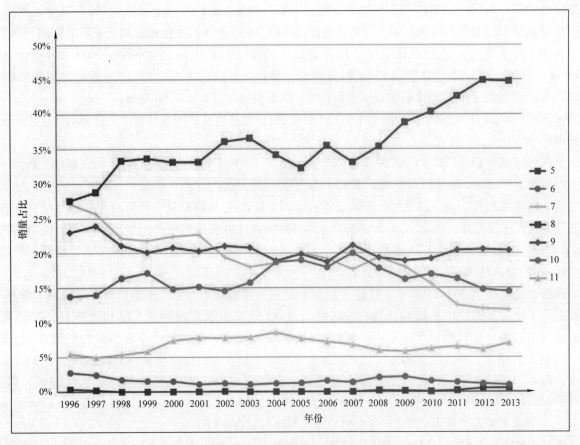

图 13.8 按 PCC 分类的汽车销售

13.3 专业实践

13.3.1 停车需求管理

停车需求管理是一个通用术语，用于鼓励更有效地使用停车设施，减少停车需求，并将通勤方式转向非个人停车的交通方式。一个可靠的停车需求管理计划将减少停车需求对校园和整个社区的交通服务水平的影响。以下是停车需求管理程序中应该考虑的最佳操作[2]。

- 停车场的定价反映了建造和运营停车场的"真实成本"。在这种情况下，停放私人小汽车（Single Occupant Vehicle，SOV）将比其他出行方式（包括公交、拼车、步行和骑自行车）要贵得多。如果为私人停车的驾驶人提供泊车补贴，那么使用公共交通工具的驾驶人应获得同等的补贴（例如，公共交通费用补贴卡）；那些使用拼车的人应该收取更低的停车费，这反映了在拥有和使用私人停车车位方面的节省。

- 公交福利计划应与停车成本增加相结合，以鼓励增加公交的利用率。通常情况下，最先申请并受益的人将是那些本来就使用交通工具的人。根据现行的联邦税法，雇主可以每月补贴公交卡，或者安排员工用税前收入购买公交卡。

- 有了"停车补贴"，所有员工都能获得交通现金补贴，从而可以按照自己的意愿使用；那些步行和骑自行车的人可以把钱装进口袋。一些人认为，现金补贴不再可行，因为支付给步行或骑自行车员工的现金不再免税。然而，现金补贴计划仍然可以使用，它们只是没有税收优惠。

- 应为那些不需要通勤但需要在工作时间开车参加会议和返回的人以及没有汽车的居民提供汽车共享计划（如 Zip Car）。同样，应考虑自行车共享计划。
- 总体规划应该包括自行车的改进，包括但不限于自行车道和存放自行车的架子。应提供"旅行目的地"设施，如更衣室、淋浴和存储区，鼓励和支持自行车的使用。
- 总体规划应强调步行与其他出行方式的衔接和改善，确保从停车场到服务目的地有安全、方便、可达的路径，以及互补用途（如午餐熟食店）之间的通道，同样在其他地点也是如此。
- 可以实施区域共乘计划，拼车是指两个或两个以上的人共用一辆车去上班。在一个联营项目中，外部服务提供商、大学或当地实体租用客车并将其提供给通勤人群，以供上下班之用。
- 可以采用临时停车计划。当使用非私家车出行不现实时，应该为所有选择非 SOV 通勤模式的人提供一种停车方式。这通常可以通过"智能"接入卡实现，这种卡以折扣停车费的方式预付使用费用，可以在必要时用于停车。
- 可以对骑行回家计划提供保障。
- 雇主应该鼓励远程办公、弹性工作时间和工作共享，所有这些都有助于减少高峰时段的停车需求。

停车需求管理方案必须有指定的协调员和工作人员、市场、网站等充分支持，还应该提供用于赠予、庆祝目标实现等的资金，通常来自停车净收益资金。关于停车场管理的另一个很好的参考是《停车场管理最佳实践》（Litman, 2006）。

从设计和管理的角度来看，一个需要考虑的关键停车因素是为更可持续的通勤出行提供优惠停车位：电动、低排放、低燃油消耗车辆（此处称为 LEV）以及共享自行车和共享汽车。如果停车场为 LEV 提供总容量 5% 的优惠停车位，可获得 3 个 LEED 积分，同时预留 3% 的共享空间，则可另外获得 2 个积分。还有其他的选择，包括优惠的费用，以及用 3% 的空间来提供电动汽车充电站（EVCS），而不是为 LEV 提供 5% 的特殊车位。优惠积分要求车位是停车设施中除满足 ADA 要求外最方便的车位。此外，优惠的停车费可以用来获得 LEED 积分。由于管理优惠停车收费比强制优惠停车位更困难，因此优先位置通常是理想的方法。

可持续发展模式中的指定停车位不仅可以鼓励更多人参与该项目，还可以通过在指定的车位上设置标识来提供广告。对于那些考虑购买纯电动汽车（EV）的人来说，如果 EVCS 对减少里程焦虑特别重要，那么可见的、方便的优先停车就有一定的好处。

相反，有些人不建议对这些使用者提供设施内最方便的停车位，因为这些停车位对其他人太具有吸引力，导致规定的政策太难以实施。根据小型车专用车位（SCO）和无障碍车位的经验，如果优先车位是最方便的，则可能会有习惯性的违规者。相反，在繁忙的设施中，首选的车位可能是设施中仅存的可用空间，这实际上迫使其他人使用它们。停车设施的业主除了将车拖走外可能缺乏一种手段来保障优先车位。许多州的法律允许当地警察对残疾人在私人财产上滥用无障碍车位的行为进行处罚。如果这些法律能通过修改而涵盖可持续发展的优先车位，那么即使是在私有财产上，也可以要求当地警察对违规者进行处罚，这将极大地改善优先车位的管理。如果缺少了这一点，那么员工注册使用合乘车位、LEV 和 EVCS 车位对强制执行就很重要了。

还有一些人认为，当有环保意识的驾驶人发现会阻碍其他驾驶人在优先车位处停车时，他会愿意稍微将车停远一点；类似地，寻求充电的驾驶人会把车停在运营商设置电动汽车充电站的地方。不幸的是，有经验表明，当一个人真正需要一个电动汽车充电车位时，他会发现其他用户已经把车停在更方便的非预约车位，而不是指定的、不太方便的优惠或共乘车位。

总而言之，如果为这些可持续发展模式指定车位，则应放在优先位置。一个复杂的问题是，在绝大多数情况下，在实际使用之前，可能会预留过多的优先车位，以鼓励替代模式。事实上，一些人认为，建造不被使用、也可能永远不会被使用的空间是不可持续的。LEED 的目标可能会有效地鼓励开发商在停车系统中增加更多的空间，以弥补预期的未被充分利用的空间。最好只有少数优先车位未得到充分利用，"没有人在使用它"是违规使用优先车位的心理想法的一部分。因此，最好以比当前注册所需多1~2倍的比例提供空间，并根据需要添加更多空间。

另一个专门针对电动汽车充电站车位的问题是：员工用车以及长期停留的还有很多剩余电量的汽车，这些车可能只需要"加满电"，大约需要1h的充电时间。但如果占用了很多时间，那么这个车位就不能被其他人用来充电了。如果现场有其他工作人员，电动汽车充电站可以按照代客泊车的模式运行：运营商将监控汽车的充电情况，完成后将其移动到 LEV 车位，将另一辆汽车移动到电动汽车充电站车位并将其连接起来充电。这不仅减少了设备数量，使"快速充电"在经济上更可行，而且还将充电负荷分散到一天中更多的时间和更多的汽车上，减少了所需的电源。此外，它还提供了帮助残疾人充电的能力，因为目前阻碍使用电动汽车充电站的障碍之一是充电枪（类似于加油站的喷嘴）的重量。

13.3.2 停车场布局相关术语

这里的某些术语用于描述停车布局和其他考虑因素；90°、倾斜和平行的停车布局如图 13.9 所示。此外，还定义了一个"双侧装载"停车位中的移动通道和模块。"单侧装载"停车位只在移动通道的一侧停放。转弯停车位出现在车辆从一个停车位转向另一个停车位的地方，有三种类型。

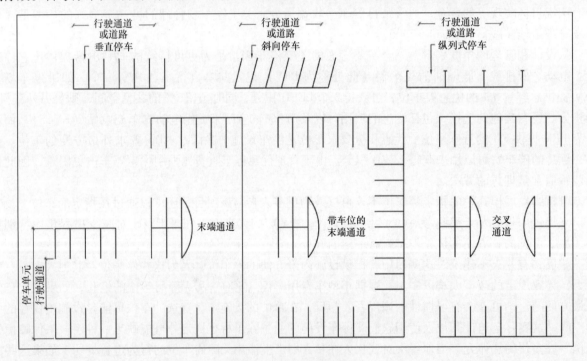

图 13.9 停车场布局术语
资料来源：沃克停车咨询公司。

停车效率是指每个停车位涉及的停车楼面建造面积，以 m^2/车位表示。它不包括外墙、专用人行道、楼梯和电梯井，以及混合用途停车设施的任何基础设施，如电气和高压交流电（HVAC）房间。一般认为 90°停车总是比倾斜停车更有效。其中一个因素是，正如停车几何部分所讨论的那样，大多数美国法规要求倾斜停车比 90°停车提供更舒适的尺寸。事实上，由于场地的尺寸不同，效率差别很大。倾斜停车可能比 90°停车效率更高，因为尺寸原因导致后者能提供一个或多个单侧停车区。在 75°停车的情况下，末端过道可能是单向的，因此停车效率比 90°停车更高。

串联停车是一种将汽车停放在两层的布局，其中一辆车必须挪动才能移走第二辆车。串联停车通常用于代客停车设施，也可用于住宅和员工停车。大部分区域布局规则都没有提及串联停车的问题，因此被理解为不允许这样做，更不用说鼓励这样做了。然而，串联停车是提高停车密度和效率的重要工具。其所需铺路面积更少，施工中需要的混凝土和其他典型的不可再生材料更少，每个车位的照明和通风所需的能源也更少。

串联停车对建筑物的自适应利用大有裨益，能在原本低效或不足以满足新用途的空间中提供所需的停车位。

如果私人开发商希望使用串联停车，特别是用于私人停车场，并承担相应的风险，且租户也愿意接受，那么当地官员应该允许这样做。

代客停车是服务员（又名服务生）负责停车和取回汽车的一种运行系统。代客停车通常允许在一个区域内停放更多的汽车，通常用于解决停车短缺或改善客户服务，否则只可能用于在长步行距离的区域停车。代客停车通常采用串联或堆叠停车布局。对于大多数操作需求，特别是将汽车归还给客户的时间，最好只移动一辆汽车来取回另一辆汽车。当大多数用户自行停车时，就会出现一种名为代客或服务员辅助停车的混合方法。该方法是停车场达到自助停车容量时，服务员会指示汽车沿着过道的一侧平行停车。驾驶人把钥匙交给服务员，如果受阻汽车的驾驶人离开，服务员就会移动汽车，然后将受阻汽车停放在新空置的车位上。除了为公众提供服务外，代客停车通常会增加有限停车区的停车容量，停车效率明显提高。在图 13.10 中，服务员辅助停车使自助式停车场的布局从 72 个车位增加到 95 个车位，增幅超过 30%。代客泊车及串联布局则将车位提升至 104 个，增幅近 45%。

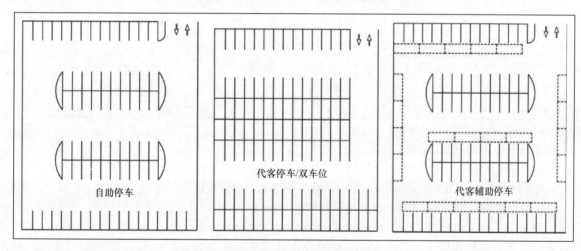

图 13.10　反映运营特点的另类停车布局
资料来源：沃克停车咨询公司。

13.3.3　停车场几何布局

停车位的便捷性和舒适性取决于两个问题。首先是停车位的宽度和人们进出汽车的便利性。第二个是停车和"离开"汽车所需转弯动作的简易性，这是由停车通道、停车角度以及停车位的宽度决定的。随着车位宽度的增加，通道宽度可以稍微小一些，这样也能保持进入车位的整体舒适性。另外，当车位角度从 90°减小时，所需的通道宽度也会减小。表 13.3 给出了各种角度下推荐的车位、通道宽度和其他尺寸。所有术语定义都在图 13.11 中以图形标注显示。

角度在 75°~90°之间通常不被推荐，因为一些人可能会以错误的方式接近，并试图掉头进入车位，即使此时没有足够的空间让大多数汽车进行恰当操作。

表 13.3 车位和通道尺寸

			服务等级			
			角度/(°)	车辆投影长度	墙偏移	突出部分	宽度偏移
			45	17′-5″	10′-8″	1′-9″	16′-6″
			50	18′-0″	9′-5″	1′-11″	13′-10″
	宽度	长度	55	18′-5″	8′-3″	2′-1″	11′-7″
设计车辆	6′-7″	17′-1″	60	18′-9″	7′-2″	2′-2″	9′-6″
长度投影		16′-6″	65	18′-11″	6′-1″	2′-3″	7′-8″
			70	19′-0″	5′-0″	2′-4″	6′-0″
平行车位长度		23′-0″	75	18′-10″	3′-10″	2′-5″	4′-5″
			90	17′-9″	1′-0″	2′-6″	0′-0″

最低舒适度					一般舒适度				
角度/(°)	车位宽度	整体宽度	通道宽度	锁扣装置	角度/(°)	车位宽度	整体宽度	通道宽度	锁扣装置
0	8′-3″	28′-6″	12′-0″	1	0′-0″	0	9′-0″	33′-0″	15′-0″	1	0′-0″
0	8′-3″	38′-10″	22′-4″	2	0′-0″	0	9′-0″	42′-4″	25′-4″	2	0′-0″
45	11′-8″	46′-10″	12′-0″	1	2′-11″	45	12′-9″	49′-10″	15′-0″		3′-2″
50	10′-9″	48′-3″	12′-3″	3	2′-8″	50	11′-9″	51′-3″	15′-3″		2′-11″
55	10′-1″	49′-6″	12′-8″		2′-4″	55	11′-0″	52′-6″	15′-8″		2′-7″
60	9′-6″	51′-0″	13′-6″		2′-1″	60	10′-5″	54′-0″	16′-6″		2′-3″
65	9′-1″	52′-3″	14′-5″		1′-9″	65	9′-11″	55′-3″	17′-5″		1′-11″
70	8′-9″	53′-6″	15′-6″		1′-5″	70	9′-7″	56′-6″	18′-6″		1′-6″
75	8′-6″	54′-6″	16′-10″		1′-1″	75	9′-4″	57′-6″	19′-10″	1	1′-2″
90	8′-3″	58′-6″	23′-0″	4	0′-0″	90	9′-0″	61′-6″	26′-6″	4	0′-0″

注：1. "′"代表英尺（ft），"″"代表英寸（in）。
2. 所有尺寸按 in 四舍五入取整。
3. 单向交通时的最小过道宽度；如果车位尺寸增加，那么通道的宽度也不能减小。
4. 双向交通时的最小过道宽度；如果车位尺寸增加，那么通道的宽度也不能减小。
5. 过道尺寸接近最小值（见 2. 和 3.），限制车位尺寸增加。
6. 单向交通与双向交通过道尺寸相同，限制转弯进入车位。

通常，大多数条例规定了车位的宽度、长度以及过道尺寸，并要求车位旋转到所需的角度。然而，多年来美国工程教科书都建议将车库整体尺寸作为设计标准的基础，而不是车位长度和过道尺寸。无论车位和过道是如何绘制的，或者车位尺寸是如何确定的，车库整体尺寸都是这样建造并经历了停车者体验的。旋转车位会扭曲停车所需的空间。角度离 90°越远，问题就越严重（图 13.12）。当车位旋转 70°时，每侧通道有 23cm，或总共有 46cm 的空间被浪费，这是不可持续的。它进一步导致线条延伸到停放车的远角之外，这会使得驾驶人停车体验更差。

英国交通研究委员会（Ellson 等，1969）的一项研究清楚地表明，与将线条延伸到旋转车位的远角相比，最远角落位置的线条会鼓励停车人员将车停得更深入。根据英国的研究，建议取消距离车库边缘垂直测量 5m 的车位线条。

该车库尺寸适用于场地和室内停车，假设车库中柱子或灯杆可以侵占不超过 0.6m 的空间，这意味着可以在两侧各有 0.3m 的距离，也可以只在一侧有 0.6m 的距离。由于停车尺寸是按照设计车的第 85%位设计的，两辆或两辆以上的设计车在每隔 3 个车位就有一列柱子的概率小于 1%，而第三类设计车停在相邻车位的概率是 0.1%，因此来往车辆仍有足够的空间。事实上，在雪地区域的停车场，增加 0.3m 的车库总体宽度可能是合适的，因为那里的档位标志可能会被阻碍，雪堆可能会减少车库总体宽度。

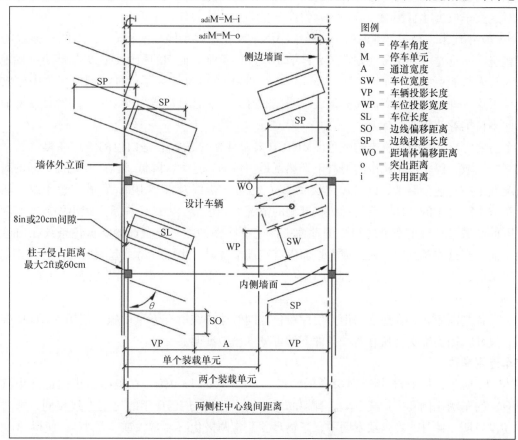

图 13.11　车位和车库尺寸图例

资料来源：Walker Parking Consultants。

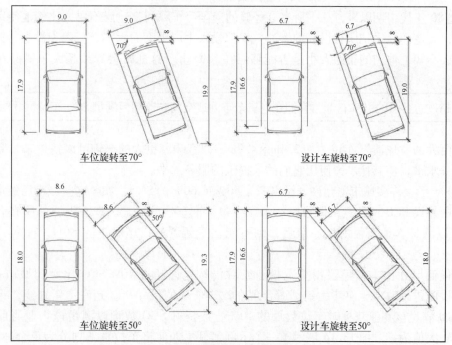

图 13.12　带角度停车时车位尺寸

资料来源：Walker Parking Consultants。

不幸的是，美国大多数地方分区标准的趋势是，与90°停车相比，倾斜停车要求更舒适的尺寸，部分原因是车位的旋转需要增加合适宽度的过道。此外，常见的车位设计角度是90°，设计师的知识和个人体验会对这类车位尺寸有影响，但是对倾斜停车位的尺寸体验却几乎没有。

20世纪70年代末，当设计师们试图通过缩小汽车尺寸来缩小停车面积时，"双线"条纹的使用不仅变得很普遍，而且是一种说服地方官员允许缩小尺寸的策略。他们的想法是，如果能更准确地确定停车位置，驾驶人就能更好地停车。然而，Paul Box (1994) 在详细研究了两种类型停车位中停放的汽车位置后驳斥了这一理论。考虑到双线标记没有明显的好处，而且只会增加油漆的使用和使用寿命周期的成本，因此不再推荐使用双线标记。

另一个需要考虑的是车位标志的颜色。MUTCD要求停车位的标志是白色的，这在黑色沥青上是有效的。在某些区域，停车场结构中的混凝土天然就是白色的，这大大降低了白线与地面之间的对比。如果这种情况发生在高速公路上，FHWA建议使用宽30cm的黑线及最小10cm宽的白色条纹。然而，正如在安全章节中所讨论的那样，路面标记在潮湿的情况下会很滑，因此，在行人走出停放的车辆时，在能见度有限的区域（停放的车辆之间）的地面上涂上那么多油漆是不合适的。黄色条纹在白色混凝土上更明显，而且当这些条纹时间较久或者地面没有定期清洗时，也更容易引起人们的注意。正如本章其他部分所讨论的，不在PROW包含的地块上的停车场不受MUTCD约束，因此白色油漆是"应该"而不是"必须"。

因此，工程判断将允许在适当的地方使用黄色。同时建议在所有停车设施中使用MUTCD推荐的箭头、形状和尺寸，因为箭头在所有驾驶条件下的可见度已被证明。

小汽车专用车位

如图13.13所示，从1986年达到55%的峰值到2013年的13.4%，在美国销售的适合小汽车专用车位（SCO）的车辆比例几乎持续下降。有趣的是，这一比例与1970年的比例大致相同，那时小汽车专用车位还没发明。此外，在这项发明中，车辆尺寸非常两极化（非常大或非常小），使得SCO能够自动适应。然而，从那时起，大型汽车尺寸已经大幅缩小，正如前面所讨论的，市场上标记为紧凑型的汽车不再是"小型"汽车，无论是这里定义的还是由美国环保署按照CAFE定义的。

自20世纪80年代中期以来，几乎所有有经验的美国停车顾问都建议不要大比例地使用小汽车专用车位，很明显，制造商几乎把所有提高的燃油效率都投入生产更大的汽车上。因为没有官方指定的小型车标准，驾驶人不知道他们的车的大小是否能够停在SCO上。这通常会导致超大车辆停在小汽车专用车位上。

SCO不应超过总容量的10%；通常它们在有剩余空间或空间被遮挡但满足SCO车位尺寸时才会设置。

提供一个更大的"紧凑"车位，如2.4m×4.9m，只意味着更大的车辆可以挤进来。紧凑的车位尺寸只会降低服务水平，使其低于为使用它们的人提供的服务水平。

20世纪80年代，许多城市曾允许开设40%、50%或60%的SCO，如今这些城市已经取消或大幅减少了新建设施中建设SCO的数量，但可能从未减少过标准车位的尺寸。现有设施的所有者，如果需要专门设计SCO以满足本地所需的最小数量，则不能在重新调整设施时消除SCO，否则将低于要求的标准。

强烈建议最低尺寸比本章建议得更宽松，或对仍然允许超过10% SCO比例的城市修改其规则：①允许对现有设施进行改造，使其达到更适合现在汽车使用的尺寸；②允许重新划线，将车位数量减少，从而使SCO满足该物业获批时车位数量的10%，或提升SCO数量以满足该物业当前车位数量的10%，以两者较大值为准。图13.14展示了一个示例，显示如何将车位重新划分为更合适的几何尺寸，而不会造成明显的车位损失。事实上，此示例中的车位宽度增加了，为用户提供了更高的舒适性，因为

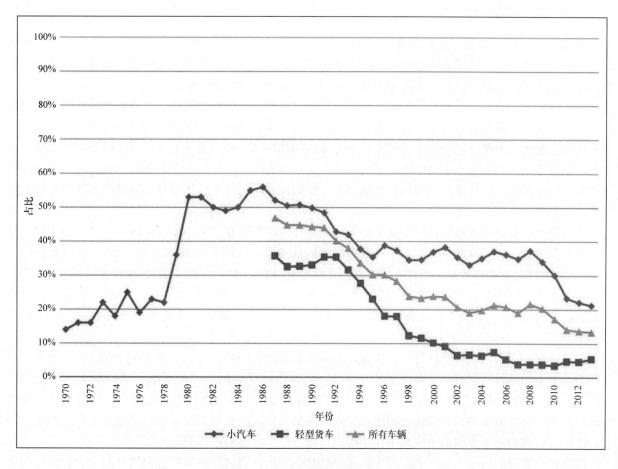

图 13.13 适用 SCO 汽车百分比

资料来源：Walker Parking Consultants。

他们更希望在车位上有更多的空间，而不是整个停车场尺寸。如果车位宽度保持 2.6m 不变，那么为获得足够的车位，就需要取消 SCO。

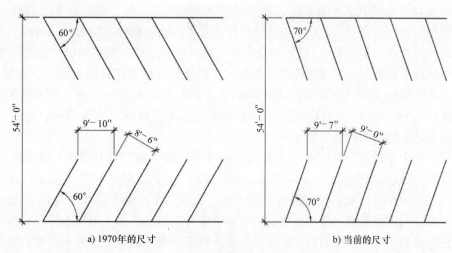

图 13.14 将停车位重新划分为更合适的尺寸

资料来源：Walker Parking Consultants。

13.3.4 路边停车

20世纪下半叶，为了方便交通通行，街上的停车场经常被移除，而不是让车停在市中心和其他城市活动中心。这让人们认识到路边停车在城市交通结构中是一种宝贵和重要的资源。新城市设计者和那些关注环境敏感设计的人认为，路边停车是交通静化的一个关键组成部分。

大多数情况下，在过去的城市区域里，路边停车对店面来说是最方便的。大多数社区认识到，必须对其进行管理，以确保其可供这些店面的客户使用。关于免费的路边停车是否对市中心的生存有必要，许多社区仍在激烈争论，更别说探讨对城市繁荣发展的作用了。事实是，租户产生的是客户停车需求，而不是免费停车。如果租户实力雄厚，那么每小时（或30min）1美元的停车费不会阻止客户前来购物或用餐。社区越大，包括商户在内的各方就越有可能同意，路旁停车应该对核心区域的短期停车和边缘区域的长期停车进行象征性收费。

路边停车很少是社区设施供应中最重要的组成部分，除非是在非常小的商业区域，或者路边停车已经延伸到商业区核心以外的边缘区域。一些市中心区域主要地段面积为 18.3m×36.6m，每层面积约为 650m^2。该类建筑商业面积对应的停车位标准为 3.2 个停车位/100m^2，因此需要21个停车位[3]。由于是在平地上用餐，停车位需求通常会增加两倍，达到60个以上。店面18m宽对应2个或3个车位（由街区两端的空间补充），显然不足以满足顾客的需求。一般来说，在路边停车最多只能满足一个街区10%的停车需求。

因此，路边停车是一种稀缺资源，应该是黄金地段最昂贵的停车方式（按小时计算），因为它是最方便的。不幸的是，这里有一个财务上的二分法：为客户免费提供路边停车场（这是很久以前建造并付费的），通常需要建造主要为员工服务的路外停车场，而员工通常支付较低的费用。如前所述，新的地面停车场，具有更少的建筑结构，但通常比现有的员工停车场收费更昂贵，这就造成了严重的定价冲击。那些以美观为主要原因而主张地下停车的人只会进一步促使费用的飙升。

路边停车管理的第一次巨大飞跃发生在20世纪90年代，当时许多城市意识到，由于没有执行街边停车政策，以及（更重要的是）向停车者收取合适的费用和对违规者的处罚，他们损失了大量的收入。另一个飞跃发生在"智能"停车收费表的出现，它可以针对工作日和周末收取不同的停车费，接受信用卡支付，并追踪收费表中的钱以进行审计。

最近，Shoup（2011）领导了一场运动，主要通过他的《免费停车的高成本》（*The High Cost of Free Parking*）改变了美国停车规划和管理态度。他的一个重要结论是未能正确定价和管理路边停车会导致过度空驶或绕着街区寻找路边停车，而更好的路边停车管理可以刺激经济活力。Shoup估计商业区30%的交通是"为寻找路边停车而空驶"，这一估计在许多关于市中心停车问题的讨论中被广泛引用。不幸的是，这个百分比没有得到广泛的数据支持，而且这一估计若要得到广泛的接受，还需要进一步讨论。这一估计是基于10项研究的简单平均值，其中两项来自1927年，而另外两项，一项来自德国弗里堡的78%的空驶数据，一项来自Shoup自己在加利福尼亚州西部研究的68%空驶数据，这两个数据拉高了整个平均值；而其他的数据则拉低了平均值。

在至少两项研究中发现"空驶巡航"是针对任何停车位的，而不是专门针对路边停车的。第一项研究是2006年在曼哈顿的SOHO（Schaller Consulting, 2006），其中包括对停在红绿灯前的驾驶人的简短采访。采访询问在SOHO最繁忙的零售街上的驾驶人是否在寻找停车位（不是在寻找路边停车位）。这项研究是专门为了确定取消路边停车是否可以更好地服务于这条街道上周末的行人人群。对街道状况的描述实际上是拥堵的，任何有经验的、经常开车的人肯定会避免在街道上停车，而大多数陌生的游客则会寻找路边停车位。周六的采访发现，43%的驾驶人在寻找停车位，但在周二和周五下午（城市交通工程师通常最关心的是空驶巡航增加高峰时段的交通量）的采访中，只有18%的车辆在寻找停车位。有趣的是，行人拦截调查发现，9%的人是通过私家车到达的，其中31%停在那条街上，其余的停在

SOHO 的其他地方。

2007 年的第二项研究揭示了 Shoup 在布鲁克林 Park Slope 地区（Transportation Alternative，2007）强调的经典问题（路边停车位定价过低和管理不善）。虽然据报道，该地区许多联排别墅和共管公寓大楼的居民停车是出了名的困难，但这项研究是在主要零售街进行的，那里的计价器限制停车时间为 1h，每 30min 收费 0.25 美元。区内公众路外停车的主要停车场定价为每 30min3.52 美元。这项研究发现，平日和周末的空驶巡航水平相似（45%），近 1/6 的汽车会非法停车（并排停放，停在下客区等）。

现实情况是，空驶巡航既发生在路边停车，也发生在路外停车上，而且不限于特定区域。由于特定的街区以及计价器政策，如时间限制、定价和执法，差异很大，导致许多停车人不会付款，也不熟悉停车价格和时间限制，只是简单地开车到目的地，然后开始寻找停车位。此外，那些完全希望把车停在街道边并愿意付钱的人可能会抢占一个开放的路边停车位。相反，有经验的泊车人，因为他们打算停留的时间超过了收费仪表的限制而在试图寻找路外停车位，这种没有包括在 Shoup 的计算方法中。该方法包括两种类型的调查：①每个人走到一个确定的起点，沿着规定的路线行驶，直到找到一个停车位；②在交通高峰时段观察一个街区，将驶入并占用空置计价器车位的车辆算作"空驶巡航"，而那些只是经过却并不占据车位的车辆算作"不巡航"。

Shoup 推荐的对空驶巡航的解决方案是对路边停车使用"效益定价"。方法是调整计价器费率，使每个街区上至少有一个停车位可用。许多城市已经进行了这一概念的试点计划，对同一空间在不同的时间收取不同的费用，例如对一个街区收取不同的费用。圣弗朗西斯科市政交通局已经完成了一个试点计划，被称为 SFpark[4]。这是一个非常有价值的数据集，因为它不仅包括试验区的 6000 个路边车位和 12250 个路外车位，而且还包括没有实施效益定价的控制区。SFpark 是主动停车管理（APM）类别的一个示例，它位于 FHWA 开发的主动交通和需求管理（ATDM）框架中。第 9 章讨论了不间断交通流设施环境下的 ATDM 框架。FHWA 网站提供的更多的 APM 的示例请参阅本章中的案例研究。

另一项使用 SFpark 数据的研究（Millard-Ball，Weinberger，Hampshire，2014），运用交通仿真建模和排队/概率理论发现由于采用效益定价而导致巡航的比例降低了 50%，但同时也发现，在研究完成时，仿真模型中巡航的平均街区在整个试验区中为 0.13 个，而在控制区为 0.16 个。这些数字还不到 SFPark 官员使用自行车调查发现的估计街区数的 10%（试验区为 1.75 个，控制区为 2.5 个）。仿真建模研究的作者推测，路边停车的实际巡航数介于这两个数字之间。

更重要的是，通常情况下，每个试点地区只有几个街区产生了明显的巡航。在相同的占用水平上，短街区会比长街区产生更多的巡航。同样，在非常高的占用率（通常超过 90%）下，巡航会大大增加。两者都是概率论的简单反映。作者指出，如何计算"平均使用率"对设定合适的效益定价目标至关重要；SFpark 中按照计算平均使用率的方法得到的恰当的平均使用率目标是 60%~80%。当占用率计算更精确或按小时统计时，Shoup 建议一般采用 85% 的占用率可能是合适的。

SFpark 发现由于巡航导致试验区十字路口的交通量减少了 8%，而控制区交叉口的交通量增加了 4.5%。当然，这种差异有多大程度上是由于试点项目中的所有其他措施，而不是具体的效益定价，以及完全无关的流量变化造成的，这些当然是未知的。

考虑到在大多数市中心，路边停车只占供应量的 10%，而且如果许多寻找路边停车的人把车停在路边，利益相关者会过得更好，一些人质疑效益定价的必要性和真正的益处，特别是永久的效益定价。计价器的收费和限额可以逐步调整，晚上和周末的收费是不同的，然后可以定期审查系统的运行情况，进一步调整收费。这样做的好处是不用设定特定的目标，比如当每个街区 85% 的车位都是空置的时候就进行调整。效益定价真正的好处是，它需要升级到智能计价器（从而提高了为目标用户指定车位的能力，改进了支付合规性和执行力），并打破了计价器定价方面的僵化局面。以减少巡航为具体目标的效益定价是显著改善路边停车管理的更具说服力的理由；安装智能计价器、改善执法和提高费率往往被反对者贴上"纯粹是为了赚更多钱"的标签。

另一个缺点是仍然存在技术上的限制（比如准确性和成本效益），这使得采用效益定价管理路边停车成为一个挑战。

即使效益定价的复杂性超出了一个城市想要解决停车问题的能力范围，Shoup 也为城市敲响了"警钟"，让它们更积极地对路边停车进行定价和管理。

另一个重要的工具是增加路边停车位的容量。在街道上停车主要是平行停车，使用道路作为通道。在街道上平行停车的人行道标记图中，MUTCD 显示末端停车位长度为 6.1m，中间停车位长度为 7～7.9m。通常建议平行车位宽度为 2.4m，虽然 AASHTO（2011）指出，当街道限速在 48km/h 或以下时，2.1m 的车位宽度是可以接受的。伦敦大学数学教授 Simon Blackburn 在 2009 年发表了一个公式（Blackburn, 2009），用于计算平行停车位的"完美"长度。对于停放在两辆其他车辆之间的停车设计车辆，公式得出的尺寸为 7m，这可能非常适合今天的车辆，考虑到 MUTCD 可能反映了美国城市的做法，自 20 世纪 70 年代汽车尺寸缩小以来，平行车位的长度可能没有太多改变。

当没有计价器时，通常最好不要标记平行车位，因为这样允许驾驶人根据不同的汽车长度自动调整，通常可以停放更多的汽车。它还允许迷你汽车，如两人用的 Smart，以及长度在 2.1m 以下的社区电动汽车，以 90°的角度停在路边，从而为另一辆非常小的汽车或摩托车留出空间。在社区，类似的汽车很常见，特定的 90°车位可以在街上画上条纹并安装计价器。

最近几年，各城市发现，使用倾斜停车可以增加市中心的停车容量。此外，它还被认为是对行人友好的，因为驾驶人和后座乘客打开车门后不必进入行车道。车道宽度最高达 12.2m 的单行道可以转换为在车道的一侧有一条平行停车位，而在另一侧有倾斜停车位的单行道，如图 13.15 所示。

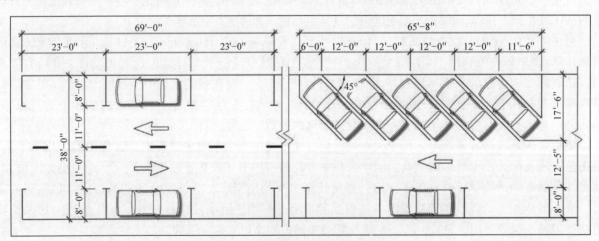

图 13.15　倾斜和平行的路边停车

资料来源：Walker Parking Consultants。

街道上带排水沟的路缘通常太高，有些汽车无法越过，因此，这种车位宽度建议使用路缘到路缘间的距离，不要考虑车头越过路缘的部分。如属双向行车道，车位宽度及整个停车区域尺寸可以使用表 13.3 中的数据。表 13.4 显示了单向车道建议的路缘到路缘的宽度。如在另一侧增加额外的平行车位，则尺寸增加 2.1～2.4m。

潜在的空间增加变化很大，很大程度上取决于车道之间平行车位的长度和其他干扰，以及路边与路边之间的宽度。

表 13.4 中包括了 30°停车位，因为在提供高水平服务的同时，这个角度的车位可以更窄；右转进入车位不会有相邻的汽车，门可以自由打开，如图 13.16 所示。建议 30°的车位宽度为 2.5m，这样会提供更高的舒适度。虽然随着角度远离 90°，效率会受到影响，但也有潜在的补偿好处，即可以在单行道

两边提供倾斜的停车位。30°双向停车的最小停车区域尺寸为 12.7m。

表 13.4 单侧路边停车

角度/(°)	路缘到路缘宽度/ft	
	最小值	最大值
30	26.9	29.9
45	29.4	32.4
60	32.3	35.3
75	35.7	38.7

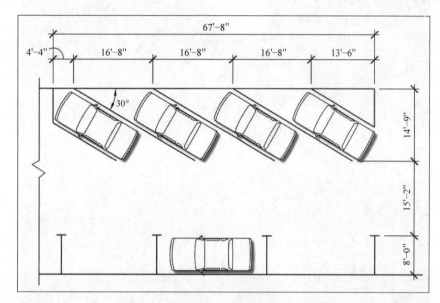

图 13.16　30°倾斜停车

资料来源：Walker Parking Consultants。

倾斜停车的一个缺点是，假设一个人使用后视镜，从平行车位出来时，迎面而来的车辆会更明显。一些研究发现，倾斜停车发生的事故更多，而另一些研究则没有发现任何差异。当汽车进入车位时，倾斜停车比平行停车的交通延误要少，但在离开时延误更多。路边停车导致街道和信号交叉口通行能力降低，可以按照《公路通行能力手册》计算。

因此，除非在行车道之外有足够的空间来提供额外的空间，否则斜角停车不应该放置在仍然充当主干道或集散地的街道上（Edwards，2002）。最好是把这些设施移到核心区周边，留下一个更适合步行的市中心。

如图 13.17 所示，近些年来，倒车入库式的倾斜停车的提议也越来越多。就像大多数事情一样，它并不完全是新的。特拉华州威尔明顿的倒车入库停车已经有 50 多年的历史了（Nawn，2003）。一个很大的好处是，车头朝外的汽车从车位向前驶出对各方来说都要安全得多，因为汽车驾驶人能更快地看到街道交通，特别是相比车头朝里倾斜停在 SUV 和跨界车旁边时。根据图 13.17，当车位和通行车道之间有一条自行车道时，这是特别有益的。这是当前建议采用它的一个主要原因。倒车入库式停车打开的车门可能会阻止孩子们冲上街道。行人可以将物品存放在行李舱中而不需要站在行车道上，而车头朝里的倾斜停车就需要这样。

在美国，倒车入库式停车的问题包括：①驾驶人不熟悉它；②驾驶人通常不太擅长倒车进入相对狭窄的空间。在欧洲和世界各地的许多城市，空间通常要紧凑得多，驾驶人更擅长任何类型的操纵。平均而言，驾驶汽车倒入 90°停车位的欧洲驾驶人至少是美国驾驶人的 2 倍。

图 13.17　倒车入库式倾斜停车场
资料来源：沃克停车咨询公司。

使用 AutoTURN™ 软件进行仿真，倒车进入斜角停车位所需的通道宽度与倒车驶出所需的通道宽度相同。无论倒车动作是驶入还是驶出，都会对交通造成干扰。由于美国驾驶人不擅长倒车，而且这一操作需要使用倒车镜，实际上倒车入库式倾斜停车可能会造成更多的整体延误。一些反对者认为，即使与平行停车相比，额外的延误也会增加汽车停下来并准备倒车时发生追尾事故的可能性，尽管没有发现任何工程研究可以证明这一假设。

另一个令人担忧的问题是，人们在倒车时很难知道在哪里停车；车辆的后悬一般大于前悬。如果路缘低而保险杠高，汽车可能会撞到街道上的设施和树木，也可能会悬在人行道上。驾驶人也可能使保险杠或底盘撞到路缘。还有一些人试图从对面的行车道驶入停车位，这通常会发生在车头朝里倾斜停车的情形下。出于这个原因，许多人只喜欢在单行道上有角度的停车位。

在一些社区，人们的反对非常强烈，以至于倒车入库的倾斜停车方式被放弃了。在某些方面，接受倒车入库停车就像接受环形交叉口：随着时间的推移，越来越多的人变得熟悉并喜欢它们，但总会有一些人不喜欢它们。

提供专用的停车通道或至少共用一条自行车道，以供任何一种朝向的街道停车使用都可能有益交通流量增加，但它会增加街道的整体宽度，如图13.18所示。在这种情况下，在停车通道和行车道之间建了一个台阶，以防止驾驶人在最后1s转向空余车位；或者在看到行人向停放的汽车走来时，可在行车道上停车等待。

图 13.18　带有专用停车通道的路边倾斜停车场
资料来源：沃克停车场顾问。

13.3.5　街外设施

一些可持续发展的倡导者采取的立场是，路外停车都不是"好的"停车，而所谓的"绿色停车"也是自相矛盾的。他们希望以某种方式将所有停车位都消除，那么整个城市将会变为无车的城市。但是，要使商业蓬勃发展并让一些居民选择城市生活，至少需要路外停车，Park Slope 和 Soho 研究的巡航问题中都证实了这一点。制定政策并明智地管理停车资源，尤其是不要建造过多车位，这当然很重要。但是，在考虑将要提供路外停车设施时，重要的是精心设计，为用户提供安全、便捷和使用友好的停车设施。

停车场中的汽车流向通常相当简单明了，主要问题是停车位的方向，以及是否提供单向或双向交通，这将在"行人注意事项"部分进一步讨论。如本节所述，在停车场建筑物中，有许多其他注意事项。但此次讨论仅限于与交通和停车位相关的问题；有关其他讨论，请参阅参考文献中的内容。

1. 双向与单向交通流

停车设施的双向和单向设计均具有优势。带有倾斜停车的单向设计的优点如下：

- 驾驶人更容易进入车位，这使汽车可以更准确地停在预想的地方。
- 退出车位时，尤其是在与SUV相邻的停车位时，行人和汽车的视野更佳。
- 较少的冲突和决策点，减少了事故发生的可能性。
- 与来自相反方向的汽车争夺空余车位的冲突较少。

双向交通流的优点如下：
- 较宽的车道允许汽车通过其他等待停车的汽车；宽阔的通道也使行人更加安全，至少在周转率较低的情况下是这样。
- 由于不会强迫驾驶人遵循一个严格的通行模式，因此交通流更加灵活。
- 减少了行驶距离，同时减少了排放。
- 如果行人可以往一个方向通行（假定是停车场的"前部"），而汽车在停车场后部通行，则车辆和行人之间的冲突就可以被最小化。
- 在到达时倒入停车位，或通过一个停车位停入相邻的车位（在停车场中比较常见），允许汽车离开时可以向前驶离停车位，从而提高了驾驶人在驶出时看到汽车和人的能力。

当在主要循环路线和坡道上设有停车位时，由于在停车场中有相同数量的循环路径，因此单向交通流量通常会增加。当停车设施中具有快速通道和平整的停车区域时，在停车区域中的双向交通流通常有助于在可用的停车位中更快地找到停车位，以及找到到达出口的最短路径。

通常建议单向交通仅使用倾斜式停车位。这将加强预期的交通流模式，并大大减少错过或忽略路标并以错误方式前进的用户数量。通常不建议在双向交通中使用倾斜式停车位，因为有些驾驶人会试图从相反的方向掉头。

双向交通中最常见的错误之一是假设停车位的通道足以应付车辆转弯区域。

两辆汽车不能同时转向90°从一个7.3m的通道到另一个7.3m的通道。在能见度相对有限的地方，一辆汽车必须停下给另一辆汽车让行（请参阅本章末尾的"案例研究"）。

停车场区域边缘通道的最小尺寸为7.2m，最大为9.1m。转弯区域最小转弯半径（轴中心线）为5.1m，最大转弯半径为7.2m。但是，停车位末端（靠近过道）必须有额外的空间；对于90°车位，此长度为1.1~1.8m，称为偏移尺寸，如图13.19所示。对于单向交通，停车场区域边缘通道的尺寸为4.1~5.64m；倾斜车位不需要偏移，因为它本来就已经提供了偏移。

停车场的末端台阶也应计算在这些尺寸之内。

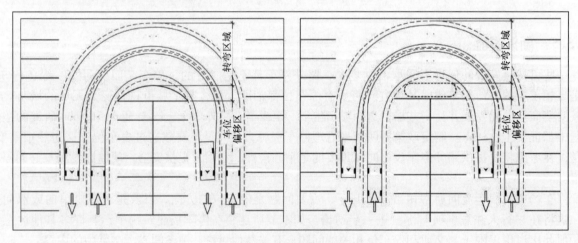

图13.19 双向停车库的转弯区域

资料来源：沃克停车场顾问。

2. 长跨度与短跨度结构

"长跨度"结构停车场仅在停车区域的边缘具有柱子，而"短跨度"停车场的柱子设置在停放的汽车之间。在美国，大多数独立式停车结构都是大跨度的建筑。通常，短跨度仅用于在其他占用空间下停车，因为做成大跨度空间成本太高。在美国，最常见的短跨度布局是9m×9m的网格，每个柱子之间有

3个90°车位。如图13.20所示，在18m×18m的大跨度区域中增加了2个停车位，从而将效率（每个停车位的面积）至少提高15%。

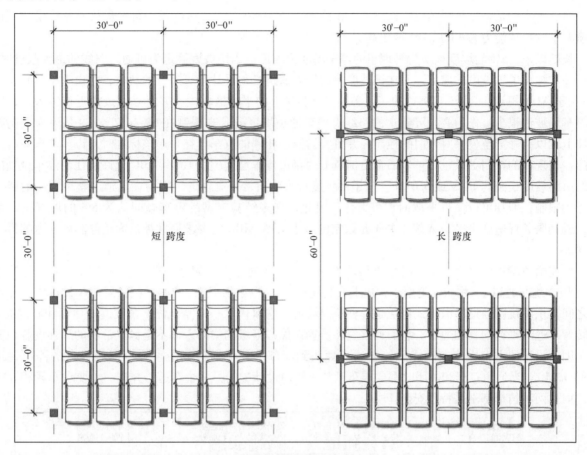

图13.20 长跨度与短跨度设计

资料来源：沃克停车场顾问。

短跨度布局结构的问题之一是设计人员认为可以将车位设计得紧贴柱子表面。实际上，有些人认为如果柱子不影响开门，那么柱子就可以侵占车位宽度。停在3个车位中间的汽车与相邻停放的汽车之间需要有足够的距离从而便于转向进入车位，这个距离并不等于车位宽度。为了保持类似的转弯舒适度，从外侧车位到柱子的表面至少应有0.3m。当车位靠近墙以及车位边缘有台阶时，应提供同样的尺寸。额外的距离还减少了有人从车辆出来踩到路边并掉落受伤的可能性。

长跨度停车的另一个优点是，如果汽车尺寸确实减小了，将来可以灵活地更改停车位尺寸，从而增加停车容量。例如，如果汽车尺寸能缩小到欧洲尺寸，那么现在美国尺寸的60°停车位可以改为90°，从而将容量提高20%。一些人还预测，如果自动驾驶（无人驾驶）车辆普及，那么乘员可以在下客处下车，然后车辆可以自行停在相关的停车设施中。与人工泊车相比，车辆可以更紧密地停放。这意味着大跨度设计的停车场容量将来可能会显著增加。

3. 停车场通道

在第二次世界大战后的汽车热潮期间，当室内停车场变得更加普遍时，大多数设计都在停车场设有坡道，以提供楼层间的流通（虽然也被用作停车场的区域边界，但这里使用的停车坡道是指一个倾斜的停车通道，提供停车楼层之间的循环流通）。只有非常大型的停车场，预计坡道通行能力不足的时候才使用快速通道（不设停车的楼层间的流通通道）。然而，在20世纪90年代，人们逐渐认识到，总体上平整地面对于寻路来说要好得多，一些业主愿意在效率上付出代价（通常5%~15%）以获得平整地面的益处。在一些国际城市，例如阿布扎比，根据对全球最佳案例的研究，当地的停车条例规定必须在平坦的楼层上设置快速通道。一些业主也看到了在未来停车需求下降时，将平坦停车场转变为其他用途的潜力。不幸的是，停车场结构的设计通常仅能承受 244kg/m² 的活动荷载，而大多数商业用途和其他用途要求的承载能力为 488kg/m² 或更高。

长期以来，5%的坡度被认为是理想的停车场通道坡度，当该坡度被定为可通行路线的最大限度时，便进一步强化了该坡度的取值。而在该坡度上的行人通道必须设计为可通行的斜坡，并设有平台和扶手（适用于 ADA 规定）。由于可到达的车位必须位于名义上的平坦区域内，并且必须最靠近行人入口，因此停车场坡道很少被作为必须可到达的路线。停车通道坡度通常被限制在 6%~7%，这是因为人们在陡坡上难以打开甚至失去对车门的控制，并且容易撞击相邻的汽车。在采用该标准时，许多汽车只有两扇门，比现在的车门更长、更重。旧金山街道上的路边停车坡度超过 10%。IBC 允许从任何停车位到出口的道路坡度最高达 1:15 或 6.67%。通道的坡度最大化通常是有益的，因为在通道上整个楼层的能见度受到限制，但却可以使得平地面积最大化。因此，许多经验丰富的停车顾问认为 5%的坡度是富余的，或其服务舒适度水平是 A 级，并不是限定的最小坡度。IBC 的要求通常被认为是停车场通道的最大坡度。

快速通道专用于将汽车从一层垂直移动到另一层，在通道上不停放车辆，通常也被称为"加速通道"和"跳跃通道"。跳跃通道用于构成上升高度小于一层楼的通道，例如，在错层停车设计中，在错层之间提供了跳跃通道。滑板式通道是一种单向坡道，它取代了一排停车位，在坡道的顶部和底部有 S 型转弯，通向平行的驾驶通道。它们通常应该设置在停车区域的中间，而不是像经常做的那样设置在两侧，因为设计的方案中汽车不能从停车通道掉头到相邻的停车通道或距离停车车位最近的停车通道（图 13.21）。当通道打开和关闭时都要求车辆驶入双向设计中的另一个车道，并进一步要求车辆相互穿插，但这两种情形都不是特别安全。

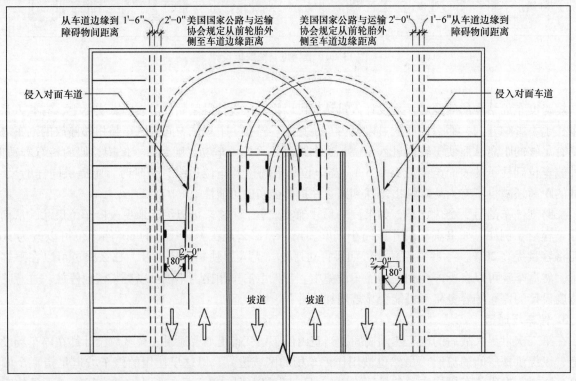

图 13.21　在过道末端打开/关闭通道

资料来源：沃克停车场顾问。

如前所述，建议快速通道的设计应至少满足 AASHTO 客车的最低舒适度。推荐的最小转弯半径（车轴中心线）为 6.4m，最大为 11.9m。请注意，每个标准车从外侧前轮胎到车道边缘的距离为 0.6m，建议从内侧后轮胎到车道边缘的距离为 1.2m。墙壁、立柱和其他障碍物应提供 0.15~0.6m 的额外间隙。从技术上讲，由于车道中车辆的倾斜度降低，所需的车道宽度会随着转弯半径的增加而减小。当增加更舒适的车辆间距时，车道宽度从最小到富余的增量很小。对于 6.4m 转弯半径，需要 4.5m 的最小车道宽度，但是对于 11.9m 的半径，4.6m 的车道宽度就足够了。

与停车场通道相比，快速通道通常具有更大的倾斜度。根据长期的经验，一般停车通道采用 6.67% 的坡度，而快速通道的坡度建议最小使用 8%，最大可使用 16%。虽然有些设计的坡度高达 20%，但这种情形会很难看到越过汽车发动机舱盖前方的任何东西，并被认为是鼓励超速下行。

设计快速通道时，可能需要设置过渡坡度以防止汽车托底。当纵坡的坡度超过 10% 时，过渡坡度通常应为纵坡的一半（图 13.22）。考虑各种汽车的轴距，过渡坡的最小长度（T）设为 3m。虽然加长型小货车通常具有更长的轴距，但它们也具有额外的通过间隙。

通常，停车场的"车辆间隙"要比"车辆通行净空高度"小 5~10cm。在长跨度和短跨度的停车场中，在地板和楼顶之间额外增加 0.3m 或更多的净高通常都是有益的，因为它提高了照明的均匀性，增加了在建筑物下方放置标志的能力，提高了用户对停车设施的感知舒适度。IBC 要求停车场的净空高度至少为 2.1m，这足以满足在美国销售的除了奔驰 Sprinter 小货车外所有轻型汽车的尺寸要求。

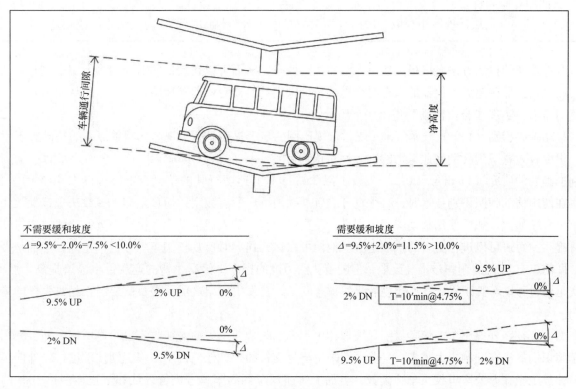

图 13.22　过渡点处不同的坡度

资料来源：沃克停车场顾问。

但对于某些在车顶上配备了滑雪架、照明灯或其他设备的汽车，或者是采用一些流行套件对上部进行改装的货车来说，这个高度是不够的。

4. 车辆出入控制

当停车需要付费或采用控制出入的方式时，有两种基本方法：门禁系统和非门禁系统。门禁系统通常是用于针对员工和其他预先设置的经常停车人员的访问，以及根据访问者每次访问的停留时间收费的票务系统。非门禁系统最常用于路边停车，因为在路边无法设置大门，也无法在汽车离开时收取费用。非门禁系统也可用于提供全天停车服务的较小设施。当前的趋势是在路外停车中也使用非门禁系统，因此对这些考虑因素进行讨论是必要的。

当地官员最担心的是，进入或离开路外停车的交通不会回到城市街道上，并且会给两侧人行道上的行人带来危险。同样重要的是，不要让出口的交通堵塞在门口，并影响内部其他车辆的移动。但是，当对付费停车实行门禁控制时，上述问题就成了一个主要问题。然而，当政府参与停车场开发时，它可能希望交通工程师能确保内部流通、通道和收费控制设计得当。

非门禁系统通常包括预先设计好的停车许可证（吊牌、纸质许可证、不干胶标签等），以及用于每次停车付费的计价器。停车计价器最初的设计是为了便于管理市中心区域有限的路边停车位，以确保顾客可以得到最方便的停车。计价器的主要缺点是，它是信用系统，由用户估计停留时间，并自愿支付停车费。

不幸的是，欺骗任何类型的停车收费控制系统，特别是计价器，都是"民间犯罪"（Adiv&Wang，1987），这意味着大多数人根本不认为这是犯罪。即使是那些试图诚实地估算出这段停留时间并支付费用的人，当他们返回取车时间超过此前计价器上的预估，也会庆幸自己没有收到罚单。击败停车收费和访问控制系统几乎被看作是一项挑战，并且人们会引以为傲。

长期的经验和许多研究发现，即使人们对计价器的遵守程度极低，也需要良好的执法，而普通用户的遵守程度以及从计价器中获取的收入（暂时忽略引入计价器的费用）与执法程度成正比。

有许多新的执法方法可以提高执法人员的执法效率，从而可以在较低的财政预算下实现更有效的执法。反过来，那些熟悉计价器的人有时会提出，可以用计价器有效地管理路外的停车，从而消除对门控系统的需求，实现"自由流动"进出停车场设施。

移动牌照识别（LPR）技术带来了支付合规比例的显著提高，这被视为无罚单停车的基础。不幸的是，很少有人意识到移动牌照识别的准确性目前为 60%~80%。一项确定北卡罗来纳州车牌移动牌照识别准确性的研究（Findley，2012）发现，以 25mile/h 的速度行驶的车辆只能准确读取 40% 的车牌。警察在使用移动牌照识别技术时，必须百分之百准确地读取所有数字，而且根据大多数法规，发放违章罚单也必须如此。那些使用移动牌照识别进行路边停车管理的人通常发现，执法人员的执法效率得到了显著提高，每班可以进行更多的执法巡查。他们可以在开罚单时反复核实车牌号是否正确，车辆是否违法。即使只有 80% 的车牌被准确读取，但随着执法力度的提高，停车付费的遵从性也显著提高。然而，事实是通过移动车牌识别，一些违规者仍然被忽略了，在发出传票之前，警察需要纠正相对大量的错误处罚。

然而，在路外停车中，停车量明显增加，由于未能收费而损失的潜在收入也明显增加，并且使用移动车牌识别的潜在问题也大得多。一些早期采用车牌支付的人，他们使用车牌识别技术进行路外停车统计，让员工坐在办公室里校正车牌读数；再加上对违规车辆的车牌号进行确认和更正，多达 30% 的交易被"重新检查"。虽然大学的普通用户最终更有可能会发现欺骗这个系统的方法，但他们会权衡逃费的风险成本与支付合理停车费的成本。访客违规行为可能完全被忽略。值得注意的是，大多数收费公路管理部门只是试图追捕屡次违规者。即使在有固定车牌识别的门控设施中，准确率也不超过 97%。即使考虑到计费系统较低的资本成本，纠正有门控设施中 3% 的交易，或者无门控系统中 20% 或更多的交易，也是不划算的。

商业停车场经营者除了全天停车或活动停车外，不使用计程表或使用固定 LPR 的出入控制可能是有益的。如今，随着门控系统广泛接受移动支付，一个操作员可以通过对讲机和基于互联网的控制来处理多个设施中的问题交易。因此，通过门禁系统可以使总体净收入最大化，而增加的资金成本回报可以减少运营费用。另一个关键因素是，大多数私人业主缺乏颁发传票和收取未付费用的法定权力，更不用说罚款了。私人业主被允许的强制收取路外停车费用的办法是拖车。

截至撰写本手册之时，对于大多数路外停车位，计价器收费仍然不大可取。这种情况将来可能会改变，但是无门禁停车技术尚不存在。因此，门控系统是有偿路外停车最常被推荐和采用的系统。

5. 停车场通道的通行能力

英国运输和道路研究实验室发表的两篇文献（TRRL；Ellson，1984）中包含了分析通道通行能力最权威的方法。在《停车结构》中，该方法已被用于针对美国汽车尺寸进行分析，并与他们在英国测试中使用的汽车相比较。英国测试中认为停车车型80%是小型车，这个结论与本章定义的相同。

在笔直的快速通道上，一个车道的理论容量超过1850vph。通常，快速通道的通行能力受到车辆驶入、开启或关闭通道、交叉点、合流点、交织区、停车标志、交通信号灯和收费控制设备等限制。流量v受容量c影响（v/c）。

流量是高峰时间内每15min估计的交通量，并转换为小时交通量。在大多数设计条件下，流量的计算方法是将高峰时的小时交通量除以高峰小时系数；对于1h内的随机到达，通常将高峰小时系数假定为0.85。但是，如果大多数流量在30min内离开，则高峰小时系数为0.5。

停车场通道的通行能力计算要复杂得多。TRRL发现流量受4个参数影响：停在流通路线上的汽车数量、未停在流通路线上的汽车数量、暂停在流通路线外的汽车数量、暂停在流通路线外并融入流通路线的汽车数量。每一个参数都有一个v/c分量，它们被求和来确定整个v/c。如果需要考虑停车场通道容量，则可以参阅《停车结构》。

6. 排队分析

排队分析的目的是确定应提供多少门禁进出通道以及应提供多大的排队空间。也可以使用此方法确定所需的收费机和其他处理设备数量，如自动化机械停车设备数量。

排队分析确定了三件事：①设计队列，即应提供多大的库容（用于容纳队列而又不阻塞其他交通的空间），以防止汽车进入车库时一直排队到街道或离开时排队到停车区；②平均排队长度；③服务水平。在这种情况下，服务水平是对堵塞和延误程度以及用户对延迟的接受程度的量化度量。在停车语境中，"排队"是指一列汽车或人员在进出建筑物时在设备或控制点等待服务。根据定义，它不包括"服务"位置。

排队分析以95%的置信度预测并设计队列。然后，将平均队列转换为以秒为单位的平均等待时间，并将其用于确定服务水平。在有门禁车道的平均等待时间通常比在交通十字路口的等待时间短得多。根据采用该方法30多年的经验，有门禁车道的停车服务水平等级建议如下：

- LOS A，几乎没有延误：0~9.9s。
- LOS B，最小延误：10~29.9s。
- LOS C，平均延误：30~59.9s。
- LOS D，最大可接受延误：60~120s。

通道中的设备类型会极大地影响设备的处理速度或服务率。服务率是每小时处理汽车中每种事务的典型最大可持续率（vph）。每笔事务的基本速率和相关平均时间见表13.5。

表13.5 停车设备服务速率

类型		车流量/vph	服务时间/(s/辆)
预付停车费频繁出入	插卡	435	8.3
	感应卡	600	6.0
	自动车辆识别	800	4.5

(续)

类　　型		车流量/vph	服务时间/(s/辆)
按使用次数付费驶入	按钮取票	400	9.0
	自动出票	450	8.0
	入场支付——统一收费，有门禁和出票	200	18.0
	入场支付——统一收费，不设门限/出票	300	12.0
按使用次数付费驶出	付现金给收银员——费率可变	138	26.0
	POF 验证插入票	360	10.0
	POF 信用卡付费	150	24.0
	在车道自动收费机上付款	67	54.0
POF 中心对机器付款	现金到 APS——费率可变	75	48.0

资料来源：《停车结构（第3版）》(Chrest 等，2001)，并补充了 Walker Parking Consultants 收集的最新数据。

但是要注意的是，这些数据仅适用于至少有两个车辆长度的直行车道的情况。停车设计中的一个常见错误是，假设车辆可以从 90°停车常用的 7.3m 停车通道转向 90°进入停车场的控制车道。此时由于停车设计车辆不能在车道上走得足够直来操作售票机等设备，往往需要打开车门来操作设备。因此，如果从 7.3m 的停车通道转弯 90°，且没有足够距离让车辆直线行驶并靠近设备，则每笔交易的平均时间需增加 5s。也正是由于这个原因，设计人员和制造商都建议在车道上的每台停车设备上安装防护桩。

应采用交通工程中在十字路口排队的标准程序来确定排队长度。值得注意的是，这些方程假设在 1h 的过程中交通到达是随机分布的。有两组方程。一组是用于"单个通道"的，即有一个队列和一个通道。这些方程，即使是在负载相当重的情况下，也基本假设在 1h 的短时间内没有汽车在处理设备上。当在同一位置有多个通道时，第二组多通道方程组将对队列进行建模。从技术上讲，这些方程模拟了一个多车道管理队列的情况，下一辆汽车被送往下一个开放车道。在繁忙的交通系统中，实际情况介于这两种情况之间。有些驾驶人倾向于跟在前面的车后面，特别是在轻载系统中，因为他们可能没有意识到还有其他车道是开着的。但是，当所有开放车道上都有队列时，接近系统容量的流量将更均匀地分配到所有车道，驾驶人会评估车道的长度并选择其中一个。如果选择的车道缓慢移动，并且存在排队时间较短的队列，则一些汽车会将自己重新分配到其他车道。

使用这种方法的经验是，当两个相邻车道的设备相同时，单通道方程过于保守。在低负荷车道上，队列没有太大不同，单通道方程式也不过分保守。对于负荷更重的车道，分布曲线会有较大的差异。例如，在 80% 的交通密度（预期的服务量/服务率）下，只有一个车道的平均队列为 3.2 辆/车道；如果两个车道的交通密度分别为 80%，则平均排队数为 1.4 辆/车道；在三车道的情况下，每车道平均排队 0.86 辆汽车。因此，通常建议在有多组识别装备的车道使用多通道方程。

排队方程很复杂，需要一个迭代过程。为了帮助快速确定平均值和设计队列，采用了 Robert Crommelin 于 1972 年最初在《停车结构》中提出的图解法（Crommelin，1972）。

简单地将容量除以服务率并将得到的所需车道数量取整是不够的。例如，负荷率为 70% 时设计单车道的队列长度是 7 辆车，这在绝大多数情况下是不可接受的。

如果交通流量在交通信号灯控制下进入停车设施，则会产生非随机的交通脉冲。类似地，重要的是在出口和信号之间要有足够的空间，以便充分利用出口行驶的信号时间。因此，靠近信号的进入/驶出门禁的设计可能需要与信号相位协调。不幸的是，这也意味着随后的信号配时变化会严重影响停车驶入驶出的操作。

通常，排队的车辆每辆车的长度为 7.6m；路缘之间 3.0m 被认为是闸门进/出口车道宽度的标准配置，但它是"一刀切"的可能条件标准。当有一个相对急转弯的车道时，宽度需要 3.0m。但如果是直行进入车道，则 3.0m 是足够的，最小 2.7m 就可以。实际上，操作人员认为在直线进出时最好使用较窄的车道，因为这会使人们靠近设备，这意味着他们可以更轻松地操作设备。

13.3.6 多模式考虑事项

多模式停车设施方便了从汽车旅行到另一种交通方式的转换。随着最近联邦政府对多式联运设施的拨款，多式联运停车场或停车设施变得越来越受欢迎。在某些情况下，城市和大学会合作申请有利于双方的交通需求管理（TDM）计划拨款，许多州都制定了停车换乘设施的标准。另外的文献包括：《通往公共交通站点的指南》（TCRP，2012），《停车换乘设施指南》（AASHTO，2004）。

13.3.7 摩托车和自行车考虑事项

长期以来，人们一直将自行车视为许多公共交通工具所面临的第一公里和最后一公里问题的解决方案。第一公里和最后一公里分别是指某人从始发点到中转站的路程以及从中转站到达目的地的路程。摩托车是一种非常省油的交通方式，并且在许多地区越来越受欢迎。除了停车换乘一体化功能外，目的地停车的一体化功能鼓励人们使用自行车和摩托车出行，并可减少单人驾车出行。

文献中的一个缺失是没有提到应该提供多少自行车和摩托车的空间。不幸的是，它似乎与气候、自行车路线网络和土地使用特性极为相关。以下两种方法可以获得 LEED 分数：

- 为 5% 的交通高峰出行者提供安全的自行车架或存放处，为 0.5% 的交通高峰出行者提供淋浴和更衣设施。
- 为 15% 的交通高峰出行者提供有顶棚的自行车存放处。

最好将自行车和摩托车与汽车隔离，至少它们不应该使用汽车出入口。停车场中的检票口在栏杆下方设置有磁检测线圈，用于防止栏杆掉落在汽车上；然而，当调整线圈以识别轻型载货汽车等较高的车轴时，自行车甚至摩托车中的金属可能检测不到。据报道，有栏杆落在骑者身上的案例。部分原因可能是那些用户试图跟随车辆进入停车场，而没有等待门禁的下一次检测。因此，需要设立一个控制区以外的区域供摩托车和自行车停放；通常，这可以选在 PROW 与出入口之间预留的邻近区域。即使只有一个车长的排队空间，也可以提供足够区域供摩托车和自行车停放。门控范围外摩托车车位的使用可以通过许可证或计价器来控制（图 13.23）。自行车架排列在人行道上，行人可以沿着人行道离开停车场，而不是沿着门禁汽车通道走；同样重要的是，行人不要走在封闭的车道上。

每个摩托车车位均须设有一个 1.5m×2.4m 的车位以及一个 1.5m×2.1m 的驾驶通道。虽然条状自行车架仅允许每辆自行车 0.6m 的停放区域，但很多人在停放时会占据 0.76m 的宽度；一个自行车架所需的"车位深度"应为 1.8m，并至少带有一个 1.2m 的行驶通道。自行车停车布局考虑的另一个因素是安全，尤其是在中转站。当使用传统的自行车架时，自行车盗窃发生率是非常高的。如果使用车架，则应将其设立于光线良好、行人较多的交通区域。从安全角度来看，自行车储物柜是一个升级方案，但仍有储物柜中自行车被偷窃的情况发生。相比自行车架，自行车储物柜需要更大的面积。为了解决这些安全问题和改善客户服务，一些公交系统正在中转站增加自行车服务中心，如图 13.24 所示。这些自行车服务中心会提供安全的自行车存放、维修服务和更衣室。这些服务仅提供给会员，但会员费率对于那些定期骑自行车的客户来说是合理的。目前，中转站的自行车服务中心不能全由会员费来保证运行，还需要市政当局、交通系统或其他有兴趣鼓励骑自行车的组织提供资金和支持。

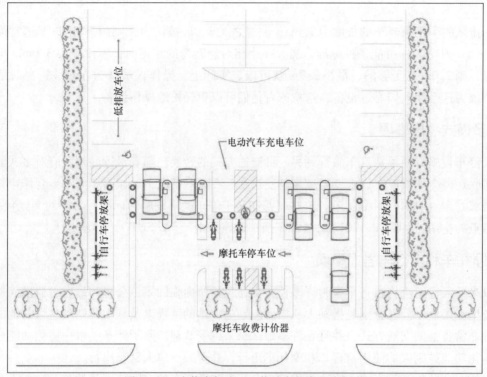

图 13.23 在停车场出入口停放自行车及摩托车

资料来源：沃克停车场顾问。

13.3.8 行人考虑事项

停车场是驾驶人/乘客向行人过渡的地方；因此，大多数驾驶人都认为停车场肯定会有行人在场，反之亦然。在行人活动密集的地方，应尽量将车辆和行人分开。大量的行人会降低车辆的通行能力（参见本章末尾的案例研究）。完全避免行人与汽车之间的冲突是不可能的，但可以尽量减少冲突。相反，行人可能会选取最短的路线到达目的地；佛罗里达交通运输部对停车设施中的行人进行的一项研究（Charness 等，2012）发现，只有约 50% 的行人使用了专用的、有标记的人行横道（垂直于车道）。不同年龄的人使用人行横道的情况没有区别，但是大型停车场的人行横道使用量有所增加。

如图 13.25 所示，停车时行人路径的基本布置方式有三种。

停车场中，主要的车流通常分布在通道区域和一两个相邻的缓冲区域。距主要车流较远区域的交通量较低。由于行人目的地通常是由停车场特性决定的，所以将通道设置在主要行人目的地对面是实现分离的一种方式。从分隔汽车和行人的角度来看，图 13.26 所示的布局代表了理想的布局。

图 13.24 交通中转站的自行车服务中心

资料来源：图片由自行车站提供。

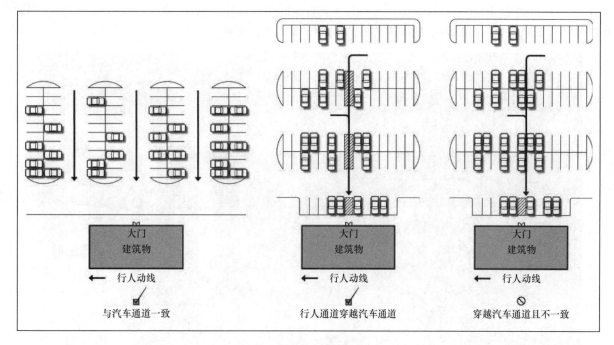

图 13.25　停车设施中行人路径
资料来源：沃克停车场顾问。

图 13.27 所示的第二种布局是设立受保护的人行道。这些措施通常只适用于行人流量非常大的停车场，或者在行人不可避免要穿过交通量大的区域时保护行人。大多数情况下，高效的人行道布局（以 m^2 为单位）比专用人行道更可取。当使用它们时，它们应该是清晰可见的并且位于主要的通道上。否则，行人会选择走一条不受保护但更直接的路线。这也有助于创建人行道和停车场之间的视觉区分。

在欧洲和其他国家，沿行车道长度方向上画设人行道已经很普遍。标记通常紧挨着停车位的尽头，在通道的一侧或两侧，并留下中心车道区域作为车行道。在美国，有人已经建议这样做。根据 MUTCD，有标记的人行道意味着行人在该区域行走最安全，行人实际上拥有路权。

事实上，这是行人步行最不安全的区域；当行人靠近相邻车位的后端时，特别是临近车辆是大型 SUV 时，此时行人及试图倒出车位的车辆驾驶人几乎没有反应时间。

前面提到的佛罗里达研究包括了对沿着停车通道行走的行人的详细研究，发现老年人在停车场被撞的可能性增加并不是因为反应时间受损，而是由于他们不能迅速离开道路，加之该年龄段

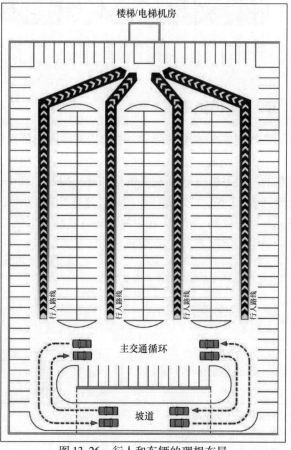

图 13.26　行人和车辆的理想布局
资料来源：沃克停车场顾问。

的人由于身体虚弱，因此很容易受伤。所有的行人行走时最好离停放的车辆更远一些，这样他们不仅可以被驶出的车辆看到，也很容易被准备从车位里倒出来的驾驶人看到。

图 13.27　专用人行道

资料来源：沃克停车场顾问。

13.3.9　步行距离

在规划停车地点时，一个主要因素是人们停车后还要走多远的距离。人们认为距离太远而不选择步行涉及多种因素，包括步行环境、停放车辆的驾驶人的年龄和健康状况、时间限制、可感知的安全性、沿路的冲突系数（包括交通流量和感知障碍，如"过河"或铁轨）以及用户的期望。推荐的最大步行距离见表13.6。如果步行距离超过这些距离，则需要选择更方便的停车场或采用其他方式，如班车服务。有些人认为，表13.6中的距离可能会产生乐观的期望，特别是在美国的一些地区，在这些州，出行者通常不需要走很远的路。

表 13.6　推荐的最大步行距离

类型		最小值/ft	理想值/ft
在停车设施内部[①]	露天停车场	1400	350
	室内停车场	1200	300
从停车地点到目的地[②]	有温度控制	5200	1000
	在室外，有顶棚	2000	500
	在室外，无顶棚	1600	400

① 从停车位到行人出口。
② 从行人出口到目的地。

资料来源：Smith 与 Butcher（1994）。

如果足够多的人无法接受步行距离，他们要么就不使用该停车场，要么就需要其他交通方式的协助，例如班车或公交车。在大学校园，接送服务可能是合适的，因为停车场被设置在校园的边缘，这样有利于校园核心区域建设其他建筑和绿地，并能通过提供近距离停车获得收入。类似地，机场提供远程停车的班车服务也很常见。然而，在市中心的班车服务一直以来都很昂贵；随着每年的通货膨胀，成本持续上升，最终可能会被放弃。因此，在设施的使用寿命内，建造一个更近、更适合步行的建筑，并收取更高的停车费，可能更划算。

13.3.10 可达性

2010版的ADA标准适用于美国的绝大多数新建建筑，若该标准不适用于一些建筑，那么与之大致类似的IBC标准很可能适用。ADA和IBC之间的主要区别在于对现有设施和改建的要求，这是复杂的，超出了TEH的能力。因此，这里只讨论新的建设。

可以找到残疾人可接受的正确表述。请注意，在任何有关ADA的联邦文件中，从未使用过残疾或残障一词。残障一词尤其被认为对许多残疾人具有冒犯性，几乎与残废一词一样令人反感。"障碍"意味着限制；"无障碍"意味着积极的东西，一种对所有人都有益的使用能力，尤其是在美国人口老龄化的情况下，而不只是那些受到严重残疾限制的人。不幸的是，交通领域以不同的、特定的方式表述"访问"和"可访问"，这倾向于鼓励继续使用残障或残疾术语。尽管如此，规划、设计和交通部门最好还是不要把这些规定称为"残疾人停车"。

1. 路外停车

本节着重讨论一些较困难的问题、灰色地带和常见错误，而不是复制ADA的所有停车要求，ADA的这些要求可从DOJ（美国司法部，2010）网站上轻松获得。

2010版的ADA标准中的表格要求计算每个设施所需的停车位数量，但没有对设施进行定义。以下参数似乎定义了不同的设施：

- 人们在没有离开停车场或没有到达向公众开放的街道或道路的情况下，无法进入其他区域（请参阅MUTCD对停车位适用性的讨论），或重新进入另一个停车场或楼层。
- 如果是停车场，则该区域应具有明确的边界（路缘或景观设计）。
- 在公共地图上，包括在公开的校园或医院的停车地图上，停车场或设施应该被命名，如"停车场A"或"门诊停车场"。
- 为特定用户预留的停车区需标明或具有进入控制，即使这些特定区域位于一个较大的停车区域。

总体而言，在具有多个停车设施的医院和大学，按照设施应用标准将显著增加所需的无障碍停车位数量。

更新后的标准中有一个更重要的变化是IBC（2012版）中没有出现的，即对以百分比表示的无障碍停车位的数量要求必须四舍五入到下一个整数。与ADAAG 91和IBC 2012相比，2010版的ADA标准中厢式货车停车位的需求总量增加了1/6，而不是1/8。下面是一个示例：

801个车位，需要2%。

- ADAAG 91：16.02车位▶16 = 14辆车，2厢式货车。
- IBC：16.02▶16 = 13辆车，3厢式货车。
- 2010版ADA标准：16.02车位▶17 = 14辆车，3厢式货车。

ADAAG 91中有一项豁免，即代客泊车设施不需要无障碍车位，尽管需要无障碍乘客上车区。根据2004年ADAAG发布的说明，无障碍委员会认为代客泊车是一种随时可变化的操作方式，因此2010版的ADA标准要求代客泊车设施中必须有完整的无障碍停车位，以及所需的无障碍乘客上客区。不幸的是，相比于无障碍厢式货车停车位所需的2490mm的净空高度，乘客无障碍上车区要求有2895mm的车辆净空高度。增加的车辆净空高度是为可能运送残疾人的辅助车辆服务，而不是为代客泊车服务。然而，在代客泊车设施内，无障碍委员会并未对乘客上车区增加的车辆净空高度提供豁免，因此就必须按要求提供。

一旦确定了所需的无障碍车位数量，如果有相等或更好的可达性，就可以将其迁移到另一个设施上。判断停车中可达性是否平等的准则包括：

- 从入口到目的地的距离。
- 便捷性，如"天气、安全性、照明和便于维护"。当其他人能通过有顶棚的路线步行到目的地时，必须格外注意没有顶棚的区域/路线。另一个常见的错误是将货车无障碍停车位移动到停车场外面（以避免净空要求），但如果将其移到顶棚未覆盖的位置，这被认为是不便捷的。
- 价格——人们不能对位于同一停车地点不同区域的无障碍停车位收取更多的费用。例如，对于机场偏远地段的停车区域，机场可以提供所需的无障碍车位，并提供可到达目的地的无障碍巴士，或者可以将所需的停车位重新安置到航站楼停车场，并以航站楼偏远区域无障碍停车位的费率收费。

轿车无障碍车位必须有 2440mm 宽，并附带具有单独标记的 1525mm 宽的无障碍通道。单个 3965mm 的车位是不可接受的。1/6 的无障碍车位必须是货车无障碍车位。

2010 版的 ADA 标准要求货车无障碍车位的宽度为 3350mm，通道宽度为 1525mm，虽然 1991 年 ADAAG 规定的 2440mm 车位和 2440mm 通道的布局设计仍然允许使用，或者当地州法规仍然明确要求 2440mm + 2440mm 的规格。优先选择 3350mm 的车位的原因有几个，包括汽车可以根据残疾人的就座位置停在车位的任何一侧，而不会侵占与相邻车位共用的通道。另一个原因是，有些人假装看不到 2440mm 的通道标记，从而把车停在通道内。一条 1525mm 的通道就可避免此问题的发生。

车位和整个长度内的无障碍通道均不能有障碍物。因此，立柱和路缘坡道不得侵占车位或通道。如图 13.28 所示，一个常见但严重的错误是将路缘与人行道的表面相连，该路缘的作用是使车轮停止，而不是将其切入人行道。此外，通道必须与行驶路面的高度保持相同，而不是与相邻路缘顶部同高度。通道和车位的坡度不得超过 1:48 或 2.0833%。

图 13.28　路缘坡道不能设置在无障碍通道内

资料来源：沃克停车场顾问。

ADA 下最难处理的"灰色"区域与车位的位置有关。这些区域没有指定最大距离；相反，这些区域应位于通往入口的"最短可达路线"上。无障碍通道必须与无障碍路线相连接，但该无障碍路线可位于驾驶通道中并与此共用，不需要标记出来。

无障碍委员会和司法部都明确规定，不强制要求停车场的驾驶通道不能作为无障碍路线的一部分。实际上，该标准鼓励无障碍路线与公众使用的路线相同，即使它通过或穿过停车场。因此，图 13.29 中的"一般布局"符合 2010 版的 ADA 标准。然而，该标准建议，在可能的情况下，布局应避免要求人们在多辆停放的汽车后面步行或驾车通过停车通道，特别是对于坐在轮椅上的人和倒车离开停车位的驾驶人来说，他们很难看到对方。当人们必须从停着的汽车后面经过时，这些车位只能是无障碍车位。在大多数情况下，对于坐轮椅的人来说，横穿车行道比沿着车行道向下行驶要安全，尤其是在与经过的停车位紧邻的通道上。即使是流量相对较少通常不被标记的人行横道，也应根据 2010 版 ADA 标准进行标记。因此，"较好"的布局是只在一辆停着的车后面通过，并有一个符合 MUTCD 的人行横道。"最佳"的布局则是避免所有 6 个无障碍车位使用者经过任何停放的车辆，并对所有路线（包括人行横道）进行更好的规划，以提高可见度。

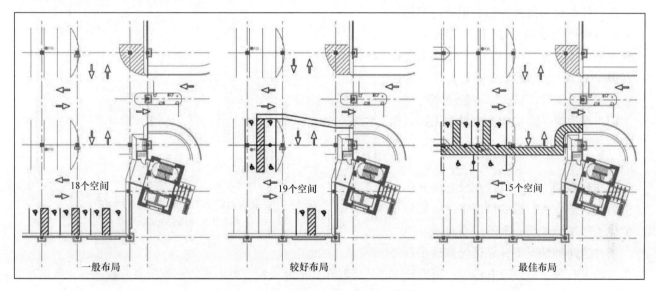

图 13.29　从停车位到外部的无障碍路线

资料来源：沃克停车场顾问。

2010 版的 ADA 标准确实要求将所需的无障碍停车位分配到建筑物的所有入口处，因此，在无障碍的行人天桥或隧道附近应该设有无障碍停车位。该标准进一步要求，停车场经常使用的所有行人通道，包括停车场和其他建筑物之间的行人天桥和隧道，必须有无障碍入口。

2. 路边停车

目前，PROW 中针对无障碍停车还没有可适用的指南，但这只是意味着没有采用指南来帮助城市实现无障碍化，但并不会改变对公共团体的法律要求，即在 PROW 中的停车场结构设计中不能歧视残疾人。无障碍委员会于 2011 年 7 月 26 日在《联邦公报》（美国交通局，2011）上发布了"公共道路上行人设施的建议指南"，从 2014 年起停车场设计的免责条款将符合该指南要求。该文件已经修订了好几次，以供审核和评论。

若在街区周边设有路边停车位，且该停车位有标记或计费，则应按照表 13.7 提供无障碍停车位。如设有收费站但没有停车标记，则在允许停车的街区，每 6.1m 被视为一个停车位。

这些要求是对早期草案的改进，以前的草案要求每个街区都要有一个无障碍区域，并且当停车位没有进行计费或标记时，应提供无障碍停车位。

表 13.7 路边无障碍停车位要求

街区周边标记或计量的停车位总数/个	无障碍停车位最小数量/个
1~25	1
26~50	2
51~75	3
76~100	4
101~150	5
151~200	6
201 及以上	总数的 4%

资料来源：美国无障碍委员会（2011）。

PROW 中停车的大多数技术要求与 2010 版 ADA 中关于场地停车的标准相同。对街边停车最具挑战性的要求是，当相邻人行道或可用道路宽度超过 4.3m 时，沿着停车区域长度方向的街道水平面上应设置最少 1.5m 宽的无障碍通道，并应连接行人通道。同时，该无障碍通道不得侵占车辆行驶通道。这实质上要求在无障碍通道的旁边要设置一个平行停车位，如图 13.30 所示。

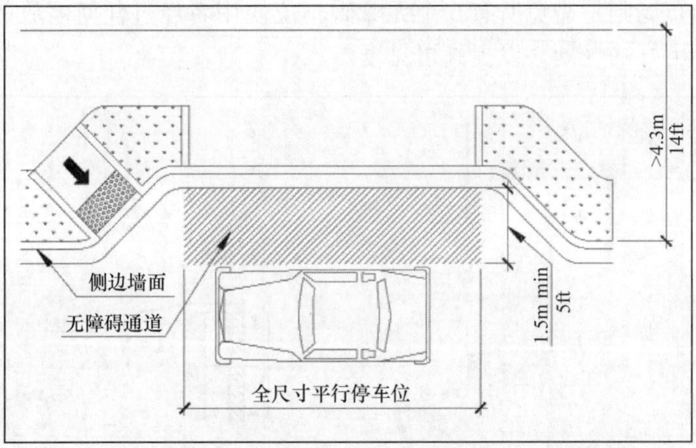

在现有情况下，以及在没有改变停车位附近街道或人行道的情况下，只要停车位位于楼栋的末端，就不需要通道。

图 13.30 宽人行道上的无障碍平行停车位
资料来源：由美国无障碍委员会提供。

在这两种情况下，靠近无障碍平行停车位的人行道上应该没有标志、街道设施、计价器和其他障碍物，以允许货车侧向举升或进行无障碍坡道的布置，或允许汽车乘员转移到轮椅或踏板车上。

对于垂直或斜向的路边停车，需要一个 2.4m 宽的无障碍通道，使位于停车位上的货车可以通行。

为无障碍停车位提供服务的停车收费表和停车收费站应位于停车位的顶部或底部。可操作部件应符合 2010 版 ADA 标准中的相同要求。在停车收费表或停车收费站前所需空地中心上方最多 1.0m 处应可以看到收费表上的显示和信息。

如果在街道上设有载客区，包括公共汽车站，则要求它们都必须遵守 2010 版 ADA 标准的相同要求。

13.3.11 安全

安全是所有停车设施业主都关注的问题。除了可能对顾客的伤害负责外，业主当然不希望停车设施有导致事故发生的隐患。

停车场是行人和车辆共用的空间。行人应该意识到，汽车可能会从附近的停车位驶出，或者汽车从一个角落绕出而没有引起注意。驾驶人需要时刻注意，汽车可能会倒出车位，更重要的是，行人可能会从两辆停放的 SUV 之间走出。没有什么能代替这种意识。

实际上，停车设施中最大的安全问题是行人绊倒、滑倒和跌倒，而不是行人/车辆发生冲突。在一项研究中（Monahan，1995）发现，大型国有停车场运营商73%的责任索赔与滑倒/绊倒和跌倒有关。停车设施中行人的安全问题被认为是非常严重的问题，美国测试与材料协会（ASTM）在F-1637《安全行走表面标准规范》（1995）中已经囊括了与停车有关的建议，具体如下：

- 按照IES应有照明度要求（最新版）。
- 行走表面应防滑。
- 水平位置变化（滑倒和绊倒危险）与ADAAG标准相同。
- 避免使用阻车器；必要时，则应设置于车位中间位置。车位边线到阻车器两端间至少留出0.9m的间隙；对于2.6m宽的停车位，意味着阻车器最大长度为1.5m。
- 避免使用减速路脊。
- 如有需要，则使用减速驼峰、油漆（具有防滑性）并添加行人警告标志。

该标准尚未在IBC或其他建筑规范中采用，但我们认为它为停车设施中的行人安全提供了有益的指导。我们将在接下来的章节中进一步讨论这些问题。ITE也在2014年召开了会议，为准备编写《停车设施中的行人和自行车安全》报告做研讨。

1. MUTCD中的交通控制设备

MUTCD是关于交通控制设备（TCD）的国家标准。

交通控制设备被定义为标志、交通信号、路面标记、可变限速标志及其他设备等，主要用于街道和高速公路（包括车辆、停车场、行人和自行车道），起规定、警告或引导交通的作用。MUTCD长期以来一直表示，它"包含了因公众出行而开放的所有街道和高速公路上的交通控制设备的设计和管理，这些道路不论何种类型、等级或归属的部门，都包含在MUTCD管辖范围内"（FHWA，2003）。虽然在公共场地上往往有良好的控制和警告标志，但许多设计师没有考虑到：公共场地上的指示标志、人行道标记和其他交通控制设备，包括停车区域，都需要遵守MUTCD。大多数交通工程师都认为"对于美国的所有道路使用者来说，安全高效和出行便捷可以通过应用统一和一致的交通控制设备来得到提升（McCourt）。对FHWA来说，一个特别的担忧是公然违法修改交通控制标志，如图13.31和图13.32所示。

2007年，FHWA发布了一个关于MUTCD的澄清声明，即路上（包括停车场的行驶通道）的TCD、自行车道和私人场所对公众出行开放的人行通道（包括人行道）必须符合MUTCD标准。虽然许多从业者都同意管

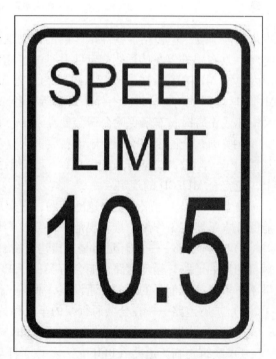

图13.31　对MUTCD限速标志的不当修改
资料来源：沃克停车场顾问。

制和警告标志的视觉外观通常应符合MUTCD标准，但由于MUTCD是基于PROW中道路的具体设计考虑，因此许多要求都值得关注，包括速度、能见度、安装高度、支架和位置。停车场的情形是不同的，尤其是行人经常在停车通道中行走。在汽车驶入或驶出停车位时，按规定要求设置在道路边缘的"分道"标志可能会构成特定的危险。停车场中要求的标准标识尺寸和安装位置经常是不适当或不可行的。此外，还存在其他TCD要求的适用性问题，如将铁路道口门的标准应用于停车场门。

在2008年MUTCD草案征求公众意见期间收到了许多重要意见，因此2009年颁布的MUTCD标准

图 13.32 对 MUTCD 中停止标志的不当修改
资料来源：由丹尼尔·拉米雷斯提供。

不包括停车场，但包括这些停车区内的驾驶通道。然而，FHWA 在说明中指出，打算"在将来的某个时期"发布路外停车的适当规定，并进一步指出，仍然建议在停车区域的交通控制设备应在可行的范围内遵守 MUTCD 标准。FHWA 还认为，停车区发生事故而需要承担的责任应成为人们自愿遵守 MUTCD 规则的动力。很少有停车设施所有者或经营者会因设施中的交通事故而被起诉，因为当发生重大损坏或伤害时，车辆保险公司会处理索赔。

在美国，全国统一交通控制设备委员会（NCUTCD）成立了一个工作组，对 MUTCD 进行修改，使其适用于"对公共交通开放的区域"。工作组建议，交通控制设备在某些被视为停车设施一部分的道路上，应符合 MUTCD 的规定。

本章采用以下定义来解释这些问题，它们总体上被认为与工作组的意图是一致的。此外，我们也不能保证本手册或工作组的推荐规范最终会被 FHWA 纳入 MUTCD。

1）循环道路——循环道路是连接建筑物、停车设施、乘客装载区、公共或私人中转站以及其他车辆目的地的道路。循环道路可能会有类似于 PROW 街道上的停车场或通过停车场区域；然而，道路提供了车辆通往其他目的地的流通设施，而不仅仅是直接进入停车位或单一停车场内的停车通道。

2）扩展道路——在公共通行权的车道和其他类型的循环道路之间的一小部分道路。

3）环形道路——环绕场地主要目的地的周边道路。

4）建筑物临街道路（BFR）——位于停车场和建筑物之间的道路。若某条道路被认为是一条建筑物临街路，其中的交通控制设备必须符合 MUTCD 规定，它应包含以下的一项或多项内容：

- 连接多个停车场/设施，在单个地点上为多个建筑物和/或建筑物入口服务。
- 连接停车场，为购物中心的多个租户服务。
- 提供乘客装载区或公共交通站点的往返循环。
- 作为一条循环路线。

工作组建议延长车道、扩展道路、环形道路和建筑物临街道路上的交通控制设备应符合 MUTCD 的规定。需要注意的是，MUTCD 不需要任何交通控制设备。但是，当它们提供如人行横道或停车标志时，应遵守 MUTCD 规定。图 13.33 所示是由专责小组制作的定义上述术语的图表之一。

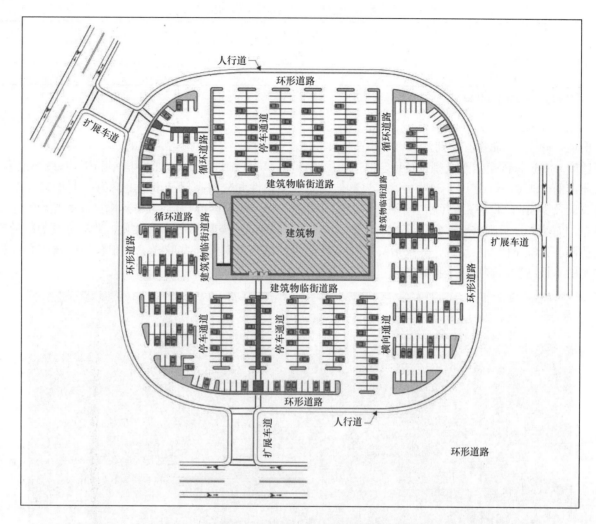

图 13.33　购物中心的循环道路
资料来源：由 DKS 联合公司提供。

2. 照明水平

照明是提高道路认知度、安全和治安的最佳投资。固定物体、危险物、汽车和行人的能见度需要照明；但不幸的是，停车设施中停放的汽车必然会影响照明，而且许多停车设施中的照明很差，导致人们对停车场的整体印象很差，电影和电视节目中在昏暗的停车设施中出现的追逐、谋杀、暴力犯罪等场景，进一步加剧了这种情况。

建议地方法规中关于照明设备的规定应符合照明工程协会（IES）的最新标准，即 RP-20《停车设施照明》的要求。该标准于 2014 年发布了最新版，因此，此处不介绍这些要求。

尽管 IES 评价是为了解决可见性和个人舒适性问题，但有些业主可能会提高这些评价的要求，以进一步消除人们所关注的问题。从可持续发展的角度来看，更多并不总是更好。表 13.8 给出了推荐的最小和最大照明水平。最大照度主要基于可见性研究，研究表明，在 4fc（1fc≈10.764lx）的照度水平上，对比度检测和面部的一致性识别没有明显改善。换句话说，更多的照明不会提高看东西的能力。最大照明水平还考虑了 AHSRAE 90.1—1999 能源标准中最大照明功率密度（LPD）限制。任何更高的照明水平都将被视为能源浪费，并且是不可持续的。

表 13.8　推荐的有盖停车场照明灯的最大值和最小值　　　　　　　　　　（单位：lx）

类型	最低照度	平均照度
最大值	40	100
最小值	10	40

资料来源：沃克停车场顾问。

光线分配是照明灯具布置中一个非常关键的问题，在停车区边缘，甚至在停车区之间，如果灯具下方出现"热点"，而没有达到要求的最低光照水平，就会导致行人绊倒、滑倒和跌倒，也会影响行人的舒适度。在选择固定装置类型以及特定制造商的设计时，应仔细评估最大/最小比率和平均/最小比率。高质量的 LED 灯具（图 13.34）通常提供最佳的光线均匀性和分布，但是市场上会有一些设计较差的灯具以及劣质的 LED 灯条（相当于其他灯具中的灯泡）。金属卤化物灯具通常可提供良好的光均匀性和分布，而荧光灯具则需要非常仔细的设计和灯具选择，以使光均匀性和分布最大化，并且灯具的数量与其他两种光源相似。相反地，如果抬头望向 LED 灯具，LED 灯具会有些眩光。对于较低的顶棚高度和平坦的平板结构，这是一个特别的问题。

图 13.34　采用 LED 灯具的大跨度结构

资料来源：沃克停车场顾问。

3. 顶棚、横梁和墙壁的装饰

用高品质、耐用的混凝土对平板和预应力式停车结构的顶棚（楼板和梁底板的底面）进行着色和喷涂，可以提高停车场的反射率，并改善停车场照明的最低照度和均匀性。粗略地说，这将使地板上的照明水平提高约 25%。这是一种经济高效的方式，以较低的运营成本达到所需的照明水平，而且由于节省了能源，这也是一种"绿色"解决方案。

不幸的是，在某些结构类型（如格子楼板或预制混凝土 T 形梁）中不会产生同样的好处。在格子楼板底部，所增加的表面积会导致喷涂成本非常昂贵。事实上，一些"向上的光"或其他表面的反射光由于被困在格子楼板中而使得最小照度和均匀度并没有显著改善。

在照明效果方面，对圆柱和墙壁进行油漆的效果也较差，这主要是因为停放的汽车导致反射效果无效。除了照明方面的影响外，垂直表面的绘画或染色还会使空间看起来更明亮、更精美。因此，垂直表面的油漆主要被认为是设施上的美化，这确实增加了车库的用户友好性，尤其是当车库在地下且封闭时。

4. 交通渠化与保护

一般认为，将行人专用区域与车辆区域分开是合乎需要的，特别是在存在诸如电梯等行人等候区域的地方。过去，这只是靠路缘来完成的。但是，人们逐渐认识到，在路边绊倒比车辆侵入更容易造成危险。

如果车辆交通适合实施渠化或管制，则建议采用重型但可移动的系桩柱或弹性围栏柱；两者的一个优点是，以后如有需要，可重新安置。在明显是永久行人空间的地方，也可以安装护栏。单独的路缘并不是特别有效的汽车护栏，并且肯定不符合建筑规范中防止汽车从地板高差大于 76cm 的边缘掉落的要求。

在图 13.35 中，路缘原本是用来划定和保护乘坐电梯的等候区域的，但很明显，由于绊倒和跌倒的问题需要增加栏杆。相比而言，图 13.35 中左侧的设计要好得多。

图 13.35　有效和无效保护措施
资料来源：沃克停车场顾问。

F1637 中与路面标记有关的问题是，潮湿时它们可能会打滑；标记越大，问题越严重。一般建议在停车过道和循环路线上标记人行横道时，仅使用边线标记，而不使用阴影线或横条来标记。在 MUTCD 中，只有边线是可接受的人行横道标记方式。

近年来，在停车位设置阻轮器已经变得越来越普遍。人们的想法是，如果有一个车轮停止器，汽车会"停得更好"。现实情况是，很多人不会紧紧靠着阻轮器，因此他们会停在离车位边缘更远的地方，从而减少了其他用户的可用过道。

另一个问题是阻轮器距车位边缘的距离设置多少才合适。有前后悬较长的短车，前后悬较短的长车以及它们之间的所有可能组合。此外，许多汽车的前保险杠下面都有护罩，可能会因为撞到阻轮器而损坏，因此这些汽车会停在离车位边缘更远的地方。大多数汽车的后悬明显长于前悬。不应该禁止倒车入车位，因为当汽车向前驶出车位时会更安全，但与驶入车位停车相比，车位边缘与阻轮器表面之间需要更大的空间。

然而，关于阻轮器最重要的问题是绊倒和跌倒的风险。混凝土材质的阻轮器很难在混凝土地面上看到，如图 13.36 所示。如果使用，强烈建议将它们涂成黄色，但这会成为一个持续的维护问题。阻轮器的其他问题包括难以将其安全地固定在地面上，需要防止它们因反复的颠簸而被推离原位。阻轮器后面很难清洁。当以机械方式锚定（无论是环氧化还是用螺栓固定）时，随着时间的推移，它们通常会损坏楼板，最终可能会松动。这些问题在冰雪地带会加剧，不仅是因为轮胎的刮犁作用，还因为盐分条件加速了受损混凝土的恶化。

某些设计指南如 2010 版 ADA 标准特别推荐阻轮器，主要是为了确保车辆前后悬不会侵占人行道。由涂成黄色的混凝土钢管组成的护柱通常是更好的解决方案；可以将无障碍车位所需的标志设置在护柱里。

总而言之，乘员的整体安全可以通过注意绊倒危险，包括避免使用阻轮器得到最大限度的提高。建议仅在以下位置或情况下提供阻轮器以及路缘和路缘岛：①在停车设施的周边和/或用于保护相邻建筑的位置，如停车设备、楼梯、电梯或易受伤害的墙壁；②为了保护地面停车场内部的景观美化。相反，应在需要完全控制装置的地方使用护柱。

图 13.36　阻轮器的可见性差
资料来源：沃克停车场顾问。

5. 速度控制

有趣的是，人们似乎越来越关注停车设施的速度控制，这与一些人认为当前遵守道路规则程度普遍下降相类似。美国的事故数据显示，超过 2/3 的停车设施事故报告涉及停车或非停车的移动，而且这些事故可能发生在整个停车系统的任何位置。虽然在小碰撞事故中可能会造成车辆损坏，但对相关人员造成伤害的风险仍然很小，除非行人被撞到。根据几项不同的研究，在所有停车设施中的车辆事故，上述事故占比 2% ~ 4%。事实上，在基于警察和保险报告的数据库中，受伤事故可能被夸大了，因为那些受伤的人更有可能上报给警察和/或保险公司，而许多轻微的小车祸从来没有报告过。

不幸的是，限速标志似乎只会影响遵守规则的驾驶人行为，因为不管怎样，他们都会以合理的速度行驶。根据 MUTCD 指南，限速标志应使用速度研究中的第 85% 位速度或该州的法定限制。无论哪种情况，这些限制速度都将高于那些主张在停车场设置限速标志的人所期望的限制速度。发布一个低得多的限制或一个古怪的限制（16.9km/h）只会引起那些以合理速度驾驶的人的蔑视。

一些人还提出用减速带和圆形隆起物来控制速度。减速带在低速时会导致较高的垂直加速度，但在更高速度下，垂直加速度和控制效果实际上会降低。圆形隆起物增加了前后俯仰加速度，并随着速度的增加而增加，因此，在降低速度时更有效。然而，在街道上使用的圆形隆起物的典型尺寸为 3.7m 宽、10cm 高，其设计车速通常超过 32km/h，这可能超过了停车设施的预期速度。

此外，减速带和圆形隆起物都有绊倒行人的危险。大多数预制的"圆形隆起物"都是"专门为停车区设计的"，据报道，它们将速度降低到 16~24km/h，违反了 ASTM F1637 中《安全行走路面》以及 IBC 允许的最大停车坡度（6.67%）的要求。IBC 中的坡度限制不是要控制停车坡道的坡度，而是要控制出口路径的坡度。在火灾条件下，这些设备的可见性和行人对行走表面的忽视是一个更大的问题。

不建议将减速带和圆形隆起物作为停车设施中的速度控制装置。

在行人聚集且必须穿过车辆路线的地方，可以设置按照 MUTCD 标记的速度表或高架人行横道，虽然它们可能会让车辆减速，但主要的好处是突出了人行横道的存在。

13.3.12　标志

1. 静态标志

如前所述，MUTCD 具有完善的标志格式，旨在使驾驶人可以读取，并且在许多情况下可以立即识别，如停车标志和限速标志。至少，那些被视为具有管制和警告意义的标志应符合 MUTCD 的规定，包括颜色、字体、边框和背景。指路标志，如停车或驶出，可能会有更大的灵活性。不过，很多时候，没有丰富停车经验的图像设计师提供的车辆导航标志会存在以下不足之处：

- 消息和背景之间缺乏对比度（一般来说，深色背景上的白色反光字母是最好的）。
- 字体尺寸太小或驾驶人难以阅读。
- 难以阅读和理解过于复杂的信息（例如，"有附属停车场"就不如简单的"停车"）。

经验丰富的专业人士通常在室内停车场中使用"OUT"而不是"EXIT"，因为"EXIT"一般用于紧急出口。一些当地的建筑官员坚持不将"EXIT"用于车辆寻路。还有报道称，一名行人没有从最近的出口走出去，而是遵循出口标志深入火灾区域，导致了一场诉讼。

2. 停车诱导系统

当有多个停车位时，将顾客引导到可用停车位既能方便客户又是可持续的。这可以通过手机应用程序或街道上的标志实现。事实证明，这些系统可显著减少乘客寻求停车位的总距离（美国运输部，2007，2008）。像许多针对停车问题的技术解决方案一样，这些系统在欧洲已率先使用，并已在欧洲使用了很多年。这些系统成功的关键因素之一是它们能显示可用车位的实际数量。这将有助于更均匀地分配停车者，因为更多的停车者会选择具有许多空位的设施。对于由单个停车管理部门管理的多个停车系统，增加路旁停车引导系统的成本主要是路标的成本。需要注意的是，在公共街道和工地道路上的停车引导标牌必须遵守 MUTCD，图 13.37 中的标志不符合 MUTCD，这很常见。应当指出的是，MUTCD 提

图 13.37　公众街道停车指示标志
资料来源：由 Q-Free TCS 提供。

供的灵活且标准的"P"形停车标志通常不能为驾驶人提供足够的信息。在停车场景多种多样且不断变化的区域，例如大型体育场馆、机场和主要会议中心，图 13.37 所示的实例可能是必不可少的。例如，芝加哥的麦考密克广场（McCormick Place）就是一个示例。在那里，邻近的高速公路上有变化的信息标志，根据事件的不同，将游客引导到合适的出口，以便可以停车。

虽然路边引导对数量有限的大型露天停车场或室内停车场是有效的，但在引导顾客前往路边停车场方面并不有效。另外，如果有几个较小的停车场，标志上将有太多信息而导致无法有效显示。下一代停车指南是基于互联网和移动应用程序的系统（图 13.38）。这些系统将顾客引导到可用的路内和路边停车处，包括转弯指示。这些系统通常在全市范围内实施，一些系统还允许客户在可用的停车设施中预订停车位。

对于使用室内停车设施的顾客来说，引导系统将用户引导到可用车位或有可用车位的楼层正变得越来越受欢迎。建筑物停车诱导系统有两种类型：水平可用性和空间可用性。对于这两类系统中的任何一种，入口处用一个标志来列出所有可用的停车位是有益的。有了这些信息，客户可以决定他们想要停在哪一层，并直接行驶到那一层。这些标志是动态的，并根据停车管理系统从车辆检测器接收到的信息进行实时更新（图 13.39 和图 13.40）。

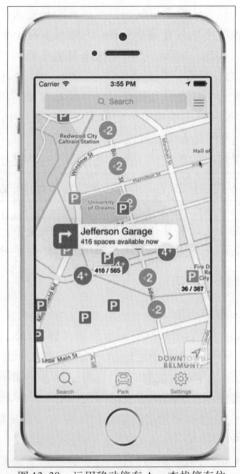

图 13.38　运用移动停车 App 查找停车位

资料来源：由 Streetline，Inc. 提供。

图 13.39　停车场入口处的停车诱导标志

资料来源：由 ParkHelp USA 提供。

图 13.40　停车场内的停车诱导标志
资料来源：由 ParkHelp USA 和沃克停车场顾问提供。

对于大型停车建筑，沿着搜索路径上设置额外标志可提供更好的客户服务。共有三种基本标志类型：楼层标志、末端过道标志和单个车位标志。楼层标志位于顾客进入一层之前，指示该层的可用车位数量，以及其他所有层的可用车位数量。它补充了入口标志的信息，并帮助客户决定他们是否想要搜索即将到达的楼层或继续向上行驶。楼层标志在快速匝道（没有停车位）上最有效，因为有明确的、容易定义的楼层。

客户服务的下一步是个人车位导航（ISG）系统。这些系统监控设施内的每一个停车位，并提供某一楼层开放车位的确切数量信息。驾驶人到达选定的楼层后，系统会将其引导至空旷的停车位。当停车者在过道上行驶时，系统可能会在每个决策点显示每个方向上的可用车位。一旦停车者选择了一条过道，通常可用每个停车位上方的红色和绿色照明系统来识别可用车位。红灯表示该车位已被占用，绿灯表示该车位可用。蓝灯通常用于为残疾人指定的车位。驾驶人可以看到停放的汽车上方的灯光，通常可以确定所在过道位置距离可用车位有多远。ISG 可以帮助减少寻找时间，尤其是在大型停车库中，但不应用于纠正不当的或异常复杂的路径搜索模式。

除了在每个车位上方安装检测器外，有人认为，在更复杂的系统中，有必要在每个过道的入口处安装检测器，以实现对整个停车建筑的实时管理。入口探测器用于计算进入通道的汽车数量，并更改通道标志/显示，以反映在每个决策点显示的计数或表示汽车在停车场内可能占用的某个区域的空置车位。他们还向中央计算机验证通过入口检测器下方的汽车是否仍在行驶且尚未停放。这些传感器以及所有动态信号明显增加了成本。

所有停车位标识上最大的一个问题是计数系统的可靠性。停车入口/出口处常用的环形检测器放在坡道上以监控行驶轨迹时，其准确度可能仅为 95%，因此几乎每天都需要重新校准计数。虽然道路交通所使用的优质探测器的准确度有所改善，并且光学计数开始在停车场市场出现，但很常见的是操作人员对计数的可靠性感到失望，并最终关闭可用车位的展示。ISG 的主要优势之一是计数的错误通常是能自动纠正的。声波检测设备可能看不到智能汽车，或者被皮卡底盘所迷惑，并认为车位是可用的。然而，用于移动交通的检测器在系统重新校准之前，它会继续错算车辆（驶入或驶出），但与此不同的是，ISG 计数将在该车辆离开和另一辆车辆到达时得到修正。

停车设计中另一个重要的考虑因素是帮助行人记住他们停车的位置。本节列出的一些参考资料提供了关于该主题的极好的讨论和指导。

13.4　案例探究

13.4.1　减少停车场中的交通堵塞

1. 问题

美国东南部一家有 700 张床位的医院开始执行一项要求，即员工不得在患者和访客停车区停车。这导致拥有1800个停车位的员工停车场在早上高峰时间出现拥堵。员工们已经对被迫把车停在较远的员工停车场感到不满，他们不得不排起长队才能进入车库。排队完全是由拥堵造成的，因为那里没有停车辅助设备。在此期间，注意到下列情况：

- 车库每层有5个停车区域，总共5层，并带有双向通道和90°停车位。
- 有一个停车场坡道提供垂直循环；循环系统是单螺旋结构。
- 在高峰时段，有662名员工来上白班，同时有257名夜班员工离开。
- 如前所述，设施末端的转弯处仅提供7.3m的净空尺寸，这是一个常见的缺点。
- 由于弯道狭窄，需要一名执勤人员在坡道的底部阻止进入的车辆，从而让驶出的车辆先通过。
- 执勤人员还会阻止来往车辆，让行人通过。
- 在车库的上层，通道以及两个相邻的泊位上的小范围拥堵是由于车辆倒车进入车位、进行三点转弯停车以及与出口车辆的额外冲突造成的。

2. 解决方案

该项目的目的是在不增加上下层坡道等昂贵的结构改造的情况下缓解拥堵。运用"停车结构"中所述的技术对流量进行分析，结果表明，如果有容量更大的转弯空间，它的服务水平将保持在C区间运行，这似乎是可以接受的。然而，由于转弯空间狭窄的瓶颈，加上人车冲突，导致坡道系统瘫痪。当在物理上不可能纠正转弯处空间的约束时，为了减少这些冲突的影响，我们进行了以下更改，如图13.41所示。

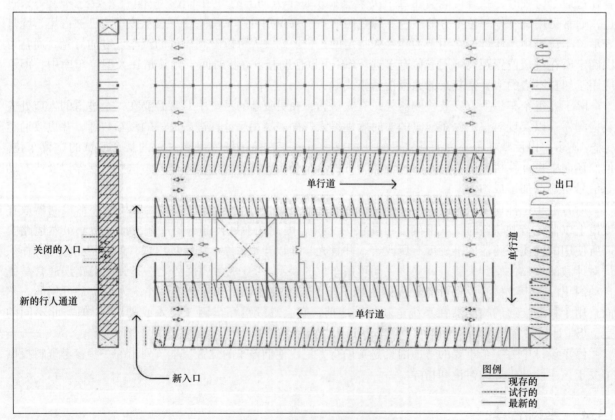

图13.41 修改地坪以解决交通堵塞

资料来源：沃克停车场顾问。

- 在第1~3层，将与坡道相邻的两处停车区域改为斜向停车的单向过道，以创建并排的螺旋坡道系统。这样做的好处包括消除驶出出口时在转弯处的冲突，最大限度地减少了停车者倒车进入车位的情况，并减少了停车或不停车的时间。

- 增加了一个新入口，允许车辆进入车库并转向停车坡道，而不会与任何行人或驶出的车辆发生冲突。
- 坡道底部的平地上约 8 个车位被取消，以创建一个步行区，并在这个交通繁忙的区域消除停车操作。

3. 结果

该解决方案将 24 个停车位中的 4 个从双向 90°停车位转换为单向角度停车位。虽然在不同的楼层上采用不同的交通模式并不是理想的方案，但在这种情况下，员工每天都在那里停车，将会熟悉其独特性。这些改变成功地消除了早上进入车库时排起的长队。进入的汽车数量仍然会造成交通拥堵，这通常是由于一辆离开的车辆在双向停车坡道上处于冲突状态造成的，有时是因为一名即将离开的员工走到通道上的一辆停下的车前准备上车，此时一名到达的停车人员观察到这一现象，停下来等待车位空出而加剧拥堵。

13.4.2 旧金山停车（SFpark）

1. 背景

SFpark 是由旧金山市交通局（SFMTA）资助的联邦示范项目，旨在研究路边停车管理的新方法。SFpark 采用智能计价器和性能定价方式进行路边停车管理，并协助 SFMTA 管理路外停车。路面传感器被用于为停车计价器提供停车利用率等大量数据。SFpark 的主要目标是通过计价式停车减少街道上的巡航和拥堵，改善交通流量，提高市政车辆的速度和可靠性，并增加经济活力和竞争力。该计划还有其他目标，即让停车更加容易，提高计价器的支付合规性，并减少发出的罚单数量。

2. 利益相关者的参与

SFMTA 特别希望使用"高度透明，基于规则和数据驱动的停车定价方法"。许多利益相关者担心 SFpark 只是用来提高停车率和增加收费的借口，因此在整个执行过程中提出的一个关键建议，即 SFMTA 的停车净收入要用来补贴公共交通。SFMTA 与每个受影响地区的社区领导人举行了数百次一对一的会议，这些主要领导者最终反过来成为其社区中该计划的倡导者。最重要的是，SFMTA 通过广泛的数据收集和分析，发表了超过 95 份评估项目的文件，与公众充分和透明地分享了成果和经验教训。

3. 方法

SFMTA 安装了智能计价器，可以按一天中的时间段和一周中的某天调整停车费率，覆盖 6000 个路旁停车位（约占收费表停车位的 25%），并可以在 3 个控制区域使用信用卡付费。所有车位还设有传感器，可在线实时报告停车情况。在试点地区，采用传感器数据来调整计价器价格，以便在工作日以及周六和周日 3 个时间段（上午，中午至下午 3：00，下午 3：00 至计价结束）内的平均占用率达到 60% ~ 80%。

在一种不常见的方法中，路边停车的时间限制从 1~2h 延长到 4h 或更长。一些按小时停车的人就会转向路外停车场。SFMTA 还根据需求修改了 12250 个路外停车位（约占 SFMTA 系统中车库空间的 75%）的定价。以前用于鼓励早晨上班者全天停车的优惠停车费率的时间范围（最初是上午 10：00 前到，下午 6：00 前出）被收缩了（上午 8：30 之前到），因为 SFMTA 意识到该折扣费率与本身劝阻 SOV 通勤的政策不符，特别是在交通高峰时段。

停车信息通过在线和应用程序提供，不仅可以帮助那些寻找停车位的人找到空闲的车位，还可以将搜索者引导至附近但利用率不高、因此价格更低的停车位。此外，还在交叉路口安装了传感器以获取交通数据。

SFMTA 决定不使用传感器收集的数据来提高执法效率，也不使用其他技术（如移动车牌识别）来提高执法人员的工作效率。据报道，这个决定是为获得利益相关者支持的战略中的一部分。

4. 经验教训

- 尽管不是研究的重点，但 SFMTA 得出的结论是"计价器在停车管理方面非常有效"（SFMTA，2014）。实际上，SFMTA 得出结论，周日计价器将预估的停车搜索时间减少了 61%，将 VMT 减少了 57%。
- 总体平均小时费率下降。系统停车收入仅微幅增长，路外停车（停车时间更长）的变化比路边停车更多。这支持了 SFMTA 的论点，即该计划并非旨在增加停车收入，而是使停车和减少交通拥堵变得更加容易。
- 在试点地区，私人车库（非 SFpark）的停车税和营业税的税额增加了很多，这表明对业务产生了积极而非消极的影响。
- 计价器付款提高了 27%（即合规性）。在试点地区，工作日开出的罚单数量平均下降了 23%。在控制区域（智能计价器，但非性能定价），平均被处罚的次数下降了 12%。
- SFpark 车位的利用率增加，每小时的停车数量增加了。
- 达到目标的频率更高：试验区的占用率比控制区高 31%，而控制区的占用率则提高了 6%。试验区的街区被停满的比例比控制区低 16%，而控制区停满的比例为 51%。
- 达到占用率目标的限制因素之一是加利福尼亚州的法律，该法律允许持有残疾人停车许可证的人免费且无时间限制地路边停车。例如，SFMTA 在 2008 年的一项调查发现，市区研究区域内 45% 的计费空间被挂着标牌的车辆占用。这限制了采用性能定价以提高停车位可利用性的潜在好处。
- 平均搜索时间（拦截和自行车调查）：试点区域从 696s 下降到 396s（减少 43%）。控制区域的搜索时间在统计上没有可靠的变化。
- 试点交叉口的交通量下降了 8%，而控制区的交通量增长了 4.5%。
- 双排停车减少了 22%。减少双排停车尤其被视为有益于提高通行速度和可靠性。

13.5 新兴趋势

通常情况下，在短期内（未来 5~10 年），市场已经知道了许多有望成为停车设计主流的影响因素。从长远来看，一些未来学家认为一些趋势将成为主流，但对于这些未来趋势可能产生的影响，经常存在相当大的争论。因为新的停车设施很可能会存在 50 年或更长时间（即使是地面停车场），不考虑这些影响是愚蠢的，当然也不应该以已知或可能的未来趋势无法适应的方式进行设计。以下部分将讨论可能以某种方式影响当今停车场设计的趋势和考虑因素。

13.5.1 替代燃料汽车

对于当今的停车业主和设计师来说，最困难的挑战之一是如何在停车设施中设计容纳电动汽车、低排放和替代燃料的车辆，包括安装电动汽车充电站（EVCS）。虽然有些人可能会说，这些技术现在还没有出现，这些车辆在市场上的占有率仍然很小，但技术在不断增长，对于今天的停车场应该包括哪些设施来容纳未来的车辆，人们有不同的看法。

以下讨论是由美国能源部（DOE）和国际停车研究所（IPI）发布的一份名为《电动汽车与停车设施》的文件草案所撰写的各章节的摘要。

在这个领域中，针对不同类型的电动汽车有许多的缩写词，主要有：

- PEV——插电式电动汽车。PEV 包括所有需要插入充电电池的车辆，即纯电动汽车（BEV）和插电式混合动力汽车（PHEV）。
- LEV——低排放车辆。在本手册中，将零排放汽车（包括所有电动汽车和燃料电池汽车）和节能汽车（包括 CNG）的组合归为 LEV。LEED 中使用了"低排放汽车"这一术语，但引用了加利福尼亚州空气资源委员会的标准，该标准只包括零排放汽车。LEED 对节能汽车的定义是：在美国节能经济委员会（American Council for Energy Efficient Economy）的年度汽车评级指南中，绿色环保得分最少为 40 分的汽车。

- CNG——压缩天然气，是一种更环保的内燃机燃料。美国已知的、技术上可获得的天然气储量最近有所增加，这使得压缩天然气更加可行。越来越多的制造商为私家车提供压缩天然气。拥有天然气储备或燃煤电厂的州可选择提供购买天然气的激励措施，以替代或作为电动汽车的补充。

第一个问题是应该提供多少个低排放车辆车位。LEED 已经成为事实上的一个标准，停车设施中如果能提供 5% 的停车位作为优先的低排放车辆车位，那么就可以获得积分。这一要求对许多停车场来说是相当高的，如果再加上额外留出的 5% 的厢式货车预留车位，就像前面讨论的那样，在许多车位都闲置的情况下，保留 10% 的停车位是否"可持续"就成了问题。

业主可以选择提供停车容量 3% 的车位用于充电站，而不是提供 LEV 车位，这也成为电动汽车充电桩的实际标准。从技术上讲，LEED 对替代燃料的定义不仅包括电动汽车充电桩，还包括压缩天然气和其他潜在的替代燃料。虽然美国绿色建筑委员会（USGBC）将各种标准与停车容量挂钩，但通常只有电动汽车充电桩出现在停车场中。目前看来，无论是用于燃料电池汽车的氢，还是压缩天然气，都不太可能被分配到停车场；建筑规范的要求现在强烈反对在停车场内加油，而且人们认为，对于压缩天然气和氢气可能也会有类似的担忧。建议制定一个比 LEED 更精确的标准，不仅针对新建筑中的电动汽车充电桩，还针对随着市场渗透的增加，为未来电动汽车充电桩提供的电力要求。

有许多不同的因素影响这一决定，并且在短期内还没有为大家广泛接受的 PEV 市场渗透率预测，更不用说长期了。奥巴马在 2009 年制定了雄心勃勃的目标，即到 2015 年，电动汽车上路数量将达到 100 万辆，这将占 2015 年道路上车辆总数的 0.4%。事实上，很多问题都被认为是无法实现这一目标的原因。此外，迄今为止绝大多数出售的电动汽车不需要充电。2013 年，选择混合动力汽车（车载技术为电池充电）的消费者大约是电动汽车购买者的 5 倍。这些车辆符合低排放车辆的条件，但不需要安装电动汽车充电桩。

在道路上实现大比例的电动汽车存在若干阻碍。首先是成本和生命周期（成本/效益）。在汽油价格为 4 美元/USgal（1USgal≈3.79dm³）的情况下，大多数人认为，只有在联邦、州和地方政府当前的税收较低或有其他补贴的情况下，购买电动汽车才会效益较高。许多人希望，随着电池技术的进步和销售的增长，PEV 与传统汽车之间的成本差异将会显著减少，甚至消除。另外两个被认为会影响销售的因素是晚上在家里充电的能力和"里程焦虑"，也就是担心汽车的电量不足以到达目的地或回家。卡耐基梅隆大学 2013 年发表的一项研究得出结论：

"PEV 市场占有率显著增长的一个潜在重要限制因素是美国家庭在家中对车辆充电的能力。家用充电可能对 BEV 和 PHEV 的发展都起着重要的作用，这不仅是因为没有家庭充电能力的消费者不太可能购买它们，还因为电力负荷的非高峰时间发生在夜间。有限的住宅充电桩可能是 PEV 市场占有率拓展的一个重大障碍。"

该研究估计，拥有自己的住宅并可以随意安装家庭充电桩的车主拥有的车辆不到美国车辆数量的一半。考虑到最有可能采用电动汽车的人是住在公寓或城市的居民，他们可能也没有街边停车位，更不用说为他们的汽车安装电动汽车充电桩了。

表 13.9 汇总了 PEV 的销售百分比和道路车辆百分比。到 2020 年（即使是最近的 2013 年）的大多数销售预测似乎都难以实现，尤其是考虑到 2014 年的天然气价格。2014 年，PEV 的销售量比 2013 年增长了约 23%，但与 2013 年的同比增长（增长了 83%）相比，增长幅度明显较小。2015 年前 3 个月的 PEV 销量占市场份额的 0.59%，低于 2014 年的 0.72%。

据《汽车新闻》报道，2014 年 5 月 29 日，加利福尼亚州和其他 7 个州宣布了一项重大计划，从当天开始，到 2025 年实现道路上累计 330 万辆零排放车辆，这将占 8 个州汽车销售量的 15%。预计这将至少包括一些燃料电池汽车。

表 13.9　预计 PEV 销量和道路上轻型车占比

	截止到 2014 年 12 月	近期（2018—2020 年）	长期（到 2030 年）
时间销售量（从 2008 年起）	286390 辆	1000000 辆	
轻型汽车销量占比（从 2009 年开始累计）	大约 0.40%	大约 0.68%	
道路上轻型车占比[①]	大约 0.11%	大约 0.43%	1300 万辆，占道路上车辆[②]的 5%

注：也可参见 http：//www8. nationalacademies. org/onpinews/newsitem. aspx？RecordID = 12826。
① http：//electricdrive. org/index. php？ht = d/sp/i/20952/pid/20952。
② 根据 2014 年美国登记的 2.527 亿辆轻型汽车计算；http：//press. ihs. com/press - release/automotive/average - vehicles - road - s - steady - 114 - year - accorihs - automotive。

资料来源：沃克停车场顾问。

有关工作场所和访客停车的建议更加复杂。虽然在各种设施中都可以看到电动汽车充电桩，这可能对降低里程焦虑很重要，但考虑到今天的 PEV 电池的续驶里程，在绝大多数旅行中，白天给 PEV 电池充电不是必须的。更重要的是，白天充电并不是特别的长久；电动汽车应在家中夜间充电，以最大限度地减少对电网的影响。工作场所免费充电只会加剧这个问题，因为一些用户会考虑在工作时定期充电，而不是在家里安装一个充电桩。相反，那些因为卡耐基梅隆大学研究中提到的原因而无法在家充电的人，需要工作场所的访客充电桩来为他们的 PEV 充电。

正如"停车需求管理"部分所讨论的，白天的收费非常难以管理。当员工简单地补足电池电量时，他们的车辆会在早上充电，然后在工作日的剩余时间内将车辆停在车位中。

表 13.10 为典型的工作场所和访客停车场设置充电桩数量提供了建议，但在电动汽车普及率较高的地区，特别是在城市地区，可能会增加这些设施。电动汽车充电桩可以根据经验添加。请注意，在没有更多空间和车位的情况下，使用代客服务管理工作场所设施的充电桩可以显著增加充电车辆的数量。

表 13.10　工作场所和访客停车场的电动汽车充电桩推荐安装数

总停车数/辆	电动汽车充电桩数（%）	最少电动汽车充电桩数（%）
1～25	4	1
26～50	6	1
51～75	8	1
76～100	10	1
101～150	10	2
151～200	9	2
201～300	8	2
301～400	7	3
401～500	6	4
≥501	5	1

资料来源：沃克停车场顾问。

表 13.10 中的数据可能会是上述联盟的 8 个州的住宅停车数量的 3 倍（纽约州、加利福尼亚州、康涅狄格州、马里兰州、马萨诸塞州、俄勒冈州、罗得岛州和佛蒙特州），还包括其他预计 PEV 销量较高的州（夏威夷州、华盛顿州），以及美国其他都市区的中心城市。在其他地区，住宅停车的规定可能是

按此表中的数据进行翻倍处理。

13.5.2 自动化机械停车设施

自动化机械停车设施（AMPF）在美国逐渐受到关注，有时也被称为机器人（尽管这是一个特定专利系统的名字）。此外，还有"汽车堆垛机"，允许汽车堆垛 2~3 层停放，这在某些情况下当然是有好处的，特别是在地面到顶棚高度特别高的适应性再利用项目中停车时。然而，这里的自动化机械停车设施指用于设施中整个停车位的全自动汽车停放/检索系统。由国家停车协会和自动化机械停车协会出版的《自动停车设施设计和操作指南》是一份很好的参考资料。

机械停车系统是在 20 世纪早期发展起来的，在人口密集的城市地区，没有足够的空间让车辆在坡道上行驶实现垂直楼层转换。这些设施都配备了工作人员，一名服务员把车开进电梯，或者开到一个可以垂直升降的平台上。由于在美国有大量的土地可以建造平地泊车位，随着早期系统老化后的维护成本高昂，这些类型的车库在 20 世纪 60 年代不再受欢迎。由于密集的城市环境，自那时起，随着技术的进步，欧洲和亚洲已经建造了数百座这样的建筑。第一个现代化的自动化机械停车设施于 2002 年在美国建成。截至 2014 年，美国大约有 25 个自动化机械停车设施正在使用或正在建设中。

在现代化的自动化机械停车设施中，驾驶人将汽车拉进一个开放的"装载舱"，然后离开汽车。顾客走到舱外的控制面板；普通用户通过卡、密码或其他访问控制设备进行识别，而访客则需要凭票进行识别。舱门关闭，对汽车进行测量，并在某些情况下扫描汽车内部的运动（以防止意外遗留在汽车中的婴儿和宠物被一起带走），然后通过自动系统将汽车移至开放的存储槽中。通常会为普通汽车和更高的汽车（如 SUV）提供不同高度的存储槽，与自停式车库相比，这有助于减轻机械车库的重量。返回的顾客走到控制面板前，支付停车费或出示预付的证明，汽车就会被取回并送到一个开放的取车区。顾客走到那个区域，驾车离开系统。在公寓或共管公寓项目中，居民可以预约从住宅中的楼宇自动化系统取回汽车，当居民到达停车场大厅时，汽车已经在那里等着了。

尽管确实存在其他系统，但在今天的市场上最流行的是移动式起重机、机架和轨道，以及自动导向车辆。为方便起见，我们将不再进一步讨论各种类型。

一般认为，自动化机械停车设施更具可持续性，主要是由于减少了车辆排放，消除了照明和通风（在地下）的需求。整体的能源使用大约是传统停车场的一半。它们也被认为是绿色的，因为它们能够在有限的地点提供更多的车位，并对增加停车密度做出贡献。其他好处包括显著提高安全性，这两个都是自助停车设施的关键问题。

正如在"停车费用"部分中所述，拥有和运营自动化机械停车设施的成本通常要比地上的开放式停车场和一两层地下楼层停车场高得多。除了增加的资本成本外，设备的维护也相对昂贵，尽管在公用事业成本、安全性和其他方面都有节约，但这也导致总体运营费用比 pay-on-foot（停车时取票，走时付费）式自助停车设施的费用翻了一番。出于可靠性的原因（"如果设施不能把车还给车主怎么办？"），许多美国车主不信任自动化机械停车设施，并拒绝使用自动化机械停车设施。今后 25 年里，人们可能还会有一些担忧，即这些系统可能需要大量的维护才能继续发挥作用，这基本上就是 20 世纪 60 年代之前建造的机械车库被淘汰的原因。由于自动化存储设备的电子控制和一些冗余，迄今为止，对美国早期的用户来说，可靠性并不是一个问题。有些系统对车辆的移动装置没有那么严格的设计要求，这将减轻人们对设备将来无法更换的担忧。

当没有足够的土地来建造自助停车场或费用过于昂贵时，一般会使用自动化机械停车设施。然而，其他条件，如场地限制，导致极其低效的停车布局或高于正常的建设成本，可以使机械停车与场地停车相比更具竞争力。这些条件可能包括以下几种情况的组合：地下停车，特别是地下条件（地下水位或岩石）使得挖掘工作成本极其高昂的情况，在需要短跨度布局的小面积建筑物下方施工，或者需要快速通道或单人停车位的非矩形小场地。由于汽车停放时没有行人进出，所以车位的宽度要窄得多。自动化机械停车设施中，两层楼所需的高度可以容纳大约三层的车辆存储。它还允许设计人员在检索车道的一侧或两侧使用串联停车位，从而允许在 6.1m 而不是在 15.2~18.3m 的车库中增加停车位。

从交通工程的观点来看，机械设备的关键问题是需要多少装载平台，以及这些装载平台如何与街道连接。与门禁控制一样，使用特定自动化机械停车设施系统可使存储/检索的速率提高，从而解决排队问题。

在占地面积有限的地方，建议在每个装载平台设置一条车道，如图 13.42 所示。在新泽西州霍博肯，一个 200 个车位的车库有 4 个装载平台和车道，以服务于居民停车。

图 13.42　从街道直接装载自动化机械停车设施
资料来源：沃克停车场顾问。

装载平台的数量取决于汽车的储存和提取时间，不同的系统时间差异很大。每个装载平台的存储/检索时间通常是每小时 20~30 辆汽车。不应该将一个通道服务速率加载到最大（排队长度会变得无穷大），因此，如果有 5 个装载室，那么每小时最高可提供 125 辆车的容量，这相当于一个拥有 400 个车位的设施在高峰时段 30% 的容量。一个单独的停车通道每小时通常可以容纳至少 600 辆汽车；典型的带出入口支付控制的停车场每车道可以容纳高达 300 辆车的容量。高峰时段 30% 或更少的车流量通常类似机场长期停车场或与住宅用途有关。更高的周转率通常意味着更多的装载平台，更重要的是，更多的汽车转移设备，增加了单位车位的成本。

如果装载平台位于街道外，则可能需要占用大部分的街道水平面，或开设斜坡，以衔接高于或低于水平面的装载平台（图 13.43）。当员工周转率高时，例如零售/餐饮行业，提供单独的入口和出口道路就显得非常重要。周转率较低的情况下，可在装载平台内设置转盘，使其可旋转从而具有双向通道。需要注意的是，根据 2010 版 ADA 标准，自动化机械停车设施需要配备一个无障碍汽车装载平台。

进入道路和装载区需要对整个场地的坡度有要求。对于零售和餐饮行业，10 个入口只能满足 200 个停车位（两层存储）的需要。如果是办公室使用，则由于高峰时段的单向交通流量以及用户熟悉路况所需的停留时间更少，因此将支持约 600 个车位。如果是住宅，此停车场 10 个入口将支持大约 800

第 13 章 停车场设计

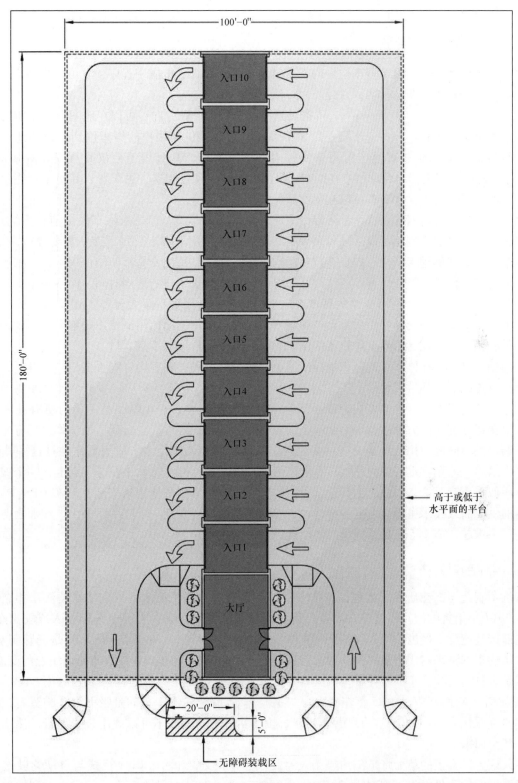

图 13.43 通过路外通道装载自动化机械停车设施
资料来源：沃克停车场顾问。

个车位。为了便于比较，每层楼大约有 50 个停车位，并设有一个自助停车库。因为自动化机械停车设施的效果最好，对于普通用户来说效益最高，周转率低，所以在截至本手册撰写时，居民停车是最常见和最适合采用机械停车的方式。

13.5.3 停车移动应用程序

用手机停车已经从之前发放停车位号码来支付停车费演变为手机应用程序，它可以将用户导航到一个开放车位，让用户为其车位付费，并延长用户停车时间。

泊车定位器应用程序，如Parker™，可提供到可用车位的行驶方向，可以在地图上显示所有可用车位，并提供停车费率信息。一些应用程序，如Wifarer，可以提供从用户的停车位到其目的地和回到停车位的步行指示。Wifarer还被博物馆用来代替语音浏览耳机，并可用于会议日程安排和房间分配。Parkwhiz等手机认证应用程序允许用户在线查找可用停车位、预订和支付停车费，并使用智能手机作为进入停车场的凭证。其中大部分都可以在单次旅行时下载。

目前，大多数手机付费应用程序都可以用来支付停车场停车费，但要求停车人提前在系统上注册，这样一来，每笔交易的费用都可以从预付余额中扣除，或与信用卡绑定。每笔交易都要收取一笔费用，用于支付管理费用和信用卡费用；如果客户使用预付账户而不是每次交易都使用信用卡，一些服务就会收取更低的费用。付费手机应用程序的主要好处之一是可以延长用户的使用时间，而不必重新查看计价器。在有其他付款方式（如信用卡）的客户中，手机付款的使用似乎不太流行。相反，对于停车设施所有者来说，手机支付的交易费用通常会加到用户支付的费用中，而信用卡费用则不会。因此，一些投资手机支付的城市已经在计价器上停止了信用卡支付，迫使用户使用手机支付。

最近的创新之一是在停车场的标识地板或通道上放置二维码。顾客用智能手机扫描二维码，就会收到带有停车位置的电子邮件或短信。

移动泊车应用程序发展如此之快，以至于有人可能会说它不是一项新兴技术。与所有新兴技术一样，新版本在特性和功能方面超越了旧版本。随着时间的推移，很可能会出现一场洗牌，部分原因是不同的停车场提供不同的应用程序是没有意义的，这会要求驾驶人使用多个应用程序在社区中找到停车位。社区中第一个停车移动应用程序推广者可以为该社区制定标准；然而，在这一点上，一个城市的首选应用程序似乎更有可能是市政府为其停车采用的应用程序。应用程序也被安装在新车GPS中。最终，一个特定的供应商或技术可能会占据主导地位，所有的功能都合并到一个应用程序中。在那之前，系统的选择是一个难题，需要停车场设施所有者相互进行协商。

13.5.4 自动驾驶汽车

所有汽车制造商都在研究"远程信息技术"的各个方面，这些技术将与自动驾驶汽车相结合。福特曾预计2017年销售的汽车将能够在高速公路上"按照队列"行驶，当其他车辆驶入或驶出车道时，它们将立即调整速度，速度快于人类的反应速度。因此，它们可以避免当第一辆车只是轻踩制动踏板，但随后的每辆车都越来越用力地踩制动踏板，直到最后面的第20辆车减速或停止时而引起的交通堵塞。

谷歌是全自动驾驶汽车的领导者，截至2015年5月，它已经在公共街道上行驶了超过100万mile，且事故数为零[5]。它们有望在2025年左右成为"主流"。所谓"主流"指的是吸引许多购买者，而不是技术的"早期采用者"。这将减少一些停车需求，因为自动驾驶私家车可以载用户去上班，然后把车停在路边，甚至回家。

许多人认为，真正的革命将是预约式无人驾驶汽车，将ZipCar®和Uber模式与自动驾驶汽车结合起来。根据最近的几份报告（KPMG，2012），每行驶1mile，使用自动驾驶汽车的成本不到拥有和使用一辆私家车的成本的一半。哥伦比亚大学地球研究所（the Earth Institute，2013）的一项研究发现，密歇根州的安娜堡能够提供1.8万辆可预约的无人驾驶汽车；这些汽车将服务于安娜堡的12万人（占总人口的43%），他们每天的行驶里程不足70mile。

订车服务真的能发展那么远吗？可能不会，但它肯定比共享停车场、混合用车和公交导向式发展更

第13章 停车场设计

能大幅度减少停车需求。订车服务让出生在21世纪的用户都可以安全地开车和发短信！更严重的是，如果不是绝对必要的话，那一代人已经不想拥有一辆车了。那些由于各种原因不能使用交通工具通勤上班的人，将会被吸引到无人驾驶汽车的预约上。无人驾驶汽车可以让用户在上下班途中阅读或工作，就像铁路通勤一样，但可以按需上门服务。

预约式无人驾驶汽车也可以解决"老龄化"的问题。当一个85岁的老人需要去看病或购物时，就可以采用这种服务。

同时，无人驾驶将影响所有的土地用途。大学正是这一理念的理想体现：预约无人驾驶汽车可能比校园巴士更划算。机场可能需要更长的候机楼停车区来供乘客上下车，并减少收费停车。

这不会在一夜之间发生，至少部分原因是道路上的汽车平均寿命超过了10年。

如果预约式无人驾驶汽车成为现实，随着时间的推移，诸如工作场所和购物场所（已有和新建）等"目的地"的停车需求可能会下降，甚至会比住宅用户停车需求的下降还要大。

街上的地面停车场等建筑物可能会被停止使用，改作更好的用途。未来，也许大多数路边停车位最终将被改为自动驾驶汽车15min的接送区。随着时间的推移，城市发展总是会出现这样的情况，质量低的开发项目将被停止，取而代之的是质量好的开发项目，并附带提供一些停车位，尽管数量要比今天少。

尾　　注

1. Rebar集团有限公司服务商标。
2. 本章内容改编自沃克停车场咨询和战略运输倡议公司于2014年为William and Mary 学院所做的"停车与交通研究"。
3. 共享停车等参考指标的基础比率已根据市中心的情况进行调整。
4. 多个文件可以在www.sfpark.org上找到。
5. 可参考2015年5月谷歌自动驾驶汽车项目月报，下载地址为https：//static.googleusercontent.com/media/www.google.com/en//selfdrivingcar/files/reports/report - 0515.pdf。

参 考 文 献

Adiv, A., and Wang, W. (1987). *On-street parking meter behavior*. Ann Arbor, MI: University of Michigan Transportation Research Institute.

American Association of State and Highway Transportation Officials (AASHTO). (2004). *Guide for park-and-ride facilities* (2nd ed.). Washington, DC: AASHTO.

———. (2011). *A policy on geometric design of highways and streets* (6th ed.). Washington, DC: AASHTO.

American Society for Testing and Materials (ASTM). (1995). *Safe walking surfaces* (ASTM Standard F-1637). Philadelphia, PA: ASTM.

Blackburn, S. (2009). The geometry of perfect parking. Retrieved from http://personal.rhul.ac.uk/uhah/058/perfect_parking.pdf.

Box, P. (1994). Effect of single line vs double line parking stall markings. *ITE Journal, 64*(5), 27–29.

Charness, N., Boot, W., Mitchum, A., Stothart, C., and Lupton, H. (2012). *Aging driver and pedestrian safety: Parking lot hazards study* (BDK83 977-12). Tallahassee, FL: Florida Department of Transportation.

Chrest, A. P., Smith, M., Bhuyan, S., Iqbal, M., and Monahan, D. R. (2001). *Parking structures: Planning, design, construction, maintenance and repair* (3rd ed.). New York: Kluwer Academic Publishers.

Crommelin, R. (1972). *Entrance-exit design and control for major parking facilities.* Paper presented at "SEMINAR '72," Los Angeles Parking Association, Los Angeles, CA (October 5).

Earth Institute. (2013). *Transforming personal mobility.* Retrieved from http://sustainablemobility.ei.columbia.edu/files/2012/12/Transforming-Personal-Mobility-Jan-27-20132.pdf.

Edwards, J. (2002). Changing on-street parallel parking to angle parking. *ITE Journal, 28* (February), 28–33.

Electricdrive.org. (n.d.). Retrieved from http://electricdrive.org/index.php?ht=d/sp/i/20952/pid/20952.

Ellson, P. B. (1984). *Parking: Dynamic capacities of car parks (1969) and Parking: Turnover capacities of car parks.* Crowthorne, Berkshire, UK: Transportation and Road Research Laboratory.

Ellson, P. B., Bellchambers, D. M., Button, R. J., and Summer, P. J.. (1969). *Parking: Effect of stall markings on the positioning of parked cars* (RRL Rep. LR 289). Crowthorne, Berkshire, UK: Road Research Laboratory [now Transport and Road Research Laboratory].

Environmental Protection Agency (EPA). (2014). *Light duty automotive technology, carbon dioxide emissions, and fuel economy trends 1975–2014.* Washington, DC: EPA. Retrieved from www.epa.gov/oms/fetrends-complete.htm#report.

Extremetech.com. (n.d.). Retrieved from www.extremetech.com/extreme/132147-ford-self-driving-cars-2017.

Federal Highway Administration (FHWA). (2003). *Manual on uniform traffic control devices* (2003 ed.). Washington, DC: FHWA.

———. (n.d.). *Active parking management: Approaches: Active transportation and demand management.* Retrieved from http://ops.fhwa.dot.gov/atdm/approaches/apm.htm.

Findley, D., Cunningham, C., Chang, J., Hovey, K., and Corwin, M. (2012). *Effects of license plate attributes on ALPR* (Final Report). Raleigh, NC: Institute for Transportation Research and Education, North Carolina State University.

International Parking Institute. (2005). *Parking 101: A parking primer.* Fredericksburg, VA: International Parking Institute.

Institute of Transportation Engineers (ITE). (2009). *Transportation planning handbook* (3rd ed.). Washington, DC: ITE.

KPMG. (2012). *Self-driving cars: The next revolution.* Retrieved from www.kpmg.com/US/en/IssuesAndInsights/ArticlesPublications/Documents/self-driving-cars-next-revolution.pdf.

Litman, T. (2006). *Parking management best practices.* Chicago, IL: American Planning Association.

McCourt, R. S. (n.d.). Initial draft for task force and member review sites open to public travel: Modifications to the MUTCD to address SOPT [memorandum].

Millard-Ball, A., Weinberger, R. R., and Hampshire, R. C. (2014). Is the curb 80% full or 20% empty? Assessing the impacts of San Francisco's parking pricing experiment. *Transportation Research Part A: Policy and Practice* [preprint]. 10.1016/j.tra.2014.02.016.

Monahan, D. R. (1995). Safety considerations in parking facilities. *The Parking Professional* (September), pp. 20–29.

Naughton, N. (n.d.). Average age of light vehicle on U.S. roads stayed flat at 11.4 in 2013. Retrieved from www.autonews.com/article/20140609/RETAIL03/140609837/average-age-of-light-vehicle-on-u-s-roadsstayed-flat-at-11-4-in.

Nawn, J. (2003). *Back-in angled parking in the central business district.* Presentation at the Annual Symposiums of TRB and ITE (July 28–30), Anaheim, CA.

Parking Consultants Council. (2009). *The dimensions of parking* (5th ed.). Washington, DC: Urban Land Institute and National Parking Association.

———. (2011). *Guidelines for parking geometrics.* Washington, DC: National Parking Association.

San Francisco Municipal Transportation Authority (SFMTA). (2014). *SFpark: Pilot project evaluation.* Retrieved from http://direct.sfpark.org/wp-content/uploads/eval/SFpark_Pilot_Project_Evaluation.pdf.

Schaller Consulting. (2006). Curbing cars: Shopping, parking and pedestrian space in Soho. Retrieved from www.transalt.org.

Shoup, D. *The high cost of free parking.* (2005) (updated 2011). Chicago IL: American Planning Association.

Smith, M. S., and Butcher, T. A. (1994). How far should parkers have to walk? *Parking, 33*(8), 29–32.

Transit Cooperative Research Program (TCRP). (2012). Guidelines for providing access to public transportation stations. *Transportation Research Record, 1456.*

Transportation Alternatives. (2007). No vacancy: Park Slope's parking problem and how to fix it. Retrieved from www.transalt.org.

Traut, E., Cherng, T., Hendrickson, C., and Michalek, J. (2013). US residential charging potential for electric vehicles. *Transportation Research Part D, 25,* 139-145. Retrieved from www.cmu.edu/me/ddl/publications/2013-TRD-Traut-etal-Residential-EV-Charging.pdf.

U.S. Access Board. (2011). *Proposed guidelines for pedestrian facilities in the public right-of-way* (37 C.F.R. Part 1190). Retrieved from www.access-board.gov/guidelines-and-standards/streets-sidewalks/public-rights-of-way/proposed-rights-of-way-guidelines.

U.S. Department of Justice. *2010 ADA standards for accessible design.* (2010). Washington, DC: Department of Justice. Retrieved from www.ada.gov/regs2010/2010ADAStandards/2010ADAStandards_prt.pdf.

U.S. Department of Transportation. (2007). *Advanced parking management systems.* Washington, DC: U.S. Department of Transportation.

———. (2008). *Evaluation of transit applications of advanced parking management systems.* Washington, DC: U.S. Department of Transportation.

Weant, R. (1978). *Parking garage planning and operation.* Westport, CT: Eno Foundation for Transportation.

Wright, R. (2012). U.S. shift to small cars seen as permanent. *Financial Times* (October 2).

第 14 章 交通静化

原著: Jeff Gulden, P. E., PTOE, 和 Joe De La Garza, P. E.
译者: 梁军 教授、博士; 熊晓夏 副教授、博士

14.1 基本原则和参考资料

交通静化可以通过降低汽车行驶速度和附近道路的交通量来提高城市、郊区和农村地区的生活质量。在住宅道路上实施交通静化,为交通工程师和规划师满足更广泛的社会需求,即促进所有道路使用者出行的安全性和高效性提供了一种新思路。交通静化方法不仅可以改善道路状况,也有助于创造社区的环境感。

目前已经出版了大量的手册和期刊文章,详细介绍了交通静化的量化效益、基础设施的标准化设计以及在特定街区的施行过程。专业工程师和规划师应用这些公布的信息在全世界范围内成功实施了交通静化。本章一方面重申了交通静化的基础理论,另一方面反思了一些开始转变的观念,即人们关注的焦点已从单纯的减慢交通转为降低汽车对街区的影响,以更好地满足所有用户(例如行人以及骑自行车的人)对附近交通系统的需求。图14.1展示了通过减速丘降低汽车速度使道路对骑自行车的人更友好的一个案例。

图 14.1 有助于增加骑行安全性的减速丘(俄勒冈州波特兰)
资料来源:Bob Wall, FWFocus Productions。

此外，本章关注了从强调街区交通静化规划到完整街道项目的转变，通常发生在商业区和城市地区。市镇县作为街区交通静化规划的一部分，采用的交通静化设施（如路缘石和中央分隔岛）通常被认为是完整街道项目的关键要素。有关完整街道的详细说明，请参阅第11章。

本章的目的是通过介绍街区交通静化的定义和历史、描述交通静化具体设施以及这些设施的关键识别特征，让读者了解交通静化的现状。

14.1.1 定义

尽管交通静化的定义在不同出版物中各有异同，但其本质还是保持不变。《交通静化：实践现状》（Ewing，1999）为交通静化提供了一个明确的定义："出于街道安全、宜居性和其他公共目的，交通静化通过改变街道布局、安装路障和其他物理设施，降低交通速度和/或通过交通量。"

> 交通静化通过降低汽车速度或交通量，改善了居民生活质量，提高了步行安全性，给予骑行者更舒适的出行环境。

ITE的定义强调了交通静化的最终目的，具体来说，降低汽车速度或交通量是实现其他目的的一种手段，例如提高居民区的生活质量，增加商业区的步行安全性，或使自行车更适合日常出行。

ITE的不同定义广泛应用于交通静化领域，尽管确切的措辞可能有所不同，但其目标仍然保持一致。

14.1.2 发展历史

交通静化领域从20世纪70年代开始发展，在许多城市已经非常普遍。尽管各种交通静化技术可以追溯到20世纪40年代末或50年代初，但直到1981年《FHWA的最新报告：住宅交通管理》出版才引起社会对交通静化的广泛关注（图14.2）。研究发现，截至1978年，北美已有120多个司法管辖区有不同形式的交通静化管理经验。

1999年ITE出版的《交通静化：实践现状》成为美国的主要参考书，其关于交通静化设施有效性的可靠数据、各种交通静化设施的设计细节以及各种设施的插图/照片被广泛应用。该书还包含有关法律授权和责任、紧急响应和其他考虑以及交通静化影响等方面的背景信息。

《交通静化：实践现状》中的交通静化对工程专业产生了重大影响，此后许多其他手册和文章陆续出版，以协助规划师和工程师在公共道路上实施交通静化。2009年，美国规划协会（APA）出版了《美国交通静化手册》（Ewing, Brown, 2009），它结合了《交通静化：实践现状》和第6版《交通工程手册》"交通静化"一章中的大部分内容，并更新了相应的部分。这些出版物所提供的方法正在被逐步实践证明有效。

本章内容涉及后续章节中概述的其他道路设计实践，相关文件如：AASHTO的《公路和街道几何设计政策》（《绿皮书》，AASHTO，2011），FHWA的《统一交通控制设施手册》（2009），NACTO的《城市道路设计指南》（2013）、AASHTO的《自行车设施发展指南》第4版（2012）和ITE的《减速丘设计和应用指南》（1997）。

图 14.2 加利福尼亚州伯克利的早期交通静化设施

14.2 专业实践

本节将讨论交通静化的应用实践，包括交通静化的目的、交通静化的其他用途、在制定街区交通静化规划过程中以及街区交通静化项目的最新发展。

14.2.1 交通静化的目的

近年来，交通静化的实践已经从针对街区特有的处理方式发展成为完整街道、自行车大道和其他交通相关项目的组成部分。作为解决交通问题的一种独特的方法，街区交通静化不像过去几十年那样普遍，新的或升级的街区交通静化项目更少。然而，市民仍然希望住宅附近道路上的车速和车流量能够减小，街区交通静化项目往往是满足市民在住宅道路上实现交通静化要求的最有效方法。

街区交通静化是居民要求对其住所附近道路采取速度和交通量管理措施的有效途径。

在交通静化实践中不断取得的经验和知识可以满足多种形式的需要：可以作为街区交通问题的解决方法，可以作为实施自行车道的组成部分，也可以作为新住宅街道设计政策的一部分，以及作为完整街道项目的组成部分。下一节将描述将交通静化融入后三项项目的方法，这些方法是经过数十年的街区交通静化实践的经验沉淀后凝练的交通静化措施（第 11 章提供了更多细节）。本节主要介绍街区交通静化。

街区之间的交通静化是独一无二的，因为居民往往是附近唯一在意车速和交通量的群体。因此，拥有一个清晰的规划、评估和实施过程对于街区交通静化至关重要。相比之下，交通静化在城市中的其他应用是由多方面推动的，例如自行车倡导团体推动的自行车道项目，或安全倡导者推动的完整街道项目。街区交通静化为居民提供了解决社区交通问题的方法。

14.2.2 街区交通静化过程

街区交通静化项目是指制定街区交通静化规划的结构化过程。

街区交通静化规划的制定是一个结构化过程，从最初确定交通造成的问题，到实施措施，再到特殊情况下取消未达到社区或工程预期的交通静化措施。交通静化规划应在广泛的交通研究和无规划的实施之间，以及在对社区意见的反馈与仅基于技术判断的响应之间取得平衡。计划过程必须充分结构化以避免政治和法律后果，同时充分以结果为导向来及时满足三方成员的要求。

街区交通静化规划是城市或县域交通服务的共同组成部分。截至 2014 年，在美国 111 个最大的城市（人口超过 20 万人的城市）中，超过一半的城市实施了某种形式的街区交通静化项目。一些自身未做交通静化规划的城市在其他城市规划中涉及了街区交通静化，比如自行车总体规划。其他没有被纳入该规划的城市，如亚利桑那州的凤凰城，没有正式公开的项目，但是安装有减速丘和减速块等设施。

我们可以从单独的街区交通静化项目中得到很多启发。一个机构想要开展一个交通静化规划，可以先审查其他城市的规划，从其相邻城市收集相关经验，并查阅相关文献。交通静化出版物详细介绍了开展街区交通静化项目的细节［如《交通静化实践回顾》（Ewing，Brown，Hoyt，2005）和《美国交通静化手册》（Ewing，Brown，2009）］。这些出版物提供了许多来自城市、县和州的街区交通静化项目组成部分的示例。

本节根据之前的文献，总结了开展街区交通静化项目的最佳应用实践结果。要了解更多关于项目细节的信息，建议读者阅读一些重要城市的补充文档和街区交通静化项目，比如得克萨斯州的奥斯汀、加利福尼亚州圣地亚哥、北卡罗来纳州温斯顿塞勒姆和新墨西哥州的阿尔伯克基等。

街区交通静化规划的详细流程图中包含了开展交通静化项目的步骤、关键决策和时间框架。得克萨斯州奥斯汀市《本地交通管理指南和程序》中的流程图（图 14.3）确定了需要请求者采取行动的步骤（以深灰色显示），有助于请求者了解何时、何地以及需要他们做什么。

不同城市的实施过程各不相同，有些城市完全依靠市民参与制定交通静化规划；有些城市则通过获取交通投诉，进行研究并制订计划，最后公示给公众并征求意见。对于一个机构的规划或工程部门，制定街区交通静化规划依旧依赖于本章所述的交通静化的基本原则，对公民参与度的依赖程度较小。

公众的参与是制定交通静化规划的重要组成部分，应注意将公众纳入计划制订过程。

街区交通静化过程有四个关键步骤：项目启动、计划制订、计划审批和计划实施。项目启动是居民或机构工作人员要求采取交通静化措施以应对超速或交通量问题的过程。计划制订过程包括公众参与和与机构工作人员协调，拟定合理的交通静化措施细节。计划批准过程通过社区调查或请愿书，使受影响的社区居民有机会批准建议的交通静化措施的详细信息。计划实施是最终流程，在此过程中完成交通静化规划的设计和构建。本节总结了流程中每个步骤面临司法管辖时的可能选择。

1. 项目启动

一个交通静化项目可能是被动地响应公民的行动要求，也可能是由工作人员发现问题并主动地采取行动，许多美国的交通静化项目都是被动的。交通静化项目可以针对某个节点或某条街道制订改善计

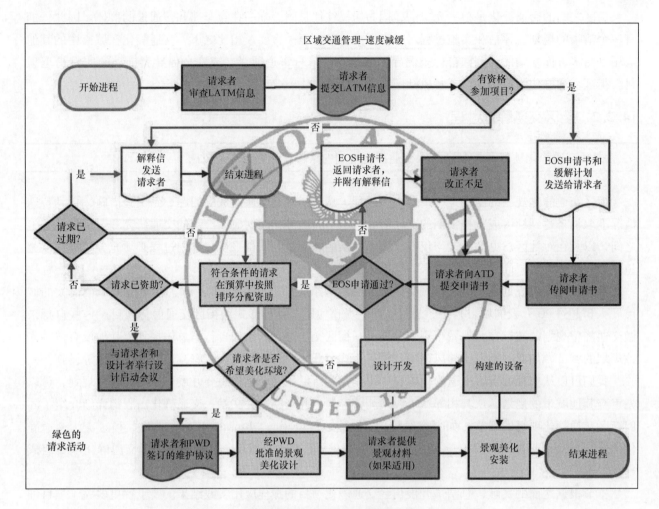

图 14.3 得克萨斯州奥斯汀市街区交通静化规划制定流程图

资料来源：奥斯汀市交通运输部。

划，也可以同时处理多条街道，即在区域范围内进行规划和实施改善。

对于被动响应的交通静化项目，其在采取任何行动之前需要得到不同程度街区居民的支持。一些机构允许个人通过电话、书面请求或在线请求发起需求调研，其他机构要求有指定数量或百分比的居民签署请愿书，还有一些要求负责任的社区协会（或没有协会的市议会成员）发起研究，还有少数首先要求有签名的请愿书，然后获得社区协会的同意。如果是由居民个人发起，则在项目启动之前应提前申明是否已经获得足够多的居民的支持。

一旦项目被提出，工作人员应确定潜在的受影响区域，即研究区域和调查/投票区域。该区域应包括可能受交通静化措施影响的所有街道，通常应以主干道路、地形特征等主要特征为边界。一些管辖机构直接将交通量作为受影响区域的量化界限，然而工作人员应尽量修改并确定受影响区域。

通常情况下，采取控制交通量措施的影响区域比控制速度措施的影响区域大，采取严格速度控制措施（如减速丘）的影响区域比温和措施（如中央隔离岛变窄）的影响区域大。一条街道上减少的交通量可能会被分流而导致附近平行街道上的交通量增加。

随后，工作人员开始采集受影响区域内所有重要街道的"事前"交通数据。数据通常来源于FHWA提供的速度和交通量计数以及多年来的交通事故数据。为了更好地理解街道之间的交互问题，有时有必要进行起讫点研究。其他可能有助于研究的因素也应包含在数据采集范围中，如人行道、自行车道、住宅密度、与公园的距离、学校、街道功能分类、网络连通性、速度限制、货车路线、紧急响应路线和公交路线等。

2. 计划制订

制订交通静化程序可以在不同程度的公众参与度下进行：完全在城市工程部门内部制订计划或由相关居民组成的委员会制订计划。两种方法各有优缺点，但它们具有基本的共性，如对交通数据的审查和对拟议措施的应用指导。

应在公众参与下完成社区交通静化规划（计划制订）。

例如，与社区委员会进行多次会议相比，由工程部门内部制订社区交通静化规划草案的时间花费会更少。但是，由社区委员会制订并在规划师和工程师的技术支持下制订的计划可能更容易被居民接受，也更能反映街区道路交通的需求和细微差别（图14.4）。

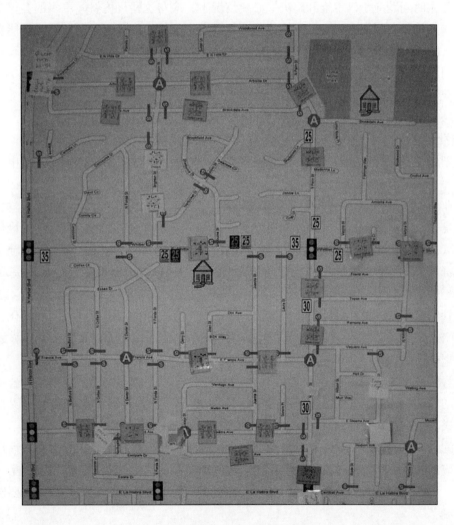

图14.4 居民委员会成员放置图标的社区地图，标识他们的初步计划草案

资料来源：Jeff Gulden。

启用委员会通常需要招募志愿者或者直接由社区协会任命成员。委员会可以由几名成员到几十名成员组成。委员会规模越大，则需要花费更多的时间让每位成员表达其意见。如果委员会规模太小，则在一定程度上不能在一些社区内部意见上的反映达成一致。此外，一个委员会的规模应满足当1~2名成

员缺席某次会议时，委员会仍可以进行富有成效的会议。此外，选取那些对计划和进程有归属感的社区领导人有助于团结其他居民。

由市政府工作人员制订的计划应解决居民在计划启动阶段和公开会议上所提出的建议。在征求了居民的意见后，制订的计划草案应根据居民的意见进行修改。当居委会制订计划时，在项目进展过程中整个社区都有提出意见和建议的机会，但是委员会应该投入足够的时间和精力来制订社区交通静化规划。

在计划制订过程中应召开公开会议，以提出计划并收集反馈。会议通常在计划的早期进行，以告知参会者制订、批准和实施街区交通静化规划的程序。居民和商业业主应该被赋予告知和讨论街区内部交通问题的权力。

其他机构的利益往往会通过允许工作人员审查和评论交通静化规划来得到满足。一旦制订了初步计划，工作人员就会向受影响的机构征求反馈，其中可能包括消防部门、警察局、公交服务机构、当地学区、环境服务（垃圾回收）、邮政承运人及救护车服务。

其他机构关注的问题应予以审查和解决，必要情况下，应与这些机构召开更多的会议来修改计划以满足他们的需求。例如，现场会议有助于让消防车驾驶人提出他们的过弯问题，同时也能提醒驾驶人应以不会危及行人的速度过弯。初步计划应做相应的修改。

在制订计划的后期，经常会召开一个额外的社区会议介绍拟议的计划，包括拟议措施的类型和地点，并邀请公众对计划进行反馈。任何来自公众的反馈和指导都应被记录下来，最终的交通静化规划也会根据这些信息进行调整。

3. 计划审批

提议的计划通常需要社区的居民批准。在大多数地方，项目必须在测试措施之前就申明其已经得到了有力的支持。在美国有这样的示例：在永久性安装任何设施之前，必须有50%、60%、甚至70%的业主、租户企业和/或居民必须同意街区交通静化规划。

请愿曾经是获取支持最常见的方式。然而，签署的请愿书并不总是反映公众情绪的最佳指标，许多社区转而采用（或改用）调查程序，以确定公众对某项计划的支持程度。一种常见的调查方法是通过类似投票的邮寄调查。这种调查应尽可能在网上完成；且管辖机构应有能保证公平地完成此任务的手段，并确保系统每次仅收到一个家庭的一个回应。

每个司法管辖区都有批准计划的最少票数要求。最低批准投票率根据措施不同而变化，对临时措施要求至少有30%的支持率，对经过特别评估的永久性措施要求达到100%的支持。调查显示司法管辖批准要求的支持率中值为2/3。

一些司法管辖区还制订了调查对象回复率的要求，这些规定是为了确保一定程度的公众接受度。对于有此类要求的司法管辖区，其要求回复率的中位数为50%，即建议至少回收50%的调查问卷，若有67%的居民赞成，则继续执行计划。

计划所需的响应率和批准率要求越高，对交通静化的需求就越被限制。在一个需求远远超出交通静化项目经费供应的社区，可以通过构建管理门槛使得其竞争项目失去竞争资格。这种方法的问题在于，提高管理门槛并不能确保最有价值的项目得到建设。更常见的做法是公开流程并根据需要确定优先级。

4. 计划实施

经过确定性调查或请愿程序后，市政府管理人员将批准计划并拨出资金用于设计和施工。这一步完成后，则开始准备工程设计，并在必要时完成环境评估。

计划实施阶段将对批准的街区交通静化规划进行技术设计和建设。交通静化设施是根据几何、美学、标志和标记指南进行构建。鉴于过去几十年来交通静化设施的建设经验，许多地方的施工人员都熟悉各种设施的建设过程。

在实施复杂的、区域性的、交通转移且其潜在影响难以预测的计划时,可能需要进行设施试安装。在部署新的交通静化设施(如 14.5 节"未来趋势"一节中所述的设施)时,也可能需要进行试装。尽管安装是在试验的基础上进行的,但这并不意味着该项目的偷工减料。全国范围的经验验证了美学对于公众接受度的重要性。

在安装 3~6 个月后,可以开始评估交通静化设施的使用性能,以便从每个项目中学习并获取影响数据。速度和交通量测量通常在设施的永久安装后进行,以便进行前后比较。此外,还可以收集事故和居民满意度调查数据。

如果静化设施被证明无效,员工可自行决定是否取消交通静化措施。撤销交通静化设施前,工作人员应考虑居民的反馈意见,因为尽管未达到工程的预期相关性能,但社区可能仍希望采用该交通静化设施。

14.2.3 城市中交通静化的其他用途

除了实现街区交通静化外,交通静化设施还有其他显著用途。其中,实施街区交通静化措施是每一项用途的重要特点。

1. 自行车道

自行车道是由波特兰交通局(PBOT)定义的"交通量低、速度低,自行车、行人和居民优先"的街道,也被称为街区绿道。为了达到自行车道的目的,通常会采取一些与街区交通静化规划类似的交通静化设施,如限速和限流。然而,自行车道的不同之处在于它对促进道路沿线的交通活力有重要作用,自行车道沿线的交通静化是达到最终目的的手段,它只是增加道路沿线活力交通总体目标的一部分。

为了更好地实现活力交通,自行车道的实施通常以长度为单位,而不是以街区或交通静化设施的数量为单位(这些通常是街区交通静化规划的测量单位)。俄勒冈州波特兰市在 2010 年安装了 18mile 的自行车道。华盛顿州西雅图市是另一个拥有活力自行车道项目的城市(此外还有活力街区交通静化项目);该城市正在努力建设数公里长的自行车道,以连接城市的不同部分。预计在每个绿道小区为每条自行车道装设一个减速丘。

2. 交通静化的发展趋势

将交通静化设施纳入新的开发项目可带来多种好处,例如可以降低市政成本,使街区居民能够完全了解交通静化的相关因素,还可以改善小区的绿化维护问题和照明问题。

工程师和计划人员可以主动识别车速或交通量过高的路段,并推荐各种交通静化设施以最大限度地减少潜在问题。《交通静化:实践现状》预测,随着新的发展,交通静化的重点将从内部改造转为融入新开发项目。然而,这种转变仅在有限的范围内发生,还并不是多数市政当局所采用的严格标准。

新开发项目中包含的交通静化设施往往是平面速度控制设施,如路缘石或环形交通,而不是立体设施如减速丘。

3. 完整街道的交通静化

根据 Smart Growth America 的说法,完整街道的"设计和运营是为了使所有用户(包括所有年龄和能力的行人、骑自行车的人、驾驶人和公交乘客)都能安全进入",通常包括使用交通静化设施(Smart Growth America)。虽然交通静化在大多数完整街道项目中并未引起强烈关注,但它确实发挥了重要作用。第 11 章讨论了完整街道的详细注意事项。

完整街道的设计包含交通静化设施,主要是为了改善活力交通和公共交通的使用。某些交通静化设施实现了地点的限速,这确实是项目的重要组成部分,但其重要性在通常情况下不如街区交通静化项目。许多自行车和行人便利设施已经作为交通静化的工具使用了很多年,如路缘石、交通环岛和中央分隔岛。将这些设施纳入城市完整街道项目，显示出从街区向城市交通静化的总体转变。

"完整街道"采用了交通静化设施，以帮助创造一个强调安全、经济活力、社会和环境目标平衡的道路视角。

出于各种目的，单独的交通静化设施已被纳入了完整街道项目，将重点从优化高峰时段的交通流量转移到了一种平衡的观念，这种观念强调了一种可以带来安全与经济活力的出行模式，同时强调了社会和环境目标。《芝加哥完整街道：设计指南》（芝加哥交通部，2013）将中央分隔带和路缘延伸确定为完整街道改造的可能途径。该文件建议"尽量减少建设过多的路面和不渗水的表面"（第99页）。此例说明了如何通过交通静化设施来创建可以增加市区价值的交通走廊。

完整街道和街区交通静化之间的界限可能比较模糊。城市通常以交通静化设施为基础来实施完整街道项目，一些城市通过完整街道的方法来实施街区交通静化，例如加强行人保护设施。华盛顿特区的《交通静化评估应用程序》（DDOT，2012）（旨在解决居民对街区担忧的问题）包括改造人行横道的设施，如矩形快速闪光信标、人行道内闪烁的人行横道灯和行人混合信标等。《波士顿完整街道设计指南》"设计了降低运行速度的特征要素"，如中段延伸岛、弯道、中心岛和减速墩等（波士顿交通部门，2013）。

4. 道路设计指南中的交通静化

完整街道项目在一定程度上加速了城市交通静化设施的标准化。完整街道和城市街道设计指南的出现为辖区提供了为交通静化设施制定具体设计指南的机会。完整街道指南通常明确各种道路类型，并为每种类型确定适用的交通静化设施，从而可以专门为每条道路制定实现完整街道政策的设计指南。管辖机构可使用本章中的设计指南，在完整街道项目中采取合适的交通静化设施。

NACTO《城市街道设计指南》包括许多传统上用于街区交通静化项目的交通静化设施，例如弯道、减速带和减速墩等。该准则提供了实施项目所需的流程图、照片和设计元素。《城市街道设计指南》已获得多个州DOT的批准，可在某些州内使用，为各机构提供了得到国家认可的详细的州级交通静化指南。

某些完整街道指南倾向于在理想的道路环境中举例并说明交通静化设施。通过在图中突出显示交通静化设施（通常是该城市典型道路类型的图像或插图），指南可以更有效地传达完整街道设计中各个组成部分的重要性。对理想的街道景观网络中的单个交通静化设施的确认，显示了此类设施对完成完整街道总体目标的重要性。

《波士顿完整街道：设计指南》有效地传达了完整街道设定中各个交通静化设施的重要性。图14.5中的图像来自对中段延伸岛的描述。该书以类似的方式介绍了其他城市交通静化设施。

在完整街道政策中纳入交通静化设施有关的详细信息，突出表明了从独立的交通静化设施计划向完整街道计划的转变。通常，某些辖区的完整街道政策会引用其他相关文档，为读者提供更为具体的信息如行人总体规划等。但是，完整街道指南中应明确确定交通静化设施，而不是交叉引用其他交通静化文件。

5. 交通静化与活力交通

交通静化已被用来改善驾驶人与活力交通道路使用者的交通。除了在完整街道或自行车道中的应用外，独立的交通静化设施可直接改善邻近道路的行人和自行车交通的情况。为限速和限流而实施的交通静化设施直接影响了骑行者在道路上的体验。

为了提高活力交通供给，在道路沿线偏僻的地点应考虑实施交通静化。例如，一些街区交通静化设施可以有利于行人过马路，如路缘凸出、中间带和垫高的人行横道。

图 14.5 中段延伸岛示意图
资料来源：波士顿交通部，2013。

14.2.4 街区交通静化规划更新

2014 年在美国的大城市进行了一项调查，以确定街区交通静化规划的开展时间。所有人口超过 20 万人的城市都被评估并被录入在线检索库，以确定该城市是否有街区交通静化规划，如果有则记录计划的开展时间。选择美国的大城市是因为它们通常是各大都市地区的代表城市。这项调查并不包括所有的城市，因为大都市地区的小城市可能在交通静化方面很活跃，并有已被批准的街区交通静化规划，但在调查中没有反映出来。

这项研究仅为了确定已批准的街区交通静化规划，并不包括那些正在实施交通静化的城市。此外，由于预算削减、人员配备或其他问题，拥有已被批准街区交通静化规划的城市可能不会积极规划或实施交通静化。

在那些被调查的且拥有已批准的街区交通静化项目的城市中，超过 63% 的城市在 2010 年之前就已经开展了此类项目。大多数街区交通静化项目是在 21 世纪初开发的，反映了街区交通静化的发展史。2010 年之后，只有大约 36% 的街区交通静化项目得到了开发，其中有 4 个项目是在 2013 年开始实施的。

尽管街区交通静化问题可能存在于美国所有的大城市里，约半数的大城市已经批准了街区交通静化规划。在实施交通静化的城市中，大约 15% 的城市只有在线服务，表明它们倾向于为居民提供在线信息，而不是庞大的程序文件。每个城市提供的在线信息的数量各不相同，如亚利桑那州的图森提供了大量的交通静化在线信息，而其他城市只提供少量信息。几乎所有拥有经批准的街区交通静化规划或在线交通静化信息的城市都为居民提供了联系方式，让居民可以进一步要求调查感知到的街区交通问题。

田纳西州诺克斯维尔市对西南部 22 个城市进行了调查，发现 86% 的城市实施了有效的交通静化规划。那些没有官方计划的被调查城市在没有官方程序的情况下仍然能够解决交通静化问题。2/3 的没有官方项目的城市选择使用完整街道项目的资金，而不是开发独立的交通静化项目。

14.3 工具箱

"工具箱"是规划师、工程师、决策者和居民在制订街区交通静化规划时可选用的交通静化设施的集合。

工具箱中包含了单独的交通静化设施。术语"工具箱"用于描述规划师、工程师、决策者和居民在制订街区交通静化规划时可使用的交通静化设施。工具箱中的交通静化设施的效果和目的各不相同。传统上，交通静化设施分为三大类：

- 非物理设施——教育和执法措施，用于提高对驾驶行为和交通静化的认知。
- 速度控制设施——旨在解决汽车速度问题的物理设施。速度控制设施利用汽车行驶路径的偏斜来达到合理速度，其主要目的是将交通速度降低到规定的速度范围内。减速丘、减速块、减速墩、垫高的交叉口、交通环岛、弯道、中段延伸岛、横向位移和重新调整的交叉口等被归类为速度控制措施。
- 交通量控制设施——旨在解决汽车交通量的物理设施。交通量控制设施使用障碍物来阻止发生在街道或交叉口的一些行为。其主要目的是阻止或消除过境流量。全封闭式和半封闭式街道、各种类型的分流岛和中央隔离带等被归类为交通量控制设施。

市政"工具箱"中的交通静化措施可用于其他道路项目，如完整街道和自行车道等。请参阅第11章了解在非街区情况下使用交通静化设施的更多信息。

以下小节分别描述工具箱中可能包含的每一种交通静化设施，包括具体的实施、设计和标记指南。

以前的出版物提供了有关各种设施的详细信息，如标准设计模板、通用平面视图布局和照片。提供这些详细信息的一个目的是为了在交通静化项目发展正盛时，能确保采用统一的形式进行交通静化设计和实施。在过去的几十年里，交通静化设施变得更加标准化，对每一项设施的详细信息的需求也变得不那么必要。此外，各司法管辖区就交通静化设施的设计（包括设计细节）提供自己的准则也并不少见。

随着交通静化设施在城市中变得司空见惯，各机构开始将交通静化设施纳入其街道设计标准。例如，来自阿拉斯加州安克雷奇的街区交通静化规划为多种交通静化设施提供了设计模板，如减速丘、增高人行横道和行人安全岛。在佐治亚州的亚特兰大，街区交通静化规划为各种设施提供了标准设计，包括实际安装的图像和许多设计标准。交通静化设施的详细设计通常附有实施指南，说明在何处以及在何种情况下实施设施是必要的。

对于单个设施详细设计的具体指导，应参考与交通静化相关的设计文件，如《减速丘设计和应用指南》（ITE，1997）、《美国交通静化手册》（Ewing，Brown，2009）和《城市街道设计指南》（NACTO，2013）等。许多道路设计手册中甚至包括交通静化设施的设计。由于涵盖一系列重要主题的交通工程文件（如本手册）更适合描述方法和细节，因此本手册将引导读者获取详细设计模板信息，这些信息通常可以在参考文件和机构标准设计中找到。

14.3.1 非物理设施

非物理设施无需对道路进行较大的物理改变，就可以解决汽车速度和交通量问题。非物理设施通常属于"Es"的教育和执法类别（工程是另一个"E"，在专门讨论针对物理设施的小节中讨论）。教育和执法工作的范围和频率各不相同，在街区交通静化方案中不如物理设施的标准化高。本节包含了教育和执法措施的具体案例。

教育和社区参与工作通常由社区组织进行，包括发传单、发送邮件以及举办会议等活动。教育工作的主要目标是降低汽车在街区附近地段行驶的速度。得克萨斯州的圣安东尼奥市开展的教育活动略有不同：宣传交通静化可以对城市带来的帮助（图14.6）。

图14.6　得克萨斯州圣安东尼奥的交通静化教育活动传单
资料来源：圣安东尼奥市。

任何以社区为单位的活动都应在安全的前提下进行，不得将居民暴露在交通拥挤的危险道路上。可以鼓励市民在人行道上参与数据采集工作，并详细记录他们的观察结果。此外，在会议中积极同居民对话有助于更好地了解所有居民的意愿。若政府代表能够合理地解释项目开展的原因和将会做出的改变，那么经验丰富的协调员便可以促进社区成员进行有效的具有建设性的对话。

执法工作由当地警察部门进行，包括有针对性的警察执法、部署雷达测速拖车、增加罚款的安全区、对超速的严格执法、雷达贷款计划和巡逻诱捕等。有针对性的警察执法往往只在执法期间有效。考虑到时间和预算的限制，警察不能在一个城市的每条住宅道路上每天工作几个小时。将警察部署到特定的居住地点需要与公共工程部门协调，公共工程部门接收社区居民的交通投诉，并审查来自交通研究的数据。

除了教育和执法外，当某些物理设施对道路侵扰较小且无需大量设计和施工工作即可实施时，也可以视为"非物理"处理方式。在街区交通静化程序工具箱中，常见的非物理措施包括限速标志、街区标牌、速度图例路面标记、车道线、雷达测速拖车以及速度反馈标志。

以上几项内容提供了对道路低干扰设施的示例，但不局限于此。本小节将进一步详细介绍对道路低干扰的几种非物理措施。非物理和强制措施也可以成为教育驾驶人的工具，帮助他们感知自己和他人的实际行驶速度。

需要注意的是，限速变化和停车标志不被建议用于交通静化实施或速度控制。速度限制标志仅适用于可能不容易理解速度限制的某些指定的地点。

1. 限速标志

许多地方都有法律规定住宅区的道路限速为25~30mile/h。这些限速的标志不是特定需要的。在某些可能涉及超速驾驶的地方，可以设置限速标志来明示限速并协助执法。

2. 街区标牌

街区标牌可以包括速度监控标志和停车场标志，街区居民可以在他们的停车场放置这些标志，以提醒驾驶人减速。

3. 速度图例路面标记

路面限速标记是对限速标志的补充和对法定限速的强化。

4. 车道线

无论是车道线还是边缘线，道路划线都会通过对道路边缘划线来规范车辆行进路线。在社区交通静化规划中，道路划线被用作垂直和水平交通静化设施的一种成本较低的替代方案，被证明能有效地将汽车行驶速度降低1~7mile/h（Kahn，Kahn Goedecke，2011）。

通过减小边线车道宽度使道路变窄的做法并不限于街区道路。该方法在城市完整街道的实施中也常被使用，尽管其目的通常不同。在街区交通静化中，车道边缘线划设的目的是降低汽车速度。在城市交通静化中，减少车辆行车道宽度和边缘线条纹的目的是为非机动车用户提供更多的道路空间（图14.7）。

图14.7　加利福尼亚州拉古纳山用于减少行车道宽度的车道划线
资料来源：Jeff Gulden。

街道自行车道是使用边缘车道划线进行功能性收窄的一个示例。得克萨斯州圣安东尼奥市的《交通静化手册》将自行车道纳入其交通静化设施工具箱，并提供了实施指南；重要的是需注意"应与当地场馆或其他自行车道相互联系"（圣安东尼奥市公共工程部）。华盛顿特区《交通静化评估申请》文件（地区交通部，2010）将路边停车位纳入其工具箱。路旁停车设施通过在行车路和人行道之间建立缓冲区，既有利于行人安全，又有一定的限速功能。

划线的另一个用途是重新配置车道，即"道路瘦身"，减少道路上的行车道数。例如，仅通过划线将一个四车道的道路重新配置，包括两个行车道、一个双向左转车道和自行车道。交通速度的降低、转弯车道的引入和非机动用户条件的改善可以优化经过这些重新配置车道的道路条件。

5. 雷达测速拖车

雷达测速拖车可以停放在路边，以提供接近驾驶人速度的即时反馈。警察部门通常会配备雷达测速拖车，并且应与公共工程部门协调，以确定适当的部署地点和时间。雷达速度拖车在持续改变驾驶人行为方面有一定的掣肘。

6. 速度反馈标志

速度反馈标志用于告知驾驶人其行驶速度特别是在居民道路上的实时速度。该标牌利用雷达实时显示驾驶人在道路上的速度（与限制速度相比）。速度反馈标志可以临时设置，也可以永久设置，以获得比雷达测速拖车更持久的影响效果。当引入反馈标志时，驾驶人的行为可能会发生很大的变化，但这种措施不一定会永久性地改变行为。许多管辖区在学校附近安装了这些设施，以加强学校路段的速度限制行为（图14.8）。

速度反馈标志（和雷达测速拖车）上显示的速度应有一个上限。例如，超过速度限制15mile/h的速度将不会显示。限制显示的最高速度可以防止驾驶人严重超速。

图14.8　犹他州默里一所学校附近使用的带限速标志的速度反馈标志

资料来源：Jeff Gulden。

14.3.2　垂直速度控制设施

1. 减速丘

减速丘是道路中增高的路段（图14.9）。ITE为减速丘提供了具体的设计和应用指南，请参阅《减速丘设计和应用指南》（ITE，1997）。相比美国瓦茨轮廓（沿行驶方向12ft长、3in高的驼峰）较长或较矮的减速丘轮廓，经过测试可获得更高的设计速度和更平滑的过渡，更适合限速较高（如30mile/h）的道路。

减速丘被认为是美国最常见的交通静化设施。即使在需要除雪机的气候中，它们也能很好地发挥作用。在某些城市，唯一获得批准实施的交通静化设施就是减速丘。田纳西州诺克斯维尔市进行的一项研究发现，在东南部22个被调查的大中型城市中，约有一半只允许安装减速丘。但是，也有一些城市明

图 14.9　在美国加利福尼亚州布雷亚（Brea）安装的第一批减速带

确禁止安装减速丘，并通常依靠其他非垂直性的措施来静化交通。加利福尼亚州圣贝纳迪诺市进行的一项调查发现，邻近的城市中没有一个允许在公共街道上使用减速丘，包括加利福尼亚州南部的著名地区，如安大略、丰塔纳和雷德兰市，以及圣贝纳迪诺县。

2. 减速块

减速丘、减速带和减速块有什么区别？
- 减速丘的长度（沿行驶方向）通常为12ft，高度为3~3.5in，主要用于公共道路。
- 减速带要短得多，长度在1~2ft（沿行驶方向）之间，高达6in，并且不用于公共道路。减速带通常出现在停车场和商业车道上。
- 减速块类似于减速丘，但减速块之间有间隙，可供消防车的车轮通过。减速块也被称为速度缓冲垫。

减速块（也称为速度缓冲垫）由横向放置在道路上两个或多个凸起的圆形区域组成，其设计可以满足消防车轮距（左右轮胎之间的距离）通过的要求，而不会产生明显的碰撞或位移，从而使得救援车辆能够保持与那些在没有交通净化设施道路上行驶的车辆接近的速度（图14.10）。一般来说，乘用车的轮距较窄，在通过减速块时会发生垂直位移。一些城市，如加利福尼亚州圣地亚哥市，更喜欢使用减速块而不是减速丘，因为它们可以兼容消防车的使用。

3. 速度台

速度台是平顶的减速丘，通常用砖块或其他有纹理的材料在平顶部分建造。一般来说，速度台的长度足以让一辆客车的整个轴距停在上面，更长的速度台甚至可以容纳货车和公共汽车。相比于减速丘，较长的长度和扩展的平顶部分使得速度台具有更高的设计速度和更平稳的行驶体验，因此它们往往用于更高等级的道路。

图 14.10　加利福尼亚州拉哈布拉的减速块

资料来源：Jeff Gulden。

4. 增高人行横道

增高人行横道将平顶减速丘标记为人行横道（图 14.11），高度通常增至人行道高度以增加行人视野，平面有时由纹理材料制成以增加人行横道本身的可见性。两者共同将十字路口转变为行人步行区。

5. 增高交叉口

增高交叉口是平坦的，增高的区域覆盖整个交叉口，在所有引道上设置坡道，且通常在平坦路段或顶部设置具有纹理的人行横道。它将包括人行横道在内的整个交叉路口转变为行人步行区，拥有同时静化两条街道的优点。

14.3.3　水平速度控制设施

1. 交通环岛

社区交通环岛是放置在交叉路口的凸起的岛屿，车辆绕其周围循环行驶（图 14.12）。它们通常是圆形的，但为了适应交叉路口也可设置成椭圆形，并且通常在其中心岛屿上进行景观设计以增加美观性。在许多情况下，交通环岛（即使是部分安装的中心岛）会导致左转货车和公共汽车在逆时针方向行驶时的水平间隙过小，导致货车和公共汽车需在岛的前方进行左转（对于这些车辆来说是合法的）。将停车标志控制与交通环岛结合使用并不罕见，尤其是在设置交通环岛之前就有停车标志的地方。第 10 章讨论了交叉口控制的更多细节。

图 14.11 加利福尼亚州圣地亚哥的增高人行横道

资料来源：Joe De La Garza。

图 14.12 加利福尼亚州长滩一条自行车道上的交通环岛

资料来源：Chris Tzeng。

2. 横向位移

横向位移是将原本笔直的街道进行重新调整，使行车道一路弯曲、另一路朝原行驶方向延伸。具有适当水平曲度的横向位移是几个少数可用于集散道路甚至主干道的设施之一，因为这些道路上的高流量和高速度不允许采用更突然的设施。横向位移已成为欧洲街道的主流交通静化设施。

3. 减速弯道

减速弯道是使街道一侧和另一侧交替形成 S 形曲线的路缘延伸或边缘岛。它们通常设计为一系列横向位移而不是连续曲线，并且可以通过从道路一侧到另一侧交替设置斜角停车来实现。

4. 路缘凸出块

路缘凸出块是交叉路口处的路缘延伸部分，可减小路缘之间的道路宽度（图 14.13）。若与街道上的停车场相结合，能够对停车位提供保护作用。当在一个街区的入口处设置路缘凸出块时，它们之间通常铺设带有纹理的道路，统称为入口或入口特征。由于没有明显的垂直或水平偏转，它们对汽车速度的影响有限。相反，它们的主要目的是使交叉路口"行人专用化"，即降低汽车的转弯速度，缩短行人过街的距离，增加行人的视野。

路缘凸出块是路口的路缘延伸；扼流圈是中段路缘延伸。该设施的其他术语包括颈缩、弹出、凸起和结块等。

图 14.13　犹他州盐湖城的路缘凸出块

资料来源：Jeff Gulden。

5. 扼流圈

扼流圈是位于街道中间位置的路缘延伸或边缘岛，以使该位置的街道变窄。与路缘凸出块仅限于交叉口不同，扼流圈可以设置在需要交通静化的任何位置处。它们通常与路边的停车位结合，以对停车位提供保护作用。在设有人行横道的位置也可以使用扼流圈，以缩短行人的过街距离，通过移除停车场障碍增加视距,并提供延伸至相邻停车场边缘或外部的行人等候区。扼流圈可将道路横截面降低为两条车道(尽管车道比以前窄),也可以将其降为一条车道。单向扼流圈迫使双向交通轮流通过节点。

6. 中央隔离岛

中央隔离岛通常包含在划线中央隔离带中,也可间歇性地用于缩窄道路,从而使原本笔直的行驶路径发生偏转。中央隔离岛是一种安全改进措施,人们只需要一个方向上的交通间隙就可以在没有信号或停车控制的情况下横穿马路,这不仅可以改善行人的决策能力,而且每小时可以提供更多的行人过街机会。当其被放置在一个街区的入口,两边通常都铺有带纹理的道路,可称之为入口或入口特征。

7. 重新调整的交叉口

重新调整的交叉口是对倾斜交叉口进行重新配置,使其以更接近垂直的角度交叉;这样可以缩短人行横道,避免驾驶人快速转弯。它还可以将T形交叉口的直行引道转换为满足直角的弯曲道路,将沿着T形顶部的直线轨迹转化为转向移动。

8. 让行街道

让行街道或"通过街道"在较老的社区中很常见,这些社区的住宅街道较为狭窄,要求反向的车辆驶入空闲的路边空间并进行让路。它们很少被纳入新的开发项目中,但为低交通量、慢行的街道提供了一个很好的解决方案。

14.3.4 流量控制设施

1. 中央隔离带

中央隔离带是在沿着道路(通常是高等级道路)中心线上位于十字路口的凸起部分,以防止驾驶人从侧边道路直接穿过交叉口(图14.14)。中央隔离带使得车辆可以转弯驶入主路或从主路上转出,同时可以防止从侧边道路通过的车辆直接穿越主路。第10章讨论了交叉口控制的许多细节,本节不再详细介绍。

图14.14 加利福尼亚州圣路易斯奥比斯波自行车大道上的中央隔离带(有直通自行车通道)

资料来源:Eugene Jud, Jud Consultants。

中央隔离带是自行车大道的关键组成部分,因为它们限制了交通量,同时提供了自行车通道。

中央隔离带可以放置在过境路线上以防止车辆直行,进而减少街区内的过境交通量。中央隔离带通常是自行车大道的关键组成部分,它们有助于减少道路上的交通量,同时为自行车骑行者和行人提供继续沿自行车大道前进的通道(通常伴随着增高的交叉口)。

2. 对角线分流岛

对角线分流岛是沿交叉口斜向设置的中央隔离带,防止从任一车道驶来的汽车继续直行通过交叉口。从允许的车辆转向行为的减少和对紧急响应车辆的阻碍来看,对角线分流岛比中央分隔带限制性更强。为了提供紧急响应通道,对角线分流岛的设计应包括可安装/可通过的足够宽的区域让消防车辆通过;这种设计包括可拆卸的轮廓标、低景观或可安装的路缘石。

与中央隔离带相似,对角线分流岛应能提供自行车和行人通道。当沿着小型住宅道路布置时,将分流岛隔断并设置带有宽路缘的匝道应足以容纳自行车骑行者和行人。如果对角线分流岛设置在自行车大道上,则自行车通道的开口可以与人行道平齐或倾斜,并用自行车专用标志和条纹标记,或设计为明显的推荐行驶路径。

3. 半封闭

半封闭是通过封闭一侧道路来阻止直行交通并阻止车辆进入的设施(图 14.15)。正确的设计对于阻止违反该措施的非法操作非常重要。设计策略可包括将路缘延伸段或边缘岛设计成沿道路边缘延伸超过一个车身长度,从而使驾驶人在错误的道路上通过半封闭路段时在一段不舒服的距离内行驶;以及将路缘延伸段或边缘岛设计为一直延伸到街道的中心线,或一直延伸至宽阔的街道,以留出相对狭窄的开口来防止错误方向的通行。为了进一步加强遵守单向标识,应在交叉口处设置半封闭设施。一旦直行交通已经在限制方向上沿着街道行驶,就很有可能继续通过交叉口的半封闭设施。

图 14.15 加利福尼亚州萨克拉门托市的半封闭设施(设有自行车进入通道)

资料来源:Jeff Gulden。

在自行车路线上，首选的设计是在半封闭设施中设置一条自行车通道。当自行车道两边都有垂直路缘时，其通道宽度至少应为 5ft，保证为自行车骑行者提供足够的通行间隙，且同时窄至能够阻止乘用车通行。应在半封闭道路的前方设置标牌，通知允许自行车骑行者从封闭方向进入道路。

4. 完全封闭

完全封闭是指对直行交通完全封闭道路，防止车辆通过封闭设施继续行驶。然而，完全封闭的设计可以允许自行车和行人通过。只有当其他流量控制措施的使用效果不理想时，才考虑完全封闭。

14.3.5 标志和标线

交通静化设施的适当标志和标线对于确保安全和驾驶人合规性非常重要。第15章还讨论了有关交通控制装置的标准应用和施工区域应用的许多细节。交通静化措施工具箱提供了一套工具，但在驾驶人通过的大多数道路上仍不常见，因此应当注意如何对这些交通静化措施进行适当的标志和标记。交通静化标志和标线通常分为以下几类：提醒驾驶人注意道路上的障碍物的需要，通过这些措施向驾驶人建议适当的行驶速度和方向的需要，以及宣传附近地区存在的交通静化措施。

> 正确的交通静化装置标志和标线有助于提醒驾驶人注意道路上的物体，通过设施告知正确的行驶速度和方向，并告知在该地区存在交通静化。

以前的出版物，如《美国交通静化手册》，已为按 MUTCD 形式创建的单独的交通静化设施提供了一套专门的建议标志。例如，路缘凸出块的特定标志显示了一个偏置的交叉口、两个半圆表示路缘凸出块以及两个方向箭头指示驾驶人的行驶路线。这些出版物指出，由于 MUTCD 中缺乏特定的交通静化标志，所以需要对这些交通静化设施设置独特的标志。

历史证据表明，自《美国交通静化手册》出版以来，尚未安装大量独特的交通静化标志；应优先使用 MUTCD 批准的标志，而不是进一步开发和实施独特的、针对具体设施的标志。在必要条件下，建议使用 MUTCD 的标志和标线告知用户交通静化设施的特点，而不是为每项交通静化设施制造特有的标志；为每项交通静化设施开发独特的标志，对机构在设计（缺乏规范）、制造和安装（张贴非 MUTCD 标志）等方面都带来了挑战。此外，目前尚不清楚驾驶人和自行车骑行者是否能容易地理解有时复杂而独特的交通静化设施标志。

缺乏针对具体设施的标志，部分原因可能是由于交通静化的重点由街区转向完整街道。在城市环境中，路缘凸出块和中央岛等设施通常不采用独特的标志。设有路缘凸出块或中央岛的人行横道通常使用 MUTCD 标准的人行横道标志（带有沿对角向下箭头的人行横道标志）。没有独特的标志，这些设施将被视为城市街道景观的一部分，减少了标志的杂乱性。街区交通静化应该采取类似的方法。

这并不是说设置交通静化设施的地区都没有标志。考虑到完整街道将所有道路使用者纳入设计，因此，旨在加强自行车、行人、公园或学校通道的交通静化设施通常会使用标准化 MUTCD 标牌。此外，道路上的障碍物应继续根据 MUTCD 标准和指南进行标记，如障碍物标线。

1. 交通静化中的划线

当交通静化设施包含于 MUTCD 中时，这些设施的划线应符合 MUTCD 标准。MUTCD 中标题为"减速丘标记"的章节中包含了垂直设施的划线指导和标准。虽然不必要，但如果标记了减速丘，则建议该标记符合 MUTCD 中指向行驶方向的白色 V 形标线标准。减速丘划线共有三种方案，其中两种方案适用于增高人行横道。

MUTCD 中的划线标准和指南明确适用于减速丘、减速台和增高人行横道。可以假定减速块与减速丘遵循相同的标准。其他垂直设施在"选项"部分中隐含地标识为"其他道路垂直工程偏置"。

减速丘的实际划线因管辖区而异，如横向条纹（黄色或白色，类似于普通人行横道标记）、固体油漆甚至无标线。建议根据 MUTCD 标准和指南对减速丘和其他垂直交通静化设施进行划线。当管辖区重新对道路划线时，减速丘的标线应根据 MUTCD 标准进行修改。一些城市已经按照 MUTCD 标准对较旧的减速丘进行了重新划线，如加利福尼亚州伯克利，用 V 形标线代替了普通人行横道式的标线（图 14.16）。

图 14.16　伯克利重新铺设的减速丘
资料来源：Jeff Gulden。

2. 区域交通静化标志

在以前的交通静化出版物中被推荐并在欧洲成功使用的一种独特的标志在美国尚未流行起来：交通静化区标志。《美国交通静化手册》提供了一组标志，在菱形警告标志上有一个街道场景，并附有一个说明交通静化区域的补充牌匾。该标牌模仿了德国常用的"Spielstrasse"标志（官方称为 Verkehrsberuhigger Bereich 标志），用于帮助驾驶人识别应在哪条道路上注意在街上玩耍的孩子，在哪条路上只允许以步行者的速度驾驶车辆。在美国，这些标志的广泛使用受到限制，部分原因是缺乏标志的设计规范。

鉴于美国缺乏一个通用的交通静化区标志，各地已经使用了许多不同标志来告知驾驶人他们正在进入已经采取了物理设施来减少汽车负面影响的区域。在华盛顿州的西雅图，当居民开始一项交通静化规划时，会在街区的起始位置放置一个速度监控区域的警告标志。得克萨斯州奥斯汀市在已经批准的交通静化街区入口处放置一个蓝色矩形的引导标志。该标志向驾驶人显示提示信息，并提供电话号码以便获取更多信息。其他城市，如内华达州的里诺，在交通静化区之前使用了前方交通静化预告标志（图 14.17）。

3. 减速丘标志

MUTCD 和 ITE 推荐的《减速丘设计和应用实践指南》中包括了减速丘的标志指南。MUTCD 为减速丘标志提供了以下指导："减速丘（W17-1）标志应用于警告道路中用于限制交通速度的垂直向偏转。如果使用，则减速丘标志应辅以一块速度提示牌"。作为选项，标志上减速丘的文字可用减速带代

图 14.17 加利福尼亚州拉哈布拉市位于多种交通静化设施前的预告标志
资料来源：Jeff Gulden。

替，这是因为人们普遍认为道路上的起伏是"减速带"。此外，一些管辖区使用减速丘符号代替 W17-1 标志上的文字。

尽管 MUTCD 中包含了减速丘的标志，但当多个减速丘沿道路放置时，一些城市已经产生了标志（和标线）的问题。加利福尼亚州斯托克顿市收到居民投诉称，太多的减速丘标志使他们的社区变得杂乱无章（图 14.18）。Stockton 请求加利福尼亚州交通控制设备委员会允许在交通静化的街区入口处使用减速丘区域标志并辅以速度提示牌，并在每个减速丘之前提供减速丘路面图例。当安装了多种设施时，各条街道的起点处应使用"前方有减速丘"的提示标志。加利福尼亚州的其他城市，如洛杉矶和萨克拉门托，使用了一种减速丘预告牌。

作为标志试验评估的一部分，Stockton 从一些街区移除了近 50 个标志，并在减速丘前安装了减速带路面图例。移除后的评估发现，碰撞数据或速度数据几乎没有变化。调查发现，居民普遍认为减速丘前的减速带图例比在附近使用标志更明显。Stockton 建议进一步使用减速丘区域标志，并在每个设施前使用减速带图例代替减速丘标志。

4. 交通环岛标志

MUTCD 提供了"在环形交叉口"前使用圆形警告标志（W2-6）提示交通环岛的选项。交通环岛（W16-12P）补充标牌可与圆形警告标志一起使用。补充标牌的使用应由不同城市的交通工程师自行考虑，因为驾驶人通常并不了解交通环岛和环形交叉口之间的区别。

MUTCD 对环形交叉口的划线提供了大量指导，然而未对街区交通环岛的划线做明确说明。如果需要，则环形交叉口划线的标准和指南可适用于较小的交通环岛。MUTCD 表明将环形交叉口划线应用于街区交通环岛时应进行工程判断。

5. 活力交通标志

当使用交通静化设施提高行人或自行车通行能力时，应使用 MUTCD 标志提醒驾驶人前方有行人或自行车。MUTCD 为行人过街处（W11-2）、自行车过街处（W11-1）、列车道口（W11-15 和

图 14.18　加利福尼亚州斯托克顿一个居民区的多个减速带丘

资料来源：City of Stockton。

W11-15a）和游乐场（W15-1）提供了标志选项。

例如，对于使用了中央隔离岛和扼流圈的中段人行横道，应使用 MUTCD 标准的人行横道标志（W11-2）和对角向下的箭头（W16-7P）标牌来提醒驾驶人注意行人（图 14.19）。只有当道路变窄措施对驾驶人构成危险时，才需要对该措施设置标志。

图 14.19　马里兰州阿斯彭山设有中央隔离岛和扼流圈的具有标志和标线的人行横道

资料来源：Dona Sauerburger。

在特殊情况下，通过街道设计中的交通静化来适应活力交通可能需要 MUTCD 中未包含的提醒标志。在这种情况下，应使用工程判断来确定最合适的标牌形式。例如，犹他州盐湖城（Salt Lake City）已创建了一个独特的给自行车和行人让行的路中后装式标志（使用自行车和行人标志代替文字），置于靠近停车场周边自行车道的路缘凸出块。

通常需要特定标志的交通静化设施的示例是增高人行横道，因为它使驾驶人发生了垂直向偏转（图 14.20）。MUTCD 为垂直交通静化设施的标志和标线提供了指导，但其中不包含增高人行横道的特定标志。增高人行横道展现出了一种特殊的情况，因为行人过街处应迅速被驾驶人识别。

图 14.20　犹他州盐湖城基于文字提醒标志和冲压混凝土的增高人行横道（代替人行横道标线）
资料来源：Jeff Gulden。

增高人行横道已有多种标志和标线选项，如犹他州盐湖城的基于无划线和文本标志的增高人行横道，以及加利福尼亚州波莫纳的带有 MUTCD 减速丘标线和描述性图形标志的增高人行横道（图 14.21）。

为了向驾驶人充分告知前方的增高人行横道，并提醒他们注意行人过街，建议在增高人行横道前使用凸起（W8-1）、减速丘（W17-1）或增高人行横道标志，并辅以一块补充标牌。在人行横道处，建议设置人行横道标志和对角向下箭头。

6. 自行车道标志

应为指定为自行车大道（或邻里绿道）的交通静化街道提供特别标志，第 11 章对其中许多考虑因素进行了讨论。在封闭处和分流处应使用适当的标志，以指示自行车可以继续通行（通常使用禁止进入标志和除自行车以外的补充标牌）。应在道路水平方向上使用适当的标志，以保护自行车骑行者不受偏离车辆的影响。然而，不鼓励使用共享道路标志（与 W11-1 自行车标志一起使用），因为该信息对

图 14.21　加利福尼亚州波莫纳的带有图形标志的增高人行横道
资料来源：Jeff Gulden。

驾驶人或自行车骑行者是否应该进行"共享"的表述不清晰。

14.3.6　设计

交通静化设施的设计模板是保持设施实施方式一致性的关键，对驾驶人可能引起的混乱最少。交通静化设施模板已使用多年；《交通静化：实践现状》介绍了最初的设计模板，《美国交通静化手册》对其进行了详细说明。此外，地区管辖机构已将设计模板纳入其街区交通静化规划。从街区到城市交通静化的转变使设计模板的使用变得复杂，因为城市地区的道路设计往往受限更大且种类更多。

街区交通静化依赖于为住宅道路制定措施的设计模板，而城市交通静化措施的设计是为了协调具有竞争性的利益关系，如路内停车场、自行车道和公交车站，并为所有道路使用者提供最大的利益。例如，要为城市走廊添加自行车道，可能需要减少车道和施划边缘线。行车道宽度应被视为安全街道设计的关键。在车速为 30mile/h 或更低的街道上，纽约市使用宽度为 10ft 车道（如果单向或双向道路上有多条行驶车道，则使用宽度为 11ft 车道）。在公路或急转弯道路上，行车道将更宽。由于许多道路过宽，这就为自行车车道、小径或对自行车友好的宽停车道提供了机会。

1. 基础理论

理论上，道路沿线交通静化设施的几何设计和位置主要取决于慢行点的期望速度，慢行点的适当间距根据慢行点之间的目标速度确定。实际上，住宅道路沿线的交通静化设施间距很大程度上取决于物理因素，如侧街、小巷、车道、公用设施覆盖物、消防栓和住宅物业管线的位置。

交通静化设施的间距会影响道路上的行驶速度。

在设计交通静化措施时，慢行点的通过速度通常低于限制速度5mile/h（尽管当设有速度提示标志时，可以接受更大的差异）。此外规定，慢行点之间的中点速度应不超过限制速度5mile/h以上。因此，为了交通安全、噪声控制、燃油节约和驾驶人认可，在给定路段上的速度差应限制为10mile/h。这也限制了慢行点之间的距离，因为中点速度随着间距的增加而增加。

几何线形设计是在交通流中车辆尺寸的基础上设计的。在大多数典型设计中，设计车辆为乘用车或单厢货车，慢行点的几何线形设计应使设计车辆能够以设计速度通过。尺寸更大的货车和公共汽车以不同的方式通过，例如设置可安装的超限区。虽然大型车辆可能被迫以非常低的速度通过慢行点，但考虑到采用最严格措施的住宅道路上大型车辆相对较少，因此是可以接受的。

建议与当地消防和应急服务部门协商，以确保他们了解正在实施的交通静化措施。

建议在整个交通静化规划和设计过程中咨询消防和应急服务。

消防部门在历史上曾推迟采取交通静化措施；然而，通过对消防车进行减速丘等设施的测试，发现这些设施可以最大限度地减少道路垂直向偏差。消防部门也已意识到有关机动车死亡和重伤事故造成的更大风险，并了解了保护弱势道路使用者的街道设计的价值。此外，新城市主义议会一直在与消防部门合作，在宜居街道设计中满足消防需求。

在安装交通静化设施之前，建议与计划设施附近的居民联系，让他们了解待安装的设施。居民可能会反对在其物业前设置交通静化设施。在建筑红线上安装设施可以减少居民的负面反应。在采取交通静化措施时，应考虑其他特定于居民的因素，如移除街边停车位置和在运送垃圾时垃圾桶放置的位置。通常社区中每周会有多个垃圾桶（例如，用于存放普通垃圾、可回收垃圾以及绿色垃圾的垃圾桶）在道路上停留一天。设计较长的扼流圈或中央隔离岛可能需要居民把他们的垃圾桶搬运到邻近的院落，这可能会引起居民的抵触。

下一小节将描述典型交通静化设施的设计方法。本手册中描述的一般信息旨在让读者更好地了解交通静化应用。有关交通静化设施设计的具体细节，建议参考当地管辖区设计指南以及《美国交通静化手册》（Ewing，Brown，2009）和《交通静化：实践状态》（Ewing，1999）。

2. 垂直速度控制设施

根据问题的紧迫程度（减速、适应铲雪设备、适应自行车骑行者等），垂直设施的轮廓可能会有所不同。以下三种典型的垂直曲线可用于出入口的垂直设施：

- 正弦曲线轮廓造成的减速比圆形或抛物线曲线稍小，但为驾驶人和骑自行车者提供了更高的舒适度。它们通常更难建造，造价也更高。
- 圆形轮廓具有中等的减速效果（与其他两种轮廓相比），驾驶人和自行车骑行者的舒适度适中。
- 抛物线轮廓具有最大的减速效果，但对驾驶人和自行车骑行者来说舒适感最差。

ITE的《减速丘设计和应用指南》建议减速丘采用正弦或抛物线轮廓。

典型的减速丘在行驶方向上的长度为12~14ft，高为3in，建设误差为2.75~3.5in。ITE的《减速丘设计和应用指南》提供了有关减速丘安装的详细建议。

为了达到特定的通过速度，减速丘的高度可以变化，小于2in几乎不会产生减速，大于4in则会大大增加触地的风险。减速丘可以比典型设计的长度更长，俄勒冈州波特兰市使用的14ft长的减速丘在全国范围内得到了认可。

减速块通常是相同的基本抛物线形状，在行驶方向上具有相同的长度，与减速丘具有相同的高度（3~4in）。它们之间的间距使得急救车可以跨过单独的块体（或中心块体），而乘用车和中型SUV必须至少有一组车轮越过它们。在典型设计中，中心块宽6ft，车轮开口宽2ft。

在给定横截面上所需的减速块数量和宽度是关于道路宽度的函数。其他还有如减速台一样平顶的和/或在行驶方向上更短的设计。沥青永久块和橡胶临时块同样广受欢迎。

速度台由 6ft 的坡道组成，坡道的高度与 12ft 减速丘的高度相似，两个坡道之间插入一个 10ft 的平坦平台。对于 22ft 长的速度台来说，它具有与 12ft 长的减速丘相同的垂直高度，但长度却是后者的两倍，并且有一个可供客车车轮休息的平坦部分，故其具有更高的设计速度和更舒适的驾驶体验。平台部分由沥青、混凝土、砖块、混凝土摊铺、沥青碎石或其他图案材料制成。

速度台可以设计为两种不同的外形：曲线坡道和直线坡道。曲线坡道类似于减速丘的轮廓，而直线坡道使速度台呈梯形，类似于欧洲和英国的速度台。

增高人行横道是为行人过街而设置标线和标志的速度台。两者的主要区别是它们的位置不同，增高人行横道位于行人过街处。如果按照典型的速度台规格建造，则增高人行横道将比标准路缘石高度和人行道高度矮 2~3in。增高人行横道可一直延伸至人行道，或先向下倾斜再向上倾斜，以设置排水沟。人行道必须通过符合 ADA 标准的路缘坡道连接至人行横道。

增高交叉口是覆盖整个交叉口的速度台。在典型设计中，所有引道上都有坡道和人行横道。速度台的其他几何要求适用于增高交叉口。

对于增高人行横道和增高交叉口，必须在街道边缘警告视障人士他们正在进入危险区域。这种警告通常是通过截短圆柱来提供的。这些设施还可辅以护柱或其他街道设施，以保护等候的行人，并防止驾驶人抄近路。

将增高人行横道或增高交叉口延至排水沟区域将阻塞正常的排水水流，并可能大大增加安装成本。必须在增高人行横道的上坡侧提供排水，或者在路面中嵌入排水管以输送雨水。由于排水管容易被碎屑堵塞，因此需要经常维护；然而，可使用符合 ADA 的格栅"桥接"排水沟将堵塞的可能性降至最低。

应该考虑驾驶人试图通过在路外行驶来避开交通静化设施的可能性。在垂直速度控制设施区域附近放置路缘石（如果尚未设置）可以阻止这种行为。

3. 水平速度控制设施

水平速度控制设施针对每种类型的设计往往都是特有的，并具有相应的指导手册。

（1）交通环岛　交通环岛的尺寸应适合交叉口的大小，因此没有单一的几何设计。应使用单个货车作为设计车辆，以提供足够的空间让此类货车沿中心岛顺时针方向行驶；更大的车辆必须借助中心岛边缘，或在中心岛前面左转。如果仅限于左转交通量较低的交叉口，则可以采用非常规的环前环流模式。交叉街道越宽，中心岛必须越大，以实现足够的横向偏转。如果相交的街道有不同的宽度，则中心岛必须是矩形的，以便在所有引道上实现足够的偏转。

大多数交通环岛都设置在四路交叉口，因为它可以取得最大的安全效益。对于 T 形交叉口的交通环岛，路缘石应该在交叉口入口和出口处延伸，或在交叉路口内重建，以确保沿着 T 形路口的顶部有足够的车辆偏转路径。

交通环岛的设计也有一个垂直的维度。交叉点处的横坡通常远离中心岛，使得靠近的驾驶人更容易看到中心岛同时有助于排水。中心岛通常有可安装的外部路缘（边缘）和垂直的内部路缘，以保护中心景观。外部可安装的路缘允许更大的车辆进行环形行驶，但不鼓励乘用车沿线行驶，以此来尽量减少侧向偏转。

交通环岛的设计不同于较大的环形交叉口。环形交叉口的设计速度更高，在所有进口处都设有分流岛以降低速度，这是交通环岛中没有的。

（2）横向偏移　横向偏移是指通过改变道路线形产生反向曲线。路线偏移通常为在较短的纵向距离内偏离一个车道宽度或多个车道宽度。它通过弯曲或倾斜路缘边线，或通过设立边缘和中心岛实现。边缘岛可以使现有的排水渠道保持开放，因此建设成本往往较低。

路缘延伸或边缘岛可以是半圆形或梯形的。典型的横向偏移是梯形岛，它的边缘线收窄形式符合 MUTCD 相关公式。中心岛分隔了反向的交通，若没有中心岛，一些驾驶人会越过中心线以尽量减少行驶偏斜。横向偏移可以通过交替的停车位形成。

(3) 减速弯道　减速弯道是将原来笔直的道路设计为S形曲线。它们通常设计为一系列横向偏移，而不是连续曲线，可以通过路缘延伸或边缘岛创建。典型的减速弯道是常规横向偏移的两倍。它的边缘岛形状为梯形，因为这种形状比半圆形能更有效地降低速度。相对于等效的横向偏移设施，典型的减速弯道将道路线形偏移了两倍，因此设计速度更低。

构成减速弯道的路缘延伸和边缘岛通常使用可安装的路缘，其原因一方面是考虑到减速弯道通行的复杂性，另一方面是由于弯道内路缘延伸部分和边缘岛难以用作行人安全区。

(4) 路缘凸出块　路缘凸出块是为了在尽量减少行人过街距离的同时，保证汽车能够安全地靠近转弯。我们不应低估路缘凸出块给行人带来的好处，包括减少道路过街距离、降低转弯车速以更好地遵守行人让行/停车法律，以及将行人等候区放置在停车场边缘，使得行人可以更好地观察迎面而来的汽车，同时更容易被驾驶人看到。当初始道路很宽，且在主要街道和交叉街道上有停车车道时，交叉口可以适当变窄，从而避免迫使转弯的汽车侵占反向车道。当道路狭窄和/或没有路边停车空间时，对于反向车道的侵占可能不可避免，但路缘凸出块给行人带来的好处往往掩盖了这一缺点。

路缘凸出块通常与路内停车结合使用，因此路缘延伸部分可以沿着较小车辆的内转弯半径设计。在典型设计中，路缘回转半径和街道宽度应保证设计车辆在右转时可以停留在中心线的右侧，但较大型的车辆可能会侵占反向车道。交叉道路上的停车线可以从交叉口退后，以避免与反向交通冲突（称为停车线提前，通过减少汽车侵入人行横道的情形而有利于行人安全）。

(5) 扼流圈　扼流圈可以通过路缘延伸或边缘岛实现。后者不那么美观，但可以让现有的排水渠道保持开放。它们还可以在没有路边停车的街道上提供自行车绕行车道。扼流圈对自行车骑行者来说是具有一定危险的，因为他们可能会被过往的驾驶车辆挤压。因此，当自行车和汽车交通流量都很大且路缘之间的宽度允许时，可以考虑设置自行车绕行车道。

扼流圈应具有垂直元素，以吸引注意力形成一个可视街道边缘。当与路边停车共同使用时，扼流圈可延伸至行车道边缘以形成受保护的停车位。扼流圈应该延伸到足够远的距离以完全遮蔽停放的汽车。

(6) 中央隔离岛　中央隔离岛变窄可能包含多个特征：中央岛大到足以引起注意；引道向左侧偏移；从驶入交通的角度来看，中央岛路缘形成一个分流锥形，使交通向右偏转；或是树木或景观能够增强可视性。中央岛变窄处最好使用可安装的路缘。

对于用作行人安全区的中央岛，垂直路缘石可以用来提供额外的行人舒适度和安全措施。行人通过区域应与路面齐平，或应提供典型的路缘坡道。建议偏移行人通过区域，以便行人过街时稍微朝向（面向）来车方向。这种偏移有助于引导行人朝向他们将要穿过的车辆行进方向（并等待安全交通间隙）。

4. 流量控制措施

通常只有在其他流量控制措施被证明没有效果时才考虑全封闭措施。考虑到此类案例的罕见性，以及转向或死胡同可以通过多种方式进行设计的事实，至今还没有全封闭街道的典型设计，建议采用当地标准进行周转设计。

半封闭是用于限制车辆进入道路的流量控制设施。适当的半封闭设计对于防止非法操作非常重要。典型的半封闭有两个旨在鼓励遵守单向交通限制的几何特征。首先，路缘延伸或边缘岛沿着道路向行驶方向延伸超过一个车长，使错误通过半封闭道路的驾驶人在行驶距离上感到不舒服。其次，路缘或边缘岛一直延伸到道路的中心线，或在宽阔的道路上延伸到中心线以外，仅为错误方向的交通留下相对狭窄的开口。

为了进一步加强对单向交通限制的遵守，应在交叉口处设置半封闭设施。一旦直行交通已经沿着限制方向的街道行驶，就很有可能继续通过半封闭设施。

沿自行车道，首选的设计是穿越半封闭设施的自行车通道。当自行车道两边都有垂直路缘时，其通道宽度应至少为5ft，目的是使通道宽度足以为自行车骑行者提供净空，同时又足够窄以防止乘用车使用。

在自行车道上实施流量控制措施时,应提供足够的空间容纳自行车骑行者。

标志牌应放在禁止进入(R5-1)标志附近,以表明自行车骑行者不受禁止进入限制。常用标志是一个附加的说明自行车豁免的标牌,美国各地的司法管辖区都在使用这个标志。

对角线分流岛、中央隔离带和强制转弯岛的净宽应足以使设计车辆能够在该交叉口正常转弯而不会侵入对向车道。在人行横道处,必须提供与人行道同一水平高度的通道或符合ADA标准的坡道。对角线分流岛应该有至少5ft宽的开口,足以让自行车骑行者通过,但不能让驾驶人通过。中央隔离带应延伸到交叉路口足够远的位置,以防止在交叉路口的驾驶人绕过隔离带。强制转弯岛应向右形成锐角,以阻止错误的行驶方向。

14.3.7 其他考虑

在规划和设计交通静化设施时,应考虑以下各项内容,因为每一项都会影响项目的整体效果。

1. 改道

应仔细评估将管制道路的交通转移到相邻或附近道路的可能性。将交通问题从一条居民街道转移到另一条街道上不会解决整个交通问题,反而可能会使受分流交通影响的道路上的居民感到不安。

交通分流在实施交通量控制措施(如分流和封闭)时尤为重要。在某些道路或交通流封闭后,应注意评估额外交通对相邻道路的潜在影响。在某些情况下,可能需要开展交通评价来确定附近的交通信号或交通控制设备是否能够应对额外的交通。

2. 适应自行车骑行者

应通过交通静化设施或在其周边提供自行车通道。在设计水平设施和车道变窄时应关注自行车骑行者的需要,因为在经过机动车静化设施时自行车通道可能会被挤压或切断。在自行车交通量很少或汽车交通量较低的街道上,此类冲突非常罕见,因为他们会走行车道,所以不需要为自行车骑行者提供特别的适应措施。但这并不是说不应该像往常一样考虑自行车骑行者,相反,假设在交通量很低的住宅道路上,自行车骑行者会借用行车道。对于自行车和汽车交通量都不低的地方,就应为自行车骑行者提供特别的适应措施。

3. 园林绿化与美学

交通静化设施中的园林绿化一直是实施中存在的问题。理想的交通静化设施的照片通常包括景观美化,因为它增加了美感。然而,园林绿化的安装,可能需要包括管道和电气连接以及维护,从而增加城市实施这些设施的资金和再利用成本,第11章对其中许多考虑因素进行了讨论。许多街区交通静化规划并不重视景观美化;得克萨斯州奥斯汀市是一个例外,该市的《当地交通管理指南和程序》(2014)为景观美化的安装提供了指导(图14.22)。

奥斯汀市为几种类型的交通静化设施提供了基础的和增强的景观设计概念。该市《当地交通管理指南和程序》的附录包括植物调色板和植物图像,选择这些植物的部分原因是它们对水分和维护的要求低。

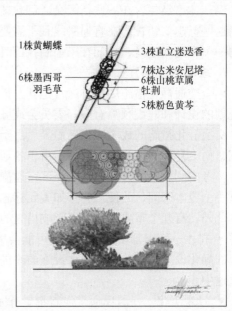

图14.22 得克萨斯州奥斯汀市园林绿化指南
资料来源:奥斯汀交通运输部。

尽管景观美化并不像道路交通静化设施那样直接影响速度或交通量，但行驶速度会受其影响。例如，由于道路旁垂直的树木产生道路变窄的效果，导致驾驶人行驶速度变慢。

美学对交通静化至关重要，景观美化可以增加安装价值。

除了景观美化，美学是交通静化规划的重要组成部分，涉及标志（位置和频率）、标线和铺设等。通常情况下，仅仅是杂乱无章的标志就可能削弱公众的支持。

4. 排水

安装交通静化设施时应考虑排水。对现有道路增加交通静化设施有可能破坏排水系统。排水问题通常可以通过垂直措施来避免，方法是将设施的高度降低至与路缘石和排水沟之前的路面水平，如使用减速丘。另一种选择是在设施的外边缘和路缘之间设置连接管道，以留出足够的排水空间。司法管辖区应意识到，交通静化设施中的排水管道通常需要维护，以确保它们没有碎片，防止水在道路上积聚。

5. 维护

维护良好的交通静化设施有利于社区创造一个干净、美观的外观。在规划住宅道路特征时，就应考虑交通静化设施的维护；这些考虑可能包括路面标线、景观维护（补植、修整、浇水等）、纹理路面养护、路缘石养护等。

除了维护交通静化设施外，在规划和实施措施时还应考虑道路维护。在实施交通静化措施之前，应对街道重新铺筑计划进行审查，以确保新实施的措施在计划重新铺筑之后不必修改。在设计任何会影响排水沟和道路正常排水的交通静化设施时，应考虑对排水系统的维护。

6. 执行

交通静化通常被认为是一个固定的警察；然而，警察部门有时需要强制执行交通静化措施，以达到较高的遵守率。例如，尽管驾驶人会谨慎地缓慢行驶来保障自身安全，但驾驶人依然可以通过错误的方式驶过障碍物来绕开半封闭设施。

例如，已经包含在一些街区交通静化规划工具箱中，但仍需反复执行的一个措施就是转弯限制标志。这些标志安装在存在直通路线且不需要完全或半封闭的位置。基于标志的转弯限制作为流量控制措施的一个常见问题是，它们在未强制执行时可能无效（这也是本章将其排除在工具箱之外的原因）。

7. 成本

单个交通静化措施的成本通常是其选择和纳入街区计划的主要因素。一般来说，一个城市的交通静化规划的设计和建设预算有限，委员会或城市工作人员的选择受到该预算的限制。

交通静化措施的成本因辖区而异。由于施工人员有安装经验，经常安装的不太复杂的设施通常比较便宜，而更复杂的设施可能更贵。由于各地的费用差别很大，很难对安装交通静化设施的费用做出具体估计。考虑到成本的波动，一些街区交通静化规划，如在新墨西哥阿尔伯克基，只需简单地为每个措施提供一个成本区间，并使用符号如美元标志（"$"）来指示成本范围。

此外，有几个重要因素可以影响措施的最终成本，包括：

- 排水——增加交通静化设施可能会影响道路排水，为了保持正常的道路排水，排水设施需要与安装的静化设施共同改进。排水设施的改进价格取决于交通静化设施的复杂性和大小，但很容易纳入整路重建中。
- 景观美化——居民通常强烈希望有完全景观化的交通静化设施，这是可以理解的，因为景观美化可以增加交通静化项目的美感。景观美化还可以增加设施的显著性，并可以在视觉上缩窄行车道。然而，景观美化会增加项目的成本，包括前期成本（材料、安装等）和重复成本（维护等）。相关机构应在安装前考虑景观美化费用，特别是维护费用，因为它们通常大于前期费用。树木是最经济的材料，在中央岛放置两棵树是纽约市设计的标准元素。
- 区域尺寸——交通静化设施覆盖区域的大小会显著影响成本。要在更大的道路上实现预期的减速设计可能需要更多的材料来构建更大的设施（设计得太小的交通静化设施可能无法实现预期的减速）。

- 规模——项目规模和建造的实施数量对项目成本有重大影响。与计划中包含多个设施的项目相比，单个设施计划的单位安装成本要高得多。

以下为几种较为常见的交通静化设施提供了施工成本估算值。费用仅考虑物理设施的施工，一般不包括其他费用。还应注意的是，这些价格代表了本手册出版时的成本，实际应考虑当前成本趋势。

- 减速丘——根据 ITE《减速丘设计和应用指南》，对于较长的混凝土减速丘，每个减速丘的成本从 1000 美元到 8000 美元不等。一般考虑典型的减速丘成本从 2000 美元到 4000 美元不等（图 14.23）。

图 14.23　南卡罗来纳州查尔斯顿的压印沥青减速丘以融入现有环境

资料来源：Jeff Gulden。

- 减速块——根据 ITE 期刊文章"新的交通静化装置的选择"（Gulden，Ewing，2009），一套橡胶减速块的成本从 3000 美元到 4000 美元不等，沥青减速块的成本从 2500 美元到 6000 美元不等。
- 速度台和增高人行横道——这些通常比减速块或减速丘需要更多的材料，成本从 4000 美元到 8000 美元不等。人行横道的其他增加功能，如按钮激活的矩形快速闪光信标，会增加人行横道的成本。
- 交通环岛——华盛顿西雅图拥有的交通环岛比其他美国任何城市都多，它的交通环岛成本大约为 15000 美元，用于美观绿化的植物为居民免费提供。如果需要更大的景观改进措施，那么居民可以申请小额补助金。其他城市的交通环岛，成本范围低至 1 万美元，高至 2.5 万美元。
- 减速弯道——一般来说，一个完整的减速弯道设施的成本在 8000~25000 美元，更小、更简单的设计和实施在 8000~10000 美元。
- 路缘凸出块——路缘凸出块的成本范围很大，主要取决于交叉口的排水情况。如果排水没有问题，则四个边角的路缘凸出块成本可能在 2000~5000 美元，如得克萨斯州埃尔帕索市；在排水需要重大改进的地方，每个边角的路缘凸出块成本可能高达 25000 美元。若需要排水和公用设施迁移，则成本会大大增加；加利福尼亚州阿纳海姆市在制订交通静化规划时，路缘凸出块的成本为 8 万~13 万美元。

《行人和自行车的基础设施改善成本》报告（Bushell、Poole、Zegeer、Rodriguez，2013）指出，一个路缘延伸的最大成本超过40000美元。

- 扼流圈——根据尺寸和排水考虑，每个扼流圈成本为10000～25000美元。
- 中央隔离岛——中央隔离岛每个岛的成本为15000～55000美元；成本很大程度上取决于岛的长度。《行人和自行车的基础设施改善成本》报告研究了岛的成本，发现平均成本为10美元/ft^2。
- 流量控制设施——全封闭、半封闭、对角线分流岛和中央隔离带等设施的成本可能因尺寸、排水、材料和景观而有很大差异。例如，一个简单的半封闭设施可能要花费6000美元左右，但复杂的全封闭设施花费100000美元并不罕见。

在确定资金需求之前，建议与当地工程师和施工专业人员讨论潜在的交通静化设施成本。此外，以下资源还提供了其他的有关成本的指导：Bushell等提出的《行人和自行车的基础设施改善成本》（2013）和《交通静化：实践状态》（Ewing，1999）。临时处理也可以被视为一种选择，因为在基本建设开始之前可以用灵活的轮廓标划线进行划分。如果有垃圾清理和景观维护，临时处理可以用塑料花盆和花岗岩块加固。

8. 基金

普通基金，有时还有天然气税收，往往是交通静化的主要资金来源。因此，交通静化将与地方政府的所有其他优先事项竞争，或至少与地方其他交通优先事项竞争。

居民参与资助已获批准的交通静化规划，可能是对公众支持的最终考验。费用分担是好还是坏值得商榷，另外费用分担的适当水平、水平是否应随情况而变化以及哪些情况是相关的也值得讨论。

ITE期刊在2004年的一项名为交通静化重提（Ewing，Brown，Hoyt，2005）的调查中发现了一个变化，越来越依赖社区居民来资助他们自己的交通静化项目。当《交通静化：实践状态》出版时，许多管辖区对任何可能有利于富裕社区而非贫穷社区的融资机制感到不安。2004年接受调查的政府中，约有一半的政府部分或全部依赖私人融资。

居民资助的示例仍然存在；例如，在华盛顿西雅图，不符合交通部资助条件的交通环岛仍然可以通过居民提供50%费用资助（通常为7500美元）来实施。在得克萨斯州的奥斯汀，在特定年份没有得到市政府资助的符合条件的交通静化项目可以通过私人资助来加速实施。此外，奥斯汀允许一些项目在50%的公共资金水平上获取公共/私人资金。

亚利桑那州钱德勒市的融资以该道路沿线的交通量为基础；每天有900辆车以上的街道有资格获取全额公共资金，而每天有450～900辆车的街道需要50%的私人资金。田纳西州孟菲斯市的减速丘安装，如果需要，则可以由居民出资；在这样做的时候，居民需向该市支付100%的减速丘费用和5%的行政/检查费。内华达州的亨德森市与社区合作，确定合适的融资机制，其中之一就是在当地建立一个改善部门对业主进行评估。在得克萨斯州的科珀斯克里斯蒂市，城市需要的承担费用是基于从项目优先级排名中获得的分数。

期待实现交通静化的地区未来可能会有公共改善计划。这些以前获得资助的项目可以进行调整以涵盖新的交通静化功能，这项工作可以同时进行，以降低具体交通静化改善的总体成本。

14.4　案例研究

在美国各地的社区中，街区交通静化措施的实施是显而易见的，交通的事前事后数据可以成为从业者和决策者的有用工具。除了所测量的交通数据之外，公众的意见和交通静化对附近活力交通带来的好处是从业人员和决策者应该考虑的关键因素。下面的案例研究给出了几个项目实施的结果。

14.4.1　加利福尼亚州帕洛阿尔托大学露台社区

学院露台社区两面临接一所大型大学（斯坦福大学），第三面临接一个科研园区。由于地理位置的原因，过境交通和超速一直是该居住区的主要问题。这个街区的面积约为 0.2mile²，道路网系统由 3 条东-西向的道路和 12 条南-北向较短的道路构成。住宅道路的限速是 25mile/h。

1. 问题

由于超速行驶和过境交通产生的交通量对附近的居民造成了影响。其中有几条道路的第 85% 位的速度达到了 34mile/h。

2. 方法

最初的街区交通静化规划包括安装速度台（6）和交通环岛（5）。

3. 经验教训

在实施交通静化措施前后，在邻近道路的 19 个地点收集了速度和交通量数据。实施交通静化措施后，除一条道路外，所有道路的第 85% 位的速度都降低了，有些道路的速度降低了 10%。该市发现该街区的总体速度降低了 10%，每天的过境交通量减少了 1100 多辆。

此外，该市还收到了居民对措施的反馈。速度台在社区很受欢迎，但居民们对一些交通环岛有意见，要求市里撤掉交通环岛并以速度台代替。

14.4.2 夏威夷州凯卢亚基哈贝街

这条道路完全位于居民区内，由于附近高速公路的建成，出现了过境交通和超速问题。

1. 问题

困扰基哈贝街的问题是由于过境交通和超速造成的高交通量。沿道路一侧设有路边停车，住宅道路没有人行道，限速是 25mile/h。

2. 方法

道路上的交通问题通过安装速度台（4）、中间带（3）、路缘凸出块（6）和减速弯道来解决。交通静化设施安装在约 1.5mile 的路段上。

3. 经验教训

实施后对交通进行了评估，结果显示各调查地点交通量减少了 9% ~ 24%。根据测量位置的不同，车速降低效果也有所不同，但在实施交通静化措施后车速总体下降，不同地点的速度分别降低 9mile/h、6 ~ 7mile/h 以及 3 ~ 5mile/h。该市将不同的速度降低量归因于每个地点使用的措施类型不同。虽然速度降低了，但并没有降到最大速度限制（25mile/h）以下。

该市对道路沿线的居民进行了调查，以更好地了解他们的担忧。该市的调查回收率为 1/3。尽管数据显示交通量有所下降，但大多数受访者并未注意到交通量的减少。居民们确实更喜欢减速丘而不是路缘凸出块；然而大多数受访者并不认为交通静化带来的好处超过了带来的不便。一些受访者更喜欢有人行道，而大多数受访者表示他们认为该地区不适合步行和骑自行车。

14.5 新兴趋势

本节将介绍交通静化领域所用技术、工具和工艺的最新趋势，以及它们与其他领域的相互融合。下面主要介绍几种不断发展的实践方法。

14.5.1 减速桩

减速桩是一种垂直向的交通静化设施，驾驶人需要缓慢行驶通过这种设施，而不是直接在上方越过。该设施由位于行车道中心的凸起的、弯曲的区域组成。为了避免垂直偏移，驾驶人必须缓慢地沿着凸起的弯曲区域行驶。直接越过该设施的驾驶人将感受类似于减速丘或减速块的垂直偏移。这个设施可以让应急车辆以最少的减速通过（García，Moreno，Moreno，2012）。

这个设施是由西班牙瓦伦西亚政治大学的研究人员制定的，并已经在西班牙巴伦西亚附近使用。大量的测试表明，它可以合理降低车速且不会出现减速丘前后的制动和加速现象。此外，研究人员发现与减速丘相比，减速桩可以降低噪声、油耗和车辆排放。

14.5.2 低压力自行车道网络

在居民区和较低等级的道路上可以采用交通静化措施以降低汽车速度，并通过减少交通压力鼓励更多的人骑自行车。连通的自行车道网络通常是活力交通网络中最重要的因素；然而，传统自行车道网络已经与自行车车道和自行车大道相连，有时在繁忙的道路上自行车骑行者将与快速行驶的汽车并排行驶。研究和宣传工作表明，有必要集中精力提供一个连通的低压力的自行车道网络，以容纳包括儿童在内的拥有不同骑行能力的自行车骑行者。低压力自行车道的概念是为自行车骑行者提供一条可以避免高速和高交通量车流，且路线不会太迂回曲折的骑行路线。

在低压力的自行车道上使用交通静化措施可以降低汽车的行驶速度和自行车骑行者的交通压力。交通压力水平与汽车速度有关，一项研究将汽车速度限制在30mile/h以内，以确定大多数低压力路网使用者可以接受的交通压力水平。为了降低较低等级道路上的汽车速度，可以在不影响自行车骑行者的情况下实施交通静化措施。依靠各交通静化措施来控制汽车速度、鼓励自行车通过居民区，是增加社区自行车出行的一个有希望的途径。

14.5.3 自行车大道

如14.2节所述，自行车大道（也称为社区绿道）是交通静化的理想使用方式。

14.5.4 公共利益

公众对减少汽车使用的负面影响和改善住宅道路上步行和自行车骑行条件的兴趣，为交通静化提供了一个理想的平台。尽管公众对交通静化的兴趣并非新鲜事，但信息和通信的便利性有助于放大居民的兴趣水平，并提供表达他们关切的机会。

居民可以在网上获得关于世界各地交通静化的各种各样的信息。通过很短时间的在线研究，居民可以获取图片、设计模板、成功的实施、不成功的实施、应用指南、有效性措施以及交通静化的成本等有关交通静化的信息。有了这些信息，居民可以在要求城市工作人员解决街区交通问题时做好充分的准备。

此外，网上沟通让居民更容易提出自己所在街区的交通问题。例如，居民可以有效地利用社交媒体分享想法，提醒媒体注意问题，联系当地民选官员表达关切，并在几分钟内与邻居和其他居民群体进行沟通和组织。在线组织和交流的能力有利于交通静化获得迅速而显著的公众支持。

公众对交通静化的兴趣可能使未经批准的交通静化措施通过"自行动手"（Do-It-Yourself, DIY）来实施。来自马里兰州巴尔的摩的DIY交通静化报告显示，通过在道路上放置雕塑、植物和雪人，可以降低汽车交通速度。此外，出版物还就居民如何"回收"道路提供了指导。在许多城市，更常见的是要求驾驶人为儿童降速的小型标志。这些标志通常是绿色的，有时还包含一面旗帜，通常放置在道路上或路边。

DIY交通静化并没有得到城市的认可，也不建议作为交通静化措施。然而应向交通专业人员强调居民改变驾驶行为和改善非机动车使用者条件的能量、组织和愿望，以便这些人员能够更好地规划和满足社区居民的需求和愿望。

Sneckdowns是一个在2014年冬季广受欢迎的术语，它指的是由于车辆在新雪中的行驶轨迹而形成的临时路缘突出块、扼流岛和车道宽度缩减。一场降雪后，在扫雪机到达之前，汽车在雪地交叉口行驶时，轮胎在通过公共道路空间时划出了一条路径。当多辆车通过雪地后，一个明显的模式变得清晰可见：汽车的行驶轨迹所占用的空间比交叉口（尤其在拐角处和畸形交叉口）提供的空间要小得多。

居民们在网上发布了 sneckdowns 的照片，并提醒人们注意这样一个事实：在十字路口，驾驶人可能只需要分配给他们的一部分空间。Sneckdowns 指的是公共道路用地范围（专用于汽车）内可分配给其他道路使用者的区域；例如，可以实施有利于行人的路缘凸出块。

交通专业人员应将 sneckdowns 视为观察驾驶人所需较小间距的机会。这些临时特征也说明了交通静化的效果；如果驾驶人在积雪的十字路口缓慢行驶，那么通过建设永久性路缘凸出块代替 sneckdowns 将继续影响驾驶人以较低的速度行驶。

参 考 文 献

American Association of State Highway and Transportation Officials (AASHTO). (2011). *A policy on geometric design of highways and streets*. Washington, DC: AASHTO.

———. (2012). *Guide for the development of bicycle facilities* (4th ed.). Washington, DC: AASHTO.

Boston Transportation Department. (2013). *Boston Complete Streets: Design guidelines*. Boston, MA: Boston Transportation Department.

Bushell, M. A., Poole, B. W., Zegeer, C. V., and Rodriguez, D. A. (2013). *Costs for pedestrian and bicyclist infrastructure improvements*. Chapel Hill, NC: UNC Highway Safety Research Center.

Chicago Department of Transportation. (2013). *Complete Streets Chicago: Design guidelines*. Chicago, IL: Chicago Department of Transportation.

City of Austin, Texas. (2014). *Guidelines and procedures for local area traffic management*. Retrieved from www.austintexas.gov/sites/default/files/files/LATM_Guidelines–Procedures_-_Final_7-1-14_v2.pdf.

City of San Antonio, Department of Public Works. (n.d.). *Traffic calming handbook*. Retrieved from www.sanantonio.gov/Portals/0/Files/CIMS/FAQs/Traffic/TCHandbook2013.pdf.

District Department of Transportation (DDOT). (2012). *DDOT traffic calming assessment application*. Washington, DC: DDOT. Retrieved from http://ddot.dc.gov/sites/default/files/dc/sites/ddot/publication/attachments/Traffic%20Calming%20Petition_New%20Version%20.pdf.

Ewing, R. (1999). *Traffic calming: State of the practice*. Washington, DC: Institute of Transportation Engineers.

Ewing, R., and Brown, S. J. (2009). *U.S. traffic calming manual*. Chicago, IL: American Planning Association.

Ewing, R., Brown, S., and Hoyt, A. (2005). Traffic calming practice revisited. *ITE Journal*, 22–27.

Federal Highway Administration (FHWA). (1981). *State of the art report: Residential traffic management*. Washington, DC: Author.

———. (2009). *Manual on uniform traffic control devices*. Washington, DC: FHWA.

García, Alfredo, Moreno, A. T., and Moreno, M. A. (2012). A new traffic calming device: Speed kidney. *ITE Journal, 82*(12), 28–33.

Gulden, J., and Ewing, R. (2009). New traffic calming device of choice. *ITE Journal, 79*(12), 26–31.

Institute of Transportation Engineers (ITE). (1999). *Traffic calming: State of the practice*. Washington, DC: ITE.

Institute of Transportation Engineers, Traffic Engineering Council. (1997). *Guidelines for the design and application of speed humps: A recommended practice of the Institute of Transportation Engineers*. Washington, DC: ITE.

Kahn, R., and Kahn Goedecke, A. (2011). Roadway striping as a traffic calming option. *ITE Journal, 81* (September), 30–37.

National Association of City Transportation Officials (NACTO). (2013). *Urban street design guide*. Washington, DC: NACTO.

Portland Bureau of Transportation (PBOT). (n.d.). Neighborhood greenways. Retrieved from www.portlandoregon.gov/transportation/50518.

Smart Growth America. (n.d.). National Complete Streets Coalition. Retrieved from www.smartgrowthamerica.org/complete-streets/complete-streets-fundamentals/complete-streets-faq.

延伸阅读

Institute of Transportation Engineers. (2010). *Designing Walkable Urban Thoroughfares: A Context Sensitive Approach*. Washington, DC: Author.

Institute of Transportation Engineers, Neighborhood Street Design Committee. (2010). *Neighborhood Street Design Guidelines: Recommended Practice of the Institute of Transportation Engineers*. Washington, DC: Institute of Transportation Engineers.

Institute of Transportation Engineers, Smart Growth Task Force. (2010). *Smart Growth Transportation Guidelines: An ITE Recommended Practice*. Washington, DC: Institute of Transportation Engineers.

Institute of Transportation Engineers, Traffic Engineering Council. (2013). *School Site Planning, Design, and Transportation*. Washington, DC: Institute of Transportation Engineers.

第 15 章　作业区交通维护和施工准备

原著：Robert K. Seyfried, President, R. K. Seyfried 和 Associates
译者：葛慧敏 副教授、博士

15.1 基本原则

据估计，美国约 10% 的高速公路拥堵路况是由作业区引起的，每年造成的燃料成本损失约 7 亿美元，因此，作业区的交通安全是一个亟待解决的问题。在过去十年中，美国公路的作业区内每年发生的死亡事故大约 586~1186 起，其中包括每年有 101~165 人的建筑和维修工人（主要是公路维修工人）死亡。如 AASHTO《路边设计指南》(2011) 中所述，作业区发生的碰撞事故通常更为严重，造成的伤亡人数比全国碰撞事故平均水平更高；农村和城市公路作业区的固定物体碰撞更容易造成伤亡。大约一半左右的作业区固定物体碰撞事故是在夜间发生的；作业区域的牵引车和挂车伤害和死亡事故率大大高于这些车辆的其他事故类型的全国平均水平。尽管交通安全与否取决于道路，但 Ulman 等经研究发现相较于相同地点的普通碰撞事故，作业区的碰撞概率增加了 20%~30%（Ulman, 2008）。

安全性、机动性和可施工性是规划、设计和建设道路项目时作业区必须解决的三个关键问题。其目的是最大限度地提高道路使用者和工人的安全性，最大限度地提高道路使用者的可达性，并尽可能有效地规划、设计和建造项目。

安全性是指尽量减少作业区附近的道路使用者和公路工人的潜在危险。机动性是指在不影响公路工人或道路使用者安全的情况下，道路使用者可以有效地通过或绕过作业区区域，同时产生最小的延误。"可施工性可定义为在规划、设计、采购和现场作业中，为实现所有项目目标而优化使用施工知识和经验。可施工性的目标是促进合理的投标，并尽量减少施工过程中的问题。可施工性能够降低成本、遵守进度、提高生产率、提高质量，以及为出行的公众提供更多的安全和便利"（Sankar, 2006）。

如《高速公路施作业区设计》(Mahoney, 2007) 所述："所有的出行都有一定程度的风险，财产损失、伤害和死亡伴随着高速公路行驶而发生。负面的安全后果是社会成本。设计策略和流程（包括用于施工作业区的设计策略和流程）的主要目标是尽量减少碰撞的频率和严重性。为了有效地解决施工作业区的安全问题，设计指南应考虑更多的高速公路安全知识。相应地，越来越多的高速公路安全被视为一个客观、定量的课题，需要运用明确的术语和措施。"

高速公路安全是一个相对的概念，最好使用定量的方法来描述。在任何一条通车的高速公路上都可能发生撞车事故，但发生撞车事故的概率是不同的。"实质性安全"定义为"预期的碰撞频率和严重程度"。实质性安全区别于"名义安全"，"名义安全是参照标准、保证、指南和认可的设计程序进行检查"。预期碰撞频率和严重程度较低的公路（即具有较高实质性安全水平）是设计过程的理想结果。设计的目的是以最小的成本提供最大的利益。因此，在制定永久性道路和施工作业区道路的设计指南时，实质性安全是一个主要但不是唯一的考虑因素。

从规划到设计和施工，道路使用者（包括驾驶人、骑自行车的人和行人）、工人的安全和无障碍设施应是每个项目的重要组成部分。同样，维修公用工程在规划和实施方面应始终考虑到所有道路使用者和工人的安全性和可及性。其目标应该是使用道路几何图形、路边特征和临时交通管制，尽可能接近正常公路条件下的交通管制，引导道路使用者穿过作业区。应该遵循 FHWA 的《统一交通控制设施手册》(*Manual of Uniform Traffic Control Devices*, MUTCD) 中的以下基本原则指导作业区临时交通管制（Temporary Traffic Control，TTC）计划的规划、设计和实施：

1）应制订总体计划或指导方针，为驾驶人、骑自行车的人、行人、工人、执法/应急官员和设备提供安全保障，并考虑以下因素：

① 永久道路和路旁设计的基本安全原则也应适用于 TTC 区域的设计。目标应该是使用道路几何图形、路边特征要素和 TTC 设备，尽可能接近正常公路情况下的设备，引导道路使用者穿过这些区域。

② 在占用养护作业地点之前，所有责任方都应准备详细的 TTC 计划，以适用于工作项目或事件的复杂性。TTC 计划中的任何变更都应得到具有 TTC 专业知识（例如，经过培训或认证）的官员批准。

2）基于以下考虑，应尽可能减少道路使用者的活动：

① 作业地点和事故地点设计的 TTC 应假定驾驶人只有在明确意识到需要降低车速时才会降低车速。

② 应避免几何结构的频繁或突然变化，如车道变窄、车道数减少或需要快速操作换道。

③ 养护作业安排应尽量减少车道关闭或备用路线的方式，同时仍能迅速完成作业，并尽快使封闭车道或道路通车。

④ 应尽量减少使用公路或高速公路的交通量以符合限制的通行条件，应鼓励道路使用者使用替代路线。对于大流量的公路和高速公路，应评估选定入口匝道或其他入口点的关闭情况以及使用带标志的改道路线。

⑤ 应当为骑自行车的人和行人，包括残疾人士，提供合理的安全通道通过 TTC 区。

⑥ 如果作业允许，应在高峰时段关闭交通量大的街道和高速公路上的车道。如果可以通过一系列短期操作完成作业，则应考虑夜间作业。

⑦ 如果预计会对道路运营产生重大影响，则应尽早与有管辖权并提供紧急服务的官员进行协调。

3）在接近和通过 TTC 区域和事故现场时，应以明确和积极的方式引导驾驶人、骑自行车的人和行人。应遵循以下原则：

① 应提供足够的警告、提醒和渠化，以通过使用适当的路面标记、标志或其他在不同情况下有效的装置，避免道路使用者进入 TTC 区域或事故现场；还应考虑提供视觉障碍行人的预警信息。

② 与 TTC 区域中的预期行进路径不一致的 TTC 设备应予以拆除或覆盖。但是，在中期固定、短期和移动操作中，如果可见的永久设备与预期的行进路径不一致，则应使用突出或强调适当路径的设备。应考虑提供可供残疾人使用的交通管制设备。

③ 标记程序在使用时应为穿越 TTC 区域的道路使用者提供积极的指导。

4）为了提供可接受的运行水平，应按以下步骤对 TTC 区域进行日常昼夜检查：

① 应将具备 TTC 相关专业知识的人员（例如，经过培训/认证的人员）分配给负责 TTC 区域的交通安全。其主要的职责应是检查项目的所有 TTC 设备是否与 TTC 计划相一致，并且对驾驶人、骑自行车的人、行人和工人有效。

② 随着工作的进行，应适当修改临时交通管制和作业条件，以向道路使用者提供灵活积极的指导，并保障工人的安全。负责 TTC 的人员应有权中止工作，直到采取适用或补救安全的措施为止。

③ 在道路使用者的数量、光线和各种天气条件下，仔细监测 TTC 区域，以检查适用的 TTC 设备是否有效，是否清晰可见并符合 TTC 计划相关规定。

④ 必要时，应（与执法官员合作）对 TTC 区域内发生的碰撞事故进行工程研究。应监视 TTC 区域中的碰撞记录，以判别 TTC 区域是否需要更改。

5）应在 TTC 区域的使用周期内，采用以下原则维护路边安全：

① 为了应对路面事故、伤残车辆或紧急情况，应在可行的情况下提供无障碍的路边恢复区或禁区。

② 道路使用者的渠化应通过使用路面标记、标志和可碰撞、可检测的渠化设备来完成。

③ 应注意作业设备、工人的私人车辆、材料和杂物的存放，降低其被车辆撞击的可能性。

6）从上级管理人员到现场作业人员的行为都会对 TTC 区域的安全产生影响，因此每个人都应接受与工作内容相关的培训。只有经过适当的 TTC 实践培训并且对规范（根据适用的标准和指南，包括本手册的标准和指南）有基本了解的人员，才能监督和管理 TTC 区域和 TTC 设备的选择、放置和维护。

7）应通过遵循以下原则保持良好的公共关系：

① 应该评估所有道路使用者的需求，以便提前发出适当通知，并提供明确的替代路径。

② 在宣传 TTC 区域的存在与合理性时，应寻求各种新闻媒体的合作，因为新闻发布有助于保持道路使用者的知情权。

③ 应评估毗邻的居民和企业的需求，并提供适当的住宿。

④ 应评估紧急服务提供者（执法、消防和医疗）的需求，并进行适当的协调和安排。

⑤ 应评估铁路和过境运营商的需求，并进行适当的协调和调整。

⑥ 应评估诸如公共汽车和大型货车之类等商用运营商的需求，并提供适当的住宿。

15.2 专业实践

15.2.1 运输管理计划

当必须在高速公路建设或维护作业区域内或周围移动交通时，都会遇到潜在的交通安全和拥堵问题。许多道路上的交通拥堵日益严重，并且在已经承载交通的现有道路上进行修复和重建工作的需求日益增加，这些问题在维持作业区安全性和机动性方面带来了复杂的挑战。为了有效、系统地应用并持续维护作业区的安全性和机动性，必须制订详细的计划。在过去，有时出于成本或权宜之计等其他"紧迫"问题而牺牲安全考虑，从而导致涉及驾驶人和工人的撞车事故仍然居高不下。鉴于高事故率和针对运输机构和承包商的责任判决成本急剧上升，近年来，人们更加注重安全实践和规划。

在美国，联邦公路管理局采用了"作业区安全性和流动性规则"（23 C. F. R. 630 Subpart J），该规则适用于接受联邦公路援助资金的所有州和地方政府。该规则"提供了一个决策框架，有助于在项目开发阶段全面考虑作业区的更广泛的安全性和流动性影响，并采用有助于在项目实施期间管理这些影响的其他策略"（Scriba, Sankar, Krista, 2005）。

在美国，"作业区安全性和流动性规则"提供了决策框架。

如 MUTCD 所述，在美国，每个高速公路作业区项目都需要一个 TTC 计划。TTC 计划处理作业区内的交通流。对交通影响较大的项目还应制订交通管理计划（Transportation Management Plan, TMP）。TMP 解决了对作业区的影响，这种影响通常会扩展到作业区之外。所有联邦援助项目都需要 TMP，但也有许多不需要 TMP 的地方资助项目。

作业区安全与流动规则包含三个基本要素：

- 制订作业区安全与流动政策，以支持在项目开发的所有阶段，对影响作业区的要素进行系统地考虑和管理。
- 制订支持政策实施的标准流程和程序，包括作业区的安全和操作数据、作业区培训和作业区审查流程。
- 制订项目级程序，以解决单个项目对作业区的影响，并制订和实施所有项目的运输管理计划。

实施该规则的一个关键步骤是确定"重大"项目，这些项目可能对作业区内及其周围的交通状况产生更大的影响。这些项目可能导致更大的交通拥堵，危及道路安全，或大大减少进入企业或活动场所（如体育场或竞技场）的机会。它们可能还需要更坚固的保护装置、障碍物、封闭车道以及更多的执法活动。同时，还应更多地关注这些项目的实施效果，"重大项目被定义为单独或与附近的其他并行项目结合在一起，预计会对作业区域造成持续的大于国家政策或工程判断所认为的容许范围（Scriba, San-

kar, Krista, 2005）的影响。"一个重大的项目可能具有以下一个或多个特征：
- 影响大城市或地区（甚至可能更广泛）的群众出行。
- 它具有很高的公共利益。
- 它将直接影响中到大量的出行人数。
- 它将对用户成本产生很大影响。
- 项目持续时间适中或较长。

该规则使机构可以根据自身需求灵活地对重大项目进行定义。但是，在指定运输管理区域范围内，如果占据一个位置超过3天且连续或间歇关闭车道的所有州际系统项目，则自动被视为重要项目。

在项目规划阶段应尽早考虑的问题包括：
- 该项目对作业区的潜在影响是什么？
- 在项目开发期间，是否需要特别注意作业区的影响？
- 同时进行的多个道路项目对作业区的持续影响是什么？
- 在计划和安排彼此邻近的多个项目时，必须考虑哪些协调问题（如果有的话）？
- 项目可能使用的潜在作业区管理策略是什么？
- 该项目中交通执法的作用是什么？
- 管理作业区影响潜在策略的可能成本范围是多少？
- 潜在的管理策略的项目计划/阶段划分/进度安排的设计含义和效果是什么？

这些问题的答案将有助于确定该项目是否为"重大"项目。

无论该项目是否被指定为重大项目，所有联邦资助的高速公路项目都需要交通管理计划。TMP的目的是制订一套协调策略，以管理项目对作业区安全性和流动性的影响。TMP的范围、内容和详细程度可能会根据机构的作业区政策和预期影响而有所不同。对于重大项目，TMP必须包含临时交通管制（TTC）计划以及交通运营（Transport Operations, TO）和公共信息（Public Information, PI）部分。TTC计划涉及整个作业区的交通安全和控制问题。TO部分涉及作业区影响区域的持续运营和管理。PI部分处理与公众和利益相关者的沟通。如果出现意外情况，则可能需要在施工期间修改TTC计划。机构或承包商应根据编制更新的TTC计划进行适当调整，但要遵守合同中的限制，并要获得熟悉交通管制计划和安全知识的机构人员的批准。

对于重大项目，交通管理计划（TMP）必须包括临时交通管制（TTC）计划以及交通运营（TO）和公共信息（PI）部分。

对于非重大的项目，TMP可能仅包含TTC（有时称为交通维护或MOT）计划。但是，鼓励各机构也考虑这些项目的TO和PI问题。在某些情况下，此类项目的TTC计划可以参考《统一交通控制设施手册》或标准图样中的附件，也可以为各个项目专门设计TTC。MUTCD中的标准交通管制计划和机构标准计划是TTC的开发指南。当与实际作业区域有足够的相似性时，可以参考使用。但实际上，通常存在不同的差异，因此应在合同文件中制订特定的交通管制计划。TTC中的详细程度将取决于项目的复杂性以及交通与施工活动的相互影响。

对于任何高速公路建设或重建项目，都必须将交通管理计划的规定包括在计划、规范和估算（PS&E）中。PS&E必须包含管理制订的TMP的所有适用要素，或包含承包商制订TMP的规定。对于承包商开发的TMP，预计承包商将在项目计划过程中纳入该机构已经制订的最低TMP要求。例如，设计建造项目的PS&E可能包括TMP的框架，以及根据合同完成TMP开发的规定。管理局必须在实施前批准任何承包商制订的TMP。

机构和承包商应分别指定一名在项目级别接受TTC培训和认证的人员，该人员应承担实施TMP的主要责任和足够的权限。指定人员必须具有一定的培训和经验才能胜任此职务。一旦建立，TMP 应具有足够的灵活性以应对意外的现场条件。

  TMP 的开发不是一个单一的步骤。通常，最终计划是在进行一系列审查和完善后发展起来的。为了实现最大的公共和工作人员安全和交通流效率，交通管理的考虑必须从预先设计的水平开始。从这个早期阶段开始，设计仍然是灵活的，并且可以分析不同设计或施工方法对作业区交通管理的影响。如果仅在设计完成（或接近完成）后才解决交通管理的问题，则通常会拒绝设计或施工程序的更改。

  在设计的初始阶段，应选择基本的管理策略并制订初步的管理计划。项目设计、策略选择和管理计划制订等活动具有很强的互动性，因此各方面密切协调尤为重要。应与公用事业公司、铁路、执法人员、消防、运输和其他地方机构的代表举行讨论会议，这些机构将直接受计划项目的影响。TMP 应该解决此类服务何时中断以及中断多长时间的限制，还应在早期进行简短的现场审查，以便提供讨论依据，消除不切实际的替代方案，并提出可行的替代方案。

  TMP 的制订应考虑许多因素，如：
- 驾驶人、行人、非机动车和工人的安全。
- 行车延误。
- 交通管制成本。
- 工作活动所需的作业区范围。
- 主线和交叉街道、车道或匝道上的交通量。
- 通行速度。
- 交通管制的连续性和简单性。
- 一天中一条或多条车道可能关闭的时间。
- 是否可以在两个交通通行方向同时进行工作。
- 应急通道。
- 可供选择的应急服务路线、邮件路线、学校路线和公共交通服务路线。
- 非机动车和行人交通的调节。
- 涉及当地商业用地和沿线其他土地用途。
- 地方执法机构控制交通的能力。
- 向道路使用者传达交通管制和路线信息的方法。

  应强调的是，不同地点的作业区具有不同的特性。然而，虽然特性可能会有所不同，但作业区安全性的基本原理仍保持不变。工程判断、操作培训和经验是最大限度地保护公众和工人的必要条件。因此制订有效的 TMP 所需的专业知识可能包括：
- 交通运营。
- 公路通行能力分析。
- 几何设计。
- 人为因素分析。
- 施工技术。
- 执法。
- 教育和公共信息。

  有许多管理策略可以单独使用或组合使用，以最大限度地减少交通延误，提高交通流动性，维护或改善道路使用者和工人的安全，及时完成道路工程以及保持企业和居民的通行。这些策略分类为：
- 临时交通管制（TTC）策略。
- 交通运营（TO）策略。
- 公共信息（PI）策略。

15.2.2 临时交通管制策略

临时交通管制（TTC）策略、设施以及合同/施工技术相互协调，可以促进作业区域内和周围的交通流量和安全性。设施以及合同/施工技术相互协调，可以促进通过作业区及其周围的交通流量和安全。作为制订交通管理计划的基础，分析备选 TTC 策略并选择策略或策略组合的过程必须联系项目规划和设计活动内容。制订 TTC 策略时要考虑的预期目标包括：

- 封闭作业区，以便有足够的空间来进行工作，并具有合理的经济性和安全性。
- 避免公众出行不合理和不便捷。
- 确保行车延误不会影响到急救车、校车、邮递员等。
- 维护当地居民、企业等合法权益。

在制订 TTC 策略时，这些预期目标常常相互竞争以获得首要地位。使用监察员可能有助于设法解决这种竞争问题。

临时交通管制（TTC）策略、设施以及合同/施工技术相互协调，可以保证作业区内外的交通流量和安全。

可以单独或组合考虑使用多种备选 TTC 策略，以维持通过作业区或作业区附近区域的交通流。根据道路的几何形状和工作性质，找出不可行的备选策略。为了评估哪些策略可能可行，首先必须确定项目所需的道路占用程度。这是对施工或维护工程对道路占用程度的一级评估，因此对正常交通是封闭的。

为了定义道路占用程度，应明确界定以下因素：

- 项目实际长度和起止点。
- 在项目的每个阶段（纵向和横向）执行工作时必须有封闭的道路部分。
- 完成项目每个阶段所需的预期工作日数。
- 每天必须占用道路的小时数。

在某种程度上，上述每个因素都是要选择的作业区 TTC 策略所考虑的内容。在大多数情况下，这些因素具有一定的灵活性，可以最大限度地减少交通流中断。因此，应该以迭代方式考虑此步骤和关于确定可行备选方案的下一步骤。在可能的条件下，理想的策略应遵循 GI – GO – SO 的原则（"进来、出去、持续"），以便于最大限度地减少对道路使用者和外界的影响。

从概念上讲，替代 TTC 策略的范围可以描述为：

- 缩减车道宽度。该作业区 TTC 策略包括减少一条或多条车道的宽度，以保持正常通行可用车道的数量。此方案是所有作业区 TTC 策略中破坏性最小的，但仅当作业区主要位于正常车道之外时才适用。窄车道的宽度可能会降低设施的容量，特别是在货车数量很大的情况下。使用路肩作为行车道的一部分将有助于降低车道宽度的减少量，但这只有在路肩结构足够的情况下才可行。当该 TTC 策略应用于长期工作现场时，需要移除当前车道和边缘道路标线，以避免驾驶人发生冲突。
- 使用路肩。这种 TTC 策略涉及使用部分或全部的路肩或铺砌的中间带作为临时交通车道。使用此策略之前，必须确定路肩或中间带表面足以支撑预期的交通负荷。重建路肩可用于创建一个更利于驾驶的路面。使用这种 TTC 策略时，通常会禁止货车使用临时车道，以最大限度地减少路面劣化。如果路肩上有路缘振动带，则应将其填充以提供相对光滑的通行表面，如图 15.1 所示。
- 封闭车道。这种 TTC 策略涉及关闭一条或多条正常车道，需要进行通行能力和延误分析以确定行车道的关闭是否会导致严重的交通拥堵（图 15.2）。在某些情况下，将路肩或中间带用作临时车道将有助于减轻因通行能力下降而引起的问题，也可能需要升级或更换现有人行道或路肩，或放置临时人行道（图 15.3）。

图 15.1　使用部分路肩作为临时车道

资料来源：Robert K. Seyfried。

- 单车道交替双向通行。这种 TTC 策略涉及使用一条车道来同时控制两个方向的交通。通常需要标志或交通信号灯来协调双向交通流，但如果双向路段较短且能见度足够，则可以进行 STOP 控制。
- 改道。该 TTC 策略涉及完全封闭正在施工的道路（一个或两个方向），并将交通改道至位于或邻近高速公路右侧的临时道路。该方案通常需要准备大量的临时道路，以承受交通荷载。临时通道或临时改道的建设可能需要临时地役权。
- 间歇性完全关闭。此 TTC 策略涉及在相对较短的时间内停止一个或两个方向上的所有交通，以允许工作继续进行。短时间后，根据交通量重新开放道路，所有车辆都可以通过该区域。这一概念通常仅适用于交通量极低的道路或交通量极低的时段（如周日早晨或夜间）。
- 中间交叉。这种 TTC 策略涉及将一个方向的所有或部分交通量穿过分隔带，引到对向的交通车道上。这一概念还可能包括使用路肩或缩减车道宽度来保持正常车道数。由于这种分隔的公路通常具有较高的速度和交通量，交叉道路的设计应采用与永久道路相同的几何标准。在高速公路上，应考虑在双向运行的长度范围内使用临时交通屏障（图 15.4 和图 15.5）。
- 绕道而行。该 TTC 策略涉及在施工的道路上完全封闭道路（一个或两个方向），并将交通流改道到现有的替代设施（图 15.6）。当与封闭道路平行的邻近道路上存在未使用或使用较少的通行道路时，此策略是可取的。这一策略可以通过减少交通冲突来提高工人的安全性，但也可能使道路使用者花费大量的出行时间和成本。

图 15.2　高速公路左车道封闭
资料来源：Robert K. Seyfried。

图 15.3　用作临时车道的全路肩
资料来源：Robert K. Seyfried。

图15.4 采用路面标线和渠化器分割公路一半的双向交通

资料来源：Robert K. Seyfried。

图15.5 采用隔离墙分割正常高速公路一半的双向交通

资料来源：Robert K. Seyfried。

图 15.6 封闭道路绕行
资料来源：Robert K. Seyfried。

表 15.1 总结了这些作业区策略的优缺点。根据道路占用程度和设施的横截面特征（车道和路肩的数量和宽度等）以及其他因素（速度、交通量等），可以将合理的替代 TTC 策略的数量缩到很小。在某些情况下，只有一种策略是可行的。在规划过程的早期阶段确定这些可行的备选 TTC 策略，可以大大减少后续步骤中所需的分析工作。

表 15.1 作业区策略概述

策略	概述	优点	缺点
交替单向运行	缓解车道完全或间歇关闭的影响；主要用于双车道设施	代理成本低，非交通影响小；灵活多变	需要停止交通运行；降低通行能力；通常需要信号或旗杆控制
绕道	将交通量重新转入其他现有设施	灵活，费用因绕行路线的改变而异	通常会降低交通能力；现有道路上的服务和基础设施可能会退化；可能需要与其他机构达成协议
改道	提供与施工相邻的临时道路	将交通与施工分开；减少对交通的影响	特别是在需要桥梁的情况下费用可能很高；通常需要通行权
中间或全封闭道路	在指定的（有限的）时间内关闭设施以禁止通行	通常也包括快速施工；将交通与施工分开	延长关闭所需的某种缓解措施（绕行、换道）；具有潜在的交通影响

(续)

策略	概述	优点	缺点
车道封闭	封闭一条或多条行车线	维修服务；如果不需要临时壁垒，则成本较低	减少通行能力；可能会导致交通堵塞
缩减车道宽度	减少车道宽度	最大化行驶车道数	通行车道宽度不理想；可能会导致交通堵塞
中间交叉	在正常划分的高速公路一个车道上保持双向交通	将交通与施工分开；无需额外的通行权	通行能力降低；与引道不一致；相对昂贵；交汇处需特别注意
使用路肩	使用路肩作为车道	相当低的成本取决于路肩的准备	取代事故车辆的停靠区域；破损肩路结构；横坡和减声带可能有问题

资料来源：改编自 Mahoney 等（2007）。

当作业区位于交通量大的道路上时，必须评估替代 TTC 策略的能力来满足交通需求。表 15.2 为作业区道路通行能力指南。如果在 TMP 实施期间，交通量可能超过道路通行能力的情况下，可以使用更详细的通行能力分析技术。

表 15.2　车辆每小时通过作业区的通行能力一般准则

设施类型		基本通行能力/vph	作业区通行能力/vph
高速公路	4 车道每个方向	7600	5630
	3 车道每个方向	5700	4220
	2 车道每个方向	3800	2960
	1 车道每个方向	—	1610
多车道公路	3 车道每个方向	5700	4220
	2 车道每个方向	3800	2880
	1 车道每个方向	—	1570
	乡村双线公路	1900	1670
城市交叉口（2-街道）	3 车道	1900	1650
	2 车道	1350	1100
	1 车道	800	500

资料来源：Graham，Migletz（1994）。

在城市干道上，通行能力通常由交叉口控制。因此，中断作业区造成的通行能力降低通常并不重要。此外，作业区周围的其他路线通常可用，从而减少了作业区所在道路的通行压力。交叉口通行能力应采用《公路通行能力手册》中公认的信号或非信号交叉口通行能力分析步骤进行计算（TBR，2010）。

在高速公路上，作业区本身对车道通行能力的影响超出了车道变窄和正常通行能力分析步骤中包含的其他因素的影响。表 15.3 和表 15.4 为基于通过作业区可用车道的典型高速公路作业区通行能力。如果存在替代路线，则施工延误可能导致交通量大量改道。

对于正常双车道道路的单车道交替单向运行，可按表 15.5 估算通行能力。所显示的间隙时间是通过单车道路段所需的时间。当两个方向的交通量相差很大时，表 15.5 中所示的通行能力应减少 10%。

表 15.3 典型高速公路作业区观测的通行能力　　　　　　　　　　　　　（单位：vph）

作业类型	单向车道数（正常/作业）				
	3/1	2/1	5/2	3 或 4/2	4/3
隔离墙/护栏安装或修理	—	1500①	—	3200① 2940②	4800① 4570②
路面修补	1050②	1400①	—	3000① 2900②	4500①
重铺或去除沥青	1050②	1200① 1300②	2750②	2600① 2900②	4000①
路面标志	—	1100①	—	2600①	4000①
桥梁维修	1350②	1350②	—	2200①	3400①

① 加利福尼亚州数据，峰值交通流量。
② 得克萨斯州数据，一小时交通流量。
资料来源：Dudek，Richards（1982）。

必须认识到，对作业区的运行需求和通行能力往往难以估计。由于车辆的交通改道和延误，难以计算需求。在大型施工项目中，已经观察到某些出行行为完全消失。换句话说，由于预期的行程延误和作业区拥挤，一些出行者决定不出行。尽管表15.2~表15.5给出了作业区通行能力的合理近似值，但必须认识到，车道和作业区的特性以及当地的驾驶习惯可能会影响作业区的实际通行能力。

表 15.4 每车道每小时车辆长期作业区的通行能力　　　　　　　　　　（单位：vph/车道）

州	车道数减少后的通行能力					
	2 到 1	3 到 2	3 到 1	4 到 3	4 到 2	4 到 1
TX	1340	—	1170	—	—	—
NC	1690	—	1640	—	—	—
CT	1500~1800	—	1500~1800	—	—	—
MO	1240	1430	960	1480	1420	—
NV	1375~1400	—	1375~1400	—	—	—
OR	1400~1600	—	1400~1600	—	—	—
SC	950	—	950	—	—	—
WA	1350	—	1450	—	—	—
WI	1560~1900	—	1600~2000	—	1800~2100	—
FL	1800	—	1800	—	—	—
VA	1300	1300	1300	1300	1300	1300
IA	1400~1600	1400~1600	1400~1600	1400~1600	1400~1600	1400~1600
MA	1340	1490	1170	1520	1480	1170
Default	1400	1450	1450	1500	1450	1350

资料来源：《公路通行能力手册》（运输研究委员会，2010）。

表 15.5 共享通行权作业区策略的估计通行能力

间隙时间/s	通行能力（双向）/vph	间隙时间/s	通行能力（双向）/vph
5	1250	20	600
10	1100	25	400
15	850		

资料来源：Abrams，Wang（1981）。

任何不能满足长时间（每天超过2h或3h）交通需求的TTC策略通常都应该放弃考虑，除非可以使用一个或多个交通运营策略对该策略进行修改以增加通行能力或减少交通需求。在道路完全封闭的情况下，车辆转向绕行道路，绕行道路的通行能力必须能够同时处理当前和绕道的交通量。

除了考虑通行能力之外，某些替代TTC策略也可能明显不如其他策略。即使没有准确的影响分析，这些较差的替代策略也可以被放弃。应充分详细地制订余下可行的替代TTC策略，以便量化影响。应绘制草图，显示施工工程各个阶段的初步交通管控计划。

安全、交通延误和项目成本是选择作业区TTC策略时最常考虑的三个因素。然而，随着对节能和环境保护的日益重视，可能还必须对燃料消耗和空气污染物排放等其他因素进行评估。在商业领域，由于作业区而造成的企业收入损失也是一个重要的问题。

在评价作业区TTC策略时，应考虑几种有效措施，可分为三个影响领域：

(1) 交通影响
- 碰撞/安全。
- 延误。
- 通行能力。
- 维修费用和燃料消耗剩余。
- 对非机动车使用者的影响。

(2) 项目成本影响
- 交通管控成本。
- 施工成本。

(3) 环境影响
- 空气污染物排放。
- 噪声影响。
- 企业损失。

选择一种临时交通管控策略而不是另一种策略的决定应基于对每种替代策略可能产生影响的系统评估。在某些情况下，决策可能只以一种或两种有效性措施为基础。例如，如果在任何可行的替代策略中都没有明显的通行能力缺陷，则可以忽略交通延误、运营成本和环境影响方面的差异，并且主要以安全性和项目成本为基础做出决策。在其他情况下，可能需要仔细考虑几项或全部有效策略。

评估这些有效性策略所需的分析细节水平也将取决于项目的规模和各影响因素的重要性。在某些情况下，可能需要进行详细的定量分析。在其他情况下，定性评估足以回答以下问题：这一因素的大小在不同的备选策略中是否有显著差异？

1) 碰撞/安全。作业区碰撞经验的变化取决于作业区通行能力（交通量、作业区长度和施工时间）、设施类型、施工前的碰撞率以及TTC策略的性质。例如，表15.6给出了有/无临时车道封闭的作业区、夜间和白天的工作时间的估计"变化指数"。当变化指数为1.0时，表明作业区内发生的实际碰撞次数与道路上没有作业区发生的碰撞次数相等（Ullman等，2008）。

表15.6 施工期间有无临时封闭车道的变化指数比较

碰撞等级	有/无车道封闭	变化指数（标准误差）	
		夜晚	白天
受伤	有车道封闭	1.423 (0.085)	1.455 (0.112)
	没有车道封闭	1.414 (0.229)	1.174 (0.042)

(续)

碰撞等级	有/无车道封闭	变化指数（标准误差）	
		夜晚	白天
只损坏财产	有车道封闭	1.748 (0.076)	1.808 (0.096)
	没有车道封闭	1.666 (0.191)	1.398 (0.034)
所有类型合并	有车道封闭	1.609 (0.057)	1.663 (0.073)
	没有车道封闭	1.577 (0.148)	1.314 (0.027)

资料来源：Ullman 等人（2008）。

在许多情况下，由于车道数减少或车道宽度缩减，TTC 策略可能会降低道路通行能力。这可能导致交通流密度的增加，并导致事故数的增加。图 15.7 说明了非经常性拥挤（包括作业区）的交通流密度和碰撞频率之间的关系（Potts，2014）。如果 TTC 策略涉及绕行，碰撞经验的变化应该反映绕行路线更长的行驶距离。

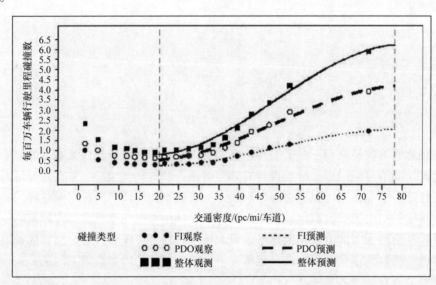

图 15.7　在百万车辆行驶里程（MVMT）中观测和预测的伤亡人数（FI）和碰撞财产损失（PDO）与交通密度有关
资料来源：Potts 等（2014）。

2）延误。延迟被认为是道路上的正常行驶时间与通过作业区的预计行驶时间之差。作业区内的车辆延误可能包括以下一项或多项因素：
- 由于行驶距离增加或行驶速度降低而造成的延误。
- 由于通行能力不足而造成的延误。
- 由于交通流暂时中断而造成的延误（信号、路段间歇关闭等）。

在高速公路和乡村公路的作业区通行能力限制下，可以根据《公路通行能力手册》中的速度－流量关系来估算行驶速度。根据项目的规模和复杂性，从草图规划到微观模拟的各种分析工具可以帮助估算高速公路的延误和行驶时间。城市街道上的平均行车速度更难估计，其主要受到信号和停车控制路口延误的影响。交叉口延误可以根据《公路通行能力手册》中的计算公式来估计。

"QuickZone"是一种易于使用，基于电子表格的流量分析工具，可用于作业区缓解策略和估算成本、交通延迟以及与这些影响相关的潜在比较。该工具可用于城市和农村公路的作业区。QuickZone 可用于：

- 量化因作业区通行能力减少而造成的交通延误。
- 确定替代项目阶段计划的延迟影响。
- 支持在施工成本和延迟成本之间进行权衡分析。
- 按日期（峰值与非峰值）和季节（夏与冬）的时间检查施工阶段。
- 评估行程需求措施和其他延误缓解策略。
- 帮助制订工作奖惩制度。

3）车辆运营成本和过量的燃油消耗。运营成本和油耗与车辆在自由流状态下的行驶速度密切相关，也与交通拥堵时车辆的停止-起动或交叉口发生的速度变化密切相关。信号交叉口的燃油消耗可以通过计算机程序（如 SIGNAL2010、PASSER、TRANSYT 或 SYNCHRO）进行估算。

4）交通管控成本。交通管控成本包括安装、检查、维修及拆卸交通管控装置、修建和拆除临时路面，以及更改绕道的交通管控的总成本。根据使用设施的数量、时间的长短和当地的劳动力成本，总成本可能会有很大的差异。

5）施工成本。施工成本可能因 TTC 策略的不同而有所不同，具体取决于施工的时间限制、所需的施工技术等。技术差异应根据当地施工条件、劳动力成本等方面的数据进行评估。

6）空气和噪声污染物。空气污染物排放与平均行车速度密切相关。空气污染物可以用计算机程序来估计，如高速公路设施程序 DELAY、信号交叉口的程序 SIGNAL2010、PASSER、TRANSYT 以及 SYNCHRO。由于很难将空气质量的影响转换为特定的金钱成本，所以将这一措施视为成本或效益分析的一部分。然而，如果一种替代 TTC 策略明显优于或劣于其他替代策略，则应将其确定为此分析的一部分。同样，尽管噪声是作业区中的关键问题，但最大的问题通常是施工作业产生的噪声，而不是交通噪声。因此，工作人员计算噪声污染成本时，应考虑噪声强的土地利用的位置和替代交通管控策略的相对影响。

7）企业损失。评估一个施工项目对当地企业的影响是极其困难的。总体而言，与施工区相邻的企业销售增长率低于城市整体。然而，对不同类型企业的影响存在很大的差异。尽量减少对企业的负面影响是为项目制订公共信息策略的一个重要因素。

在对影响进行量化和评估之后，很明显，对于所有替代的 TTC 策略来说，其中一些影响是非常严重的。在这种情况下，可能需要审查最初的项目设计和工作程序，以确定替代施工方法或其他程序是否有助于减少影响。

对于许多项目，即使是最有效的作业区 TTC 策略，如果工作是在正常工作时间内完成的，也可能对交通产生严重影响。因此必须考虑两种备选办法：

- 只限于非繁忙时间作业。
- 夜间作业。

作为最后考虑的因素，可能会缩短作业区的长度以减少对交通的影响。

如果一种替代方案在所有影响领域的比率始终优于其他方案，则优选替代的 TTC 策略。然而，当没有任何一种替代方法始终优越时，则需要进行收益或成本分析（或其他形式的权衡分析）。

15.2.3 交通运营策略

如果某些候选 TTC 策略确定了交通能力不足，则可以通过增加作业区的交通能力或降低交通需求来减少延迟和拥堵。这些 TO 策略可以单独使用，也可以根据需要组合使用。调查这些措施的必要性和有效性，通常需要按小时交通量和日交通量对交通流量数据进行详细分析。在某些情况下，可能还需要关于季节性变化的交通量数据。

TO 策略可能适合通过增加作业区的通行能力或降低交通需求来减少延误和拥挤。

可考虑的 TO 策略包括：
- 运输改善。在适当的情况下，公交服务的改善包括修改公交时间表或路线，增加服务频率，对公交乘客补贴或鼓励乘客共乘或拼车，如优惠停车、HOV 车道、停车换乘区和补贴。这些 TO 策略旨在减少使用道路的车辆数量。
- 通行费/拥堵费。拥堵费旨在对车辆在拥堵状况期间收取较高的通行费来减少高峰时期的车辆出行。
- 匝道信号控制。匝道信号控制是指交通信号控制位于匝道入口。这些装置控制车辆进入干线公路。这种 TO 策略既可以减少道路上的交通需求，又可以在交通流中匹配进入车辆的间隙来降低交通流量。
- 匝道关闭。匝道关闭是指在特定时间段或施工阶段关闭作业区中或上游一个或多个匝道入口，允许主干车道作业区通行或减少交通流量。
- 夜间、周末或非高峰作业区时间限制。在交通流量通常较低的时间段内对作业区占道进行限制，以最大限度地减少作业区对交通和相邻区域的影响。
- 可变作业时间和远程操作。这些 TO 策略鼓励驾驶人将正常的交通出行改在非高峰期，以减少高峰期的出行需求，或通过在家办公减少交通出行。
- 用于交通监控/管理的 ITS。智能交通系统（Intelligent Traffic System，ITS）可用于作业区，以识别交通流受阻的区域，从而提供出行信息并及时对作业区进行调整。作业区智能交通系统的部署使用传感器来检测交通状况，并可以自动将这些信息提供给驾驶人信息中心，如可变信息标志和网站或交通管理中心。监测设备（如探测器、闭路电视摄像机和探头）可用于识别交通问题，以及检测、验证和对作业区的事故进行应急响应。
- 信号配时/协调改进。该 TO 策略涉及重新调整交通信号，以提高交叉路口的通行能力，改善交通流量以及优化交叉路口和道路的通行能力和效率。此策略可用于鼓励使用替代路线，减少通过作业区的行程需求。
- 临时交通信号。临时交通信号灯的设置可用于改善作业区内外的交通流量。这些临时信号需要利用绕道或改道来容纳额外的交通流量。该设备还可用于使用一条车道交替控制双向交通。
- 自动旗杆辅助装置（AFAD）。AFAD 是一种便携式交通管制系统，协助旗手操作在双车道高速公路上进行短期车道封闭作业。
- 改善街道和十字路口。该 TO 策略包括道路或路肩加宽，增加直行车道或转弯车道以及公交出入口。为了增加通行能力，可能还需改善工作区的道路或替代路线的设施。
- 转弯限制。这涉及禁止车道和交叉口车辆转弯，改善道路通行能力，减少交通拥堵和延迟并提高交通安全。限制可以在高峰期或任何时间段实施。
- 停车限制。该 TO 策略包括取消作业区或替代路线上的停车道。停车限制是通过将停车车道改为通行车道来提高通行能力，减少交通冲突，使车辆更好地进入作业区通道。
- 货车限制或单独的货车通道。该 TO 策略限制货车通过作业区，以增加整段路段的车辆通行能力；或通过限制现有车道，利用路肩或中央车道，建造新行车道，提供一条单独的货车通道。
- 可逆车道。该 TTC 策略是通过共享车道以适应高峰期的交通流量。共享车道的行驶方向会因一天或一周的时间而有所不同。可移动的交通障碍系统允许快速安全地重新调整交通车道，允许每天操作可逆车道的设置打开或关闭。机械传送机将临时障碍栏横向移动到整个车道。
- 与邻近施工位置协调。该 TO 策略是通过协调通道内的项目，应尽量减少对道路使用者和车道的综合影响。协调通常是在一条车道内的计划项目，通过在不同的时间，相邻或平行的道路上设置作业区来确保有足够的通行能力以满足交通需求。

- 临时交通屏障。临时交通屏障在行车通道和相邻工作空间或相反行车道之间提供物理隔离。屏幕可以安装在临时屏障的顶部,以防止眩光和减少前灯闪光。临时交通屏障不仅可以提供显著的安全效益,而且还可以改善道路通行能力(表15.4)。
- 拖车/服务巡逻车辆。该 TO 策略是指使用专用拖车或服务巡逻(定时巡逻)车辆,减少拖走事故车辆(如车辆故障或碰撞)所需的时间。
- 事故/应急管理计划。这是指制订一项计划,提供应对作业区事件响应所需的信息。此信息通常包括响应人员的角色和职责、响应机构、针对不同事件类型和级别应采取的行动、联系信息、替代转移路线、人员和设备信息、作业区域位置以及适用于单个项目的其他信息。
- 事故管理合同支持。该策略为事故管理和响应提供了额外的合同支持,超出了施工承包商或代理商的可用范围。重型牵引或回收人员以及其他专用设备的供应商可根据需要签订合同,以便在事故发生时加快响应时间。

15.2.4 公共信息策略

在 TMP 中加入公共信息部分,通过向道路使用者和社区提供有关道路项目的特定信息,有可能减少作业区的影响。这些信息可以提醒道路使用者潜在的影响和避免这些影响的可用方法,以及与作业区相关的适当驾驶行为和驾驶选择的更加普遍的信息,并且提前通知预期的严重交通中断可以显著降低出行需求。尽早让公众参与,特别是让受影响的社区和企业参与 TMP 的开发,并让他们在整个项目中保持知情,这对于识别潜在影响以及确保制订和实施有效的缓解策略至关重要。监察员对于回答业务问题、公民关切和社区问题非常有帮助。

公共信息(PI)策略通过向道路使用者和社区提供有关道路项目的具体信息来减少作业区产生的影响。

公共信息策略包括:
- 手册和邮件。这些包含项目相关信息的印刷材料,如提前通知项目开始的日期、时间表、项目需求描述、备选路线等。这些信息可以通过汽车协会发送给关键地点的道路使用者(如项目区、休息站、旅游信息中心的大型企业),也可以邮寄给受影响的企业或社区。
- 新闻/媒体提醒。此 PI 策略使用印刷媒体或电子媒体向新闻媒体、受影响企业和其他有关方面提供项目相关信息。
- 公共信息中心。这是一个位于项目现场或附近的展示中心,其中包含诸如比例尺模型显示、地图、小册子、视频等材料,描述项目、其潜在影响以及可用于将影响最小化的可用替代方案。在正常工作时间,最好有一个熟悉项目及其影响的人来回答问题。
- 电话热线。交通信息系统利用免费电话咨询为道路使用者提供交通信息。它包括预先录制的消息、实时交互请求和响应信息。
- 项目网站。本网站可提供与项目有关的资讯,如项目小册子、新闻稿、视频、替代路线地图、更新的项目时间表和交通信息等。它包括长期的静态信息和实时交互信息,如行程时间、车道关闭的位置等。
- 社交媒体。许多机构意识到现在从报纸、电视和广播获取新闻和信息的人越来越少,因此他们主要利用推特(Twitter)和脸书(Facebook)等社交媒体作为媒介接触驾车人群。一些地区已经开发了手机应用程序,为事故和施工区域的道路使用者重新规划路线。这些方法使机构能够控制向公众传达信息的数量、频率和及时性。

- 公开会议和听证会。该 PI 策略包括由公共工作人员向公众、社区和企业展示项目信息，并征求有关潜在影响的意见。
- 社区工作小组。社区工作小组包括来自社区的各种利益相关者，这些利益相关者可能会受到作业区的影响（企业、社区团体、个体、公职人员或其他代表）。工作队或咨询委员会既可以提供信息，也可以接受与道路项目有关的投入。项目负责人可以指定一名监察专员确保有关各方的需要和关切得到充分解决。
- 与媒体/学校/企业/应急部门协调。该 PI 策略涉及与可能受作业区影响的各种社区、企业和媒体组织协调。其中可能包括当地的电视新闻编辑室、学校、主要企业和当地的应急部门（消防、警察和救护车）。信息包括项目开始日期、时间表、重大交通方式变化以及作业区内的交通碰撞和事故。合同文件应要求承包商提前通知车道关闭，以便有足够的机会进行这种协调。
- 作业区教育和安全意识。该 PI 策略可以提高驾驶人的安全意识和工人防护意识，以此减少作业区的死亡和受伤人数。该策略可以通过安全小册、网站、媒体和视频宣传来实现。在作业区出入口有目的性地放置标志有利于提高驾驶人对作业区安全问题的了解。
- 可变信息标志（Changeable Message Signs，CMS）。这些标志是放置在道路两旁可固定或可移动的信息标志，用以通知道路使用者有关道路封闭、工作活动、事故、潜在的作业区域危险程度、前方车辆的排队长度、减速或停止的交通、延误的信息，以及在作业区域内或周围的其他路线的相关交通信息。在预测的转向点之前，可以在关键位置放置可变的信息标志，以便驾驶人有机会转向其他路线或采取其他适当措施。必须注意确保 CMS 消息准确及时，否则，这些设备将失去可信度和有效性。
- 动态速度信息标志。该便携式系统可安装为固定标志或位于便携式拖车上。雷达测量接近车辆的速度，该速度与工作区限速一起或在工作区限速附近显示在标志上。该系统的目标是通过减少过高或过低的速度违规来提高安全性。
- 高速公路咨询广播。对于某些作业区域情况，可能需要比使用符号提供的更长、更详细的消息。公路咨询无线电可以在途中直接与车载无线电联系，向驾驶人传播信息。当信息可用时，标志用于告知驾驶人可获得信息的无线电频率。

15.3 实施交通管理计划

"TMP 开发过程的本质在于开发和评估相互配合的最佳施工阶段、项目设计、TTC 计划、TO 策略和 PI 策略的最佳组合"（Scriba，2005）。对于基本的 TMP，TMP 开发过程主要是开发 TTC 计划（有时称为交通流量维护或 MOT 计划）。然后，将临时交通管制（TTC）计划合并到项目计划、规范和估计中。如果施工承包商将负责项目所需的 TO 策略或 PI 策略的任何要素，则这些要素也必须包括在合同文件中。大多数合同计划和文件规定了承包商开发替代 TTC 计划或施工阶段的可能性。由于情况改变或能够更安全有效地处理道路使用者并完成施工工程，可能需要修订"行人过路管制计划"。然而，MUTCD 指出，"TTC 计划和设备应由具有指导道路使用者管辖权的公共机构或官员负责"（FHWA，2009）。承包商提出的任何 TTC 计划或修改都应经过公共机构的仔细审查和批准。

根据项目的复杂程度，TTC 计划可能包括以下内容：
- 施工阶段和施工程序。
- 临时道路的几何线性。
- 交通管制标志、路面标记、渠化装置、交通管制信号和障碍物的类型、尺寸和位置。
- 工作时间或道路占用限制。
- 负责临时和永久性交通管制设备的放置和维护，包括更换损坏或变质设备的要求。
- 交通管制设备的检查要求（包括夜间、非工作日或冬季的适当关闭）。

- 交通管制计划的操作审查程序和现场修订授权。
- 临时改变绕行和改道路线的交通管制。
- 突发事件的应急计划。

15.3.1 施工阶段

选择施工顺序是制订临时交通管制计划的第一步。在每一阶段的建设，计划必须明确哪些部分的道路将用于交通通行，哪些部分将被封闭，以及要完成的建设项目的哪些要素。每个阶段都由构建项目的各主要组成部分组成。对于大型项目，可能会有子阶段。

在施工的每一阶段，计划必须明确哪些部分的道路将用于交通通行，哪些部分将被封闭，以及要完成的建设项目的哪些要素。

分期计划的一个重要方面是合理安排施工顺序，使交通得以安全地维持，工程得以及时有效地进行。合同文件应包括初步的分期计划，以确保有可行的方法完成项目。一般来说，由于每个承包商可能有不同的设备、材料来源和可用的人员，施工承包商可以提出建议来改变或改进分段计划。因此，一个承包商的最佳顺序对另一个承包商来说可能并不理想。在批准承包商提交的分段计划之前，应由合格的施工和交通运营工程师仔细审查。

分段施工的一般原则包括：
- 尽量减少阶段的数量，以避免不必要的交通管制设置的改变。
- 尽量减少临时路面的使用。
- 提供最大可行的道路通行能力。
- 提供足够的通道进入施工现场和足够的作业区域。
- 保持通往毗邻物业和行人的通道。
- 避免道路突变。
- 保持足够的排水系统。

理想情况下，在每次交通管制设置期间，应尽可能多地完成工作，以尽量减少交通管制的变更次数和对道路使用者造成的潜在困扰。

对作业区域交通管制措施的调查表明，"在执行交通管制计划时，分段是许多问题的根源"（Graham，Migletz，1994）。施工阶段的改变是承包商在获得工程后改变交通管制计划的最常见原因。不幸的是，大多数更改都是为了节省资金或提高工作效率，而不是为了提高安全性。在实施拟议的分期时，最常见的两个不足之处是：
- 当临时道路位于填方区域时，使用填方。
- 排水工作分期不当，导致通行道路排水不充分。

在某些情况下，可能需要在实际工作开始前进行初步的改善，以便交通管制策略的实施。这可能包括铺设或重新铺设路肩，建造临时道路、桥梁、坡道或交叉路口，增加护栏或缓冲垫等。

通常，在分隔的高速公路上，双向交通需要在规划和设计时特别考虑。这类路段的长度应限制在 8km 以下，最好不要超过 5km（有时使用长达 16km 的路段）。长路段无法超车增加了驾驶人的挫折感，降低了道路通行能力。在双向操作的整个过程中，对向的交通必须用临时交通屏障或疏导装置隔开。仅使用路面标记和标志是不可接受的。交叉口应仔细设计几何结构。为了提高夜间能见度，此类交叉路口应设置照明设施。

15.3.2 临时道路的几何结构

确定 TTC 区域的设计速度和设计车辆是 TTC 规划设计的重要步骤。这些元素建立了影响设计决策的控制，如车道宽度、视距、锥度、水平曲线半径等。最好将设计速度设置为设施上的正常标示速度限制。当限制性条件要求较低的设计速度时，可接受最高16km/h的减速，但应避免更大限度地降低设计速度。

确定TTC区域的设计速度和设计车辆是TTC规划设计的重要步骤。

设计车辆应代表施工期间预期使用道路的车辆类型，包括应急车辆。设计车辆（如半挂车货车）的车辆尺寸较大，机动能力有限，必须能够安全地通过临时限制区域。应特别考虑重型货车交通的工作区域，因为偏离轨道需要更宽的转弯道路。

摩托车和自行车也需要特别考虑，因为粗糙的铣削表面和纵向路面边缘会导致此类两轮车辆的不稳定和失控。类似地，湿滑的路面可能会造成控制困难。尽管主要道路使用者可能是机动车，但MUTCD指出以下标准："通过TTC区域的所有道路使用者（在高速公路上的驾驶人、骑车人和行人，或在开放给公众出行的私人道路上的行人，包括残疾人）的需求和控制应是公路建设、公用工程、维护作业和交通事故管理的重要组成部分。"（FHWA，2009）。

水平线形——一旦确定了设计速度和设计车辆，就可以确定维持通过TTC区的交通流所需的几何结构。施工期间用于维持交通流的临时线形可能包括新的临时线形（如交叉口或狭车道）或以其最初设计的方式使用现有设施（例如，使用路肩作为临时车道、逆流车道，或者逐渐缩小或封闭一条或多条车道）。

车道转移是指为执行工作活动而临时转移一条或多条车道，使其离开原来位置的左侧或右侧。交通可以转移到路肩、相邻车道或临时人行道上。临时交叉口是指通过中央隔离带向有分隔带的公路的另一侧的交通转移。逆流车道使用通常用于反向交通流的车道。由于逆流车道通常靠近对向交通流，因此在高速情况下通常采用隔离栅。

其目标是提供一个临时设施，以满足道路使用者的需要，同时让工人以合理的安全和效率完成他们的任务。使用现有的人行道来维持交通可以降低成本。然而，如果现有的路面不能用或不足，则必须使用临时路线。关键的水平几何结构必须考虑包括水平曲率和超高。

其目标是提供一个临时设施，以满足道路使用者的需要，同时让工人以合理的安全和效率完成他们的任务。

曲线中的设计速度、曲率半径和路面横坡是相互关联的。AASHTO的《公路和街道几何设计政策》（《绿皮书》，AASHTO，2011）提供了基于设计速度、超高和侧摩阻力因子（向心加速度）的水平曲线最小半径的设计标准。这些设计准则可用于临时路面的弯道设计，并可对现有路面的弯道设计速度进行评价。对于大于给定设计速度的最小半径的曲线，许多机构使用所谓的AASHTO方法2来确定适当的超高量。方法2在施加任何超高之前，利用最大允许侧摩阻力系数。这有助于避免或减少临时道路上弯道的超高需求，尽管与永久性高速道路曲线的曲线设计相比，这可能会导致更大程度的乘客不适。

因为施工本质上是临时性的，所以这种额外的作业被道路使用者认为可以忍受。需要注意的是，在某些情况下，现有或临时车道可能会导致一个或多个车道的超高（通常为-2.0%~-1.5%）。表15.7提供了具有正常凸度的作业区水平曲线的最小半径。许多交通管制应用程序将交通转向相邻的车道、路肩或临时人行道。如果不需要水平曲线，则可以使用圆锥。根据锥度上发生的横向位移和作业区的设计速度，MUTCD提供了以下确定锥度长度的公式。

速度为60km/h以下：

$$L_{\min} = \frac{WS^2}{155}$$

速度为 70km/h 以上：

$$L_{\min} = \frac{WS}{1.6}$$

式中　$L_{\min}$——最小锥度长度（m）；
　　　S——速度（km/h）；
　　　W——锥度长度上的横向偏移（m）。

表 15.7　作业区水平曲线的最小半径

作业区设计时速/(km/h)	$f_{\max}$ 开放的道路条件	最小曲线半径/m ($e=-1.5\%$)	最小曲线半径/m ($e=-2.0\%$)
30	0.28	27	27
40	0.23	59	60
50	0.19	113	116
60	0.17	183	189
70	0.15	286	297
80	0.14	403	420
90	0.13	555	580
100	0.12	750	787
110	0.11	1003	1059

资料来源：改编自 Bonneson（2000）。

表 15.8 提供了 MUTCD 的锥形长度指南。如果有足够的空间，较长的圆锥长度对于合并和移动圆锥是有益的。当使用适当的水平曲线来开始和结束交通车道的横向移动时，这些锥度率并不适用。

表 15.8　作业区的锥形长度指南

锥度类型	锥形长度/m	锥度类型	锥形长度/m
合并锥度	$\geqslant L$	单行、双向锥	最小高度 15m，最大高度 30m
变锥度	$\geqslant 0.5L$	下游锥度	最小高度 15m，最大高度 30m
肩锥度	$\geqslant 0.33L$		

垂直对齐。临时道路的坡度和竖曲线应采用与永久条件相同的标准进行设计。然而，如果等级的长度较短，则允许比正常等级高 1% 的坡度。如果工作区内存在高架结构，施工期间保持足够的垂直净空非常重要。如果无法维持现有的净空，则可能需要绕行路线并明确签署可用的净空。对于超高车辆，应预先规划并签署绕行路线。禁止在任何通车车道上方进行作业。

横截面要素。横断面要素包括车道数、车道宽度和路面横坡。

通过作业区域必须提供的车道数通常是根据道路通行能力和服务水平分析确定的，如《公路通行能力手册》（TRB，2010）中所述。在工作活动期间提供的服务水平最好与现有条件相同。容量分析还可以用于确定高峰和非高峰时间的预期排队长度和延迟。这些分析可以用来评估备选的作业区交通管制策略，从而使拥堵和驾驶人延误最小化。在某些情况下，可能需要将工作活动限制在夜间或非高峰时间，以适应高峰时间的交通。

可以使用几种方法来提供所需的车道数，例如，利用路肩作为行车道、修建临时路面、减小车道宽度和/或在中央隔离带另一侧使用反流车道。车道的数量也可能受到机构标准的约束，该标准可能要求始终保持车道的最小数量。

正常道路车道宽度可能在 3.0~3.6m 变化，具体取决于道路功能分类、设计车辆和设计速度。在可行的情况下，工作区保持现有车道宽度，因为有些工作可能会要求车道宽度减少至 2.7m。对于临时情况，这种窄的宽度是可以接受的。然而，重要的是要记住，使用比标准宽度更窄的车道通常会增加相邻车道车辆之间的摩擦并降低车速。驾驶人往往会避开附近的物体，如其他车辆、交通管制设备或路边的障碍物。这反过来又减少了通过作业区的道路通行能力。表 15.9 显示了在封闭车道、变道、狭窄车道和路肩使用中建议的最小单向行车宽度。在这个表格中，约束是指一个强加特征的存在，比如一个导致驾驶人避开行驶路线的边缘特征（临时障碍是一个常见的约束）。对于有边缘约束的行走路径，表中所示的宽度是根据约束特征的面来测量的。对于极低的照射量（即交通量、受限制的行车线段长度及行车时间），低于本表格所载的数值是可以接受的在使用窄车道时，应设置警告标志，提醒驾驶人注意在宽车道行驶的车辆，并为这些车辆提供适当的绕行路线。

表 15.9 建议的单车道最小宽度

设施类型		行程宽度/m			
		不分车道公路（单向车道数）		分车道公路（单向车道数）	
		1	2	1	2
行进边缘条件	沿两边没约束	3.0①	6.0②③	3.3	6.6③
	沿一条边约束	3.3①	6.3②③	3.6	6.9③
	沿两边约束	3.6①	6.6②③	3.9	7.2③

① 该值仅适用于以下所有条件：低货车容积，所有曲线半径≥555m，预期第 85% 位速度≤80km/h。如果这些条件都不满足，则增加 0.3m 的基础价值[1]。
② 该值仅适用于所有曲线半径≥555m 的中等载重量货车的道路。如果不满足任一条件，则在基础值上加 0.3m。
③ 该值适用于双车道、单向行驶的道路。对于狭窄的双向通道，可以考虑使用额外的通道宽度、渠化设备或交通障碍来分隔相反的方向[3]。

资料来源：Mahoney 等人（2007）。

尽管在整个作业区域内保持肩部的连续、全宽是可取的，但这并不总是可行的。设计人员应评估缩短距离或切线段上持续时间短的路肩宽度是否合理。当路肩变窄或消除时，应仔细考虑是否接近路边的障碍物、弯道上的视距以及应急车道。

路侧设计特点和护栏的使用。路侧条件是工作区安全的关键因素。在作业区内经常发现的路边危险，包括车辆、建筑设备、瓦砾、物料、陡峭的堤岸，以及没有适当渠化装置或障碍物的行车线附近的孔洞和落差。正如提供清晰的恢复区是永久道路设计的固有部分一样，在工作区也必须在可行的范围内提供清晰的恢复区。如果在行车道附近无法消除路边危险，应考虑使用临时交通屏障或缓冲垫来保护失控车辆，并且只可使用防撞交通管制装置。

由于交通经常被转移以允许工作区活动，行车道可能会靠近通常不被视为危险的路边障碍物。当障碍物位于所需的净空区内时，尤其值得关注。工作区净空区是从行车道边缘测量的相对平坦无障碍区域的建议值。由于可用的侧向净空有限，且驾驶人通过工作区的意识提高，AASHTO《路边设计指南》建议的工作区净空区小于非施工条件下的工作区净空区。工程判断应用于在工作区应用明确区域的概念。根据场地限制，可能只有提供操作许可才可行。如果路侧空间可用，则可用 AASHTO《路边设计指南》中引用的常用工作区净空区。

设计指南见表 15.10（AASHTO，2011）。为方便在工作范围内使用净区，水平曲线不作调整。表 15.11 提供了工作区道路危险的建议处理方法。

表 15.10 作业区的净空区宽度示例

速度/(km/h)	净空区宽度/m
≥100	9
70~90	6.1
60	4.6
≤55	3

资料来源：AASHTO（2011）。

第15章 作业区交通维护和施工准备

表15.11 工作区道路危险的处理方法

潜在危险作业区域	描述	可行的方案
桥墩/桥台	永久或临时的桥墩可能靠近行车道	临时混凝土屏障或缓冲垫
纵向护栏端	作业区活动或保护其他危险可能需要纵向屏障	防撞末端处理或缓冲垫
行车道附近的移动作业活动	工人或设备可能需要在短时间内靠近行车道，这在关闭相邻行车道或将行车路线改道到另一个地点是不现实的。例如，路面标记、路面修补、裂缝密封、巷道清扫和公用工程	安装在货车上的衰减器和适当的预先警告标志或箭头面板可帮助保护工人，尤其是在移动作业区域中
陡坡	路面边缘的掉落可能会在相邻的行车线之间或行车线与路肩或路旁之间发生。坠落危险的严重程度和保护方法要根据包括坠落的形状和深度、运输量、设计速度、暴露时间以及相对运输量的位置在内的因素进行。除非采取缓解措施，否则边缘下降75mm的陡坡不应临近交通	用砾石、路面或泥土等材料沿跌落面安装安全边缘或放置楔子；应考虑警告标志和路面标记。在行车道与落地通道之间的人行道上设置路障、障碍物或锥形路标等渠化设备；如果可能，则创建一个0.9m的缓冲区；在整个落客区设置警示标志；便携式混凝土屏障或其他可接受的正面屏障；将钢板放置在与人行道边缘相邻的沟槽上；关闭相邻车道
路堤	陡峭的斜坡可能发生在临时行车道附近	确定路堤边坡是否可以在平坦区域宽度内平整。为大于$1V:3H$的高斜坡提供屏障保护
缺乏可见度	现有的道路照明可能不足以进行夜间工作，或者相反的通行可能会给驾驶人造成眩目的眩光	可能的选项包括安装临时照明和眩光屏
反向交通	在临时情况下，相对的交通可能会靠近或相对靠近	特别是对于高速通行、带有防眩网的临时混凝土屏障，可以提供正向隔离
临时挡土墙	临时堤防条件可能需要挡土墙	使用后坡路堤来重新引导行驶错误的车辆或保护混凝土屏障

资料来源：AASHTO（2011）和 Kannel 等（2002）。

工作设备、工人车辆、材料、储物堆和碎片不应放置在清理区域内。这些物品的位置应该预先确定，这样它们就不会构成危险，也不会干扰驾驶人的视距。当在所需的清除区域内发现危险时，应考虑下列替代处理方法（按优先次序排列）：

- 消除风险。
- 重新设计对象，使其可遍历。
- 将物体转移到不易受影响的地方。
- 用纵向屏障或缓冲垫保护物体。
- 划定目标，使驾驶人更容易看到。

为了确定适当的行动，应考虑驾驶人接触危险的时间和潜在影响的严重程度。应该使用切实可行且具有成本效益的最优先处理方法。设计者必须牢记，在行车路线附近放置交通管制装置或障碍物也会对驾驶人造成潜在的干扰。因此，确定放置安全装置对驾驶人和施工人员来说是否是最安全的选择是很重要的。

可能需要纵向屏障或缓冲垫保护的情况包括：

- 在开放的行车道附近进行挖掘。
- 分隔对立的交通流。
- 临时无保护的路边障碍物。
- 在开放的行车道附近存放的材料或设备。

如果确定存在危险并且必须加以防护，则有几种提供保护的选择。在选择适当的路边处理方法时，应考虑路况。这些因素包括交通量、设计速度、相对于行驶路线的危险位置、可用的安装空间、表面坡度、预期的处理时间（短期或长期）、安装和维修成本、预期的碰撞数量和严重程度以及预期的车辆响应（重定向或非重定向）。以下是作业区域设备的示例，为其他设备提供保护：

- 渠化设备包括锥形路标、障碍物、垂直板和路障。这些设备通常是便携的，而且相当轻。靠近移动交通的渠化装置应进行加权，以尽量减少因过往车辆的风荷载引起的移动。重量应该放在设备的底部。由于渠化装置经常因车辆碰撞、工作或阵风而移位，因此需要经常检查以确认装置没有被撞倒、移动或损坏。

- 便携式混凝土护栏是最耐用的保护选择之一。它们可用于车辆或行人交通和工作区域之间以及车辆运动的相反方向之间。最好是在行车道的边缘处设置至少 0.6m 的障碍物，以使驾驶人感到舒适；在高速公路上，在障碍物后面设置至少 1.5m 的间隙，以适应障碍物在受到冲击时的偏转。若无法提供偏转间隙，且无法容忍屏障的横向位移，则应将屏障锚固在下垫面上，并应使用耐碰撞的末端处理。在屏障末端呈喇叭形的地方，AASHTO 路边设计指南推荐在 4∶1 到 8∶1 范围内的扩张率。在实际情况下，应该使用更平坦的耀斑率。各种便携式屏障配置已经通过碰撞测试，并被认为是可使用。在桥梁上，可移动的混凝土屏障的重量可能会造成问题，因此可能必须考虑更轻的替代物。

- 钢护栏由不同长度的镀锌钢板制成。当这些障碍物连接在一起时，能够使撞击的车辆转向。这些护栏相对较轻，允许在存在重量问题的桥面上使用。

- 充水屏障是带有钢框架的分段聚乙烯外壳，设计用于镇流器。只有那些经过成功碰撞测试的设备才能作为屏障使用。外观类似的未达到碰撞试验要求的设备可作为渠化设备和控制行人，但不能作为障碍物。

- 防撞垫是连接或直接放置在危险前面的保护装置。它们的作用是使撞击的车辆转向或减速。货车和拖车安装的衰减器安装在工作货车的后部，为短期、移动工作区的工人提供便携式保护，如路面标记或路面修补。工作活动和车载衰减器之间必须提供缓冲距离，如图 15.8 所示。

在美国，FHWA 要求所有在国家高速公路系统上使用的作业区域路边设备都要符合耐撞性能标准。评估这些设备耐撞性的碰撞测试协议包含在 NCHRP 报告 350（Ross，1993）和《安全硬件评估手册》（AASHTO，2009）中。适当的装置在 AASHTO 路边设计指南的第 15 章中有描述，有关认可的路边装置的名单载于 FHWA 的网站上（http：//safety.fhwa.dot.gov/roadway_dept/policy_guide/road_hardware/wzd/）。

提供进入工作现场的通道。必须为工人提供合理、方便地进入工地的通道，以允许人员、设备和材料进出工地。这种通道可能有些问题，特别是当使用障碍物将工作现场与移动的交通隔离时。理想情况下，如果允许合理有效地进入工作现场，则应在屏障的下游端提供通道。如有可能，应避免在障碍物上开孔。如果需要屏障开口，开口下游的屏障末端应扩口或使用防撞垫进行保护。在高速道路上，需要在入口位置提供减速和加速锥度，以尽量减少进出入口的车辆和道路上其他交通流之间的速度差。

在任何工地入口位置，应提供足够的视线距离，使进出工地的车辆驾驶人能够看到可能发生冲突的车辆和行人交通。当作业区内进出工地的交通流量较大，或视距有限时，应考虑使用交通信号或旗杆控制。

立交匝道。在有匝道入口的道路上，最好保持现有的入口点和相关的交通流，以避免中断既定的交通模式。但是，维护访问的好处必须与提供适当的临时连接的可行性进行权衡。MUTCD 提供了维护工作区内立交匝道的交通管制指南和示例。

在施工期间保持入口的可行性通常取决于提供适当的道路几何形状和交通管制的组合，以方便合并。加速车道使进入车辆能够在选择直行交通间隙的同时提高速度。与永久匝道终端设计相关的基本原则也适用于临时布置。图 15.9 展示了维护作业区域入口的典型设计。作业区内的加速车道应符合永久性设施的设计标准；然而，达到这样的长度可能是不可行的。根据经验，加速车道应至少达到正常永久

图 15.8 车载衰减器

设计标准的 70%（Mahoney 等，2007）。当必须使用不符合要求的加速车道长度时，通常使用停车或让行标志来控制进入匝道的车辆。当交通、几何和交通管制条件的组合表明一个适当的入口是不可行的时候，入口坡道应该关闭，并不得在靠近任何入口坡道的地方设置主线车道封闭斜线。

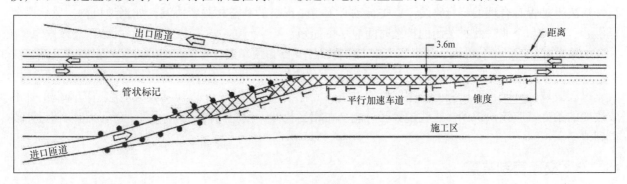

图 15.9 维护作业区域入口匝道

资料来源：Mahoney 等（2007）。

出口匝道的维护服务需要充分结合道路几何结构和交通管制，以方便交通偏离主线，通过匝道，并满足交叉道路的运行要求（停车、让行或信号控制）。永久出口坡道设计的基本原则也适用于临时安排。在满足永久性设施设计标准的作业区内的减速车道是可取的。驶离的车辆最好以干线道路的设计速度离开直行车道，并且在占用主线直行车道时不要减速。当这不可行时，应评估匝道的几何结构，以确定匝道的长度、线形和坡度是否允许在达到速度临界特征之前使现有车辆逐渐减速。图 15.10 所示为中间交叉口的临时出口匝道。

十字路口和车道。在作业区域设计临时十字路口或车道的关键因素包括提供足够的视线距离、适当的交通管制，以及在驾驶人和行人通过十字路口时准确无误地引导。在某些情况下，交叉口交通管制的

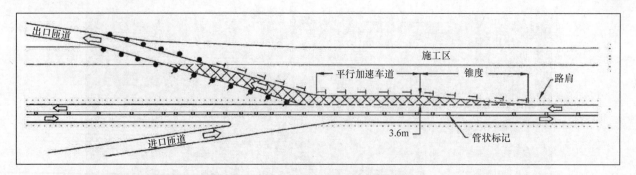

图15.10 中间交叉口的临时出口匝道
资料来源：Mahoney 等（2007）。

类型可能不得不通过安装临时交通信号或停止标志来进行修改。由于驾驶人可能会偏离他们通常用来进行特定机动的车道，或者某些机动可能会被暂时禁止，因此提供明确的监管、警告和引导是至关重要的。应考虑使用以下渠道化装置：

- 分离冲突。
- 控制冲突角度。
- 指示车道的正确使用。
- 为最重要的交通流量提供优惠待遇。
- 保护存放和转向的车辆。
- 为穿过马路的行人提供庇护。

额外的交通管制措施包括临时的路面标记、障碍物和便携式可变信息标志等。在工作时间内，旗杆通常可以对一个潜在的复杂和动态的环境提供积极的指导。

在某些情况下，在部分或全部工作活动期间关闭十字路口或车道是合适的。交叉口或车道封闭的可行性取决于是否有合理的绕行路线。此类行动必须与受影响的利益相关者协调，如当地机构、紧急服务提供者、居民和企业。此类关闭的持续时间应尽可能短。

如果没有合适的绕行路线，或者当大量工作将在交叉路口或车道位置进行时，应该考虑对交叉路口或车道进行重新布置。除非在现有交叉口的一个或多个象限中有未开发的土地，否则这种方案几乎不可行。

过渡区域。从改善路段到旧公路路段的过渡段应仔细设计和定位，以便驾驶人能够适应降低的标准或改变的条件。应该认识到，这些过渡区可能会在相当长的一段时间内一直存在，直到公路的邻近路段得到改善。

15.3.3 交通管制装置

交通管制装置用于调节、警告和引导通过临时交通管制区的交通，包括标志、路面标记、渠化装置及其他临时或永久的交通管制设备。MUTCD 包含对作业区域中使用的交通管制设备的设计、颜色、大小和形状的具体要求。所有的标志和标记都应该适合道路使用者（驾驶人、行人和骑自行车的人）所处的环境。不适当的装置（如没有插旗器时的插旗警告标志）应被遮盖、移除或远离视线。

所有的标志和标记都应该适合道路使用者（驾驶人、行人和骑自行车的人）所处的环境。不合适的设备应该被遮盖、移除，或者从视线中移开。

有关作业区交通管制装置的设计和操作的人为影响因素的更多信息，请参阅本手册第3章。
以下的措施有助于道路使用者了解他们的需要，并降低在工作范围内发生碰撞的可能性：

- 根据道路使用者的需求和特点进行设计——作业区域往往是意想不到的和令人困惑的情况。驾驶人将临时交通管制区域视为一系列事件、冲突和选择。TTC 区域并不是一个整体，在可行的情况下，加入可容错的功能，让犯错的道路使用者能够及时发现并改正他们的错误。

- 分析潜在系统故障的影响。检查可能发生的错误类型。这些问题小到令人讨厌的事情，比如延误或丢失，大到碰撞。交通流量、项目持续时间以及作业区域的复杂性或独特性都会增加交通事故的可能性。当潜在的危害很大并且暴露程度很高时，需要采取额外的措施。
- 事情简单化，避免选择。只需向驾驶人说明需要什么。如果必须给出选择，则在任何一个位置将选择减少到只有两个选择。以驾驶人的期望值为基础，避免意外。
- 保持一致性。使用统一的设备和标准的程序，选择与所涉及的危害程度相适应的控制方法。
- 提供冗余。不要依靠单一的设备来确保高危险、长期的 TTC 区域的安全。冗余可以通过组合的标志、渠道化、路面标记和箭头面板实现。
- 通过适应现场条件进行补偿。当由于场地条件而无法满足一个指南时，可通过另一种方式提供超过最低要求的补偿。
- 在条件复杂时补充标准设备。补充设备或方法可包括：
  - 额外设备：
    - 标志。
    - 箭头指示板。
    - 在封闭空间中多渠化设备。
    - 临时加强路面标记。
    - 高级警报装置。
    - 便携式可变信息标志。
    - 临时交通信号。
    - 临时交通障碍。
    - 屏幕。
    - 振动带。
    - 其他。
  - 设备升级：
    - 完整的路面标记。
    - 更亮或更宽的路面标记。
    - 更大或更亮的标志。
    - 更显著的引导装置。
    - 临时交通障碍，以取代渠道设备。
    - 使用旗杆和引导车辆。
    - 改进的弯道或交叉口几何结构。
  - 增加距离：
    - 较长预警区域。
    - 更强的光照。
  - 照明：
    - 临时道路照明。
    - 与渠化设备一起使用的稳定燃烧灯。
    - 用于隔离危险的闪光灯。
    - 照明标志。
    - 泛光灯。

标志。为了有效地向驾驶人传达信息，标志的放置必须简洁明了。放置过多的标线或标记并且距离过于靠近可能会使驾驶人感到困惑。如果没有使用足够的标志，或者将标志放置得太远，驾驶人将无法了解情况，容易受到不稳定操作的影响。MUTCD 包含关于作业区标志的适当数量和位置的指南。

在规划临时交通管制区签署时，须考虑以下几个因素：

- 目标值可以通过将标志放置在独立的地方并与背景形成对比来提高。目标值也可以通过增加标志尺寸和用高可见度标志或闪烁的警示灯来补充标志面板来提高。
- 优先级值的实现是当标志被放置在它不分散驾驶人注意力的位置。可通过避免不必要的标志、移除或覆盖不适用的标志来增加优先值。
- 易读性是通过使用适当大小的标识板和面板上的字体来实现的。当标识面被损坏或污损时，通过定期清洗和更换来增强标识面。
- 所有夜间使用的标识都需要反光或照明。最好只使用反光的标识。即使只计划在白天工作，有时环境条件可能会限制白天的能见度，或者不可预见的事件可能导致必须在工作区过夜。MUTCD 表示在作业区域通常使用橙色背景标志的最低反射率维持水平。

便携式可变信息标志。便携式可变信息标志（Portable Changeable Message Sign，PCMS）具有显示多种信息的灵活性。这些设备对于补充标准交通管制设备可能非常有用，但是它们不能代替 MUTCD 中要求的标准设备的使用。PCMS 照明消息具有较高的目标值。在白天和夜间条件下，从 800m 处都可以看到 PCMS。较小的 PCMS 可用于低速设施，前提是图例至少在 200m 的范围内是可辨认的。必须注意避免使消息过于复杂或冗长。消息应分为不超过两个阶段，每个阶段至少显示 2s。PCMS 在消息复杂的情况下最有用，对于紧急情况，需要传达有关交通或工作条件变化的实时信息，并在必须采取行动之前提供信息以帮助驾驶人做出决策。典型应用包括：

- 车辆速度预计将大幅下降的地方。
- 预计会出现严重排队和延误的地方。
- 存在不利环境条件的地方。
- 线形、表面状况或特殊危险发生变化的地方。
- 需要提前通知坡道、车道或道路封闭的地方。
- 需要对事故进行管理。
- 道路使用模式发生变化的地方。

PCMS 应仅用于向道路使用者传达有用的、相关的信息。当没有提供相关的监管、警告或指导信息时，应该将其关闭（并相应地远离行车路线）。

箭头指示板。箭头指示板可用于固定式或移动式车道封闭。对于固定的车道封闭，箭头指示板应位于锥度开始处的路肩上。如果路肩较窄，则箭头指示板可能位于封闭的车道上。当使用箭头指示板关闭多个车道时，每个封闭的车道都使用单独的箭头指示板。箭头指示板仅用于关闭车道，而不用于换道。只有在路肩或路边作业时，或在双车道双向道路上临时关闭一条车道时，才可使用箭头板。

路面标记。在道路通车之前，必须设置永久或临时性路面标记（或渠化装置），以便于为驾驶人提供清晰划定的行驶路线。通常允许将带有 0.6m 短条纹的临时路面标记保留在原处，直到最早安装符合永久标记要求的标记为止。此类临时标记不应保留超过 2 周。在整个工作项目中，应检查路面标记以确保白天和晚上的可见性，并应保留在原处，直到实施另一种临时交通方式或安装永久标记为止。当需要额外的可见性时（如在车道平移、交叉路口和临时车道中），临时凸起的路面标记可以补充临时路面标记。对于长期的固定项目（持续 3 天以上），应去除任何与预期车辆行驶路线相冲突的现有路面标志。

道路通车前，必须设置永久性或临时性的路面标记（或渠化装置），以便为驾驶人提供清楚划定的行车路线。

渠化设备。引导装置用于警告驾驶人工作活动产生的潜在危险，并引导驾驶人通过工作区。渠化设备包括圆锥体、管状标记、垂直板、路障、临时障碍、车道分离器和凸起的岛屿。由于渠化设备被放置在行车道上并与之相邻，因此它们是潜在的障碍物。在使用前，应先设置一个或多个警告标志，告知道路使用者作业区的存在和行进时的必要操作。它们的强度不应超过稳定所需的强度，当受到影响时，应立即崩溃或脱离。因此，只应使用经过测试的防撞渠化设备。如果使用渠化设备关闭了延长的车道，则应在封闭的车道中放置"检查路障"，间隔通常为 150～300m，以防止驾驶人进入封闭的车道。

旗手。在其他交通管制方式不足的情况下，在作业区内使用旗手可以加强对驾驶人的指导。旗手的主要功能是警告驾驶人即将进入的作业区域，并使用手动信号装置（如停止/慢速拨杆、旗子、照明装置和自动旗手）提供监管控制辅助设备。旗手应通过标记培训课程并获得认证，了解所有特定于现场的标志活动。

由于大部分的旗杆站都邻近移动的交通工具，因此旗杆应放置在行车路线以外，让驶近的驾驶人清楚看见，并且旗手应穿着符合国际交通运输规则的安全服装。如果在夜间使用旗杆，则应将旗杆站照明。

旗手还可以为工人提供安全警告，警告他们接近失控或危险车辆；也可用于指挥施工车辆进出工地等活动。在活动标记操作期间，必须始终保持旗手之间的通信，无论是通过可视通信设备还是通过无线电通信设备。

交通缓慢或停止的警告。突然减速或停车的车辆会对驾驶人造成严重危害。在无法保持足够容量的作业区域中经常会发生这种情况。停止的交通队列末端的位置可能会发生很大变化，具体取决于交通量和其他因素。在为此类工作区制订 TTC 计划时，应考虑使用动态警告系统，以便向接近的驾驶人提供实时信息。这种系统可以从简单的人工观察和标记到更复杂的速度检测设备和可变的信息标志。

关闭车道以进行高空作业。除紧急情况外，工人不得在空旷车道上的斗式货车或"车载升降台"上。高架作业可能会导致碎屑或工具掉落在过往车辆上。另外，支撑工人的铲斗可能会被较高车辆撞击。当此类高空作业必须在道路上进行时，应使用渠化装置或标志封闭车道。

15.3.4　交通管制计划的执行

实施阶段是在现场安装交通管制计划时发生的。公路部门应在项目一级指定一名合格人员，该人员将承担主要的责任和拥有足够的权限，以确保对交通管制计划和项目的其他安全方面进行有效管理。"负责人"的主要职责之一是定期检查作业区的交通管制（白天和黑夜）并对计划进行必要的更改。

> 公路部门应在项目一级指定一名合格人员，该人员将承担主要的责任和拥有足够的权限，以确保对交通管制计划和项目的其他安全方面进行有效管理。

公路机构人员和承包商之间应进行详细讨论，以确保充分理解交通管制计划的要求和意图以及任何类型道路的占用限制。对于大型或持续时间较长的项目，讨论的内容应涵盖交通管制设备的维护要求。

应明确规定对所有交通管制功能进行定期、频繁的业务审查和实地检查。交通管制的日常检查应保留书面记录或交通管制监督员的日志，且对于任何观察到的缺陷的纠正也应记录在案。交通管制设备的位置和状况应以书面日志、照片或视频的形式进行保存。每天对项目交通管制进行全程录像，为记录设备的类型、位置、状况和有效性提供了一种便捷的方法。在作业区发生碰撞事故和随后的诉讼中，此类文档非常宝贵。

合同文件应阐明施工主要承包商和任何分包商在项目整个生命周期内检查和维护交通管制设备的具体责任，应明确规定巡逻的频率和对维护需求的及时响应，主要包括作业区域处于施工状态的时间，也包括没有工人在场的时候，比如晚上、周末、假期和长时间的停工。

15.3.5 交通管制计划的运营审查和修订

实地执行的交通管制计划的检查和审查可能会发现一些不足之处，应尽快加以纠正。可能的缺陷包括：

- 任何驾驶人混淆的迹象，如频繁撞击的滑痕或渠化装置的堆积。
- 作业区内的碰撞。
- 意外拥堵，特别是高峰时段。
- 公众、工人或执法人员提出的问题。
- 承包商要求加快施工作业。

交通管制计划如有任何更改，必须获得机构人员的授权，而有关人员必须具备足够的训练及工作范围内交通管制的专业知识，并须对工地上的交通管制行动负责及拥有授权机构人员的授权。

许多机构在项目合同中只包含一笔总付款项，用于"交通管制"。这种做法可能会阻碍对交通管制计划进行必要的修订。实际上，这种做法激励承包商减少了安装、检查、维护和重新安置交通管制设备的工作量。虽然驻地工程师需要花费更多的精力来编制文件，但更好的做法是对交通管制设备使用单独的付费项目，以便每天为使用的每个设备付费。

作业区域内发生的任何事故（以及受作业区域交通影响的附近设施）都应该进行分析，以确定是否应该对交通管制计划进行更改。这就要求与当地执法机构建立合作关系，以便能够以可靠、及时的方式获取碰撞报告的副本。表 15.12 是诊断表，可帮助识别潜在的交通控制变化，以响应已识别的碰撞模式。

表 15.12　碰撞类型识别和潜在的交通管制计划变更

事故类型	潜在问题	交通管制计划变更
固定物体	车道狭窄	通过重新安置或使用更窄的渠化设备来拓宽道路 添加或改善边缘线和渠化设备的可见性 照亮道路 利用路肩加宽路面
	预警不足	加大上游锥度以增加视距 添加箭头指示板 附加更大的警告标志
	渠化装置转移到行车道上	称重设备（低水平） 移动设备 增加检查频率
	施工设备或物料存放位置过于接近行人通道	移动设备或材料 安装便携式混凝土屏障 添加或改善边缘线和渠化设备的可见性
	行车道上或附近的交通控制装置过多	用便携式混凝土屏障代替渠化设备 增加设备之间的间距
行人	人车混行	提供独立的人行道 在行人和车辆之间设置障碍 限制行人通行
	作业区与车辆行驶区分界线模糊	在作业区和车辆之间安装障碍物 使用标记器

（续）

事故类型	潜在问题	交通管制计划变更
货车	速度过高或速度差异大	提高交通管制设计速度 快速执法巡逻 增加咨询速度 添加减速振动带 使用可变的信息标志
	大型车辆的车道太窄	提供货车通行车道 拓宽作业区车道
	重型车辆铺面不足	提供货车通行车道 改善路面
	下坡时货车速度低	提供爬坡车道 提供货车通行车道
作业区	在正常划分的高速公路上双向交通过多	安装中间屏障 使用替代作业区策略 缩短双向操作的长度
	缓慢移动的操作	使工作车辆偶尔离开道路，让车辆通过 改善工作车辆的标志/照明 重新安排非高峰时段的工作
后端	道路通行能力不足	将部分流量转移到备用路线 将工作重新安排到非高峰时段 通过使用路肩作为行车道来增加容量 减少作业区长度 安装"交通停滞或减速"警告标志
	作业车辆进入工作地点的通道较差或出入不畅	修改出入位置或设计 使用标记器
	标记方法不当	超速检测 将标记器移动到更可见的位置 用交通信号灯代替标记器 在已停止的流量队列结束时提供额外的标记
	车速差异过大	提供合理的速度限制 提供速度执法巡逻
侧滑、换道和合并	锥度不足	加长锥度 重新定位或添加箭头指示板 向上游移动锥度以提高视距
	加速车道长度不足	加长锥度 在坡道上安装 YIELD 或 STOP 标志 关闭或重新放置坡道
	锥度位置不当	向上游移动锥度以提高视距 重新定位或添加箭头指示板

(续)

事故类型	潜在问题	交通管制计划变更
驶离道路	狭窄的行车道	加宽车道 提供限速巡逻 改善边缘线轮廓或添加渠化设备
	边缘脱落	改善路边或路肩 放置材料以减轻脱落 改善边缘线轮廓或添加渠化设备 添加便携式混凝土屏障
夜间	能见度低	添加照明 更换损坏的路面标线和渠化装置 添加临时路面标记 添加箭头指示板
	储存在行车道附近的设备或材料	重新安置设备或材料 安装便携式混凝土护栏 提高边缘线或渠化设备的可见性
	破坏或被盗的交通管制设备	夜间检查或提供值班人员 增加警力巡逻 在更高的位置安装标志
恶劣天气	能见度低	更换损坏的路面标线或渠化装置 添加临时路面标记 添加箭头指示板
	排水不良	填补路面低洼处 防止泥浆冲入道路或碎片堵塞涵洞或排水口 在便携式混凝土屏障下提供排水口

资料来源：改编自 Gibson（1996）。

15.3.6 绕道规划与运营

应仔细评估利用现有道路绕行的情况，并考虑以下因素：
- 通行能力。
- 增加的行驶距离和时间。
- 路面、桥梁等的结构承载力。
- 顶部和侧面间隙。
- 现有交通管制的充分性。
- 道路管辖权。
- 邻近学校和其他特殊用途。
- 超大件和危险材料的装运频率。
- 改道对紧急服务、公交和校车的影响。

如果作业区内不能维持足够的交通容量，某些经常使用道路的车辆可能会转移到其他平行设施。应考虑对可能的分流路线进行改进，来处理增加的流量，包括：
- 改善交通信号的相位、定时，以及信号系统的协调。
- 改善交叉路口，如禁止临时左转、停车限制和左转渠化。
- 可逆车道或临时单向行驶。

- 通过新闻媒体指导或开展公众宣传运动。
- 公路咨询广播（HAR）。
- 改善公交服务、停车场和换乘等。

15.3.7 应急计划

应急计划应规定承包商应履行的职责，在发生意外事件时最大限度地减少交通影响以及维护道路使用者和工人的安全。此类事件可能包括交通事故、无法预料的交通量、恶劣的天气以及罢工或材料短缺。合同应包括要求承包商制订应急计划的条款，以解决承包商控制下的活动，并提交审批。应急计划中可能涉及的问题包括：

- 明确定义需要终止车道封闭的触发器（如恶劣天气、车辆排队长度等）。
- 具有明确定义的沟通和权限线的决策树。
- 车道关闭操作中所有参与者的具体职责（例如，与执法部门或紧急服务供应商的协调）。
- 备用设备和当地代理人员的可用性。

15.4 其他实践问题

15.4.1 速度管理与执行

对作业区限速实践的研究得出结论，作业区安全问题因以下原因而加剧：①用于确定作业区限速的方法不一致；②驾驶人不遵守张贴的作业区限速规定；③在没有工程研究的情况下，通过立法或行政手段设置作业区限速的做法日益增多（Crowther，Opiela，1996）。

降低工作区速度限制有时被认为是一种安全增强措施。然而，通过对俄亥俄州交通部制订工作区速度限制程序的评估得出结论："各种道路类型的车辆碰撞统计数据表明，实际运行速度与碰撞频率没有很强的相关性。相反，车辆之间的速度差异似乎对碰撞有更大的影响（即，车辆速度的差异越大，碰撞风险越大）。换句话说，以稳定的速度行驶（尽管速度较快）可能比尝试通过降低速度限制来降低交通速度更为安全，即使这会增加速度的可变性，因为某些驾驶人降低了速度而其他驾驶人则没有。因此，如果过快地降低车速，则会增加工作区内车辆之间速度的可变性，有时会降低安全性"（Finley，Jenkins，McEvoy，2014）。

与通过降低速度限制来尝试减慢交通速度相比，以平稳的速度行驶（尽管速度较快）可能更安全，即使这会增加速度的可变性，因为某些驾驶人降低了速度，而其他驾驶人则没有。

依靠静态作业区限速标志并不是降低作业区中车辆运行速度的有效方法。在大多数作业区域中，将车辆速度降低到设备正常运行速度以下是很难实现的。在项目设计过程中应认识到这一点。在可能的情况下，作业区域的设计应保持交通流量的正常速度。以下是一些确定作业区域限速的指导方针。

MUTCD（FHWA，2009）指出，"速度限值应仅用于存在条件或限制性特征的 TTC 区域的特定部分。但是，应避免频繁更改速度限制。TTC 计划的设计应使车辆能够以不超过 16km/h 的速度限制通过 TTC 区。只有在 TTC 区域的限制功能需要时，才可以将限速降低到 16km/h 以上。当限速特性证明减速超过 16km/h 时，则应提供额外的驾驶人通知。应在要求最低速度的位置之前降低速度限制，并使用附加的 TTC 警告装置。应尽可能避免降低速度分区（降低法规速度限制），因为驾驶人只有在清楚地意识到有必要这样做的情况下才会降低速度。"

研究发现，即使在没有减速带的情况下，驾驶人也会在作业区域平均减速 8km/h。然而，在实施减速带的地方，不同站点的限速遵从性差异很大，当限速降低超过16km/h时，遵从性显著降低（Crowther，Opiela，1996）。此外，MUTCD（FHWA，2009）指出，"研究表明，速度限制的大幅降低，如降低48km/h，增加了速度差异和碰撞的可能性。最高限速降低至16km/h时，速度差异的变化最小，从而降低了发生碰撞事故的可能性。将规定的最高限速降低到16km/h已经被证明是更有效的。"

因此，临时交通管制区，包括标志位置、过渡段（锥形段）和交叉路口，通常应设计为与现有速度限制相等的速度（如果可行）。如果不可避免地要降低限速，则临时交通管制区的设计应以不超过16km/h的速度为基础。在以下情况下，可能需要降低16km/h的速度限制：

- 工作发生在行车道上或附近，特别是在乡村高速公路上。
- 要求工作人员在行车道边缘3.0m以内的无保护位置长时间工作。

在需要降低速度的地方，应该尽快降低要求达到限速的条件。当作业区内出现孤立的危险（如凹凸不平的路面或弯道），需要低速行驶时，最好使用带有警告牌的车速牌，而不是在整个作业区内设立低速限制。

虽然静态限速标志是一个基本且重要的信息来源，但不应认为它足以独立地降低车速。当需要减速时，应通过一致、可靠和补充的信息源通知驾驶人。这通常需要更多动态的减速技术，可能包括：

- 可变的信息标志。
- 专门的执法巡逻（有时包括钓鱼执法）。
- 无人机雷达。
- 强制执行。
- 检举。
- 便携式可变信息标志。
- 速度反馈标志。
- 减速带。

人们对在作业区使用可变限速系统越来越感兴趣。其目的是使作业区限速更易于标示和执行。当建筑工人不在场时，正常的高速公路限速可能有效。但是，当工人在场时，速度限制会降低。在其他情况下，变限速系统可以实时测量作业区内的交通状况，然后计算并发布一个速度极限，可反映出给定测量条件下驾驶人应行驶的期望速度。

与执法机构的合作是速度管理战略的必要组成部分。有效的手动速度执行可能需要设计道岔或其他越野设施来执行操作。如果人工执法空间不足，或者需要持续执行，则自动摄影雷达测速设备可能有用。一项关于作业区自动速度强制执行的研究（Benekohal，2007）得出结论，照片执法使自由流动汽车的平均速度降低了10.2km/h，货车的平均速度降低了约6km/h。在光电雷达装置附近，超过标示限速的汽车比例由40%降至8%，没有一辆超过限速16km/h。摄影雷达装置下游2.4km的拍照效果"好坏参半"。虽然汽车超速的百分比在汽车中减少了4%~5%，在货车中减少了8%~10%，但汽车的减速在统计学上并不显著。尽管许多机构对在作业区超速行驶实施更高的罚款（图15.11），但没有证据表明这种罚款对改变驾驶人行为有效。

速度管理措施的选择应考虑预期速度降低的程度、暴露程度（即交通量和状况持续时间）以及具有可比情况的经验。

15.4.2 人员培训

《作业区安全和流动规则》要求各机构为参与作业区运输的开发、设计、实施、操作、检查和实施的人员提供适当的培训，包括交通规划师、设计工程师、交通和安全工程师、临时交通管制设计师和项目经理、施工项目人员和经理、维护人员、承包商和公用事业人员。

该规则还规定，各机构应要求定期更新这些人员的培训情况。MUTCD和政府机构的标准和政策在

图 15.11 超速罚款标志

不断变化。因此，培训也应继续进行。这些定期的培训更新旨在发布最新的行业惯例和机构政策和程序。《交通控制设施手册》（ITE, 2013）建议技术级别的员工至少每 2 年接受一次培训，至少每 5 年接受一次考核。对于主管级和设计级人员，培训应至少每年进行一次，至少每 3 年进行一次考核。

培训必须适当，与每个人必须做出的工作决定相关。因此，旗手无需接受临时交通管制计划制订原则方面的培训，但设计师应接受培训。除培训外，一些机构还要求对某些人员进行认证，如交通管制人员和交通管制监督员。同样，一些机构要求临时交通管制计划的编制须在注册专业交通操作工程师的监督下进行。

作业区培训可通过多种渠道获得。国家公路研究所（nhi.fhwa.dot.gov）提供了若干作业区培训课程，包括作业区控制和作业区管理与设计课程。国家作业区安全信息交流中心（www.WorkZoneSafety.org）为可用的作业区培训维护了一个广泛的数据库。美国交通运输工程师学会（www.ite.org）、美国交通安全服务协会（www.atssa.com）、国家安全委员会（www.nsc.org）和国际市政信号协会（www.imsasasafety.org）等组织提供作业区培训和认证计划。此外，许多州和地方机构都制订了针对各自政策和做法的培训方案。职业安全与健康管理局（OSHA）也对作业区的安全和培训有其他规定。

15.4.3 人行道改造

大多数作业区的交通管制都集中在驾驶人或施工和维护工人身上。一般来说，这些措施包括试图减慢交通速度，让驾驶人更清楚潜在的危险，或者确保工人的醒目性。对行人管制需求的关注相对较少。然而，由于各种原因，对作业区内行人的关注非常重要，包括他们在作业区环境中的危险性，以及许多人对行人设施的依赖性（Moelli, Brogan, oHall, 2006）。

许多行人可能会受到工作区的影响，包括年轻人、老年人和残疾人，如那些涉及听觉、视觉和行动能力的人。这些行人需要一条经过或环绕工作区的清晰划定和可用的出行路径。事实上，MUTCD 要求"如果 TTC 影响行人的移动，应提供足够的行人通道和人行道。如果 TTC 区影响到无障碍和可探测的行人设施，则应沿着替代行人路线来保持可达性和可探测性"（FHWA，2009）。

《人行道和通道设计指南》（1999）指出，美国的行人设施传统上只为一个用户群体设计，即体型和功能正常的年轻成年男性。然而，与传统的假设相反，行人的行走速度、耐力极限、体力、身高和判断力会有很大的不同。这本指南强调了行动障碍患者的设计问题。它提醒读者，这一群体的成员必须"结合有行动障碍和无行动障碍的行人"，以便作为社区成员充分参与。行走路线和设施的可达性很大程度上取决于他们可以去哪里以及到达那里后能做什么。作业区的临时管制和永久性设施也是如此。

该指南在成功的背景下对工作场所的讨论确定了残疾人在作业区可能遇到的几个具体问题，包括：

- 施工区域周围或穿过施工区域缺乏连续的、不可通行的通道。
- 减少有效路径宽度或被材料或设备完全阻塞的路径。
- 未能确保视力受损的人能够容易地发现和避免工作活动。
- 禁止进入路边匝道。
- 未能提供安全、无障碍的通往企业或受工作影响的其他目的地的路线。
- 在场地周围使用无效或无法使用的障碍物，如塑料胶带。

该指南建议采取以下措施来减少作业区或作业区附近的潜在安全和进出问题：

- 始终为所有行人保持一条连续、可通行的路线。在没有确定替代路线的情况下关闭行人设施是不可接受的。由于残疾人可能无法临时安排路线或使用非官方的替代路线（例如，沿着相邻的草地行驶），他们必须始终可以使用替代路线。
- 确保与作业区相关的所有警告和指导信息与所有潜在道路使用者相关并可访问。视力或认知障碍的人并不总是能够阅读或理解传统的符号或书面信息。
- 如果可能，则用场外信息补充场内信息。通过互联网、电话等向行人提供有关工作区的信息很有帮助；但是，此类信息仅应补充而非替代现场提供的信息。
- 使用障碍物来定义路线，并使行人远离危险区域。必须使用障碍物来帮助确定行进路线，防止行人有意或无意遇到危险。障碍物应坚固、连续，并在地面建造。用于连接单个设备、其他不连续屏障和设备的单个渠化设备、胶带或绳索，以及人行道标记，视觉残疾人士无法检测到，并且无法在临时或重新调整的路径上提供可检测的路径指导。

MUTCD（FHWA，2009）进一步声明：

考虑到行人的需要，包括残疾人士的需要，作业区内的临时行人通道应考虑设计或修改：

- 行人专用通道的连续性规定应纳入 TTC 计划。
- 应保持进入公交车站的通道。
- 应在整个临时行人天桥设施的整个长度内提供光滑、连续的坚硬表面。在坡度或地形上不得有可能导致绊倒或阻碍轮椅使用的路缘石或突变。设施的几何形状和线形应符合《美国残疾人法案建筑物和设施无障碍指南》（ADAAG）和《公共道路可通行性指南》（PROWÁG）的适用要求。
- 如果可行，应为临时设施提供现有行人设施的宽度。交通控制设备以及其他建筑材料和功能部件不应侵入人行道、临时道路或其他行人设施的可用宽度。如果无法在人行道的整个长度上保持最小 1.5 m 的宽度，则应至少每 60 m 提供 1.5 m × 1.5 m 的通行空间，以允许使用轮椅的行人通过。
- 应通过提供声音信息装置、无障碍行人信号等装置，将封锁的路线、备用交叉口、标志和信号信息传达给视觉残疾的行人；信号或障碍物和通道装置，这些装置可被使用长拐杖或视力低下的行人检测到。当行人车辆绕行至 TTC 信号时，应使用工程判断来确定是否应在备用路线的交叉口考虑行人信号或无障碍行人信号。
- 当使用渠化划定行人通道时，应在公共设施旁边提供一个连续可检测的边缘，以便使用长拐杖的行人可以将其移动。
- 安装在人行通道上方 2.1 m 以下的标志和其他装置，不得向无障碍行人设施伸出超过 100 mm。

当使用围栏引导或保护行人时,应仔细检查围栏,以确保其不会干扰接近车辆或交叉口行人的视距或车辆必须进入车流的地方。围栏不应使用车辆撞击时会产生危险的材料建造。在有碎片或材料坠落危险的地方,应提供带有顶棚的通道(图 15.12)。在夜间,这种带顶棚的小径应充分照明。通道应保持合理清洁,无污垢、泥浆和碎片。

图 15.12　带有顶棚的通道

在必须封闭人行道的地方,必须向行人发出充分的通知。必须认识到,行人自然不愿意沿着他们的道路返回先前的交叉路口过马路;人行道封闭标志应放置在交叉路口,而不是在中间街区的位置,这样行人就不会遇到中间街区引导他们在街道上行走、穿过工地或在中间街区穿过街道的工作场所。

与其关闭人行道,不如关闭街道上的停车车道或路边行驶车道,并将其用作临时行人设施。当行人经过路边,通过临时路边匝道到达临时通道时,需要可检测的渠化或障碍物,以将行人与车辆隔离开来,并为视力残疾的行人提供充分的指导。

由于视觉障碍的行人无法识别印刷标志和表面轮廓,因此应通过提供可听见的信息设备、无障碍行人信号、障碍物和通道装置,将封锁的路线、备用交叉口以及标志和信号信息传达给视觉障碍的行人,使得借助长拐杖或视力低下的行人可检测到。向有视觉障碍的行人提供信息的最理想的方式是由声音信息设备提供语音信息,这相当于通知人行道关闭的视觉标志。最理想的是提供语音信息以响应被动行人驱动的装置。

在正常运行模式下,如果交通信号灯可容纳行人、骑自行车的人和残疾人,则应在作业区提供此类设备位置。

应尽量减少工作车辆和设备在人行道上的移动,并在必要时由旗手或交通管制装置控制。

15.4.4　自行车管制

在设计和实施作业区时,应考虑骑自行车者的需要。对骑自行车的人来说,在作业区内和作业区沿线进行适当的规划,与机动车交通规划同等重要,特别是在城市和郊区。第 11 章对其中许多考虑进行了讨论。《AASHTO 自行车设施发展指南》规定:在不禁止骑自行车的道路上,应设计作业区设施,如临时车道、绕行道和其他交通管制措施，以满足骑自行车者的需求。建议提供以下管制：

- 作为临时交通管制计划的一部分，应确定如何通过工作区维护自行车设施，或者如何设置自行车绕道交通。
- 骑自行车者特别关注的工作区问题包括道路或道路封闭、海拔突然变化、与建筑设备或材料的冲突以及其他意外情况。为了适应自行车穿越工作区的行程，可能需要建造临时设施，包括铺砌的表面、结构、标志和信号。

在不禁止骑自行车的道路上，应设计工作区处理措施，如临时车道限制、绕道和其他交通管制措施，以适应骑自行车的人。

乡村公路上的工作区影响长途通勤、旅游和休闲的自行车手。在低流量的道路上或在狭窄的工作区域内，只要保持光滑的铺装表面，以及临时标志、碎屑和其他障碍物不阻碍骑车人的行进，通常只需遵守标准的交通管制措施即可。在大容量的道路上或经过较长的工作区域时，AASHTO《自行车设施开发指南》建议在实际可行的范围内提供足够的铺设宽度，以使作业区能够通过骑自行车的人。当有自行车时，旗手和领航车应考虑到骑自行车的人速度较低。在交通量非常大的高速公路上，工作区将长期限制可用宽度，应考虑为骑自行车者提供绕行路线。

在城市地区，需要为骑自行车的人提供方便的服务。如果绕行一个作业区涉及严重的偏离方向，许多骑自行车的人会倾向于直接通过作业区。最好尽量让自行车旅行者靠近他们的正常路线。关闭自行车道或引导自行车绕行通常是无效的，因为许多骑自行车的人更愿意在短距离内与机动车共用一条车道。如果工作活动堵塞了自行车道或骑自行车的人必须靠近机动车通行，则可以使用标准的MUTCD警告标志，以提高驾驶人对工作区自行车的认识。

骑自行车的人在拥挤的对向交通中左转的绕行路线也存在问题。这可能需要为每个行驶方向提供单独的绕行路线。在较长的工作区和城市地区繁忙的道路上，可能需要提供临时自行车道或宽阔的外侧车道。骑自行车的人不应走上人行道或未铺砌的路肩。工作区标志不得妨碍骑自行车者的道路。

路面边缘脱落或纵向接缝会对骑自行车的人造成危害，路面孔洞和路面碎片以及牵引力较低的路面（如路面上的泥、沙或砾石）也会对其造成危害。放置在人行道上临时覆盖开口的钢板，由于摩擦力低，尤其是在潮湿的情况下，对骑自行车的人来说是危险的。高摩擦表面可以减少这种危险；至少，应该提醒骑自行车的人注意危险。钢板边缘未加保护也可能导致轮胎损坏和失控。当按照预期的自行车行程放置时，钢板的边缘应使用沥青铺路材料铺设。

15.4.5 作业区事故管理

正如出版物《施工和维护作业区事故管理》中所述，作业区对事故响应者提出了挑战，包括减少通道、缩窄车道、最小化避难地点、物理屏障和缩短视距。有时，作业区元素可能会违反驾驶人的预期。除了降低道路的正常通行能力外，还存在着将施工和维护交通管制与事故管理交通管制之间的冲突混为一谈的可能性。所有这些因素结合在一起，不仅增加了工作区内发生事故的可能性，而且还增加了即使是轻微的事故对作业区内交通运行的影响（Balke，2009）。

交通事故管理包括制定程序、实施政策和部署技术，以便更快地识别事故、提高响应时间和更有效地管理事故现场。交通事故是一种非经常性事件，通常通过阻塞一条或多条车道来扰乱正常交通流。这些事件可能是撞车、抛锚、道路碎片，或是灾难性事件。事故对工作区交通运行的影响取决于作业区的强度（长度、持续时间和车道数）和事故强度（受事故影响的车道数、清除事故的时间以及事故发生时进入事故区域的交通量）。

事件管理的目标是：

- 减少检测和验证事故发生所需的时间。
- 减少响应人员和设备响应现场所需的时间。
- 协助现场响应设备和人员的管理，以尽量减少因事故和响应设备造成的容量损失。
- 减少清除行车道上的事故所需的时间。
- 迅速通知事故上游的驾驶人，以鼓励减少进入事故区域的交通需求，并减少驾驶人的挫败感。

在建设项目中，快速检测和应对交通量大的道路上的事故变得至关重要，因为在建设项目中，路肩可能会变窄或消除，匝道可能会关闭，临时交通障碍可能会通过紧急情况和服务车辆限制通行。可用于改进作业区域内事故检测和响应的技术包括：

- 频繁的警察巡逻。
- 驾驶人援助计划（如服务巡逻）。
- 紧急电话或电话亭。
- 使用现有或临时高速公路监控系统免费拖车服务。
- 碰撞调查。
- 紧急折返和出入口。
- 预先安排的设备集结区。
- 闭路电视监控。
- 监控基于智能手机的商业交通报告系统。
- "移动IT"法律和快速通关政策。

信息传播在事件管理中起着至关重要的作用。信息的准确性和及时性对于维护可信度至关重要。通过准确及时的信息，驾驶人可以对路线和出行时间做出明智的决定，这些行动不仅有助于减少事故发生区域内的交通需求，而且还可以减少二次碰撞的可能性。提供此信息的措施包括：

- 可变信息标志。
- 公路广播。
- 广播电台和电视媒体。
- 交通报告服务。
- 电子邮件/传真或移动网站。
- 高速公路服务区的网站、信息亭。
- 专用信息电话号码。

对于大型项目，在发生重大事故时预先规划绕行路线是非常有用的。将交通分流至替代道路是一种有效的临时响应，可用于缓解事故造成的拥堵影响。在规划绕行路线时，应认识到备用路线的适用性可能会随时间而改变。工作区规划师和事故响应者应在施工的每个阶段之前召开会议，审查和修订绕行路线计划。应记住，在作业区内行驶的驾驶人可能已经面临与作业区相关联的复杂情况。在试图将交通分流到绕行路线时，可能会给驾驶人带来过多（且可能存在冲突）的信息。在改道点和整个绕行路线上，可能需要由警察或旗手进行人工交通管制。

在规划作业区的事故管理时，应增加施工承包商和施工人员在应对事故中的作用。在某些情况下，承包商可能负责为轻微事故提供清关功能。在其他情况下，承包商可能需要购买和安装设备和系统，以支持检测和清除功能。可能需要改变施工阶段，以更好地促进事故响应。无论承包商扮演何种角色，都必须在合同文件中明确说明。

作业区规划人员必须意识到，多个机构可能对作业区范围内的事故响应拥有管辖权。在给定的高速公路上，多个警察、消防救援和应急服务提供者承担事故管理责任的情况并不少见。作业区域计划员需要确保为项目确定所有适当的事件响应者。这些多个响应者之间的协调是事件管理规划的一个关键要素。

15.4.6　公共传播和宣传战略

应建立预先的公共信息计划，特别是在涉及严重破坏正常出行方式的重大项目上。一个好的公共信息计划需要在项目开始之前、整个项目持续期间以及完成之后提供可靠、及时的信息。

重大建设项目往往规模巨大，对广大人民群众影响较大，长期成为周围市民生活的一部分。这类项目通常具有独特的特性，如丹佛的 T‑REX 或印第安纳波利斯的 super70。一些机构通过特殊的标志给他们的项目打上了烙印。越来越多的大型项目以独特的方式被识别出来用于通信目的。

在大型复杂的项目中，在整个项目中保持利益相关者的信息是至关重要的。面临的挑战是确定如何在项目之前和整个项目期间，尽可能多地向个人提供关键信息。一项针对大型城市项目的信息共享过程进行的调查发现，90% 以上的机构所使用的前四种回复方式有着惊人的一致性（Warne，2011）：

- 报纸上的公告（通常需要法律公告）项目。
- 机构网站上包含的特定信息项目。
- 特定网站。
- 市政厅会议。

有趣的是，机构认为参与和告知利益相关者群体最有效的两种方法是市政厅会议和项目特定网站。

与媒体合作已成为重大建设项目不可分割的一部分，同一项调查（Warne，2011）发现，在与媒体合作大型城市建设项目时，最常采用以下三种做法：

- 我们依靠我们与主要媒体人的关系来接触受众和传播信息（83%）。
- 当他们有时间和兴趣时，我们依靠广播来报道我们的项目（83%）。
- 我们依赖电视台在他们有时间和兴趣的时候报道我们的项目（74%）。

代理机构依赖于 4:1 的比例免费收看电视和广播付费信息。

15.5　案例研究

15.5.1　应用

在《工区智能交通系统》（FHWA，2002）中报道了以下案例。

1. 背景

阿肯色州公路和运输部（AHTD）在阿肯色州西孟菲斯市与 I‑55 公路交叉口附近的 I‑40 公路上展开了一个重建 3mile 路面的项目。该作业区横跨密西西比河至田纳西州孟菲斯的一座桥梁，并在桥上与田纳西州的一个作业区相邻，预计作业区将持续 12~18 个月。

2. 问题

AHTD 决定在该项目中使用 ITS，因为该州认为，在解决重建项目的影响时，需要超越传统的交通控制。由于阿肯色州的西部孟菲斯是一个边境城市，靠近田纳西州的孟菲斯，因此 AHTD 知道该项目的建设会影响到其更大的邻居，因为这两个城市位于密西西比河的对岸，所以在该地区行驶的驾驶人选择行驶的路线有限。他们必须走两座桥中的一座，要么是 I‑40 公路上的桥，要么是 I‑55 公路上的桥。AHTD 意识到，在过去，诸如桥梁撞毁和施工等事件已经导致了大量的不良宣传。此外，由于其施工项目引起的任何延误可能会被邻近的田纳西作业区放大，因此，AHTD 在阿肯色州和田纳西州寻找更好的与公众沟通的方法，以避免工程延期。改进后的信息可以让旅行者选择不同的旅行时间和路线，减少意外延误带来的压力。

AHTD 地区办事处最初考虑在西孟菲斯工程中只使用高速公路咨询无线电区域。但是，在与 AHTD 研究部会面后，AHTD 地区办事处决定使用一个更具扩展性的系统。研究部门一直对在该州增加 ITS 的使用感兴趣。AHTD 仿照其他国家使用的系统需求来设计其系统需求，然后定制需求以满足这个特定项目的需求。

3. 方法

自动化作业区信息系统（Automated Work Area Information System，AWIS）的主要目标是为接近和通过作业区的驾驶人提供出行者信息，提高出行者的移动性和安全性。通过向出行者通报交通状况，AWIS 协助出行者决定走哪条路，从而减少交通负担，这反过来又有望减少旅客压力和潜在"路怒"事件。此外，AHTD 希望该系统能够提供更快的事故响应，从而恢复通行能力并减少二次碰撞的机会。

西孟菲斯 AWIS 检测到接近工作区的交通状况，并使用该信息来确定通过可变信息标志（Changeable Message Sign，CMS）和公路咨询无线电将哪些消息实时传输给出行者。该系统由传感器、无线通信网络、带有计算机和用于处理传感器数据的接口的控制中心以及输出设备组成。具体来说，该系统包括使用无线通信连接到中央基站服务器的 12 个队列检测器和 5 个远程 CMS，3 个公路咨询无线电单元，5 个寻呼机和一个电子邮件警报系统。探测器分布在两侧的工作区之前和之后的 18km 的延伸范围内，而 CMS 则分布在从两侧到达工作区的大约 14km 的范围内。HAR 的范围约为 37km。

数据采集设备通过无线通信以电子方式连接到中央基站服务器。每个传感器都有一个调制解调器，可以将计算机信号转换成无线电波，然后将其从传感器站点发送到命令中心。基站服务器处理了由 12 个系统队列检测器收集的数据，然后根据预编程的条件方案，将适当的信息分发给了出行者、HTHT 工作人员、田纳西州交通运输部工作人员、阿肯色州和田纳西州的建筑承包商以及交通记者和媒体。实时交通状况信息通过系统的 CMS 和 HAR 传输给驾驶人。其他人员通过电子邮件或寻呼机根据 AHTD 建立的预定义场景参数自动更新。

AHTD 在西孟菲斯 I-40 重建项目期间租用了 AWIS 系统。其中包括监控系统的人员，通常需要一名人员进行定期系统维护，如果下班后出现任何问题，则应随时待命。

AHTD 使用 ITS 应用程序通知出行者前方的任何队列以及 I-40 上接近作业区时的队列长度。该实时信息显示在 CMS 上，并由系统在条件改变时自动更新。传感器系统发送到控制中心的读数表明存在某些交通流状况，并根据预先编程的场景触发自动向出行者显示信息。由于这些 CMS 被战略性地放置在关键的备用路线之前，因此，它们的信息使驾驶人能够选择可能具有较少延迟的备用路线。

当出现表明发生了事故的排队条件时，ITS 应用程序会自动呼叫阿肯色州机动车辆辅助巡逻队。巡逻队可以前往该地区并核实事故的性质，然后清除事故或通知清除事故并恢复正常交通流量。传感器帮助 AHTD 人员确定备份是短暂的还是需要干预的。系统提供的交通数据还使 AHTD 员工可以更准确地了解日常流量模式，以便承包商可以避免或减少高峰时段的运营。

4. 经验教训

从该项目中吸取了许多经验教训：

- 系统必须有可靠的通信。ITS 应用的通信网络对于系统的运行至关重要。在系统开发和部署过程中，必须尽早解决可能影响通信的问题。在部署或操作系统时，一开始看似微不足道的问题可能会演变成更棘手的问题。这些问题包括是否因地理或地形而阻碍信号传输。

- 在部署系统时，必须留出启动时间，否则会出现一些问题。例如，传感器的操作、通信（无线或有线）、申请许可证、校准或软件的操作，这些问题都需要时间来解决。

- 在建立公众对本项目的认识以及本项目申请将提供的信息方面，采取积极主动的方法是很重要的。成功的技巧包括召开新闻发布会、发布新闻稿以及保持当地媒体（特别是公众寻求交通信息的媒体）的最新进展。

- 向公众提供准确信息至关重要。如果提供的信息不准确，公众很快就会失去信心，从而导致负面的公关。例如，AHTD 决定不在 CMS 上以分钟为单位显示行程时间或延迟长度，因为要确保这些信息的准确性更困难。此外，当驾驶人的经验与显示的估计值不符时，他们可能更倾向于投诉。

- 其他利益相关机构，如负责事件管理的 THBOSE，需要提前介入，以确定系统如何能够在每个机构的现有程序中工作。与其他机构的协调是各机构在制定和实施 ITS 作业区系统时应考虑的首要问题。

- 仔细考虑如何建立自动化的信息传递和与其他机构共享，特别是在自动化系统中，可能会传递太多的信息，使机构及其合作机构无法有效地处理。向管理者和合作伙伴提供信息的频率、有效性和数量必须适当，否则信息可能会被丢弃或忽略。当发生重大事件时，系统将受益于覆盖，如需要一段时间才能清除的崩溃。如果没有覆盖功能，系统可能会发出过多的电子邮件警报，而指挥中心的基础计算机更可能因为过度活动而出现故障。AHTD 要求在下一个将使用该系统的工作岗位上具备这种能力。

- 提供视频功能。在可能的情况下，在系统设计中加入视频功能将有助于交通管理人员查看摄像机上的备份，以帮助他们确定适当的响应。AHTD 指出，他们希望在自己的系统中具有这种能力。

15.5.2 加快施工的承包策略

以下案例研究报告来源于《拥挤城市地区有效公路建设项目技术》（Warne，2011）。

1. 背景

达拉斯 High Five 项目代表了在该国一些最具挑战性的条件下建造复杂高速公路立交桥的各种创新方法。该设计 – 建造项目包括在得克萨斯州达拉斯建造美国 75 号公路（中北部高速公路）和 I – 635（林登 – 约翰逊高速公路）之间的立交桥。

2. 问题

原来的三层立交桥改建为五层立交桥，以容纳每天通过立交桥的 500 万辆车辆。这是迄今为止得州交通部（TxDOT）授予的最大单笔合同。

3. 方法

TxDOT 为本项目采取的创新性承包策略将整个施工时间框架从 10 年缩短到 5 年，由此产生的收益归国家、承包商，最重要的是归项目的承担人所有。该项目的一些创新包括：

- 该项目原计划分成 5 个较小的项目，并在时间允许的情况下连续投标。由于作业区的紧凑性，有必要推迟授予连续合同，以避免与相邻承包商的工作冲突。通过签订一份大合同，TxDOT 能够避免较小项目计划中固有的冲突。
- TxDOT 能够构建达拉斯 High Five – as – One 合同的原因之一是创新的项目融资策略。在过去的项目中，国家会为每一个项目预先拨出足够的资金，由于现金流的限制，使用这种做法会省去一个大合同。但是，通过创建一个现金流模型，可以使可用资金与正在执行的工作相匹配。TxDOT 能够创建一个计划，在这个计划中，一个合同可以被授予，然后根据融资计划支付。TxDOT 发现这样一来，节省了总时间，减少了合同冲突导致的成本，并从单一合同中获得了规模经济的价值。
- 该项目的一个独特之处在于实际施工的延迟开工，直到合同授予 10 个月后才发出开工通知。该条款被称为"延迟开工条款"。该条款规定了一个延长的动员期，以便承包商能够为即将到来的紧张施工期准备其部队和设备。在此期间，承包商执行了替代设计工作，并能够为桥梁设计和架设过程带来创新，从而节省了额外的合同时间。如果没有额外的动员时间，这是不可能的。尽管给更多的时间来节省整体时间似乎有悖常理，但这正是 TxDOT 所做的。它把这个项目的成功归功于这一特殊的合同条款。
- TxDOT 对项目的特定部分采用了"窗口里程碑"的概念，而不是工作完成的具体日期。"窗口里程碑"为承包商提供了完成工作的具体时间，但没有具体说明何时进行工作。在这样做的时候，TxDOT 给了承包商以一种高效的方式安排其工作的灵活性。TxDOT 认为，这一策略最终减少了在企业面前进行施工的时间，从而大大减轻了施工影响。
- 车道租赁是 TxDOT 在本项目中采用的另一种策略。在合同文件中，州政府向承包商提供了一段时间内关闭车道和道路其他部分的机会，并对每一部分的价值进行了分配。然后，承包商可以根据对公众的影响成本来规划其工作，租金值根据一天中的时间而变化。TxDOT 报告说，这种策略导致 30% 的工作是在夜间进行的，当时交通量较少，对公众的影响也减少了。

4. 经验教训

达拉斯 High Five 是运输机构如何在复杂的工作环境中实施新工具甚至更成熟的策略来实现积极成果的一个极好的示例。TxDOT 在该州其他地方的项目中使用了许多相同的方法。

15.5.3 有效的公共传播

《工作区智能交通系统的有效性》（Edara，Sun，Hou，2013）中报告了以下案例研究。

1. 背景

密苏里州交通局（MoDOT）进行了密苏里州圣路易斯市 I-70 布兰切特桥修复工程。当密苏里河上的西行桥因一项为期一年的改善工程而关闭时，通过在施工过程中将正常的 5 个车道重新划分为 3 个方向，维持了东行桥的双向交通。有两条主要的可供选择的路线通常使用这座桥，即 364 号公路和 370 号公路的交通。

2. 问题

施工前，布兰切特大桥上的平均日交通量为 121220 辆，其中 11.7% 为商用货车。整个工作区将最初的时速 100km/h 降低到 70km/h。施工中只使用现有的检测和永久性可变信息标志。这些可变信息标志显示通过每个替代路线的行驶时间。

3. 利益相关者的参与

在交通拥堵期间，MoDOT 使用各种工具与出行的公众沟通，以促进交通改道拥堵；警告驾驶人车道关闭、车道狭窄和限速降低；并提供行驶时间。出行前，MoDOT 通过报纸、广播、电视和出行者信息网站提供信息。途中，信息由现有的可变信息标志提供。研究区域中的现有探测器仅在主要道路（I-70、364 和 370 号公路）上提供交通数据。MoDOT 使用便携式摄像机收集了几个关键决策点的匝道流量，以评估早晚高峰时段以及中午非高峰时段的分流率。早高峰时的分流率为 9.2%，非高峰时为 1.9%，晚高峰时为 9.2%。

4. 经验教训

一项对驾驶人的调查发现，98% 的驾驶人在开始出行前就知道 I-70 作业区。这意味着 MoDOT 成功地通过各种媒体传播公路作业区相关信息。对作业区的认识导致出行者在早高峰和晚高峰更多地使用替代路线：52% 的驾驶人因为信息标志提供的信息而使用了另一条路线。根据驾驶人报告的延误，如果驾驶人不知道工作区域或不受可变信息标志信息的影响，则会导致更长的延误（超过 15min）。

15.6 新兴趋势

15.6.1 快速施工技术和激励措施

应考虑加快施工技术，增加夜间或非高峰时间的工作时间以及承包商的激励措施，以减少道路使用者在高容量设施上与工作区相关的增加的危险和不便的风险。可能增加的合同成本可能会被道路使用者在安全性和减少延误方面的巨大收益所抵消。"进、出、等待"（GI-GO-SO）的理念应该鼓励工作尽快完成，以最大限度地减少对正常交通状况的干扰。

在交通量减少的时期进行施工是提高可用容量的一种使可用容量与需求更紧密地平衡的方法。因为夜间的交通量通常低于白天，因此人们对夜间工作的兴趣日益增加，这是为了减少对交通的影响。公路夜间作业研究得出的结论是"夜间公路作业可以安全进行，并且与白天相比更经济，其关键因素是适当的照明"（Ellis，Amos，Kumar，2003）。夜晚工作的好处包括温度降低、交通量减少和交通拥挤程度下降。其缺点包括以下问题：工人、物料和支持服务的可用性，工作质量以及由于较高的速度和更多可能昏昏欲睡或醉酒的驾驶人而导致撞车的更大风险。此外，施工活动通常会产生噪声，附近居民白天或许可以忍受，但晚上可能无法忍受，并且来自临时光源的眩光也是一个重要的问题。同一项研究提供了针对不同类别的施工活动制订的建议目标照明值，如下所示：

- Ⅰ类：建议从工作场所预期或正在发生人员移动的区域的安全角度出发，在工作区域使用 5fc（54 lx）的一般照明。此类别也适用于精度要求不高的任务，包括缓慢移动的设备以及必须看到大物体的地方。
- Ⅱ类：建议使用10fc（108 lx）照明施工设备及其周围以及与设备相关的视觉任务，如表面修整。
- Ⅲ类：建议使用20fc（216 lx）进行具有较高视觉难度并需要观察者更多注意的任务，如裂缝填充、电气设备的关键连接和维护或移动机械。

在某些情况下，施工合同可能包括基于承包商满足各种竣工日期的能力的奖励或处罚。如果项目取得成功有重要的里程碑，则可以将临时完成日期添加到合同文件中。在北方气候下进行多年的建设项目可能是一个很好的示例，其中一个临时完成日期可能是有益的。冬季到来之前必须完成一定数量的活动，代理商可以在合同文件中列出这些项目。其他临时或最终完成日期包括：
- 开学。
- 重要的体育赛事（如奥运会、首次家庭专业或大学体育比赛、城市马拉松等）。
- 资金来源到期日。
- 政治日期（如选举）。
- 社区特有的其他时间结点。

施工任务的排序应在关键日期完成可行的设施。

承包商可能支付的"违约赔偿金"罚款可以基于建筑工程成本、道路用户成本和车道占用成本（基于封闭车道导致的道路用户成本增加）计算。这些处罚的目的是补偿出行的公共交通运输公司所遭受的损害。对延迟完工的处罚同样重要的是对提前完工的奖励，这对工程处和公众都有一定好处。

违约赔偿金的一种形式是车道租赁。如果关闭车道，则车道租金是根据道路使用者的成本影响得出的。对于承包商在施工期间未使用的每个车道或路肩，将向承包商收取每日或每小时的租金。评估此类成本的目的是最大限度地减少承包商限制车道或交通拥堵的时间。在交通流量大的环境中，将车道租金包含在合同中的好处可能更大。车道租金有时会与其他承包商的奖励措施或罚款结合起来。但是，重要的是，这些策略必须彼此一致，并与承包商的目标保持一致。例如，如果合同还包括足够大的提早完成奖励规定，那么旨在阻止高峰时段交通干扰的车道租赁费结构可能不会产生预期效果，从而使承包商认为在高峰时段占用车道在经济上是合理的。

15.6.2 承包策略

传统上，公路建设是通过与承包商签订常规合同模式实施的；公路局编制了一套合同文件（如计划和规范），其中说明了承包商的责任。招标，并将合同授予提交最合适标书的责任投标人。传统的承包模式仍然是主要的承包方式，但是为了减少施工对交通的影响，许多承包策略正在被采用。这些策略包括备选采购技术，如$A+B$投标和设计－建造合同。这些技术还旨在提高施工质量，降低成本，缩短工程竣工时间。

$A+B$投标也称为成本加时间投标，每个承包商的投标是根据以下公式计算的（Mahoney等，2007）：

$$Bid = A + Bx$$

式中 A——投标人提交的执行合同中确定的所有工作的金额；
B——完成项目所需的总天数，由投标人估算；
x——机构指定的每日道路使用者成本。

这个方程式用来确定最低出价。承包商付款以投标项目表为基础。此外，对于超过承包商实际完成工程所用B的每天，对道路使用者成本进行评估。通常，当实际完成工作的天数少于投标的天数，则取B值进行计算。承包商作为投标人和合同履行方，有强烈的商业动机尽可能减少完成规定工作所需的天数。承包商也有动机以最利于自己的顺序来建造项目。合同文件必须明确说明承包商在交通管制和作业区设计方面的职责和限制，以确保工程按有利于公众出行的顺序进行。这一策略通常适用于对交通和安全具有高潜在影响的项目，主要会影响于没有合理绕行路线的大容量设施。

设计－建造承包法采用单一合同，涵盖设施的设计和施工。这避免了项目设计师和施工人员之间的责任和协调问题。这一概念已被广泛应用于各种各样的项目规划中。设计-建造合同带来的好处包括节省时间、承包商创新和提高管理效率。由于这两种历史上相互独立的职能的融合，设计-建造合同已采取了许多不同的形式，而这两种职能受不同的法律和传统的制约。

一个项目应该有一个强有力的创造性设计组成部分。具有明确定义程序的相对简单的项目，如道路重铺路面或轻微加宽，没有重要的设计组成部分，也不是设计-建造的理想项目。此外，地下条件未知的项目可能不适合设计-建造合同。

在设计-建造合同中，作业区设计通常由承包商负责。在某些情况下，管理局可能会提供概念性计划，而在其他情况下，整个施工阶段和临时交通管制计划的制订由承包商负责。交通管理局应始终明确规定交通管制是制订临时交通管制计划基础的要求和标准。这可能包括每周几天或几小时开放的车道数、车道和立交匝道的通行要求、噪声限制和公共信息计划。

15.6.3 作业区交通管理创新

智能交通系统（ITS）正越来越多地部署在作业区内，以使作业区内和作业区周围的交通更加安全和高效。这些系统，也称为智能作业区系统，包括使用电子设备、计算机和通信设备来收集、处理信息，并采取适当的行动。这些部署为旅行者提供实时信息、监视交通状况和管理事件。智能作业区系统研究（FHWA，2002）确定了其技术可用于作业区交通管理的方式：

- 交通监控和管理。
- 提供出行者信息。
- 事故处理。
- 加强道路使用者和工人的安全。
- 增加通行能力。
- 履行执行职能。
- 跟踪和评估合同的奖惩措施（基于绩效的合同）。
- 进行作业区规划。

作业区中的许多"ITS"应用程序都有这些用途。

ITS 策略的部署可以为出行者提供实时信息，监控交通状况，管理事故。

同一项研究确定了在作业区使用 ITS 的以下好处：

- 移动性：ITS 应用程序通过为驾驶人提供交通状况信息来改善出行能力，以便驾驶人可以调整路线或出行时间。它的应用程序还可以通过作业区的流量来提高移动性，从而减少排队和延迟。
- 安全：ITS 应用程序通过向驾驶人提供作业区存在和相关交通条件（如前方交通减速或停止）的提前通知，有助于提高安全性。这包括交通队列检测和警报系统、速度管理系统、工作场所入侵警报和自动执行系统。
- 节约成本：ITS 应用程序通过自动化代替手动执行的功能来降低运营成本。例如，它的一些作业区系统不需要机构工作人员全职或兼职。

入侵警报检测进入缓冲区的车辆，并有在作业区内与工作人员发生碰撞的风险，因此它们提供警告以提醒工人。虽然工人离开出入车辆路径的可用时间很短，但响亮的警报可为工人提供 4~7s 的警告，使他们有能力避开入侵车辆。入侵警报采用多种技术，如红外、超声波、微波或气动管，以检测任何入侵车辆。

实时功能被用于支持一系列创新应用，包括基于观察到的交通状况对作业区进行主动管理。其中一些应用程序（Wallace）包括：

- 在工作区中自动执行。

- 警告驾驶人货车从作业区域进入或离开行驶车道，并且行驶速度可能低于交通流量平均速度。
- 采用主动交通管理（ATM）策略作为主动交通和需求管理（ATDM）框架的一部分。
- 检测何时形成队列，以便提醒驾驶人即将到来的较慢或停止的交通，使他们能够及时停车或选择其他路线。
- 提供动态合并，鼓励驾驶人在交通拥挤时使用两条车道到合并点以减少队列长度或在轻流量中尽早合并以减少冲突。
- 将主动需求管理（ADM）策略作为 ATDM 框架的一部分。
- 提醒驾驶人在作业区内的行程时间和延误时间，以便他们可以自行选择替代路线，或者在严重延误的情况下，让系统建议改道。
- 收集所需的行驶时间和行驶速度数据，以通过使用蓝牙、摄像头以及第三方数据，与交通管理中心（TMC）协调等方式实施这些应用程序。在维持道路使用者可接受的出行时间时，施工方利用这些能力来延长工作时间。在出行时间超过一定阈值时，应减少施工时间，必要时应派警力通知管理人员。

在工作区中使用 ITS 不仅限于市区。临时设备，如便携式可变信息标志（PCMS）、公路咨询无线电（HAR）以及安装在拖车上的摄像头和传感器，都可以轻松地部署在不存在永久性 ITS 基础设施的乡村工作区中。

尾　注

1. http：//www.workzonesafety.org/crash_data/workzone_fatalities.
2. http：//www.workzonesafety.org/files/documents/crash_data/2003－2012_worker_fatalities.pdf.
3. http：//www.ops.fhwa.dot.gov/wz/traffic_analysis/quickzone/index.htm.

参 考 文 献

Abrams, C. M., and Wang, J. J. (1981). *Planning and scheduling work zone traffic control* (Report No. FHWA-1P-81–6). Washington, DC: U.S. Department of Transportation.

Active demand management: Approaches: Active transportation and demand management—FHWA operations. (n.d.). Retrieved from http://ops.fhwa.dot.gov/atdm/approaches/adm.htm.

Active traffic management: Approaches: Active transportation and demand management—FHWA operations. (n.d.). Retrieved from http://ops.fhwa.dot.gov/atdm/approaches/atm.htm.

American Association of State Highway and Transportation Officials (AASHTO). (2009). *Manual for assessing safety hardware (MASH)*. Washington, DC: AASHTO.

———. (2011a). *A policy on geometric design of highways and streets*. Washington, DC: AASHTO.

———. (2011b). *Roadside design guide*. Washington, DC: AASHTO.

Balke, K. (2009). *Incident management in construction and maintenance work zones* (Report No. FHWA-HOP-08–056). Washington, DC: FHWA.

Benekohal, R. F., Chitturi, M., Hajbabaie, A., Wang, M-H., and Medina, J. (2007). Automated speed photo enforcement effects on speeds in work zones. *Transportation Research Record*, 2055.

Bonneson, J. A. (2000). *Superelevation distribution methods and transition designs* (NCHRP Report 439). Washington, DC: National Cooperative Highway Research Program.

Crowther, L. R., and Opiela, K. S. (1996). *Procedure for determining work zone speed limits* (NCHRP Research Results Digest Number 192). Washington, DC: TRB.

Designing sidewalks and trails for access. (1999). Washington, DC: Federal Highway Administration. Retrieved from www.fhwa.dot.gov/environment/bicycle_pedestrian/publications/sidewalks/index.cfm?redirect.

Dudek, C., and Richards, S. (1982). *Traffic Capacity Through Urban Freeway Work Zones in Texas* (Transportation Research Record 869). Washington, DC: TRB.

Edara, P., Sun, C., and Hou, Y. (2013). *Effectiveness of work zone intelligent transportation systems* (Report No. InTrans Project 06–277). Columbia, MO: University of Missouri-Columbia.

Ellis, R. D., Jr., Amos, S., and Kumar, A. (2003). *Illumination guidelines for nighttime highway work* (NCHRP Report 498). Washington, DC: National Cooperative Highway Research Program.

Federal Highway Administration (FHWA). (2002). *Intelligent transportation systems in work zones: A cross-cutting study*. Washington, DC: FHWA. Retrieved from http://ntl.bts.gov/lib/jpodocs/repts_te/13600.html.

Federal Highway Administration (FHWA). (2009). *Manual on uniform traffic control devices*. Washington, DC: U.S. Department of Transportation.

Finley, M., Jenkins, J., and McAvoy, D. (2014). *Evaluation of Ohio work zone speed zones process*. College Station, TX: Texas A&M Transportation Institute.

Gibson, P. A. (1996). *Design and operation of work zone traffic control: Participant's notebook*. Washington, DC: U.S. Department of Transportation.

Graham, J. L., and Migletz, J. (1994). *Development and implementation of traffic control plans for highway work zones* (NCHRP Synthesis of Highway Practice 208). Washington, DC: National Cooperative Highway Research Program.

Guide for the development of bicycle facilities (4th ed.). (2012). Washington, DC: AASHTO.

Institute of Transportation Engineers (ITE). (2013). *Traffic control devices handbook*. Washington, DC: ITE.

Kannel, E., McDonald, T., McCarthy O'Brien, M., and Root, V. (2002). *Traffic control strategies in work zones with edge drop-offs* (CTRE Project 97-15). Iowa Department of Transportation.

Mahoney, K. M., et al. (2007). *Design of construction work zones on high speed highways* (NCHRP Report 581). Washington, DC: National Cooperative Highway Research Program.

Molrelli, C. J., Brogan, J. D., and Hall, J. W. (2006). Accommodating pedestrians in work zones. In *TRB 85th Annual Meeting Compendium of Papers* (CD-ROM). Washington, DC: TRB.

Potts, I. B., Harwood, D. W., Hutton, J. M., Fees, C. A., Bauer, K. M., Lucas, L. M., Kinzel, C. S., and Frazier, R. J. (2014). *Identification and evaluation of the cost-effectiveness of highway design features to reduce nonrecurrent congestion* (Strategic Highway Research Program [SHRP] 2 Report S2-L07-RR-1). Washington, DC: TRB.

Ross, H. E., Jr., Sicking, D. L., Zimmer, R. A., and Michie, J. D. (1993). *Recommended procedures for the safety performance evaluation of highway features* (National Cooperative Highway Research Program Report 350). Washington, DC: TRB.

Sankar, P., et al. (2006). *Work zone impacts assessment—An approach to assess and manage work zone safety and mobility impacts of road projects* (Report No. FHWA-HOP-05–068). Washington, DC: FHWA.

Scriba, T., Sankar, P., and Krista, J. (2005). *Implementing the rule on work zone safety and mobility* (Report No. FHWA-HOP-05–065). Washington, DC: FHWA.

Transportation Research Board (TRB). (2010). *Highway capacity manual*. Washington, DC: TRB.

Ullman, G. L., Finley, M. D., Bryden, J. E., Srinivasan, R., and Council, F. M. (2008). *Traffic safety evaluation of nighttime and daytime work zones* (NCHRP Report 627). Washington, DC: National Cooperative Highway Research Program.

Wallace, C. E. (n.d.). *ITS ePrimer, module 4: Traffic operations*. Washington, DC: U.S. Department of Transportation. Retrieved from http://www.pcb.its.dot.gov/eprimer/module4.aspx#wz.

Warne, T. R. (2011). *Techniques for effective highway construction projects in congested urban areas* (NCHRP Synthesis of Highway Practice 413). Washington, DC: National Cooperative Highway Research Program.

第 16 章 活动、意外和突发事件的交通管理

原著：Deborah Matherly, AICP; Pamela Murray–Tuite, Ph. D., Brian Wolshon, Ph. D., P E., PTO
译者：倪捷 副教授、博士；唐良 讲师、博士

区域性的道路系统规划和设计是为了满足日常和可预测情况下人和车辆的移动。虽然常规的规划考虑了各种峰值条件和季节变化，但并未考虑所有可能的情况，尤其是限流、关闭车道、需求激增和造成意外危险的事故和事件。这并不是因为缺乏应急交通管理意识和想法，而是因为构建系统时不可能对发生的每一个事故和事件在经济、环境或物理实现上都考虑到。从过去来看，当交通系统内发生交通事故、道路中断、交通系统发生损毁或有重大事件发生时，就会产生延误和拥堵。

构建交通系统时不可能对发生的每一个事故和事件在经济、环境或物理条件上都考虑到。

最近交通领域推进了新的政策、技术和设备，以提高交通网络的弹性。广义地说，区域弹性的概念是指对不断变化的条件的准备和适应能力，以承受和迅速恢复交通；更具体地说，是交通系统在各种活动、意外和突发事件中的恢复能力。这一概念还涵盖"更智能和更具创造性"的工作方式，即在非计划且不可避免的事故和事件中，使用更好的知识、训练和沟通，采用创新性且安全有效的方法来保持系统灵活性并满足出行者的需求。

本章描述了这些状态变化条件，道路网和交管人员在活动、意外和突发事件下所发挥的作用以及如何使用创新和更有效的方法来减少灾难或紧急事件的影响。后续章节中，明确了大型活动的许多独特特征，并提供了应对此类事件的样例策略，以及针对此类事件的改进策略。

16.1 基本原则

尽管活动、意外和突发事件会导致不同于常规出行的情况发生，但它们之间有一些共同点。共同点包括：
- 它们都会引起交通网络在安全、容量和需求方面的压力。
- 涉及的利益关系方超出了"典型"交通影响范围，需要在持续、有效和广泛沟通下开展合作与协作。
- 交通管理策略有助于事件的管理和成功解决。
- 建模和仿真可以合理地描述网络上的流量需求和运行情况，并以一定的可靠性测试各种策略对改善流量运行的可能影响。
- 在事件发生之前进行规划和协调，无论是计划内还是计划外，大事件还是小事件，都可以改善结果。
- 在一个领域中发展起来的实践经验和多领域多区域的关系（例如，计划的特殊事件或交通事件管理）几乎在所有情况下都是新领域的良好基础。
- 涉及人员必须对其计划预案进行演练和测试，并定期培训参与人员，以有效应对这些事件，并在事件发生前发现潜在的问题。

不同类型的事件和特定事件是有差别的。认识到这些差异，就可以明确由一种情况推广到另一种情况的预案或策略的使用限制。活动、意外和突发事件的不同之处包括：

第16章 活动、意外和突发事件的交通管理

- 活动在时间和地点上是可预测的，在交通量和出行方式上也是相对可预测的。交通管理策略，包括运营策略、网络改造策略和需求管理策略，可以预先建模、测试、规划和协调，然后进行监控和审查，以评估其有效性。

- 如图16.1所示，交通事故和突发事件等非计划事件在规模、持续时间和复杂性方面有很大差异。可以使用国家事故管理系统（National Incident Management System, NIMS）和事故指挥系统（Incident Command System, ICS）的程序对大小突发事件进行管理。

- 较大事故可能需要统一的指挥结构，FHWA的《交通专业人员事故指挥系统简化指南》（FHWA, 2006）对此进行了讨论。

- 不同事件类型的频率差异很大。图16.1说明了小规模的地方性事件（如轻微交通事件）发生频率更高。介于这些事件频繁发生，其特点是持续时间相对较短和公众的准备程度较充分。

- 随着事件变得越来越严重，越来越复杂，解决问题的时间跨度通常会变长，公众的准备程度要低得多，协调的复杂性急剧扩大，涉及的管辖区数量和政府级别通常会增加；同时，来自不同专业的其他参与者可能会参与，并加入指挥系统。例如，如果怀疑或证实恐怖分子与某一事件有关，几个联邦机构将参与其中，而不同的联邦机构将对飞机坠毁、火车失事或重大天气事件做出反应。

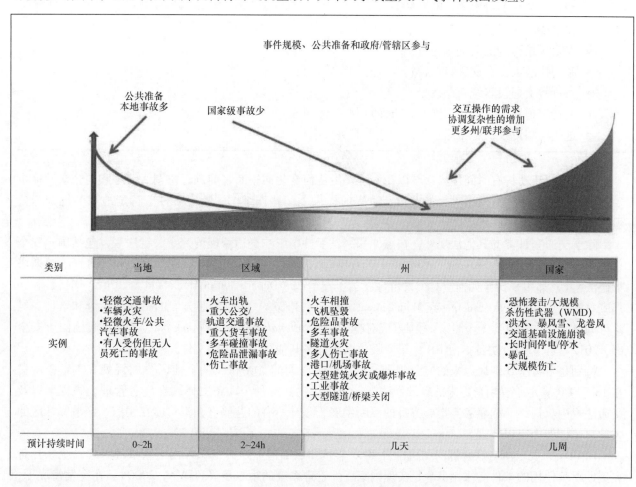

图16.1 事件规模、公众准备和政府/管辖区参与

资料来源：由马里兰州交通部 John Competibile 提供。

- 尽管交通工程师的目标是尽快安全地开放道路，但有时候可能会与其他主要参与者的目标相冲突。例如，事故或犯罪现场的执法人员需要收集证据；消防人员和救援人员可能会尝试灭火或控制危险

品，而急救医疗服务（Emergency Medical Service，EMS）团队成员则试图保证病人的运输。这些人（以及现场负责人）通常会比交通工程师更想开放道路。16.2.3"交通事故和事件的安全和项目规划"一节对此进行了更详细的探讨。交通工程师需要了解这些不同的观点和框架，并在不断学习和改进的过程中提前协商合作，以建立和实施满足所有用户和参与者需求的协议。

16.2 专业实践

16.2.1 法规

活动通常遵循更为常规和典型的交通规则。

然而，根据事件的不同，可能会实施特殊的操作规则和策略，例如：
- 禁止或限制在进入或离开赛事的关键路线上停车。
- 允许在限制车道上即刻拖车。
- 禁止或限制关键交叉口的左转。
- 在主要方向延长信号配时。
- 仅限场馆附近的公交车通行。
- 派遣执法人员在交叉口保护行人或方便车辆通行。
- 为日常交通设置绕行路线。
- 在特定道路上组织逆向交通，方便行驶。
- 这些策略以及其他策略也可用于意外和突发事件。

有计划的活动具有时间优势，可以在系统发生任何变化或中断之前进行协调、演练和向公众通报将要发生的事情。一些突发事件，如飓风，也提前提供了一些详细的，特定事件、特定地点的规划和公告，但大多数情况下并不如此。

除了交通和日常的其他法规外，在意外和突发事件中影响交通管理的几个关键法规，包括国土安全总统指令5（Homeland Security Presidential Directive 5，HSPD-5）、"国内事件管理"和经修订的《斯塔福德法案》，都用来指导如何应对突发事件。国土安全部（Department of Homeland Security，DHS）和联邦应急管理局（Federal Emergency Management Agency，FEMA）提供实施方面的指导、指令和培训。经修订的《斯塔福德法案》衍生了《国家应对框架》（*National Response Framework*，NRF；美国国土安全部，2012）和《综合防备指南101》第2版，以及许多其他防范和培训文件。

特别是卡特里娜飓风以来的应急规划，更加注重全面的备灾和"整个社区"的规划。本章稍后将在16.3.4"满足所有用户需求的有效做法"一节中讨论。这种全面备灾体现在应急管理监管框架以及交通法规中。最终，随着联邦指导方针的不断发展，预计所有的这些努力都可能在国家、区域和社区的各种总体框架内得以体现。

HSPD-5要求所有联邦部门和机构自2005年按州、部落和地方组织采用国家事件管理系统联邦备灾援助财政使用的条件。采用ICS是实现国家事件管理系统的第一步（FHWA，2006）。在突发情况下，交通人员、资金和战略通常需要支持地方、地区或国家应急管理行动，遵循应急指挥部建立的结构，由联邦应急管理局和国土安全部建立统一的权限和要求。

本章简要介绍了指挥机构、应急管理规划周期和一些关键术语，并确定了跨领域交流的典型时机（以及在何处了解更多的信息资源）。应急规划的一个基本前提是，应急规划和准备从地方资源和对地方灾害的认识开始，当地方资源不堪重负并超过地方政府的应对能力时，就需要动用州和联邦资源。作者还提供了关于交通工程师和规划人员如何与应急管理人员和其他关键利益相关者协调的建议，以便在重大紧急情况发生之前最有效地利用交通资源（设备和资产、态势感知/情报、管理和人员）。

1. 入门指南

在一个全新的文化和语言环境里，处理"非常规事件"可能是一项挑战。这些词汇、惯例、协议和权限跨越了多个领域。对于一个想让交通保持畅通的交通工程师来说，这些似乎违背直觉或者会适得其反。为了处理活动、意外和突发事件，交管人员应熟悉各种机构的作用和常规做法。表 16.1 提供了交管人员开展工作的基本参考资料。

除了学习术语，与关键相关者的沟通也很重要。要做到这一点，一个很好的方法是寻找机会参与所有类型事件的规划、响应和评估活动。表 16.2 展示了建立理解、关系和可信度的初步活动。在工作之前，建议先熟悉《交通专业人员事故指挥系统简明指南》（FHWA，2006）和表 16.1 中列出的交通事故和活动相关的指南。例如，ICS 简明指南介绍了负责小型和大型意外和突发事件的急救人员或应急管理人员的框架和基本术语；"理解术语"提高了可信度和快速反应的能力。

表 16.1 "非常规事件"快速入门参考摘要

类别	主要介绍性参考资料	主要参与者	支持事件类别的程序
计划的特殊事件、交通事件管理、疏散和灾难规划	FHWA 的《紧急交通管理系列出版物》介绍：《最佳交通事故管理、特殊事件交通规划和疏散与灾难规划（CD）FHWA HOP-10-053》包括以下引用的几个 FHWA 参考文献		
计划内的特殊事件	FHWA《针对计划的特殊活动管理行程》	活动组织者、媒体、执法机构、交通管制部门	计划的特别活动许可流程
计划事件－工作区	见第 15 章	见第 15 章	见第 15 章
意外事件－交通事故	FHWA《交通专业人员事故指挥系统简化指南》 NCHRP 综合 318：《安全快速清除交通事故》 FHWA《安全服务巡逻手册》	执法部门①、消防部门、通信（交通警报等）、紧急医疗技术人员（EMT）、交通管制部门、拖航和恢复部门，包括危险品承包商	交通事故管理规划、安全服务巡逻、备用路线规划
意外事件－自然和人为灾害	FHWA《交通专业人员事故指挥系统简化指南》 《有效疏散路线规划入门系列：在提前通知的事件疏散行动中使用高速公路》（FHWA HOP-06-109） NCHRP 报告 740：《所有危险紧急疏散指南》	执法部门①、消防部门、应急管理机构、媒体、EMT、交通管制部门、拖航和危险品承包商、碎片清除和回收部门、公用事业公司、其他需要的部门	FHWA 运营办公室、紧急交通运营、交通事故管理计划、安全服务计划、备用路线计划、事件前合同协议、互助协议

① 在刑事案件中，可能包括多个级别的地方执法机构、联邦和多个机构特勤局、烟酒、枪支和毒品执法机构等。

表 16.2 "非常规事件"入门指南中的快速启动建议行动摘要

内 容	原 因
询问即将举行的计划中的特别活动；如果可行，参与协调规划和实施	介绍关键的运营参与者、规划概念以及交通需求和控制策略，这些策略在各种事件类型中都有用

(续)

内　容	原　因
向地区或州交通事故管理（TIM）项目团队领导表明自己的身份（如果没有，则考虑创建一个）	NIMS 和 ICS 作战指挥和实施程序件的关系、培训和实施，无论大小事件都从这里开始
会见当地、地区或州应急管理者	在紧急事件发生之前，关系和可信度是协作开始的基础
志愿者帮助制订下一个区域活动——局部到整体	建立关系，从根本上获取交通信息①
参与演习和行动后的报告	在需要交通部门发挥作用和见解的地方进行观察和参与
寻求额外的训练——征求应急管理部门同事的建议	FEMA 提供了多层次的培训和认证——做这样的努力可以提高信任感
重复	应急管理计划是循环的、迭代的

① 交通"渗入"可能不会第一次就受到欢迎，但策略性的坚持和逻辑性应该占主导地位——这是我们从 TIM 开始的另一个原因。

2. 国家事故管理系统和事故指挥系统

所有类型和规模的紧急事件都属于国家事件管理系统及其附带的事件指挥系统。这将在各个章节中提及，因为它为现场决策、资源控制、通信以及事故和应急反应的其他职责提供了基础。国土安全部（DHS）已经制定了广泛的指导意见，可在其网站上查阅。

FHWA 为交通专业人员编制了《事故指挥系统简明指南》（64 页）。该指南描述了简单和复杂事件的指挥结构（称为单一指挥和统一指挥）、关键术语和流程。

DHS 在 HSPD-5 的授权下开发和管理国家事件管理系统。正如国家事件管理系统中所定义的，事件指挥系统提供了一个应对所有紧急情况的框架，并且必须让现场的各方使用和理解紧急情况。作为国家事件管理系统的关键组成部分，事件指挥系统具有关键的战略事件指挥结构。其基本原理是，事件指挥系统为事故指挥提供了一种灵活但标准化的方法。"事件指挥系统定义了贯穿事故全生命周期的事故管理和应急响应组织的运行特征、交互管理方式和结构"（NIMS, 2010）。

国家事件管理系统为事件指挥系统定义以下五项主要职能：指挥（包括安全管理者、公共信息管理者和联络人员的指挥协调功能）、执行、规划、后勤、财务和行政。交通工程师很可能是执行部门中参与最多的人员。

事故指挥部（Incident Command, IC）代表职能部门，而不是个人，负责事故响应的所有方面。如《事件指挥系统简要指南》所述，指挥部在确定协助机构和构建事件指挥系统时考虑以下优先事项：
- 生命安全：保护应急响应者、任何事故受害者和公众。
- 事件稳定性：最大限度地减少事故对周围地区的影响，最大限度地做出反应，并确保资源的使用效率。
- 财产保护：在达到既定事故目标的同时，将对财产的损害降至最低（FHWA, 2006）。

16.2.2　关键参与者的关系

事件和紧急情况的管理和规划与通常做法不同的一个主要地方是，它往往涉及交通领域以外的专业人员。这些非交通机构中最常涉及的是警察、消防员、急救人员和护理人员，以及拖车救援人员。如本章下一节"交通事故和事件的安全和项目规划"中所述，这些机构是应对交通事故、领导执法和交叉口交通控制的共同合作伙伴。对自然灾害和人为灾害的规划（在某种程度上，还有规划的特殊事件），这一过程也得益于应急管理人员、军方，甚至特勤局、气象学家和新闻媒体的参与。特别是飓风疏散计划，自 21 世纪初以来的合作显著增加。在此之前，这些组织几乎彼此孤立，效果往往不太理想。交通/应急管理协作也得到了 NRF（DHS, 2012）的帮助，该机构通过其应急支持职能（ESF）正式确定了响应机构的作用和职责，其中交通是 ESF 的第一条。

"ESF–1 是交通。"

应急管理人员和其他交通专业人员将从 ESF 框架中受益。一些州和司法管辖区使用稍有不同的术语，可能会添加或删除 ESF，但整个美国的框架是相似的。这为进入这一机构的交通专业人员提供了共享术语的另一个渠道。NCHRP740 的工具 2.1，《所有危险紧急疏散指南》（Matherly 等，2014）总结了 15 个 NRF ESF，并添加了用于描述交通角色以及与其他 ESF 相互作用的内容。

表 16.3 给出了用于交通和应急管理的应急支持智能的 NRF 框架。交通在任何紧急事件中都起着关键作用，但不能"单独运作"；所有的 ESF 或多或少都是相互依存的。

表 16.3　ESF 与常规交通的相互作用

ESF	范围	典型的交通相互作用
ESF#1 – 交通	航空/空域管理和控制 交通安全 重建/恢复交通基础设施 移动限制 损坏和影响评估	规划：如果"每个人"都去疏散（而不是在适当的地方选择性地避难），交通工程师可以告知他们在疏散道路上可能发生的情况。交通工程师可以提出策略，帮助在不同类型的规划方案中移动交通，确定不同情况下可能的有效性，并确定所需的资源。 运营：交通工程师协调和管理道路——监控道路状态、信号、紧急控制策略（例如，当信号中断或出现瓶颈时，需要干预的关键交叉口；禁止左转，其他策略）、事故响应、燃料和服务。如果需要疏散，则管理自行疏散人员、运送需要帮助的疏散人员的车辆和进入疏散区的响应车辆。为需要疏散援助的人员提供和协调交通资源（所有类型）
ESF#5 – 应急管理	协调事件管理和响应工作 任务分配的发布 资源和人力资本 事件行动计划 财务管理	应急管理和交通之间的协调在规划和响应的所有阶段都是至关重要的；所有人都必须了解相互的作用、能力和制约因素

交通和应急管理以外的 ESF 通常有以下内容：
- ESF#2 – 通信。
- ESF#3 – 公共事业和工程。
- ESF#4 – 消防。
- ESF#6 – 大众护理、紧急援助、住房和人力服务。
- ESF#7 – 物流管理和资源支持。
- ESF#8 – 公共卫生和医疗服务。
- ESF#9 – 搜索和救援。
- ESF#10 – 石油和危险品支持。
- ESF#11 – 农业和自然资源。
- ESF#12 – 能源。
- ESF#13 – 公共安全和安保。
- ESF#14 – 长期社区康复。
- ESF#15 – 外部事务。

针对事件和紧急交通管理的参与者也扩展到那些被交通系统服务、受交通系统影响和依赖交通系统的人。由于交通是许多人的生命线，因此，病人、年老体弱的人、儿童以及各种服务性动物和宠物等行动受限的出行者的移动，已成为疏散事件的重中之重，而且经常需要非营利组织和社区组织提供支持和援助。商业利益在业界的参与也可以影响旅游需求的产生（例如，就旅游行为向员工提供建议），并可以为规划和管理过程带来专业知识（例如，通信和物流）和资金资源。

NCHRP 报告 777《灾害、紧急情况和重大事件区域交通规划指南》（Matherly 等，2014）中介绍了为此类规划发展协作关系的建议和战略。该指南中的工具 1 提供了一个全面的清单，列出了各级政府机构、营利组织和非营利组织及协会的潜在参与者名单，以促进思考和拓展。

16.2.3 交通事故和事件的安全和项目规划

安全是大规模紧急事件规划、响应和缓解的主要动力之一，也是计划中的特别事件的一个关键因素。这将在本章"当前实践"一节中进行讨论。安全也是交通事故管理（TIM）的主要指导原则。对于规模较小的突发事件，TIM 制定的原则、交通管理策略和关系，对较大的突发事件和计划的特殊事件都有很大的相关性。因此，在安全的背景下引入 TIM 也为大规模紧急事件规划和特殊事件规划提供了良好的基础。

Cova 和 Conger（2004）将交通事故描述为"交通危害"，指出"交通伴随着风险，而且相应的事故每天都会扰乱人们的生活和交通系统。"他们认为任何影响到交通生命线的事件都是最关键的，因为这些事件影响到生命安全，需要将应急人员安排到事故现场，提供维持生命的服务，重新安置受威胁的人员，提供救济和恢复服务。所有这些基本上都依赖于交通。

据估计，事故造成的延误占所有城市地区驾驶人总延误的 50% 以上。其中，国家交通事故管理联盟（NTIMC）认为 25% 是由交通事故引起的，如撞车、车辆熄火、道路碎片和货物散落。Cova 和 Conger（2004）将交通事故归类为"危险交通"中最常见的一个示例，并指出交通事故在全球范围内造成了人员伤亡。据估计，二次碰撞将导致 18% 的高速公路死亡（NTIMC，2010）。交通事故的次要影响包括交通堵塞和延误、货运速度减慢、销售收入损失和保险费用增加。与货物有关的碰撞也是高速公路事故的一个重要因素，包括危险和非危险碰撞。

交通事故管理是复杂的工作，在典型的事故中会涉及执法人员、消防和救援人员、交通运输部公路人员、拖车人员，以及可能与事件有关的媒体。所有的参与者对于什么是最重要的持有不同的角度和观点。

想象一下两辆乘用车相撞的情景。一名驾驶人没有受伤，能够下车。另一名驾驶人受重伤，需要从车上救出。这起事件的响应者通常包括消防部门、急救人员、执法部门、交通部巡逻队，可能还有地方的新闻媒体。这种情况假设的是执法部门是第一个到达事件现场的。

- 执法部门主要负责保护事故现场、充当第一响应者、调查车祸和交通管制。
- 消防部门救援受害者，包含危险品泄漏，并保护事故现场。
- 紧急医疗服务（EMS）为现场受伤方提供医疗，运送受害者进行医疗救治，并确定受伤者的目的地和交通需求。
- 交通部门负责保护事故现场，提供交通信息，开发和运营备用路线，并实施交通控制策略（改编自 Owens 等，2010）。

参与者可能有不同的标准程序和优先事项：消防部门可能会因特定类型的事故而经常关闭两条或更多车道，而交通部门和警察认为关闭其中一条就足够了。交通部门希望让交通再次流动起来，同时警方希望得到事件的准确记录，并且也希望让交通再次流动以避免造成额外的事故。

几十年来，美国政府一直在大力改善交通事故管理，以此改善交通运行和安全，减少造成交通拥堵的主要原因。2001 年 9 月 11 日之后，工作加速，美国国家事故应对规划中对交通管理重新定义，"突出了 TIM 在国家应急准备中的关键作用。因此，交通机构开始认识到，TIM 不仅仅是一种提高机动性和减少拥堵的工具。公共安全机构也承认其在响应者和驾驶人安全以及二次事故预防方面的作用"（Owens 等，2010）。

在总统指令（HSPD-5）的支持下，美国国土安全部的国家事件管理系统为交通和公共安全参与者提供了一个制订和维持正式交通事故管理计划的共同框架。国家事件管理系统还提供联邦资源，用于实现如响应者培训的关键项目组成部分。处于开发各个阶段的 TIM 项目可以而且应该利用国家事件管理系统资源来实现"准备"（Owens 等，2010）。

TIM 是一项正在全国社区推行的工作。一些社区和区域在跨专业和跨管辖区的协调和协议方面取得了比其他社区和区域更大的成功。FHWA 运营办公室包括许多资源来支持这些努力；2010 版《交通事故管理手册》更新总结了许多内容，并就如何实施此类系统提供指导。该手册总结了构成一个成功项目的关键要素。在公路和高速公路上，每天都有成千上万次的假设场景的变化。许多事故的严重程度要低得多，一个简单的爆胎或"挡泥板弯曲"就会中断交通流，而另一些事故则更严重，可能涉及货车、严重的危险品泄漏和拥堵。必须解决所有问题，解决这些问题的速度和连贯性对交通运行以及受影响人员和事件响应者的安全具有重大影响。

这一问题的复杂性并不意味着在所有事件中都不可能实现安全可靠的交通，但它确实意味着，要实现这一目标，需要长期持续的努力。

TIM 有 3 个重要的协同作用：

- 事件指挥系统是可扩展的，适用于所有级别的事件，并且可以合并成一个统一的指挥结构，以应对更复杂的事件。
- 当面对大量交通流时，如计划的特殊事件和紧急事件，疏散、快速识别和清除事故的既定能力可以产生重大影响。
- 随着 TIM 计划的发展与实践，跨专业和管辖区之间的关系、培训和实施策略可以为先前讨论的计划事件协调和稍后讨论的更复杂、更大规模的交通应急规划协调提供基础。表 16.4 总结了 TIM 项目的关键要素。

表 16.4 TIM 项目的关键要素

立法或行政授权	为资源共享和联合操作提供自上而下的授权
战略使命和伴随目标	为项目绩效设定方向并建立责任
书面运营政策	为现场操作提供明确的指导
敬业的员工	将 TIM 确立为核心工作职能，而不是二级或三级活动
持续的培训	根据最新的实践状态保持响应者技能的最新状态
明确的责任	巩固不同机构之间的关系，缓解响应者之间的"地盘之争"
清晰的汇报渠道	建立指挥链并确保问责制
专项资金	减少预算波动的影响

资料来源：Owens 等（2010）。

TIM 项目在许多地方都取得了成功。TIM 项目人员观察到，事故的早期识别（通过各种智能交通和通信机制）和快速清除（由战略部署和装备精良的响应小组、预先确定的拖航公司提供支持，以及其他战略举措）大大缩短了道路和事故清理时间。许多州的倡议已经确定了一套核心的项目目标和相关的绩效指标，这些指标可以通过一个有效的 TIM 项目来实现。一些州已经确定了附加的执行措施，如《交通事故管理手册》（TIMH；Owens 等，2010）中所讨论的，见表 16.5，但上述 3 个作用通常被认为是基础作用。

除了既定的主动绩效措施外，公路官员、社区和其他参与者还确定了与交通事故相关的其他关注领域。这些措施包括车辆绕行、在对侧车道上设置"橡胶垫"和相关的减速装置。当获得更快、更安全的清除时间时，这些后果可以得到改善。

表16.5　对各州实施的 TIM 绩效评估

1. 减少道路通行时间（定义为从意识到事故到车道恢复到完全运行状态之间的时间）	从责任机构首次记录发生事故到确认所有车道都再次开放的时间
2. 缩短事件清除时间（定义为从发现事件到从路肩上清除事件的所有证据之间的时间，包括碎片或剩余物资的清理）	从责任机构首次可记录的事件到最后一个响应者离开现场之间的时间
3. 减少二次碰撞的数量，特别是采取响应或干预措施的意外事故，其中碰撞发生在事故现场内或由原始事故引起的队列（可能包括相反方向）内	从检测到主要事件开始的意外事件数，其中碰撞发生在事件场景内或由原始事件引起的队列（包括相反方向）内

资料来源：Owens 等（2010）。

16.2.4　环境

影响交通系统条件的数量和种类几乎是无限的。它们的影响范围和规模也大不相同。事件可能是常见的车祸或爆胎导致的车道或路肩堵塞，也可能像郊区的野火一样不可预测，如突然爆发的峡谷中的龙卷风或山洪、迅速蔓延的公路或铁路上的化学品泄漏，或者像区域飓风疏散一样复杂以至于数百万人在数天内穿越一个多州地区。表16.6 总结了可能影响交通系统的自然和人为危害类型（Matherly 等，2013）。

表16.6　可能影响交通系统的危险示例

危害	原因	事件类型（交通局的观点）
地震	自然现象	非计划/紧急情况
降雨、融雪、飓风或沿海风暴潮造成的洪水	自然现象	非计划/偶然现象
飓风/台风	自然现象	非计划/紧急情况
冰雹	自然现象	非计划/偶然现象
山崩	自然现象	非计划/偶然现象
自然发生的流行病	自然现象	非计划/偶然现象
暴风雪	自然现象	非计划/偶然现象
龙卷风	自然现象	非计划/紧急情况
火山爆发	自然现象	非计划/偶然现象
野火	自然现象	非计划/紧急情况
炸弹威胁和其他暴力威胁	人为的/故意的	非计划/紧急情况
火灾/纵火	人为的/故意的	非计划/紧急情况
暴乱/内乱	人为的/故意的	非计划/紧急情况
破坏：外部和内部行动者	人为的/故意的	非计划/紧急情况
安全漏洞	人为的/故意的	非计划/偶然现象
使用化学、生物、放射性或核武器的恐怖袭击	人为的/故意的	非计划/紧急情况
恐怖分子使用爆炸物、火器或常规武器进行袭击	人为的/故意的	非计划/紧急情况
战争	人为的/故意的	时有计划/时无计划/紧急情况
工作场所暴力	人为的/故意的	非计划/偶然现象
意外污染或有害物质泄漏	人为的/非故意的	非计划/偶然现象
物理设备和资产的意外损坏或破坏（可能需要撤离，如炼油厂或化工厂）	人为的/非故意的	非计划/偶然现象
影响交通系统的交通事故	人为的/非故意的	非计划/紧急情况
停电（大范围停电，特别是在天气很热或很冷的情况下）	人为的/非故意的	非计划/偶然现象

第 16 章 活动、意外和突发事件的交通管理

讨论各种风险和危害情况、如何评估和应对风险，这些既不可行，也没有好处。联邦应急管理局在其网站上有绘制本地危害图的工具，但始终建议在这些评估体系的基础上考虑当地的情况。核电厂附近的地方应熟悉核电站对疏散计划和测试的要求。化工厂或其他工厂附近的地方应该有关于如何应对化学品泄漏或火灾的通知规划和协议。所有情形下的交通工程师和交通专业人员都需要与当地、州和地区的交通事故管理团队、应急管理人员和其他参与者协作，识别本地风险和危害，并确定应对事件的策略和减轻影响的措施。以下章节简要介绍了参与者的确定和交通应急计划流程，标题为"当前实践"和"满足所有用户需求的有效做法"，并提供了额外资源，以指导有兴趣的读者了解相关主题的更多信息。

表 16.7 列出了可能影响交通系统事件（表 16.6）的范围和类型，包括影响初步评估的其他方面。影响交通的计划内、计划外和突发事件可在时间、空间和条件特征的背景下查看。时间特征包含一些概念，如事件发生前的提前通知的数量、非常规情况预计持续的时间、事件可能发生的频率、事件可能发生的时间（一天中的某时、一周中的某天、季节）等。关键的空间特征包括事件的大小和移动，包括一个区域将受到影响的大小，可能受到影响的路线有多少，可能感受到交通影响的地理范围，以及旅行者逃离或绕过事件可能需要移动的距离。最后，还有事件本身的性质或条件；重要的是要知道这些条件是危险的还是不危险的，是计划内的还是计划外的，以及交通系统是否是事件的原因，或者它是否用于管理、响应或从某些事件或条件中恢复。

表 16.7 示例事件类型和特征及其对交通系统的影响

事件	计划	提前通知	持续时间	危害	影响范围	频率
车辆碰撞	无计划/有时紧急	无	几分钟到几小时	低	局部到几英里	频繁的
音乐会/体育赛事	计划	几月/年	一天以上	无	几英里	季节性频繁
季后赛体育赛事	部分非计划	几天	几小时到几天	无	几英里	偶尔
奥运会/超级杯/一次性项目	计划	几年	一天以上到几周	无	几英里	不频繁
游行	计划	几月/年	几小时	低（计划封路）	数英里	偶尔
高安全事件	计划	几天到几周	几小时到几天	低	几英里	偶尔
冰雪风暴	非计划	几小时到几天	几小时到几天	中等	区域	季节性的，因地区而异
野火	非计划/紧急	几分钟到几天	几小时到几周	中高等级	区域	季节性的，因地区而异
洪灾	非计划/有时紧急	几小时到几天（通常）	几小时到几周到几月	变化：从低到高	本地到区域到多个州	频繁，严重程度差别很大
飓风疏散	非计划/紧急	几天到一周	几天	高	区域	（季节性的）不频繁
危险品泄漏	非计划/紧急	无	几小时	高	几英里	不频繁
桥梁坍塌	非计划/紧急	无	几月	高	几英里	不频繁

543

大多数社区已经在为相关和可能发生的事件进行规划。经验表明，通常情况下，规划和准备的有效性很大程度上取决于事件的频率和对其熟悉程度，表明我们倾向于从过去的错误和经验中吸取教训。这里给读者提出的一个关键想法不是等待不好的事情发生，而是利用他人的经验和错误，在自己的社区更好地规划和做好准备，并在事件发生之前做好预案。

例如，2013—2014 年冬季，美国南部发生了一系列的暴风雪，使得乔治亚州的亚特兰大和路易斯安那州的巴吞鲁日等城市的旅游几乎陷入停滞。道路和机场禁止通行，学校和企业也关闭，经济活动也停止。暴风雪对北部城市可能也有一些影响，但对其影响和破坏程度比不上南部城市。相反，南大西洋和墨西哥湾沿岸国家通常比中大西洋国家（如纽约和新泽西州）应对飓风的准备做得更充分。这是因为在这些情况发生频率更高的地区，几十年来制定和完善了应对这些情况的规划、政策和程序，并且已经获得了资源并进行了投资以满足这些需求。这两种情况都不一定真的发生，但如果不能完全避免的话，可以通过认识到它们发生的可能性并提前制订计划来减少影响。

如将在后续部分中讲述的那样，各种模式的交通专业人员都需要参与紧急事件的所有规划阶段。交通专业人员需要做到以下几点：①了解可能影响该区域和州的灾害类型和严重程度；②运用他们对交通基础设施和网络的理解，识别潜在的危害和后果，包括与其他关键系统的相互依赖性；③清楚地传达交通系统可能提供的资源（运营、情报、管理等），以及提供这些资源的任何限制条件。

16.3 当前实践

在过去的二十年中，交通在美国作为主要计划内和计划外活动的关键组成部分和资源要素的认可度显著提高。在此期间，交通主管机关，如美国交通部（USDOT）和美国国家公路和交通官员协会（AASHTO）领导了新知识的开发和组织，指导了交通系统和资源的规划与管理，以应对活动、意外和突发事件。最初，这一领域的工作大致分在"交通事故管理"（在前面的"交通事故和事件的安全和项目规划"一节中讨论过）下，其目的是解决导致交通拥堵和网络中断的非重复性事件，特别是发生在交通系统或由交通系统引发的车辆碰撞事故、故障以及交通事件的识别、反应和清除。

随着交通和其他应急机构与利益相关方之间不断沟通，以及这些伙伴机构与组织之间的资源协调越来越强，这些相同的关系、方法和系统显然可用于其他情况的准备和应对，特别是计划好的活动。由于这些事件是事先知道的，因此活动涉及的区域在逻辑上侧重于规划和准备，较少针对比较小的紧急情况和道路事件，而更多地关注在交通中起关键作用的重大事件。

最近，几次广受关注的事件之后，交通更正式地融入整个事件的应急准备、管理和响应之中。与其将交通视为事件源，不如转变视角，认识到交通在准备和应对事件中所发挥的作用。这涉及诸如疏散和重置、交通改道和控制、物流、补给和业务连续性以及救援和恢复等活动。正如"关键参与者"一节所讨论的，交通现在正式被指定为国家应对框架中的第一个紧急支援功能。表 16.8 来自美国交通部应急交通业务网站，说明了美国交通部如何利用国家信息管理系统内的功能区对其资源进行分类，从而加强交通和应急管理运营与规划之间的连接和一致性。

表 16.8 美国国家信息管理系统中的交通功能区

全国突发事件管理系统
紧急交通措施网站使用国家事故管理系统或国家信息管理系统的分类在功能上组织其内容。左边列出的类别提供了与灾害紧急交通业务（ETO）、特殊事件（PSE）交通规划和交通事件管理（TIM）有关的具体信息。下表说明了如何使用功能区域识别与一个或多个 ETO 计划相关的产品或信息。表格中的项目仅代表该部分中的某些内容：
识别与一个或多个 ETO 相关的产品或信息的职能领域

(续)

国家事件管理系统分类	交通事故管理	特殊活动交通规划	灾害应急交通作业
命令与管理	交通管理中心与交通专业人员的 TIM CIS	管理有计划的特别活动的出行手册	TMC—EOC—融合中心协调
准备	能力建设服务巡逻手册及清单	计划事件和计划外事件/紧急情况的演练说明	有效疏散路线 优先疏散系列 车间调查结果 ETO 车间调查结果
资源管理	安全、快速清除的资源管理手册	计划的特别活动：参与人员清单	ETO 项目的资金来源（开发中）
通信与信息管理	计算机辅助调度 TMC 集成试验研究	面向特殊活动的智能交通系统：交叉研究	紧急管理期间的 ATIS
科技支持	调度信息系统		疏散模型清单
持续项目管理与维护	绩效指标 国家统一目标材料 聚焦国家倡议 TIM 自我评估报告及地图	有计划的特别活动管理旅行手册：执行摘要	国土安全部经验教训信息共享（LLIS）系统的 ETO 频道 国家计划路线图

尽管 FHWA 的 3 个 ETO 项目有显著的特点，但它们之间的相互关系也非常明显。从机构的角度来看，这 3 个项目都依赖于良好的区域关系，并且所有 3 个项目都与相同的非传统交通合作伙伴合作，以确保在当地和社区内有效地开展 TIM、PSE 和灾难 ETO 行动。

资料来源：FHWA 紧急交通运营网站；http：//ops.fhwa.dot.gov/eto_tim_pse/nims/index.htm。

这些类别（指挥与管理、准备、资源管理等）代表了"关键参与者"一节中讨论的紧急支援功能细节和维度的另一个层次。在讨论 TIM、计划的特殊事件和灾难中各交通方式所能提供的资产和资源类型时，这些分类才有用。结合参与完整应急管理规划周期的情况，通过建立在 TIM 和计划的特殊事件基础上的资源、关系和策略的理解，将手册中资源和策略的示例限于灾难规划类别。

大量的交通事故和应急实践报告、指导文件、培训材料、政策报告和其他资源也可以在美国农业部应急交通运行办公室的网页上找到：http：//ops.fhwa.dot.gov/eto_tim_pse/

16.3.1 计划的特殊活动

无论是活动、意外，还是突发事件，都可以提前规划。特别是计划的特殊活动，需要对人员和资源进行评估、分析、协调和组织，以实现在其他时间限制的条件下不可能达成的任务。活动的提前告知有一个明显的好处，就是允许相关方进行更高级别的协调，如果有必要，还可以实现更为复杂和广泛的管理和控制策略，主要包括活动前进入和活动后离开的人员和车辆、停车位供给、换乘支持、道路封闭、绕行、反向流动等。

1. 定期活动的协调

在大型体育活动和其他公共集会（如节日、音乐会和焰火晚会）上，可以看到定期活动与交通管理相协调的过程。例如，在路易斯安那州的巴吞鲁日，路易斯安那州立大学（Louisiana State University，LSU）的足球比赛通常会吸引 15 万～20 万人来到校园。当地多机构、多模式、多辖区的规划和管理经过几十年不断发展，已成为关系比赛参与者和受比赛影响者安全的重要因素。除了各级交通机构（校园、城市、区域 MPO 和州），LSU 还与执法机关和区域运输机构建立了密切的工作关系，以协调和执行校园周边的出入限制。由于步行到体育场的距离内没有足够的停车位，因此 LSU 为停在偏远停车场的乘客提供 10 美元/人的换乘服务。为了利用潜在的商机，这些偏远停车场附近的餐厅也会根据活动安排来提供餐饮和包括往返体育场班车服务的促销套餐。这不仅有助于发挥有价值的流动功能，而且还在该地区产生了额外的经济活动。赛后，包括封路、逆向交通和交警路口指挥在内的特定活动交通管理计划，方便了相同交通需求的流出。

各级交通机构需要与执法机构和区域运输机构建立紧密的工作关系，以协调和执行在大型活动周边的出入限制。

因为能够提前计划，所以相关方整合和多机构/多辖区的参与也就成为可能。最关键的是，LSU 还能够向观众告知交通管理和停车方案的所有细节。正如 USDOT 的《计划特殊活动交通规划指南》（US-DOT, 2011）所述，广泛协调、相关方的提前规划和活动期间与驾驶人的沟通都是完备 PSE 计划的要素。详细的出入地图、说明和链接到其他停车场和通行服务商的停车指南都可以从 LSU 网站下载和打印。还应注意的是，同任何活动计划一样，LSU 交通计划是不断演进的，但由于体育场馆扩容、可用停车场、停车限制和费用，校园建设项目，后续政策调整等因素，在过去十年里经常发生变化。最近，LSU 的活动出口方案的许多内容都被纳入了校园疏散计划。

2. 一次性活动的多模式协调

计划中的特定活动可以是定期重复发生，如体育活动、烈士纪念日或节日庆典；也可以是一次性的活动，如奥运会、超级碗、重大政治会议或世界博览会。在这些活动中，有许多做法或技术应用有助于交通管理工作，如实时交通信息的连续数据流。有的活动很少发生但有规律，如每四年在华盛顿特区举行的总统就职典礼，但仍可能需要特别的跨辖区和多模式协调才能使其发挥作用。

巴拉克·奥巴马总统的首次就职典礼是一个非同寻常的常规事件示例。这项活动需要数月的规划和协调（准备时间不到 3 个月），常规巴士、包车、地铁、美国铁路公司和通勤铁路的特殊交通需求和应对措施，以及进入市中心的道路和桥梁上的交通限制令，以顺利地容纳预期的（和实现的）客流。这一涵盖多辖区和多级政府的多专业活动涉及特勤部门和安全问题，还包括应急方案规划，如帮助辨识应急计划中特定桥梁的不匹配问题。华盛顿大都会政府委员会编制的《国家首都区域行动后报告》，对时间线、规划、协调和执行，以及突发事件的挑战提供了很好的建议。16.5.2 "案例研究 2" 提供了关于此计划活动的更多细节。

数据和信息的持续双向交换有助于支持交通管理工作。即使是不经常发生的事件，也需要特别的跨辖区和多模式沟通与协调才能使其发挥作用。

为计划的活动制订沟通、协调、管理和运营计划和协议，并使其适用于意外和紧急事件的想法是合乎逻辑的，而且是有效的。这是因为这两类情况（计划内和计划外）通常都涉及由单一主导活动产生的出行需求。其特征是出行路线、时间和行为集中在规定的时间段内，并造成一个或多个需求激增，大大超过可用网络容量。这两种情况通常还表现为从密集发展和人口密集的地区（体育场、校园、市区、音乐节/音乐会场地等）到外围住宅区和/或安全保护区的特定方向的交通流量。

3. 活动期间保持整体机动性

当预先规划交通事件时，还应考虑的另一个因素是如何适应周围的"背景"交通。虽然将精力集中在与活动直接相关的人员和车辆所产生的交通流上是合乎逻辑的，但这样会对同一区域的常规、没有活动的情况下交通流的通过、产生/终止带来问题。这种无关的、非特定的交通一般被称为背景流量，并且取决于一天中的时间、星期几等，它可能有显著的直接和次要影响。

背景交通最明显的影响与道路封闭有关，但当交通信号配时和通行模式因转弯限制和行人路线而改变时，也会出现问题。活动规划工作的一部分还应包括开发绕行路线，以适应过境客流。如果没有正式的绕行计划，可能会出现次要问题：例如，平行路线和附近交叉口的拥堵，这反过来又会影响周边居民区和当地企业。未准备好容纳重型车辆或危险品货物交通的路线也可能产生重大的安全风险。在州际高速公路的反向流动疏散计划中已经确定了这方面的示例,由于邻近地区的危险品货物问题,无法将进港交通改为平行的二级路线。同样,与事件相关的主要干道封闭将导致其他路线的严重交通拥堵和延误。因此,建议评估受影响路线的相关信号配时计划的实施情况,以适应与活动相关的预期需求和转换模式。

16.3.2 大型突发事件

为了进行涉及当地、区域或州/多州范围的规划,多专业权益相关方需要明确事件或活动的背景和特征,弄清对人员、系统和基础设施的可能潜在影响,然后制订相应的应对措施。

所有交通方式的专业人员应参与当地(市/县)和州应急管理规划和准备周期,如图16.2和图16.3所示。准备阶段是进行大多数业务规划的阶段,包括训练和练习。参加训练和练习对于深入了解本地危害以及应对不同的ESF响应至关重要;它也是建立关系、共享交通资源和易变信息的重要场所。

图16.2 紧急计划循环

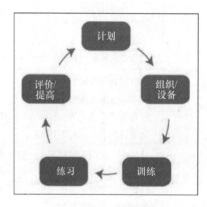

图16.3 紧急准备循环

计划周期的缓解措施通常不像准备周期那样与交通运行密切相关。然而,随着恢复能力变得越来越重要(如16.6.1节所述),长期交通规划和再投资、长期缓解规划和投资、短期交通和紧急行动以及社区恢复能力之间的联系可能会变得更加密切。基础设施投资可以提高安全性,增强抵御危险(如更大洪水、高温、火灾或地震)的能力,提高社区应对严重事件和从中恢复的能力。

NCHRP报告740是针对所有危险紧急疏散的交通指南(Matherly等,2013),是围绕应急计划流程编制的,该流程可有效应对所有危险和疏散。表16.9列出了支持紧急计划的其他FHWA资源。FEMA有许多主题的目标能力流程图、清单和说明;其中一个是"公民疏散和避难所的能力活动流程"。FEMA也有大量的培训资源。因此,本小节仅提供以下过程要点:

1)确定关键利益相关者(见16.2.2节)。
2)识别风险和危害(不同区域面临不同类型的危害,尽管几乎每个地区都会在某些时候经历某种形式的洪水;见16.2.4节)。
3)明确对人员和基础设施的潜在后果(例如,每种类型的危害都会造成不同类型的损害,具有不同的警戒时间。飓风、洪水和风暴潮可能会损坏建筑物和道路,但人们可能知道疏散特定区域的提示;地震会对建筑物和高速公路造成巨大的破坏,几乎没有任何预警;见16.3.4节和16.3.5节。)

4）确定所需和可用的资源（见 16.3.2 节）。

5）确定解决问题的策略（见 16.3.2 节和 16.3.5 节）。

6）测试并演练计划［参考 TCRP 报告 86/NCHRP 报告 525（TRB，2006）］。

7）制度化并定期更新和完善计划［参见 NCHRP 报告 740（Matherly 等，2013），步骤 5 和步骤 6］。

确定解决潜在问题所需的资源是一项挑战。挑战的一部分是解决潜在的需求，而不管是否可用。例如，在一场发生了严重停电的大风暴中，可能会从全国范围内调用公共设施维修车辆。他们通常以车队的形式行进，可能不熟悉远离其家乡的州的规章制度或做法。在某些情况下，这些车队因收费站或其他障碍而延误。交通专业人员需要积极主动保持联系，以便在应对紧急情况时提供便利。

表 16.9 国家事件管理系统主要功能类别中的交通资源

交通部门	
设备	路障 应急管理局（EMA）可互操作通信单位 进入紧急行动中心（EOC）的固定交通摄像头 可根据需要激活的选定站点上的安装 笔记本计算机可控制固定的相机倾斜、缩放和定时 移动装置覆盖盲区 用于网络操作的便携式设备 实时流量计数器 反光锥 交通控制设备 可变信息标志（CMS）——永久和便携的
情报	通行能力和时间的流程图 地理信息系统地图 激光成像定义雷达（LIDR），一种收集高程信息并与洪水水位联系在一起的测绘系统 交通管理中心（TMC）
管理	机构内、机构间和外部公众的沟通 支持网页的软件通信程序 网站和其他电子通信 疏散图（每年更新）
人员	维修人员 中级员工或行政人员参加 EOC 国民警卫队协助交通管制、保安、人群控制 EOC 中的操作人员 面对路障的人 实地评估实际情况并与 EOC 保持联系的人员 关键路口的交通工作人员
路线	主干路 高速公路 州际公路、联邦公路、州公路和县公路
车辆	反铲 DOT 和带摄像头的警察越野车 推土机 带摄像机的警用直升机 扫雪机 配备收音机的货车 在现场配备反光锥和 VMS 的车辆

(续)

	交通机构和其他交通服务商
设备和资产	疏散路线标牌 交通设施的发电机 公交车上的全球定位系统 用于计数允许进入车站人数的仪表 可以拖车的停车场 排队队列 公共汽车上的收音机 地铁站（不可进入和ADA可进入）
情报	评估以确定需要协助从特殊设施撤离的人数、他们的身体特征和他们需要的车辆类型 估计装载和卸载公共汽车、开车到目的地和返回所需的时间 手机超级警报应用程序，以警告员工和操作员 联合铁路控制中心 驾驶人地图（例如，到场外公交车存放区、上车、中转和下车地点）
管理	3-1-1协调疏散交通要求的系统 内部、机构间、外部沟通 员工准备信 社交媒体 订阅服务 网站 所有人员的凭证/身份证明 指定接送点 跟踪资产和操作员工时的文档 场外车辆存放 注册（2-1-1，访问和功能需求，医疗特殊需求） 过境设施人员庇护所 信号系统 整合资源请求和报销的软件 用于跟踪车辆状态的交通资源数据库 支持网络的紧急通信
人员	调度员 驾驶人 执法员 派往EOC的交通人员 过境人员跟踪车辆和疏散人数
车辆	调度员 驾驶人 执法员 派往EOC的交通人员 过境人员跟踪车辆和疏散人数

资料来源：Matherly等人（2013）。

确定解决潜在问题所需的资源是一项挑战。挑战的一部分是解决潜在的需求，而不管是否可用。

另一个挑战是，依据电力、水、通信和交通以及所有私营供应商之间的巨大相互依赖性来优化资源部署。在风暴的示例中,相互依赖关系是明确的,但很复杂,需要进行分类、优化和解决。
- 公用工程人员需要通过道路进入,以恢复电力;同时,由于电线坠落,道路工作人员可能无法清理道路。
- 水厂完全可以投入运营,但由于铁路或公路通行问题而延迟了氯的运输,因此无法净化水。
- 发电厂可能因柴油到达的延迟而面临关闭的风险。
- 加油站可能手头有汽油,但没有电力或备用发电机来泵送。

当有时间制订备份和应急计划时,最好在紧急情况发生前就资源问题和依赖关系进行充分的讨论。活动期间也会推出一些方案和措施;然而,如在前面提到的 NCHRP 报告 777(Matherly 等,2014)中的示例和案例研究所述,提前建立良好的关系有利于信息、创意和变通方案的交流。

表 16.9 摘自 NCHRP 报告 740(Matherly 等,2013),总结了主要国家事件管理系统功能类别的交通资源。NCHRP 报告 740 对资源和相关工具进行了广泛的讨论,包括与 FEMA 资源分类相关的论述和工具。

表 16.9 不是普遍适用或包含全部内容的。每一个地方、地区或州交通或运输机构都将拥有自己的设备和资源类型。在某种程度上,表 16.9 的作用是方便对不同场所、不同部门和不同模式下可用的资源类型进行对话和调查,以明确在紧急情况下可获得哪些援助。这些信息也可为与地方和州紧急事务管理人员进行对话提供一个良好的开端。

16.3.3 管理策略

在活动、意外和突发事件期间,已使用多种方法来控制和管理交通。这些方法往往分为两类:增强供应或需求管理。增强供应包括修改信号控制以支持更多的出行、增加车道、使用附近未充分利用的路线和平行路线。需求管理包括采用限制或消除交通需求产生的技术,如封闭路线、限制、延迟或重新安排出行。然而,除非与驾驶人的期望相符并且可以有效地传达给驾驶人,否则任何策略都无效。例如,将交通需求转移到其他路线,只有在驾驶人仍然可以到达其预定目的地而不需要额外的行驶距离、行驶时间或延误的情况下才有效。一些驾驶人,特别是那些熟悉路网的驾驶人,会在考虑其他人的同时寻找替代路线。因此,事件期间的沟通必须是清晰和有效的。根据以前机构在公路咨询无线传输方面的经验,向驾驶人发送的每一条信息都必须及时、准确和有用。过时、不正确或无效的信息将减少驾驶人从提供的指示中的获益并降低他们遵守指示的意愿。

事件期间的沟通必须清晰且有效。提供给旅客的信息必须及时、准确和有用。过时、不正确或无效的信息将减少驾驶人从提供的指示中的获益并降低他们遵守指示的意愿。

除了资源(设备、人员、车辆、通信能力)外,特别是在紧急情况下,交通专业人员还可以获得能够显著改进交通运行的建议和策略。表 16.10 列出了基本策略。接下来,我们将更详细地讨论几种策略。

表 16.10 交通运行策略

方案	具体策略
交通道路行动	协调交通信号、交通控制,包括自适应交通控制和利用实时交通数据
	闭路电视、可变信息标志、标牌
	公路广播
	有效的早/晚高峰车道配置(在非高峰时段)
	道路净空
	为应对事故而部署的拖车
	维修/施工车道是否畅通

第16章 活动、意外和突发事件的交通管理

（续）

方案	具体策略
交通道路行动	公交预留线路及预留道路选择 关闭选定道路和高速公路上的入站车道 关闭有限通道和高速公路上的出口匝道；必须前往疏散目的地 在限制通行的道路和高速公路上关闭出站入口匝道，以防止疏散区以外的道路更加拥挤 在选定的限制通行道路和高速公路上的限制反向流动；例如，公交专用车道 在选定的限制进入的道路和高速公路上无限的反向流动；所有用于出站流量的正常入站车道 选定的无限制主干道（如公园道路和林荫大道）上的限制/无限制反向流动（封闭的入境行车道） 积极管理关键交叉口。这可以通过停车时间开关进行本地控制，也可以通过警察手动指挥交通或使用"police pickle"（警用俚语指灯箱中的手持设备，用于手动操作交通信号），或者从交通控制中心进行远程控制 隔离行人和车辆交通，并在需要时指定某些城市道路供行人使用；如果行人通道需要使用，并且行人和车辆无法有效和安全隔离，则增加行人步行信号灯和专用时间 其他
交通需求管理行动	紧急高载客率车辆要求 政府雇员定时/分阶段上下班 大部分人分阶段/交错式上下班 通过主要停车场的定时控制分阶段放行出站车辆 通过关闭主要停车场（即迫使车主步行或过境疏散）减少出站车辆 为无风险人口提供适当的住所 禁运车辆（如运送），应急物资除外 行人和自行车战略 其他

资料来源：Matherly 等（2013）。

尽管表16.10 中所列的运行策略往往侧重于紧急事件，但这些方法可以改变和调整以适应几乎任何事件，并且经过不同程度的修改，实际上可以用于任何类型的道路。下面将重点介绍美国近期事件中几个应用最广泛的策略。

- 高速公路交通控制和车道利用——匝道关闭、增加匝道通行能力、取消交织区、使用备用路线、反向交通和匝道计量。
- 街道交通管制和车道利用——车道管制、替代车道运营、封闭、街道停车和"开拓者"标志。
- 交叉口交通控制——修改信号系统定时、转弯限制和提前信号。
- 交通事故管理资源——驾驶人服务巡逻和临时标志。
- 出行者信息和监控——HAR、CMS、CCTV 和临时标志。
- 出行需求管理——中转或出行前旅客信息、激励措施和 HOV 车道。
- 紧急车辆进入——进入活动场地和事发现场。

以下各部分将更详细地描述其中的一些方法，并包括在过去 15～20 年中特别流行的技术。然而，值得注意的是，无论这些管理方法采取何种形式，一个全面的计划必须包括与出行者的有效沟通以及所有参与者之间的协调。

1. 逆向管控

逆向管控是一种可逆的交通运行方式，即分隔高速公路的一个或多个行驶车道用于沿相反方向的交通。在1999年飓风弗洛伊德来临之前，它在乔治亚州和南卡罗来纳州的临时、非计划基地上的使用受欢迎程度显著提高。现今，当受到飓风的威胁时，美国每一个沿海的州，从沿着墨西哥湾的得克萨斯州到佛罗里达州，或从大西洋沿岸的佛罗里达州到新泽西州都有不同程度的计划来实施反向流动。

逆向管控是一种非常有效的策略，因为它可以立即显著地提高道路的定向通行能力，而无需规划、设计和建造额外车道所需的时间或成本。逆流路段是高速公路上最常见、最合理的路段，因为逆流路段是通行能力最高的道路，其设计便于高速运行。这种操作方式在高速公路上也更为实用，因为这些路线不包括中断交通或允许无限制进入反向路段的平面交叉口。与不受限制的公路相比，它也可以用更少的人力资源来实施和控制。

虽然过去美国计划的逆向流动有几个战略变化，但现在大多数都使用入站车道的反向来进行"单程出站"或"全车道出站"操作。在某些情况下，逆向流动计划包括仅反转一条入站车道或一个/多个出站路肩的选项。在这些类型的计划中，入口通道计划保持开放，以便紧急车辆和服务车辆进入危险区域。这些车辆可以沿着逆向流动路段向需要帮助的旅客提供帮助。然而，有效的逆向流动操作最关键的需求是入口/出口管理。如果没有足够的计划从可逆向流动段装卸车辆，在该段的流入点和流出点可能会造成更严重的拥堵。根据以往的经验，当高速公路逆向流动可以从靠近其起点的多个点（中央交叉口、逆向匝道等）出发，并且在端点处不允许正向和逆向流动的交通流汇合时，效果最佳。相反，它们被分割成相交或平行的路线。模拟研究还表明，在整个逆向流动路段中，采用间隔固定的中间双向交叉口，也有助于平衡交通量，减少正常和反向车道上的差异拥挤和延误。

2. 道路封闭

道路封闭也是管理活动、意外和突发事件交通的工具。通常，封闭是必须的，这是一种保护措施，以限制旅客暴露在危险中，或限制直达交通进入未配备设备的区域，以适应活动期间交通量不断增长的需求。在规划时，它们通常用于将需求限制在下游路段，而下游路段的容量不足以容纳来自多条进站路线的进入流量。

在路易斯安那州，包括新奥尔良，封闭州际高速公路的较长部分是该州东南部地区疏散计划的一部分。封闭是逆向流动计划的一部分。该计划还要求将交通限制替代到路线上，协调平行的非高速公路路线，并重新配置繁忙的城市高速公路立交桥，以便更有效地将疏散人员包括一些跨越州边界的人员，从地表保护网络中设置到系统中。尽管封闭路线附近的通行能力有限，但这些封闭措施用于限制Ⅰ-12的西行交通与巴吞鲁日市Ⅰ-10的西行交通汇合，并在紧急情况下备份两条路线。由于道路封闭可能对货物运输产生经济影响，或者可能增加碰撞和二次事故的风险，所以它（以及禁止逆向流动和转弯等技术）可能会引起争议。然而，它在考虑到对生命和安全的明显威胁时被认为是一个更好的选择。

3. 匝道关闭

可通过减少合流点和相关减速点的数量来关闭匝道，促进疏散期间高速公路交通流的顺畅（Ghanipoor Machiani 等，2013）。在正常（非紧急疏散）条件下，Foo and Hall（2008）评估了加拿大高速公路上每天入口匝道关闭的情况，并根据交通流量变量得出结论：匝道关闭消除了主线上的瓶颈，提高了行驶速度，但并未增加高速公路的吞吐量。另一个潜在的选择存在于主干道和高速公路的性能之间。关闭高速公路可能意味着在干线网络上花费更多的时间和流量（Ghanipoor Machiani 等，2013）。考虑到可能的选择，性能度量应该针对给定的危害进行适当的优先级排序。匝道关闭方案的效益和选择可以通过仿真来量化。

如 Friso 等（2009，2011）所述，坡道也可以关闭，以限制旅客进入危险区域。控制流入与提高自由通道性能是不同的目标，根据危险类型或限制访问的原因，可能不需要任何模拟。如果可以很好地界定限制区，则可以确定该区域内或直接通往这些区域的匝道，并对公众关闭。但是，需要为响应人员和应急车辆提供通道，并且必须进行良好的沟通。

4. 转弯限制

与匝道关闭不同，交叉口的匝道限制是为干线网络设计的策略。该疏散管理策略涉及交叉口消除（Xie, Turnquist, 2009; Xie, Lin, Waller, 2010; Xie, Turnquist, 2011; Xie, Waller, Kockelman, 2011; Jahangiri 等, 2014）、不间断交通交叉口（Liu, Luo, 2012; Luo, Liu, 2012）或基于车道的路线（Cova,Johnson，2003）。其目的是消除（全部或部分）冲突的交通流中断（图16.4），以便在远离危险的主要出站方向上提供连续的交通流。为了实施这一战略，需要警察控制或设置路障。关于这一策略的大部分工作都是基于仿真进行研究的。然而，模拟结果显示，根据网络配置和危险情况，旅行时间减少了40%（Cova，Johnson，2003），因此很可能在未来的实践中会加以考虑。

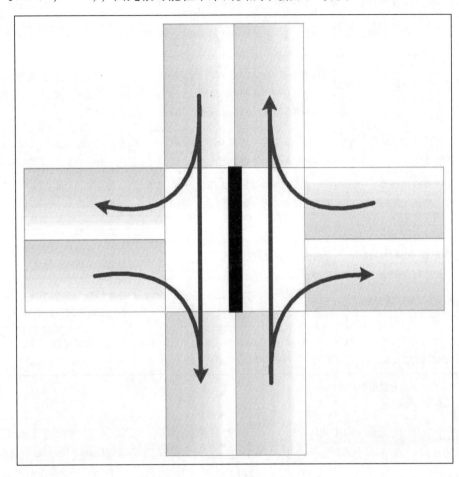

图16.4　消除左转的示例计划

16.3.4　满足所有用户需求的有效做法

FEMA采用了"整个社区"的规划方法。FEMA还提到了满足NRF中具有访问权限和功能需求的人员的应急计划和响应需求，描述如下：

让整个社会参与是各国成功实现抵御力和国家防备的关键。个人和社区的准备工作是实现这一目标的关键组成部分。通过提供获得和使用必要知识和技能的平等机会，整个社会都有助于国家防备并从中受益。这包括儿童、残疾人和需要其他功能帮助的人、宗教或种族背景不同的人以及英语能力有限的人，必须将他们的贡献纳入准备工作中，并且必须将他们的需求纳入目标的规划和能够响应的核心能力中（DHS，2013）。

"整个社区"强调的是对具有访问权限和功能需求的人员的规划不应作为事后的考虑或作为附属因素，而应纳入所有规划中。当前定义中隐含了交通，但文档的核心功能中提到了交通。交通在NRF 2010年的第1版中有明确规定。

NCHRP报告740包括利益相关者资源、规划指南和检查表，以确保为有访问和功能需求的人提供全方位的交通和外展服务。表16.11列举了该人群的注意事项。

NCHRP 报告 777《灾害、紧急情况和重大事件区域交通规划指南》（Matherly 等，2014）确定了灾害、紧急情况和重大事件区域交通规划的原则；这八项原则之一是宽容性规划。

表 16.11　为有访问和功能需求的人提供全方位的交通和外展服务

等级	访问类型和功能需求	庇护场所	交通方式或车辆
独立	没有帮助的旅行和转移	自选：私人住宅、酒店或一般庇护所	公共交通（公共汽车、火车）或私人汽车
与流动性无关的次要援助	耳聋或听力障碍，失明或患有认知障碍的人	自选：私人住宅、酒店或一般庇护所 一般庇护所所需的沟通协助 可能包括伴侣或护理员（视情况而定）	公共交通（公共汽车、火车）、私人汽车、面包车（例如，来自集体住宅或成人日托中心）
小型流动援助	助行器、可折叠轮椅、可提供服务的动物	一般庇护所的自选或无障碍区域，可能需要高架床和其他住宿设施①	公共交通（公共汽车、火车）或私家车——有移动装置/动物的运输
自适应传输	电动轮椅或踏板车——需要升降机或坡道，能够独立转移	一般庇护所的自选或无障碍区域，可能需要高架床和其他住宿设施	公共交通、私人汽车、配备升降机的货车或公共汽车——带移动装置的运输
协助出行	电动轮椅或踏板车——需要抬起或倾斜，无法自行转移	一般庇护所的自选或无障碍区域，可能需要高架床和其他住宿设施	大众运输、私人汽车、配备升降机的货车或公共汽车，或带有看护者的更专业的运输——病例管理
重大交通援助	轮椅辅助、轮床或担架	辅助生活（个人或设施）、长期护理设施（LTC）或急症护理医院	地面和空中救护车、无障碍公共汽车、带有看护者的公共交通——病例管理
重大医疗救助	持续的医疗护理——静脉、氧气、医疗监控设备	设施到设施（医院到医院、LTC 到 LTC、辅助生活到辅助生活）	地面和空中救护车、无障碍公共汽车、带有看护者的公共交通——病例管理

① 包括照顾者/家庭，可能包括服务性动物。

资料来源：Matherly 等（2013）。

本项目的一个关键资源是 TCRP 报告 150《与弱势群体的沟通：交通和应急管理工具包》（Matherly，Mobley 等，2011）。该工具包提供了分步说明和工具，以识别弱势人群和机构，基于社区、基于信仰的组织或非营利组织，以及已经扎根于城镇、城市或地区中的各个社区的非官方社区领导人或联系点。该工具包展示了建立和维持双向通信网络的过程，该网络将在发生紧急情况之前和过程中接触到受信任的通信员和具有访问和功能需求的人员。

16.3.5　建模与仿真

建模与仿真对于计划内、计划外事件和紧急情况下的交通运行至关重要。使用模型和仿真可以模拟不同的危害，如洪水、风暴潮、飓风、地震、化学物质泄漏和核电站泄漏。它们还可用于模拟对交通系统的影响。当需求激增时会发生什么？当关键运输环节被禁用时会发生什么？过境运输如何受到影响？响应和恢复人员如何了解事件？如果由于车辆故障导致道路部分中断，则会发生什么情况？还有，对于计划中的事件，交通事故或重大紧急情况，哪种技术和策略可以最有效地改善运营并优化解决时间？

1. 险态建模

FEMA 有许多用于识别危险的工具、训练方法和与其他资源的链接。《洪水灾害保险计划》对不同级别的洪水风险进行了详细的测绘。FEMA 也开发了 Hazus。"Hazus 是一种全国适用的标准化方法，包含了估算地震、洪水和飓风造成的潜在损失的模型。Hazus 使用地理信息系统（GIS）技术来估计灾害的物理、经济和社会影响。它以图形方式说明了由于地震、飓风和洪水而确定的高风险地点的界限。然后，用户通过可视化人口与其他永久性固定地理资产或资源之间的空间关系，以模拟特定灾害，这是灾前规划过程中的一个关键功能"（FEMA，2014）。

"Hazus 用于缓解、恢复、准备和响应。政府规划者、地理信息系统专家和应急管理人员利用危险影响区来确定损失，并采取最有利的缓解方法来尽量减少损失。Hazus 可用于减灾规划过程中的评估步骤，这是社区长期战略的基础，以减少灾害损失，并缩短灾害破坏、重建和重复破坏的周期。做好准备将有助于自然灾害后的恢复"（FEMA，2014）。

飓风引起的海、湖和陆上浪涌（The Sea, Lake and Overland Surges from Hurricanes，SLOSH）模型是美国国家气象局（National Weather Service，NWS）开发的一个计算机数值模型。通过考虑大气压力、前进速度和跟踪数据，估算历史、假设和预测飓风造成的风暴浪涌高度。这些参数用于建立风暴潮的风场模型。SLOSH 模型由一组应用于特定区域海岸线的物理方程组成，包括独特的海湾和河流结构、水深、桥梁、杆、堤坝和其他物理特征（国家海洋和大气管理局，国家气象局，2014）。

核能发电厂必须制订应急计划，并定期进行测试和演习。核电站应急分析员使用分散模型，并用交通模型估计清除时间。核电站许可证持有人必须建立系统，以快速警告和疏散疗养院、医院、日托中心和学校，以及辐射泄漏可能波及到的危险区域内的家庭和企业。从这个意义上说，核电站与大多数其他类型的紧急事件形成了对比：危险地点是固定的；危险程度是公认的；运输方式、路线和条件已经过分析；受影响人口的特征和反应已经过广泛研究。

2. 疏散建模

其他专门为疏散而开发的工具包括橡树岭疏散建模系统（OREMS；Oak Ridge National Laboratory，2014）和实时疏散规划模型（RTEPM；Robinson，2012）。注意，许多疏散模拟模型，包括 RTEPM，几乎没有或根本没有能力模拟需要额外疏散时间来解决的那些在疏散过程中可能需要额外帮助的人员。如果距离很远，无车人口将依赖公交；虚弱的老年人和在医院或疗养院的人，他们可能需要救护车或机动车辆来移动；在学校或日托中心的儿童也需要监督和运输，以上都只是列举的一些在紧急事件中可能需要额外援助的人。无论是以公共巴士、包车、校车、面包车、救护车、的士还是志愿驾驶人的形式，都必须事先计划、协调和组织好包括任何合同协议和对可能需要的责任的理解。16.5.1 节的案例研究 1 提出了一个时间表，从事件发生前 60~84h 开始，该时间表是在卡特里娜飓风后在新奥尔良制订的，并在古斯塔夫飓风等事件中得到有效部署，以便为需要额外援助的人调集和部署资源（这一时间表也已在其他资源中确定）。尽管核电站可能提供有用的模型，但似乎没有类似的设施或能力应对无通知事件。

区域人口和土地利用模型中包含有关于人们生活和工作地点的重要地方的人口普查数据。有关年龄、无车人口和贫穷的人口统计数据为向有访问和功能需求的社区开展外联活动提供了良好的基础。区域旅游需求、空气质量和微观模拟模型包含网络、道路容量、模式分离和典型旅游模式的信息。这为模拟需求大幅增加时可能发生的情况、计划的事件以及紧急事件提供了一个良好的开端。

一些商业模型包括疏散计划模块，能够模拟不同情景和假设下的事件，如具有可变分散元素的化学品排放、道路封闭和清除时间。

除了危险源建模外，疏散交通的建模与仿真在理论和实践上都取得了重大而迅速的进展。个人计算机的可负担性和功耗的提高导致了基于计算机的事件建模、仿真和可视化的开发和应用显著进步。在过去的十年中，模拟疏散交通分析的创建、改编和应用迅速增加。目前，有十多种不同的通用和专用模拟程序可用于评估和预测重大和次要事件的情景影响和相关条件。

虽然使用的程序数量和使用它们的人数都是根据交通规划活动而积极发展的，但为特定地点、事件或危险选择任何特定系统都可能是困难的。每个系统都有不同级别的开发工作、计算速度、输出保真度等。它们也因目的而异。一些交通分析员倾向于使用通用交通仿真模型并使其适应预期条件，而另一些则倾向于专门为某些事件（特别是紧急疏散交通流）建模开发的专用仿真包。一些比较著名的特殊用途疏散系统包括大规模疏散（Mass Evacuation，MASSVAC）、网络紧急疏散（Network Emergency Evacuation，NETVAC)、橡树岭疏散建模系统（Oak Ridge Evacuation Modeling System，OREMS)、动态网络疏散（Dynamic Network Evacuation，DYNEV）和疏散交通信息系统（Evacuation Traffic Information System，ETIS)。关于这些模型和其他模型更多的容量和要求的详细讨论，也可以在 USDOT 的《灾难性飓风疏散计划评估报告》（USDOT，2006）的附录 F "飓风疏散模型和工具"中找到。

Hardy 和 Wunderlich（2008）对 30 种最常用的疏散模拟系统进行了比较。虽然他们的研究集中在这类运输条件上，但这些模型可用于任何类型的条件、紧急情况或计划的建模。这项工作的重要贡献是描述了系统的范围和复杂度之间的权重。该研究还包括了三种一般的建模尺度（宏、中、微）的描述，以及每个系统可以或已经被用于各种大小事件的建模。库存审查结束时，每个模型的容量能分析不同的范围和复杂性，以及捕获适当的系统细节，对发展效率和计算速度进行平衡。

利用模拟模型帮助应急管理人员和决策者进行想象，如果鼓励或允许每个人"立刻离开"，走他们选择的任何道路，而没有增加通行能力或流量，那么可能将出现僵局。通过建模测试不同的策略，包括需求管理和分期、管理人群计划事件或确保最直接的危险交通网络能力安全，是评估最有效方案和确保执行或监管机构实施必要措施的有力工具。

各种有希望的策略可以作为大型 TIM 活动的一部分进行测试，并在计划的活动期间，找出潜在的交流和有操作性的挑战，然后可以校准模型来更好地反映事件中发生的情况。突发性问题必然会产生在更大的突发事件中，但早期从建模、协调、关系等方面通过规划和实施有效策略建立的预期实践，将使这些突发性问题更加可控。

16.4　常见问题

跨部门和管辖区协调计划的特别活动是相当普遍的做法，但不是必须的。实施这种规划所采用的战略和关系是有价值的。然而，如果不将其用于实施 TIM 和更大规模的应急事件规划，则意味着错失了一个机会。

许多社区和地区尚未建立 TIM 团队和程序，以有效应对执法、消防部门协议、紧急医疗服务要求和交通管理等跨部门挑战。建立它、解决问题和持续努力需要时间和精力，但在更快地响应事件、限制交通延误和减少二次事故方面，回报可能是巨大的。

致力于发展 TIM 的社区和地区通常会发现采取下一步行动来协调重大紧急事件的规划更容易，但情况并非总是如此。这通常需要额外级别的利益相关者，他们可能看不到这种协调的即时回报。为了克服自满情绪，可能需要地方的比赛或灾难事件。NCHRP 第 777 号报告（Matherly 等，2014）中介绍了灾害、紧急情况和重大事件成功的区域协调的实例和案例研究，但这些都是示例，尚不代表普遍做法。

交通管理人员和专业人员掌握许多资源，包括管理、人员、车辆和基础设施等有形资产，实时交通信息等信息，通信以及绘制人口和交通网络图的模拟能力。相比之下，应急管理人员直接控制的资产很少。在一个小镇上，应急管理人员也可以是消防队长、警察局长或市长。在一个较大的城市或县，应急管理的工作人员可能非常有限：可能只有一两个计划人员和其他一些工作人员，他们可能需要联邦拨款。因此，专业运输人员有责任了解关键问题和协议，并与地方和州两级的应急管理人员取得联系。他们可能需要通过计划与锻炼来做到坚持不懈。信息和资源运输对应急管理任务至关重要，但不一定是应急管理人员最舒适、最熟悉的处理方式。

一些运营机构，如运输机构和公路机构，都有专门的应急运输人员。这些人员在两个部门都是（或应该是）合适的，并准备在必要时充当联络人和翻译。许多人还具有消防或执法以及运输方面的背景，从而了解协议并建立了可信度。然而，这种正式指定的职位并不总是存在于所有机构中。即使他们这样做了，他们中的人也需要机构的支持，以便做出必要的改变，在更广泛、更具宽容性的范围内进行持续的协调、规划和锻炼。

16.5 案例研究

为了说明在计划、非计划和紧急事件期间交通运输系统的规划和操作概念的应用，本节将重点介绍 3 个案例研究。这些案例突出了在一系列规模、条件和地区上实施和计划的实践，总结了已经使用和提议用于应对此类事件的各种方法和途径，特别是那些新颖和新出现的想法和技术事件。

16.5.1 计划中的长时间紧急事件：多式联运区域疏散

飓风及其相关的次生影响是自然灾害中规模最大、地域范围最广的灾害之一。毫不奇怪，它所带来的疏散也代表了所有管理交通事件中规模最大、范围最广的一些事件。规模的大小取决于飓风运动的速度、方向和强度特点，飓风会冲击数百英里的海岸线，带来风暴潮、风和雨，而且带来的风和洪水效应会在数百英里以外的内陆地区体验到。从交通运输的角度来看，飓风的规模问题与飓风可以被监测以及未来飓风的加强和移动预测的精确度越来越高的事实形成了鲜明的对比。

古斯塔夫飓风于 2008 年 9 月 1 日在路易斯安那州登陆。在它到达之前，估计有 200 万人从路易斯安那州东南部撤离。古斯塔夫疏散建立在 3 年前卡特里娜飓风的教训基础上，新奥尔良市与邻近的地区和路易斯安那州合作，实施了城市辅助疏散计划（City Assisted Evacuation Plan，CAEP）。CAEP 是一个多模式的疏散计划，可容纳无车游客和居民，以及具有特殊功能需求的弱势人群。官员们还实施了路易斯安那州东南部地区的返流计划，以方便疏散人员向更远的避难所转移。

新奥尔良市和周围的大都市地区在风暴到来的前几天就开始为疏散做准备，根据预期情况，在风暴登陆前两天发布了疏散命令。这些命令的涉及范围涵盖了整个新奥尔良都市区以及路易斯安那州东南部的周边农村地区。古斯塔夫飓风是美国历史上最大的疏散事件之一，大约有 190 万人疏散。以下内容源自于 Renne（2011）在布鲁金斯学会出版的《复原力与机遇：卡特里娜和丽塔飓风中美国政府的教训》一书中的详细描述。

1. 面向行动受限和特殊功能需求疏散人员的多式联运规划

除了自我疏散人员之外，古斯塔夫疏散还启动了 CAEP，为近 2 万名居民、1.3 万名游客以及个人交通工具有限或没有工具的特殊需求人员提供服务。CAEP 使用城市公共汽车将居民从新奥尔良指定的老年人中心和社区接送地点运送到中转区，在那里，他们被转移到路易斯安那州提供的长途汽车上，然后被运送到州内外的避难所；此外，CAEP 还向不能移动到指定接送地点的居民提供辅助接送服务。

该计划的老年人中心和辅助转运部分也将需要医疗资源的人作为他们撤离的一部分。古斯塔夫期间，需要核磁共振检查的疏散人员被运送到联合客运站，然后乘坐美国铁路公司开往田纳西州孟菲斯的列车疏散。在撤离者需要更高水平的医疗援助的情况下，救护车和直升机可以将病人运送到当地的军用和民用机场，以便转移到安全的目的地。

根据 CAEP 的计划，酒店接送地点是为持有机票的游客使用的。需要撤离的游客被带到路易斯·阿姆斯特朗国际机场，乘坐第一班可搭乘的飞机离开，航空公司与当地政府密切合作，为撤离准备了额外的飞机。没有飞机票的游客作为普通民众在 CAEP 下被疏散。

丽塔飓风和卡特里娜飓风以及 2007 年南加利福尼亚州野火的经历表明，疏散的另一个关键组成部分是动物的移动，包括宠物和牲畜。在古斯塔夫撤离新奥尔良期间，宠物被运送到不同于使用 CAEP 的地方。尽管该计划能容纳多达 1 万只宠物，但在古斯塔夫疏散期间，在 CAEP 撤离人员中，只有 18% 的人携带宠物出行（Kiefer，Jenkins，Laska，2009）。宠物疏散是与路易斯安那州防止虐待动物协会（SPCA）协调进行的。

2. 疏散过程

图 16.5 所示为路易斯安那州东南部地区（包括新奥尔良）疏散计划的时间表，转载自 Matherly

（2013）。在飓风登陆前84h，新奥尔良警察局、路易斯安那州警察局（LSP）和其他机构开始了一个被称为"侧重预先"的过程，同时新奥尔良地区交通管理局（RTA）和机场当局也启动了他们的飓风计划。路易斯安那州运输和发展部（DOTD）开始了组织这些运输资源的官方程序，包括为CAEP提供长途客车。

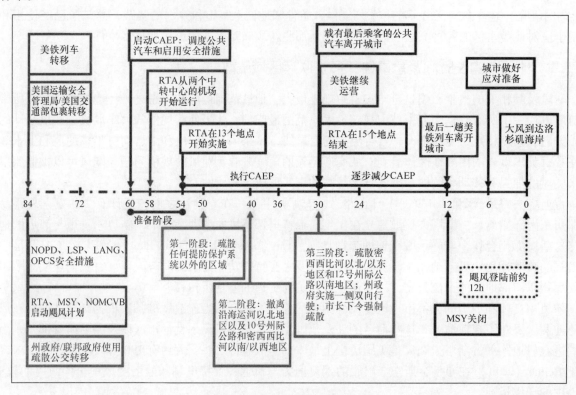

图16.5 公众协助疏散计划时间表

注：该图虽然被认为是一个合理的时间表，但仅用作指南；在实践中，根据实际事件的情况，可能会有更多或更少的可用时间。

登陆前的54～60h，即所谓的"准备"阶段，涉及CAEP的机场应急计划启动，该计划主要解决从市区到机场的出行。图中显示的"执行CAEP"阶段，是在登陆前的30～54h期间，区域协定的公共汽车、辅助运输车辆和救护车将人们从他们的社区和家中运送到处理中心。此时，应急管理机构协调了以汽车为基础的疏散部分。

在风暴登陆前50h，在防洪堤保护范围外开始了分阶段的撤离过程。在登陆前40h，新奥尔良西南部的偏远地区开始撤离。在登陆前的12～30h之间，CAEP进入了"CAEP收尾"阶段，在此期间，美铁列车和长途汽车与最后一名乘客一起结束服务。在此期间，禁行令和最终强制疏散令也开始生效。

由LSP和DOTD领导的区域逆向疏散计划，主要集中在大都市地区以外的高速公路路段。该计划在封闭道路和限制"路线可用性"的同时，促进交通的向外移动。最后，机场在飓风登陆前12h关闭，登陆前6h，新奥尔良市做好应对准备。

3. 交通和应急管理

就疏散的性质而言，需要运输和应急管理部门之间的协作与合作。在新奥尔良和其他任何地方一样，有必要就众多需求共享信息和资源。在新奥尔良，城市应急管理办公室与许多交通利益相关者全年合作，包括DOTD和RTA，根据人口需求不断更新CAEP。城市工作人员收集和分析数据，以评估其目标人群的需求，包括游客、医院的病人和养老院的居民。

在古斯塔夫飓风期间，建设了一个新的10000ft² 的EOC委员会办公场所，并被用来将重要的政府机构聚集在一起，促进彼此之间的沟通。在这个地方，官员和应急人员就包括协助疏散、应急和恢复在内的议题指导工作，并与公众沟通；还通过分发地图、小册子等不断与公众进行沟通，来传达其他有关返流计划和 CAEP 的相关信息；他们还使用了许多不同的媒体和场馆，包括图书馆、学校、邮局、诊所和公共汽车；信息也以英语、西班牙语和越南语进行传播。

撤离行动的另一个关键方面是恢复和重返，尽管经常被忽视。古斯塔夫期间，返流计划和 CAEP 进展相对顺利，但事后重返存在一些问题。由于受影响地区缺乏沟通和协调决策的能力，导致沟通和协调中断。虽然该市南部地区允许居民返回，但新奥尔良官员不希望居民尽快返回，因为他们希望有更多时间评估基础设施受损情况。警察设置路障是用来检查身份的，但是这个过程造成了大规模的交通堵塞，很快就被放弃了。结果，这座城市被迫允许居民在准备接受他们之前返回。一些 CAEP 撤离者也认为他们在避难所呆了太长时间。然而，市政府官员指出，CAEP 返回者的延迟是因为需要确保医院和其他服务可用。

16.5.2　计划中的特殊事件：2009 年美国总统就职典礼

2009 年美国总统就职典礼从多个角度为计划中的特殊事件运输管理提供了相关的案例。它代表了一个非常大的特殊事件，包含了许多合作伙伴以及许多部门之间的协调。它还介绍了许多有助于其成功的协调策略，包括特殊警察培训。就职典礼活动前的计划解决了运输计划中存在的潜在问题，并在最后解决了这些协调问题。该事件还显示了当情况发生变化，计划需实时改变时"实地"发生的挑战。更重要的是，它表明了如何对交通运输提供支持（例如，模拟交通封锁的影响），哪些地方在交通运输中处于领导地位，哪里会严重影响交通运输但在决策中几乎没有发言权（例如，执法和安全人员在单方面做出对交通运输产生重大影响的决定）。

本案例的研究讨论主要基于大都会华盛顿政府委员会（MWCOG）委托，由联邦应急管理局（FEMA）资助的《2009 年总统就职典礼区域行动报告》（AAR），以及与会后参与者的个人对话带来的其他见解（National Capital Region，2009）。

1. 活动概述

2009 年的贝拉克·奥巴马（Barack Obama）总统就职典礼是华盛顿特区历史上规模最大的活动。它要求跨辖区（联邦、州、县和市）、跨职能领域（包括执法、紧急管理、公共信息和运输等）以及跨组织部门（联邦、州、区域、地方、私人和非政府组织）的计划和运营协调。从 2008 年 11 月大选到 2009 年 1 月中旬就职典礼前后，大多数计划都是在压缩的时间范围内进行的。美国特勤局（USSS）通过 23 个小组委员会负责将联邦、州和地方政府机构纳入就职典礼的安全计划。在就职典礼开始之前，USSS 还计划了从费城到哥伦比亚特区的火车之旅。这被指定为独立于就职典礼国家特殊安全事件的国家特殊安全事件（NSSE）。特别是在马里兰州，由于同时发生的各种事件而面临挑战。除了在华盛顿特区举行的就职典礼外，马里兰州官员还与 USSS 合作，协调马里兰州的交通运输安全，以及在巴尔的摩举行的一场重要的游行活动。

华盛顿特区政府制订了该地区的规划方案，并与其他国家首都地区（NCR）合作协调了规划和运营方案。

2. 问题 1：规划

就职典礼的筹备工作始于 2008 年 7 月 11 日，在华盛顿特区和美国特勤局之间进行，但问题直到大选后才开始显现。当时，NCR 的计划者意识到，这一事件需要的协调远远超出了华盛顿特区的范围，而且规模比以往任何事件都要大。选举后不久，就职典礼的参加人数从预测的 200 万人增加到 400 万人，预计在美国各地将有多达 1 万辆包租巴士从美国各地接送民众。针对这次就职典礼指定的单独 NSSE，拓宽了就职典礼期间前所未有的区域纬度。

规划这种规模的事件将在任何管辖范围内造成挑战。但是，规划人员也需要制订一个应对高危环境或大量临时性事故的计划。NCR 合作伙伴的综合计划必须解决与 NSSE、通信、医疗、转运、公共卫生等相关的综合规划。我们可以从此类大规模的事件中学到许多宝贵的经验教训，多机构和多司法管辖区的合作在计划执行过程中得到了建立或加强，并在事件的执行过程中被付诸实践。

从长期价值的角度来看，也许最有价值的是认识到这种知识几乎适用于任何计划好的特殊事件和短期、不引人注意的事件。例如，计划中的特别活动，特别是那些涉及高度公开的事件，也必须考虑可能造成大规模伤亡的潜在威胁。例如，1996年的乔治亚州亚特兰大市百年奥林匹克公园爆炸案和2013年的波士顿马拉松爆炸案，以及众多国际事件，都证明了这种威胁的存在。在这些事件中，很明显这是一个平衡安全性、开放性和可访问性的挑战，在交通运输部门实现这种平衡是实现解决此类潜在威胁这一目标的关键。

3. 问题2：交通运输

该地区的规划者意识到，数目众多的人群需要采取特殊的交通措施。该地区拥有完善的多式联运系统。高速公路网络已经建立，但在正常情况下，高峰时段的服务水平通常很低。华盛顿都市圈交通管理局（WMATA）运营了117mile（2008年为105mile）和91个车站（2008年为86个）的地铁系统和1500辆公共汽车的公交系统。马里兰州（MARC）和弗吉尼亚州（Virginia Railway Express，VRE）运营着从多条不同线路通往华盛顿特区的通勤列车，美国铁路公司（Amtrak）、MARC、VRE和WMATA，都汇聚在距国会大厦仅几个街区的联合车站。通勤巴士、市内巴士和城际巴士服务于该地区。在2008年大选后不久，初步估计多达1万辆包车将在该地区汇聚。

在2009年1月7日就职典礼的前几天，NSSE总统就职执法和公共安全的规划工作以《联合运输计划》的公开发布而告终。该运输计划介绍了封闭路段、车辆禁区、公共交通、包车停车场和行人路线的总体轮廓，同时省略了战略和运营细节。弗吉尼亚州警察局（VSP）和弗吉尼亚州铁路和公共交通部门（VDRPT）在就职典礼期间也放开了北弗吉尼亚州的道路和桥梁限制（NCR，2009）。

作为这一计划的一部分，地区交通运输部（DDOT）试图容纳就职典礼活动的大量人群，并指定步行路线。在弗吉尼亚州，包括VSP、弗吉尼亚交通部（VDOT）和VDRPT在内的合作机构寻求制订一个交通计划，以限制在I-395和I-66等关键地区高速公路的交通流量。作为该计划的一部分，罗斯福大桥和第14街桥梁上的授权车辆只能通过主要桥梁，而行人和自行车只能通过纪念碑、链桥和关键桥梁。弗吉尼亚州的计划还敦促总统在就职日期间，使用地铁、VRE和Amtrak作为进出华盛顿特区的主要交通选择。其他公交计划包括在哥伦比亚特区的包车巴士停车场（主要是在RFKS体育场）和在国家购物中心附近和RFKS体育场之间的班车（NCR，2009）。

尽管有这么多的计划，但在实际实施中还是遇到了一些挑战。由于快速的"事态感知"和有效的沟通，第一批挑战很快得到了解决。在就职典礼当天，WMATA在Shady Grove、Greenbelt、Franconia-Springfield和Vienna-Fairfax等车站收取4美元的纯现金停车费。这导致在Shady Grove地铁站和I-270之间的I-66、I-95和I-370的交通堵塞。幸运的是，WMATA一直在参加有关的区域协调呼叫；WMATA要求当地官员对地铁站附近的潜在交通问题保持警惕。一旦WMATA收到有关交通问题的通知，就暂停收取仅4美元现金的停车费，交通堵塞现象很快就消失了（NCR，2009）。

另一个挑战不是那么容易解决，给乘客造成了极大的挫折和延误。AAR承认，在总统就职典礼前后，华盛顿地铁在国家广场附近的车站拥挤现象都非常严重。尽管之前有可能预料到，但很可能是WMATA在事件发生后，显著改变了流通计划后，铁路车站缺乏态势感知分析所致。根据零星的报告，1月20日下午晚些时候，出于安全原因，美国特勤局关闭并限制进入联合车站的主要部分（联合车站是众多就职演讲的举办地之一）。如前所述，联合车站为WMATA、Amtrak、VRE和马里兰MARC列车，通勤者和本地巴士，以及出租车和行人提供服务。

经验教训——具有良好的态势感知能力和沟通能力的交通运输工程师可能无法解决所有问题，但是工程师要尽可能迅速而准确地让受影响的人知道将要发生的事情，关键是要保持冷静以便恢复秩序，这导致了问题3：通信。

第16章 活动、意外和突发事件的交通管理

4. 问题3：沟通

沟通的三个关键方面对于就职典礼活动的有效运营至关重要，包括我们之前讨论的态势感知、可相互操作的沟通以及与公众的沟通（在紧急情况管理术语和 AAR 中通常作为单独的"公共信息"主题处理，但为了简洁起见在此分组）。可相互操作性在机构、司法辖区和部门之间是至关重要的。NCR 确定了其可用的无线电资源，包括 800MHz 的频道，预先实践了协议，并根据需要部署了资源和频道，以确保操作中心之间的可靠信息共享。与公众的沟通在整个地区都是预先计划和协调的。当地居民非常了解计划中的封闭街道和其可使用的代替交通工具。如果就职日不是法定假日，许多雇主会在就职日给员工自由假或让员工远程办公。游客会被提前告知期望的内容（每种交通方式的时长、步行距离和延误），乘坐地铁需要准备什么（购车前小票）以及其他策略。整个地区的公共通信基本信息是一致的，并根据具体的司法管辖区提供了详细信息。根据 AAR 估计，有 180 万人参加了游行，他们行为举止得体，没有造成严重的受伤和死亡事件。人们的期望和实际发生的事情在很大程度上是"同步的"。有关人群的预期消息的延迟可能会加长同步的时间。

5. 问题4：应急管理和"准入制度"

AAR 指出，"交通管理计划中的认证和执法过程不明确。一些 NCR 合作伙伴表示，他们担心如果发生大规模人员伤亡事件，医护人员和 EMS 工作人员将没有进入该地区所需的适当证件"（NCR，2009）。交通运输工程师可能不熟悉"作为交通管理计划一部分的认证和执行"，但他们需要熟悉，因此最好在紧急事件发生之前尽可能地加以解决。通常，执法人员会强制执行入口要求，但是谁可以进入（或离开）呢？交通、土木、机械、结构和其他工程师可以进入检查受损的道路、桥梁、隧道、运输设施和结构吗？需要一个身份证明和凭证吗？与本地或州雇员相比，承包商需要特别的凭证吗？作为交通运输工程师，重要的是要提前知道，谁可能进入紧急事件场地（在某些情况下，甚至要知道计划地点），并且和这些人员合作，确保不因缺乏适当的授权或凭据而阻止工程人员或其他评估人员的进入。本章的作者并没有意识到工程师被赶出了紧急站点，这种情况可能没有引起任何注意，并且可能会在其他情况下发生。

16.5.3 弗吉尼亚州北部的无通知疏散建模支持

交通运输仿真可以支持运输部门和应急管理办公室的疏散计划。仿真是一个合理的工具，因为给定区域的未通知事件发生的概率很低。模拟仿真还允许人们回答"假设"的问题，例如："如果实施了 X、Y 或 Z 策略，交通状况会是怎样？"在本案例研究中，举例说明了在北弗吉尼亚（华盛顿特区的弗吉尼亚部分）无通知疏散的情况下，对两种疏散管理策略的测试。

交通模拟需要一组基于供给和需求的输入。供给输入通常包括道路网络的特征，如道路特征（如方向、车道数、速度限制和容量）和节点特征（如控制操作）。在最简单的层次上，需求输入包括在一个给定的时间离开的车辆数量，并且从一个给定的位置行进到另一个给定的位置。仿真模型通常使用一组嵌入的规则将车辆从起点移动到目的地（Murray–Tuite, Wolshon, 2013）。

北弗吉尼亚建模案例研究考虑到了节点特性的改变，通过关闭高速公路匝道或在容许的范围内调整交叉口（以及对信号的需求）以消除运动冲突，分别称为匝道关闭和交叉消除。匝道关闭旨在减少高速公路合流区的数量，这可能是拥堵的来源。交叉消除通常应用于干道交叉口，以减少冲突点和增加吞吐量。

对于这两种策略，优化启发式算法与微观交通模拟软件相互作用，以选择最佳或接近最佳的位置来应用这些策略。这些策略适用于不同的需求场景，这些场景改变了背景（非撤离者）交通、疏散目的地和疏散时间分布的时间分布。在所有情况下，提示疏散的事件假定发生在下午 3:45，疏散需求在下午 4:00 开始进入网络。该网络已经包含了该时段正常工作日的流量。由于决策和出行时间的原因，这些策略被假定为从下午 4:10 开始实施。半径为 5mile 的疏散区域及其周围 3mile 的车辆总数约为 150 万辆，约 30 万人被疏散（Ghanipoor Machiani 等, 2013；Jahangiri 等, 2014）。

通过仔细选择实施策略的地点，每个策略都可以改善疏散人员的总出行时间，如图 16.6 所示。通过模拟工作确定的位置和配置可以被进一步研究并纳入疏散计划。

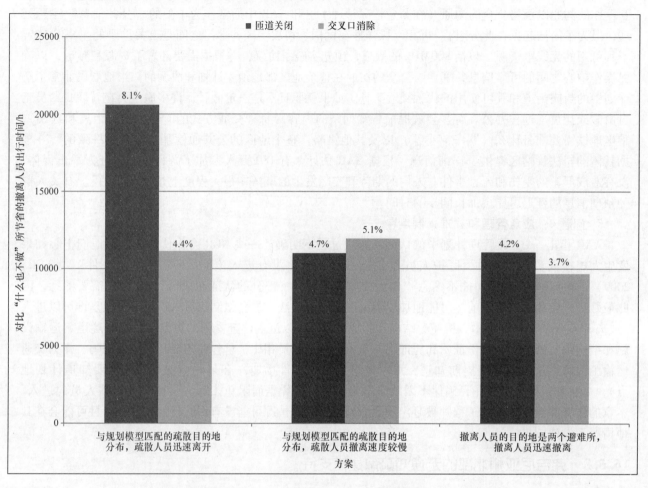

图 16.6 模拟疏散人员在匝道关闭和交叉口消除时的出行时间改进

匝道关闭和交叉消除策略的优点不仅在于减少了行驶时间（如果位置合适），而且还具有相对较快的实施速度和灵活性。与逆行线路不同（返流），此策略可能需要数小时才能建立并确保沿着正常方向行进的交通退出，因此，一旦有军用车辆到达，就可以将其关闭。这样的实施速度允许对几乎没有通知的事件以及包括灾难和计划事件在内的提前通知事件实施匝道关闭和交叉消除。对于交通偏离正常模式的情况（如某些交通事故），也可能需要这些策略。

16.6 新兴趋势

通过研究，针对计划内、计划外和紧急事件的运输计划的知识和经验不断发展，可以在这些条件下应用新技术和信息来解决交通问题。显然，与这些活动相关的做法也越来越多，也被更全面地集成到所有的州、地区和地方社区的弹性规划中。本节重点介绍几种新颖和正在普及的做法，以及如何将它们应用于解决各种问题当中。

16.6.1 新颖和正在普及的方法

在卡特里娜飓风之后，紧急运输操作领域受到越来越多的关注，这仍然面临着一个严重的问题：即保护出入通道和有功能需要的人们的权利和安全。在遭遇热带风暴艾琳袭击后，纽约市因未能为残疾人提供充分的保护而被起诉。正如 2013 年 11 月 13 日的《纽约时报》所指出的那样，"一名联邦法官周四裁定，纽约市因未能在紧急情况下满足市民的需要而侵犯了约 90 万名残疾人的权利。"裁定来自 2011 年热带风暴艾琳中提起的诉讼，但在飓风桑迪袭击之后这一问题变得更加突出，当时许多纽约人被困几天。曼哈顿联邦地方法院法官杰西·弗曼发现，由于"非恶意的忽视"，这座城市违反了《美国残疾人法》。

16.3.4 节"满足所有用户需求的有效做法"中提供了指导、工具、示例和案例研究等资源，可帮助各种运输专业人员解决这一复杂问题。如同在紧急运输运营的所有领域中一样，需要跨部门（通常跨管辖区域）进行协调。TCRP 报告 150 中最密切地讨论了这一主题。同时，本章列出的其他资源以及 TCRP 报告 150 中提到的资源也提供了相关的最佳做法、示例和案例研究。

需要撤离的紧急情况的另一方面也引起了人们的关注，即重返问题。危险状况过去后，撤离人员经常寻求尽快返回其房屋。人们渴望获得快速返回的原因有很多，其中包括需要确定财产损坏的状况和程度、保护可能受损或容易被掠夺的财产（包括宠物和家畜），以及探望没有疏散的朋友、家人和邻居。尽管撤离后重返不像撤离那样具有生死攸关的紧迫性，但他们可以在短时间内产生大量需求，从而导致交通拥堵。如果未对道路和其他公路基础设施进行充分的清理、修理，即使没有洪水或其他危险，返回的疏散者也会面临一定的风险。由于存在这些风险，并且需要在可能没有公共服务的地区维持秩序和安全，因此可能还需要对进入受影响的地区进行监管。

即使没有迫在眉睫的生死危险，被疏散者的返回也不是一个常规的交通运输过程。交通运输机构有许多潜在的关注领域，它们可以而且确实在其中发挥关键作用。至少，促成大规模撤离的条件有可能在短时间内造成异常高的进入方向需求。实际上，这是逆向疏散。与之前的疏散行动一样，这些需求条件可能会导致严重的交通拥堵、延误甚至交通安全问题，可能需要交通运输机构参与以确保人们安全、有序、迅速地返回原来的地方（Wolshon，2009）。

新兴方面的第三个关键领域是对系统弹性的日益重视。系统弹性越来越多地被认为是强大、相互依存的系统的组合，其中包括社会系统、经济、基础设施，以及支持性的土地利用、开发和自然系统，如图 16.7 所示。系统的相互依赖性也越来越被认为是系统弹性的关键要素。

16.6.2 来自最新研究的证据

紧急事件交通规划和管理的一个关键方面是，许多情况下需要与内部或外部的多个辖区进行协调和沟通，即使不是全部辖区。通常，还有很多其他感兴趣的利益相关者团体可以在交通运输过程中提供资源和专业知识，并且他们也需要从中支持和协助。过去的经验表明，所有这些关系最好在事件发生之前很久建立，而不是在事件进行之后才建立。Matherly 等人（2014）确定了八项原则，以增强社区的适应能力。将这些原则绑定在一起的关键是沟通和协作，如图 16.8 所示。

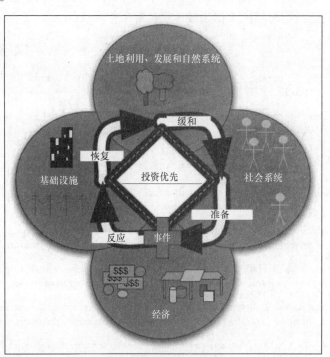

图 16.7 相互依赖的弹性系统

资料来源：Matherly 等（2014）。

该指南介绍了此类规划的成功实例和案例研究，并指出协调应急管理、公共和私人利益相关者是应对灾害、紧急情况和重大事件，以及协助改善本地和区域交通的重要手段。

这些原则包括传统的规划和运输原则，并与应急管理中更常见的原则相融合。在紧急事件管理、事故管理和计划的特殊事件中工作的工程师将遇到学习新领域的挑战和激励，并获得关于交通的作用和影响的新观点。工程师们将会告诉其他人交通可以做什么，可以成为什么，同时也会了解其他人对交通的期望和误解。在紧急情况下，交通运输工程师可能需要根据影响生命和财产的不完整信息，在几分钟或几小时内做出判断。在运输或紧急情况缓解计划框架中，也可能会要求他们再次基于不完整的信息，来预估在未来数十年或更长时间内可能发生的潜在安全风险或气候变化风险，并提出建议以减轻这些风险。无论如何，这都是基于现状的一种延伸，但是提前的准备工作和与其他利益相关者的合作将改善决策框架和决策措施。

尽管国家机构与地方机构合作是很常见的，但突发事件和紧急情况加强了这种伙伴关系，因为它们经常跨越城市、县和州管辖范围。因此，跨辖区的规划是必要的，用以协调工作和资源，并加强以区域为重点的合作关系。城市规划组织（MPO）通常跨管辖范围工作，也是有效的规划合作伙伴，因为他们已经把跨辖区工作当成一项日常工作事项。

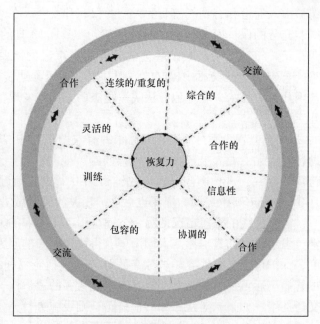

图 16.8　弹性法则和原则
资料来源：Matherly 等（2014）。

参 考 文 献

Cova, T. J., and Conger, S. (2004). Transportation hazards. In M. Kutz (Ed.), *Handbook of transportation engineering* (pp. 17.11–17.24). New York: McGraw Hill.

Cova, T. J., and Johnson, P. J. (2003). A network flow model for lane-based evacuation routing. *Transportation Research Part A: Policy and Practice 37*(7), 579–604.

Department of Homeland Security (DHS). (2013). *National response framework—Version 2*. Retrieved from www.fema.gov/media-librarydata/20130726-1914-25045-1246/final_national_response_framework_20130501.pdf.

Federal Emergency Management Agency (FEMA). (2014). Hazus: The Federal Emergency Management Agency's (FEMA's) methodology for estimating potential losses from disasters. Retrieved from www.fema.gov/hazus.

Federal Highway Administration (FHWA). (2006). *Simplified guide to the Incident Command System (ICS) for transportation professionals*. Retrieved from http://ops.fhwa.dot.gov/publications/ics_guide/.

Foo, S., and Hall, F. (2008). Road capacity and performance implications of ramp closure: Toronto, Canada, experience. *Transportation Research Record: Journal of the Transportation Research Board, 2047*, 1–10.

Friso, K., van Zuilekom, K., et al. (2009). *If things do go wrong: Lessons learned concerning traffic management during mass evacuation in case of possible extreme flooding in the Netherlands*. Presentation at ICEM09 Conference, Delft, The Netherlands.

———. (2011). *Evaluation of the national concept traffic management for mass evacuation in the Netherlands*. Presentation at 2011 IEEE International Conference on Networking, Sensing and Control (ICNSC).

Ghanipoor Machiani, S., Murray-Tuite, P., Jahangiri, A., Liu, S., Park, B., Chiu, Y.-C., and Wolshon, B. (2013). No-notice evacuation management: Ramp closures under varying budgets and demand scenarios. *Transportation Research Record, 2376*, 27–37.

Hardy, M., and Wunderlich, K. (2008). *Traffic analysis toolbox volume VIII: Work zone modeling and simulation—A guide for decision-makers* (Publication FHWA-HOP-08-029). Washington, DC: Federal Highway Administration, U.S. Department of Transportation.

Jahangiri, A., Murray-Tuite, P., Ghanipoor Machiani, S., Park, B., and Wolshon, B. (2014). Modeling and assessment of crossing elimination for no-notice evacuations. *Transportation Research Record, 2459*. doi:10.3141/2459-11.

Kiefer, J., Jenkins, P., and Laska, S. (2009). City-assisted evacuation plan participant survey report (*CHART Publications* Paper 2). Retrieved from http://scholarworks.uno.edu/chart_pubs/2.

Le Duc, A., Juntunen, L., and Stocker, E. (2009). NCHRP RRD 333/TCRP RRD 90 and Natural Hazards Informer Number 4: A guide to planning resources on transportation and hazards. Washington, DC: Transportation Research Board.

Liu, Y., and Luo, Z. (2012). A bi-level model for planning signalized and uninterrupted flow intersections in an evacuation network. *Computer-Aided Civil and Infrastructure Engineering 27*, 731–747.

Luo, Z., and Liu, Y. (2012). *Optimal location planning of signalized and uninterrupted-flow intersections in urban network during emergency evacuation*. Presentation at the 91st annual meeting of the Transportation Research Board (January 22–26), Washington, DC.

Matherly, D., et al. (2013). *A transportation guide for all-hazards emergency evacuation* (NCHRP Report 740). Washington, DC: TRB.

Matherly, D.. Langdon, N., et al. (2014). *Guide to regional transportation planning for disasters, emergencies, and significant events* (NCHRP Report 777). Washington, DC: TRB.

Matherly, D., Mobley, J., et al. (2011). *Communication with vulnerable populations: A transportation and emergency management toolkit* (TCRP Report 150). Washington, DC: Transportation Research Board.

Murray-Tuite, P., and Wolshon, B. (2013). Assumptions and processes for the development of no-notice evacuation scenarios for transportation simulations. *International Journal of Mass Emergencies and Disasters, 31*(1), 78–97.

National Capital Region (NCR). (2009). *Regional after action report summary*. Presented at the 2009 Presidential Inaugural. Retrieved from http://www.mwcog.org/uploads/pub-documents/zVZYXQ20091023164715.pdf.

National Oceanic and Atmospheric Administration (NOAA) and National Weather Service. (2014). Sea, lake, and overland surges from hurricanes (SLOSH). Retrieved from www.nhc.noaa.gov/surge/slosh.php.

National Traffic Incident Management Coalition (NTIMC). (n.d.). *National unified goal*. Retrieved from http://ntimc.transportation.org/Documents/NUGUnifiedGoal-Nov07.pdf.

Oak Ridge National Laboratory. (2014). Oak Ridge Evacuation Modeling System (OREMS). Retrieved from http://emc.ornl.gov/products/oak-ridge-evaluation-modeling-system.html.

Owens, N., Armstrong, A., Sullivan, P., Mitchell, C., Newton, D., Brewster, R. and Trego, T.. (2010). *Traffic incident management handbook*. Washington, DC: U.S. Department of Transportation.

Renne, J. (2011). Resilience and opportunity: Lessons from the U.S. Gulf Coast after Katrina and Rita. In *Evacuation planning for vulnerable populations: Lessons from the New Orleans city assisted evacuation plan* (ch. 8, pp. 120–130). Washington, DC: Brookings Institution Press.

Robinson, M. (2012). RTEPM: Real time evacuation planning model. Retrieved from http://rtepm.vmasc.odu.edu/RtePM_slick.pdf.

Schrank, D., and Lomax, T. (2003, September). *The 2003 annual urban mobility report*. Texas Transportation Institute. Urban Mobility Institute. Retrieved from http://ntl.bts.gov/lib/24000/24000/24010/mobility_report_2003.pdf.

Transportation Research Board. (TRB). (2006). *Guidelines for transportation emergency training exercises* (TCRP Report 86, Volume 9/NCHRP Report 525). Washington, DC: TRB.

U.S. Department of Homeland Security. (2012). *National response framework*. Retrieved from www.fema.gov/national-response-framework.

U.S. Department of Transportation (USDOT). (2006). *Report to Congress on catastrophic hurricane evacuation plan evaluation*. Washington, DC: USDOT.

———. (2011). *Transportation planning for planned special events*. Washington, DC: USDOT.

Wolshon, B. (2009). *Transportation's role in emergency evacuation and reentry*. Washington, DC: Transportation Research Board.

Xie, C., Lin., D.-Y., and Waller, S. T. (2010). A dynamic evacuation network optimization problem with lane reversal and crossing elimination strategies. *Transportation Research Part E: Logistics and Transportation Review, 46*(3), 295–316.

Xie, C., and Turnquist, M. A. (2009). Integrated evacuation network optimization and emergency vehicle assignment. *Transportation Research Record: Journal of the Transportation Research Board 2091*, 79–90. doi:10.3141/2091-09.

———. (2011). Lane-based evacuation network optimization: An integrated Lagrangian relaxation and tabu search approach. *Transportation Research Part C: Emerging Technologies 19*(1), 40–63.

Xie, C., Waller, S. T., and Kockelman, K. M. (2011). Intersection origin–destination flow optimization problem for evacuation network design. *Transportation Research Record: Journal of the Transportation Research Board 2234*, 105–115.